전공자를 위한

C 언어 프로그래밍

주우석 지음

지은이 **주우석**

서울대학교에서 전자공학 학사를 취득했다. University of Florida에서 컴퓨터공학 석사 및 박사 학위를 취득하고 박사 후 연구원을 지냈다. UC Irvine 객원교수를 지냈으며 IBM Korea, 데이콤 정보통신 연구소 등에서 근무했다. 현재 명지대학교 컴퓨터공학과 명예교수로 재직 중이다. 주요 저서로는 〈openGL로 배우는 3차원 컴퓨터 그래픽스〉(한빛아카데미, 2013), 〈C/C++로 배우는 자료구조론(한빛아카데미, 2015), 논술 글쓰기 원리(교보문고 2021), 논문 작성법(교보문고 2021), 알고리즘 교과서(교보문고 2021)가 있다.

전공자를 위한 C 언어 프로그래밍

초판발행 2018년 12월 14일
2쇄발행 2021년 7월 20일

지은이 주우석 / **펴낸이** 전태호
펴낸곳 한빛아카데미(주) / **주소** 서울시 서대문구 연희로2길 62 한빛아카데미(주) 2층
전화 02-336-7112 / **팩스** 02-336-7199
등록 2013년 1월 14일 제2017-000063호 / **ISBN** 979-11-5664-370-8 93000

책임편집 김성무 / **기획** 김미정 / **편집** 신꽃다미 / **진행** 김도윤
디자인 표지 김연정, 내지 박정화 / **전산편집** 김정미 / **제작** 박성우, 김정우
영업 이윤형, 길진철, 김태진, 김성삼, 임현기, 이정훈 / **영업기획** 김호철, 주희

이 책에 대한 의견이나 오탈자 및 잘못된 내용에 대한 수정 정보는 아래 이메일로 알려주십시오.
잘못된 책은 구입하신 서점에서 교환해 드립니다. 책값은 뒤표지에 표시되어 있습니다.

홈페이지 www.hanbit.co.kr / 이메일 question@hanbit.co.kr

Published by HANBIT Academy, Inc. Printed in Korea

WHY, HOW, WHERE 중심의 C 프로그래밍 이야기

매 학기 자신감을 가지고 수업에 들어가지만 학기가 끝나면 만족보다는 후회가 남을 때가 많다. 너무나 당연한 이야기이지만, 신입생들에게 C 언어를 가르치는 이유는 프로그래밍에 대한 흥미를 유발하고 스스로 프로그램을 작성할 수 있는 능력을 키우는 데 있다. 컴퓨터 공학에서 다루는 거의 모든 분야가 프로그래밍 능력을 기본으로 요구하기 때문이다. 또, 졸업생 대부분이 프로그래머라는 직종에 종사해야 하기 때문이다. 그러나 그러한 기대와는 달리, 수업이 진행될수록 대부분의 수강생이 피동적인 학습 태도에 젖어들게 된다. 그저 기계적으로 교재에 나오는 예제를 입력해 보고 프로그램이 돌아가는지를 확인하는 선에서 수업이 끝난다.

물론 이렇게 된 데에는 여러 가지 원인이 있을 수 있지만 스스로 알고리즘을 개발할 능력이 부족한 것도 한 원인이다. 문제 해결 방법을 단계적으로 서술한 것이 알고리즘이다. 따라서 문제가 주어지면 프로그래밍 이전에 먼저 알고리즘부터 떠올릴 수 있어야 한다. 물론 그렇게 할 수만 있다면 그것이 가장 이상적이다. 그러나 신입생 수준에서는 문제가 조금만 어려워지더라도 혼자 힘으로 알고리즘을 떠올리기가 그리 쉽지는 않다. 결국 이 문제를 해결하려면 결단이 필요하다. 알고리즘 자체가 이 과목의 목적은 아니다. 알고리즘은 이후 고학년에 필수과목으로 학습할 수 있는 기회가 있다. 따라서 필요시 프로그램을 요구하기 이전에 알고리즘은 미리 설명해 줄 필요가 있다. 이 책의 예제에서 문제가 조금이라도 어려워 보이면 일단 알고리즘부터 설명하려 한 이유는 이 때문이다. 과제물에 대해서도 힌트를 통해 대략적인 알고리즘을 설명하려 한 이유도 이 때문이다.

학습 태도가 피동적으로 바뀌게 된 또 다른 원인은 가르치는 내용 때문이라고 말할 수 있다. 이런 저런 명령어가 있으니 그것이 제대로 실행되는지 확인해 보라는 방식의 학습으로는 흥미를 유발하기 어렵다. 왜(WHY) 그렇게 되는지를 설명해야 한다. 왜 선택문이나 반복문이 필요한지, 왜 배열이나 포인터가 필요한지, 왜 지역 변수의 유효 영역이 함수 내부로 제한되는지, 왜 C 언어는 값 호출 방식만을 사용하는지, 왜 버퍼 오버플로우 현상을 방치했는지, 왜 컴퓨터가 2의 보수를 쓰는지, 왜 컴파일러가 scanf 대신 scanf_s를 쓰라고 권장하는지, 왜 배열 인덱스가 0부터 시작하는지 등 크고 작은 많은 이유를 설명해 주어야 한다. 인과 관계를 모르는 상태에서 흥미를 느끼기는 어렵다. 이 책이 인과 관계를 설명하는 데 많은 부분을 할애한 이유는 이 때문이다.

또 다른 원인은 학습 동기에 관한 것이다. 이 과목을 배워서 도대체 어디에(WHERE) 활용할 수 있을 것인지를 모르는 상태에서는 동기 유발이 어렵다. 이 문제에 대한 해결책은 다른 과목과 C 프로그래밍과의 연관성을 설명하는 것이다. C 언어는 그 자체로 끝나는 것이 아니다. 컴파일러는 물론 어셈블리 언어, 컴퓨터 구조, 자료 구조, 알고리즘, 계산 이론, 운영체제, 데이터베이스 등의 교과목과도 직간접으로 연관되어 있다. 물론 전산학 개론을 통해서 이들 전공과목이 무엇을 다루는지에 대해 피상적인 수준에서 학습할 수는 있다. 그러나 C 언어가 말하는 연관성은 그보다는 조금 더 구체적이다. 따라서 이 과목은 전공과목을 조금 더 구체적으로 소개할 수 있는 절호의 기회라고 할 수 있다. 어떤 과목이든 프로그램 언어 수준에서 설명해 볼 수 있기 때문이다. 아울러 이들 과목과 연계시켜 C 언어의 역할을 강조함으로써 이 과목을 학습해야 하는 동기를 부여할 수 있다. 이 책에서 수시로 전공과목과의 연관성을 설명하고자 한 이유는 이 때문이다.

어떻게(HOW)도 중요하다. 이는 어떤 논리로, 어떤 명령어를 써서 알고리즘을 구현할 것인가를 말한다. 일상의 언어와 마찬가지로 C 언어도 하나의 언어다. 조건문이나 반복문 같은 C 언어의 기본 구조도 일상의 언어와 흡사하다. 또, 일상의 언어와 마찬가지로 C 언어에도 당연히 문법이 존재한다. 그러나 이 언어는 컴퓨터와 소통해야 하는 언어이기 때문에 까다로운 점이 무척 많다. 컴파일러에 의해 걸러지는 문법 오류뿐만 아니라, 프로그래머 스스로 범하게 되는 논리 오류도 수시로 발생한다. C 언어를 처음 배우는 사람이 가장 어려움을 느끼는 점이 바로 이 점이다. 이에 대한 해결책은 프로그래머가 겪을 수 있는 다양한 경우를 모두 나열하는 것 외에는 없다. "이렇게 하면 된다."만으로는 충분치 않다. "이렇게 하면 안 된다."라거나, "저렇게 해도 된다."를 나열해야 한다. 이 책의 예제나 이어지는 보충 설명은 그러한 점들을 나열하기 위한 것이다.

사실상 C 언어 학습서가 다루는 내용은 거의 획일적이라 할 만큼 유사하다. 하지만 이 책이 지향하는 바는 기존의 학습서와는 조금 다르다. 전술한 대로 내용면에서도 다르지만, 기존 학습서가 거의 도외시하던 주제를 다룬다는 면도 다르다. 7장의 디버깅이 그 예다. 코드가 조금만 길어지면, 아마도 여기서 오류가 났을 것이라는 식의 추측에 의한 디버깅에 한계가 있다. 그보다는 디버거를 올려놓고 명령어가 실행되는 모습을 하나하나 지켜보는 것이 훨씬 효과적이다. 거의 하나의 장을 차지할 정도로 디버깅 방법을 상세하게 설명한 이유는 이 때문이다. 7장의 소프트웨어 설계는 사실상 소프트웨어 공학에서 구체적으로 다루어야 할 주제다. 그러나 일부 주제는 일찌감치 C 언어에 도입할 필요가 있다. 개별 함수를 테스트하여 완성한 후에 그것을 조립하라든지, 프로그램을 짤 때 main 함수부터 작성하라든지 하는 것은 프로그램을 작성하는 효율적인 방법론이기 때문이다.

8장의 스택 프레임도 기존의 학습서가 간과한 부분이다. 사실상 스택 프레임에 관한 이야기는 값 호출이나 참조 호출, 변수의 수명과 영역 등 C 언어의 특성을 이해할 수 있는 상당히 중요한 주제다. "아무리 강조해도 지나치지 않다."라는 상투어를 써도 될 정도로 중요한 주제다. 12장의 컴퓨터 보안도 별도의 전공과목으로 다루어지는 주제다. 그러나 여기서 배열과 연관시켜 보안 문제를 설명한 이유는 보안과의 연계성을 통해 C 언어의 역할을 강조할 수 있는 좋은 기회이기 때문이다. 2중 포인터나 포인터 배열도 이 책이 강조하고자 하는 주제다. 후속 과목인 자료구조에 대비해서 반드시 알고 넘어가야 할 필수적인 주제이기 때문이다. 특히 포인터 배열의 경우 11, 12, 13장에 걸쳐서 포인터가 가리키는 대상의 자료형을 바꾸어 가면서 강조했다. 15장의 범용 프로그래밍 역시 후속 과목인 자료구조나 객체지향 프로그래밍을 이해하는 데 필요한 기초 지식을 다지기 위한 내용이다.

왜 그렇게 되는지, 어떤 방법으로 구현할지, 어디에 응용되는지를 설명함으로써 C 언어에 대한 이해도를 높일 수 있다. 그 과정에서 흥미나 동기가 유발되고 학습 태도도 능동적으로 바뀔 수 있다. 이 책이 지향하는 목표는 여기에 있다. 특히 초급 수준의 독자라 할지라도 매 챕터를 거듭하면서 점차로 높은 수준에 이를 수 있도록 난이도를 조절하는 데 많은 노력을 기울였다. 물론 이러한 목표가 제대로 달성되었는지에 대한 판단은 독자의 몫이다.

책이 나오기까지 주변에서 많은 도움을 주신 분들에게 감사드린다. 그동안 수업 현장에서 갖가지 질문을 주고받았던 학생들에게 감사드린다. 이미 C 언어를 학습한 상태에서 수업에 들어와 이런 저런 멘트를 해 준 학생들에게 감사드린다. 진도를 따라오지 못해 필자로 하여금 원인이 무엇인지를 끊임없이 고민하게 해 준 학생들에게도 감사드린다. 그간 수업 현장에서 활용해온 자료를 책으로 낼지 말지를 망설이던 시기에 결정을 도와주신 한빛아카데미 김미정 차장님에게도 감사드린다. 하나님 은혜 안에 이 모든 일을 가능하게 해 주신 부모님과 가족들 그리고 알게 모르게 도움을 주신 주변의 많은 분들에게도 감사를 드린다.

저자 **주우석**

▸강의 보조 자료 한빛아카데미 홈페이지에서 '교수회원'으로 가입하신 분은 인증 후 교수용 강의 보조 자료를 제공받을 수 있습니다. 한빛아카데미 홈페이지 상단의 〈교수전용공간〉 메뉴를 클릭하세요.
http://www.hanbit.co.kr/academy

▸예제 소스 실습에 필요한 자료는 아래 주소에서 내려받을 수 있습니다.
http://www.hanbit.co.kr/src/4370

▸과제 해답 안내 본 도서는 대학 강의용 교재로 개발되었으므로 과제 해답은 제공하지 않습니다.

▸이 책의 구성

❶ **배경 지식(1~3장)** 1장은 C 언어의 특성 및 컴파일러 사용법에 대해, 2장은 컴퓨터 내부의 데이터 표현 방법에 대해, 3장은 가장 기본적인 컴퓨터 연산에 대해 설명합니다.

❷ **함수 소개(4장)** 4장은 프로그램의 기본 단위인 함수를 정의하는 방법을 설명합니다. 함수에 관한 구체적인 내용은 8장에 설명되어 있지만, 이를 미리 소개하는 이유는 그래야 선택 구조와 반복 구조를 수월하게 설명할 수 있기 때문입니다.

❸ **선택 구조와 반복 구조(5~6장)** 모든 알고리즘의 기본 틀은 선택 구조와 반복 구조입니다. 5장은 if 문과 switch 문을 중심으로 선택 구조를 설명합니다. 6장은 while 문과 for 문을 중심으로 반복 구조를 설명합니다.

❹ **디버깅(7장)** 오류의 원인을 찾아내는 것은 프로그래머에게 요구되는 필수 능력입니다. 7장은 DEBUG 상수, assert 함수, Visual C 디버거를 중심으로 디버깅 방법을 설명합니다.

❺ **함수 작동 원리(8장)** 8장은 함수 호출 시에 일어나는 일을 설명합니다. 스택 메모리를 관리하는 방식을 이해함으로써 변수의 영역과 수명, 값 호출과 참조 호출, 재귀 호출에 대해 심도 있게 이해할 수 있습니다.

❻ **배열과 포인터(9~11장)** 배열과 포인터는 분리하기 어려운 주제이기 때문에 어느 것을 먼저 설명하더라도 무리가 갑니다. 일단 9장에서 간략하게 배열을 소개하고 그것을 바탕으로 10장에서 포인터를 설명합니다. 최종적으로 11장에서 포인터와 배열 사이의 관계를 설명합니다.

❼ **문자열, 구조체, 파일 입출력(12~14장)** 12장에서 배열로서의 문자열을 설명하고 이어 배열 크기를 초과하는 데 따른 컴퓨터 보안 문제를 설명합니다. 13장에서 집합 자료형으로서의 구조체를 설명하고, 14장에서 외부 파일에 읽고 쓰는 방법을 설명합니다.

❽ **범용 프로그래밍(15장)** 15장은 하나의 자료형을 여러 응용 프로그램에 두루 적용할 수 있는 방법인 추상 자료형에 관해 설명합니다.

Chapter 01 C 언어와 컴파일러

01 C 언어 소개 012
02 Visual C 컴파일러 사용법 017
03 Hello, world. 028
04 프로그램 작성 및 실행 034
과제 040

Chapter 02 변수와 산술 연산

01 숫자 표현 042
02 변수와 상수 050
03 변수와 메모리 068
04 표준 입출력 함수 078
과제 093

Chapter 03 대입문과 연산자

01 대입문 096
02 산술 연산자 103
03 관계 연산자와 논리 연산자 109
과제 123

Chapter 04 함수 I

01 함수 정의 126
02 함수명, 들여쓰기, 주석 처리 138
과제 144

Chapter 05 선택 구조

01 if 문 ··· 148
02 switch 문 ··· 170
과제 ··· 176

Chapter 06 반복 구조

01 while 문과 for 문 ··· 182
02 반복 구조 예시 ··· 193
03 break 문과 continue 문 ··· 207
과제 ··· 213

Chapter 07 디버깅과 소프트웨어 설계

01 DEBUG 상수와 assert 함수 ··· 222
02 디버거 활용 ··· 234
03 분할 정복 ··· 243
04 소프트웨어 설계 ··· 250
과제 ··· 258

Chapter 08 함수 II

01 스택 프레임 ··· 260
02 변수의 영역과 수명 ··· 273
03 값 호출과 참조 호출 ··· 286
04 인라인 함수와 가변 인자 함수 ··· 292
05 재귀 호출 ··· 297
과제 ··· 313

Chapter 09 배열

01 필요성 및 정의 320
과제 327

Chapter 10 포인터

01 포인터 정의 332
02 포인터와 참조 호출 348
03 포인터에 의한 배열 전달 355
과제 366

Chapter 11 포인터와 배열

01 포인터 산술 연산 376
02 2중 포인터 390
03 동적 메모리 397
04 2차원 배열과 포인터 배열 415
과제 429

Chapter 12 문자열

01 문자열 표현 444
02 문자열 입출력 458
03 문자열 처리 함수 468
04 버퍼 오버플로우와 컴퓨터 보안 486
05 문자열 배열과 문자열 포인터 배열 496
과제 510

Chapter 13 구조체

01 구조체 정의 522
02 구조체 복사 536
03 구조체 배열과 구조체 포인터 배열 544
04 비트 필드 550
05 사용자 정의 자료형 552
과제 563

Chapter 14 파일 입출력

01 파일 구조체와 입출력 함수 574
과제 595

Chapter 15 범용 프로그래밍

01 추상 자료형 604
02 사용자 관점과 구현자 관점 607
03 다중 파일 컴파일 618
04 연결 리스트로 구현한 스택 625
05 범용 프로그래밍 636
과제 648

부록 01 표준 라이브러리 함수 요약 656
부록 02 아스키코드 표 659
부록 03 연산자 우선순위 660

찾아보기 661

Chapter 01
C 언어와 컴파일러

01 C 언어 소개
02 Visual C 컴파일러 사용법
03 Hello, world.
04 프로그램 작성 및 실행
과제

모든 일이 그러하듯 새로운 언어를 배우는 것도 첫걸음을 떼기가 가장 어렵다. 전혀 모르는 곳을 향한 발걸음이기 때문이다. 언어는 모방에서 출발한다. 어린아이가 처음 말을 배울 때 그 뜻을 완전히 알고 나서 말하는 경우는 거의 없다. 뜻을 모르더라도 일단 따라해 보는 것이 중요하다. 이 장은 이후 설명할 내용에 대한 일종의 예고편이므로 이해가 어려운 부분은 건너뛰어도 무방하다.

01 C 언어 소개

다양한 분야에 컴퓨터 프로그램이 사용된다. 과학이나 공학, 비즈니스에 필요한 일반적인 소프트웨어는 물론 운영체제, 인공지능, 데이터베이스 등 전문적인 소프트웨어를 작성하는 데에도 프로그램이 필수적이다. 프로그램이란 다른 것이 아니다. 일련의 명령문이 모인 것이 프로그램이다. 다시 말해, 특정 언어를 사용하여 "이렇게 하라. 그 다음에는 이렇게 하라. 또 그 다음에는 이렇게 하라."라고 지시한 것이 프로그램이다.

사람 사이의 소통에 언어가 필요하듯, 사람과 컴퓨터 사이의 소통에도 언어가 필요하다. 다시 말해 사람이 컴퓨터라는 기계에게 일을 시키려면 컴퓨터가 알아들을 수 있는 언어를 써서 소통해야 한다. 그러나 본질적으로 컴퓨터는 '0'과 '1'이라는 두 단어 밖에는 이해하지 못한다. 예를 들어, 숫자 3을 컴퓨터로 읽어 들이라고 하려면 '10011111 00000011'이라는 2진수 형태로 명령해야 한다. 여기서 '10011111'은 읽어 오라는 명령어(타동사)를, '00000011'은 숫자 3(목적어)을 나타낸다. 컴퓨터가 직접 이해할 수 있는 이러한 형태의 언어를 기계어(Machine Language)라 부른다. 컴퓨터가 직접 처리해야 할 수 있는 대상이라는 점에서 이를 오브젝트 코드(Object Code, 목적 코드)라 부르기도 한다.

그러나 이처럼 컴퓨터가 이해할 수 있는 언어를 써서 프로그램을 할 경우, 이번에는 사람이 부담을 안게 된다. 명령어마다 거기에 해당하는 기나긴 2진수 열을 기억해야 하기 때문이다. 그러한 부담을 조금이라도 덜기 위해 개발된 언어가 어셈블리 언어(Assembly Language)다. 예를 들어, '10011111 00000011'이라는 기계어를 어셈블리 언어로는 'mov %ax, $3'이라고 할 수 있다. 이는 숫자 3을 CPU 레지스터 중 하나인 ax 레지스터에 저장하라는 뜻의 명령이다. 이처럼 어셈블리 언어를 사용하면 기계어보다는 프로그램이 수월해진다. 그러나 사람이 어셈블리 언어를 쓰더라도 컴퓨터가 이해할 수 있는 언어는 여전히 기계어뿐이다. 따라서 어셈블리 언어를 기계어로 번역해 주는 소프트웨어인 어셈블러(Assembler)가 필요하다.

프로그램 언어는 고급 언어(High-level Language)와 저급 언어(Low-level Language)로 나뉜다. 컴퓨터가 이해할 수 있는 언어에 가까울수록 저급 언어이고, 우리 일상에서 쓰는 자연어(Natural Language)에 가까울수록 고급 언어다. 물론 어셈블리 언어로 프로그램을 짤 수도 있다. 그러나 'mov %ax, $3' 명령에서 보듯 숫자 3을 ax 레지스터로 읽어 들이라는 식으로 구체적인 하드웨어 수준에서 프로그램을 짜기는 어렵다. 어셈블리 언어보다 더욱 고급 언어인 C 언어가 필요한 이유는 이 때문이다.

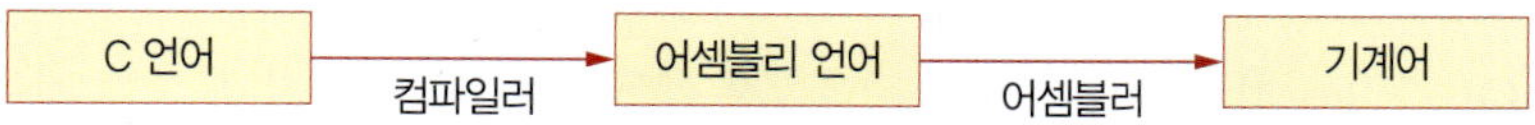

그림 1-1 번역 순서

그림에서 보듯 C 언어, 어셈블리 언어, 기계어 순으로 가면서 점차 저급 언어로 바뀐다. 역으로 말하자면 기계어, 어셈블리 언어, C 언어 순으로 가면서 고급 언어로 바뀐다. C 언어를 그보다 저급 언어인 어셈블리 언어로 번역해 주는 소프트웨어를 컴파일러(Compiler, 언어 번역기)라 부른다. 물론 어셈블리 언어는 또 다시 어셈블러(Assembler)에 의해 기계어로 번역되어야 비로소 컴퓨터가 이해할 수 있는 언어가 된다. 컴파일러와 어셈블러 합쳐서 단순히 컴파일러라고 부르기도 한다.

C 언어	어셈블리 언어	기계어
count = 1;	mov %ax, $1	10011111 00000001
while (count <= 10)	loop: add $2, %ax	00101101 00000010
count = count + 2;	cmp $10, %ax	00110001 00001010
	jle loop	11010001 10110001

그림 1-2 C 언어, 어셈블리 언어, 기계어

C 언어와 어셈블리 언어, 기계어의 차이점을 보여주는 예다. 예에서 보듯 C 언어가 가장 일상의 언어에 가깝다. 이 언어는 어셈블리 언어에 비해 훨씬 고급 언어이기 때문에 하나의 C 명령어가 여러 어셈블리 명령어로 번역될 때가 많다. 어셈블리 언어도 기계어에 비해서는 고급 언어로서, mov(move), add(add), cmp(compare), jle(jump if less than or equal) 등 기계어에 비해 이해하기 쉬운 명령어를 사용하고 있다. 이 언어는 하드웨어를 직접 가동하는 수준의 언어이기 때문에 하드웨어의 종류에 따라 자체 성능을 극대화할 수 있는 다양한 명령어를 사용한다.

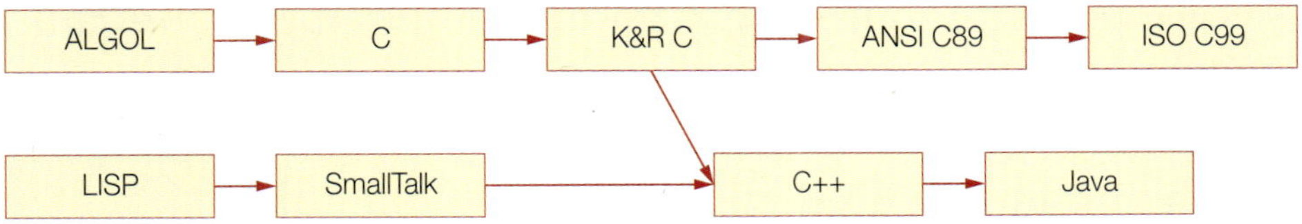

그림 1-3 고급 언어의 진화

알골(ALGOL, Algorithmic Language)과 같은 고급 언어가 나오기 시작한 것은 1960년대의 일이다. 이후 1972년경에 리치(Dennis Ritchie)와 톰슨(Kenneth Thompson)이 B 언어를 개선하여 만든 것이 C 언어다. 톰슨은 어셈블리 언어를 써서 유닉스 운영체제를 개발했지만, 이후 C 언어를 사용하여 그것을 개정하기도 했다. 이후 1978년경에 커니그핸(B. Kernighan)과 리치(D. Ritchie)에 의해 처음으로 K&R C(Kernighan and Ritchie C)라는 C 언어 표준이 확립되었다. 1989년경 새로운 C 언어 표준인 앤시 C89(ANSI C89, American National Standard Interface C89)가 등장한다. 또, 이에 대한 후속 버전으로 1999년경 ISO C99(International Organization for Standardization C99)가 발표되기도 하였지만 이전 버전과의 호환성 문제나 컴파일러 구현 문제로 인해 현재는 ANSI C89가 사실상의 표준(de facto Standard)으로 사용되고 있다. 이 책에서도 ANSI C89를 위주로 설명하기로 한다.

고급 언어의 또 다른 큰 흐름은 객체지향 언어다. C 언어가 "이렇게 하라. 그 다음에는 이렇게 하라. 그 다음에는 또 이렇게 하라."라는 형태로 일을 처리하는 순서에 주안점을 둔 절차적 언어(Procedural Language)라면, 객체지향 언어(Object Oriented Language)는 누가 어떤 일을 담당할지에 주안점을 둔 언어다. 이는 "객체 A는 이 일을 이렇게 처리하고, 객체 B는 저 일을 저렇게 처리하라."는 식으로 프로그램의 주요 요소를 객체로 나누고 각 객체의 임무를 정의함으로써 프로그램을 끝내는 방식의 언어다. 대표적인 객체지향 언어로는 1960년대에 등장한 리습(LISP, List Processor) 언어, 1970년대의 스몰톡(Smalltalk) 언어, 1978년경 C 언어의 영향을 받은 객체지향 언어인 C++ 언어가 있다. 이는 이후 1990년대에 등장한 자바(Java) 언어에 영향을 미치게 된다.

어셈블리 언어는 하드웨어를 직접 구동시켜야 하는 구체적 수준의 프로그램이다. 즉, 메모리나 CPU 등 컴퓨터 하드웨어가 구체적으로 어떻게 동작하는지를 알고 있어야 프로그램이 가능하다. 따라서 똑같은 일을 하는 프로그램일지라도 사용 가능한 하드웨어의 종류에 따라 어셈블리 프로그램이 달라지기도 한다. 하드웨어의 종류에 따라 그것을 작동시키는 명령어도 달라야 하기 때문이다.

이에 반해 C 언어는 추상적 수준의 프로그램이기 때문에 하드웨어와 무관하다. 다시 말해 하드웨어에 대해 전혀 신경을 쓰지 않고 프로그램을 짤 수 있다. 하드웨어의 종류에 따라 서로 다른 기계어로 번역하는 것은 컴파일러에 맡기면 되기 때문이다. 더구나 일상의 언어에 가까운 추상적인 언어이기 때문에 프로그램의 흐름을 제어하기도 수월하다. 예를 들어, 동일한 부분을 반복하게 하거나, 조건에 따라 이런 경우에는 이렇게, 저런 경우에는 저렇게 하도록 만들 수도 있다.

추상적 수준에서는 프로그램을 기능적 단위로 나누어 짤 수도 있다. 그 경우 각각의 기능적 단위를 모듈(Module, Subsystem)이라 부른다. 예를 들어 메뉴를 통해 데이터를 입력받는 모듈, 선택된 메뉴에 따라 요구사항을 처리하는 모듈, 처리 결과를 화면에 출력하는 모듈 등으로 프로그램을 나누어 짤 수도 있다. 프로그램을 모듈 단위로 나누어 짜는 방법을 구조적 프로그래밍(Structured Programming)이라 부른다. 이는 특히 규모가 큰 프로그램을 짤 때 유리하다. 복잡하고 커다란 일을 처리할 때는 그것을 개념적으로 분할하여 여러 개의 작은 일로 나누어 짜는 것이 수월하기 때문이다. 이는 어셈블리 언어와 같은 구체적인 수준의 언어에서는 거의 불가능한 일이다.

프로그램 언어로서 C 언어의 장점은 간결성이다. 이는 C 언어 자체가 짧은 명령문을 선호하기 때문이다. 짧은 명령문만으로 많은 일을 할 수 있기 때문에 프로그램을 실행 파일로 만들었을 때 C 언어로 짠 프로그램은 실행 파일의 크기가 다른 언어에 비해 상대적으로 작다.

C 언어의 또 다른 장점은 이식성이다. 거의 동일한 C 프로그램을 서로 다른 여러 하드웨어나 소프트웨어 환경에서 돌릴 수 있다. IBM PC에서 돌아가던 C 프로그램을 거의 수정하지 않은 채 애플(Apple) PC나 워크스테이션, 대형 메인 프레임 컴퓨터에서도 돌아가게 할 수 있다. 프로그램을 옮겨 심을 수 있다는 뜻에서 이를 이식성(Portability)이라 부른다. Portability란 Port 즉 항구를 이리저기 옮겨 다닐 수 있다는 뜻이다. 이를 이식성이라고 번역한 이유는 이리저리 옮겨 심을 수 있다는 뜻이기 때문이다. 하드웨어에 무관하게 돌아간다는 점에서 이를 장치 독립성(Device Independency)이라고도 부른다. C 언어에 비해 어셈블리 언어는 이식성이 떨어진다. 하드웨어를 직접 다루는 수준의 언어이므로 하드웨어가 달라지면 프로그램 대부분을 해당 하드웨어에 맞게 수정해야 하기 때문이다.

하드웨어 환경뿐만 아니라 소프트웨어 환경에 대해서도 C 언어는 이식성이 강하다. 예를 들어, 거의 동일한 C 프로그램을 마이크로소프트 운영체제인 MS Windows는 물론 유닉스 운영체제나 애플의 매킨토시 운영체제에서도 돌릴 수 있다. 물론 경우에 따라서는 코드 일부를 수정해야만 할 때도 있다. 그러나 이식성이 강하다는 말은 상대적으로 그러한 부분이 미미하다는 의미이다.

고급 언어인가 저급 언어인가는 결국 상대적인 개념이다. C 언어를 고급 어셈블리 언어라고 부르기도 한다. 고급 언어 중에서는 상대적으로 어셈블리 언어에 가장 근접한 언어이기 때문이다. 특히 프로그램 실행 속도 면에서 볼 때 다른 고급 언어에 비해 C 언어는 어셈블리 언어에 필적할 정도로 빠르다. 바로 그러한 이유로 인해 C 언어는 주로 빠른 실행 속도를 요하는 소프트웨어 개발에 활용된다.

크게 봐서 소프트웨어는 컴퓨터 운용에 필수적인 시스템 소프트웨어(System Software)와 특수한 목적에 사용되는 응용 소프트웨어(Application Software)로 나누어 볼 수 있다. C 언어가 운영체제, 컴파일러, 어셈블러 등의 시스템 소프트웨어는 물론 데이터베이스, 문서 편집기, 유틸리티 등의 응용 소프트웨어 개발에 사용되는 이유는 빠른 실행 속도 때문이다. 자동차 및 비행기 부품으로 사용되는 마이크로 프로세서(Micro Processor)를 구현하는 데에도 대부분 C 언어가 사용된다. 나아가 휴대용 기기에 들어가는 임베디드 프로세서(Embedded Processor)에도 C 언어가 사용된다. 이는 시스템 소프트웨어나 응용 소프트웨어를 읽기 전용 메모리(ROM, Read Only Memory) 칩에 내장하여 프로그램을 매우 고속으로 구동할 수 있게 만든 프로세서를 말한다.

40년 이상 축적된 풍부한 함수 라이브러리를 가져다 쓸 수 있다는 점도 C 언어의 장점 중 하나다. 새로운 언어들이 속속 등장하고 있지만 C 언어가 여전히 가장 자주 사용되는 이유는 이런 장점들 때문이다.

02 Visual C 컴파일러 사용법

마이크로소프트에서 제공하는 C 컴파일러는 Visual Studio Community Edition에 포함되어 있다. 소스코드 편집은 물론 컴파일, 실행, 디버깅까지 한꺼번에 지원하는 이러한 소프트웨어를 IDE(Integrated Development Environment)라고 부른다. Eclipse, Xcode, DEV C++ 등도 모두 IDE다. 우리가 사용할 IDE인 Visual C++는 마이크로소프트 홈페이지에서 무료로 다운로드할 수 있다. Visual Studio Community Edition을 다운로드하여 설치하고 실행하면 아래 화면이 뜬다.

여기서 오른쪽 하단의 [새 프로젝트 만들기]를 누른다.

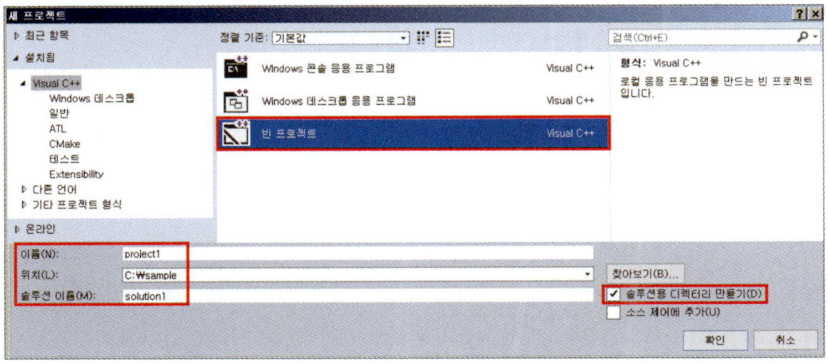

소스코드가 모여 프로젝트를 이루고, 프로젝트가 모여 솔루션을 이룬다.

[새 프로젝트] 대화상자가 열리면 빈 프로젝트를 선택하고, 하단에 프로젝트 이름, 위치, 솔루션 이름을 입력해야 한다. 그러자면 일단 프로젝트(Project)와 솔루션(Solution)을 구별할 수 있어야 한다. 프로그램 규모가 커지면 여러 개의 소스코드를 모아서 하나의 프로젝트를 만들 수 있다. 규모가 더욱 커지면 여러 개의 프로젝트를 모아서 하나의 솔루션을 만들 수 있다. 따라서 집합 관계로 보면 하나의 솔루션이 여러 개의 프로젝트로 이루어지고, 하나의 프로젝트가 다시 여러 개의 소스코드로 이루어진다.

프로젝트를 만들면 프로젝트 폴더가 만들어지고 그 안에 .sln으로 끝나는 솔루션 파일이 자동으로 생성된다. 위의 그림에서 하단 오른쪽에 있는 [솔루션용 디렉터리 만들기] 항목에 체크하지 않으면 단순히 프로젝트 폴더만 만들어진다. 그러나 이 항목에 체크하면 솔루션 폴더가 만들어지고 그 아래에 프로젝트 폴더와 .sln 파일이 나란히 들어간다. C 언어를 학습하는 수준에서는 여러 프로젝트로 구성된 솔루션을 만들 일이 거의 없다. 따라서 굳이 솔루션 디렉터리를 만들 필요가 없다. 그러나 예에서는 폴더 계층구조를 확인하기 위해 프로젝트 이름을 project1로, 솔루션 이름을 solution1로 지었다. 또, 폴더 위치를 C:\sample로 지정하였다. 이렇게 되면 C:\sample 아래에 solution 폴더가 생기고 다시 그 아래에 project 폴더가 생긴다. 〈확인〉 버튼을 누르면 다음 화면이 열린다.

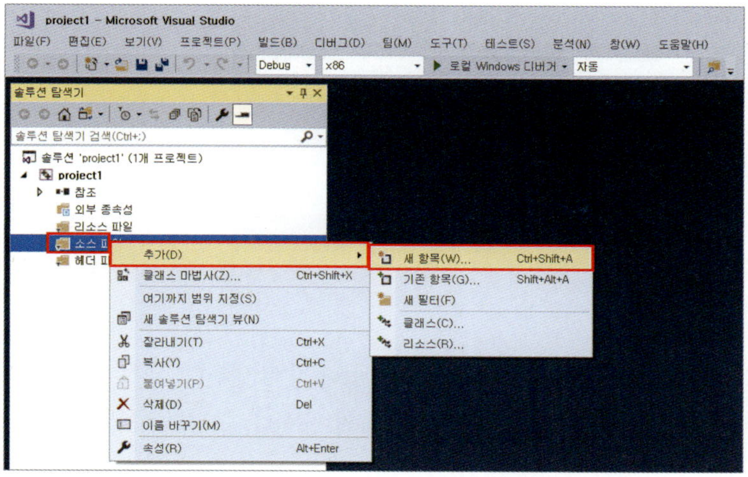

솔루션 탐색기 창에서 [소스 파일] 폴더에 마우스 우 클릭을 가하고 [추가]-[새 항목]을 선택하면 다음 화면이 열린다.

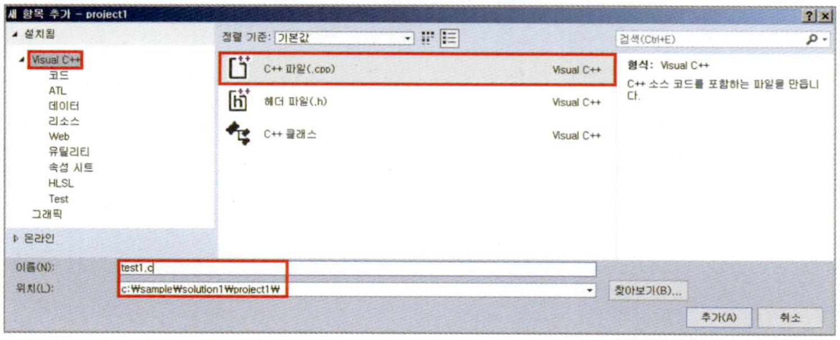

Visual Studio는 C 언어를 C++ 언어의 일부로 취급하기 때문에 왼쪽 칼럼에서 Visual C++를 선택하고 오른쪽 칼럼에서 C++ 파일을 선택해야 한다. 여기서 주의해야 할 점은 하단의 소스코드 파일 이름을 반드시 .c 확장자로 끝내야 한다는 것이다. 그래야만 컴파일러에게 내가 작성하려는 프로그램이 C 프로그램임을 알릴 수 있다. 그냥 놓아두면 자동으로 .cpp가 붙는다. 그 경우 컴파일러가 소스코드를 C++ 프로그램으로 인식하여 불필요한 내용을 덧붙이는 바람에 문제가 생길 수도 있다. 여기서는 파일 이름을 test1.c로 짓기로 한다. 파일 경로는 자동으로 'C:\sample\solution1\project1\'로 지정된다. 따라서 test1.c 파일은 그 안에 들어간다. 〈추가〉 버튼을 누르면 다음 화면이 열린다.

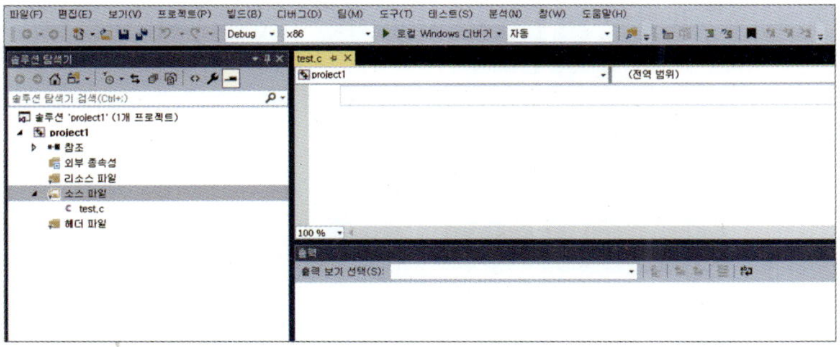

이제 오른쪽 상단에 소스코드를 입력할 수 있는 '소스코드 입력 창'이 열린다. 왼쪽 창은 '솔루션 탐색기'이고 오른쪽 하단은 컴파일 결과를 출력하는 '출력 창'이다. 창별로 이름을 기억해 두자.

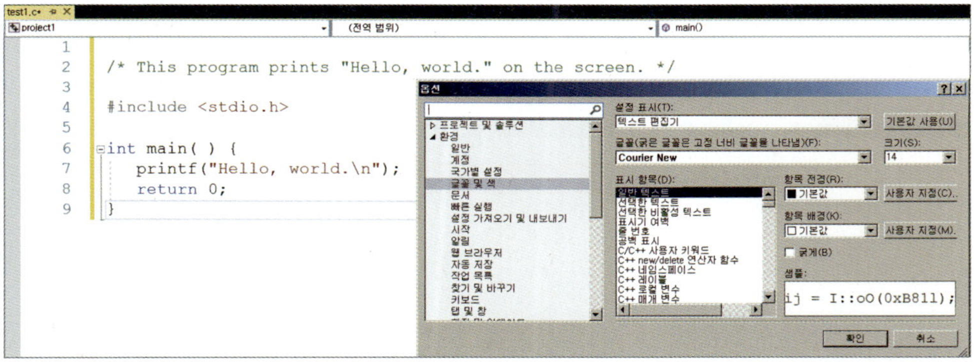

C 언어를 배운 사람이라면 누구나 알고 있는 이른바 '헬로 월드' 프로그램을 입력해 보자. 위 화면의 소스코드는 콘솔 창에 'Hello, World.'라는 메시지를 찍기 위한 프로그램이다. 지금은 컴파일러 사용법을 배우는 중이니 소스코드의 의미는 몰라도 된다. printf 문의 마지막에 '\n'이라는 문자가 있는데 키보드에서 Backslash를 누르면 글꼴에 따라 '\'로 보이기도 하고 '\'로 보이기도 한다. 어떤 경우든 문제가 되지는 않는다. 글씨가 작으면 상단의 메뉴 바에서 [도구]–[옵션]을 선택하면 글꼴 및 색을 조정할 수 있는 [옵션] 대화상자가 열린다.

프로그램을 실행하려면 Ctrl+F5를 누른다.

프로그램을 컴파일하고 링크하여 실행 파일을 만들려면 상단 메뉴에서 [빌드]–[솔루션 빌드]를 선택한다. 프로젝트 하나로 구성된 솔루션이라면 [빌드]–[Projcect 빌드]를 선택해도 된다. 이후 프로그램을 실행하려면 [디버그]–[디버그하지 않고 시작](단축키 Ctrl+F5)을 선택해야 한다. 그러나 솔루션 빌드나 프로젝트 빌드라는 과정을 생략하고 곧바로 Ctrl+F5를 눌러도 된다. 프로그램을 실행하면 컴파일러가 알아서 일단 솔루션을 빌드하기 때문이다.

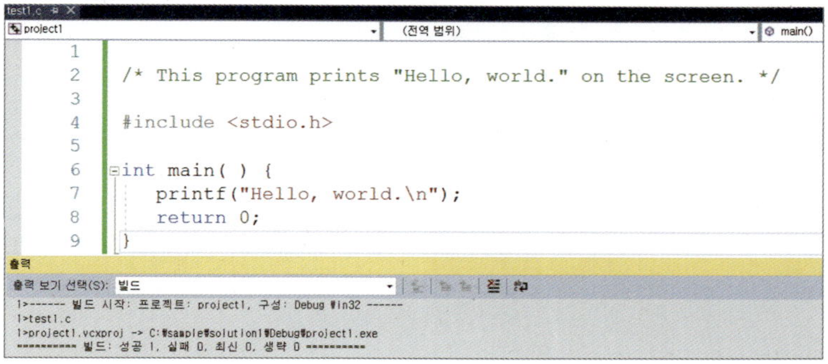

Ctrl+F5를 누른 결과 출력 창에 빌드(Build) 시작 메시지와 컴파일에 성공했다는 메시지가 뜨면 콘솔 창이 열리고 프로그램이 실행된다. 그런데 아무런 오류가 없음에도 불구하고 실행 결과가 보이지 않을 때도 있다. 콘솔 창이 열려 실행은 되었으나 곧바로 콘솔 창이 사라지는 바람에 보이지 않는 것이다.

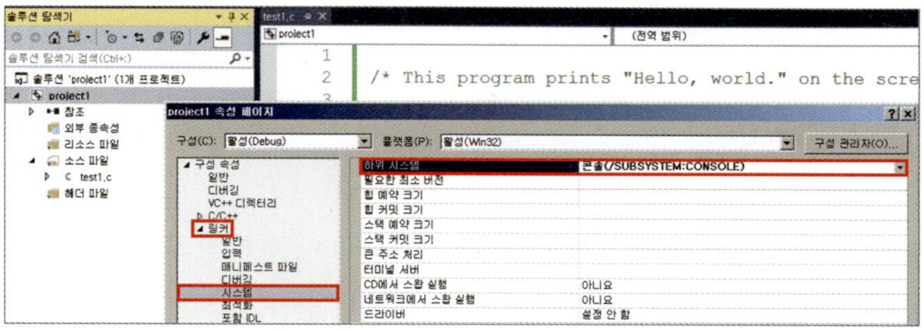

[프로젝트]–[속성], [링커]–[시스템]–[하위 시스템]–[콘솔]

콘솔 창을 멈추게 하려면 컴파일 환경을 바꾸어야 한다. 상단 메뉴 바에서 [프로젝트]–[Project1 속성]을 선택하면 위와 같은 창이 열린다. 왼쪽 칼럼에서 [링커]를 더블클릭한 후 그 아래 [시스템]을 누르면 오른쪽 상단에 '하위 시스템' 메뉴가 보인다. 여기서 오른쪽 끝 버튼을 클릭하여 '콘솔'을 선택하면 콘솔 창이 멈춘다. 다른 방법도 있다. 예의 소스코드에 #include 〈stdlib.h〉를 추가한 후, return 0; 명령 직전에 system("pause");라는 명령을 추가해도 된다.

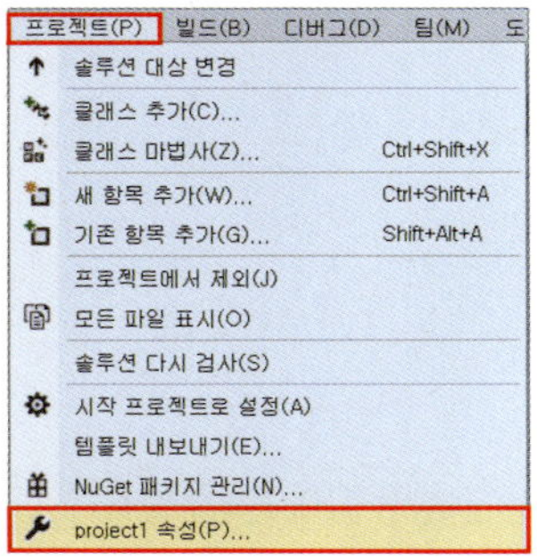

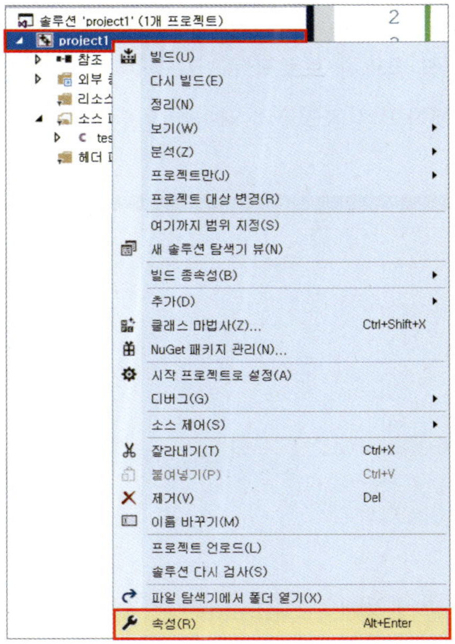

프로젝트의 속성을 바꾸려면 왼쪽 그림처럼 상단 메뉴 바의 [프로젝트]-[project 속성]을 선택하면 된다. 오른쪽 그림처럼 '솔루션 탐색기' 창의 프로젝트 명에 마우스 우 클릭을 가하고 [속성] 메뉴를 선택해도 된다.

이제 다시 Ctrl+F5를 누르면 위 그림과 같이 원하던 출력을 보게 된다. 콘솔 창의 기본 배경색은 검은 색이다. 위 그림처럼 색상을 바꾸려면 콘솔 창 상단 타이틀 바를 마우스 우 클릭하고 [속성]-[색]을 선택하면 된다.

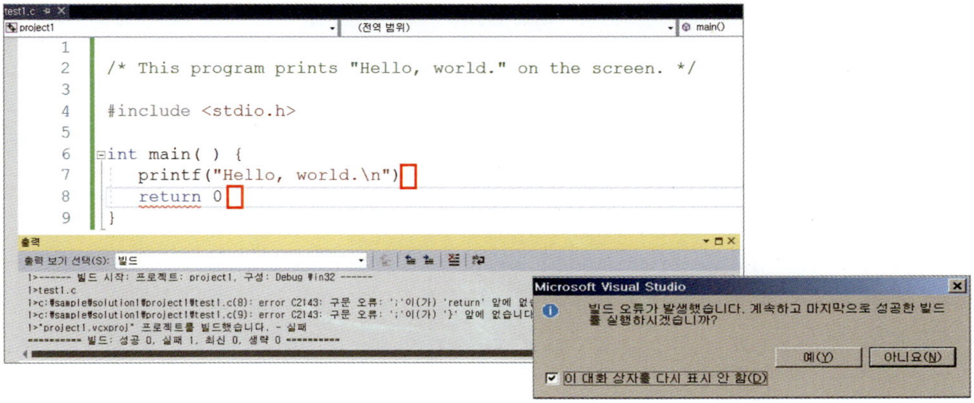

의도적으로 오류를 일으켜 보자. 일반 문장이 마침표(Period)로 끝나듯 C 언어의 명령문은 ;(세미콜론, Semicolon)으로 끝나야 한다. 그렇지 않으면 문법 오류다. 오류를 일으키기 위해 위 그림과 같이 printf 문과 return 문 끝의 세미콜론을 지워 보자. 이 상태에서 Ctrl+F5를 누르면 빌드 오류 메시지가 뜬다. 때로는 예처럼 "마지막으로 성공한 빌드를 실행하시겠습니까?"라고 묻기도 한다. 그러나 코드를 바꾸어 놓고 이전 코드를 실행할 일은 거의 없다. 자꾸 묻는 것이 귀찮으면 [이 대화 상자를 다시 표시 안 함] 항목에 체크하면 된다.

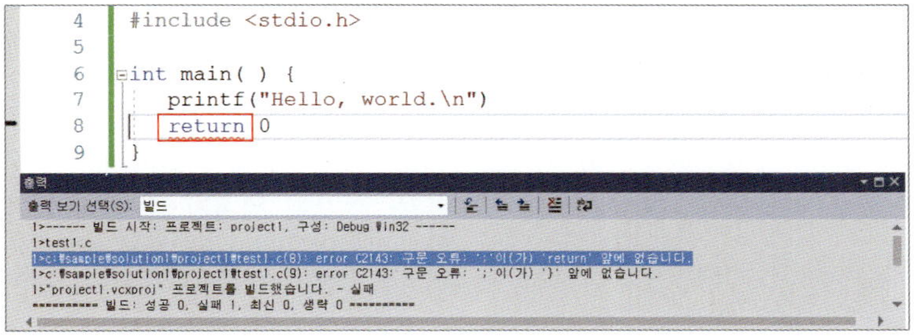

컴파일 오류가 나면 오른쪽 하단의 '출력 창'에 오류 메시지가 뜬다. 문법 오류는 입력 도중에도 알 수 있다. 위 그림에서 return에 붉은 색 밑줄이 그어진 것은 거기서 오류가 났다는 뜻이다. 그 즉시 밑줄이 그어지기도 하고 약간의 시간 차이를 두고 그어지기도 한다. 컴파일 결과 오류가 많으면 출력 창에 여러 줄에 걸쳐 메시지가 뜬다. 예에는 오류가 두 줄이다.

반드시 기억해야 할 것은 오류가 아무리 많더라도 가장 위의 오류부터 하나하나 순서대로 해결해야 한다는 점이다. 위에서 오류가 생기면 그로 인해 아무 오류도 없는 아래 줄에서도 오류가 생기므로 위쪽 오류를 해결하면 아래쪽 오류가 자동으로 없어질 때가 많기 때문이다. 하나 해결하고 다시 컴파일을 하고 하나 해결하고 다시 컴파일을 해야 한다.

항상 출력 창의 첫 오류 메시지를 더블클릭해야 한다.

그러자면 출력 창에 보이는 오류 메시지 중 가장 윗줄을 더블클릭해야 한다. 그 결과, 소스코드 창 맨 왼쪽에 ■처럼 생긴 조그만 막대가 보이고 그 오른쪽에서 커서가 깜박거린다. 또, 오류가 난 줄 전체에 회색 박스가 보인다. 이 줄에 문제가 있다는 것이다. 그러나 실제로 오류는 그 윗줄인 printf("Hello, world.\n") 끝에 세미콜론을 빠뜨린 것이다. 그러한 사실을 모르는 컴파일러는 혹시 세미콜론이 그 다음 줄에 나올까 하는 기대를 갖는다. 그런데 그 다음 줄에서 갑자기 return이라는 명령어를 만나니 return에서 오류가 난 것으로 오해한 것이다. 따라서 오류를 찾으려면 그 직전 줄을 찾아보아야 한다. printf 문의 끝에 세미콜론을 붙이고 다시 Ctrl+F5를 눌러 실행해 보자.

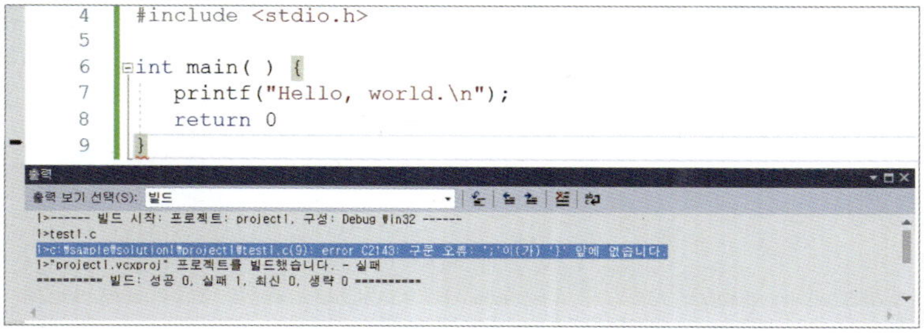

출력 창의 첫 오류 메시지를 더블클릭하면, 이번에는 소스코드의 오류 위치가 그 아래 줄의 닫는 중괄호로 내려온다. 물론 이는 return 0 다음에 세미콜론을 빠뜨렸기 때문이다.

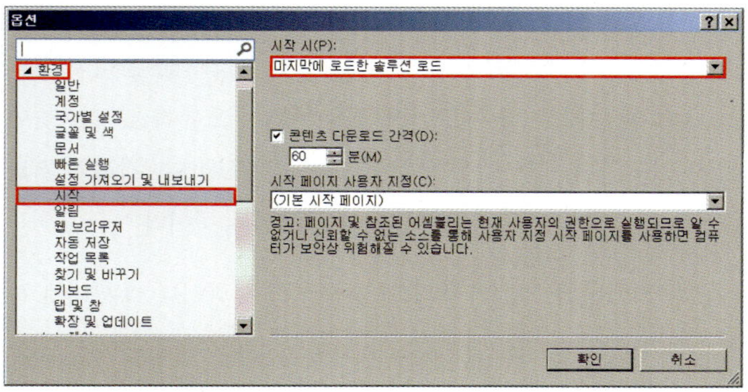

프로그램을 작성할 때마다 매번 새 프로젝트를 만드는 것이 번거로울 때도 많다. 프로젝트 단위로 옵션이 설정되기 때문에 새 프로젝트를 만들 때마다 옵션을 다시 설정해야 하기 때문이다. 그 경우 [도구]–[옵션]을 선택해 [옵션] 대화상자를 열고 [환경]–[시작]을 선택해서 '마지막에 로드한 솔루션 로드'를 선택하면 된다. 그 경우 컴파일러를 실행하자마자 자동으로 마지막에 로드했던 솔루션이 열린다. 그 상태에서 이전 소스코드를 지우고 새로운 코드를 입력하면 된다.

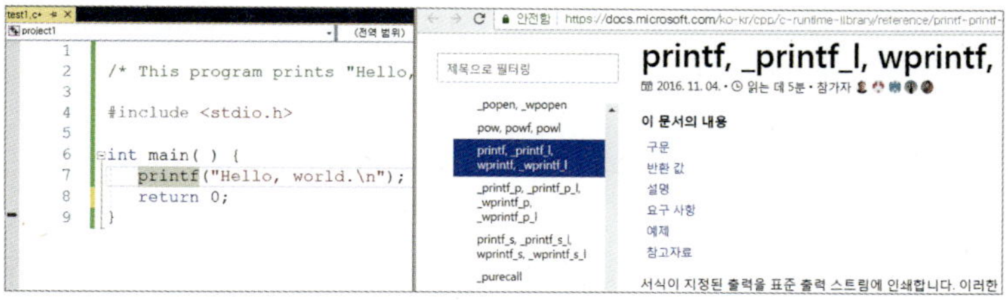

소스코드의 원하는 곳을 클릭한 후 F1을 누르면 도움말을 볼 수 있다. 예를 들어, printf 문을 클릭한 상태에서 F1을 누르면 위 그림과 같이 도움말 창이 열린다. 도움말을 인터넷에서 다운로드하기 때문에 시간이 조금 걸릴 수도 있다. 도움말 창의 왼쪽 상단 '필터링' 박스에 직접 키워드를 입력하여 관련된 내용을 볼 수도 있다.

다양한 이유로 오류가 뜬다. #include 〈stdio.h〉를 빠뜨려도 오류가 뜬다. 새 프로젝트를 만들 때 '빈 프로젝트'를 선택하지 않고 다른 것을 선택해도 컴파일 도중 오류가 뜰 수 있다. printf를 print라고 해도 그런 함수를 연결시킬 수 없다고 오류가 뜬다. 하나의 프로젝트 안에 두 개의 main 함수가 들어가 있어도 오류가 뜬다.

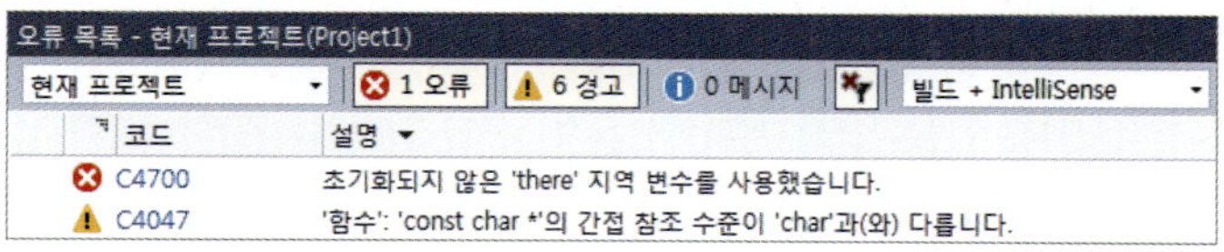

컴파일러 메시지는 경고 메시지(Warning Message)와 오류 메시지(Error Message)로 나뉜다. 둘 사이의 차이점은 경고 메시지는 무시하고 컴파일을 계속 실행할 수 있지만 오류 메시지는 더이상 컴파일을 할 수 없기 때문에 실행이 불가능하다는 점이다. 컴파일러가 경고를 하는 데에는 반드시 이유가 있다. 따라서 경고 내용을 이해하고 가급적 그것을 없애는 방향으로 소스코드를 수정할 필요가 있다. 경고를 무시하고 컴파일을 계속하면 실행 중에 오류가 날 수도 있기 때문이다. 그러나 때로는 경고 내용을 충분히 이해는 하지만 그것을 무시해야 할 때가 있다. 그 경우 경고 메시지를 무시하고 프로그램을 실행하면 된다. 그림의 형태로 오류를 보려면 [보기]-[오류 목록]을 선택하면 된다.

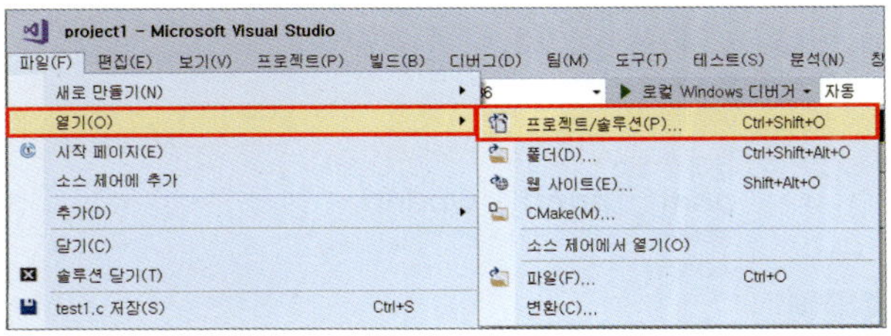

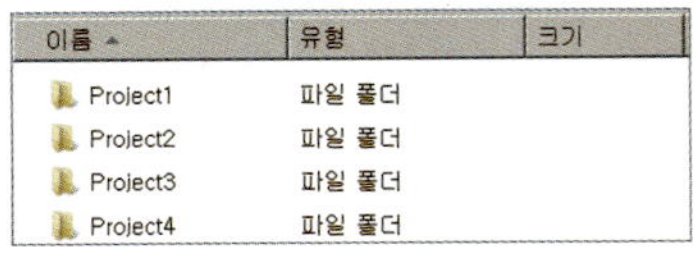

컴파일러 상단 메뉴 바에서 [파일]-[모두 저장]을 누르면 test1.c는 물론 project 파일과 solution 파일이 모두 저장된다. 이전에 작업하던 프로젝트를 열려면 [파일]-[열기]-[프로젝트/솔루션]을 선택한 후 solution1 폴더를 찾아가 project1.sln 파일을 열면 된다.

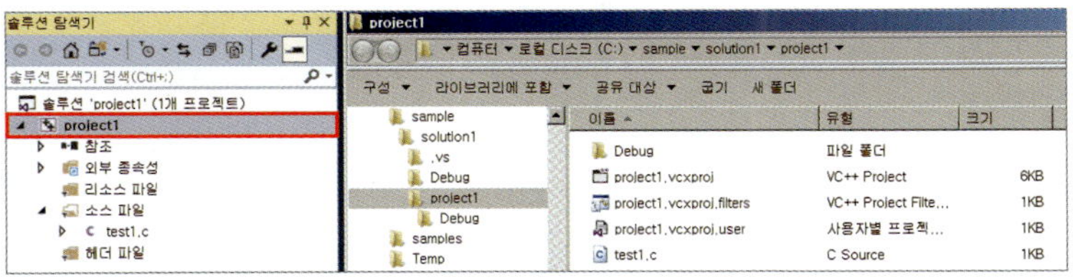

소스코드의 위치를 확인하려면 '솔루션 탐색기' 창에서 프로젝트 명에 마우스 우 클릭을 가한 후 [파일 탐색기에서 폴더 열기] 메뉴를 선택한다. 그러면 위 그림처럼 소스코드인 test1.c의 위치가 보인다. 앞에서 설명한 대로 'C:\sample\solution1\project1\' 순으로 계층구조가 형성되어 있다.

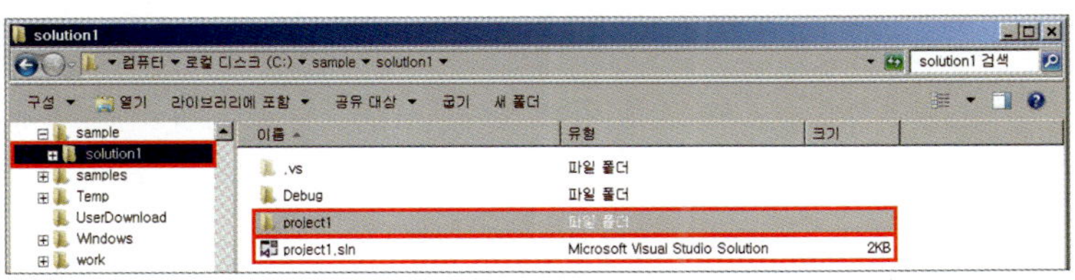

왼쪽 창의 sample 폴더 아래에 있는 solution1 폴더를 열면 앞의 그림과 같은 창이 오른쪽에 열린다. 맨 아래의 project1.sln 파일이 solution 파일이다. 그 위에 있는 Debug 폴더를 열어보자.

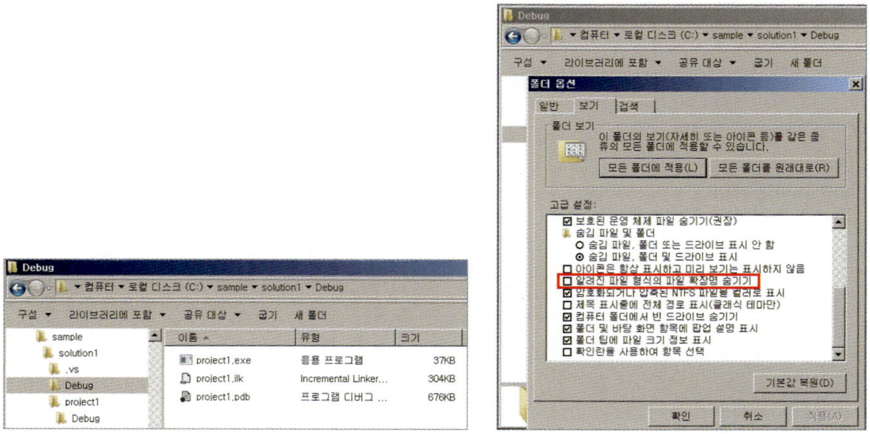

실행 파일 명은 소스코드 명이 아니라 프로젝트 명을 따른다.

그림에서 보듯 Debug 폴더 안에는 우리가 작성한 프로젝트의 실행 파일인 project1.exe가 존재한다. 소스코드 이름은 test1.c이지만 실행 파일 명은 프로젝트 명을 따라서 project1.exe라는 점에 유의해야 한다. 만약 확장자인 exe가 보이지 않는다면 윈도우즈 창에서 [구성]–[폴더 및 검색 옵션]을 선택하여 오른쪽 그림처럼 보기 탭에서 '알려진 파일 형식의 파일 확장명 숨기기'의 체크를 해제해야 한다. 과제물에 따라서는 소스코드는 물론 실행 파일을 요구할 때가 있다. 그 경우 여기에 있는 실행 파일을 제출해야 한다.

왼쪽 그림의 왼쪽 창을 자세히 살펴보면 Debug 폴더가 두 군데 존재함을 알 수 있다. 즉, Debug 폴더는 solution 폴더 안에도 있지만 project 폴더 안에도 있다. 실행 파일은 solution 폴더 안의 Debug 폴더 안에 존재한다. 반면, project 폴더 안의 debug 폴더는 디버거(Debugger)를 사용할 경우 디버깅 관련 정보를 저장하기 위한 것이다. 디버깅에 관해서는 이후 설명하기로 한다.

03 Hello, world.

그림 1-4 Hello, World **프로그램 구성 요소**

예는 간단한 프로그램이지만 C 프로그램에 필수적인 많은 요소를 내포하고 있다. 따라서 간략하게나마 이들 요소가 지닌 의미를 설명하는 것은 예습 차원에서 큰 의미가 있다.

```
/* This program prints "Hello, world." on the screen. */
```

'/*'(Slash Asterisk)와 '*/'(Asterisk Slash) 사이에 있는 모든 내용은 주석(Comments)으로 처리된다. 주석은 자신은 물론 이 프로그램을 읽는 사람을 위해 달아 놓는 설명으로서, 예에서는 이 프로그램이 'Hello, world.'라는 문장을 화면에 찍기 위한 것이라는 점을 설명하고 있다. 이는 실제로 컴퓨터가 실행해야 할 명령어가 아니라는 점에서 일반적인 명령어와는 구분된다.

```
printf("Hello world. \n"); // prints hello message
```

주석을 삽입하는 또 다른 방법은 '//'(Double Slash)를 앞에 입력하는 것이다. 이렇게 하면 컴파일러는 '//'가 시작하는 곳부터 그 줄이 끝날 때까지 모든 내용을 주석으로 간주한다.

#으로 시작하는 지시어는 전처리기에 의해 처리된다.

```
#include <stdio.h>
```

명령어(Instructions, Statements)와 지시어(Directives)는 다르다. printf("Hello, world.\n");와 return 0;는 모두 컴파일러가 번역하여 실행해야 할 명령어인 반면, #include 〈stdio.h〉는 명령어가 아니라 지시어다. 컴파일러가 프로그램을 번역하기 이전에 항상 전처리기(Preprocessor)가 먼저 실행된다. 그 전처리기에 컴파일 이전에 이런 저런 컴파일 환경을 조성해 달라고 부탁하는 것이 지시어다. 따라서 지시어는 컴파일러가 번역해야 할 대상이 아니다. 컴파일 이전에 프로그램에서 주석 부분을 제거하는 것도 전처리기의 역할 중 하나다. 위 예의 지시어는 전처리기에 stdio.h라는 파일의 내용을 바로 이 위치에 삽입하라고 부탁하는 내용이다. C 언어의 모든 지시어는 예처럼 샵(#) 기호로 시작한다.

입출력 장치를 특별히 지정하지 않으면 표준 입출력 장치가 사용된다. 표준 입력 장치란 키보드를 말하고 표준 출력 장치란 화면을 말한다. 표준 입출력을 처리하기 위한 파일이 stdio.h (standard input/output header)다. 여기에는 printf나 scanf 등 다양한 입출력 함수가 선언되어 있다. 따라서 만약 #include 〈stdio.h〉라는 지시어가 없으면 printf라는 명령어를 쓸 수 없게 된다.

stdio.h라는 파일명에서 확장자인 h는 헤더(Header)를 뜻한다. 프로그램을 헤더 파일과 소스 파일로 나누어 짜기도 한다. 그 경우 #include 지시어를 써서 헤더 파일(stdio.h)을 포함시키면, 거기에 해당하는 소스 파일(stdio.c)은 자동으로 딸려 온다. 파일명을 둘러싼 꺽쇠 기호(Angle Bracket)에도 의미가 있다. 만약 stdio.h라는 파일이 소스코드와 같은 폴더 안에 있으면 #include "stdio.h"처럼 큰따옴표로 둘러쌀 수 있다. 그러나 stdio.h라는 파일이 어디에 있는지 잘 모를 경우 예처럼 꺽쇠로 둘러싸면 된다. 그 경우 컴파일러는 일정한 경로를 따라가며 해당 파일을 찾는다.

```
int main( ){
    printf("Hello, world.\n");
    return 0;
}
```

특정 기능을 수행하기 위한 명령어의 집합을 함수(Function)라고 부른다. int main에서 int는 함수를 실행한 결과를 돌려줄 값이 정수(integer)임을 뜻한다. main은 함수명이다. 함수명 다음에 소괄호(Parenthesis, ( ))를 열고 닫은 이후, 다시 중괄호(Braces, { })를 열고 그 내부에 명령문을 넣어야 한다. 중괄호로 둘러싸인 부분을 함수 본체(Function Body) 또는 함수 블록(Function Block)이라고 부른다. 예의 함수 본체는 printf("Hello, world.\n");과 return 0;이라는 두 개의 명령문으로 구성되어 있다.

main은 조금 특별한 함수다. Ctrl+F5를 눌러서 프로그램을 실행하라고 운영체제(Operating System)에게 명령하면 운영체제는 곧바로 main 함수를 호출하여 주도권을 그리로 넘긴다. 이는 마치 내가 운영체제에게 심부름을 시켰더니, 운영체제가 main을 불러 심부름을 시키는 것과 같다. 프로그램을 시작하면 곧바로 불려오는 함수라는 점에서 main을 진입점 함수(Entry Point Function)라고도 부른다.

```
icebar get_icebar(money 1000){
    take 500 as service charge;
    go to market;
    pay 500 and buy a melona;
    return melona;
}
```

함수란 심부름꾼이다. 그 함수에게 무언가를 건네주면서 심부름을 시킬 때도 있다. 예의 함수명인 get_icebar 다음 소괄호 안의 1000이 그것이다. 즉, 예는 1000원을 건네받아 아이스바를 사다주는 심부름을 하는 함수로서, 일단 500원은 수고비로 접수하고 가게에 가서 나머지 500원으로 메로나를 사다가 심부름을 시킨 함수에 돌려주고 있다.

아무 것도 건네주지 않으면서 심부름을 시킬 때도 있다. 운영체제가 main 함수를 불러서 심부름을 시킬 경우, main 다음의 소괄호 안에는 운영체제로부터 건네받은 것이 무엇인지를 명시해야 한다. 그러나 앞의 예에서는 소괄호 안이 비어 있는 것으로 보아 main은 아무 것도 건네받지 않은 채 심부름을 하고 있다.

무엇을 건네받았든 그렇지 않았든 간에 심부름 결과를 돌려주어야 할 때가 있다. 함수 실행 결과로 돌려주는 값을 리턴 값(Return Value)이라 부른다. C 언어는 함수를 정의할 때 반드시 함수명 앞에 리턴 값의 타입을 명시하게 되어 있다. get_icebar가 함수명 앞에 icebar라고 써서 리턴 값인 메로나가 아이스바 타입임을 명시하듯, main도 함수명 앞에 int라고 써서 리턴 값이 정수(integer) 타입임을 명시하고 있다. 또, 그 선언에 부합하듯 마지막 return 0; 명령에 의해 운영체제에 0이라는 정수를 돌려주고 있다. 여기서 0은 함수 실행을 정상적으로 끝냈다는 의미다. 물론 이 리턴 값이 의미하는 바는 main 함수와 운영체제 사이의 약속에 따라 달라질 수 있다.

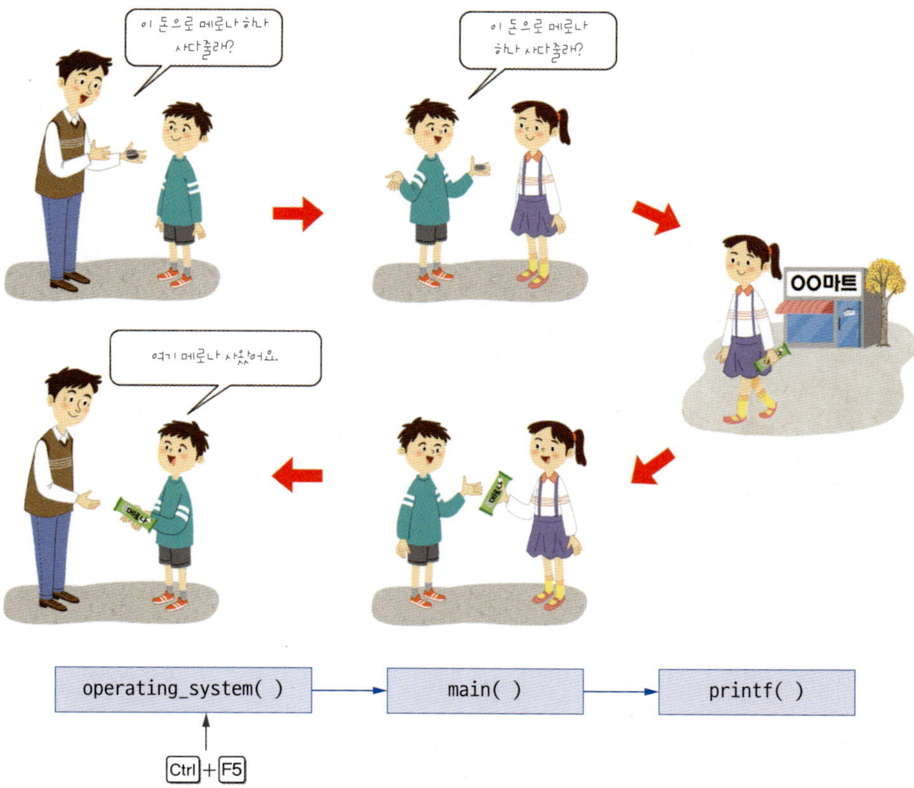

그림 1-5 함수 사이의 호출

심부름꾼 자신이 해야 할 일 일부를 또 다른 이에게 시킬 수도 있다. 다시 말해, 함수가 함수를 부를 수 있다. 우리가 살펴보고 있는 예가 그 경우다. 여기서 printf는 일반적인 명령문이 아니라, 여러 줄의 명령문으로 이루어진 함수의 이름이다. 이는 함수 호출이 연쇄적으로 일어날 수 있음을 의미한다. Ctrl+F5를 눌러 운영체제 함수에 심부름을 시켰더니 운영체제 함수가 main 함수에게 심부름을 시켰고, main 함수도 printf 함수를 불러 심부름을 시킨다.

그런데 이 경우 main은 printf에게 무언가를 건네주면서 심부름을 시키고 있다. printf( )의 괄호 안에 있는 것이 그것이다. 즉, 예는 printf 함수를 호출하면서 "Hello, world.\n"라는 문자열을 건네주고 있다. 프린트하라는 것은 타동사이기 때문에 반드시 무엇을 프린트하라는 것인지 목적어를 건네주어야 한다. 그 목적어가 바로 괄호 안에 있다. 어떤 경우든 함수를 호출할 때에는 반드시 괄호가 뒤따라야 한다. 건네줄 것이 없을 때에는 빈 괄호라도 써 주어야 한다. main이나 printf가 함수명이라고 판단할 수 있는 이유도 그 다음에 괄호가 있기 때문이다. 프로그래머로서는 printf 함수가 구체적으로 어떤 명령문으로 이루어져 있는지는 알 필요가 없다. stdio.h를 포함시키고 예처럼 불러다 쓰기만 하면 된다.

예제 1-1

```
//#include <stdio.h>
int main( ){
   printf("Hello, world.\n");
   return 0;
}
```

LNK2019	_printf 외부 기호(참조 위치: _main 함수)에서 확인하지 못했습니다.
LNK1120	1개의 확인할 수 없는 외부 참조입니다.
C4013	'printf'이(가) 정의되지 않았습니다. extern은 int형을 반환하는 것으로 간주합니다.

[예제 1-1]을 실행하면 그림의 오류 메시지가 뜬다. printf 함수는 stdio.h 파일에 선언되어 있지만, 예제에서는 #include 〈stdio.h〉라는 지시어 앞에 더블 슬래시를 붙여 지시어 자체를 주석으로 처리하고 있다. 따라서 전처리기가 지시어를 이행하지 않아 stdio.h 파일이 소스코드에 포함되지 않는다. 이렇게 되면 컴파일러는 printf가 어디에 있는지 찾을 수가 없다. 그림에서 LNK는 링크(Link) 오류를, 그 다음 숫자는 오류 번호를 뜻한다. 이는 소스 프로그램에서 printf 함수를 부르고 있음에도 불구하고 그 함수가 어디에 있는지 모르니 찾아서 링크를 할 수가 없다는 의미다. 다시 말해, main 함수에서 외부 파일에 있는 printf라는 함수를 참조하고 있으나 그것을 확인하지 못했다는 것이다. 더블 슬래시를 지우고 #include 〈stdio.h〉를 다시 살려서 stdio.h 파일을 포함시켜야 한다. 그러나 그 경우에도 실수로 print라고 입력하

면 유사한 링크 오류가 일어난다. stdio.h에 print라는 함수는 없기 때문이다.

⊗ LNK1168	C:₩Users₩joo₩source₩repos₩test₩Debug₩test.exe을(를) 쓰기용으로 열 수 없습니다.

LNK1168도 자주 뜨는 오류다. 이 오류는 이전에 실행 중인 콘솔 창이 살아 있는 상태에서 실행 파일의 내용을 바꾸려 할 때 일어난다. 예를 들어, 이전 콘솔 창에서 입력을 마치지 않았으면 이전 실행 파일(.exe 파일)이 열려서 실행 중인 상태에서 소스코드를 수정하고 다시 컴파일하여 이전 실행 파일에 새로운 내용을 쓰려 하면 이 오류가 뜬다. 그 경우 실행 중인 콘솔 창을 모두 종료한 후 Ctrl+F5를 눌러 프로그램을 다시 실행하면 이 오류를 피할 수 있다.

"Hello, world.\n"에서 '\n'(Backslash n)은 줄 바꿈 즉, New Line을 의미한다. 화면에 'Hello, world.'라고 찍은 후 줄을 바꾸어 커서를 다음 줄 처음으로 갖다 놓으라는 의미다.

C 언어의 모든 명령어는 그 자체로 하나의 문장, 즉 명령문이다. 문장에 마침표가 필요하듯 명령문에도 마침표가 필요하다. 그 마침표에 해당하는 것이 세미콜론(Semicolon, ;)이다. 예에서도 printf나 return 명령어 끝에 세미콜론이 붙어 있다. 일반적인 명령문과 마찬가지로 함수 호출 명령문 끝에도 세미콜론이 붙는다. 하지만 int main( )은 명령문이 아니라 함수를 정의할 때 붙여야 하는 함수 헤더(Function Header)이기 때문에 세미콜론을 붙이면 안 된다. #으로 시작하는 지시어 끝에도 세미콜론이 붙지 않는다. 전처리기가 처리해야 할 대상일 뿐, 컴파일러가 번역해야 할 대상이 아니기 때문이다.

```
int      main(       ){ printf(
         "Hello, world.\n");    return    0;   }
```

컴파일러는 빈칸(Blank, Space)이 계속될 경우에 그것을 건너뛰고 읽는다. 빈 줄(Empty Line)도 건너뛰고 읽는다. 따라서 위와 같이 프로그램을 작성하더라도 컴파일러는 아무런 불평을 하지 않으며, 프로그램도 제대로 실행된다. 그러나 이러한 형태는 가독성(Readability)을 떨어뜨리기 때문에 바람직하지 않다. 가독성이란 읽어서 이해하기 쉬운 정도를 말한다. 소스코드의 형태가 무질서하면 의미를 이해하기 어렵다.

04 프로그램 작성 및 실행

```
1. 냄비에 적당량의 물을 담아 가스레인지 위에 올려놓는다.
2. 물이 다 끓을 때쯤에 라면 봉지를 뜯어 라면을 넣는다.
3. 대파를 길쭉하게 썰어서 준비한다.
4. 면발이 풀릴 때쯤에 준비해 놓은 대파와 계란을 넣는다.
5. 라면 봉지에 있던 스프를 넣는다.
```

문제 해결 방법을 순서대로 나열한 것이 알고리즘이다.

알고리즘(Algorithm)이란 '단계적인 문제 해결 방법(A step by step instruction to solve a problem)'을 말한다. 위의 예도 알고리즘이다. 라면 끓이는 문제에 대한 해결 방법을 단계적으로 나열하고 있기 때문이다.

```
1. 국어, 영어, 수학 점수를 입력 받는다.
2. 총점과 평균 중 어느 것을 원하는지 묻는다.
3. 총점을 원하면 총점을, 평균을 원하면 평균을 계산한다.
4. 계산된 값을 화면에 출력한다.
```

총점과 평균 중 어느 하나의 값을 알려주기 위한 알고리즘이다. 프로그램을 작성하려면 먼저 단계별로 해야 할 일을 알고리즘 형태로 나타낼 수 있어야 한다. 실제 프로그램 언어가 아니라 사람의 언어를 통해 프로그램이 해야 할 일을 나타내고 있다는 점에서 이러한 형태의 프로그램을 의사 코드(擬似, Pseudo Code)라 부른다.

알고리즘, 프로그램, 소프트웨어, 소스코드라는 용어의 차이점도 생각해 볼 필요가 있다. 알고리즘을 컴퓨터 언어로 구현한 것이 바로 프로그램이다. 예를 들어, 동일한 알고리즘을 C 프로그램으로 구현할 수도 있고 JAVA 프로그램으로 구현할 수도 있다. 소프트웨어란 하드웨어에 대비되는 개념으로서, 단순히 하나의 프로그램을 지칭하기보다는 특정 목적을 달성하기 위한 프로그램 집합을 일컫는다. 유틸리티 소프트웨어, 시스템 소프트웨어, 응용 소프트웨어

등이 그러한 예다. 소스코드(Source Codes, 원시코드)란 이후에 어셈블리 코드로 번역되고 다시 목적 코드로 번역되는 시발점이 되는 코드라는 뜻에서 붙인 이름이다. 이처럼 의미상 약간의 차이는 있지만 일반적으로는 소스코드나 프로그램을 같은 의미로 사용할 때가 많다.

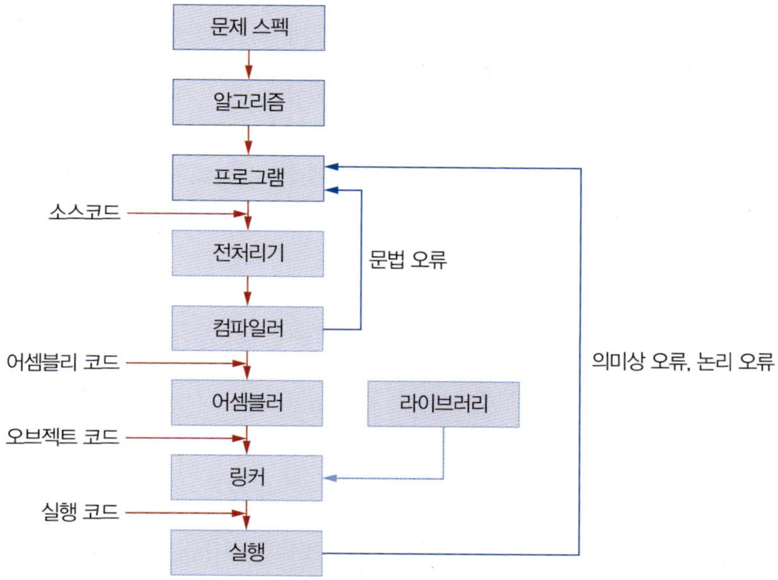

그림 1-6 프로그램 작성 및 실행 절차

프로그램을 작성하고 실행하는 과정은 그림과 같다. 문제를 상세하게 명시한 문제 스펙(Problem Specification)으로부터 알고리즘을 생각해낸 뒤 특정 언어를 써서 소스코드로 작성하는 것이 프로그래머의 책임이다. 이후에 이 코드는 전처리기를 거친 후 컴파일러에 의해 어셈블리 코드로 번역된다. 어셈블리 코드는 어셈블러에 의해 오브젝트 코드, 즉 기계어로 번역된다. 따라서 엄밀한 의미에서 컴파일러와 어셈블러는 다른 의미이다. 그러나 둘을 합쳐 컴파일러라고 통칭하기도 한다.

이 과정에서 오류가 발생할 수 있다. 프로그램 오류는 크게 세 가지로 나누어 볼 수 있다. 컴파일 단계에서 발생하는 오류를 문법 오류(Syntax Error)라고 부른다. 일상의 언어와 마찬가지로 C 언어에도 문법이 있다. 명령어가 끝날 때 세미콜론을 붙여야 한다든지, 지시어 앞에는 샵 기호를 붙여야 한다든지, 함수명 다음에 괄호가 나와야 한다든지 하는 것이 모두 문법이다. 문법이 틀리면 컴파일러는 오류 메시지를 내보내고 더 이상 다음 단계로 진행하지 않는다. 그 경우 문법 오류를 하나하나 정정하는 것은 프로그래머의 몫이다.

문법에 들어맞아 아무런 오류 메시지가 뜨지 않을 때에도 오류가 있을 수 있다. 의미상 오류(Semantic Errors)는 동일한 명령문을 프로그래머와 컴파일러가 서로 다른 의미로 이해하는 경우다. 예를 들어 프로그래머는 (5 / 2)가 2.5가 될 것으로 생각하지만 컴파일러는 이를 정수 사이의 나눗셈으로 간주하여 몫인 2만 취한다. 프로그래머는 a의 값이 5인지 아닌지 확인하려고 if (a = 5)라고 표현했는데 컴파일러는 a에 5를 대입한 후 무조건 참(true)이라고 해석하기도 한다. 이러한 표현은 문법적으로는 오류가 아니지만 동일한 표현에 대해서 프로그래머와 컴파일러가 서로 다른 해석을 하기 때문에 일어난 오류다. 의미상 오류를 방지하려면 명령문이 어떤 의미를 지니는지에 유의해야 한다. 그러나 이 역시 피할 수 있는 것으로서 그리 심각한 오류는 아니다.

가장 심각한 오류가 논리 오류(Logical Errors)다. 이를 알고리즘 오류(Algorithmic Error)라고도 한다. 이는 알고리즘 자체가 잘못 설계되었을 때 일어난다. 예를 들어 다음 문장 중에 소득이라는 문자가 들어간 문장이 몇 개인지 찾아내는 알고리즘을 생각해 보자.

> 소득이 부진했던 지난해 경제 성장률이 외환위기 이후 최저인 3.1%에 불과한데, 국민 소득이 10.1% 늘어난 이유는 국민 소득의 개념 및 계산 방법의 차이에 있다.

직관적으로 보면 "소득이라는 문자가 나오고 이어서 문장의 끝을 의미하는 마침표가 나오면 한 번 나온 것이다."라고 논리를 세울 수 있다. 그러나 이 논리에 의하면 위 예에서는 소득이라는 단어가 들어간 문장이 세 개나 된다. 3.1%, 10.1%에 있는 점 때문이다. 이처럼 사소한 수준의 논리 오류도 있지만 더욱 추상적인 수준의 논리 오류도 적지 않다.

건포도 케이크가 잘못되면 사람들은 하드웨어인 재료나 오븐, 밀가루를 탓하거나 소프트웨어인 조리법을 탓한다. 그러나 엉뚱한 컴퓨터 출력이 나오면 으레 듣는 말이 있다. "설마 하드웨어가 실수할 리가 있을까요? 소프트웨어가? 프로그램이라는 게 얼마나 치밀한데 그걸 의심하십니까. 컴퓨터만큼 정확한 기계가 어디 있다고요. 컴퓨터는 절대로 오류가 없습니다. 뭔가 다른 게 잘못되었겠지요." 물론 이는 잘못된 판단이다.

컴퓨터 프로그램은 항상 오류에 노출되어 있다. 특히 논리 오류는 프로그램의 정확성을 해치는 가장 심각하고 치명적인 오류라 할 수 있다. 아무런 오류 메시지도 없이 프로그램이 정상적으로 작동하지만, 제대로 된 결과가 나오지 않기 때문이다. 논리 오류는 숨어 있기 때문에 평상시에는 제대로 된 결과를 보일 때도 많다. 그러다가 예상치 않은 입력이 들어올 경우 전혀 엉뚱한 결과를 보이기도 한다. 프로그램을 상용화한지 몇 년이 지나서야 오류가 발견되기도 한다. 그런 점에서 찾아내기 가장 어려운 것도 논리 오류다. 따라서 프로그래머는 항상 알고리즘에 내재하는 논리 자체가 분명하고 정확한지에 대해 많은 신경을 써야 한다.

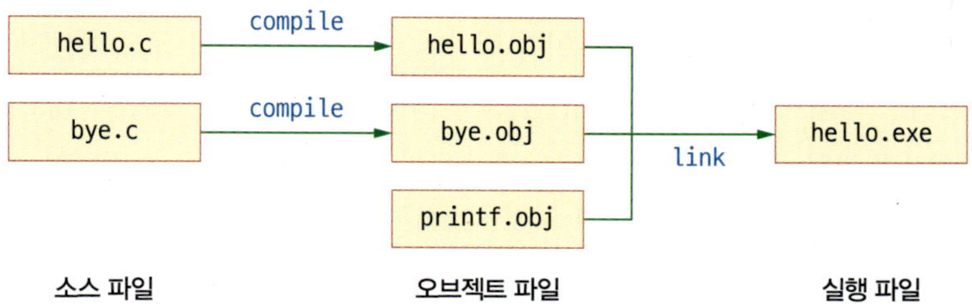

그림 1-7 소스코드, 오브젝트 코드, 실행 코드의 관계

소스코드 → 오브젝트 코드 → 실행 코드

소스코드, 오브젝트 코드, 실행 코드 순으로 바뀐다. C 언어의 소스코드는 .c 확장자로 끝나는 파일에 저장된다. 따라서 위 예의 소스코드는 hello.c라는 이름의 파일에 저장할 수 있다. Ctrl+F5를 눌러 실행을 명령하면 전처리기는 소스코드에서 주석 부분을 떼어낸 다음에 지시어를 처리한다. 예를 들어 #include가 있는 곳에는 포함되어야 할 헤더 파일을 삽입한다. 이후, 컴파일 결과 .obj 확장자로 끝나는 오브젝트 파일이 만들어진다. 컴파일러에 따라서는 오브젝트 파일의 확장자를 .o라고 쓰기도 한다.

하나의 프로그램을 여러 개의 소스 파일로 나누어 짜기도 한다. 그림의 경우에 하나의 프로그램이 hello.c와 bye.c라는 두 개의 소스 파일로 나뉘어 있기 때문에 컴파일 결과 hello.obj와 bye.obj라는 두 개의 파일이 만들어진다. 이처럼 오브젝트 파일이 여럿일 때는 그것을 서로 연결시키는 이른바 링커(Linker)라는 소프트웨어가 필요하다. 링크 결과 .exe 확장자로 끝나는 실행 파일(Execution File)이 만들어지고 이 파일이 메모리에 올려져 실행된다. 오브젝트 파일과 실행 파일은 모두 2진파일(Binary File)이다. 링크가 되어 있는지 아닌지에 차이가 있을 뿐이다.

라이브러리란 C 언어에서 자주 호출되는 함수를 모아 놓은 것을 말한다. C 언어가 제공하는 라이브러리는 매우 다양하다. 표준 입출력 기능을 담당하는 scanf 함수나 printf 함수는 stdio 라이브러리에 선언되어 있다. 제곱근을 구하는 sqrt 함수, 승수를 구하는 pow 함수는 math 라이브러리에 선언되어 있다. 유틸리티 함수는 stdlib 라이브러리에, 문자 처리 함수는 ctype 라이브러리에, 문자열 처리 함수는 string 라이브러리에 선언되어 있다. #include 〈stdio.h〉에서 보듯이 이러한 모든 함수는 #include 다음에 라이브러리 이름과 .h 확장자를 붙이기만 하면 언제든 불러 쓸 수 있다.

C 언어가 제공하는 라이브러리 함수는 이미 컴파일이 끝난 오브젝트 코드 형태로 제공된다. 이른바 오브젝트 라이브러리(Object Library)다. 라이브러리를 소스코드 형태로 제공할 경우 컴파일 시간이 부담이 된다. 내 소스코드에 오류가 발생해서 그것을 수정하여 다시 컴파일을 할 때마다 소스코드가 호출한 라이브러리 함수까지도 같이 컴파일을 해야 하기 때문이다. 아무런 오류도 없는 라이브러리 함수까지 같이 컴파일을 할 필요는 없다. 따라서 그림에서 보듯 프로그래머가 작성한 소스코드만 따로 컴파일한 후에 곧바로 오브젝트 라이브러리와 링크함으로써 실행 파일을 만드는 데 걸리는 시간을 줄일 수 있다. 실제로 #include 〈stdio.h〉도 소스코드 형태가 아니라 오브젝트 코드 형태의 stdio 라이브러리를 포함하라는 지시어다.

함수명	주소	오브젝트 코드
printf( )	219	11010001
	...	...
	200	00110001
main( )	199	00101101
	...	
	164	01000001
	160	00101001 = printf( )
	...	
	100	10011111

그림 1-8 main 함수와 printf 함수의 링크

링커(Linker)는 함수 사이를 연결하기 위한 소프트웨어다. 그림에서 보듯 main 함수가 메모리 100~199번지를 차지하고 라이브러리 함수인 printf 함수가 200~219번지를 차지한다고 가정해 보자. 그 경우 만약 메모리 160번지의 명령어가 printf 함수를 호출하는 명령어라면 프로그램이 실행해야 할 다음 명령어는 164번지 명령어가 아니라 printf 함수가 시작하는 200번지에 있는 명령어다. 그러자면 프로그램 실행 도중에 현재 위치인 160번지로부터 40

만큼 더한 위치에서 printf 함수가 시작한다는 정보를 미리 알고 있어야 그리로 건너뛸 수 있다. 시스템 소프트웨어의 일종인 링커는 그러한 연결 정보를 오브젝트 코드에 삽입함으로써 실행 파일을 만드는 역할을 한다. Visual C는 컴파일, 어셈블, 링크 작업을 모두 묶어서 빌드(Build)라는 말로 부른다.

실행 파일은 로더(Loader)에 의해 메모리에 올려진다. 로더 역시 시스템 소프트웨어로서 하드 디스크에 저장되어 있는 실행 파일을 메인 메모리의 적절한 위치에 배치하는 역할을 한다. 실제로 메모리 공간을 관리하는 주체는 운영체제다. 따라서 로더는 운영체제의 도움을 받아 실행 파일이 자리 잡을 수 있는 메모리 공간을 부여받는다. 연속된 메모리 공간이 부족할 경우 프로그램을 함수 단위로 나누어 여기 저기 분산시키기도 한다. 그 경우 로더는 기존의 링크 정보를 수정하기도 한다.

과제

01 컴파일러, 어셈블러, 링커, 로더의 차이점을 설명하라.

02 소스 파일, 오브젝트 파일, 실행 파일의 차이점을 설명하라.

03 리턴 타입, 함수명, 함수 본체, 리턴 값 등의 용어를 설명하라.

04 문법 오류, 의미상 오류, 논리 오류의 차이점을 설명하라.

05 지시어와 명령어의 차이점을 설명하라.

06 라면을 끓이는 알고리즘을 단계별로 설명하되 10줄 이상의 의사 코드를 써서 설명하라.

07 일상의 문제점을 하나 선택하여 그것을 해결하기 위한 알고리즘을 의사 코드로 설명하라.

08 같은 크기의 공이 아홉 개 있다. 그 중 여덟 개는 무게가 같고 하나만 더 무겁다. 천칭(Balance)을 써서 무게를 재되 단 두 번만 재어 더 무거운 공을 찾아내는 알고리즘을 의사 코드로 써 보라.

Chapter 02

변수와 산술 연산

01 숫자 표현
02 변수와 상수
03 변수와 메모리
04 표준 입출력 함수
과제

컴퓨터가 이해할 수 있는 데이터는 0과 1로 구성된 2진수밖에는 없다. 따라서 명령어는 물론 명령어가 가해지는 수치 데이터도 모두 2진수로 표현된다. 메인 메모리에는 수치 데이터를 담을 수 있는 그릇이라 할 수 있는 변수가 존재한다. CPU는 명령어를 해독하여 실행하는 도중 변수에 저장된 값을 읽어오거나, 실행 결과 생성된 새로운 값을 변수에 써 넣기를 끊임없이 반복한다.

01 숫자 표현

```
Decimal: 0, 1, ..., 9, 10, 11, ...
Binary: 0, 1, 10, 11, 100, 101, 110, ...
```

컴퓨터 내부의 모든 데이터는 0과 1의 조합으로 표현된다. 메모리 하드웨어를 구성하는 가장 기본적인 단위인 트랜지스터 소자는 전기적 상태에 따라 0 아니면 1이라는 값을 갖기 때문이다. 0과 1로 구성된 수 체계를 2진법(Binary Number System)이라 부른다. 10진수에서 9 다음의 숫자가 10이듯이 2진수에서는 1 다음의 숫자가 10이다.

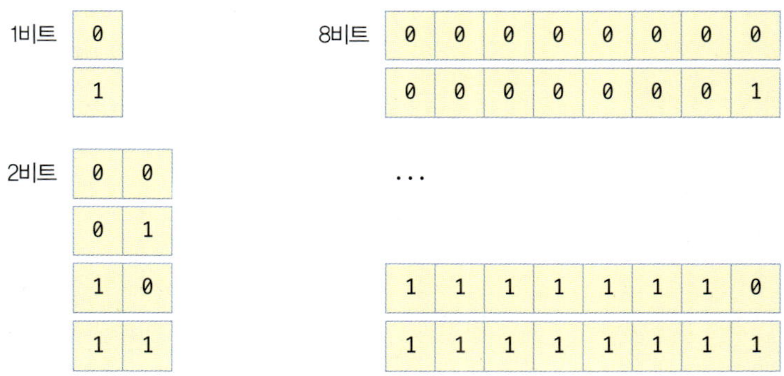

그림 2-1 비트 표현

비트 수에 따라 표현할 수 있는 경우의 수가 달라진다. 1비트로는 0 아니면 1이라는 2(= 2^1) 가지 경우를 표현할 수 있다. 2비트로는 00, 01, 10, 11이라는 4(= 2^2)가지 경우를 표현할 수 있다. 또, 8비트로는 00000000부터 11111111에 이르는 256(= 2^8)가지 경우를 표현할 수 있다. 8비트(Bit)가 모여서 1바이트(Byte)를 이룬다.

단위도 기억할 필요가 있다. 공학이나 과학에서 자주 쓰는 Kilo, Mega, Giga, Tera, Peta 등의 단위는 10의 승수로 표시된다. 예를 들어 Kilo는 10의 3승, Mega는 10의 6승, Giga는 10의 9승이다. 그러나 컴퓨터에서 쓰는 메모리의 단위는 2의 승수로 표시된다. 따라서 1Kilo

Bytes는 대략 1000바이트라고 하지만 엄밀하게는 1024바이트다. 1000에 가장 가까운 2의 승수는 2의 10승이기 때문이다.

비트의 조합에 따라 다양한 경우를 표현할 수 있다. 예를 들어, 봉화 신호는 1비트 시스템이다. 평상시에는 가만히 있고 적이 침입했을 때는 횃불을 들었기 때문이다. 알파벳 26글자는 5비트 공간이면 충분히 표현 가능하다. $2^5 = 32$이기 때문이다. 그 경우 예를 들어 'a' = 00000, 'b' = 000001 형태로 약속할 수도 있다. 화면 화소의 색은 빛의 3원색인 R(Red), G(Green), B(Blue)의 조합에 의해 표현된다. 화소당 24비트를 할애할 경우 R, G, B 각각에 8비트씩 할애하면 각각 $2^8 = 256$가지 경우의 수를 표현할 수 있으므로 가능한 총 컬러 수는 2^{24}가지가 된다.

Binary → Decimal: $1011 = 1 \times 2^3 + 0 \times 2^2 + 1 \times 2^1 + 1 \times 2^0 = 11$
Decimal → Binary: (그림 2-2)

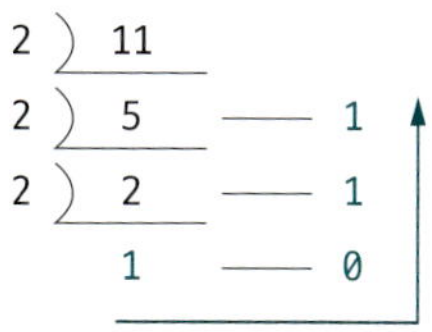

그림 2-2 2진 변환

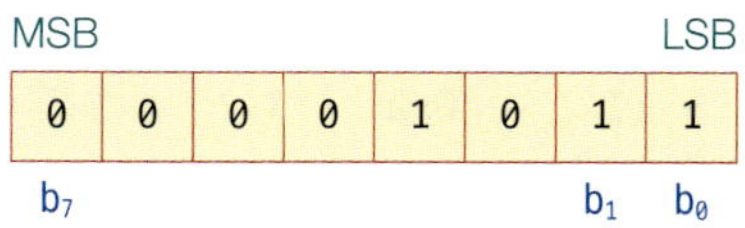

그림 2-3 MSB, LSB

2진수를 10진수로 변환하려면 위의 예처럼 자릿수별로 상응하는 2의 승수를 곱해서 더하면 된다. 역으로 10진수를 2진수로 변환하려면 [그림 2-2]에서 보듯이 연속해서 2로 나누되 몫을 아래쪽에, 나머지는 오른쪽에 쓴 후에 최종 몫과 나머지를 화살표 순으로 쓰면 된다. 이 결과를 8비트로 표현하면 [그림 2-3]처럼 0000 1011이 된다. 상위 4비트를 0으로 채워야 하기 때문이다. 이를 제로 패딩(Zero Padding)이라 부른다. 비트에 명칭을 부여하기도 한다. 최하위 비트 b_0을 LSB(Least Significant Bit)라고 부른다. 2의 0승 자리로서 값이 가장 작기 때문이다. 이후 왼쪽으로 가면서 b_1, b_2, …, b_7로 진행한다. 최상위 비트를 MSB(Most Significant Bit)라고 부른다. 8비트에서는 이 비트가 2의 7승 자리로서 값이 가장 크기 때문이다.

Hexadecimal: 0, 1, ..., 9, A, B, C, D, E, F, 10, 11, ..., 1A, 1B, ...
Hexadecimal → Decimal: $11F = 1 \times 16^2 + 1 \times 16^1 + 15 \times 16^0 = 287$
Decimal → Hexadecimal: (그림 2-4)

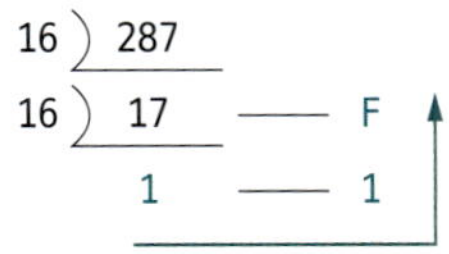

그림 2-4 16진 변환

컴퓨터에서는 16진수(Hexadecimal Numbers)도 자주 쓰인다. 숫자를 표시하기에는 2진수가 너무 길기 때문이다. 10진수를 표현하는 데 0에서 9까지 10개의 기호가 필요하다면 16진수에는 16개의 기호가 필요하다. 따라서 16진수에서는 10진수 10을 알파벳 A로, 10진수 11을 알파벳 B로 나타낸다. 이렇게 하면 10진수 15에 해당하는 알파벳 F가 16진수의 마지막 기호가 된다. 16진수를 10진수로 변환하거나 그 반대로 변환하는 과정은 2진수와 유사하다.

- 10110100 = 1011 0100 = B4 ········ ❶
- 1010101111 = 0010 1010 1111 = 2AF ········ ❷
- 1011 0100 ········ ❸

$$= 1\times2^7 + 0\times2^6 + 1\times2^5 + 1\times2^4 + 0\times2^3 + 1\times2^2 + 0\times2^1 + 0\times2^0$$
$$= (1\times2^3 + 0\times2^2 + 1\times2^1 + 1\times2^0)2^4 + (0\times2^3 + 1\times2^2 + 0\times2^1 + 0\times2^0)2^0$$
$$= (1\times2^3 + 0\times2^2 + 1\times2^1 + 1\times2^0)16^1 + (0\times2^3 + 1\times2^2 + 0\times2^1 + 0\times2^0)16^0$$
$$= B4$$

- 2AF = 0010 1010 1111 ········ ❹

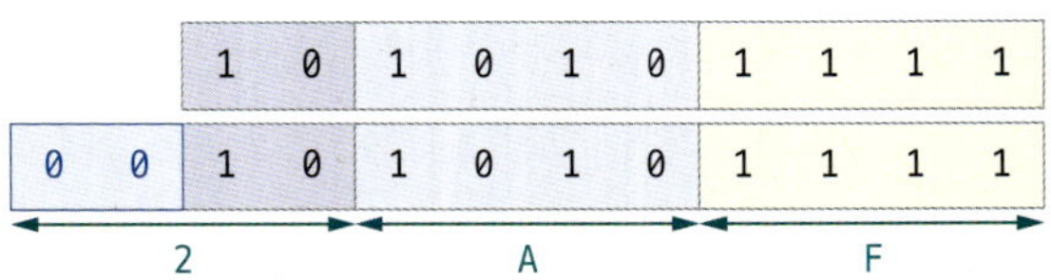

그림 2-5 2진수의 16진수 변환

2진수를 16진수로, 16진수를 2진수로 직접 변환할 수 있다.

2진수를 16진수로 변환하려면 일단 2진수를 10진수로 바꾼 뒤에 다시 그것을 16진수로 바꿀 수 있다. 그러나 그보다 손쉬운 방법이 있다. ①처럼 네 자리 단위로 끊어 읽으면서 곧바로 16진수로 변환하면 된다. 만약 네 자리 단위로 끊을 수 없으면 ②처럼 오른쪽에서 왼쪽으로 가면서 네 자리로 끊고 마지막 자리는 제로 패딩을 한 후 바꾸면 된다. 이렇게 할 수 있는 이유는 ③에서 보듯 네 자리 단위로 16의 승수가 결정되기 때문이다. 역으로, 16진수를 2진수로 변환하는 것도 간단하다. ④처럼 16진수 한 자리를 네 자리 2진수로 바꾸면 된다.

```
+5: 00000101
-5: 10000101
```

정수를 8비트로 나타내면 표현 가능한 범위는 00000000부터 11111111까지, 즉 10진수 0부터 255까지이다. 그러나 정수에는 양의 정수와 음의 정수가 있기 때문에 양쪽 영역을 모두 표현할 수 있어야 한다. 그러자면 예처럼 부호 비트를 써 볼 수 있다. 즉, MSB로 부호를 나타내고 나머지 7비트로 절댓값을 나타내되 양수는 부호 비트를 0으로, 음수는 1로 나타낸다.

그러나 이렇게 되면 0 표현이 문제가 된다. +0(00000000)과 −0(10000000)이라는 두 가지 표현이 가능하기 때문이다. 그런데 프로그램 실행 시에는 변수 값이 0과 같은지를 비교하는 일이 자주 일어난다. 예를 들어, C 언어에서 a와 b가 같은지를 판단하라는 명령어를 어셈블리어로 번역하면 (a − b)가 0과 같은지를 판단하는 명령어로 바뀐다. 그때마다 (a − b)가 두 가지 0 표현과 같은지를 비교해야 한다면 이는 속도면에서 상당한 부담이 된다.

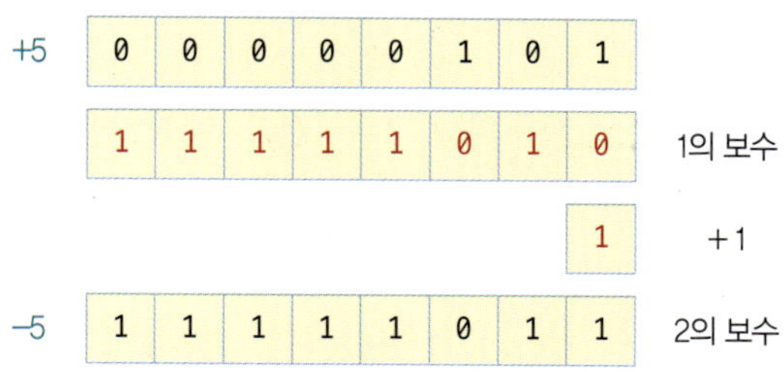

그림 2-6 2의 보수 구하는 방법

컴퓨터는 정수를 2의 보수 형태로 나타낸다.

정수를 2의 보수 형태로 표현하는 이유는 이 때문이다. 2의 보수에서 음의 정수를 표현하려면 일단 양의 정수의 비트 값을 뒤집어야 한다. −5를 표현하려면, +5에 해당하는 0000 0101을 뒤집어 1111 1010으로 만든다. 이를 1의 보수(One's Complement)라 부른다. 이후 LSB에 1을 더한 1111 1011이 −5를 나타내는 2의 보수(Two's Complement)가 된다. 역 작업도 가능하다. −5를 나타내는 1111 1011에 대한 1의 보수를 구한 뒤 LSB에 1을 더하면 +5를 나타내는 0000 0101이 된다. 부호 비트를 쓸 때와 마찬가지로 2의 보수 표현에서도 음수일 경우 MSB는 자동으로 1이 된다.

2의 보수에서 0 표현은 하나다. 예를 들어 +0을 0000 0000이라고 한다면 −0을 구하기 위해 일단 1의 보수를 구하면 11111111이 된다. 여기에 LSB에 1을 더하면 10000 0000이 된다. 그런데 8비트 표현에서는 9비트를 수용할 수 없으므로 MSB 1을 잘라 버리면 −0도 +0과 마찬가지로 0000 0000으로 표현된다.

그러나 2의 보수 표현에서 음수는 보자마자 그 값이 얼마인지 알아차리기 어렵다. 값을 확인하려면 2의 보수를 구해 일단 양수 값을 계산해야 한다. 예를 들어 1000 0101이 10진수 얼마인지 확인하려면 2의 보수인 0111 1011을 구해 +123임을 확인하고서야 그것이 −123이라는 것을 알 수 있다.

0	0	1	1	0	0	0	0	(48)
1	1	0	0	1	1	1	1	(-49)
1	1	1	1	1	1	1	1	(-1)

그림 2-7 빼셈의 정체는 덧셈

컴퓨터 내부의 빼셈은 실제로는 덧셈에 의해 이루어진다. 예를 들어, 48 − 49는 48 + (−49)로 계산된다. 즉, 48에 (49의 2의 보수)를 더하는 형태로 이루어진다. 결과 값인 1111 1111을 2의 보수로 바라보면 −1이 된다.

정수 연산에서 오버플로우 오류(Overflow Error)는 숫자의 절댓값이 너무 커서 주어진 비트 수로는 저장이 불가능할 때 일어난다. 8비트 공간에 저장할 수 있는 경우의 수는 256(=2^8)가지뿐이다. 0 표현이 단일하더라도 양수와 음수, 0을 동시에 수용하자면 이 공간에서 표현할 수 있는 정수는 −128, …, 0, … 127의 범위에 한정된다. 이를 일반화하면 2의 보수 형태에서 n비트에 담을 수 있는 정수 N의 범위는 $-2^{n-1} \leqq N \leqq 2^{n-1}-1$ 범위로 한정된다.

실수와 부동 소수는 다르다.

우리가 실수(Real Numbers)라고 부르는 것을 컴퓨터에서는 부동 소수(Floating Point Numbers)라 부른다. 그러나 엄밀한 의미에서 실수와 부동 소수는 다르다. 예를 들어 0부터

1 사이에 존재하는 실수의 개수는 무한하다. 실수 공간은 연속적이기(Continuous) 때문이다. 반면에 컴퓨터는 고정된 비트 수를 써서 실수를 표현해야 하기 때문에 표현할 수 있는 경우의 수가 제한된다. 예를 들어, 8비트로 표현 가능한 실수는 256가지밖에 없다. 결국 부동 소수로는 연속된 실수 공간에서 몇 개만 취하여 띄엄띄엄(Discrete) 표현할 수밖에 없다.

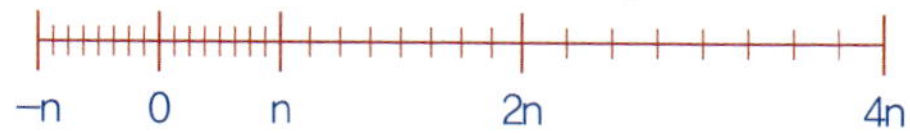

그림 2-8 부동 소수 표현 간격

부동 소수로 표현한 숫자의 분포를 나타낸 그림이다. 분포가 균일하지 않은 것을 알 수 있다. 숫자가 작을수록 비교적 촘촘한 간격으로 표현할 수 있지만 숫자가 커질수록 표현 간격이 넓어진다. 따라서 눈금 사이에서 표현할 수 없는 숫자는 가장 가까운 눈금 값으로 근사적으로 표현하게 된다.

```
•0.375 × 2 = 0.750 = 0 + 0.750     Hence b-1 = 0.
•0.750 × 2 = 1.500 = 1 + 0.500     Hence b-2 = 1.
•0.500 × 2 = 1.000 = 1 + 0.000     Hence b-3 = 1.
```

소수점 이하 숫자도 2진수로 표현할 수 있다. 예를 들어 12.375라면 일단 정수부 12에 해당하는 2진 표현은 1100이다. 이어 소수부 0.375에 해당하는 2진 표현은 위와 같이 구할 수 있다. 즉, 매 단계 소수부에 2를 곱해 그 중 정수만 취하면 그것이 해당 자릿수의 비트 값이 된다. 이 작업을 소수부의 값이 0이 되거나 주어진 비트가 찰 때까지 진행한다. 결국 12.375는 1100.011로 표현된다. 그러나 모든 실수를 2진수로 나타내기는 어렵다. 예를 들어 10진수 0.3은 이러한 방법으로는 단계가 끝없이 이어지기 때문에 근사치로 나타낼 수밖에 없다.

그림 2-9 IEEE 754 표준 32비트 부동 소수 형식

컴퓨터 내부에서 부동 소수는 정수와는 전혀 다른 형식으로 저장된다. 최대한 넓은 범위에 걸쳐 최대한 정밀하게 실수를 표현하기 위해서다. 예를 들어, IEEE(Institute of Electrical and Electronics Engineers) 754 표준은 32비트 부동 소수 형식을 [그림 2-9] 같이 규정한다. 여기서 MSB는 부호 비트(Sign Bit)로서 0이면 양수, 1이면 음수를 나타낸다. 이어지는 8비트는 지수부(Exponent)로서 2의 몇 승인가를 나타낸다. 마지막 23비트는 가수부(Fraction, Mantissa)로서 소수점 이하의 비트 값을 나타낸다.

```
•45.625
  = 1×2^5 + 0×2^4 + 1×2^3 + 1×2^2 + 0×2^1 + 1×2^0 + 1×2^-1 + 0×2^-2 + 1×2^-3
  = 101101.101 ............. ❶
  = 1.01101101 × 2^5 ....... ❷

•0.0001101001110 .......... ❸
  = 1.101001110 × 2^-4 ..... ❹
```

45.625를 저장한다고 가정해 보자. 양수이므로 부호 비트는 0으로 놓는다. 이후 지수부에는 5가, 가수부에는 01101101이 저장된다. ①을 ②처럼 바꿀 수 있기 때문이다. 같은 맥락에서 ③은 ④처럼 바꿀 수 있다. 이처럼 2진 표현의 정수부를 무조건 1로 만드는 작업을 정규화(Normalization)라고 부른다. 부동 소수라는 말도 정규화를 위해 소수점 위치가 떠다니는 것 같다는 의미에서 붙인 용어다. ③의 경우 소수점 위치는 오른쪽으로 4자리 이동하고 있다. 부동 소수의 2진 표현을 항상 1로 시작하게 한 후 그 1을 생략하고 나머지만 가수부에 저장함으로써 저장에 필요한 비트 수를 절약할 수 있다.

IEEE 754는 예의 32비트 단일 정밀도(Single Precision)는 물론 그 두 배에 해당하는 64비트 이중 정밀도(Double Precision)도 규정하고 있다. 사용 가능한 비트 수가 늘어나면 거기에 따라 지수부나 가수부를 늘림으로써 표현할 수 있는 실수의 범위나 정밀도도 늘릴 수 있다. 예를 들어 이중 정밀도에서는 지수부에 11비트를 할애함으로써 음의 지수와 양의 지수에 대략 각각 1023개 정도의 경우의 수를 부여한다. 또, 가수부에 52비트를 할애함으로써 소수 이하 52자리까지로 정밀도를 높인다. 지수부의 비트 수가 늘어나면 표현할 수 있는 실수의 범위가 늘어난다. 음의 지수가 커지면 아주 작은 수를 표현할 수 있다. 반면 양의 지수가 커지면 아주 큰 수를 표현할 수 있다. 가수부 비트 수가 늘어나면 정밀도가 향상된다. 즉, 소수 이하 아주 작은 자리 수까지도 표현할 수 있다.

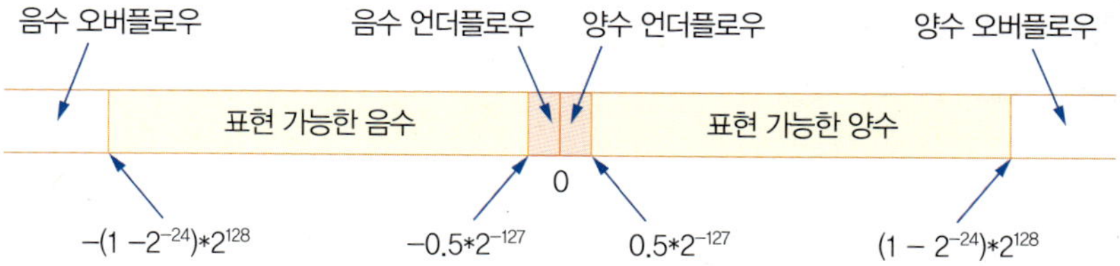

그림 2-10 32비트 부동 소수 표현의 오버플로우와 언더플로우

어떤 경우든 부동 소수 표현에는 항상 오버플로우 오류(Overflow Error)와 언더플로우 오류(Underflow Error)가 존재한다. 위 그림은 32비트 부동 소수 표현에서의 오버플로우와 언더플로우 영역을 보여준다. 표현하고자 하는 숫자의 절댓값이 너무 클 때 오버플로우가 일어난다. 반면에 절댓값이 너무 작아 0에 가까울 때 언더플로우가 일어난다. 예를 들어 가수부에 할당된 비트 수가 작을 경우 0.0000000000001처럼 작은 숫자를 가수부에 담을 수 없다. 그 결과, 지원하는 비트 수 미만의 값이 잘려나가는 바람에 이 숫자는 0.0이라는 근사치로 저장된다. 그 경우 어떤 수를 이 숫자로 나누면 0으로 나누기 오류(Divide by Zero Error)라는 예상치 않은 결과가 초래된다. 나눗셈에 있어서 분모가 0이 될 수는 없기 때문이다.

예제 2-1

```
#include<stdio.h>
int main( ){
   int i;
   float sum = 0.0F;

   for (i = 0; i < 100; i++)
      sum = sum + 0.1F;

   printf("The sum is %f\n", sum);
   return 0;
}
```

부동 소수 연산에는 항상 오차가 개입될 수 있다는 점에 유의해야 한다. 예는 0.1을 100번 더한 값을 출력하는 프로그램이다. 프로그램에 대한 구체적인 해설은 이후로 미루더라도 이 프로그램을 실행한 결과는 10.000000이 아니라 10.000002다. 부동 소수 표현에 오차가 있기 때문이다. 0.1을 2진수로 표현해 보면 그 이유를 알 수 있다.

02 변수와 상수

변수는 그릇과도 같다.

변수란 값을 담는 그릇이다. 그런데 C 언어는 그릇의 종류에 특히 민감하다. 그릇을 밥그릇 종류, 접시 종류 등으로 분류해 놓고 밥그릇 종류에는 쌀밥이나 보리밥 등 밥 종류만 담도록 허용한다. 접시 종류에는 시금치나 콩나물 등 반찬만 담도록 허용한다. 따라서 만약 밥그릇 종류에 시금치를 담으려 하면 경고나 오류 메시지를 내보낸다. 여기서 '밥그릇 종류'라는 말은 그릇의 종류를 나타내는 추상 명사다. 따라서 밥그릇 종류에 속하는 실제 그릇을 만들려면 그릇에 이름을 부여해야 한다. 예를 들어 a라는 이름의 밥그릇이 있을 때 C 언어에서 a 밥그릇에 쌀밥을 담으려면 다음과 같이 해야 한다.

```
밥그릇 종류 a; ················ ❶
a = 쌀밥; ···················· ❷
```

①은 그릇 종류에 이어 이름을 선언하고 있다. 이는 밥그릇 종류에 속하는 a라는 그릇을 만들어 달라는 요청이다. ②는 그렇게 만든 a 그릇에 쌀밥을 담으라는 명령이다. 여기서 등호(Equal Sign)의 의미는 '좌변과 우변이 같다'라는 수학적 의미가 아니라 'a ← 쌀밥'에 가깝다. 즉, 우변 값을 좌변 그릇에 집어넣으라는 의미다. 이를 대입문(Assignment Statements) 또는 할당문이라 부른다.

프로그램에서는 그릇을 변수(Variable)라 부른다. 변수란 상수(Constant)에 대응하는 개념으로서 상수는 값을 바꿀 수 없지만 변수는 수시로 값을 바꿀 수 있다. 비유적으로 말하면 밥그릇 a에 쌀밥을 담을 때도 있지만 보리밥을 담을 때도 있다.

변수를 사용하려면 함수가 시작하자마자 변수의 종류와 이름을 미리 선언해야 한다. 물론 컴파일러에 따라서는 함수 내부 어디서든 변수 선언을 할 수 있도록 허용하기도 한다. 그러나 모든 컴파일러가 그런 것은 아니므로 호환성을 높이려면 변수 선언은 가급적 함수 시작 부분에 몰아서 하는 것이 좋다.

예제 2-2

```
#include <stdio.h>
int main( ){
    int math; ······································ ❶
    int science;
    int sum;

    math = 90; ····································· ❷
    science = 100;
    sum = math + science; ·························· ❸
    printf("Sum of math and science score is %d.\n", sum); ······ ❹
    return 0;
}
```

수학과 과학 점수의 합을 구해 화면에 찍는 프로그램이다. 예에서 보듯 일단 변수를 선언하고, 이후 선언된 변수를 사용하여 명령을 내릴 수 있다. ①에서 변수를 선언하고 ②에서 변수에 값을 대입하고 있다. ③에서 두 변수의 값을 더해 sum 변수에 대입한 후 ④ 에서 sum 변수의 값을 찍고 있다.

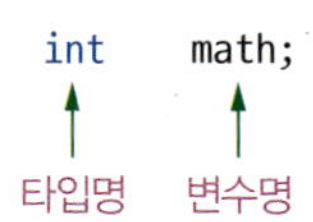

그림 2-11 선언

변수를 선언하려면 [그림 2-11]과 같은 형식을 갖추어야 한다. 일단 변수의 타입명(Type Name)을 대고 이후 변수명(Variable Name)을 대어야 한다. int는 integer, 즉 정수 타입을 의미한다. 따라서 int math는 정수 타입의 math라는 변수를 만들라는 요청이다. 그 결과 이제 math에는 정수만 들어갈 수 있다. C는 타입에 민감한 언어(Type-sensitive Language)다. 밥그릇에 시금치를 담으면 안 되듯이 정수 타입의 변수에 실수 값을 담으면 타입 불일치 오류(Type Mismatch Error) 메시지가 뜬다. 이는 타입이 서로 다름으로 인해 이후에 일어날 수 있는 오류를 예방하려는 조치다.

```
int math, science, sum;
```

변수의 데이터 타입이 같을 때는 한꺼번에 선언할 수도 있다. 일단 타입명을 댄 다음 콤마를 써서 여러 변수명을 나열할 수 있다. 변수의 타입(Data Type)을 자료형이라는 말로 번역하기도 한다. 이 책에서는 필요에 따라 '타입'이라는 용어와 '자료형'이라는 말을 혼용하기로 한다.

C 언어의 자료형은 정수형(Integer), 부동 소수형(Floating Point Number), 문자형(Character) 등으로 나뉜다. 정수형은 short int, int, long int, long long int로 나뉜다. 뒤따르는 int는 생략해도 무방하다. 예를 들어, short int는 short라고만 하면 된다. 부동 소수형은 float, double, long double로 나뉜다.

데이터 타입		일반 32비트	인텔 IA-32	x86-64
문자	char	1	1	1
정수	short	2	2	2
	int	4	4	4
	long	4	4	8
	long long	8	8	8
부동 소수	float	4	4	4
	double	8	8	8
	long double	16	8	8

그림 2-12 타입별 변수의 크기(단위: 바이트)

short 〈 int 〈 long 〈 long long

float 〈 double 〈 long double

일반적으로 float는 32비트 단일 정밀도(Single Precision)를, double은 64비트 이중 정밀도(Double Precision)를 의미한다. 그러나 실제로 몇 바이트를 차지하는지는 컴퓨터마다 다를 수 있다. 예를 들어 long int를 4바이트로 처리하는 컴퓨터도 있지만 8바이트로 처리하는 컴퓨터도 있다. 다시 말해, 같은 자료형이라도 실제 크기는 해당 컴퓨터의 하드웨어나 운영체제의 종류에 따라 달라진다. 따라서 프로그래머는 short, int, long으로 가면서 바이트 수가 많아지고 float, double, long double로 가면서 바이트 수가 많아진다는 사실만 기억하면 된다.

32비트 컴퓨터에서 int는 4바이트, 즉 32비트로 표현된다. 그 경우 2의 보수로 나타낼 수 있는 정수의 범위는 -2^{31}(=−2,147,483,648)부터 $2^{31}-1$(=2,147,483,647)까지의 정수다. 이는 대략 플러스 마이너스 21억이 조금 넘는 숫자다. 국내 화폐 단위인 원은 달러에 비해 단위가 크기 때문에 이 정도로는 모자랄 때도 많다. 그 경우 8바이트 long long 타입을 쓰면 대략 플러스 마이너스 922경 단위까지 수용할 수 있다.

예제 2-3

```
#include <stdio.h>
#include <limits.h>
#include <float.h>

int main( ){
   printf("sizeof(char) is %d.\n", sizeof(char));
   printf("sizeof(short) is %d.\n", sizeof(short));
   printf("sizeof(int) is %d.\n", sizeof(int));
   printf("sizeof(long) is %d.\n", sizeof(long));
   printf("sizeof(long long) is %d.\n", sizeof(long long));
   printf("sizeof(float) is %d.\n", sizeof(float));
   printf("sizeof(double) is %d.\n", sizeof(double));
   printf("sizeof(long double) is %d.\n", sizeof(long double));
   printf("int ranges from %d to %d.\n", INT_MIN, INT_MAX);
   printf("double ranges from %e to %e.\n", DBL_MIN, DBL_MAX);
   return 0;
}
```

```
sizeof(char) is 1.
sizeof(short) is 2.
sizeof(int) is 4.
sizeof(long) is 4.
sizeof(long long) is 8.
sizeof(float) is 4.
sizeof(double) is 8.
sizeof(long double) is 8.
int ranges from -2147483648 to 2147483647.
double ranges from 2.225074e-308 to 1.797693e+308.
```

sizeof 연산자는 자료형의 크기를 계산한다.

자신의 컴퓨터에서 자료형별로 크기를 알아보려면 예의 프로그램을 돌리면 된다. sizeof(int)에서 sizeof는 함수명처럼 보이지만 '+', '–'처럼 일종의 연산자(Operator)로서 괄호 안의 자료형의 크기를 바이트 단위로 돌려준다. limits.h에 정의된 INT_MIN과 INT_MAX 상수는 int 타입의 하한과 상한을 나타낸다. short라면 SHRT_MIN과 SHRT_MAX, long이라면 LONG_MIN과 LONG_MAX, long long이라면 LLONG_MIN과 LLONG_MAX가 각각 하한과 상한을 나타낸다. 같은 맥락에서 float.h에 정의된 DBL_MIN, DBL_MAX 상수는 double 타입의 하한과 상한을 나타낸다. float라면 FLT_MIN과 FLT_MAX, long double이라면 LDBL_MIN과 LDBL_MAX가 각각 하한과 상한을 나타낸다.

컴퓨터에서 디폴트(Default)라는 말의 의미는 '아무런 말을 하지 않으면 자동으로 먹히는 값'을 의미한다. 예를 들어 우리가 '식사하셨어요?'라고 물으면 그것은 디폴트로 '밥'을 먹었느냐는 의미다. 물론 빵이 주식인 외국인이 이렇게 물어 보았다면 디폴트로 '빵'을 먹었느냐고 물어 보았을 가능성이 크다.

```
int age;······················ ❶
unsigned int age; ··········· ❷
unsigned char c; ··········· ❸
```

①처럼 타입명 앞에 아무것도 붙이지 않으면 디폴트로 signed로 간주된다. 즉, ①은 signed int age;와 동일한 선언으로서 age 변수에 양수나 음수를 저장하겠다는 의미다. 그러나 ②처럼 unsigned를 붙이면 음수는 저장하지 않겠다는 의미다. 나이를 저장할 age 변수에 음수를 저장할 일은 거의 없기 때문이다. unsigned라는 말은 부호가 없다는 의미로서, 0 이상의 정수만 담겠다는 뜻이다. 음수를 저장하지 않으므로 MSB까지도 절댓값을 저장하는데 사용하면 담을 수 있는 최대 양수는 signed일 때에 비해 거의 두 배로 늘어난다. 4바이트 signed int로는 -2^{31}부터 $2^{31}-1$까지의 정수를 담을 수 있지만 unsigned int로는 0부터 $2^{32}-1$까지의 정수를 담을 수 있다.

```
unsigned int age;
long sum;
unsigned long total;

age = 24U;·················· ❶
sum = 24L;·················· ❷
total = 2024UL; ············ ❸
```

상수에 접미사(Suffix)를 붙여야 할 때도 있다. ①의 좌변 age 변수를 unsigned로 선언했으면 우변 상수에 U라는 접미사를 붙여 24를 unsigned 형으로 바꾸라고 요청해야 한다. 그래야 좌변과 우변의 자료형이 매칭되기 때문이다. 우변 상수에 아무런 접미사가 없으면 디폴트로 signed가 먹는다. ②의 우변도 그냥 24라고 쓰면 디폴트로 int 형으로 간주된다. 따라서 24에 L을 붙여 long 형으로 바꾸라고 요청해야 한다. unsigned long이라면 ③처럼 UL을 붙여야 한다. long long이라면 LL을, unsigned long long이라면 ULL을 붙여야 한다.

예제 2-4

```
#include <stdio.h>
int main( ){
    float area; double total;
    area = 0.1234567; ···························· ❶
    printf("Area is %f.\n", area);
    total = 0.1234567; ··························· ❷
    printf("Total is %lf.\n", total);
    total = 0.1234567F;··························· ❸
```

```
    printf("Total is %lf.\n", total);
    return 0;
}
```

컴파일러에 따라서는 ①에 대해 경고 메시지를 띄우기도 한다. 우변 실수는 디폴트로 double로 인식되지만 좌변 area가 float 형으로 선언되어 타입이 다르기 때문이다. float가 4바이트라면 double은 8바이트다. 따라서 이는 4바이트 크기의 그릇에 8바이트 크기의 값을 대입하라는 요구와도 같다. ②는 우변과 좌변이 모두 double이기 때문에 오류가 아니다. printf 함수는 %f와 %lf 형식 모두가 디폴트로 소수 이하 6자리까지 찍는다.

C 언어는 타입에 민감하지만 어느 정도 융통성을 발휘하기도 한다. ③의 우변 0.1234567F는 F라는 접미사에 의해 float로 인식된다. 그런데 이 float 값을 좌변 double 타입 변수에 대입할 때에는 타입이 다름에도 불구하고 아무런 경고도 하지 않는다. 작은 것을 그보다 큰 그릇에 넣으라고 했기 때문이다. 이 경우 좌변 타입에 맞추어 자동으로 우변에 형 변환(Type Conversion, Type Casting)이 가해진다. 즉, 우변 값을 float 형에서 double 형으로 변환한 후에 total에 대입한다.

예제 2-5

```
#include <stdio.h>
int main( ){
    short width; int height; float area;
    double total; int length; short num1, num2, sum;
    width = (short)10;               // short width  ................... ❶
    height = 5;                      // int height
    area = 100.0F;                   // float area

    total = area + width * height;   // double total ................... ❷
    printf("Total is %lf.\n", total);

    length = 3.14;                   // int length  .................... ❸
    printf("Length is %d.\n", length);

    length = (int)3.14;              // int length  .................... ❹
    printf("Length is %d.\n", length);
```

```
    num1 = (short)10; num2 = (short)20;
    printf("sizeof(num1 + num2) is %d.\n", sizeof(num1 + num2)); ····❺
    printf("sizeof(\'a\' - \'A\') is %d.\n", sizeof('a' - 'A')); ········❻

    sum = num1 + num2;              // short sum ······················❼
    printf("sizeof sum is %d.\n", sizeof(sum));
    return 0;
}
```

```
Total is 150.000000.
Length is 3.
Length is 3.
sizeof(num1 + num2) is 4.
sizeof('a' - 'A') is 4.
sizeof sum is 2.
```

자동 형 변환(Automatic Type Conversion)의 예다. ②에서 * 기호는 곱셈을 나타낸다. 여기서 자동 형 변환은 세 번 일어난다. 첫째, width * height를 계산하는 도중 일어난다. 일반적으로 자동 형 변환이 일어날 때에는 크기가 작은 자료형이 크기가 큰 자료형으로 바뀐다. 따라서 short 형인 width가 height와 같이 int 형으로 변환된 후에 곱해진다. 둘째, 곱셈 결과와 area를 더하는 도중 일어난다. 곱셈의 결과가 int 형인데 비해 area는 float 형이다. 따라서 int 형이 float 형으로 변환된 후에 area에 더해진다. 셋째, 우변을 좌변에 대입하는 과정에서 일어난다. 좌변이 double 형이므로 우변의 float를 double로 변환한 후에 대입한다.

그러나 무턱대고 자동 형 변환에 의존해서는 안 된다. ③의 좌변 length는 int 형이고 우변 3.14는 double 형이다. 컴파일러에 따라서는 이 경우 아무런 경고도 없이 우변 3.14에서 소수부를 잘라 버리고 정수부인 3만 취하여 좌변에 대입한다. 물론 그것이 프로그래머가 의도하던 바라면 문제가 되지 않는다. 그러나 만약 타입 매칭에 신경을 쓰지 않는 바람에 실수로 그렇게 되었다면 잘못이다.

```
(int)3.14, (double)3, (long int)3, (unsigned)3
```

의도적으로 형 변환을 가하기도 한다. ④의 우변 3.14는 디폴트로 double로 인식된다. 그것을 int로 바꾸는 형 변환 연산자가 (int)다. 이를 강제 형 변환이라고도 부른다. 강제로 형을 변환하려면 예처럼 괄호 안에 원하는 자료형을 쓰면 된다. 강제 형 변환은 컴파일러가 제공하는 자동 형 변환에 의존하지 않고 프로그래머 자신이 원하는 대로 자료형을 변환하기 위한 것이다. ①도 short 형으로 변환하는 연산자다. int를 short나 char로 변환하면 상위 바이트가 날아간다. 예를 들어, 4바이트 int 변수 F1F20102를 2바이트 short로 변환하면 상위 2바이트인 F1F2가 날아가고 하위 2바이트인 0102만 남는다. 이 경우 부호가 바뀔 수 있음에도 유의해야 한다. F1F20102는 MSB가 2진수 1인 음수이지만 0102는 MSB가 2진수 0인 양수이기 때문이다.

산술 연산 시에 int보다 작은 자료형은 모두 일단 int 형으로 변환된 후에 연산이 가해진다. 따라서 ⑤에서 num1, num2는 short 형의 2바이트이지만 연산 도중 num1, num2는 물론, 연산 결과인 num1 + num2도 4바이트 int 형으로 저장된다. 이것이 ⑦의 좌변 sum에 대입될 때 다시 형 변환이 일어나 short로 바뀐다. short 형이 연산 도중에는 int 형으로 바뀌듯이 char 형도 연산 도중에는 int 형으로 바뀐다. 또, 연산의 결과인 ⑥의 'a' – 'A'도 int 크기의 메모리에 저장된다.

⑤에서 유의할 점은 short 형으로 선언한 num1, num2 변수 자체가 int 형으로 바뀌는 것은 아니라는 점이다. 연산을 위해서 num1, num2를 임시 저장 장소로 복사해야 하는데 그 장소의 크기가 int 크기라는 것이다. 연산이 int 형으로 진행된다면 아예 num1, num2를 int로 선언하는 것이 낫지 않느냐고 할지 모르지만 대개 short는 2바이트로 저장하기 때문에 그리 크지 않은 정수 변수는 short로 선언함으로써 메모리를 절약할 수 있다.

정수형		부동 소수형		문자형	
short	(short)97, (short)0x61	float	97.0F, 9.70E1F		
int	97, 0x61	double	97.0, 9.70E1	char	'a' = 97
long	97L, 0x61L, (long)97	long double	97.0L, 9.70E1L		

그림 2-13 자료형별 상수 표현

상수 97을 여러 자료형으로 표현한 모습이다. 그냥 97이라고만 하면 디폴트로 int 형으로 인식되기 때문에 (short)를 붙여 형 변환을 가해야 short 형으로 인식된다. 0x61 앞의 0x(Zero x)는 이어지는 숫자가 16진수임을 뜻한다. 접미사 L은 그 숫자를 long으로 처리해 달라는 요구다. 그냥 97.0이라고만 하면 디폴트로 double로 인식되기 때문에 float 형으로 만들려면 97.0F처럼 접미사를 붙여야 한다. 97.0f처럼 소문자를 써도 된다. 접미사를 붙이는 대신 (float)97.0처럼 직접 형 변환을 가해도 된다. 97.0 = 9.70 × 10^1 = 9.70E1처럼 10의 승수(Exponent)로 나타내기도 한다. 변수가 그리 크지 않거나 메모리 용량이 문제되지 않는다면 실수는 대개 double로 선언하는 것이 편하다.

0 NULL (Null Character)	32 SPACE	64 @	96 `
1 SOH (start of heading)	33 !	65 A	97 a
2 STX (start of text)	34 "	66 B	98 b
3 ETX (end of text)	35 #	67 C	99 c
4 EOT (end of transmission)	36 $	68 D	100 d
5 ENQ (enquiry)	37 %	69 E	101 e
6 ACK (acknowledge)	38 &	70 F	102 f
7 BEL (bell)	39 '	71 G	103 g
8 BS (backspace)	40 (	72 H	104 h
9 TAB (horizontal tab)	41)	73 I	105 i
10 LF (line feed)	42 *	74 J	106 j
11 VT (vertical tab)	43 +	75 K	107 k
12 FF (form feed, new page)	44 ,	76 L	108 l
13 CR (carriage return)	45 –	77 M	109 m
14 SO (shift out)	46 .	78 N	110 n
15 SI (shift in)	47 /	79 O	111 o
16 DLE (data link escape)	48 0	80 P	112 p
17 DC1 (device control 1)	49 1	81 Q	113 q
18 DC2 (device control 2)	50 2	82 R	114 r
19 DC3 (device control 3)	51 3	83 S	115 s
20 DC4 (device control 4)	52 4	84 T	116 t
21 NAK (negative acknowledge)	53 5	85 U	117 u
22 SYN (synchronous idle)	54 6	86 V	118 v
23 ETB (end of trans. block)	55 7	87 W	119 w
24 CAN (cancel)	56 8	88 X	120 x
25 EM (end of medium)	57 9	89 Y	121 y
26 SUB (substitute)	58 :	90 Z	122 z
27 ESC (escape)	59 ;	91 [	123 {
28 FS (file separator)	60 〈	92 \	124 |
29 GS (group separator)	61 =	93]	125 }
30 RS (record separator)	62 〉	94 ^	126 ~
31 US (unit separator)	63 ?	95 _	127 DEL

그림 2-14 아스키코드 표(왼편 숫자는 10진수)

영문자를 담기 위한 char 타입은 1바이트 크기다. 이 타입은 아스키(ASCII, American Standard Code for Information Interchange) 규약을 따른다. 컴퓨터 내부에 문자를 직접 저장할 수는 없기 때문에 0부터 127까지의 숫자를 써서 문자를 저장하려는 것이 아스키 규약이다. 이 규약에서 알파벳 'A'는 10진수 65, 'a'는 97로 표현된다. 대문자가 소문자보다 먼저 나오기 때문에 대문자가 소문자보다 작다는 점에 유의해야 한다. 따라서 대문자를 소문자로 바꾸려면 'a' – 'A'(= 97 – 65 = 32)만큼 더하면 된다. 또, 아스키코드 표에는 대문자와 소문자가 곧바로 이어지지 않고 중간에 다른 문자가 있다는 점에도 유의해야 한다.

특수 문자	아스키코드	의미
\0	NULL	널 문자
\r	CR	캐리지 리턴
\n	LF	라인 피드
\t	TAB	수평 탭
\v	VT	수직 탭
\a	BEL	알람벨 소리
\b	BS	백스페이스
\'	'	작은따옴표
\"	"	큰따옴표
\\	\	백 슬래시

그림 2-15 특수 문자

아스키코드 0부터 31까지 문자를 특수 문자(Special Characters)라 부른다. 이들 문자 중 일부를 프로그램에서는 백 슬래시(Backslash)로 시작하는 문자로 표현한다. 그림은 프로그램에서 자주 사용되는 특수 문자를 보여준다. 널 문자(Null Character)는 문자열의 끝을 나타내기 위한 표식으로, 프로그램에서는 '\0'(Backslash Zero)으로 나타낸다. 아스키코드 표를 보면 문자 '0'은 10진수 48이지만 '\0'은 10진수 0이다.

```
printf("hello,\tworld.\a\a\a\n");
printf("\"%%\n");
```

printf("%d\n", num);에서 보듯 printf 문의 괄호 안에는 큰따옴표, 퍼센트 기호, 백 슬래시 등이 존재한다. 이들은 특수 문자는 아니지만 printf 문이 지정한 특별한 의미를 지니기 때문에 이들 문자 '자체'를 나타내려면 다른 방법을 써야 한다. 예를 들어, 큰따옴표를 찍으려면 \" 처럼 큰따옴표 앞에 백 슬래시를 앞세워야 한다. 같은 맥락에서 작은따옴표 자체를 나타내려면 \'이라고 해야 한다. 백 슬래시 자체를 나타내려면 \\처럼 백 슬래시를 두 번 입력해야 한다. % 기호 자체를 나타내려면 %%처럼 % 기호를 두 번 입력해야 한다. 위의 명령문을 실행해 보면 이 점을 알 수 있다.

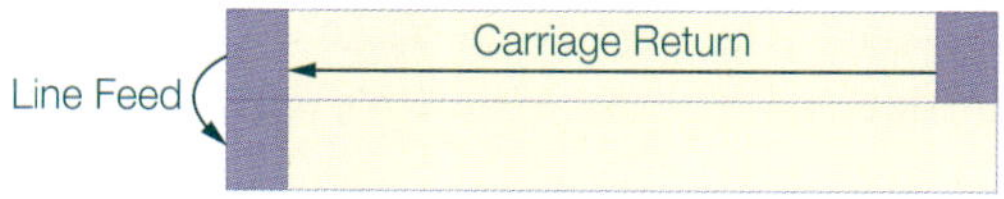

그림 2-16 CR, LF

'\n'을 줄 바꿈 문자 또는 개행 문자라고 부른다.

C 언어에서는 줄 바꿈(개행) 문자를 '\n'(Backslash n)으로 표시한다. 이는 아스키코드 값 10으로 표시된다. 운영체제마다 줄 바꿈을 표현하는 방식이 조금씩 다르다. 윈도우즈 운영체제는 이를 CR('\r'), LF('\n')이라는 두 개의 문자로 표현한다. 여기서 CR은 캐리지 리턴(Carriage Return)의 약자로서 구시대 타자기에서 한 줄 입력이 끝나서 글자 뭉치(Carrage)가 오른쪽 끝으로 가면 그것을 같은 줄의 왼쪽 끝으로 되돌리는 행위를 의미한다. 또, LF는 라인 피드(Line Feed, 줄 먹임)의 약자로서 그 글자 뭉치를 바로 아래 줄로 내리는 행위를 의미한다. 그러나 유닉스 운영체제는 줄 바꿈을 LF('\n')라는 하나의 문자로 표현한다. 또, 애플의 매킨토시 운영체제는 CR('\r')이라는 하나의 문자로 표현한다. 이처럼 운영체제마다 표현 방식이 다르지만 프로그래머로서는 그러한 사실에 신경을 쓸 필요 없이 '\n'이라고만 쓰면 된다. CR을 붙이든 말든 '\n'을 해석하여 커서를 다음 줄의 시작 위치로 갖다 놓는 것은 운영체제가 알아서 하기 때문이다.

예제 2-6

```c
#include <stdio.h>
int main( ){
   char ch;

   ch = 'a'; ········································ ❶

   printf("sizeof(ch) is %d.\n", sizeof(ch));
   printf("sizeof('a') is %d.\n", sizeof('a')); ············ ❷

   printf("\'a\' in character format is %c.\n", ch); ········ ❸
   printf("\'a\' in decimal format is %d.\n", ch);

   ch = 'a' + 1; ···································· ❹
   printf("\'a\' + 1 in character format is %c.\n", ch);

   ch = 97;
   printf("97 in character format is %c.\n", ch);
   return 0;
}
```

문자 변수는 1바이트 정수, 문자 상수는 4바이트 정수다.

C 언어는 문자형 변수를 마치 1바이트짜리 정수형 변수처럼 취급한다. 아스키코드에서 약속한 정수가 들어가기 때문이다. 문자형 변수 ch에 문자 상수 'a'를 대입하려면 ①처럼 해야 한다. 예에서 보듯 문자는 반드시 작은따옴표(Single Quote)로 둘러싸야 한다. ch = a;라고 하면 안 된다.

문자형 변수 ch는 1바이트를 차지하지만 문자 상수 'a'는 4바이트를 차지한다. 따라서 ②의 크기는 4바이트다. 문자 상수 'a'를 구성하는 4바이트 중 상위 3바이트는 모두 0이다. 아스키코드 표에 의하면 문자는 정수 0부터 127까지 분포하기 때문이다. 따라서 ①에서 형 변환이 일어난다. 우변 'a'의 상위 3바이트가 잘려 나가고 하위 1바이트가 좌변 ch로 들어간다.

③에서 보듯, 'a'를 %c(character format)로 찍으면 'a'가 찍히지만 %d(decimal format)로 찍으면 97이 찍힌다. 'a'는 아스키코드로 10진수 97이기 때문이다. 문자를 1바이트 정수로 나타내기 때문에 문자형에 대해서도 정수 연산을 할 수 있다. ④의 우변은 97 + 1 = 98로서 이

는 아스키코드 표에서 'a' 바로 다음 문자인 'b'를 뜻한다. 여기에도 형 변환이 개입되어 있다. 'a' + 1의 연산에서 'a'나 1은 모두 4바이트 정수다. 따라서 덧셈 결과를 좌변의 1바이트 변수인 ch에 대입하기 전에 자동 형 변환이 가해진다.

예제 2-7

```
#include <stdio.h>
int main( ){
    int num; char ch;

    num = 128;
    ch = num; ················ ❶
    printf("%d %d\n", num, ch);
    return 0;
}
```

```
128 -128
```

그러나 char 형 변수에 담을 수 있는 정수의 크기는 제한된다는 점에 유의해야 한다. char라고 선언하면 디폴트로 signed char로 간주된다. 따라서 담을 수 있는 정수의 범위는 −128부터 127까지로 제한된다. 따라서 ①처럼 범위를 벗어난 num 값을 ch에 대입하면 잘못된 결과를 초래한다. 우변의 4바이트 정수를 좌변의 1바이트 정수로 형을 변환하는 과정에서 상위 3바이트는 무시되고 하위 1바이트만 ch에 대입되기 때문이다. 물론 char ch;라고 선언하는 대신 unsigned char ch;라고 선언하면 담을 수 있는 정수의 범위가 0부터 255까지로 늘어난다. 그러나 이 역시 그보다 큰 정수는 담을 수 없다.

문자는 작은따옴표, 문자열은 큰따옴표로 나타낸다.

문자열이란 하나 이상의 문자 집합을 말한다. C 언어는 문자(Character)와 문자열(Character String)을 구분하기 위해 문자는 작은따옴표, 문자열은 큰따옴표로 둘러싼다. C 언어는 문자열 끝을 나타내기 위해 특수 문자의 일종인 '\0', 즉 널 문자(Null Character)를 삽입한다. 이는 아스키코드 값으로는 0이다. 따라서 "apple"은 'a', 'p', 'p', 'l', 'e', '\0'의 형태로 6바이트에 저장된다. 'a'와 "a"는 다르다. 'a'는 문자로서 1바이트에 저장되지만 "a"는 문자열로서 널 문자가 추가되기 때문에 2바이트에 저장된다. 한글은 글자 하나가 2바이트를 차지하기 때문에 1바이트 char 타입에 저장할 수 없다. 따라서 대부분의 경우 한글은 문자열로 처리된다.

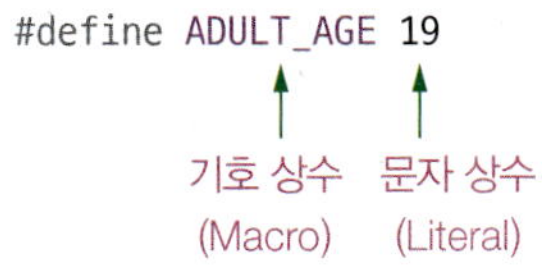

그림 2-17 Macro와 Literal

```
#define ADULT_AGE 19
#define LONG_MSG "This is a very long literal constant \
long enough to occupy two lines."
```

C 언어는 여러 타입의 상수를 제공한다. 10은 정수 상수, 3.14는 부동 소수 상수다. 'a'는 문자 상수, "hello, world."는 문자열 상수다. 이러한 류의 상수를 리터럴 상수(Literal Constants)라고 부른다. 그러나 리터럴 상수를 그대로 소스코드에 삽입할 경우 프로그램의 가독성이 떨어진다. 예를 들어 성인이 되는 나이가 만 19세라면 소스코드에서 이를 19라고 쓰는 것보다 ADULT_AGE라는 기호 상수(Symbolic Constants)로 표현하는 것이 가독성 면에서 더 낫다. 예의 #define은 기호 상수를 정의하기 위한 지시어다. 리터럴 상수가 길어져 한 줄을 넘어갈 경우 Enter 키를 눌러 다음 줄로 이동하면 안 된다. 예처럼 반드시 백 슬래시를 써서 문자열이 계속된다는 것을 표시해야 한다. 그렇지 않을 경우 Enter 키까지도 문자 상수에 포함되기 때문이다.

리터럴 상수를 매크로 상수로 치환할 수 있다.

매크로(Macro)란 '치환'을 의미한다. 프로그래머가 기호 상수를 쓰더라도 결국 전처리기에 의해 리터럴 상수로 치환된다. 그런 의미에서 기호 상수를 매크로 상수(Macro Constants) 또는 단순히 매크로(Macro)라고 부르기도 한다. 리터럴 상수로 치환해야 할 대상이기 때문이다. 예에서는 ADULT_AGE, LONG_MSG가 모두 매크로다. 일반 변수와 구분하기 위해 매크로는 대개 대문자로 나타낸다.

예제 2-8

```
#include <stdio.h>
#define PI 3.14 ·············································· ❶
#define ERR_MSG "Error has occurred while opening file.\n" ······· ❷
#define MAX 32.0 ············································· ❸
#define MIN 10.0

int main( ){
   double area, circum, diff;

   area = PI * 3.0 * 3.0; ································· ❹
   printf("The area is %lf.\n", area);
   circum = 2.0 * PI * 3.0; ······························· ❺
   printf("The circumference is %lf.\n", circum);

   diff = MAX - MIN; ······································· ❻
   printf("The difference is %lf.\n", diff);
   printf(ERR_MSG);
   return 0;
}
```

```
The area is 28.260000.
The circumference is 18.840000.
The difference is 22.000000.
Error has occurred while opening file.
```

매크로를 사용한 예다. ①의 #define은 이후 소스코드에 나타나는 모든 PI를 3.14라는 숫자로 치환하라는 지시어이며 ②는 ERR_MSG를 그 다음에 나타난 문자열 상수로 치환하라는 지시어다. 이는 마치 문서 편집기에서 '찾아 바꾸기'를 하라는 지시와도 같다. 지시어이므로 매크로를 리터럴 상수로 치환하는 작업은 컴파일 이전에 전처리기에 의해 이루어진다. 따라서 컴파일러 단계에서는 소스코드에 PI나 ERROR_MSG라는 매크로가 보이지 않는다.

이렇게 함으로써 얻는 이득이 있다. ④, ⑤처럼 여러 곳에 PI 대신 직접 숫자를 집어넣을 경우 만약 PI 값을 3.1415로 바꾸려면 해당 코드를 모두 찾아 직접 바꾸어야 한다. 그러나 이처럼 매크로를 쓰면 ①을 #define PI 3.1415로 바꾸기만 하면 PI가 나타나는 모든 곳이 자동으로 바뀐다. ⑥은 가독성을 높이려는 목적의 매크로다. 이렇게 함으로써 ⑥이 최대와 최소의 차이임을 쉽게 알 수 있다. 만약 ⑥을 diff = 32.0 − 10.0;이라고 썼다면 그러한 이점은 사라진다. 매크로 상수 역시 한 번 선언한 이후로는 값이 변하지 않는 상수다. 따라서 변수처럼 실행 도중 PI = 3.1415;라고 하여 값을 바꿀 수는 없다.

변수명을 지을 때는 의미를 부여해야 한다.

변수명은 그 변수를 다른 변수와 구별하기 위한 일종의 식별자(Id, Identifier)다. 따라서 변수명 자체에 의미를 부여할 필요가 있다. 예를 들어, 나이를 담을 변수라면 변수명을 단순히 n이라고 하기보다는 age라고 하는 편이 낫다. 나이의 합계를 담는 변수라면 sum이라고 하기보다는 age_sum이라고 하는 편이 낫다. 변수명만 보고도 그 변수가 무엇을 저장한 것인지를 이해할 수 있기 때문이다.

가독성(Readability)이란 읽어서 이해하기 쉬운 성질을 말한다. 가독성을 높여야 다른 사람이 내 프로그램을 쉽게 이해할 수 있다. 그러나 가독성은 프로그래머 자신을 위한 것이기도 하다. 시간이 지나면 나 자신도 기억이 희미해진다. 따라서 의미 있는 변수명이 아니면 내가 짠 프로그램을 나중에 다시 읽었을 때 그 변수가 어떤 역할을 하는지 기억하기가 어렵다. 그렇다고 해서 변수명이 너무 길어서도 안 된다. 입력이 번거로워 입력 도중 오류가 일어날 수 있기 때문이다. 짧으면서도 의미 있는 이름을 지으려면 프로그래머는 거의 작명가가 되어야 한다.

변수명이나 함수명 등의 식별자는 알파벳, 숫자, 밑줄 문자(Underscore, '_') 등으로 이루어지며 최대 31문자까지 쓸 수 있다. 단 문자 사이에 빈칸이 있으면 안 된다. 또, 숫자로 시작하거나 특수 문자를 포함해도 안 된다. 첫 문자를 밑줄 문자로 시작할 수 있지만 가급적 사용하지 않는 편이 낫다. 컴파일러나 시스템 라이브러리가 밑줄 문자로 시작하는 변수나 함수명을 자주 쓰기 때문에 충돌할 우려가 있기 때문이다. 특히 C 컴파일러는 대소문자에 민감하다는 점에 유의해야 한다. 예를 들어 salary라는 변수와 Salary라는 변수는 서로 다른 변수다. 따라서 동일한 변수를 어떤 때는 salary로 쓰고 어떤 때는 Salary라고 쓰면 안 된다.

단어를 조합해야 할 때도 있다. 예를 들어, 급여 합계라면 sum_of_salary, salary_sum, SumSalary, SumOfSalary 등 다양한 방식으로 나타낼 수 있다. 어떤 방법을 사용해도 좋지만 일관성을 유지해야 한다. 그래야 프로그램을 짜는 사람도 실수를 줄일 수 있고 그 프로그램을 읽는 사람도 이해하기 쉽다. 이 책의 모든 변수명과 함수명은 소문자로 시작하되 필요시 중간에 밑줄 문자를 넣기로 한다.

auto	break	case	char	const	continue
default	do	double	else	enum	extern
float	for	goto	if	int	long
register	return	short	signed	sizeof	static
struct	switch	typedef	union	unsigned	void
volatile	while				

그림 2-18 C 언어의 예약어

```
int int;  ..................... ❶
int double( );  ............. ❷
```

컴파일러가 예약해 놓은 단어를 예약어(Reserved Words) 또는 키워드(Keywords)라고 부른다. 그림에서 보듯 C 언어의 예약어는 총 32개다. 컴파일러가 예약을 해 놓았기 때문에 프로그래머가 이들 단어를 변수명이나 함수명 등 식별자로 사용하면 안 된다. 예를 들어, ①처럼 하면 컴파일러는 첫 int를 타입명으로 인식하여 그 다음에는 변수명이 나올 것을 기대한다. 그러나 이후 또 int가 나오면 컴파일러는 그것을 변수명이 아니라 타입명으로 해석하여 타입명이 반복되었다고 오류를 띄운다. ②도 마찬가지다. double이라는 단어는 변수의 타입명으로 예약된 단어다. 이를 함수명으로 쓰면 안 된다.

03 변수와 메모리

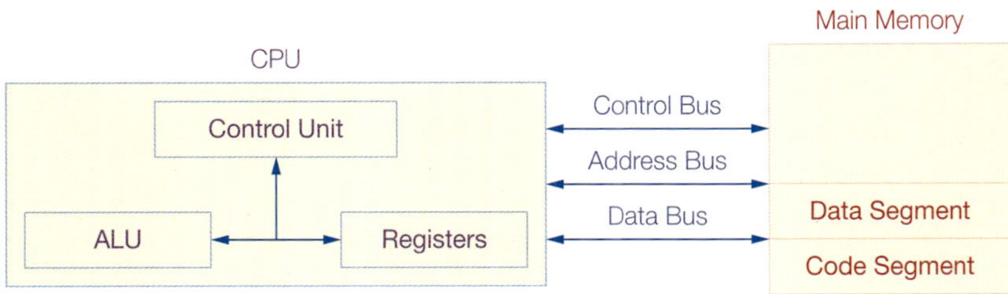

그림 2-19 폰 노이만 구조(Von Neumann Architecture)

C 언어를 설명하기 전에 대략적으로나마 컴퓨터 구조에 대해 알아둘 필요가 있다. 컴퓨터 하드웨어는 크게 주 기억 장치(Main Memory, 메모리)와 중앙처리 장치(Central Processing Unit, CPU)로 구성되어 있다.

프로그램은 메모리에 저장된다. 컴퓨터가 처음 등장한 초창기에는 데이터만 메모리에 넣고 명령어는 외부에서 스위치를 조작하여 전달했다. 예를 들어 1100이라는 명령어라면 1번, 2번 스위치를 올리는 식이었다. 이후 폰 노이만(Von Neumann)에 의해 데이터는 물론 명령어까지도 아예 메모리에 올려놓자는 아이디어가 등장했으며 이를 저장된 프로그램 개념(Stored Program Concept)이라 부른다. 일반적으로 프로그램은 하드 디스크에 파일 형태로 저장되어 있다가 사용자가 프로그램을 실행하면 비로소 메모리로 올라와 실행된다. 그림에서 보듯 메모리 내부의 프로그램은 크게 코드 세그먼트(Code Segment)와 데이터 세그먼트(Data Segment)로 나뉜다. 코드 세그먼트는 명령어가 저장되는 공간이고 데이터 세그먼트는 명령어 수행에 필요한 데이터가 저장되는 공간이다.

CPU는 CU, ALU, Register로 이루어져 있다.

CPU는 다시 제어 장치(Control Unit, 이하 CU), 산술 및 논리 연산 장치(Arithmetic and Logic Unit, 이하 ALU), 레지스터(Register) 등의 요소로 나뉜다. 컴퓨터의 두뇌 역할을 하는 것이 CPU라면 CPU의 두뇌 역할을 하는 것이 CU다. CU는 메모리로부터 가져온 명령어를 해독하고 실행 명령을 하기 때문이다. 실행 도중 산술 및 논리 연산이 필요할 경우 그 기능을 수행하는 장치가 ALU다. CU나 ALU가 작업을 수행하는 데 필요한 임시 저장소가 레지스터다. 예를 들어, 메모리로부터 가져온 명령어를 임시로 저장하거나 산술 및 논리 연산에 의해 구한 결과 값이 레지스터에 저장된다. 메모리나 레지스터 모두가 저장 장치이지만 성능 면에서 차이가 있다. 메모리는 비교적 느린 속도로 읽고 쓸 수 있는 대용량의 저가 메모리인 반면에 레지스터는 무척 빠른 속도로 읽고 쓸 수 있는 소량의 고가 메모리다.

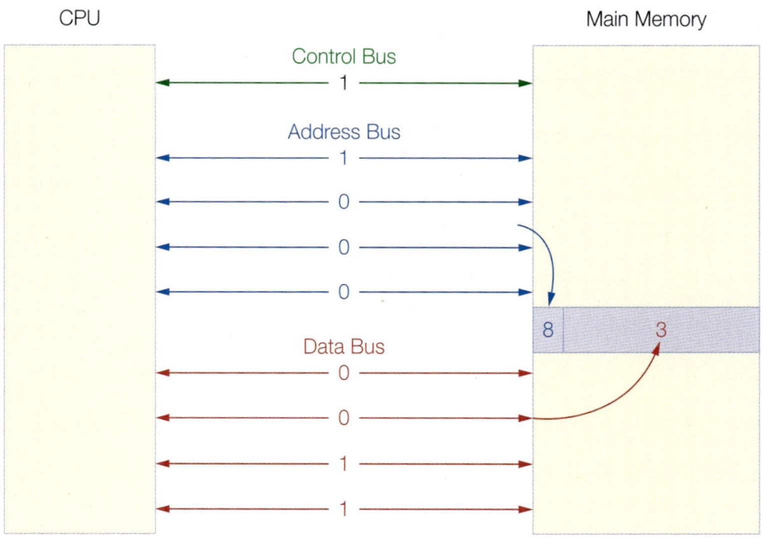

그림 2-20 컴퓨터 내부 버스의 종류

Address Bus, Data Bus, Control Bus가 CPU와 Memory 사이를 연결한다.

메모리와 CPU를 연결하는 통로(실제로는 전자회로)를 컴퓨터에서는 버스(Bus)라 부른다. 이 개념을 이해하려면 고속도로의 차선을 연상하면 된다. CPU와 메모리 사이에는 어드레스 버스, 데이터 버스, 컨트롤 버스가 존재한다. 어드레스 버스(Address Bus)는 주소를 실어 나르는 버스, 데이터 버스(Data Bus)는 데이터를 실어 나르는 버스다. 컨트롤 버스(Control Bus)는 메모리에 데이터를 쓸 것인지 메모리로부터 데이터를 읽어올 것인지를 제어하는 버스로서, 예를 들어 컨트롤 버스의 비트 값이 1이면 쓰기(Write), 0이면 읽기(Read)로 지정할 수 있다. [그림 2-20]은 4비트 어드레스 버스와 4비트 데이터 버스를 예시한다. 어드레스 버스에 1000, 즉 8이 실렸기 때문에 이는 메모리 주소 8번지를 의미한다. 또, 데이터 버스에 0011이 실렸기 때문에 이는 데이터 값이 3임을 의미한다. 따라서 예에서는 메모리 8번지에 3을 쓰게 된다.

우리가 어떤 집에 찾아가려면 주소가 필요하듯 메인 메모리에도 주소가 필요하다. 실제로 메모리 몇 번지에 있는 데이터에 접근할 것인가는 어드레스 버스에 어떤 전압을 거느냐에 따라 결정된다. 예를 들어 8비트 어드레스 버스라면 CPU와 메인 메모리에 8개의 선이 연결되어 있다. 또 각각의 선에 1(High Voltage) 또는 0(Low Voltage)에 해당하는 전압을 걸 수 있다. 만약 8개 선에 11110000이라는 전압을 걸면 메모리 240번지에 있는 데이터가 활성화되어 읽거나 쓸 수 있게 된다. 2진수 11110000은 10진수 240에 해당하기 때문이다.

레지스터에도 여러 종류가 있다. MAR(Memory Address Register)은 접근하고자 하는 메모리 주소 값을 저장하는 레지스터다. MBR(Memory Buffer Register)은 메모리로부터 읽은 데이터나 메모리에 쓸 데이터를 저장하는 레지스터다. IBR(Instruction Buffer Register)은 메모리로부터 읽어온 명령어를 저장하는 레지스터다. 프로그램을 실행할 때에는 항상 바로 다음에 가져와 실행해야 할 명령어의 위치가 중요하다. PC(Program Counter)는 바로 다음에 실행해야 할 명령어의 주소를 저장하는 레지스터다. 이 외에도 CPU 내부에는 ax, bx, cx, dx 등의 이름을 가진 여러 개의 범용 레지스터(General Purpose Register)가 존재한다. 이는 프로그램 실행 도중 계산 결과를 임시로 저장하기 위한 레지스터다.

CPU는 정보를 몇 비트 단위로 처리하느냐에 따라 구분된다. 1990년대 초반까지 사용되던 인텔 펜티엄(Intel Pentium) 프로세서는 32비트 프로세서였다. 이 프로세서는 CU, ALU, Register 등 CPU 내부 하드웨어가 데이터를 32비트 단위로 이동하고 처리하도록 설계되었기 때문에 당시 사용되던 윈도우즈 98, 윈도우즈 XP 등의 운영체제 소프트웨어도 32비트 단위로 데이터를 처리하도록 프로그램이 되어 있었다. 1990년 후반 들어서 워크스테이션과 서버에 64비트 프로세서가 사용되기 시작했고 이후 2000년대 초반에 개인용 컴퓨터도 Power PC 프로세서나 인텔의 x86-64 프로세서와 같은 64비트 프로세서로 바뀌게 되었다. 또, 운영체제도 윈도우즈 Vista, 윈도우즈 7, 8, 10 등 64비트 운영체제로 바뀌었다. 물론 64비트 프로세서에 32비트 운영체제를 깔 수도 있으나 그 경우 하드웨어 성능을 충분히 발휘하지는 못한다.

32비트 프로세서: 1Word = 4Bytes = 32bits

64비트 프로세서: 1Word = 8Bytes = 64bits

CPU와 메모리 사이의 데이터 이동 단위를 워드(Word)라고 부른다. 이는 한 번에 이동할 수 있는 데이터의 크기를 말하는 것으로서 컴퓨터 하드웨어를 설계하는 사람이 데이터 버스를 몇 개의 라인, 즉 몇 개의 비트로 구성하느냐에 따라 결정된다. 1워드를 풀워드(Full Word)라고 부르기도 한다. 하프 워드(Half Word)는 풀 워드의 1/2배 크기를, 더블 워드(Double Word)는 풀 워드의 2배 크기를 일컫는다. 고속도로로 말하자면 워드 크기는 차선의 수에 해당한다. 32차선 고속도로보다는 64차선 고속도로에서 한 번에 더 많은 자동차가 이동한다.

데이터 버스 크기 = 어드레스 버스 크기 = 워드 크기 = 정수형의 크기

하드웨어 설계를 단순화시키기 위해 대부분의 컴퓨터는 어드레스 버스와 데이터 버스의 비트 수를 일치시킨다. 예를 들어, 32비트 프로세서라면 어드레스 버스도 32비트이고 데이터 버스도 32비트다. 즉, Processor Size = Data Bus Size = Address Bus Size = Word Size가 된다. C 언어의 정수형의 크기가 바로 워드의 크기에 해당한다. 따라서 64비트 프로세서에 64비트 운영체제가 깔려 있다면 정수형은 8바이트가 되는 것이 당연하지만 컴파일러에 따라서는 제약이 가해질 수도 있다.

워드 크기가 어드레스 버스 크기와 일치하기 때문에 워드 크기에 따라 사용 가능한 메모리 용량이 제한된다. 집집마다 주소를 지정해야 택배를 배달할 수 있듯이 메모리에도 주소를 지정해야 해당 주소에 있는 데이터에 접근할 수 있기 때문이다. 어드레스 버스 크기와 워드 크기가 같을 경우 워드 크기가 4비트라면 지정 가능한 주소의 범위는 0000(0번지)부터 1111(15번지)까지 총 16개의 주소를 지정할 수 있다. 만약 각 주소에 1바이트씩 저장하도록 설계한다면 그 경우 접근 가능한 메모리는 16바이트를 초과할 수 없다. 같은 맥락에서 워드 크기가 32비트일 때는 최대 2^{32}바이트(= 4기가바이트)의 메모리를 사용할 수 있다. 64비트일 때는 이론적으로 최대 2^{64}바이트 메모리를 지원할 수 있지만 x86-64 프로세서의 경우 2^{48}바이트(= 256테라바이트) 메모리까지만 사용한다.

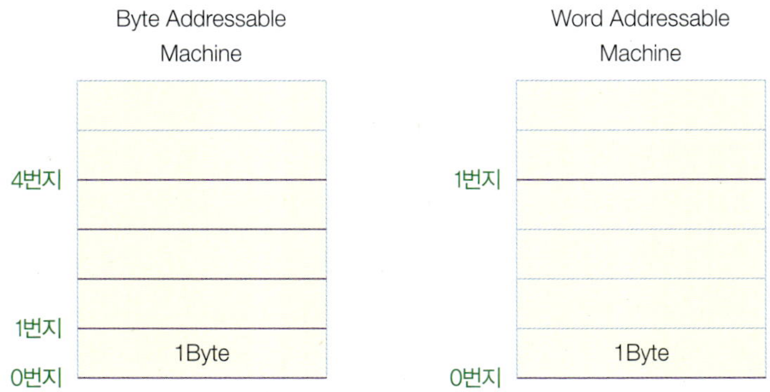

그림 2-21 바이트 단위 주소 지정 vs. 워드 단위 주소 지정

주소당 몇 바이트를 저장할 것인가는 컴퓨터 하드웨어를 어떻게 설계하느냐에 달려 있다. 1바이트 단위로 1번지씩 할당한 컴퓨터를 바이트 단위 주소 지정(Byte Addressable) 컴퓨터라고 부른다. 워드 단위(예를 들어 4바이트 단위)로 1번지씩 할당한 컴퓨터를 워드 단위 주소 지정(Word Addressable) 컴퓨터라 부른다. 편의상 이 책에서는 Byte Addressable Machine을 가정한다.

CPU는 명령어를 가져와서(Fetch), 해독하고(Decode), 실행한다(Execute). 따라서 프로그램이 실행되려면 명령어나 데이터가 수시로 메모리와 CPU 사이를 오가야 한다. 예를 들어, 메모리에 있던 명령어를 CPU 레지스터로 읽어 와야만 비로소 CU가 작업을 시작할 수 있다. 또, CU가 명령어를 해독하여 실행하는 도중에 메모리에 있는 데이터를 CPU 레지스터로 읽어 와야 할 때도 있다. 역으로 CPU 레지스터에 저장한 결과를 메모리로 가져가 저장해야 할 때도 있다.

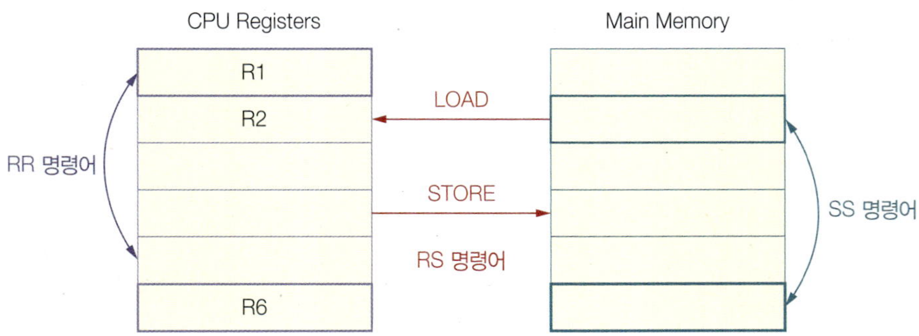

그림 2-22 RR, RS, SS 명령어

```
LOAD M(X) ................... ❶
STORE M(X) .................. ❷
```

어셈블리 명령어는 RR 명령어, RS 명령어, SS 명령어로 나눌 수 있다.

데이터의 이동 방향에 따라 어셈블리 명령어를 세 종류로 구분할 수 있다. RR 명령어(Register Register Instruction)는 레지스터 사이의 이동, RS 명령어(Register Storage Instruction)는 레지스터와 메모리 사이의 이동이다. RS 명령어는 다시 두 종류로 나뉜다. ①처럼 메모리 X번지에 있는 데이터를 레지스터로 읽어오는 작업을 'LOAD'라고 부르고 ②처럼 레지스터에 있는 데이터를 메모리 X번지에 쓰는 작업을 'STORE'라고 부른다. 마지막은 SS 명령어(Storage Storage Instruction)로서, 메모리에서 메모리로 이동하는 경우를 말한다. 그러나 기본적으로 메모리에서 메모리로 직접 이동하는 것은 불가능하다. CPU를 거쳐야 한다. 따라서 이 명령어는 다시 두 개의 RS 명령어로 번역된다. 즉, 메모리에 있는 내용을 레지스터로 LOAD한 다음에 그것을 다시 메모리의 다른 주소로 STORE해야 한다. 위에 예시한 명령어는 설명을 위한 것일 뿐 실제 명령어는 어셈블리 언어의 종류에 따라 다를 수 있다. 예를 들어, IBM PC의 경우 RR, RS 명령어를 모두 'MOV(E)'라고 말한다.

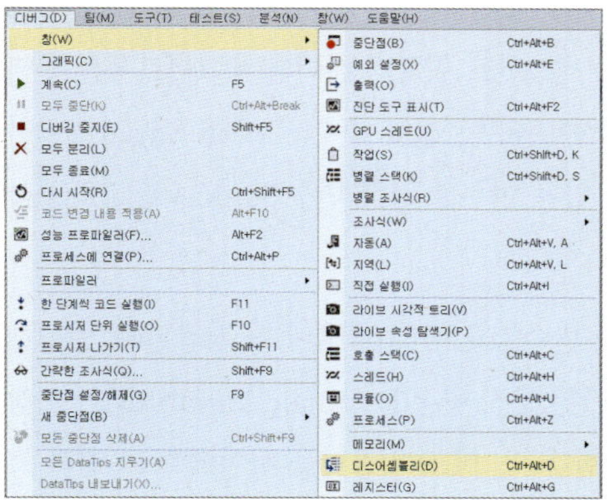

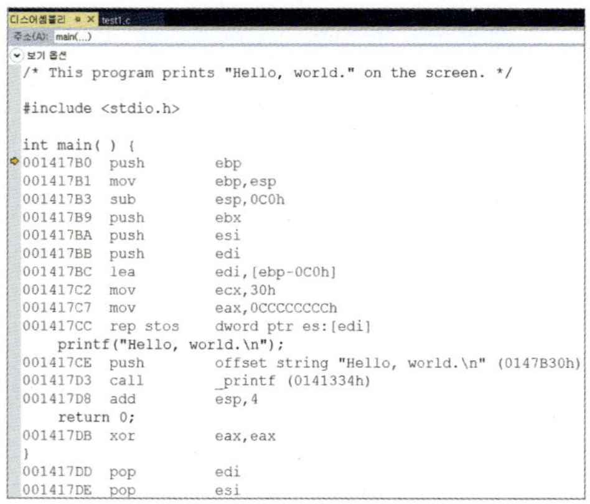

IBM PC 어셈블리 코드를 보려면 F5를 눌러 일단 디버그 모드로 들어간 후 [디버그]-[창]-[디스어셈블리] 메뉴를 선택한다. 오른쪽 그림은 이전의 'Hello, World.' 프로그램을 번역한 어셈블리 코드의 일부다. 디버그 모드에 대해서는 이후에 설명하기로 한다.

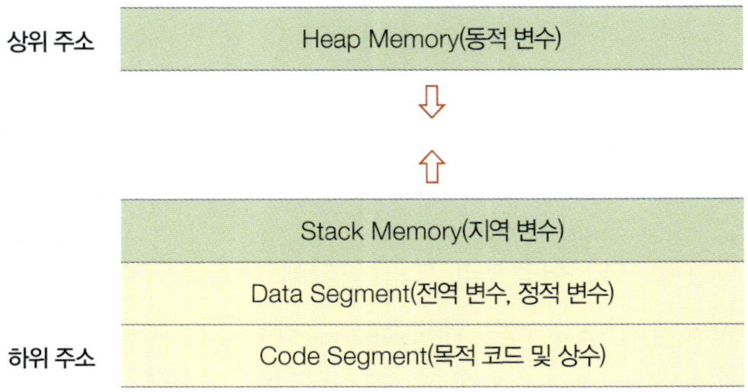

그림 2-23 프로그램 실행 중의 메인 메모리 구조

프로그램 실행 시의 메모리 구조는 위 그림과 같다. 일반적으로 하위 주소(Low Address)에서 상위 주소(High Address)로 올라가면서 코드 세그먼트(Code Segment), 데이터 세그먼트(Data Segment), 스택 메모리(Stack Memory), 힙 메모리(Heap Memory) 순으로 자리 잡는다. 물론 이는 운영체제를 어떻게 설계하느냐에 따라 달라질 수 있다. 예를 들어, 운영체제에 따라서는 스택 메모리를 위쪽에, 힙 메모리를 아래쪽에 위치시키기도 한다.

코드 세그먼트는 목적 코드 형태의 프로그램과 상수 데이터를 저장하는 곳이다. 여기서 상수란 컴파일 시에 이미 그 값이 알려진 값들을 말한다. 다른 세그먼트와는 달리 프로그램이 시작할 때 코드 세그먼트는 운영체제에 의해 읽기 전용(Read Only)으로 표시된다. 따라서 프로그램 실행 도중에는 내용을 바꿀 수 없다. 코드 세그먼트 위쪽의 데이터 세그먼트에는 전역 변수와 정적 변수가 저장된다. 함수 바깥에 선언한 변수를 전역 변수(Global Variables)라 부르고 함수 실행이 끝나도 사라지지 않고 남아 있는 변수를 정적 변수(Static Variables)라 부른다. 이 변수들에 대해서는 이후에 설명하기로 한다.

스택 메모리에는 함수 내부에 선언된 변수인 지역 변수(Local Variables)가 저장된다. 반면에 힙 메모리에는 프로그램 실행 도중 필요에 의해 만든 동적 변수(Dynmaic Variables)가 저장된다. 이 변수들에 대해서도 이후에 설명하기로 한다. 빈 메모리 공간을 사이에 두고 힙과 스택이 서로 마주보며 서로를 향해 자란다. 자라기를 계속하여 서로가 만나면 사용할 수 있는 메모리인 가용 메모리(Free Memory)가 소진된다. 그 경우 운영체제는 더 이상의 메모리가 없다는 메시지를 내보내고 실행을 멈춘다.

예제 2-9

```
#include <stdio.h>
int main( ){
    char grade; int sum; ············································ ❶

    grade = 'A'; ···················································· ❷
    sum = 0x40302010; ··············································· ❸
    printf("Grade starts at address %p.\n", &grade); ················ ❹
    printf("Sum starts as address %p.\n", &sum); ···················· ❺
    return 0;
}
```

변수명	타입	크기	주소
grade	char	1	1000
sum	int	4	1004

그림 2-24 심볼 테이블(SYMTAB)

주소	값
1000	0004 0001(= 41_{hex})
1001	
1002	
1003	
1004	0100 0000 (= 40_{hex})
1005	0011 0000 (= 30_{hex})
1006	0010 0000 (= 20_{hex})
1007	0001 0000 (= 10_{hex})

그림 2-25 변수의 주소와 값

프로그램 실행 도중 심볼 테이블이 유지된다.

로더에 의해 변수의 메모리 위치가 결정되면 링커는 심볼 테이블(SYMTAB, Symbol Table)을 만든다. 여기서 심볼이란 변수명을 뜻한다. [그림 2-24]에서 보듯 심볼 테이블은 변수명, 변수 타입, 크기, 시작 주소 등으로 구성된다. CPU가 프로그램을 실행하는 도중 변수를 참조해야 할 때는 바로 이 심볼 테이블을 통해 해당 변수의 주소를 알게 된다. 또, 크기를 참고하여 시작 주소로부터 몇 바이트를 읽어야 할지도 알게 된다. 그림의 주소는 단지 예시를 위한 것으로서 변수의 실제 주소는 예의 프로그램 실행 결과에 나와 있다.

프로그램 실행 결과의 메모리 모습은 [그림 2-25]와 같다. 첫 칼럼은 편의상 써 놓은 것으로서 실제 메모리 내부에 주소를 저장하는 필드가 따로 있는 것은 아니다. CPU가 어드레스 버스에 비트 값을 실으면 그 주소의 메모리가 자동으로 활성화되기 때문이다. 그림에서 1바이트 크기의 grade 변수는 1000번지에 위치한다. 이 변수는 ①에서 선언할 당시에는 정의되지 않는 쓰레기 값(Garbage Value)을 가지고 있다가 ②의 대입문이 실행되면 'A'라는 값을 갖게 된다. 아스키코드 표에 의하면 이는 16진수로 41에 해당한다. 또, sum 변수는 4바이트 크기의 정수형 변수이므로 ③에 의해 1004번지부터 1007번지에 걸쳐 1바이트 단위로 나누어서 값을 저장하게 된다.

변수는 대개 워드 경계선(Word Boundaries)에서 시작한다. 예를 들어 32비트 컴퓨터의 경우 1워드 = 32비트 = 4바이트이므로 변수는 대개 4의 배수 주소에서 시작한다. 예의 sum 변수도 4의 배수인 1004번지에서 시작한다. grade 변수도 4의 배수인 1000번지에서 시작하지만 그로 인해 1001번지에서 1003번지까지는 빈 공간으로 남게 된다.

예의 메모리 주소는 실제 메모리 주소는 아니다. ④, ⑤에 의해 프로그램이 실행될 때의 실제 메모리 주소를 찍어 볼 수 있다. &는 변수의 주소를 계산하는 연산자이므로 &grade는 grade의 주소(address of grade)를 뜻한다. 또, %p는 포인터(pointer) 형식을 의미하는 것으로서 해당 주소를 16진수 형태로 찍는다. grade나 sum은 모두 main 함수 내에서 선언한 변수이므로 지역 변수다. 따라서 이들 변수의 주소는 스택 메모리 내에 존재한다.

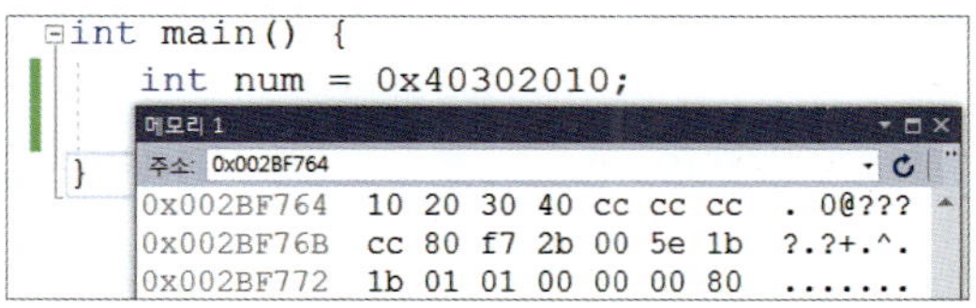

그림 2-26 리틀 엔디언

변수가 1바이트보다 클 경우 어떤 순서로 값을 저장할 것인지도 관건이다. 16진수 0x40302010을 바이트 단위로 저장할 경우 낮은 주소에서 높은 주소인 40, 30, 20, 10의 순으로 차례로 저장하기도 한다. 이처럼 높은 자리 수(예에서는 40)부터 먼저 저장하는 방식을 빅 엔디언(Big Endian)이라 부른다. 이와는 반대로 [그림 2-26]처럼 10, 20, 30, 40의 순서로 저장하기도 한다. 이처럼 낮은 주소에서 높은 주소로 가면서 낮은 자리 수(예에서는 10)부터 먼저 저장하는 방식을 리틀 엔디언(Little Endian)이라 부른다. IBM PC에는 리틀 엔디언이, Macintosh 컴퓨터나 Sun 워크스테이션에는 빅 엔디언이 사용된다.

예제 2-10

```
#include <stdio.h>
int main( ){
    int i, sum;

    sum = 0x40302010;
    unsigned char* p = (unsigned char*)&sum;
    printf("Sum is %x.\n", sum); ················ ❶
    for (i = 0; i < 4; i++)
        printf("%p\t%x\n", p+i,  p[i]); ········· ❷
    printf("\n");
    return 0;
}
```

```
Sum is 40302010.
0029FE08        10
0029FE09        20
0029FE0A        30
0029FE0B        40
```

자신의 컴퓨터가 리틀 엔디언과 빅 엔디언 중 어떤 방식을 쓰는지 알아보기 위한 프로그램이다. ①에 의해 sum 변수의 값이 %x(hexadecimal), 즉 16진수 형식으로 찍힌다. 이어 ②에 의해 메모리 주소별로 저장된 값이 바이트 단위로 찍힌다. 현재로서는 이 프로그램을 이해할 필요가 없다. 다만, 이 프로그램을 통해 메모리 몇 번지에 어떤 값이 들어가 있는지 확인해 보면 된다. 이처럼 메모리에 있는 내용을 있는 그대로 화면에 뿌리는 작업을 메모리 덤프(Memory Dump)라고 부른다.

04 표준 입출력 함수

scanf는 입력 함수, printf는 출력 함수다.

화면 입출력에 가장 많이 사용되는 함수가 printf 함수와 scanf 함수다. 이는 표준 입출력 헤더 파일인 stdio.h 파일에 정의되어 있다. printf와 scanf의 마지막에 붙은 'f'는 format, 즉 입출력 형태를 지정하겠다는 뜻이다.

예제 2-11

```
#include <stdio.h>
int main( ){
    int sum, count;

    sum = 0x01020304;
    printf("Sum is %d in decimal.\n", sum); ·························❶
    printf("%d green %s are on the table.\n", 10, "apples"); ·········❷
    count = printf("Hello.\n"); ······································❸
    printf("printf returns %d.\n",count); ····························❹
    return 0;
}
```

```
Sum is 16909060 in decimal.
10 green apples are on the table.
Hello.
printf returns 7.
```

printf 함수의 괄호 안은 큰따옴표로 둘러싸인 문자열로 시작한다. 이를 제어 문자열(Control String)이라 부른다. 또, 제어 문자열 내부에는 퍼센트 기호('%')로 시작하는 형식 지정자(Format Specifier)가 포함되어 있다. printf 함수의 인자로 전달된 변수의 값은 바로 이 형식 지정자 위치에 들어간다. 예를 들어 ①에서 sum 변수의 값은 제어 문자열 내부의 %d 위치에 들어간다.

```
printf("%d green %s are on the table.\n", 10, "apples");
```

그림 2-27 형식 지정자와 변수의 위치

변수가 여럿일 때는 순차적으로 들어간다. [그림 2-27]의 %d(decimal) 위치에는 10이, %s 위치에는 "apples"가 들어간다. %d에 의해 10이 10진수 형태로 변환된다. %s(string)에 의해 "apples"가 문자열 형태로 변환된다. printf 함수에도 리턴 값이 있다. 화면에 찍은 문자의 수를 돌려준다. 다만 ①, ②에서는 그 값을 돌려받지 않았을 뿐이다. ③에서 리턴 값을 count 변수에 대입하여 ④에서 찍고 있다. 마침표는 물론 'n'도 문자 수에 포함된다.

주의해야 할 점은 제어 문자열의 % 기호 수와 뒤따르는 인자 수가 일치해야 한다는 것이다. ②를 예로 들면 %d, %s처럼 형식 지정자가 두 개이기 때문에 뒤따르는 인자도 10, "apples"처럼 두 개다. 만약 "%d%d%d"처럼 형식 지정자가 세 개라면 뒤따르는 인자도 세 개라야 한다.

형식 지정자	의미
%d	decimal
%ld	long decimall
%lld	long long decimal
%u	unsigned int
%f	float
%lf	double
%x(X)	hexadecimal(capital)
%e(E)	exponent(capital)
%c	character
%s	character string
%p	pointer

그림 2-28 프린트 문의 형식 지정자

printf 함수는 전달된 값을 형식 지정자에 맞게 변환하여 출력한다. 예를 들어 10진수 31을 %d로 출력하면 31이 보이지만 %x로 출력하면 1f가 보인다. 그런 점에서 형식 지정자를 변환

코드(Conversion Code)라고 부르기도 한다. [그림 2-28]은 printf 문에서 사용할 수 있는 형식 지정자이다. %x 대신 %X라고 하면 A, B, … F 식으로 대문자로 찍는다.

예제 2-12

```c
#include <stdio.h>
int main( ){
    float f; double d; int i;

    f = 0.123456789123456789F; ........................................ ❶
    d = 0.123456789123456789; ......................................... ❷
    printf("float f is %f.\n", f); .................................... ❸
    printf("double d is %lf.\n", d); .................................. ❹
    printf("float in .20f is %.20f.\n", f); ........................... ❺
    printf("double in .20lf is %.20lf.\n", d); ........................ ❻
    printf("double in 25.4lf is\n%25.4lf.\n", d); ..................... ❼
    printf("double in -25.4lf is\n%-25.4lf.\n", d); ................... ❽
    i = 365;
    printf("int in -8d is %-8d.\n", i); ............................... ❾
    printf("Exponent form of 123456.78 is %e.\n", 123456.78); ....... ❿
    return 0;
}
```

```
float f is 0.123457.
double d is 0.123457.
float in .20f is 0.12345679104328155518.
double in .20lf is 0.12345678912345678380
double in 25.4lf is
                   0.1235.
double in -25.4lf is
0.1235                   .
int in -8d is 365     .
Exponent form of 123456.78 is 1.234568e+05.
```

부동 소수에 접미사 F를 붙이지 않으면 double로 인식된다.

double은 float보다 자릿수를 늘려 잡아야 보인다. ①의 우변에 F를 붙여야 float로 인식된다. 그렇지 않으면 디폴트인 double로 인식된다. ②의 우변은 디폴트인 double로 인식되기 때문에 아무 것도 붙일 필요가 없다. ③의 %f나 ④의 %lf 모두 디폴트로 소수점 아래 6자리까지 찍는다. ⑤, ⑥처럼 소수점 아래 자릿수를 20자리로 늘려야 그 차이를 알 수 있다. 반올림까지 감안하여 float 형은 소수 이하 7자리까지만 정밀도를 보장한다. 따라서 나머지 숫자는 무의미하다. 반면, double 형은 소수점 이하 16자리까지 정밀도를 보장한다. long double 형은 소수점 이하 33자리까지 정밀도를 보장한다. ⑦의 %25.4lf는 소수점 이하 4자리까지 표현하되 소수점을 포함하여 25자리로 표현하라는 것이다. 디폴트는 오른쪽 줄맞춤이다. ⑧의 '–' 기호는 왼쪽 줄맞춤을 의미한다. 이는 ⑨의 정수 변수에 대해서도 마찬가지다. 부동 소수의 크기가 클 경우 ⑩처럼 10의 승수(Exponent)로 표시하는 것이 유리하다. %e 대신 %E라고 쓰면 출력 기호도 E로 바뀐다.

```
printf("%f", 44);
```

뭐든 변환이 가능한 것은 아니다. 예의 경우 컴파일 오류는 나지 않지만 실행 결과 잘못된 값이 출력될 가능성이 크다. 정수 44를 부동 소수 형식으로 출력하라고 했기 때문이다. 2의 보수로 표현된 정수를 부호부, 지수부, 가수부로 나뉜 부동 소수 형식으로 바라보면 오류가 일어나는 것은 당연한 일이다. 이런 점을 감안한다면 변수의 자료형에 부합하는 형식 지정자를 쓰거나 변환이 가능한 형식 지정자를 써야 한다.

```
int printf(const char* format, arg1, arg2, …);
```

함수 원형은 리턴 타입, 함수명, 매개변수, 세미콜론으로 이루어진다.

시스템 라이브러리가 제공하는 함수의 의미를 파악하려면 함수를 클릭하고 F1을 눌러 도움말을 볼 수 있다. 영문 인터넷 검색창에서 'C Language Reference Manual'이라고 입력하여 pdf나 웹 페이지 형태로 된 매뉴얼을 찾아 활용할 수도 있다. 대부분의 레퍼런스 매뉴얼은 함수를 설명할 때 함수 원형(Function Prototype)을 사용한다. 위의 예에서 보듯이 함수 원형은 리턴 타입, 함수명, 매개변수, 세미콜론만으로 이루어져 있다. 함수를 불러다 쓰는 사람은 그 함수가 어떤 내용으로 이루어졌는지 몰라도 된다. 단지 그 함수가 어떤 일을 하는지 알고 함수 원형만 알면 얼마든지 해당 함수를 불러다 쓸 수 있다.

printf는 일반 명령어가 아니라 함수 호출 명령어다. 앞에서 설명한 대로 이 함수의 리턴 값은 정수형으로서 화면에 출력한 문자의 개수를 돌려준다. 괄호 안의 const char*는 제어 문자열의 자료형을 뜻한다. 이 자료형에 대해서는 이후 포인터 부분에서 설명하기로 한다. 제어 문자열 다음에는 문자열 안에 들어갈 인자를 차례로 나열해야 한다.

예제 2-13

```
#include <stdio.h>
int main( ){
    int age, count;  double weight, height;

    printf("Enter age.\n"); ..................................... ❶
    scanf("%d", &age); .......................................... ❷
    printf("Age: %d.\n", age);
    printf("Enter weight and height.\n");
    scanf("%lf%lf", &weight, &height); .......................... ❸
    printf("Weight: %lf, Height: %lf.\n", weight, height);
    printf("Enter weight and height again.\n");
    count = scanf("%lf%lf", &weight, &height); .................. ❹
    printf("scanf returns %d.\n",count);
    return 0;
}
```

```
Enter age.
19
Age: 19.
Enter weight and height.
63 172
Weight: 63.000000, Height: 172.000000.
Enter weight and height again.
63 172
scanf returns 2.
```

입력을 위한 함수가 scanf다. printf가 표준 출력 장치인 화면으로 내보내는 함수라면 scanf는 표준 입력 장치인 키보드로부터 읽어오는 함수다. printf와 마찬가지로 scanf도 변환 코드에 의해 입력 형식을 지정한다. 예를 들어, ①의 프롬프트(Prompt)에서 20을 입력하면 ②의 %d에 의해 10진수로 변환되어 age 변수에 저장된다. 여기에도 타입 매칭이 필요하다. int age;에 의해 age를 정수 변수로 선언했기 때문에 형식 지정자도 그에 상응하는 형식인 %d를 써야 한다.

```
int scanf(const char *format, &arg1, &arg2, ...);
```

scanf 함수의 원형이다. printf가 성공적으로 출력한 문자의 개수를 돌려주는 데 비해, scanf는 성공적으로 읽은 변수의 개수를 돌려준다. 따라서 제대로 읽힌다면 ④에서 count에는 2가 들어간다. 만약 읽는 도중 형식이 맞지 않아 제대로 읽을 수가 없으면 이 함수는 EOF(End of File)라는 기호 상수를 리턴한다.

scanf 문의 변수명 앞에는 반드시 주소 연산자를 붙여야 한다.

가장 자주 저지르는 실수는 scanf의 변수명 앞에 주소 연산자를 빠뜨리는 것이다. ②에서 보듯이 scanf 함수를 부를 때는 변수 앞에 반드시 주소 연산자인 '&' 기호를 붙여야 한다. printf에서는 '변수' 그대로를 주면서 프린트하라고 했지만 scanf에서는 '변수의 주소'를 주면서 그리로 읽어들이라고 해야 한다. 물론 이렇게 된 이유는 scanf 함수를 짠 사람이 변수의 주소를 넘겨받아 처리하는 방법으로 함수를 구현했기 때문이다.

C4700	초기화되지 않은 'a' 지역 변수를 사용했습니다.
C4477	'scanf' : 서식 문자열 '%d'에 'int *' 형식의 인수가 필요하지만 variadic 인수 1의 형식이 'int'입니다.

scanf에서 주소 연산자를 붙이지 않으면 위와 같은 오류 메시지와 경고 메시지가 뜬다. 초기화되지 않았다는 것은 변수를 선언한 후 값이 들어가지도 않았는데 그 변수를 scanf 문에서 사용했다는 것이다. scanf 함수가 요구하는 것은 변수의 주소이지 변수가 아니다. 그런데도 변수를 넘기면 그 변수에 값이 제대로 들어가지 않기 때문에 이러한 오류가 뜬다. 그 아래 경고 메시지에서 인수의 형식이 일치하지 않는다는 것도 변수 주소가 들어갈 자리에 변수를 넘겨주었기 때문이다. printf 함수와 마찬가지로 scanf 함수도 인자의 개수가 변할 수 있다. 예

를 들어 "%d"라고 하면 인자가 하나이지만 "%d %s"라고 하면 인자가 둘이다. 이러한 함수를 가변 인자 함수(Variadic Function)라 부른다. 오류 메시지의 'variadic 인수 1'은 가변 인자 함수의 첫 번째 인자를 말한다. 또, 'int *' 형식의 인수가 필요하다는 것은 정수형 변수의 주소가 필요하다는 말이다.

printf와 마찬가지로 scanf도 변수를 순차적으로 입력받는다. ③의 제어 문자열 내부에는 %lf가 두 개 들어가 있다. 첫 번째 입력이 weight 변수, 두 번째 입력이 height 변수로 읽힌다. 또, printf와 마찬가지로 scanf도 읽어들이는 과정에서 타입을 변환할 수 있다.

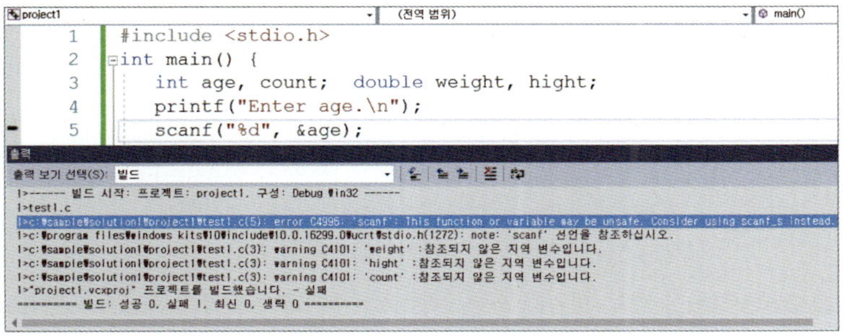

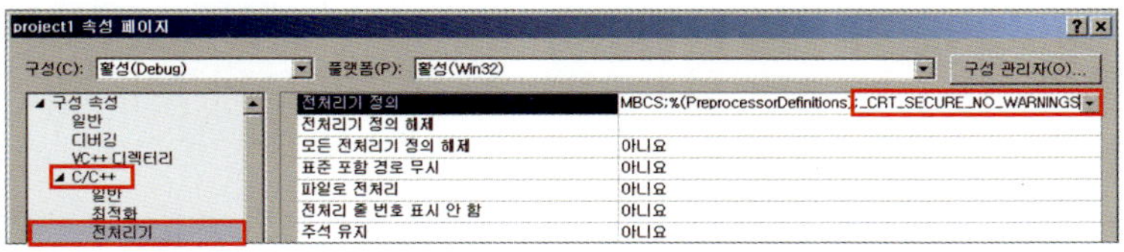

[프로젝트]–[속성]–[C/C++]–[전처리기]–[_CRT_SECURE_NO_WARNINGS]

소스코드에 scanf라고 썼을 때 출력 창에 경고가 뜰 때가 있다. "This function or variable may be unsafe. Consider using scanf_s instead."라는 메시지다. scanf_s 함수나 이 메시지가 뜨게 된 이유에 대해서는 이후 설명하기로 한다. 일단 이 메시지를 없애려면 [프로젝트]–[속성]을 눌러 그림의 창을 띄워야 한다. 왼쪽 칼럼에서 C/C++를 눌러 '전처리기'를 선택하고 이어 오른쪽 창의 '전처리기 정의' 끝에 세미콜론을 추가한 후 _CRT_SECURE_NO_WARNINGS라고 입력하면 된다. 그러나 프로젝트를 새로 생성할 때마다 속성을 다시 설정해야 하므로 이러한 작업이 번거로울 수 있다. 따라서 실습을 할 때는 이전에 사용하던 프로젝트를 열어 소스코드만 바꾸어 하는 것이 수월하다.

화면에 보이는 모든 것은 문자다.

키보드로 숫자 0을 입력해서 화면에 숫자 0이 보이더라도 그것은 숫자 0이 아니라 문자 '0'이다. 숫자가 아닌 문자 '0'은 아스키코드에 의하면 10진수 48로 표현된다. 화면에 숫자 95가 보이더라도 그것은 '9'와 '5'라는 문자다. scanf 함수에서 %d 형식으로 읽을 때 비로소 그것이 숫자 95로 변환된다. 〈stdlib.h〉 파일에 정의된 atoi(alphanumeric to integer) 함수는 문자(열)를 숫자로 변환하는 함수로서 scanf 함수에서 %d로 읽으면 자동으로 이 함수가 호출되어 변환이 이루어진다. 역으로, printf 함수에서 숫자를 %d로 찍으면 자동으로 itoa(integer to alphanumeric) 함수가 호출되어 숫자가 문자(열)로 변환되어 화면에 보인다.

예제 2-14

```
#include <stdio.h>
int main( ){
   unsigned char ch; int num;

   printf("Enter a character.\n"); ..................................❶
   scanf("%c", &ch); ................................................❷
   printf("It is %d in decimal.\n", ch); ............................❸
   printf("Enter the same character again.\n"); ....................❹
   scanf("%d", &num); ...............................................❺
   printf("It is %d in decimal.\n", num); ...........................❻
   return 0;
}
```

```
Enter a character.
7
It is 55 in decimal.
Enter the same character again.
7
It is 7 in decimal.
```

①의 프롬프트에서 숫자 7을 입력하면 이는 문자 '7'로 간주된다. 이 문자는 ②의 %c에 의해 그대로 문자 '7'로 읽힌다. ③에서 보듯이 문자 '7'은 아스키코드 숫자로는 55다. ④의 프롬

프트에서 또다시 숫자 7을 입력하면 이 역시 문자 '7'이다. 그러나 이번에는 ⑤의 %d에 의해 atoi 함수가 호출되어 문자 '7'이 숫자 7로 변환된다. ⑥에서 다시 변환이 일어난다. 숫자 7을 %d 형식으로 찍더라도 화면에 찍으려면 itoa 함수를 호출하여 문자 '7'로 변환해야 하기 때문이다.

```
> Enter your weight and height.
> 73 176(Enter) ································· ⓐ
> 73         176(Enter) ························ ⓑ
> 73(Enter) ···································· ⓒ
> 176(Enter)
```

공백 문자(White Character)란 탭(Tab)이나 빈칸(Blank, Space Bar), 이스케이프(Escape), 엔터(Enter)처럼 보이지 않는 문자를 말한다. 여러 숫자를 입력할 때 숫자 사이에 공백 문자를 주면 scanf는 그것을 숫자 사이를 구분하기 위한 문자 구분자(Delimiter)로 간주한다. 또, 공백 문자가 몇 개가 계속되든 그것을 건너뛰고 다음 입력을 읽는다. 따라서 일반적으로 ⓐ처럼 입력 숫자 사이에 한 칸을 띄우지만 ⓑ처럼 입력해도 무방하다. 엔터 키도 공백 문자이기 때문에 ⓒ처럼 입력해도 무방하다.

```
scanf("%d\n", &age); ···························· ❶
scanf("%lf %lf", &weight, &height); ············ ❷
scanf("%lf,%lf", &weight, &height); ············ ❸
```

①에는 '\n'이 들어가야 할 이유가 없다. '\n'은 줄 바꿈에 의해 커서를 그 아래줄 처음으로 옮겨가기 위한 것이다. 따라서 이는 출력을 위한 기호이지 입력을 위한 기호가 아니다. ②에서도 %lf 사이에 빈칸이 들어가야 할 이유가 없다. 빈칸 역시 출력을 위한 기호이기 때문이다. ③에도 문제가 있다. 만약 이처럼 %lf 사이에 콤마를 삽입하면 입력 시에도 숫자 사이에 반드시 콤마를 넣어야 한다. 다시 말해 60, 168이라는 형식으로 입력해야만 weight에 60, height에 168이 제대로 들어간다.

화면 에코에 대해서도 생각해 볼 필요가 있다. 키보드에서 입력한 내용은 그 즉시 화면에 보인다. 이는 프로그램이 시킨 일이 아니다. 운영체제가 사용자에게 입력 내용을 확인하라는 차원에서 그렇게 하는 것이다. 이를 화면 에코(Screen Echo)라고 부른다.

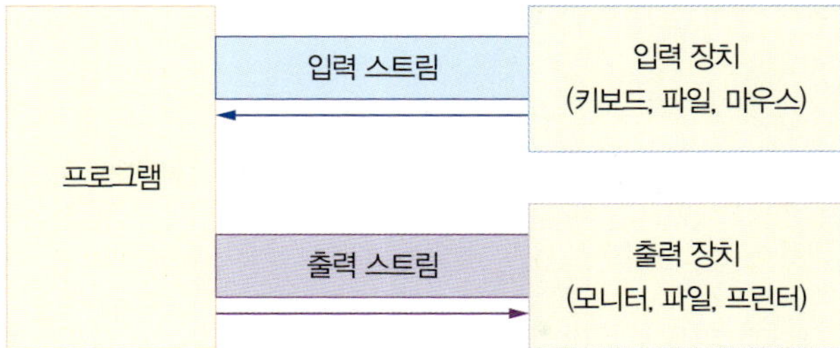

그림 2-29 입출력 스트림

프로그램과 입출력 장치를 연결하는 통로를 스트림이라 부른다.

프로그램과 입출력 장치가 데이터를 주고받으려면 서로를 연결하는 통로가 필요하다. 이 통로를 스트림(Stream) 또는 채널(Channel)이라 부른다. ANSI C 표준에 의하면 하나의 스트림은 최소 254개의 문자를 수용할 수 있어야 한다. 어떤 입출력 장치이든 프로그램에서 입출력 장치를 열면 프로그램과 그 장치 사이에 1:1 스트림이 만들어진다. 이는 마치 물길과도 같다. 입력 스트림을 예로 들면 키보드에서 입력한 데이터가 스트림을 타고 흘러간다. 또 그처럼 흘러내려온 데이터를 프로그램이 읽어간다. 단, 프로그램이 데이터를 읽어가지 않는 한 데이터는 스트림에서 사라지지 않는다.

프로그램이 실행되면 자동으로 세 개의 스트림이 놓인다. 표준 입력 장치인 키보드로부터 데이터를 읽어오기 위한 스트림은 stdin(standard input stream)이라 부르고, 표준 출력 장치인 화면으로 데이터를 내보내기 위한 스트림은 stdout(standard output stream)이라 부른다. 또한 오류 메시지를 내보내기 위한 스트림은 stderr(standard error stream)이라 부르는데, 이 스트림도 stdout처럼 표준 출력 장치인 화면을 향한다.

C 언어를 만들면서 동시에 C 언어를 써서 개발한 것이 유닉스 운영체제다. 따라서 C 언어와 유닉스 운영체제는 서로 많은 영향을 주고받았다. 입출력이 대표적인 예로서 유닉스 운영체제는 모든 입출력을 파일 입출력으로 취급한다. 즉, 표준 입력인 키보드 입력이나 표준 출력인 화면 출력도 하드 디스크에 있는 외부 파일로부터의 입출력과 동일하게 취급한다. 물론 입출력에는 표준 입출력만 있는 것이 아니다. 마우스나 태블릿도 입력 장치이며 프린터나 네트워크도 출력 장치다. 그러나 다른 무엇보다 가장 자주 사용되는 입출력 장치가 파일이다. 입력 데이터를 파일로부터 읽어올 수도 있고 출력 데이터를 파일에 쓸 수도 있기 때문이다. 따라서 파일을 열면 자동으로 프로그램과 파일 사이에 스트림이 놓인다.

C 언어는 표준 입력과 파일 입력을 동일한 방식으로 처리한다.

```
fprintf(stdout, "Hello, world.\n"); ·········· ❶
printf("Hello, world.\n"); ····················· ❷
```

C 언어는 표준 입출력과 파일로부터의 입출력을 구분하지 않고 동일한 방식으로 처리한다. ①의 fprintf의 'f'는 file에 printf를 가하라는 의미다. 그런데 그 file 이름이 stdout이다. 다시 말해, 파일에 프린트를 하되 그 파일 이름이 화면이라는 것이다. 따라서 이는 ②와 완전히 동일한 의미다. printf 명령은 그 자체로 표준 출력 장치인 화면을 향하기 때문이다.

컴퓨터 입출력 장치의 속도에 비해 CPU의 처리 속도는 엄청나게 빠르다. 키보드나 하드 디스크 같은 입출력 장치의 처리 속도가 기계 속도라면 전자 회로인 CPU의 처리 속도는 광속에 가깝기 때문이다. 이들 사이의 속도 차이를 극복하기 위한 완충 공간이 바로 버퍼(Buffer Memory)다.

버퍼를 사용함으로써 상대적으로 느린 입력 장치가 버퍼에 데이터를 모두 가져다 놓을 때까지 CPU는 다른 일을 처리할 수 있다. 입력이 계속되어 버퍼가 일정 수준 들어차고 또 운영체제가 CPU 사용권을 다시 내 프로그램에 돌려주면 이제 그동안 버퍼에 쌓여 있던 데이터를 읽어올 수 있다. 스트림이 강물이라면 버퍼는 일종의 저수지라 할 수 있다. 입력 스트림을 예로 들면 스트림을 타고 흘러내려온 물이 조금씩 저수지에 쌓인다. 저수지 물이 어느 정도 들어차면 그제야 수문을 열고 저수지에 쌓인 물을 가져갈 수 있다. 이렇게 하려면 스트림을 버퍼 메모리 형태로 만들어야 한다. 다시 말해, 입력 스트림은 입력 버퍼(Input Buffer) 형태에, 출력 스트림은 출력 버퍼(Output Buffer) 형태에 저장해야 한다.

그림 2-30 스트림 내부 입력 버퍼

입력 버퍼의 모습이다. 키보드에서 문자 하나하나를 칠 때마다 개별 문자가 버퍼(구체적으로는 키보드 버퍼)에 쌓인다. 물론 CPU 입장에서 볼 때 이 작업은 엄청나게 느리다. 따라서 CPU는 입력이 끝날 때까지 기다리지 않고 다른 일을 처리한다. 이제 입력이 끝났으니 운영체제에 지금까지 버퍼에 입력한 내용을 처리해달라고 요구하는 것이 엔터 키다. 이런 점에서 엔터 키를 방아쇠(Trigger)라고도 부른다. 만약 프로그램에서 scanf 함수를 호출했으면 엔터 키는 이제 입력을 읽어 변수에 저장해달라는 요구다. 그러나 운영체제에 따라 이 요구에 대한 대응 방식이 다르다. 즉시 입력을 처리하기도 하고 운영체제가 정해 놓은 일정 시간이 지난 후에 처리하기도 한다. CPU가 그동안 다른 일을 하고 있었으면 그 일이 끝나고 나서야 입력을 처리하기도 한다.

%c 형식으로 읽을 경우 scanf는 공백 문자도 하나의 문자로 취급한다.

예제 2-15

```
#include <stdio.h>
int main( ){
    char ch1, ch2;
    printf("Enter two characters.\n");  ········ ❶
    scanf("%c%c", &ch1, &ch2);  ···················· ❷
    printf("Characters just read are %c and %c.\n", ch1, ch2);
    return 0;
}
```

```
Enter two characters.
Q R
Characters just read are Q and  .
계속하려면 아무 키나 누르십시오...
```

```
scanf("%c%c%c", &ch1, &blank, &ch2);  ·········· ⓐ
scanf("%c%*c%c", &ch1, &ch2);  ·················· ⓑ
scanf("%c %c", &ch1, &ch2);  ···················· ⓒ
```

scanf로 문자를 읽을 때는 주의가 필요하다. 숫자와 달리 문자에 대해서는 scanf가 공백 문자까지도 하나하나 읽어들이기 때문이다. 예를 들어 ①의 프롬프트에 대해 Q R(Enter)을 입력하면 문제가 된다. 'Q'는 ch1로 들어가지만 'Q' 다음의 빈칸이 ch2로 들어가버린다. 빈칸도 아스키코드 표에 의하면 10진수 32로 표시되는 문자이기 때문이다.

이러한 사태를 방지하려면 ② 대신 ⓐ처럼 쓸 수 있다. 여기서 blank라는 변수는 단지 빈칸 하나를 읽어서 버리기 위한 용도로 만든 변수다. 별도의 변수를 쓰지 않으려면 ⓑ처럼 하면 된다. 여기서 %*c는 버퍼에서 읽은 문자를 제거하라는 의미다. 입력 문자 사이에 빈칸이 하나일 경우 그것을 제거하려면 이처럼 하면 된다. 그러나 빈칸이 여럿일 때는 ⓒ처럼 %c 사이에 한 칸을 띄워야 한다. 그래야 입력 문자 사이에 존재하는 모든 빈칸을 건너뛰고 다음 문자를 읽는다.

예제 2-16

```
#include <stdio.h>
int main( ){
   char ch1, ch2;
   printf("Enter the first character.\n"); ······························❶
   scanf("%c", &ch1);
   printf("First character is %c.\n", ch1);

   printf("Enter the second character.\n"); ···························❷
   scanf("%c", &ch2); ·····················································❸
   printf("Second character is %c.", ch2); ····························❹
   return 0;
}
```

```
Enter the first character.
Q
First character is Q.
Enter the second character.
Second character is
.계속하려면 아무 키나 누르십시오...
```

예의 프로그램을 실행해 보면 두 번째 입력을 건너뛰는 것을 알 수 있다. 이는 scanf가 공백 문자를 읽어들이기 때문이다. ①의 프롬프트에 대해 'Q'(Enter)라고 치면 당연히 ch1에 'Q'가 들어간다. 그런데 ②의 프롬프트에 대해 사용자가 입력을 하기도 전에 ③을 실행하여 입력 버퍼에 남아 있던 엔터 키를 ch2에 넣어버린다. 따라서 ④에 의해 'n'이 화면에 찍히고 이후 마침표가 찍힌다.

```
scanf(" %c", &ch2);
```

이 문제를 해결하는 방법은 간단하다. ③을 위와 같이 바꾸면 된다. 즉, %c 앞에 빈칸을 앞세워 엔터를 먹어치우게 하는 것이다. %c 앞에 빈칸을 앞세우면 다음 문자가 나타나기 전까지 몇 개의 공백 문자가 계속되든 모두 먹어치운다.

입력 버퍼를 비우는 명령으로 fflush(stdin)라는 함수도 있다. 여기서 fflush는 file flush를 의미한다. 이는 마치 변기의 물을 내리듯 입력 버퍼의 내용을 없애라는 의미다. 그러나 C 언어 표준에는 이 명령어의 실행 결과가 정의되어 있지 않다. 결과가 정의되어 있지 않다는 것은 컴파일러나 운영체제에 따라서는 이 명령이 제대로 돌아가지 않을 수 있음을 의미한다. 따라서 호환성을 염두에 둔다면 fflush(stdin) 명령은 사용하지 않는 것이 바람직하다.

%d 형식으로 읽을 경우 scanf는 공백 문자를 건너뛴다.

수치 데이터를 입력받을 때는 이런 일이 일어나지 않는다. %d나 %lf 형식으로 읽을 때는 scanf가 입력 숫자 사이에 있는 모든 공백 문자를 자동으로 건너뛰기 때문이다.

```
printf("%d", num);........................................❶
fflush(stdout); ..........................................❷
fprintf(stderr, "%d", num); ..............................❸
```

드문 일이지만 ①처럼 써도 num 값이 곧바로 출력되지 않을 수도 있다. 일반적으로 운영체제는 출력 버퍼가 가득 차거나 'n'을 만나면 출력하도록 되어 있다. 그러나 프로그램 실행 환경에 따라서는 운영체제가 다른 일을 처리하는 중이라서 'n'을 만나도 출력을 하지 않고 기다려야 할 때도 있다. 그 경우 ②의 fflush(stdout) 함수를 호출함으로써 그 즉시 강제로 출력 버퍼에 있는 내용을 화면에 출력할 수 있다. fflush(stdin)과 달리 이 함수는 표준에 정의되어 있기 때문에 자유로이 쓸 수 있다. ③처럼 해도 된다. 물론 이 경우 오류 메시지는 아니지만 오류 메시지를 출력하기 위한 stderr(Standard Error) 스트림은 버퍼를 사용하지 않기 때문에 그 즉시 데이터를 출력한다.

입력이 잘못되면 당연히 출력도 잘못된다. 전산학에서 GIGO(Garbage In Garbage Out, 기고)라는 용어는 쓰레기가 입력되면 쓰레기가 출력된다는 의미다. 프로그램이 제대로 작성되었더라도 쓰레기가 들어가면 쓰레기가 나오기 마련이다. sum 변수를 0으로 초기화하지 않은 상태에서 sum 변수에 1을 더하려는 것은 무엇인지도 모를 쓰레기 값에 1을 더하려는 시도다. scanf에서 %d 형식으로 정수를 입력하기로 해놓고 실제로는 실수를 입력해도 쓰레기가 입력된다.

과제

01 10진수를 거치지 않고 2진수 110010011000111100을 직접 16진수로 바꾸어 보라.

02 10진수를 거치지 않고 16진수 B1A2EC9를 직접 4바이트 2진수로 바꾸어 보라.

03 8비트 연산에서 49 − 1을 2진 보수로 계산하고 결과가 옳은지 확인해 보라.

힌트 정수 오버플로우는 연산 결과의 $b_7 \oplus b_6$으로 평가된다. ⊕는 XOR(Exclusive Or)을 뜻하는 기호로 이 값이 0이면 최상위 비트에서 올림 비트(carry bit)가 발생하건 말건 무조건 옳은 결과로 간주된다. 반면에 이 값이 1이면 잘못된 결과로 간주하여 오버플로우 오류가 발생한다.

04 8비트 연산에서 127 + 1을 2진 보수로 계산하고 결과가 옳은지 확인하라.

05 18.375를 32비트 부동 소수로 표현할 때 부호부, 지수부, 가수부의 값을 계산하라.

06 다음 문장을 화면에 출력하라.

```
'Consumer price' has increased by 1/10. It corresponds to 10%.
```

07 실수를 입력받은 후에 형 변환 연산자를 써서 입력받은 값을 정수형으로 변환하여 출력하라.

```
> Enter a real number.
> 88.99999(Enter)
> 88
```

08 scanf를 써서 영문 이름 이니셜(Initial)을 입력받고 다시 printf를 써서 그것을 화면에 출력하는 프로그램을 작성하라.

힌트 문자형 변수를 선언하여 활용한다.

```
> JYP(Enter)
> Initials of your name are J, Y, and P.
```

09 printf 함수를 써서 자신의 한글 이름, 수강 목적, 희망 학점을 화면에 출력하는 프로그램을 작성하되 각각 줄을 바꾸어서 출력하라. 단, 반드시 형식 지정자를 사용해야 하며 이름과 목적은 문자열 형식(%s), 학점은 문자 형식(%c)으로 지정해야 한다.

10 아래 밑줄 부분에 코드를 삽입해서 아스키코드 표를 직접 화면에 찍어 보라. 단, 특수 문자나 공백 문자에 대해서는 이상한 문자가 나오거나 아무것도 보이지 않더라도 그대로 찍어야 한다.

```
#include <stdio.h>
int main( ){
    int i;
    for (i = 0; i <= 127; i++){
        ________________________; // 여기에 프린트 문으로 i 값을 찍고 탭을
                                     삽입할 것
        ________________________; // 여기에 해당 문자를 찍고 줄을 바꿀 것
    }
    return 0;
}
```

Chapter 03
대입문과 연산자

01 대입문
02 산술 연산자
03 관계 연산자와 논리 연산자
과제

변수가 그릇이라면 그 그릇에 뭔가를 담을 수 있어야 한다. 변수에 값을 담는 명령문이 바로 대입문이다. 연산의 결과 값을 변수에 담아야 할 때도 있다. 산술 연산은 더하고, 빼고, 곱하고, 나누는 연산을 말한다. 관계 연산은 서로 같은지, 다른지, 큰지, 작은지를 비교하는 연산을 말한다. 논리 연산은 그러한 비교의 결과가 참인지 거짓인지를 판단하는 연산을 말한다.

01 대입문

```c
int my_age;
my_age = 20;
```

값을 바꿀 수 있어야 변수다. 변수(Variable)에 값(Value)을 넣는 명령문을 대입문(Assignment Statements)이라 부른다. 변수에 값을 할당한다는 의미에서 할당문이라고도 부른다. 예에서는 my_age라는 변수에 20이라는 값을 대입하고 있다. 여기서 이퀄 기호('=')는 수학에서 등호의 의미가 아니다. 좌변과 우변이 같다는 정적인 의미가 아니라 우변의 값을 좌변 변수에 집어넣으라는 동적인 의미다. 이런 점에서 이퀄 기호를 대입 연산자(Assignment Operator)라 부른다.

```c
int my_age;
my_age = 20;  ·············· ❶
my_age = 24 + 1;  ········· ❷
```

주소가 있으면 L-value, 주소가 없으면 R-value다.

C 언어는 L-value와 R-value를 엄격하게 구분한다. L-value는 메모리 내부에 일정한 주소(Address, Location)를 가진 것을 말한다. 그런 면에서 이를 Locator Value라고도 부른다. 모든 변수는 주소를 가지고 있기 때문에 L-value다. L-value가 아닌 것, 즉 주소를 알 수 없는 모든 것이 R-value다.

상수는 모두 R-Value다. ①의 우변인 20도 상수다. 그런데 이 상수는 메인 메모리의 상수 영역에 저장되는 것이 아니라 ①의 대입문을 번역한 어셈블리 명령문의 일부로 저장된다. 따라서 이 상수에는 메모리 주소가 존재할 수 없다. ②의 우변인 24 + 1은 연산식이다. 연산식의 값을 평가하는 데는 레지스터나 메인 메모리가 사용되지만 이 역시 주소를 구할 수 없다. 평가 결과가 메인 메모리에 저장된다고 하더라도 이 메모리는 잠시 쓰고 버리는 연습장과 같아서 일정한 주소가 없고 사용된 후에는 메모리 내용 자체가 사라진다. 레지스터에도 당연히 메모리 주소가 있을 수 없다. 이러한 모든 것이 R-Value다.

```
int my_age, your_age, sum;
your_age = 19;
my_age = your_age;······························ ❶
my_age = my_age + 1;···························· ❷
sum = my_age + your_age;························ ❸
```

일반적으로 대입문의 좌변에는 변수, 우변에는 값이 온다. 그러나 ①처럼 좌변과 우변에 모두 변수가 올 수도 있다. 변수란 값을 담는 그릇이다. 따라서 언뜻 보면 이는 좌변 그릇에 우변 그릇을 넣으라는 것으로 보인다. 그러나 이는 다른 의미로 해석해야 한다.

대입문의 좌변에 오는 것은 모두 L-value로 취급된다. 주소가 있어야 값을 저장할 수 있기 때문이다. 그런 의미에서 L-value를 Left Value라고도 부른다. 그러나 대입문의 우변에 오는 것은 모두 R-value로 취급된다. 다시 말해, 변수일지라도 그것이 우변에 오면 R-value로 취급된다. 따라서 ①의 좌변 my_age는 변수이지만 우변 your_age는 변수가 아니라 현재 그 변수에 있는 값인 19를 의미한다. ②도 마찬가지다. 좌변 my_age는 변수 자체를 의미하지만 우변 my_age는 변수의 값을 의미한다. ③에서도 좌변 sum은 변수 자체를 의미하지만 우변 my_age, your_age는 변수의 값을 의미한다. L-value일 경우 컴파일러는 주소에만 관심이 있다. 그 주소에 저장해야 하기 때문이다. 그러나 R-value일 경우 컴파일러는 값에만 관심이 있다. 값을 평가해야 하기 때문이다.

```
int my_age;
20 = my_age;··············· ❶  Error
my_age + 1 = 20; ········· ❷  Error
```

대입문의 좌변에는 L-value만 들어갈 수 있다.

L-value와 R-value를 구분하지 못한 오류다. ①의 좌변에는 L-value인 변수가 들어가야 하므로 R-value인 상수 20은 들어갈 수 없다. ②도 오류다. 대입 연산자의 좌변에는 단 하나의 변수만 들어갈 수 있다. 이렇게 하면 20을 어디에 대입하라는 뜻인지 모호해지기 때

문이다. 대입문의 좌변에 연산자를 써도 안 된다. 연산자에 의해 평가되는 연산식은 무조건 R-value로 취급되기 때문이다.

```
int salary;
salary = 400; ················ ❶ O.K.
salary = salary + 20; ····· ❷ O.K.
```

대입 연산자가 지닌 의미는 등식과는 다르다. ②는 수학에서는 당연히 잘못된 수식이다. 그러나 C 언어에서는 그렇지 않다. 우변의 값을 계산해서 좌변의 변수에 넣으라는 동적인 의미이기 때문이다. 즉, salary ← (salary + 20)의 의미로 받아들여야 한다.

대입은 시차를 두고 이루어지는 작업이다. 먼저 우변의 값을 평가해야 한다. ①에 의해 salary 변수에 400이 대입되었으므로 ②의 우변을 평가할 시점에 salary 변수의 값은 400이다. 여기에 20을 더하여 420이라는 값이 임의의 장소에 저장된다. 이후 이 값을 좌변의 salary 변수에 대입하면 salary 변수의 값은 이제 420으로 바뀐다. 우변이 먼저 평가되고 이후 좌변이 결정되기 때문에 ②의 우변에 있는 salary와 좌변에 있는 salary는 서로 다른 값을 가질 수 있다.

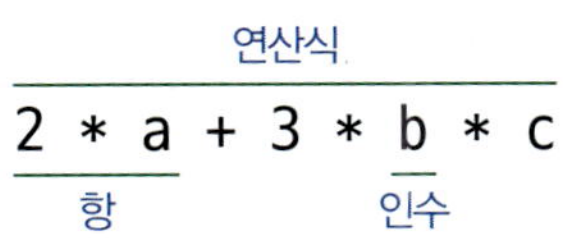

그림 3-1 연산식, 항, 인수

연산의 결과 값을 돌려주는 모든 표현을 연산식(expression) 또는 표현식, 수식이라 부른다. 상수는 그 자체로 연산식이다. 변수도 그 변수의 값을 의미할 때에는 그 자체로 연산식이다. 예처럼 변수나 상수를 조합한 수식도 연산식이다. 대입문의 우변에 올 수 있는 모든 것이 연산식이다. 연산식이 덧셈이나 뺄셈의 조합으로 이루어져 있을 때 각각의 요소를 항(term)이라 부른다. 예에서는 2 * a, 3 * b * c가 각각 항이다. 어떤 항이 곱셈으로 이루어져 있을 때 그 항을 구성하는 각각의 요소를 인수(factor)라고 부른다. 2 * a에서 2도 인수이고 a도 인수다. 3 * b * c에서 3, b, c도 인수다. 연산식을 평가한 결과는 레지스터나 임의의 메모리 주소에 저장되기 때문에 R-value로 취급된다.

```
int count, sum = 20;
```

변수를 선언하면서 동시에 그 값을 초기화할 수도 있다. 위와 같이 선언하면 int 형의 sum 변수가 만들어짐과 동시에 변수 값으로 20이 들어간다. 그러나 이렇게 하면 sum 변수만 초기화된다. 같은 int 형 변수인 count는 초기화되지 않는다.

예제 3-1

```
#include <stdio.h>
int main( ){
    int my_age, your_age; ························ ❶
    int her_age = 20; ···························· ❷

    my_age = her_age + 1;
    printf("My age is %d.\n", my_age);

    my_age = your_age + 1; ······················· ❸ // 오류
    printf("My age is %d.\n", my_age); ··········· ❹ // 오류
    return 0;
}
```

	코드	설명 ▼
⊗	C4700	초기화되지 않은 'your_age' 지역 변수를 사용했습니다.

초기화가 필요할 때도 있다. ③에서 your_age에 1을 더하라고 했지만 그 시점에서 your_age 값은 정의되어 있지 않다. ①에서 선언한 이후 아무런 값도 대입하지 않았기 때문이다. 과거 컴파일러는 이러한 오류를 무시한 채 프로그램을 계속 실행하여 이상한 결과를 초래하기도 했지만 요즘 컴파일러는 위 그림과 같은 오류 메시지를 내보낸다. 실제로 your_age에는 이 프로그램이 실행되기 이전 과거에 그 주소에 있던 값이 들어가 있다. 이러한 값을 정의되지 않은 값(Undefined Value)이라 부른다. 일종의 가비지인 셈이다. 물론 초기화되지 않은 지역 변수를 사용한 것은 프로그래머의 잘못이다. 아무런 값도 넣지 않은 상태에서 그 변수의 값을 활용하려고 했기 때문이다.

변수를 선언함과 동시에 값을 부여함으로써 이러한 오류를 방지할 수 있다. 선언과 동시에 값을 부여하는 작업을 초기화(Initialization)라 부른다. 또, 초기화에 사용된 값을 초깃값(Initial Value)이라 부른다. 대개 초깃값으로 0을 넣지만 ②처럼 원하는 숫자를 넣어도 좋다. 이는 사실상 int her_age;라고 선언한 후에 her_age = 20;라고 대입하는 것과 같은 효과를 초래한다.

그러나 엄밀한 의미에서 초기화는 대입문과는 성격이 전혀 다르다. 컴파일러는 초기화에 대해서는 변수에 메모리 주소를 할당함과 동시에 우변의 값을 넣으라고 번역하지만 대입문은 프로그램 실행 도중 해당 변수의 주소를 찾아가서 값을 넣으라고 번역하기 때문이다. 다시 말해서 둘 사이의 차이는 변수의 값이 컴파일 시에 확정되느냐 아니면 실행 시에 확정되느냐에 있다. 이런 점에서 초기화에 사용된 등호('=')는 대입 연산자가 아니다. 등호를 사용한 이유는 단지 마땅한 기호가 없기 때문이다.

예제 3-2

```
#include <stdio.h>
int main( ){
   int salary, bonus, total;

   salary = 400;
   bonus = 20;
   salary + bonus; ············································ ❶
   total = salary + bonus; ····································· ❷
   printf("Total is, %d\n", total); ···························· ❸

   bonus = salary = 400; ······································· ❹
   printf("Bonus plus salary is, %d\n", bonus + salary); ······· ❺
   return 0;
}
```

```
Total is, 420
Bonus plus salary is, 800
```

모든 연산식은 결과를 돌려준다.

연산식에도 리턴 값이 있다. 물론 이는 함수의 리턴 값과는 전혀 다른 의미지만 연산식의 경우 평가의 결과를 리턴한다고 간주할 수 있다. ①은 연산식으로서 평가의 결과 값을 돌려준다. 그러나 그 값은 곧바로 사라진다. 아무도 그것을 돌려받지 않았기 때문이다. ②처럼 변수에 대입해야 그 값이 저장된다. 재미있는 점은 대입문 자체에도 리턴 값이 있다는 점이다. 예를 들어, ②에서 우변 값인 420이 좌변에 대입된 다음에는 좌변 변수인 total의 값이 리턴된다. 그러나 이 역시 아무도 받지 않았기 때문에 사라져 버린다.

```
bonus = (salary = 400); ························ ⓐ
salary = 400; bonus = salary; ················· ⓑ
```

대입문을 실행하면 좌변 변수의 값을 리턴한다.

④는 그러한 점을 이용한 것으로서 ⓐ와 같은 의미다. salary = 400;을 먼저 실행하면 좌변 salary의 값인 400이 리턴되고 그 값이 bonus에 대입된다. 사실상 이는 ⓑ처럼 연이은 대입문으로 쓸 수 있다. 그럼에도 불구하고 ⓐ처럼 쓰는 이유는 C 언어가 짧은 표현을 선호하기 때문이다. 대입이 계속되면 오른쪽에서 왼쪽으로 가면서 대입된다. 예를 들어, a = b = c = d;라고 하면 이는 a = (b = (c = d));와 같은 의미다.

③에서 printf에 전달된 total은 변수 자체가 아니라 변수의 값인 R-value다. C 언어에서 함수를 부를 때는 항상 변수의 값을 복사하여 건네주기 때문이다. ⑤처럼 연산식을 직접 전달할 수도 있다. 이 경우 bonus + salary를 평가한 결과 값이 %d 위치에 삽입된다.

예제 3-3

```
#include <stdio.h>
int main( ){
   int one, two, three;

   one = 1;
   three = two + 1; ······························· ❶ // 오류
   two = one + 1; ································ ❷ // 오류
   printf("one: %d, two: %d, three: %d.\n", one, two, three);

   one = 1;
```

```
    two = one + 1; ································ ❸
    three = two + 1; ····························· ❹
    printf("one: %d, two: %d, three: %d.\n", one, two, three);
    return 0;
}
```

절차적 언어에서는 명령문의 순서가 중요하다.

C 언어는 절차적 언어(Procedural Language)다. 먼저 이것을 하고 다음에 저것을 하라는 순서로 조리에 맞게 진행해야 한다. 모든 절차가 그렇듯이 순서가 뒤바뀌면 실행 결과가 달라질 수 있다. ③, ④의 순서를 뒤바꾼 것이 ①, ②다. 이는 명백한 오류다. ①의 경우에 아직 two의 값이 정의되지 않았는데 거기에 1을 더해 three에 대입하고 있기 때문이다. 모든 명령문이 논리적 순서에 맞아야 한다. scanf에 의해 변수 값을 읽어오지도 않은 상태에서 그 변수를 처리하여 프린트하려는 실수도 종종 볼 수 있다.

02 산술 연산자

연산자

a + b

피연산자1 피연산자2

그림 3-2 연산자, 피연산자

컴퓨터가 할 수 있는 연산은 다양하다. 또, 그만큼 연산자(Operator)의 종류도 다양하다. 산술 연산자, 관계 연산자, 논리 연산자, 비트 연산자, 증감 연산자 등이 그것이다. 연산자란 연산의 종류를 나타내는 기호로서 위 그림에서는 '+' 기호가 연산자다. 연산을 당하는 대상을 피연산자(Operand)라고 부른다. 위 그림에서는 a와 b가 산술 연산을 당하는 피연산자다.

예제 3-4

```c
#include <stdio.h>
int main( ){
   int a = 10, b = 3;    double p = 10.0, q = 3.0;

   printf("10 + 3 = %d.\n", a + b); ·············· ❶
   printf("10 - 3 = %d.\n", a - b);
   printf("10 * 3 = %d.\n", a * b);
   printf("10 / 3 = %d.\n", a / b);
   printf("10 %% 3 = %d.\n\n", a % b);

   printf("10.0 + 3.0 = %f.\n", p + q); ········ ❷
   printf("10.0 - 3.0 = %f.\n", p - q);
   printf("10.0 * 3.0 = %f.\n", p * q);
   printf("10.0 / 3.0 = %f.\n", p / q);
   return 0;
}
```

```
10 + 3 = 13.
10 - 3 = 7.
10 * 3 = 30.
10 / 3 = 3.
10 % 3 = 1.

10.0 + 3.0 = 13.000000.
10.0 - 3.0 = 7.000000.
10.0 * 3.0 = 30.000000.
10.0 / 3.0 = 3.333333.
```

대입 연산과 마찬가지로 산술 연산도 연산자를 필요로 한다. 예는 컴퓨터가 제공하는 기본적인 산술 연산자다. '+', '−' 기호는 수학의 기호와 같은 의미다. 곱셈은 '*'(Asterisk)로, 나눗셈은 '/'(Slash)로 나타낸다. ① 이하가 정수 연산이며 ② 이하가 부동 소수 연산이다. 정수 사이에 나눗셈 연산을 가하면 몫만 나온다. 예를 들어 10 / 3 = 3이다. 나눗셈(Division)을 의미한다는 점에서 '/' 기호를 디브(Div)라고 읽는다.

정수 연산에는 사칙연산 이외에 모듈로 연산이 제공된다. 이는 나머지를 구하는 연산으로서 '%' 기호로 표시하고 모드(Mod) 또는 모듈로(Modulus)라고 읽는다. 예제에서 알 수 있듯이 10 % 3 = 1이다. 모듈로 연산은 컴퓨터에서 상당히 자주 쓰이는 연산이다. 자동차 미터기를 생각해 보면 이 연산의 의미를 알 수 있다. 다섯 자리까지 표시할 수 있는 미터기라면 0킬로미터부터 99999킬로미터까지 표시할 수 있다. 이후 이 차가 1킬로미터를 더 달리면 미터기는 00000으로 리셋된다. 한 바퀴를 완전히 돈 것이다. 따라서 만약 10003킬로미터를 달리면 미터기는 10003 % 10000 = 3, 즉 00003을 표시한다. 모듈로 연산은 정수 사이에서만 가능하다. 부동 소수 나눗셈에는 나머지가 있을 수 없기 때문이다.

```
a - b
= a + (256 - b) ·········· ❶
= a + (255 - b) + 1 ····· ❷
```

사실상 뺄셈도 모듈로 연산에 의해 이루어진다. 예를 들어, 8비트 연산이라면 표현 가능한 양의 정수는 1부터 255까지다. 숫자가 하나 증가하여 256에 이르면 그것은 0으로 표현된다. 이후 다시 1, 2, … 순으로 증가한다. 따라서 숫자 316은 8비트로는 60으로 표현된다. 316 % 256 = (256 + 60) % 256 = 60이기 때문이다. 이는 8비트로 표시되는 숫자는 몇 번이고 거기에 256을 더해도 같은 숫자임을 의미한다. 그런 점에서 ①도 사실이다. ①이 사실이면 당연히 ②도 사실이다. 그런데 여기서 중요한 것은 ②의 (255 − b)가 b에 대한 1의 보수라는 점이다. 예를 들어 b가 69(0100 0101)라면 255(1111 1111)에서 b를 뺀 결과는 1011 1010으로서 b에 대한 1의 보수가 된다. 1에서 0이나 1을 빼면 값이 뒤집히기 때문이다. (255 − b)가 1의 보수라면 거기에 1을 더한 (255 − b) + 1이 2의 보수다. 결국 a에서 b를 빼는 연산은 ②에서 보듯이 a에다가 b에 대한 2의 보수를 더한 연산으로 바뀐다.

예제 3-5

```
#include <stdio.h>
int main( ){
    short a = 32768;
    short b = a / 2;
    float c = 1E45;
    float d = c / 2.0;

    printf("a: %d, b: %d, c: %f, d: %f.\n", a, b, c, d);
    return 0;
}
```

```
a: -32768, b: -16384, c: inf, d: inf.
```

2의 보수 체계에 의하면 정수가 주어진 비트 수를 초과하면 순환이 일어난다. 예를 들어 2바이트 short가 수용할 수 있는 정수는 −32768에서 32767까지다. 그런데 예에서 보듯이 32767에 1을 더하여 a 변수에 32768을 넣으면 그 값은 반대쪽 끝인 −32768로 되돌아간다. 음수에 대해서도 마찬가지다. −32768에서 1을 빼면 32767로 되돌아간다. 이는 마치 −32768에서 32767까지 정수가 아날로그 시계의 눈금처럼 분포한 상태에서 바늘이 한 바퀴를 완전히 돌면 처음 숫자로 가는 것과 같다. 그런 점에서는 정수 순환도 모듈로 연산이라 할 수 있다.

정수 오버플로우에는 오류 메시지가 없다.

정수가 오버플로우를 일으키더라도 컴파일 시점에는 오류 메시지가 뜨지 않는다. 나아가 실행 도중에도 오류 메시지가 뜨지 않는다. 실행 중 오버플로우가 일어나면 순환시킨 값으로 대치할 뿐이다. 아무런 오류 메시지가 없으므로 이 경우 연산의 결과가 올바른지 판단하는 것은 온전히 프로그래머의 책임이다. 그러나 부동 소수가 오버플로우를 일으키면 INF(Infinity)라는 문자열을 출력하기 때문에 정수에 비해서는 디버깅이 조금 더 수월하다.

```
int a; double b;
a = 5 / 10;  ················ ❶
b = 5 / 10.0;  ·············· ❷
```

피연산자의 자료형이 서로 다르면 연산 과정에서 형 변환이 일어난다는 점에도 유의해야 한다. ①의 a에는 0이 들어간다. 정수끼리의 연산이므로 나눗셈의 결과로 몫이 0이 되기 때문이다. 하지만 ②의 b에는 0.5가 들어간다. 분자가 int 형인데 비해 분모는 double 형이기 때문이다. 형 변환은 대개 더 큰 쪽을 향해서 일어나므로 우변은 (double)5 / 10.0으로 바뀐다.

예제 3-6

```
#include <stdio.h>
int main( ){
    int a, b;

    a = 8;
    a += 2;
    printf("a = %d.\n", a);

    b = 2;
    a /= b;
    printf("a = %d.\n", a);
    return 0;
}
```

```
a += b; means a = a + b;
a -= b; means a = a - b;
a *= b; means a = a * b;
a /= b; means a = a / b;
```

C는 짧은 표현을 선호하기 때문에 예처럼 줄여서 쓰기도 한다. 예에서 보듯이 산술 연산자와 대입 연산자가 붙어 있기 때문에 이를 복합 대입 연산자(Compound Assignment Operator)라고도 부른다.

피연산자가 둘인 연산자를 2항 연산자(Binary Operator)라 부른다. 예를 들어 대입 연산자나 복합 대입 연산자는 2항 연산자다. 좌변과 우변에 피연산자가 있기 때문이다. 반면에 피연산자가 하나인 연산자를 단항 연산자(Unary Operator)라 부른다. 예를 들어 주소 연산자인 '&'가 단항 연산자다. −25에서 '−'도 단항 연산자다. 피연산자인 25 앞에 붙어 값을 음수로 만들기 때문이다. +25에서 '+'도 단항 연산자다. 그러나 +는 양수를 의미하기 때문에 생략해도 아무런 문제가 되지 않는다.

예제 3-7

```
#include <stdio.h>
int main( ){
   int a, b;

   a = 0;
   a++; ······································································ ❶
   printf("a = %d.\n", a);
   b = a++; ·································································· ❷
   printf("a = %d. b = %d.\n", a, b);

   a = 0;
   ++a; ······································································ ❸
   printf("a = %d.\n", a);
   b = ++a; ·································································· ❹
   printf("a = %d. b = %d.\n", a, b);

   a = b = 0;
   printf("a = %d. b = %d.\n", (1 + a++) + 2, ++b); ··················· ❺
   printf("a = %d. b = %d.\n", a, b); ································· ❻
   return 0;
}
```

```
a = 1.
a = 2. b = 1.
a = 1.
a = 2. b = 2.
a = 3. b = 1.
a = 1. b = 1.
```

자주 쓰이는 단항 연산자에는 증가 연산자(Increment Operator)인 '++'와 감소 연산자(Decrement Operator)인 '––'가 있다. ++ 연산자는 변수 값에 1을 더하고 –– 연산자는 변수 값에서 1을 뺀다. 따라서 ①의 a++는 a = a + 1 또는 a += 1과 같은 의미다.

전위 증감은 미리, 후위 증감은 나중에 증감시킨다.

증가 연산자에는 전위 증가(Pre-increment)와 후위 증가(Post-increment)가 있다. 전위는 미리 증감을 하라는 의미고 후위는 나중에 증감을 하라는 의미다. ①의 증가 연산자는 후위 증가다. a++에서 ++가 a의 뒤쪽에 붙었기 때문이다. 만약 이를 ++a라고 하면 전위 증가다. ++가 a의 앞쪽에 붙었기 때문이다.

전위냐 후위냐에 따라 의미가 달라진다. ②에서 b에는 1이 대입된다. 2가 아니다. a++가 후위 연산자이기 때문에 '일단 b에 a를 대입한 다음에' a를 증가시키라는 뜻이기 때문이다. 반면에 ④는 미리 a를 증가시킨 다음에 그 결과를 b에 대입하라는 뜻이다. ⑤, ⑥에서도 그러한 점을 확인할 수 있다. 물론 ①이나 ③처럼 증가 연산자 단독으로 쓰였을 때는 전위나 후위나 같은 의미다. 그러나 다른 연산과 결합될 때는 전위와 후위가 서로 다른 의미를 지닌다는 점에 유의해야 한다. 전위 감소(--a)와 후위 감소(a--)에도 전위 증가와 후위 증가와 유사한 논리가 적용된다.

```
① a = a + 1;     ② a += 1;     ③ a++;     ④ ++a;
```

변수 값을 1만큼 증가시키는 표현은 네 가지다. ①, ②는 완전히 같은 의미다. ③, ④도 같은 의미이지만 단독으로 쓰이지 않을 경우 전위 연산이냐 후위 연산이냐에 따른 차이가 있다. ①이나 ②에 비해서 ③과 ④의 증감 연산자가 유리할 때도 있다. 어셈블리 언어로 번역하는 과정에서 레지스터 내용을 자동으로 1만큼 증감시키는 자동 증감(auto increment/auto decrement) 회로를 구동하는 명령문으로 바뀔 수 있기 때문이다. 그렇게 되면 ①, ②처럼 1이라는 상수를 메모리로부터 읽어올 필요 없이 CPU 내부에서 곧바로 1을 증감시키기 때문에 실행 속도가 빨라진다.

03 관계 연산자와 논리 연산자

관계 연산자	의미
>	greater than
>=	greater than or equal
<	less than
<=	less than or equal
==	equal to
!=	not equal

그림 3-3 관계 연산

서로 같은지 비교하려면 등호를 두 번 써야 한다.

비교를 위한 연산자를 관계 연산자(Relational Operator)라 부른다. 위 그림에서 보듯이 크고 작음을 따지는 부등호는 수학에서와 동일한 의미를 지닌다. 단, 크거나 같음을 나타내는 '≥' 기호는 키보드로 표현이 불가능하기 때문에 '>=' 기호로 나타낸다. '=>'라고 해서는 안 된다. 부등호가 먼저 오고 그 다음에 등호가 온다. 같은지를 따질 때는 '=='(Double Equal)을 쓴다. 이는 비교를 위한 연산자라는 점에서 대입 연산자인 '='(Single Equal)과는 전혀 다른 기호라는 점에 유의해야 한다. 다른지를 따질 때는 '!='(Not Equal)을 쓴다. 여기서 느낌표('!')는 Not을 의미한다. 이는 '==' 연산자와는 정반대의 의미다. 관계 연산의 결과는 참(true) 또는 거짓(false)으로 표현된다. 예를 들어 (10 > 5) 연산의 결과는 참이다. 반대로 (10 < 5)는 거짓이다.

예제 3-8

```
#include <stdio.h>
int main( ){
   int a = 10, b = 5;
   double p = 10.0, q = 5.02, r = 10.00000000000000001;

   printf("%d\n", a > b); ........................ ❶
```

```
    printf("%d\n", a >= b);
    printf("%d\n", a == b);
    printf("%d\n", a != b); ······················ ❷

    printf("%d\n", p > q); ························ ❸
    printf("%d\n", p == r); ······················ ❹
    return 0;
}
```

```
1
1
0
1
1
1
```

관계 연산의 결과는 1(true) 또는 0(false)이다.

C 언어는 참(true)을 정수 1로 표현하고 거짓(false)을 정수 0으로 표현한다. 따라서 ①에서는 1이 찍힌다. (a > b)라는 관계 연산이 참이기 때문이다. 또 ②에서 (10 != 5)는 참이다. NOT 연산자는 연산의 결과를 뒤집을 때 사용된다. 예를 들어 (10 == 10)는 참이지만 !(10 == 10)는 거짓이다. 이는 부동 소수에 대해서도 마찬가지다. ③에서 (10.0 > 5.02)는 참이다. ④는 해당 컴퓨터가 double 형을 몇 비트로 표현하느냐에 따라 결과가 달라진다.

사실상 참이냐 거짓이냐를 저장하는 데는 1비트면 충분하다. 그러나 C 언어가 제공하는 자료형 중 가장 작은 단위가 1바이트이기 때문에 그렇게 할 수는 없다. 따라서 참이냐 거짓이냐를 char 형 변수에 담을 수도 있지만 대개 int 형 변수에 저장한다.

```
if (2.5 * (1.0 / 3.0) == 5.0 / 6.0) ·········· ❶
if ((a - b) > 0.0001) ························· ❷
```

부동 소수끼리 같은지 비교하는 일은 피하는 것이 좋다.

부동 소수끼리 서로 같은지를 비교해서는 안 된다. ①의 조건식 좌변의 분모와 분자에 2를 곱하면 우변과 같아지지만 이는 참이 아니라 거짓이다. 좌변과 우변 값이 차이가 나므로 좌변에서 우변을 빼면 −0.0000000000000001이 되기 때문이다. 부동 소수 계산에는 항상 오차가 따른다. 비트 수가 제한되어 있기 때문에 계산 도중 결과 값이 반올림되거나 잘려나가기 때문이다. 이런 점을 감안한다면 부동 소수끼리는 가급적 서로 같은지 비교하지 말아야 한다. 굳이 원한다면 ②처럼 해 볼 수는 있다. a와 b가 같은지 비교하는 대신 둘 사이의 차이가 일정한 오차 범위 내인지를 비교했기 때문이다.

a	NOT a
0	1
1	0

a	b	a AND b
0	0	0
0	1	0
1	0	0
1	1	1

a	b	a OR b
0	0	0
0	1	1
1	0	1
1	1	1

a	b	a XOR b
0	0	0
0	1	1
1	0	1
1	1	0

19세기 수학자 조지 부울(George Boole)에 의해 개발된 부울 대수(Boolean Algebra)는 논리 연산을 표현하기 위한 대수학이다. a가 0(false)이라면 NOT a는 1(true)이다. 또 a가 1(true)이라면 NOT a는 0(false)이다. a AND b는 a, b가 모두 1일 때만 1(true)이고 그렇지 않으면 0(false)이다. 이는 a와 b를 곱한 결과와도 같다. a OR b는 둘 중 하나라도 1이면 1(true)이다. XOR(Exclusive OR)은 OR 연산과 같지만 둘 다 1이면 0(false)이라는 점만 다르다. 네 가지 연산 중 NOT만 단항 연산이고 나머지는 모두 2항 연산이다.

논리 연산자	의미
&&	logical AND
||	logical OR
!	logical NOT

그림 3-4 논리 연산

그림에서 보듯이 C 언어는 부울 대수 중 AND, OR, NOT이라는 세 가지 논리 연산자(Logical Operators)를 제공한다. 각각은 '&&', '||', '!' 기호로 표시한다. OR을 의미하는 '||' 기호는 키보드에서 'Shift−backslash'를 두 번 누르면 된다.

예제 3-9

```c
#include <stdio.h>
int main( ){
   int a = 4, b = 3, c = 2, d = 1;

   printf("%d \n", (a > b) && (c > d)); ······························❶
   printf("%d \n", (a < b) || (c > d)); ······························❷
   printf("%d \n", (a < b) && (c > d)); ······························❸
   printf("%d \n", (a > b) || (c > d)); ······························❹
   printf("%d \n", (a < b || c > d) && (a == b && c >= d)); ·········❺

   printf("%d \n", !(a > b)); ········································❻
   printf("%d \n", !d); ··············································❼
   printf("%d \n", !a); ··············································❽
   return 0;
}
```

```
1
1
0
1
0
0
0
0
```

논리 연산의 예다. ①은 1 AND 1이므로 1이다. ②는 0 OR 1이므로 1이다. ③은 0 AND 1이므로 0이다. 실제로 AND 연산의 첫 항이 0이면 그 다음 항은 아예 평가하지 않는다. AND 연산의 경우는 둘 중 하나가 0이면 결과가 무조건 0이기 때문이다. ④도 이와 유사하다. OR 연산의 첫 항이 1이면 그 다음 항은 평가하지 않고 무조건 1이 된다.

논리 연산에서 0(false)이 아닌 모든 값은 1(true)로 간주된다.

NOT 연산에는 특이한 점이 있다. 일단 ⑥의 결과는 0이다. (4 > 3)이 1(true)이므로 그것을 뒤집은 NOT(4 > 3) = NOT(1) = 0 즉, false이기 때문이다. ⑦에서 d는 int로 선언된 정수다. 하지만 NOT 연산자를 앞세우면 뒤따르는 1을 논리 연산의 값인 true로 취급한다. 따라서 그것을 뒤집은 결과는 0(false)이 된다. 특이한 것은 C 언어는 논리 연산에 있어서 0이 아닌 모든 값(Non-zero Value)을 1로 취급한다는 점이다. 예를 들어 !(4)라고 하면 4는 1(true)로 취급한다. 따라서 ⑧에서 !(4) = !(1) = 0이 된다.

수학 기호와의 차이점에도 유의해야 한다. (−10 ≦ a ≦ 10)을 (−10 <= a <= 10)라고 하면 안 된다. 둘로 나누어 logical AND로 묶어야 한다. 즉, (a >= −10) && (a <= 10)이라고 표현해야 한다. 만약 (−10 <= a <= 10)이라고 쓰면 왼쪽에서 오른쪽으로 가면서 평가되기 때문에 일단 (−10 <= a)가 평가된다. 만약 a가 −20이라고 가정하면 이는 거짓이 되어 결과 값이 0(false)이 된다. 이후 (0 <= 10)이 평가되어 결과 값은 1(true)이 된다. 물론 이는 잘못된 결과다.

<table>
<tr><th>비트 연산자</th><th>의미</th></tr>
<tr><td>&</td><td>bitwise AND</td></tr>
<tr><td>|</td><td>bitwise OR</td></tr>
<tr><td>^</td><td>bitwise XOR</td></tr>
<tr><td>~</td><td>bitwise NOT</td></tr>
<tr><td><<</td><td>bitwise LEFT SHIFT</td></tr>
<tr><td>>></td><td>bitwise LEFT SHIFT</td></tr>
</table>

그림 3-5 비트 연산

bitwise AND	bitwise OR	bitwise XOR	bitwise NOT
0110 1001(69_{hex})	0110 1001	0110 1001	
0101 0101(55_{hex})	0101 0101	0101 0101	0110 1001
0100 0001(41_{hex})	0111 1101	0011 1100	1001 0110

그림 3-6 비트 단위의 AND, OR, XOR, NOT

C 언어는 고급 언어로서의 기능뿐만 아니라 어셈블리 언어에 가까운 저급 언어로서의 기능도 지닌다. 그 중 하나가 비트 연산자(Bit-level Operators)다. [그림 3-5]에서 보듯이 C 언어는 여섯 가지 비트 연산자를 제공한다. AND와 OR 기호가 논리 연산과는 다르다는 점에 주의해야 한다. 논리 연산의 AND가 '&&'라면 비트 연산의 AND는 '&'다. 또, 논리 연산의 OR

이 '||'라면 비트 연산의 OR은 '|'다. 이 연산자들은 부동 소수형 데이터에는 적용되지 않고 정수형 데이터에만 적용된다. signed나 unsigned에 모두 적용되며 char, short, int, long 타입에 모두 적용할 수 있다. 비트 연산을 하려면 [그림 3-6]처럼 부울 대수의 규칙을 비트 단위로 적용해야 한다.

예제 3-10

```c
#include <stdio.h>
int main( ){
   int a = 105, b = 85;

   printf("%d \n", a & b);
   printf("%X \n", a | b);
   printf("%X \n", a ^ b);
   printf("%X \n", ~a);
   return 0;
}
```

```
65
7D
3C
FFFFFF96
```

a는 16진수로 69, b는 16진수로 55다. 따라서 a & b = 69_{hex} & 55_{hex} = 0110 1001 & 0101 0101 = 0100 0001이 된다. 이는 16진수 41이므로 10진수로는 65다.

논리 연산과 비트 연산을 혼동하면 안 된다. 논리 연산의 결과는 항상 0(false) 아니면 1(true)이다. 예를 들어 논리 연산인 3 && 2 = 1 && 1 = 1이다. 비트 연산은 그렇지 않다. 3 & 2 = 0011 & 0010 = 0010 = 2가 되어 일정한 값을 갖는다.

비트 연산이 유용할 때도 많다. 사칙연산 중 가장 비싼 연산, 즉 가장 시간이 오래 걸리는 연산이 나눗셈이다. 덧셈을 반복함으로써 곱셈이 이루어진다면 곱셈을 반복함으로써 이루어지는 것이 나눗셈이기 때문이다. 예를 들어 8비트 정수형에서 105 % 32를 계산하려 한다고 가정해 보자. 모듈로 연산은 나머지를 구해야 하므로 당연히 나눗셈이 필요하다. 물론 이 연산을 한 번만 수행한다면 속도는 그리 문제되지 않는다. 따라서 그냥 105 % 32를 계산하면 된다. 그러나 프로그램 내에서 모듈로 연산을 수만 번 또는 수천만 번 반복해야 할 때도 있다. 그 경우에는 당연히 비트 연산에 의해 속도를 높일 필요가 있다.

예제 3-11

```c
#include <stdio.h>
int main( ){
   int a = 105, b = 32;
   printf("105 modulo 32 is %d.\n", a % b);
   printf("105 bitwise AND 31 is %d.\n", a & (b - 1));
   return 0;
}
```

```
0110 | 1001
0000 | 1111
-----------
0000 | 1001
```

모듈로 연산을 비트 단위 AND에 의해 구할 수도 있다. 어떤 수를 32로 나누면 나머지는 항상 0에서 31까지의 숫자다. 따라서 105를 구성하는 2진수 0110 1001 중 31까지 크기에 해당하는 숫자만 남기고 32 이상의 숫자는 떼어버리면 된다. 그런데 31은 2진수 0000 1111에 해당한다. 따라서 위 그림과 같이 105 % 32 = 105 & (32 − 1) = 0110 1001 & 0000 1111 = 0000 1001 = 9로 계산할 수 있다.

이 계산에서 31에 해당하는 0000 1111을 마스크 비트(Mask bit)라고 부른다. 31의 상위 4비트가 0000이기 때문에 어떤 수와 AND 연산을 하더라도 결과 값의 상위 4비트도 0000으로 바뀐다. 다시 말해서 105를 구성하는 0110 1001 비트열 중에 상위의 0110은 마스크 비트와의 AND 연산에 의해 0000으로 바뀐다. 여기서 0000 1111을 마스크 비트라고 부르는 이유는 마치 마스크를 씌우듯 불필요한 비트에는 0을 씌우고 필요한 비트에만 1을 씌워서 필요한 값만 추려내기 때문이다. 단, 이 연산은 32(= 2^5)처럼 나누는 수가 2의 승수일 때만 가능하다.

```
0101 0011  0100 1111  0101 0011 (원래 메시지)
0100 1011  0100 1011  0100 1011 (키 반복)
------------------------------------------
0001 1000  0000 0100  0001 1000 (암호화 메시지)
```

그림 3-7 암호화 과정

```
0001 1000  0000 0100  0001 1000 (암호화 메시지)
0100 1011  0100 1011  0100 1011 (키 반복)
----------------------------------------
0101 0011  0100 1111  0101 0011 (복원된 원래 메시지)
```

그림 3-8 복원 과정

XOR 연산을 이용한 암호화(XOR Cipher)도 가능하다. 예를 들어 "SOS"(=01010011 01001111 01010011)라는 문자를 암호화한다고 가정해 보자. 대부분 암호화는 송신자와 수신자가 암호 키(Cipher Key)를 공유한다. 송신자가 키를 이용하여 메시지를 암호화하여 보내면 수신자도 그 키를 이용하여 원래 메시지로 복원한다. 암호 키를 'K'(=0100 1011)라고 가정하면 [그림 3-7]처럼 메시지에 키를 XOR하여 암호화된 메시지를 얻을 수 있다. 이처럼 암호화된 메시지를 전송함으로써 타인들은 원래 메시지의 의미를 알 수 없게 된다.

XOR 연산의 특징 중 하나는 어떤 대상에 XOR을 가한 결과에 다시 XOR을 가하면 그 대상이 복원된다는 점이다. 따라서 [그림 3-8]에서 보듯이 수신자 측에서는 암호화 메시지에 대해 동일한 암호 키를 적용하여 다시 XOR 연산을 가하면 원래의 메시지로 복원된다.

예제 3-12

```c
#include <stdio.h>
int main( ){
   unsigned int a = 25;
   unsigned left, right;

   left = a << 3;
   right = a >> 3;
   printf("left shift: %d, right shift: %d.\n", left, right);
   return 0;
}
```

```
left shift: 200, right shift: 3.
```

```
0001 1001   (25)
1100 1000   (25 << 3)
```

그림 3-9 Shift Left

```
0001 1001   (25)
0000 0011   (25 >> 3)
```

그림 3-10 Shift Right

비트 시프트(Bit Shift) 연산은 정수의 비트열을 왼쪽 또는 오른쪽으로 이동시키는 연산이다. 정수 25를 구성하는 비트열을 왼쪽으로 3비트 이동시킨 결과는 [그림 3-9]와 같다. 왼쪽 이동으로 비게 되는 오른쪽 비트는 0으로 채워진다. 2진수에서 자릿수가 세 자리 높아지면 이는 원래의 값에 8(= 2^3)을 곱한 것과 같다. 반면 자릿수가 세 자리 낮아지면 이는 원래의 값을 8로 나눈 것과 같다. 따라서 2^n 또는 2^{-n}을 곱하는 계산은 비트 시프트 연산으로 대체할 수 있다.

그러나 이러한 방식의 연산은 주의를 요한다. 유효 비트가 날아가면 잘못된 결과를 초래하기 때문이다. [그림 3-10]은 오른쪽 시프트에 의해 25를 3으로 나누고 있다. 그러나 결과 값이 3이 된 이유는 오른쪽 시프트 과정에서 원래 25의 최하위 비트인 1이 날아가버렸기 때문이다. 유사한 맥락에서 25 ≪ 4를 가하면 그 결과는 25에 16을 곱한 것과는 다르다.

비트 시프트 연산은 unsigned 변수에 한해서 적용해야 한다. signed일 경우 음수의 부호 비트인 MSB는 항상 1이 된다. 만약 이 음수에 오른쪽 시프트를 가하면 최상위 비트가 0으로 채워지는 바람에 양수로 바뀌어 잘못된 결과를 초래한다. 물론 컴파일러에 따라서는 오른쪽 시프트의 경우 왼쪽 비트에 원래의 최상위 비트 값을 반복하게 만든 것도 있다. 원래 음수라면 계속해서 1로 채우고 원래 양수라면 계속해서 0으로 채우는 것이다. 그러나 그러한 내용은 컴파일러 구현 방법에 따라 달라지기 때문에 의존할 만한 것이 못 된다.

C 컴파일러에도 여러 종류가 있다. 영리한 컴파일러는 어셈블리 언어로 번역하는 과정에서 비트 연산이 가능한 경우 자동으로 비트 연산으로 바꾸어 코드를 최적화하기도 한다.

```
a = a + 1;
```

모든 연산자에는 연산자 우선순위(Operator Precedence)가 있다. 위 명령문에도 우선순위가 있다. 대입 연산자는 가장 낮은 우선순위에 속한다. 따라서 일단 우변의 + 연산자를 먼저 평가하고 난 다음에 = 연산자를 실행한다. 다시 말해 위 예시는 a = (a + 1);을 뜻한다. 만약 우선순위가 뒤바뀐다면 예는 (a = a) + 1;로 해석되어야 한다. 그 경우 일단 a에 자신의 현재 값인 a가 대입된다. 그 값이 리턴되면 이제 거기에 1을 더하라는 것이므로 이는 단순히 a + 1;이라는 연산식이 되어버린다.

연산자	의미	결합 순서
( ) [ ] . -> ++ --	괄호(묶음) 배열 인덱스 멤버 선택 포인터에 의한 멤버 선택 후위 증감	왼쪽에서 오른쪽
++ -- + - ! ~ (type) sizeof & *	전위 증감 단항 연산(부호) 논리 NOT, 비트 단위 NOT 형 변환 데이터 크기 주소 연산자 참조 연산자	오른쪽에서 왼쪽
* / %	2항 연산(곱셈, 나눗셈, 나머지)	왼쪽에서 오른쪽
+ -	2항 연산(덧셈, 뺄셈)	"
<< >>	비트 단위 왼쪽 시프트, 오른쪽 시프트	"
> >= < <=	관계 연산(크기 비교)	"
== !=	관계 연산(Equal, Not Equal)	"
&	비트 단위 AND	"
^	비트 단위 XOR	"
¦	비트 단위 OR	"
&&	논리 AND	"
¦¦	논리 OR	"
= += -= *= /=	대입(할당) 복합 대입 연산자(덧셈, 뺄셈) 복합 대입 연산자(곱셈, 나눗셈)	오른쪽에서 왼쪽

그림 3-11 연산자 우선순위

[그림 3-11]은 자주 사용되는 연산자의 우선순위를 정리한 것이다. 우선순위가 가장 높은 것은 괄호다. 그러나 배열 인덱스 연산, 구조체 멤버를 선택하는 도트 연산, 포인터에 의해 구조체 멤버를 선택하는 화살표 연산, 후위 증감도 동일한 우선순위에 속한다. 여기에 관해서는 이후 설명하기로 한다. 지금으로서는 현재 우리가 아는 연산자에 한해서 어떤 것이 우선순위가 높은지만 대략 확인해 보면 된다.

표의 위에서 아래로 내려오면서 우선순위가 낮아진다. 가로줄로 구분되지 않은 연산자는 동일한 우선순위에 속한다. 관계 연산이 논리 연산보다 우선순위가 높고, 대입 연산과 복합 대입 연산이 우선순위가 가장 낮다.

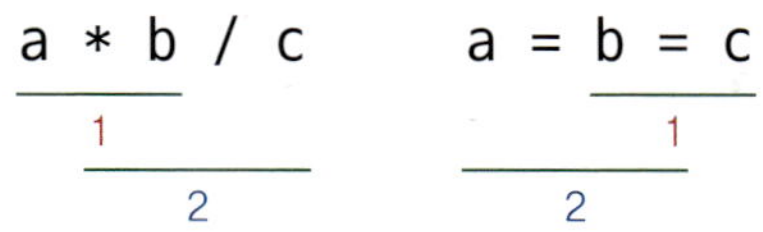

그림 3-12 연산자 결합 순서

같은 우선순위일 경우 결합 순서가 문제가 된다. [그림 3-11]에서 보듯이 왼쪽에서 오른쪽으로 가는 것도 있고 오른쪽에서 왼쪽으로 가는 것도 있다. a * b / c의 경우 왼쪽에서 오른쪽으로 가므로 곱셈을 먼저 하고 나눗셈을 한다. 반면 a = b = c의 경우는 오른쪽에서 왼쪽으로 가므로 b = c가 먼저 실행되고 이후 a = (b = c)가 실행된다. 순위가 복잡할 때도 있다. −5 * a + b * ++c % 2는 ((−5) * a) + ((b * (++c)) % 2)의 순서로 평가된다. 둘째 항에서 2항 연산자인 *와 %는 우선순위가 같으므로 *가 먼저 평가된다. 물론 a + b + c 형태처럼 결합 순서가 문제되지 않을 때도 있다.

```
a > b && a > c ............................................................ ❶
(a == 2 || b == 4) && (c == 5 || d == 6) .................................. ❷
a == 2 || b == 4 && c == 5 || d == 6 ...................................... ❸
```

관계 연산자가 논리 연산자보다 우선순위가 높다.

관계 연산자가 논리 연산자보다 우선순위가 높다. 따라서 ①은 (a > b) && (a > c)와 같은 의미다. 이러한 표현은 무척 자주 쓰이기 때문에 우선순위를 기억해 둘 필요가 있다. 그러나 모든 우선순위를 기억하기는 어렵다. 따라서 우선순위를 외우기보다는 조금이라도 우선순위가 의심스러우면 '괄호로 묶는 것'이 낫다. 괄호가 가장 높은 우선순위에 속하기 때문이다. (1 + 2) * 3을 원한다면 1 + 2 * 3이라고 쓰면 안 된다. ②처럼 써야 할 것을 ③처럼 써도 안 된다. &&가 ||보다 우선순위가 높아 b == 4 && c == 5가 먼저 평가되기 때문이다. 괄호로 묶어 우선순위를 분명하게 하는 것은 프로그래머 자신을 위한 일이지만 타인을 위한 일이기도 하다. 내가 개발한 프로그램을 타인이 유지하고 보수해야 할 때도 많기 때문이다.

```
double sum = 8.1 + 5 * 3 / 2;······················ ❶
double sum = 8.1 + 5 * 3 / 2.0;···················· ❷
```

자동 형 변환에도 유의해야 한다. ①의 대입문과 ②의 대입문은 결과가 다르다. 우선순위와 결합 순서를 고려하면 ①의 우변에서 가장 먼저 평가되는 것은 5 * 3이다. 5와 3은 모두 정수형이므로 곱셈도 정수 사이의 곱셈이 되어 15가 나온다. 그것을 정수인 2로 나누면 몫인 7만 남는다. 이 7을 8.1과 더하려면 일단 7이 double 형인 7.0으로 변환된다. 그 결과 15.1이라는 값이 sum에 대입된다. ②는 이와는 다르다. 곱셈의 결과인 15를 2.0으로 나누어야 하므로 일단 15가 double 형인 15.0으로 변환된다. 이후 15.0 / 2.0이라는 부동 소수 나눗셈이 가해져 7.5가 나온다. 따라서 ②의 결과는 ①과 달리 15.6이 된다.

연산식이나 함수가 프로그램의 상태를 변화시키면 그것이 부수 효과(Side Effect)를 지닌다고 말한다. 예를 들어, 변수 값을 변경하면 부수 효과를 지닌다. 이후에 다른 명령어가 그 변수에 접근하면 변화된 상태의 값을 읽게 되기 때문이다. 입력 데이터를 읽는 것도 부수 효과를 지닌다. 읽은 데이터는 입력 스트림 버퍼에서 제거되어 그 다음에 읽을 때는 다른 데이터가 읽히기 때문이다. 거의 모든 명령문이 부수 효과를 지닌다. 변수 내용을 화면에 출력해도 부수 효과다. 함수에 전달된 인자를 변경해도 부수 효과다.

```
int a = 1, b;
double c;

a = 10 + 20; ······································· ❶
b = a++; ··········································· ❷
printf("%d\n", a + b); ····························· ❸
printf("%d\n", a++); ······························· ❹
c = a; ············································· ❺
```

①은 하나의 부수 효과를 지닌다. a의 값을 변경했기 때문이다. ②는 두 개의 부수 효과를 지닌다. b에 a의 값을 대입했고 이후에 a 값을 증가시켰기 때문이다. ③은 하나의 부수 효과를 지닌다. a + b라는 연산식 값을 화면에 출력했기 때문이다. 그러나 a + b라는 연산식 자체에는 부수 효과가 없다. 연산식을 계산하기 전후의 a, b 값은 그대로이기 때문이다. ④는 두 개의 부수 효과를 지닌다. a 값을 화면에 출력했고 출력 이후에 a 값을 증가시켰기 때문이다. ⑤

는 하나의 부수 효과를 지닌다. c 값이 변했기 때문이다. 그러나 a 자체에는 부수 효과가 없다. 물론 여기서 좌변 c가 double 형이기 때문에 우변 a에 형 변환이 가해지지만 그것은 대입을 하는 과정에서 임시로 가해지는 작업일 뿐 a 변수 자체는 변함이 없기 때문이다.

C 언어에서 사용하는 거의 모든 명령어가 상태 변화를 초래한다. 또, 그러한 상태 변화가 유용하게 쓰인다. 알고리즘을 실행하려면 프로그램의 상태를 계속해서 바꾸어야 하기 때문이다.

```
int a = 5; result = add(a, ++a); ............ ❶
if (a < 0 && a++ == 10) ...................... ❷
int a = 1; result = a + a++; ................ ❸
a + (++a) - (a++) ............................ ❹
```

그러나 부수 효과에 모호함이 있을 경우에는 예기치 않은 결과가 초래된다. 두 인자를 더해서 결과를 리턴하는 함수 add를 가정해 보자. 그 경우 컴파일러에 따라 ①에서 add 함수의 인자를 평가하는 순서가 다르다. 첫 인자를 먼저 평가하면 결과는 11이 되지만 둘째 인자를 먼저 평가하면 12가 된다. 이미 증가된 a 값이 첫 인자로 들어가기 때문이다. ②도 모호하다. 대부분 컴파일러는 (a < 0)를 먼저 평가해서 그것이 거짓(false)으로 판명되면 (a++ == 10)은 평가하지 않는다. 그 다음 항이 참이든 거짓이든 첫 항이 거짓이면 논리 AND의 결과는 거짓이기 때문이다. 따라서 논리 AND를 가하는 도중에 a 값을 증가시킬 목적으로 이렇게 했다면 잘못이다.

③도 문제가 될 수 있다. a + a++의 첫 항을 먼저 평가하면 결과는 2가 된다. 이후 a 값이 2로 증가한다. 그러나 만약 컴파일러가 둘째 항을 먼저 평가한다면 a++에 의해 일단 a가 2가 된다. 이 경우 만약 첫 항의 a를 미리 다른 곳에 1로 저장해 놓았다면 결과는 3이 된다. 그렇지 않고 a가 2가 된 후의 a 값을 첫 항으로 사용하면 결과는 4가 된다. 사실상 이런 방식의 프로그램은 컴파일러를 시험에 들게 하는 처사라 할 수 있다.

연산식 내부에서 값이 바뀌는 변수를 반복하는 일은 피해야 한다.

연산식 내부에서 값이 바뀌는 변수가 두 번 이상 들어갈 경우에는 결과를 예측하기 어렵다. 기대치 않은 부수 효과로 인해 실행 결과를 정확히 예측할 수 없을 때 그 명령문의 결과는 '정의되지 않았다(Undefined)'라고 말한다. 따라서 결과를 예측할 수 없을 정도로 모호한 연산식은 피하는 것이 낫다.

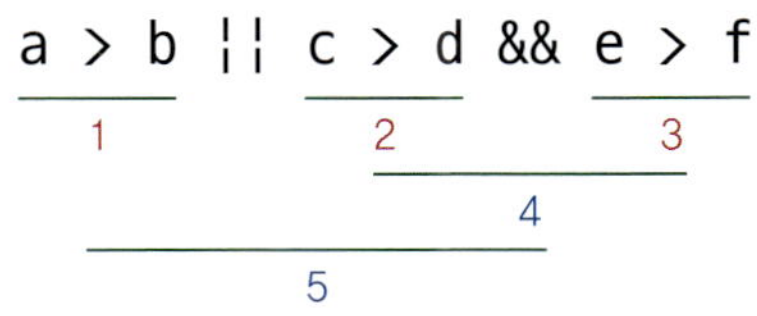

그림 3-13 연산자 우선순위

관계 연산자가 논리 연산자보다 우선순위가 높다. 또, 관계 연산자는 왼쪽에서 오른쪽으로 가면서 평가된다. 그런데 논리 AND가 논리 OR보다 우선순위가 높으므로 위 연산식은 그림의 순서대로 평가된다. 그러나 만약 첫째 항인 a > b가 1(true)이면 이후의 관계 연산은 하지 않고 곧바로 연산의 결과를 1이라고 결론지어 버린다. OR 연산에서는 어떤 항이든 하나만 1이면 최종 결과는 1이기 때문이다. 이를 단축 회로 연산(Short Circuit Evaluation)이라고 부른다.

그러나 C 언어 표준에는 피연산자가 어떤 순서로 평가되는지에 대해 구체적으로 정의되어 있지 않다. 컴파일러 종류에 따라 나름대로 더욱 빠른 어셈블리 언어로 번역하도록 맡겨두기 위해서다. 그 결과 예를 들어 마지막 항인 e > f를 가장 먼저 평가하는 컴파일러도 있을 수 있다.

```
a > 1 || b++ > 0
```

단축 회로 연산을 예상한 프로그램을 해서는 안 된다.

이런 점을 감안한다면 단축 연산을 기대하고 거기에 의존하는 프로그램을 해서는 안 된다. 위 연산식의 경우 a > 1이 사실이라면 b 값이 증가하지 않을 수도 있다. 그러나 b++ > 0을 먼저 평가하는 컴파일러라면 b와 0을 비교한 이후 곧바로 b 값을 증가시키기 때문에 b 값은 무조건 증가한다.

과제

01 두 개의 자연수를 입력받아 첫 번째 수를 두 번째 수로 나눈 몫과 나머지를 출력하라.

```
> Enter dividend.
> 21(Enter)
> Enter divisor.
> 4(Enter)
> Quotient is 5. Remainder is 1.
```

02 섭씨 온도를 C라고 했을 때 그에 해당하는 화씨 온도 F는 F = (9 / 5)C + 32로 표시된다. 섭씨를 화씨로 바꾸어 출력하는 프로그램을 작성하되 정수 버전을 작성하라.

힌트 (9 / 5)C를 어떻게 표현하느냐에 따라 결과가 달라진다. 이를 (9 / 5 * C)로 표현하면 결과는 항상 C가 된다. 곱하는 순서를 바꾸어야 정밀도가 높아진다.

```
> Enter degrees in Celcius.
> 16(Enter)
> 16 degrees in Celcius is 60 degrees in Fahrenheit.
```

03 세 개의 정수를 입력받아 평균을 구하는 프로그램을 작성하라. 단, 출력은 double 형으로서 소수 이하 3자리까지 출력하기로 한다. 입력은 한 줄로 이어지되 입력 사이는 빈칸으로 구분하기로 한다.

힌트 나눗셈 도중 분자나 분모를 double로 변환하는 형 변환 연산자를 써야 한다.

```
> Enter three integers.
> 2 3 5(Enter)
> The average of 2, 3, 5 is 3.333.
```

04 초 단위를 입력받아 그것을 시간, 분, 초 단위로 출력하는 프로그램을 작성하라.

```
> Enter seconds.
> 25310(Enter)
> It is 7 hours, 1 minutes, 50 seconds.
```

05 자연수를 입력받아 ① 그것이 5 또는 6 중 하나로 나누어 떨어지는지 ② 그것이 5와 6 모두로 나누어 떨어지는지 ③ 5와 6 모두로 나누어 떨어지지 않는지를 판단하는 프로그램을 작성하라. 단, 나누어 떨어지면 1, 그렇지 않으면 0을 출력한다.

```
> Enter a natural number.
> 30(Enter)
> 1
> 1
> 0
```

06 다음 소스코드를 실행해 보고 a의 결과 값이 왜 그렇게 되는지 소스코드에 주석을 달아 설명하라.

```
int a, b, c, d, e;
a = b = c = d = e = 1;
a = a-- - ++b * (c = d = 10) + (e *= 2);
printf("After calculation, a becomes %d.\n", a);
```

07 거스름돈 문제(Coin Change Problem)는 '주어진 잔돈을 동전으로 거슬러 주되 어떻게 하면 동전의 개수를 최소화할 수 있는가'의 문제다. 어떤 자판기가 500원, 100원, 50원, 10원짜리 동전을 갖고 있을 경우 거스름돈이 270원이면 얼마짜리 동전을 몇 개씩 주어야 하는지를 출력하는 프로그램을 작성하라.

힌트 반드시 최적의 방법은 아니지만 이 문제를 해결하기 위한 방법 중 하나는 고액권을 많이 사용하는 것이다. 500원짜리는 너무 크니 일단 100원짜리 2개를 준다. 그리고 70원이 남으면 50원짜리 1개, 그리고 20원이 남으니 10원짜리 2개를 주면 된다. 거슬러 줄 금액을 입력받아 이 자판기에서 얼마짜리 몇 개를 주어야 하는지를 출력하는 프로그램을 작성한다.

```
> Enter the amount of change.
> 2360(Enter)
> 500원: 4개, 100원: 3개, 50원: 1개, 10원: 1개.
```

Chapter 04
함수 I

01 함수 정의
02 함수명, 들여쓰기, 주석 처리
과제

우리가 어떤 일을 할 때 모든 것을 직접 하기는 어렵다. 직접 쌀을 재배하여 밥을 짓기도 어렵고, 직접 고등어를 잡아와 식탁에 올리기도 어렵다. 모든 일을 직접 하는 사람이 주체 지향적이라면, 타인에게 일을 시키는 사람은 객체 지향적이다. 함수도 일종의 객체라 할 수 있다. 메인 함수가 직접 처리해야 할 일 중 일부를 대신 수행해 주는 심부름꾼이기 때문이다.

01 함수 정의

운영체제가 main 함수를 호출하듯이 main 함수도 다른 함수를 호출할 수 있다. 함수에 관한 구체적인 설명은 8장에서 하기로 하고, 여기서는 일단 어떤 방법을 써서 함수(Function)를 정의하고 또 그것을 호출할 수 있는지에 관해 설명하기로 한다.

예제 4-1

```
#include <stdio.h>

int add(int f, int s){ ······················ ❶
    int total; ·································· ❷
    total = f + s;
    return total; ······························ ❸
}

int main( ){
    int first, second, sum;
    printf("Enter two input integers.\n");
    scanf("%d%d", &first, &second);
    sum = add(first, second); ·················· ❹
    printf("The result is %d.\n", sum); ······· ❺
    return 0;
}
```

```
Enter two input integers.
3 4
The result is 7.
```

이 프로그램은 add와 main이라는 두 개의 함수로 구성되어 있다. 피호출 함수인 add가 먼저 나오고 이후 그것을 호출하는 함수인 main이 나온다. 앞에서 설명한 대로 함수는 리턴 타입, 함수명, 매개변수, 본체 순으로 정의된다. int add(int f, int s)에서 int가 리턴 타입, add가 함수명, 괄호 안의 f와 s가 매개변수다. 리턴 타입이란 함수를 실행한 결과, 그 함수를 호출한 함수에게 되돌려주는 값의 타입을 말한다. ①에서 함수의 리턴 타입을 int로 선언한 이유는 ③에서 호출 함수에 되돌려주는 total이 ②에서 정수형으로 선언되었기 때문이다.

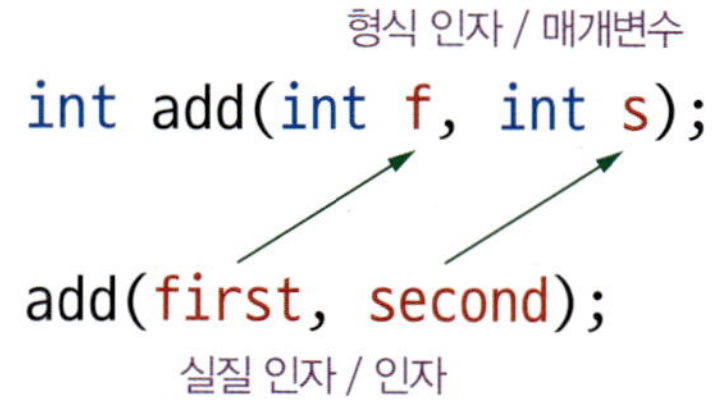

그림 4-1 형식 인자와 실질 인자

호출 함수인 main이 피호출 함수인 add에게 무엇인가를 건네주면서 심부름을 시킬 때, 건네주는 것이 바로 파라메터(Parameters)다. 호출 함수냐 피호출 함수냐에 따라 용어를 달리하기도 한다. 실제로 전달하는 값이라는 점에서 호출 함수의 파라메터인 first와 second를 실질 인자(Actual Parameters) 또는 단순히 인자(Parameters)라고 부른다. 값을 복사하여 전달한다는 의미에서 값 매개변수(Value Parameters)라고도 부른다. 변수는 물론 상수나 연산식 모두 인자가 될 수 있다.

피호출 함수는 호출 함수가 전달한 인자를 어떤 변수를 통해 건네받을 것인지를 선언해야 한다. ①의 f와 s가 그것으로서 first를 복사한 값을 f라는 변수에, second를 복사한 값을 s라는 변수에 담겠다는 뜻이다. 또, 기대하던 타입의 값이 넘어오는지를 검증하기 위해 피호출 함수는 int f, int s처럼 반드시 변수 하나하나마다 타입을 선언해야 한다. 이처럼 피호출 함수에서 타입을 갖추어 정식으로 선언한 변수를 형식 인자(Formal Parameters)라 부른다. 형식 인자인 f, s는 마치 피호출 함수 내부에서 선언한 지역 변수처럼 사용된다는 점에서 매개변수(Parametric Variables)라고 부르기도 한다.

호출 함수의 매개변수는 실질 인자, 피호출 함수의 매개변수는 형식 인자라 부른다.

쉽게 말해 호출 함수는 실질 인자를 건네주고 피호출 함수는 형식 인자로 건네받는다. 달리 말하자면 호출 함수는 인자를 건네주고 피호출 함수는 매개변수로 건네받는다. 일반적으로는 이처럼 엄격하게 용어를 구분하지는 않는다. 파라메터, 인자, 매개변수를 서로 섞어서 쓸 때가 많다. 이 책에서도 인자라는 말과 매개변수라는 말을 섞어서 쓰기로 한다.

매개변수도 일종의 변수이므로 함수 내부에서는 일반 변수와 완전히 동일하게 취급된다. 매개변수 다음에 이어지는 함수 본체(Function Body)는 여는 중괄호(Opening Brace, '{')로 시작해서 닫는 중괄호(Closing Brace, '}')로 끝난다. 본체가 끝나는 닫는 중괄호 다음에 세미콜론을 붙이지는 않는다.

인자를 전달하는 것도 일종의 대입 연산이다.

함수 호출 시 인자를 전달하는 것 자체가 대입 연산이다. 호출 함수의 인자가 피호출 함수의 매개변수로 복사되어 들어가기 때문이다. 컴파일러는 대입 시에 좌변 타입과 우변 타입이 매칭되는지를 철저하게 검사한다. 같은 맥락에서 컴파일러는 함수를 호출할 때도 전달한 인자의 타입이 피호출 함수에서 선언한 매개변수 타입과 매칭되는지를 철저하게 검사한다.

함수 호출에 의해 main의 first와 second의 값이 각각 add의 f와 s로 복사되어 들어가면 이제 add는 함수 내부에서 f와 s를 자유로이 사용할 수 있다. 호출 함수인 main에서는 그것을 first, second라고 부를지 모르지만 피호출 함수인 add의 눈에는 이제 first와 second라는 변수는 보이지 않는다. 다시 말해 add 함수 내부에서는 first와 second라는 변수에 접근할 수가 없다. 단지 f, s와 자신이 함수 내부에 직접 선언한 변수인 total에만 접근할 수 있다. 컴퓨터에서 접근(Access)이라는 말은 읽거나 쓰는 작업, 즉 Read/Write 작업을 말한다.

이런 점에서 C 언어의 함수는 철저하게 독립적이다. 개별 함수가 자신이 맡은 역할에 충실하게 하려면 어떤 함수가 함부로 다른 함수가 사용하는 변수에 접근하도록 놓아두면 안 된다. 접근을 허용하여 이 함수와 저 함수가 내용적으로 서로 얽히면 디버깅이 어려워지는 것은 물론이고 함수 단위의 독립적인 프로그래밍이 불가능해진다. C 언어에서 함수 사이의 교신은 매개변수라는 창구를 통해서만 가능하다. 그렇게 함으로써 함수 사이의 독립성을 보장할 수 있기 때문이다.

[예제 4-1]의 피호출 함수 내용은 간단하다. f와 s를 더한 합계를 변수 total에 대입한 후 그것을 돌려준다. 호출할 때 변수 값을 복사하여 건네주듯이 돌려줄 때도 변수 값을 복사하여 돌려준다. 그 값이 ④의 우변으로 들어간 후 좌변에 대입된다. 즉, 함수를 호출하면 그 함수가 돌려주는 값이 함수를 호출한 바로 그 자리로 들어간다.

특정 기능을 수행하는 명령문의 집합이 함수다.

함수는 단 하나의 기능을 수행하도록 구현해야 한다. 하나의 함수 내부에서 이런 저런 기능을 모두 수행하도록 만들어서는 안 된다. 예제의 add 함수도 두 정수를 더하는 단 하나의 기능을 수행한다. main 함수는 마치 벽돌을 이어 붙이듯이 함수를 차례차례 호출하여 작성된다. 노란 벽돌, 파란 벽돌, 빨간 벽돌을 기본 단위로 이리저리 붙이면 내가 원하는 무늬의 담벼락을 쌓을 수 있다. 그러나 일부는 노랗고 일부는 파란 벽돌, 일부는 파랗고 일부는 빨간 벽돌을 기본 단위로 해서는 원하는 무늬의 담벼락을 만들기가 어려워진다. 다시 말해서 하나의 함수가 이런 저런 여러 기능을 동시에 수행할 경우 main이 그러한 함수들을 조립해서 원하는 프로그램을 짜기가 어려워진다.

함수 실행이 끝나면 반드시 호출 함수로 되돌아가야 한다.

함수 호출에 의해 주도권이 넘어간다. 여기서 주도권이란 CPU 사용권을 말한다. main이 피호출 함수인 add를 호출하면 그 순간부터는 add가 CPU 사용권을 가지고 명령어를 처리한다. 이후 add 함수가 실행을 마치면 이제 호출 함수인 main이 CPU 사용권을 되찾아서 add를 호출한 바로 다음에 있는 명령문을 실행해야 한다. 일을 하다가 타인에게 심부름을 시켰고 그 심부름이 끝났으면 이제 내가 하려던 일을 마저 해야 하기 때문이다. 예의 경우 ④의 우변에서 함수를 호출했으므로 리턴 값을 받으면 그 다음 실행해야 할 명령은 이제 그것을 좌변 변수인 sum에 대입하는 일이다.

```
add(2 + 3, 4 + 5);; ·················································❶
add(first + 1, second + 1); ·········································❷
add(square(first), square(second)); ·································❸
printf("The result is %d.\n", add(first, second)); ··················❹
```

다양한 표현을 인자로 쓸 수 있다. ①, ②처럼 연산식을 인자로 건네주면서 호출할 수도 있다. ③처럼 square라는 다른 함수를 호출하여 그 리턴 값을 인자로 쓸 수도 있다. 이렇게 되면 square(first), square(second)가 먼저 호출되고 각각의 리턴 값이 add 함수를 호출할 때 인자로 전달된다. 같은 맥락에서 ④처럼 add 함수의 리턴 값을 printf 함수의 인자로 쓸 수도 있다. 이는 [예제 4-1]의 ④와 ⑤를 합쳐서 하나의 명령문으로 표현한 모습이다.

```
int add(int f, int s){
    return (f + s);
}
```

add 함수를 위와 같이 줄일 수도 있다. 매개변수인 f, s 역시 지역 변수처럼 쓸 수 있기 때문에 total이라는 별도의 지역 변수를 선언할 필요가 없다. 또, (f + s)가 연산식이기 때문에 연산식의 결과를 total에 저장할 필요 없이 곧바로 main 함수에 리턴할 수 있다.

예제 4-2

```
#include <stdio.h>

int square(int m){  ······························ ❶
    return m * m;  ······························ ❷
}

int square_add(int f, int s){
    int total;

    total = square(f) + square(s);  ············ ❸
    return total;  ······························ ❹
}

int main( ){
    int first, second, sum;

    printf("Enter two integers.\n");
    scanf("%d%d", &first, &second);
    sum = square_add(first, second);  ·········· ❺
    printf("The result is %d.\n", sum);
    return 0;
}
```

```
Enter two integers.
3 4
The result is 25.
```

함수를 실행하는 도중 또 다른 함수를 호출할 수도 있다.

두 정수를 입력받아 각각을 제곱한 값의 합계를 구하는 프로그램이다. square, square_add, main이라는 세 개의 함수로 이루어져 있다. 실행을 위해 Ctrl+F5를 누르면 운영체제는 main을 호출하여 주도권을 main에게 넘긴다. 그런데 main이 실행 도중 ⑤를 만나면 square_add를 호출하여 주도권을 넘긴다. 그런데 square_add도 실행 도중 ③을 만나면 square를 호출하여 또 다시 주도권을 넘긴다. 피호출 함수도 얼마든지 다른 함수를 호출할 수 있다. 심부름꾼이 일을 처리하는 도중 필요한 일을 또 다른 심부름꾼에게 시킬 수도 있는 것이다.

③의 우변을 평가하려면 먼저 square(f)를 호출해야 하므로 f 변수의 값이 ①에서 선언한 m으로 복사되어 들어간다. 이후 ②에 의해 리턴 받은 값을 square(f) 자리에 넣는다. 같은 방식으로 square(s)의 리턴 값을 넣으면 이제 그것들이 더해져 좌변의 total 변수로 들어간다. 곧이어 square_add 함수는 그 아래 명령문인 ④를 수행한다. square_add를 호출했던 것은 main이다. 따라서 ④에 의해 total 값이 복사되어 ⑤의 우변으로 들어간다. 그것이 좌변 sum

변수에 대입된다.

어떤 함수든 리턴 값은 단 하나다. 하나의 함수가 동시에 두 개 이상의 값을 돌려줄 수는 없다. 만약 그렇게 하려면 구조체를 리턴하든지 포인터를 써서 전달된 인자 자체를 변형해야 한다. 이는 이후에 나올 주제이므로 여기서는 거론하지 않기로 한다.

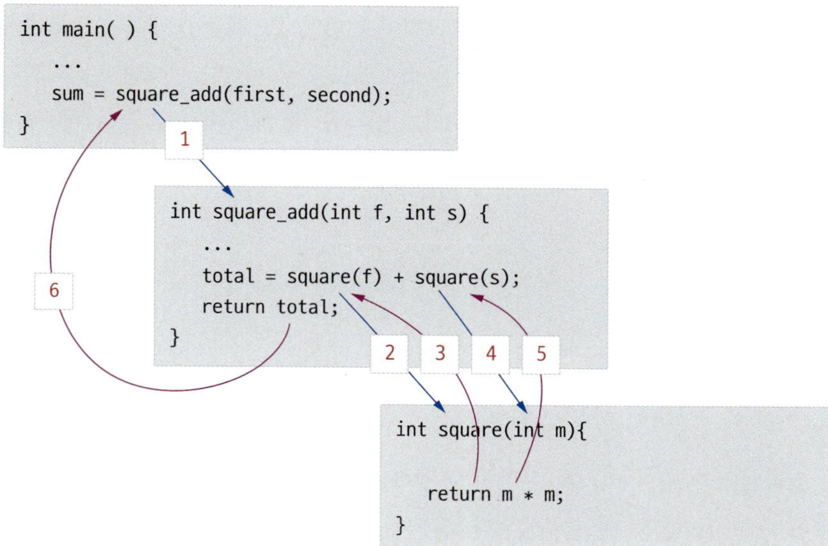

그림 4-2 함수 호출 및 리턴 순서

크게 봐서 이 예제의 함수 호출은 main → square_add → square 순으로 일어난다. 또, 되돌아 올 때는 그 역순인 square → square_add → main 순으로 일어난다. 구체적인 호출 순서가 그림에 표시되어 있다. main이 squre_add를 호출한다. 그런데 square_add는 실행 도중 square(f)를 호출한다. square(f)가 실행을 마치면 squre_add의 square(f) 자리에 리턴 값을 넣는다. 이 작업은 square(s)에 대해서도 동일하게 실행된다. square_add가 실행을 마치고 total 값을 리턴하면 그것이 main의 square_add(first, second) 자리로 들어간다.

사실 main 함수나 square_add 함수나 add 함수나 모두 완전히 동등한 자격이다. 다시 말해 main 역시 평범한 함수에 불과하다. 다만, 프로그램을 실행시키자마자 운영체제가 무조건 이 함수를 호출하기로 약속했기 때문에 main이라는 특별한 이름을 붙였을 뿐이다.

Visual C는 원 패스 컴파일러다.

함수의 배치 순서도 고려해야 한다. 대부분의 C 컴파일러는 원 패스 컴파일러(One Pass Compiler) 즉, 단일 패스 컴파일러다. 이 컴파일러는 소스코드를 처음부터 끝까지 단 한 번만 읽고 번역을 끝낸다. 그 경우 함수의 배치 순서가 문제가 된다. ③에서 square_add 함수가 square 함수를 호출하려면 컴파일러가 그 전에 이미 square라는 함수명을 들어 보았어야 한다. 만약 순서를 뒤바꾸어 square_add 함수 다음에 square 함수를 정의하면 square_add가 square를 호출하더라도 컴파일러는 그것이 무엇인지 모르는 상태이기 때문에 링크 오류를 내보낸다. 금시초문이라는 것이다. 물론 소스코드를 두 번 읽는 투 패스 컴파일러(Two Pass Compiler)에서는 이러한 문제가 일어나지 않는다. 첫 패스에서 모든 함수의 이름을 기억해 두었기 때문에 둘째 패스에서는 그 함수를 어디에서 호출하든 이미 함수 이름을 알고 있기 때문이다.

```
#include <stdio.h>
int square(int m); ............................... ❶
int square_add(int, int); ...................... ❷
```

원 패스 컴파일러가 지닌 이러한 문제를 해결하려면 프로그램 첫머리에 ①처럼 함수 원형(Function Prototype)을 선언하면 된다. ②처럼 매개변수명은 생략하고 타입만 밝혀도 좋다. 프로그램 첫머리에 이처럼 함수 원형을 나열하면 컴파일러는 이후 함수의 순서에 대해 아무런 불평도 하지 않는다. 예를 들어 main 함수가 가장 먼저 나온 상태에서 함수 내부에 나중에 나올 함수를 호출하더라도 오류 메시지가 뜨지 않는다. 함수 본체가 구체적으로 어떤 내용인지는 모르지만 함수 원형을 통해 그러한 함수가 있다는 사실을 이미 소개받았기 때문이다. 물론 원형을 나열하기 싫으면 이전 예처럼 원 패스 컴파일러가 이해할 수 있는 순서로 배치해도 된다.

```
int square(int m);  .......... ❶ 선언
int square(int m){  .......... ❷ 정의
   return m*m;
}
square(num); .................. ❸ 호출
```

함수 선언, 함수 정의, 함수 호출은 서로 다른 의미다.

선언(Declaration), 정의(Definition), 호출(Call)은 서로 다른 의미를 가진다. ①은 함수 선언이다. 이는 리턴 타입, 함수명, 매개변수, 세미콜론 등으로 이루어진 함수 원형을 말한다. ②는 함수 정의다. 중괄호로 둘러싸인 함수 본체에 구체적인 명령문을 채워 넣어야 비로소 함수가 정의된다. ③은 함수 호출로서 함수명과 인자로 구성된다.

예제 4-3

```
#include <stdio.h>
#include <math.h> ........................................................❶

int square_add(int, int);

int main( ){
   int first, second, sum;

   printf("Enter two input integers.\n");
   scanf("%d%d", &first, &second);
   sum = square_add(first, second);
   printf("The result is %d.\n", sum);
   return 0;
}

int square_add(int f, int s){
   double total;
   total = pow((double)f, 2.0) + pow((double)s, 2.0); ................❷
   return (int)total; ...............................................❸
}
```

square_add처럼 프로그래머가 직접 정의한 함수를 사용자 정의 함수(User-defined Function)라 부른다. 반면에 printf처럼 시스템 라이브러리가 제공하는 함수를 라이브러리 함수(Library Function)라 부른다. 앞의 [예제 4-2]에 있던 사용자 정의 함수인 square 함수를 라이브러리 함수로 대신할 수도 있다. ①처럼 math.h 파일을 포함시키면 수학 관련 함수 라이브러리를 끌고 올라오기 때문에 승수를 계산하는 pow 함수를 불러다 쓸 수 있다.

```
double pow(double x, double y);
```

x의 y승을 구하는 pow 함수의 원형이다. 리턴 값은 double 형, 함수명은 pow, 매개변수는

모두 double 형이다. 우리가 원하는 것은 정수 연산이다. 그러나 라이브러리에 이렇게 정의되었다면 그 정의를 따라야 한다. ②에서 (double)f, (double)s에 의해 형 변환을 한 이유는 이 때문이다. pow의 리턴 값은 doube이지만 우리가 원하는 것은 정수 값이다. 따라서 ③에서 (int)total에 의해 계산 결과를 다시 int 타입으로 변환하고 있다.

예제 4-4

```
#include <stdio.h>

void show_menu( ){  ······························ ❶
    printf("Press 1 to continue. 2 to exit.\n");
    return;  ······································ ❷
}

int main( ){
    show_menu( );  ································ ❸
    return 0;
}
```

리턴 값이 없는 함수는 void로 선언해야 한다.

때로는 심부름꾼이 맡은 일만 할 뿐 아무런 결과도 돌려주지 않을 때도 있다. 다시 말해 리턴 값이 없는 함수도 있다. ②의 리턴문은 아무런 값도 돌려주지 않는다. 그 경우 ①처럼 리턴 타입도 void로 선언해야 한다. 여기서 void란 비어 있다는 의미로서 아무것도 돌려주지 않겠다는 뜻이다. 리턴 값이 없으므로 ③의 좌변에 변수를 놓고 대입할 수는 없다. 여기서 호출은 단순히 show_menu 함수로 하여금 printf 문을 실행하도록 하는 데 목적이 있다.

아무것도 건네주지 않고 심부름을 시킬 때도 있다. 예가 그 경우다. ①의 괄호 안에는 아무런 매개변수가 없다. 이는 호출 함수로부터 아무런 인자도 건네받지 않겠다는 의미다. 호출 함수인 ③의 괄호 안이 비어 있는 것을 보면 그 점을 알 수 있다. 그러나 건네줄 인자가 없을 때에도 함수를 호출하려면 반드시 ③처럼 함수명 다음에 반드시 괄호를 붙여야 한다.

```
int count;
count = printf("Hello.\n");
printf("%d\n", count);
```

printf 함수는 성공적으로 출력한 문자의 개수를 리턴한다. 따라서 예처럼 리턴 값을 count라는 변수에 저장하여 출력하면 7이 찍힌다. 구두점과 '\n'까지 포함해서다. 그러나 피호출 함수가 리턴 값을 돌려주더라도 호출 함수가 그것을 받지 않을 수도 있다. 단순히 printf("Hello.\n");라고만 할 때가 그러할 때다. 함수를 실행시키는 데에만 관심이 있고 그 함수가 돌려주는 값에는 관심이 없을 경우에 리턴 값을 받지 않으면 그만이다.

```
리턴문의 두 가지 역할
1. 리턴 값을 돌려줄 때도 있다.
2. 즉시 호출 함수로 되돌아간다.
```

```
int absolute_value(int n) {
   if (n >= 0)
      return n;
   else
      return -n;
}
```

그림 4-3 리턴 즉시 함수를 종료

리턴문은 두 가지 역할을 한다. 값을 돌려주는(Return Something) 역할도 하지만 즉시 호출 함수로 되돌아가라(Return to Caller)는 의미도 있다. 리턴문을 그림처럼 쓰면 그 아래 명령문을 무시하고 곧바로 호출 함수로 되돌아간다. 값을 돌려주든 말든 실행 도중이더라도 그 즉시 함수에서 빠져나가 호출 함수로 되돌아간다. 따라서 만약 show_menu 함수 내부에 ②에 이은 또 다른 명령문이 있으면 그 명령문은 실행되지 않는다. 이런 특성으로 인해 리턴문은 종종 함수 중간에 강제로 함수를 종료하고 호출 함수로 되돌아가게 할 때 사용된다.

리턴 타입이 void일 때는 함수의 마지막 명령문으로 return 문을 쓰지 않아도 된다. 예를 들어, ①처럼 리턴 타입을 void로 선언할 경우 마지막 리턴문은 생략해도 좋다. 아무것도 돌려줄 것이 없는 상태에서는 return 문을 쓰지 않아도 함수 끝을 나타내는 '}'를 만나면 어차피 함수가 종료되어 호출 함수로 되돌아가기 때문이다. 물론 이 경우에도 함수 중간에 강제로 함수를 종료하려면 return 문을 써야 한다.

함수의 장점은 반복적으로 호출할 수 있다는 점이다. 예를 들어 어떤 함수가 20개의 명령문으로 이루어져 있다고 가정하자. 그 경우 예처럼 함수를 정의해 두면 필요할 때마다 언제라도 그 함수를 불러서 실행시킬 수 있다. 함수 호출 명령문은 단 한 줄이면 충분하다. 반면에 함수를 정의해 두지 않았다면 그 함수의 기능이 필요할 때마다 매번 20개의 명령문을 반복해야 한다. 프로그래머 입장에서 볼 때 이는 받아들이기 어려운 비효율성이다.

보다 큰 장점은 함수 단위의 프로그램이다. 프로그래밍에 익숙지 않을수록 모든 코드를 main 함수 안에 몰아넣는다. 그 결과 main이 너무 복잡해져 내용을 제어하기 어려워진다. 문제가 복잡하고 커질수록 그것을 여러 개의 작은 문제로 분할해서 하나하나 공략하는 편이 수월하다. 이러한 접근 방식을 분할 정복(Divide and Conquer) 알고리즘이라고 부른다. 그처럼 분할된 작은 문제를 해결하기 위한 단위가 바로 함수다.

예제 4-5

```
#include <stdio.h>

int show_menu( ){
   int choice;
   printf("Press 1 to add. 2 to subtract. 3 to exit.\n");
   scanf("%d", &choice);
   return choice;
}

int main( ){
   int selection;

   selection =  show_menu( );
   printf("%d.\n", selection);
   return 0;
}
```

```
Press 1 to add. 2 to subtract. 3 to exit.
2
2.
```

프로그램은 가급적 함수 단위로 작성해야 한다. 해결해야 할 문제가 작아서 테스트가 용이하기 때문이다. 함수 단위로 프로그램을 작성할 경우, 프로그램의 다른 부분에는 신경을 쓰지 말고 특정 기능을 담당하는 함수 하나에 집중해서 그 자체로 제대로 동작하는지를 테스트해 볼 수 있다. 하나하나의 함수에 대해 이처럼 함수 단위로 테스팅을 가한 결과가 모이면 그 자체가 프로그램이 된다.

```
int show_menu( ){  }
```

```
int add_it( ){  }
int subtract_it( ){  }
void print_it( ){  }

int main( ){
   int selection, result, a = 10, b = 20;

   selection = show_menu();                // 메뉴를 보여주고
   if (selection == 1)                     // 1을 선택했으면
      result = add_it(a, b);               // 덧셈 결과를 계산하고
   if (selection == 2)                     // 2를 선택했으면
      result = subtract_it(a, b);          // 뺄셈 결과를 계산하여
   print_it(result);                       // 결과를 출력
   return 0;
}
```

함수별 테스트가 끝나면 이제 main은 논리에 맞게 함수를 호출하기만 하면 된다. 이런 방식으로 구조화된 프로그램에서 main 함수는 그리 길 필요가 없다. 예에서 보듯이 main은 함수 호출 명령문을 위주로 이루어지기 때문이다. 이는 프로그램의 가독성을 높이는 방법이기도 하다. main에는 개별 함수를 구현하는 구체적인 명령문 대신에 함수명만 추상적으로 나열되어 있기 때문이다.

이렇게 하려면 함수는 되도록 독립적이어야 한다. 다시 말해 함수 사이의 연관성을 최소화해야 한다. 그러자면 개별 함수는 하나의 임무만 수행하도록 해야 한다. 만약 동시에 여러 임무를 수행해야 하는 함수가 있으면 그 함수를 다시 여러 개의 함수로 나누어 작성하는 편이 낫다. 굳이 하나의 함수로 만들고자 한다면 나누어 작성한 여러 함수를 호출하는 내용으로 이루어진 또다른 함수를 작성할 수도 있다. 이러한 함수를 래퍼 함수(Wrapper Function)라 부른다.

C 언어 표준 라이브러리는 대략 145개 정도의 함수를 제공한다.

반드시 모든 함수를 직접 작성할 필요는 없다. C 언어가 제공하는 표준 라이브러리에 어떤 함수가 있는지, 그 함수의 목적은 무엇인지를 알고 있으면 그만큼 프로그램을 작성하는 데 유리하다. 필요할 때마다 함수를 불러다 쓸 수 있기 때문이다. 함수를 불러 쓰려면 그 함수가 속해 있는 헤더 파일을 포함시키면 된다. stdio.h, stdlib.h, ctype.h, string.h, math.h, time.h 등이 그것이다. 자주 사용되는 라이브러리 함수는 이 책의 끝에 요약되어 있다.

02 함수명, 들여쓰기, 주석 처리

변수명과 마찬가지로 함수명에도 의미가 있어야 한다. 그 함수가 '무엇'을 하는 함수인지 드러나야 한다. 더하는 함수라면 add라고 해야 한다. 제곱을 구하는 함수라면 square라고 해야 한다. 동사와 목적어를 결합한 이름도 좋다. 예를 들어 메뉴를 보여주는 함수라면 show_menu( )라고 해야 한다. 합계를 검증하는 함수라면 check_sum( )이라고 해야 한다. 사실상 프로그래머는 어느 정도 수준의 영어를 구사할 수 있어야 한다. 입출력이나 주석은 한글로 할 수도 있지만 변수명이나 함수명을 우리말로 지을 수는 없기 때문이다. 필요하다면 코딩 도중 인터넷 사전의 도움을 받아서라도 영어로 번역하는 노력을 기울여야 한다.

함수명은 짧고 의미 있게 지어야 한다.

그러나 이름이 너무 길어서도 안 된다. 입력하기도 힘들 뿐 아니라 입력 도중 오타가 날 우려도 크기 때문이다. 짧으면서도 의미 있는 이름을 짓는다는 것이 그리 쉽지는 않다. 그러나 반드시 그러한 노력을 기울여야 한다.

어떤 방식을 사용하든 일관성이 중요하다. 어떨 때는 Show_Menu( )라고 하고 어떨 때는 show_menu( )라고 하면 안 된다. C 언어는 대소문자에 민감(Case-sensitive)하기 때문에 둘을 서로 다른 함수로 인식하기 때문이다.

이 책에서는 변수명과 함수명은 소문자로 시작하되 동사와 목적어를 결합한 이름일 경우 밑줄 문자(underbar, underscore, '_')를 써서 구분하기로 한다. 변수명과 함수명이 똑같이 소문자로 시작하더라도 변수와 함수는 확연히 구분된다. 함수명 다음에는 괄호가 붙기 때문이다. 그러나 #define PI 3.14처럼 매크로 상수는 모두 대문자로 쓰기로 한다.

```
int calc_area(int w, int h){ ······························· ❶
   return (w * h); ········································· ❷
}

int main( ){
```

```
    int area; int width = 10, height = 20; ······························ ❸

    area = calc_area(width, height); ··································· ❹
    printf("The area is, %d.\n", area);
    return 0;
}
```

호출 함수가 건네주는 변수명과 그것을 건네받는 피호출 함수의 매개변수명이 문제가 될 때가 있다. 예를 들어, ④에서 호출 함수인 main이 피호출 함수에게 건네주는 width, height는 비교적 가독성이 좋은 이름이다. 프로그램의 큰 줄거리를 다루는 메인 함수에서는 이처럼 가독성 좋은 이름이 필수적이다. 그러나 피호출 함수에서는 가독성을 그리 중시할 필요가 없다. 피호출 함수를 불러다 쓰는 사람으로서는 그것이 어떤 기능, 즉 '무엇'을 수행하는지만 알면 될 뿐 그 함수가 내부적으로 '어떻게' 구현되어 있는지에 대해서는 별로 관심이 없기 때문이다. 물론 좋은 동의어가 생각나면 그것을 쓰면 된다. 그러나 그렇지 않은 경우 ①의 w나 h처럼 약식으로 받아도 무방하다. 함수를 구현해야 하는 입장에서는 변수명이 너무 길면 오히려 불편할 때가 많기 때문이다.

인자명과 매개변수명은 다른 이름을 쓰는 것이 좋다.

그러나 호출 함수의 인자명과 피호출 함수의 매개변수명은 가급적 다르게 짓는 것이 좋다. 물론 같은 이름을 써도 문제가 되지는 않는다. 예를 들어 ①의 괄호 안에 int width, int height라고 해도 무방하다. 이처럼 할 수 있는 이유는 컴파일러가 그것을 이름은 같지만 전혀 다른 변수로 취급하기 때문이다. 즉, ④의 width는 원본 변수다. 그것을 ①에서 width로 받아도 그것은 원본 값을 복사한 사본 변수이기 때문이다. 이에 대한 구체적인 설명은 이후로 미루기로 한다. 그러나 호출 함수의 인자명과 피호출 함수의 매개변수명은 가급적 다르게 가져가는 것이 좋다. 그래야만 그것이 호출 함수에 속한 변수인지 피호출 함수에 속한 변수인지를 분간할 수 있기 때문이다.

들여쓰기(Indentation)에도 신경을 써야 한다. ②, ③에서 보듯이 '{' 기호에 의해 블록이 시작하면 블록 내부에는 들여쓰기를 가해야 한다. 명령문 사이의 계층구조를 분명하게 하기 위해서다. ②의 명령문은 ①의 함수에 속해 있기 때문에 ①보다 오른쪽으로 들여쓰고 있다. ③, ④도 마찬가지다. 때에 따라서는 블록 내부에 블록이 있을 수도 있다. 어떤 경우든 블록이 시작하면 블록이 시작하기 이전보다는 오른쪽으로 들여써야 한다. 몇 칸을 들여쓸지는 자유다. 그러나 여기에도 일관성이 있어야 한다. 어떨 때는 두 칸, 어떨 때는 세 칸을 들여쓰면 안 된다. Visual C에는 줄을 바꾸면 자동으로 들여쓰는 기능이 있다. 하지만 최종적으로 들여쓰기가 제대로 되었는지 확인하는 것은 여전히 프로그래머의 책임이다.

```
int main( ){int math;math=95;printf("Score is, %d.\n",math);return 0}
```

빈칸은 물론 빈 줄(Blank Lines)도 아끼지 말아야 한다. 프로그램을 위와 같이 작성해도 오류는 나지 않는다. 그러나 이렇게 되면 프로그램을 짜는 사람은 물론 읽는 사람도 내용을 이해하기 어렵다. 특히 프로그램을 여러 사람이 나누어 짜는 경우라면 다른 무엇보다 서로 간의 소통이 중요하다. 가독성을 높여 타인이 쉽게 이해할 수 있게 하려면 내용 면에서 구분이 필요한 곳에 적절하게 빈 줄을 삽입해야 한다.

주석(Comments)이야말로 가장 신경을 써야 할 부분이다. 이는 다른 사람이 내 프로그램을 이해하게 하는 목적도 있지만 내 자신을 위해서이기도 하다. 내가 짠 프로그램일지라도 시간이 지나면 왜 그 당시에 그렇게 했는지 이해가 안 될 때가 많기 때문이다. 컴파일러는 '//'로 시작하는 내용은 해당 줄이 끝날 때까지를 주석으로 인식한다. 또, '/*'로 시작할 경우 그것이 몇 줄이든 '*/'를 만날 때까지를 주석으로 인식한다.

```
index++;                                   // adds 1 to index
printf("The math score is, %d.\n", math);  /* prints math score */
```

사실상 아무런 주석 없이 코드 자체만 읽어도 이해할 수 있는 프로그램이 최선이다. 다시 말해서 코드 스스로 말하게 해야 한다. 변수명이나 함수명이 의미가 있고 또 프로그램이 조리있게 흘러간다면 주석을 달 필요성이 줄어든다. 따라서 위의 예처럼 소스코드만 보면 누구라도 이해할 수 있는 내용에까지 주석을 달 필요는 없다.

어떤 함수든 원형만 알면 그 함수를 불러다 쓸 수 있다. 이런 의미에서 함수 원형은 일종의 인터페이스(Interface)라 할 수 있다. 여기서 인터페이스란 사용자 입장에서 함수를 불러다 쓰는 데 도움을 주는 정보를 말한다. 인터페이스에 반대되는 말이 구현(Implementation)이다. 이는 실제로 함수를 구현해야 하는 구현자의 입장으로서 함수 본체를 구체적으로 어떻게 짤 것인가를 말한다. 물론 C 언어를 학습하는 사람은 어떨 때는 사용자 역할을, 어떨 때는 구현자 역할을 할 수 있어야 한다.

C 언어는 인터페이스와 구현, 즉 사용자 입장과 구현자 입장을 분리한다. 타인이 구현한 함수를 불러다 쓸 경우 그 함수가 내부적으로 어떻게 구현되어 있는지까지 알 필요는 없다. 예를 들어 pow 함수가 어떻게 구현되어 있는지 알지 못해도 불러다 쓰면 그만이다. 심부름을 시켜놓고 심부름꾼이 그 심부름을 구체적으로 어떻게 하는지 따라다니면서 일일이 알아야 한다면 심부름을 시킬 이유가 없다. 그럴 바에야 직접 하는 것이 낫다.

이는 인터페이스에서 함수 내부를 구체적으로 드러내는 것이 바람직하지 않음을 뜻한다. 따라서 내가 작성한 함수에 대해 주석을 달더라도 함수의 목적을 밝히는 데 그쳐야 한다. 함수의 구현 방법을 설명할 필요는 없다. 함수에 대해 주석을 달더라도 함수 목적만 정확히 밝힌다면 타인이 내 함수를 불러다 쓰는 데는 아무런 지장이 없기 때문이다. 구현은 일종의 블랙박스로 남겨두어야 한다.

```
/* 이 프로그램은 진법 변환을 예시하기 위한 것으로서
양의 10진수를 입력받아 원하는 진법으로 변환하여 화면에 출력한다.
음수가 입력되면 프로그램을 종료한다. */ ·································· ❶

#include <stdio.h>
#include <stdlib.h>

// 화면으로부터 원하는 진법을 입력받는 함수 ······························ ❷
int get_number_system( ){
    int num_sys;

    printf("Enter the number system you want.\n");

    // 입력 오류 및 종료 조건 처리 ······································ ❸
    if (scanf("%d", &num_sys) != 1){
        printf("Error while reading input.\n");
        return EXIT_FAILURE;
    }
    else if (num_sys <= 0){
        printf("Terminating the program.\n");
        return EXIT_FAILURE;
```

```
}
// 정상적인 입력 처리
else
    return num_sys;
```

주석은 프로그램 단위, 함수 단위, 블록 단위로 달 수 있다.

프로그램 전체에 대한 주석은 ①처럼 프로그램의 목적과 입출력을 명시하면 된다. 필요하다면 전제 조건이나 특이 사항을 설명해도 좋다.

함수 단위로 주석을 달아야 할 때도 있다. 이는 이 함수를 불러다 쓰는 사람을 위한 인터페이스로서 ②처럼 그 함수가 무엇(What)을 하는지, 즉 역할이나 기능만 설명하면 된다. 심부름꾼이 그 심부름을 구체적으로 어떻게 하는지를 설명할 필요는 없다. 즉, 함수가 어떻게(How) 구현되었는지 방법은 말하지 말고 블랙박스로 남겨 두어야 한다. 함수에 대한 주석은 그 함수를 불러다 쓰는 사용자를 위한 인터페이스에 그쳐야 한다. 주석이 그 함수를 구현하는 방법을 설명해서는 안 된다.

함수가 길어지면 함수 내부에 주석을 달아야 할 때도 있다. 단, 그 경우에도 명령문 하나하나에 대해 주석을 다는 것보다는 블록 단위로 다는 것이 좋다. 명령문 하나하나, 변수 하나하나에 일일이 주석을 달기 시작하면 구현 방법을 설명할 우려가 커지기 때문이다. 따라서 ③처럼 유관한 여러 명령문을 묶어 그것이 어떤 역할을 하는지를 말하는 것이 좋다.

사실상 C 언어를 가르치는 사람으로서는 이 부분이 일종의 딜레마라고 할 수 있다. 주석이 인터페이스 정도로 그쳐야 하는 것은 사실이지만 C 언어를 처음 배우는 사람들에게는 주석을 통해 구현 방법까지 자세히 설명해야 할 때가 많기 때문이다. 또, 과제물의 경우에 주석을 통해 과제물 작성자가 프로그램을 어떤 논리로 짰는지 파악해야 할 때도 많기 때문이다. 이는 C 언어를 배우는 사람이 사용자 역할과 구현자 역할을 동시에 할 수 있어야 하기 때문에 일어나는 일이다. 물론 이 문제를 어떻게 해결할 것인가는 가르치는 사람이 사용자나 구현자 중 누구의 역할을 강조하느냐에 달려 있다.

어떤 경우든 코딩 도중에 주석을 다는 습관을 들여야 한다. 일단 프로그램이 돌아가는 것이 중요하니 코딩부터 마치고 주석은 나중에 달겠다는 이야기를 들을 때가 많다. 그러나 이는 잘못된 생각이다. 화장실 갈 때와 올 때 마음이 달라지는 법이다. 다시 말해서 프로그램이 제대로 돌아가고 나면 주석 처리를 등한시할 때가 많다. 주석은 어떤 면에서 일기장과도 같다. 그때그때 프로그래머 생각의 흐름을 기록한 것이다. 특히 프로그램이 길어질 경우 자신이 생각한 알고리즘이 논리적인지를 지속적으로 확인하고 수정하기 위해서라도 코딩을 하는 도중에 주석을 다는 습관을 길러야 한다.

과제

01 두 정수를 입력받아 첫 번째 정수가 두 번째 정수보다 크거나 같으면 1을, 그렇지 않으면 0을 되돌려주는 함수를 작성하고 main에서 그 함수를 불러 결과를 출력하는 프로그램을 작성하라. 함수 원형은 int is_larger(int f, int s);로 한다.

힌트 논리 연산의 결과는 1이나 0이고 그것을 함수 리턴 값으로 돌려준다.

```
> Enter two integers.
> 3 3(Enter)
> Result is 1.
```

02 점 p(x1, y1)와 점 q(x2, y2)의 좌표를 입력받아 두 점 사이의 거리를 출력하는 프로그램을 작성하라. 단, x1, y1, x2, y2는 double로 선언해야 한다.

힌트 두 점 사이의 거리는 (x2 - x1)의 제곱에 (y2 - y1)의 제곱을 더한 후에 루트를 씌워 제곱근을 구해야 한다. 제곱근을 구하는 함수인 sqrt(square root) 함수를 불러다 쓰려면 #include 〈math.h〉라는 지시어를 추가해야 한다. 이 함수는 double sqrt(double n);로 선언되어 있으므로 distance = sqrt(n);라고 하면 n의 제곱근이 distance에 대입된다.

```
> Enter the coordinates of point p.
> 1.0 1.0(Enter)
> Enter the coordinates of point q.
> 4.0 5.0 (Enter)
> Distance between the points is 5.000000.
```

03 제곱을 구하는 함수를 두 번 호출한 후 그 결과 값을 더하여 $a^2 + b^2$을 구하라. 함수 원형은 int square(int n);로 한다.

```
> Enter a, b.
> 3 4(Enter)
> 3 * 3 + 4 * 4 = 25.
```

04 알파벳 소문자를 읽어 대문자로 변환하는 함수를 작성하고 main에서 그것을 불러 확인하는 프로그램을 작성하라. 함수 원형은 char to_upper_case(char ch);로 한다.

힌트 아스키코드 표를 참조하라. 소문자가 대문자보다 크므로 대문자로 변환하려면 'a'–'A' 만큼의 숫자를 뺀다.

```
> 알파벳 소문자를 입력하세요.
> m(Enter)
> 소문자 m의 대문자는 M입니다.
```

05 통계학에서 변이(Variance)란 평균과의 차이 제곱을 모두 더해 그것을 데이터 수로 나눈 값이다. 변이에 루트를 취하면 표준 편차(Standard Deviation)가 된다. 3.0, 5.0, 7.0이라는 데이터가 있다면 평균은 (3.0 + 5.0 + 7.0) / 3 = 5.0이다. 따라서 변이는 $((5.0 - 3.0)^2 + (5.0 - 5.0)^2 + (5.0 - 7.0)^2) / 3 = 2.666667$이다. 표준 편차를 계산하려면 변이에 루트를 씌워야하므로 math.h에 정의된 sqrt 함수를 불러야 한다. 세 개의 실수를 입력받은 후 표준 편차를 계산하는 프로그램을 작성하되 main에서 반드시 printf("Standard deviation is %lf.\n", std_deviation(a, b, c));라는 명령문을 호출하라.

힌트 main에서 std_deviation 함수를 호출하고 std_deviation 함수 내부에서 average 함수를 호출한다.

```
double average(double a, double b, double c);
double std_deviation(double a, double b, double c);
```

```
> Enter a three real numbers.
> 3 5 7(Enter)
> Standard deviation is 1.632993.
```

06 C 언어 표준 라이브러리에는 반올림 함수가 없는 대신 floor(3.14) = 3.000000, ceil(3.14) = 4.000000 식으로 floor(바닥) 함수와 ceil(ceiling, 천정) 함수를 제공한다. 이 함수들은 double 형 인자를 받아서 double 형 리턴 값을 돌려준다. math.h 파일을 포함하면 이 함수들을 불러다 쓸 수 있다. 양의 실수를 입력받은 후에 그것을 반올림한 정수를 돌려주는 함수를 만들고 main에서 그 결과를 확인하라.

힌트 입력 값에 0.5를 더한 뒤 floor 함수를 적용하면 반올림한 결과가 나온다. 이를 int 형으로 변환해야 한다.

```
double round_up(double n);
```

```
> Enter a positive real number.
> 4.625(Enter)
> The round up value is 5.
```

Chapter 05
선택 구조

01 if 문
02 switch 문
과제

휴대용 계산기로도 사칙연산이나 모듈로 연산을 수행할 수 있다. 그러나 휴대용 계산기에 없는 기능이 바로 판단 기능이다. 이는 컴퓨터가 가진 가장 특별한 능력 중 하나다. 인공 지능이 마치 사람처럼 행동할 수 있는 이유도 프로그래머가 인공 지능에 판단력을 주입했기 때문이다. 쉽게 말하면 '이런 경우에는 이렇게 하고, 저런 경우에는 저렇게 하라.'는 원칙을 말한다.

01 if 문

예제 5-1

```
#include <stdio.h>

void odd_even(int n){
    if (n % 2 == 1) ............................ ❶
      printf("Odd number.\n"); .................. ❷
    else ........................................ ❸
       printf("Even number.\n"); ................ ❹
    return;
}

int main( ){
    int num;
    printf("Enter an integer.\n");
    scanf("%d", &num);
    odd_even(num);
    return 0;
}
```

①은 if 다음의 괄호 안 연산식이 참이냐 거짓이냐에 따라 서로 다른 명령문을 실행한다. 이른바 조건문이다. 모듈로 연산이 비교 연산보다 우선순위가 높기 때문에 n % 2가 먼저 계산된다. n이 홀수일 경우 조건이 참이 되어 ②가 실행된다. 반면에 n이 짝수이면 조건이 거짓이 되어 ④가 실행된다. 조건에 따라 갈라서는 모습이 마치 나뭇가지가 분화되는 모습과 같다는 의미에서 if 문(if statements)을 분기문(Branch Statements)이라고도 부른다.

①에서 n이 홀수이면 n % 2는 1이 된다. 이는 단순한 숫자 1이지만 조건이 참인지 거짓인지를 따지는 논리 연산에서는 참(true)으로 해석된다. if (n % 2 == 1)을 줄여서 if (n % 2)라고 쓸 수도 있다. n이 홀수이면 if (n % 2) = if (1) = if (true)가 되어 ②가 실행되기 때문이다. 이와 반대로 n이 짝수이면 n % 2가 0이 되기 때문에 논리적으로는 거짓(false)이 되어 ②를

건너뛰고 ③의 else로 들어가 ④가 실행된다. 어떤 경우든 실행을 마치면 그 아래 명령문인 return에 도달한다.

```
if (expression) ··········· ❶
   statement; ·············· ❷
next statement; ·········· ❸
```

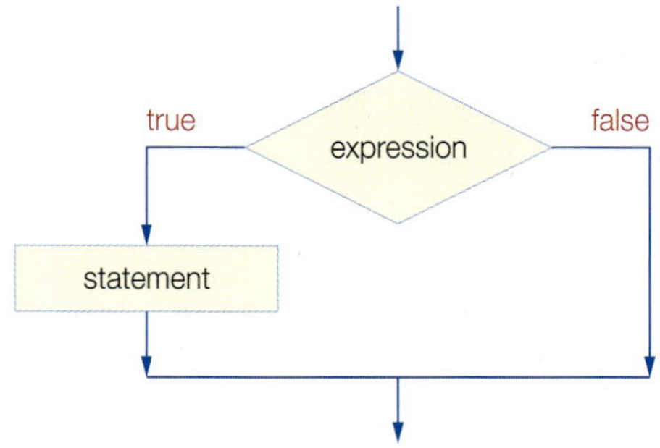

그림 5-1 if 문의 흐름

가장 간단한 if 문의 형태다. ①의 괄호 안에 있는 연산식이 참이면 ②를 실행하고 그 다음 명령문인 ③으로 간다. 연산식이 거짓이면 ②를 실행하지 않고 곧바로 if 문을 빠져나와 다음 명령문인 ③으로 간다. 이처럼 조건 판단을 위해 사용되는 연산식을 조건식이라고 부른다.

```
if (3 > a) ·················· ❶
if (a < 3) ·················· ❷
```

①보다는 ②가 낫다. 같은 의미지만 변수를 왼쪽에 두는 것이 상례다. if (3 == a)보다는 if (a == 3)이 낫다. 일관성을 유지해야 한다. 때로는 ①처럼, 때로는 ②처럼 쓰면 일관성이 무너진다.

```
#include <math.h> ·········· ❶
double fabs(double d); ··· ❷
if (fabs(d) > 2.0) ········ ❸
```

if 문의 조건식 내부에서 함수를 호출할 수도 있다. ①의 math.h에는 ②의 함수가 선언되어 있다. 이 함수는 d의 절댓값을 돌려주는 함수로서 매개변수와 리턴 값이 모두 double 형이다. 부동 소수 연산이기 때문에 함수명도 abs(absolute)가 아니고 fabs(float absolute)다. 예를 들어, fabs(−2.5)라고 호출하면 2.5를 돌려준다. 호출 결과 리턴 값이 있으면 그 함수도 조건식의 일부로 사용할 수 있다. ③에서 fabs(d)의 리턴 값이 2.0보다 크면 조건식이 참이 된다. if 문의 조건식을 평가하는 도중에 이 함수가 호출된다.

```
double d1, d2;
if (d1 == d2) ································ ❶
if (fabs(d1 - d2) < 0.0001) ·················· ❷
```

부동 소수를 비교할 때는 주의해야 한다. 오차가 개입되기 때문이다. d1과 d2가 조금만 값이 달라도 ①은 거짓으로 평가된다. ②처럼 비교해야 한다. 즉, 차이의 절댓값이 프로그래머가 정한 오차의 한계 이내인지 평가해야 한다.

```
if (expression) ······························ ❶
   statement 1; ······························ ❷
else ········································· ❸
   statement 2; ······························ ❹

next statement; ······························ ❺
```

조금 더 긴 if 문은 예와 같다. 일단 ②에서 세미콜론으로 끝나기 때문에 ①, ②가 하나의 if 문을 이룬다. 이후 ③에서 else로 이어지지 않으면 if 문은 ②에서 끝난다. 그러나 예처럼 else로 이어지면 그것까지 포함해서 하나의 if 문을 이룬다. 즉, ①부터 ④까지가 하나의 if 문이다. ①이 참이면 ②를 실행한 후 ③, ④를 건너뛰어 곧바로 ⑤로 간다. 반면에 ①이 거짓이면 ③의 else로 가서 ④를 실행한 다음 ⑤로 간다. [예제 5-1]도 이러한 형태다. n % 2의 결과가 홀수 아니면 짝수이기 때문에 이 경우 ②, ④ 중 하나가 반드시 실행된다.

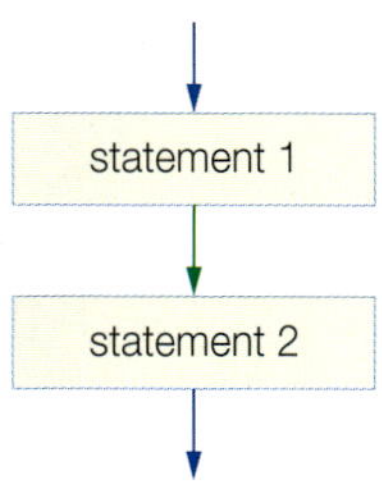

그림 5-2 순차

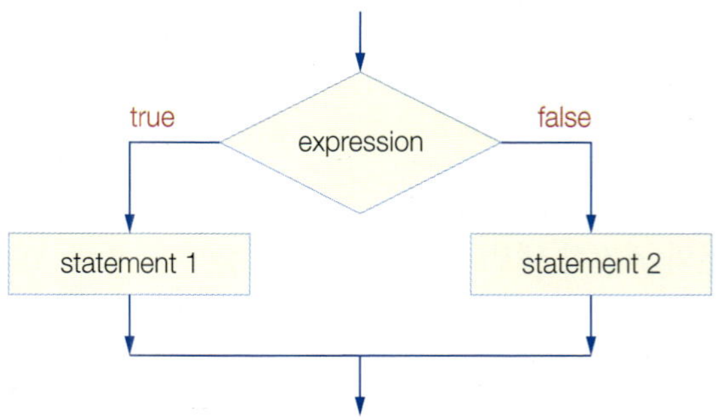

그림 5-3 선택(분기)

기본적으로 모든 명령문은 [그림 5-2]처럼 순차적 명령문(Sequential Statements)이다. 즉, 먼저 나온 명령문부터 차례차례 순서대로 실행된다. 그러나 선택적 명령문(Selectional Statements)은 그러한 흐름을 [그림 5-3]처럼 바꾼다. 조건이 참(true)이면 이 명령문을, 거짓(false)이면 저 명령문을 실행하라고 요구하기 때문이다. 사실이든 거짓이든 어느 한 경우에 부합하면 다른 경우는 쳐다보지 않고 if 문을 끝낸다. 그림처럼 네모, 마름모, 타원과 같은 도형과 화살표를 써서 프로그램의 흐름을 설명한 도표를 흐름도(Flow Chart)라 부른다.

예제 5-2

```
#include <stdio.h>

void compare(int n1, int n2){
   if (n1 > n2) ································· ❶
      printf("First is larger.\n");
   else if (n1 < n2) ···························· ❷
       printf("Second is larger.\n");
   else ········································· ❸
      printf("They are equal.\n");
   return;
}

int main( ){
   int first, second;

   printf("Enter two integers.\n");
   scanf("%d%d", &first, &second);
   compare(first, second);
   return 0;
}
```

```
Enter two integers.
3 4
Second is larger.
```

두 정수의 크기를 비교하는 프로그램이다. 이전 프로그램과는 달리 경우의 수가 세 가지다. 처음 것이 둘째 것보다 크거나, 작거나, 같다. ①, ②, ③에서 각각의 경우를 처리한다. else if는 '그렇지 않고 이렇다면'이라는 뜻이다. 따라서 ①의 조건을 테스트한 결과가 거짓이라면 ②의 조건을 테스트한다. 또, ②의 조건도 거짓이라면 ③의 조건을 테스트한다. 그런데 ③의 else에는 if가 따르지 않으므로 무조건 참이 되어 그 아래 명령문이 실행된다.

```
if (expression 1) ································ ❶
   statement 1; ·································· ❷
else if (expression 2) ··························· ❸
   statement 2; ·································· ❹
else ············································· ❺
   statement 3; ·································· ❻

next statement; ·································· ❼
```

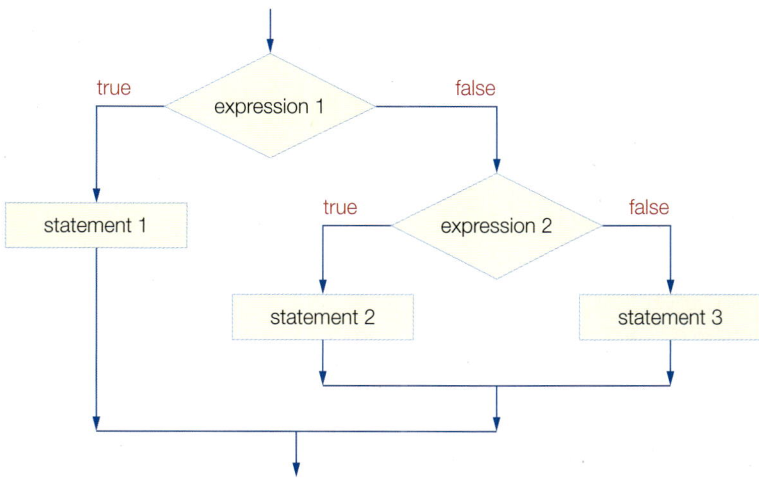

그림 5-4 if, else if, else의 흐름

이는 체인(Chain) 형태로 계속되는 if 문이다. 계속해서 조건을 테스트하면서 어느 조건이라도 먼저 만나는 것이 참이면 해당 명령문을 실행하고 곧바로 if 문을 빠져나간다. 다시 말해 ②, ④, ⑥ 중 어떤 명령문이 실행되더라도 곧바로 ⑦로 간다.

if, else if, else로 이어지는 문장은 하나의 문장이다.

세미콜론에도 유의해야 한다. 일반적으로 세미콜론은 문장의 끝을 의미한다. 따라서 ①, ②로 if 문이 끝났을 때는 그것이 한 문장 즉 하나의 명령문이다. 그러나 만약 곧이어 else가 나오면 아직 if 문이 끝난 것이 아니다. else로 시작하는 ③, ④까지 문장이 이어진다. 그 다음도 마찬가지다. ⑤에서 else로 이어지지 않으면 if 문은 ④에서 끝난다. 그러나 예의 경우 else로 이어지기 때문에 결국 ①부터 ⑥까지 하나의 if 문이다. 이는 하나의 문장 안에 세 개의 세미콜론이 존재하는 조금 이상한 모습이다. 이러한 이유로 인해 if 문이 길어지면 여기 저기 세미콜론이 빠져 있다는 컴파일 오류가 뜬다.

```
if (red umbrella) do_this;
else if (blue umbrella) do_that;
else if (torn umbrealla) do_the_rest;
```

빨간 우산, 파란 우산, 노란 우산은 논리적으로 서로 대등한 배타적 조건이다. 그러나 예처럼 빨간 우산, 파란 우산, 찢어진 우산이라고 하면 서로 포함하는 관계에 처할 수 있다. 빨간 우산이나 파란 우산 중에서도 찢어진 우산이 있을 수 있기 때문이다. 만약 '빨간 우산인 동시에 찢어진 우산'이라면 어느 조건을 먼저 내세우느냐에 따라 결과가 달라진다. 예처럼 하면 빨간 우산인지를 먼저 검증하기 때문에 do_this를 실행하고 곧바로 if 문을 빠져나간다. 그러나 만약 예가 if (torn umbrella) do_the_rest;로 시작했다면 찢어진 우산인지를 먼저 검증하기 때문에 do_the_rest를 실행하고 곧바로 if 문을 빠져나간다.

```
int a = 20;
if (a > 5)
   printf("Larger than 5");
else if (a > 10)
   printf("Larger than 10");
return 0;
```

먼저 만나는 조건이 참이면 그 아래 조건은 테스트하지 않는다.

먼저 만나는 조건이 참이면 명령문을 실행하고 곧바로 빠져나간다는 점에 유의해야 한다. 예에서는 a가 20이기 때문에 사실상 (a > 10)도 참이다. 그러나 그 전에 (a > 5)가 참으로 판정되었기 때문에 printf("Larger than 5");를 실행하고 곧바로 if 문을 빠져나간다. 그 아래

if (a > 10)이라는 조건은 아예 테스트하지 않는다. 먼저 만나는 조건이 거짓일 때만 그 아래로 내려온다.

예제 5-3

```
#include <stdio.h>
int main( ){
   int num;

   printf("Enter an integer.\n");
   scanf("%d", &num);

   if (num > 3) ································· ❶
      printf("num is larger than 3.\n");
   if (num > 5) ································· ❷
      printf("num is larger than 5.\n");

   if (num > 3) ································· ❸
      printf("num is larger than 3.\n");
   else if (num > 5) ···························· ❹
      printf("num is larger than 5.\n");
   return 0;
}
```

```
Enter an integer.
7
num is larger than 3.
num is larger than 5.
num is larger than 3.
```

①과 ②는 별개의 명령문이다. ②에서 else로 이어지지 않았기 때문이다. 따라서 ①의 조건도 검증하고 ②의 조건도 검증한다. 반면 ③, ④는 하나의 명령문이다. 따라서 ③의 조건이 참이면 ④의 조건은 검증하지 않는다. ③의 조건이 거짓인 경우에 한해 ④의 조건을 검증한다.

예제 5-4

```
#include <stdio.h>
int main( ){
   int num;
   printf("Enter an integer.\n");
   scanf("%d", &num);

   if (num > 3) ································ ❶
      printf("num is larger than 3.\n");
   if (num <= 3)
      printf("num is less than or equal to 3.\n");

   if (num > 3) ································ ❷
      printf("num is larger than 3.\n");
   else
      printf("num is less than or equal to 3.\n");
   return 0;
}
```

```
Enter an integer.
7
num is larger than 3.
num is larger than 3.
```

예의 경우 ①과 ②가 동일한 결과를 초래한다. 그러나 실행 속도 면에서는 ②처럼 하나의 if 문을 쓰는 편이 빠르다. 조건을 ②에서 한 번만 테스트하기 때문이다. 조건 사이의 관계를 확인하는 차원에서도 ②가 낫다. ①처럼 별도의 if 문을 쓰면 조건 사이의 관계에 신경을 쓰지 않을 가능성이 높기 때문이다. 반면에 ②처럼 if, else를 이어가려면 조건이 서로 배치되는지 신경을 쓰며 코딩할 가능성이 높다. 물론 어떤 방식을 쓸 것인가는 프로그래머의 자유다.

```
if (n % 2){
   printf("The number you entered is %d.\n", n);
   printf("It is an odd number.\n");
}
```

블록 내부의 명령문들은 하나의 문장으로 취급된다.

조건이 참일 때 실행해야 할 명령문이 둘 이상일 때에는 반드시 위의 예처럼 중괄호로 묶어야 한다. 이처럼 중괄호로 묶은 단위를 블록(Block)이라 부른다. 블록 내부에 명령문이 여럿 있으면 복문(Compound Statements)이라고 부른다. 문법적인 면에서 컴파일러는 복문, 즉 블록 전체를 하나의 문장, 하나의 명령문으로 취급한다.

```
if (n % 2 == 1) ··················································· ❶
    printf("The number you entered is %d.\n", n); ···················· ❷
    printf("It is an odd number.\n"); ································ ❸
```

괄호를 빠뜨리면 예상치 못한 결과가 초래된다. ②, ③을 나란히 들여 씀으로써 프로그래머는 ①이 참이면 두 명령문 모두를 실행하라고 했을 가능성이 크다. 그러나 그것은 어디까지나 프로그래머의 생각일 뿐 컴파일러 생각은 다르다.

```
if (n % 2 == 1) ··················································· ❶
    printf("The number you entered is %d.\n", n); ···················· ❷
printf("It is an odd number.\n"); ···································· ❸
```

컴파일러는 이전 예를 이처럼 바라본다. 괄호로 둘러싸여 있지 않기 때문에 ①이 참이면 ②의 명령문 하나만을 실행한다. 또, ②에 이어지는 else가 없기 때문에 ②에서 if 문이 끝나 버린다. 결국 ③은 ①의 if 문과는 무관하게 무조건 실행해야 할 명령문이 되어 버린다. 따라서 ①이 거짓이 되어 곧바로 if 문을 빠져나오더라도 ③은 실행이 된다. 다시 말해 n이 짝수임에도 불구하고 홀수라고 출력한다.

적용 범위가 불분명하면 블록으로 처리하는 편이 낫다.

이런 점에서 if 문이 적용되어야 할 범위가 어디까지인지가 불분명해 보일 때는 가급적 중괄호로 둘러싸서 블록으로 처리하는 편이 낫다. 그렇게 함으로써 실수로 세미콜론을 빠뜨리는 오류도 예방할 수 있다. 닫는 중괄호('}') 다음에는 세미콜론을 넣지 않기 때문에 블록 내부에만 세미콜론을 넣으면 되기 때문이다. 그러나 이 책에서는 if 문이 하나의 명령문만으로 끝나거나 적용 범위가 상대적으로 분명할 때는 중괄호를 사용하지 않기로 한다. 지면 절약을 위해서다.

ⓐ	ⓑ

`if (a)`
`   one;`
`else if (b)`
`   two;`
`else`
`   three;`
	`if (a)`
	`   one;`
	`else {`
	`   if (b)`
	`      two;`
	`   else`
	`      three;`
	`}`

그림 5-5 else 블록

ⓐ, ⓑ가 동일한 의미다. ⓐ의 else if와 else를 ⓑ에서는 else로 시작하는 블록 안에 넣은 모습이다. 어떤 방식으로 생각하느냐에 따라서 모습이 달라진다. ⓐ는 a가 참이면 이렇게 하고 b가 참이면 저렇게 하라는 모습으로서 경우별로 나누어 차례차례 처리하려는 의도다. 이에 비해 ⓑ는 a가 참이면 이렇게 하되 그렇지 않을 경우에 어떻게 해야 할지를 하나의 블록으로 묶어서 그 안에서 처리하려는 의도다.

예제 5-5

```c
#include <stdio.h>
int get_min(int a, int b, int c){
   if (a < b && a < c) ........................... ❶
      return a;
   else if (b < a && b < c) ..................... ❷
      return b;
   else ......................................... ❸
      return c;
}

int main( ){
   int first, second, third;

   printf("Enter three integers.\n");
   scanf("%d%d%d", &first, &second, &third);
   printf("The minimum is %d.\n", get_min(first, second, third));
   return 0;
}
```

```
Enter three integers.
8 2 4
The minimum is 2.
```

서로 다른 세 정수 중 가장 작은 것을 찾는 프로그램이다. 가장 작은 수라면 당연히 나머지 두 수보다 작아야 한다. 따라서 예처럼 관계 연산자와 논리 연산자를 조합하여 구현할 수 있다. ③ 대신 else if (c < a && c < b)라고 쓸 수도 있지만 ①, ②를 제외하면 나머지는 그 경우 밖에 없으므로 이렇게 쓴 것이다.

```
a = 1;
if (10 < a < 20)
```

0(false)

1(true)

①의 조건식을 (a < b < c)라고 쓰면 안 된다. 그러한 연산식은 수학에서나 쓸 수 있는 표현이다. 만약 그렇게 쓰면 조건식은 왼쪽에서 오른쪽으로 평가된다. 그림을 예로 들면 a가 1이므로 (10 < a)가 먼저 평가되어 그 결과는 0(거짓)이 된다. 이어 (0 < 20)이 평가되면 최종 결과는 1(참)이 된다. 물론 이는 잘못된 결과다.

프로그램을 짤 때에는 항상 특수한 경우 입력(Special Case Input)에 대비해야 한다. 만약 세 정수가 서로 다르다는 가정을 빼면 예의 프로그램은 동작하지 않는다. a, b, c가 모두 3일 때 get_min 함수의 리턴 값은 정의되어 있지 않기 때문이다. 물론 이러한 경우를 수용하려면 get_min 함수의 '<'를 모두 '<='로 바꾸면 된다.

가능한 모든 입력 조건을 나열하기란 현실적으로 거의 불가능하다. 따라서 프로그래머는 대략적으로 이러이러한 입력이 들어올 것이라고 가정하고 프로그램을 작성한다. 물론 그 경우에도 가능하다면 더 넓은 범위의 입력을 수용할 수 있어야 한다. 프로그램 경진대회에서 심사위원들은 입력 스펙을 준수하는 범위 내에서 전혀 예상치 못한 입력을 넣어 보면서 그 경우에도 프로그램이 제대로 대처하는지를 평가의 대상으로 삼기도 한다.

예제 5-6

```
#include <stdio.h>
int get_min(int a, int b, int c){
    int min;
    if (a < b) ···································· ❶
        min = a;
    else
        min = b;
    if (c < min) ································· ❷
        min = c;
    return min;
}

int main( ){
    int first, second, third;
    printf("Enter three integers.\n");
    scanf("%d%d%d", &first, &second, &third);
    printf("The minimum is %d.\n", get_min(first, second, third));
    return 0;
}
```

서로 다른 세 정수 중 가장 작은 것을 찾는 또 다른 방법으로 min이라는 별도의 변수를 활용하고 있다. ①의 if 문에 의해 a와 b 중 작은 값을 min에 대입한다. 일단 a, b 중 작은 것을 min에 저장했으니 이제 min과 c를 비교해서 더 작은 것을 min에 대입하면 된다. ②의 if 문은 c가 min보다 작은 경우에 한해 min 값을 c로 바꾼다. 그렇지 않으면 이전의 min 값이 그대로 유지된다. 여기서 ②의 if 문은 ①의 if 문과는 별개의 문장이다.

알고리즘은 간명할수록 좋다.

알고리즘은 간명해야 한다. 알고리즘이 간명하면 소스코드가 짧아지기 때문에 오류가 일어날 가능성도 줄어든다. 역으로, 알고리즘이 복잡하면 그만큼 오류가 일어날 가능성이 커진다. 이런 점에서 과제물이 주어지자마자 곧바로 코딩에 착수하는 것은 그리 바람직하지 않다. 코딩에 착수하기 전에 시간적 여유를 가지고 어떻게 해야 문제를 가장 간단하게 해결할 수 있을 것인지를 곰곰이 생각해 보아야 한다. 버스 안에서 생각해도 좋다. 걸으면서 생각해도 좋고 화장실에 앉아서 생각해도 좋다. 독백을 해도 좋고 친구와 대화를 해도 좋다. 이렇게 저렇게 하면 문제를 해결할 수 있다는 안이 설 때 비로소 컴퓨터 앞에 앉아 그 알고리즘을 의사 코드 형태로 입력해볼 수 있다. 알고리즘을 미리 생각해 보는 시간이 길어질수록 실제 코딩에 걸리는 시간은 짧아진다.

```
int get_max(int a, int b, int c){
   int max = 0;
   if (a > max)
      max = a;
   if (b > max)
      max = b;
   if (c > max)
      max = c;
   return max;
}
```

특수한 입력이 있을 수 있는지도 생각해 보아야 한다. 예는 서로 다른 a, b, c 중 가장 큰 정수를 돌려주는 함수다. 물론 일반적인 입력에 대해서 이 함수는 제대로 작동한다. 그러나 a, b, c가 모두 음수라면 제대로 돌아가지 않는다. a, b, c 사이의 비교로 바꾸어야 한다.

예제 5-7

```
#include <stdio.h>
int get_min(int, int, int);

int main( ){
   int first, second, third;
   printf("Enter three integers.\n");
   scanf("%d%d%d", &first, &second, &third);
   printf("The minimum is %d.\n", get_min(first, second, third));
   return 0;
}

int get_min(int a, int b, int c){
   if (a < b){ ................................. ❶
      if (a < c) ............................... ❷
         return a; ............................. ❸
```

```
      else
         return c; ································ ④
   } ············································ ⑤
   else { ········································ ⑥
      if (b < c)
         return b;
      else
         return c;
   } ············································ ⑦
}
```

사람마다 생각하는 방법이 다르기 때문에 알고리즘도 다르다. 조금 복잡해 보이지만 가장 작은 정수를 예처럼 구할 수도 있다. 함수 전체가 단 하나의 if 문이다. ①의 조건이 참이면 ⑤까지 블록이 실행된다. 반면에 조건이 거짓이면 ⑥부터 ⑦까지 블록이 실행된다.

if 문 안에 if 문이 있으면 중첩 if다.

①의 조건이 참일 때 실행되는 블록 내부도 if 문으로 구성되어 있다. 이처럼 if로 시작하는 블록 내부가 또 다시 if로 시작하면 이를 중첩 if(Nested if)라 부른다. 새의 둥지(Nest)가 여려 겹으로 되어 있듯이 if, if가 겹겹이 둘러싼 모습이기 때문이다. ①이 참인 상태에서 ②도 참일 때만 ③이 실행된다. 다시 말해 (a < b)인 동시에 (a < c)일 때 ③이 실행된다. 이는 앞에서 보았던 (a < b && a < c) 연산식과 같은 의미다. ①이 참인 상태에서 ②가 거짓일 때에는 ④가 실행된다. 즉 (a < b)인 동시에 !(a < c)일 때 실행된다. 서로 다른 정수라고 가정했으므로 (a < c)가 아니면 (a > c)이므로 이는 (a < b && a > c)인 경우다.

코드가 길어질수록 들여쓰기가 중요하다. ②의 if는 ①의 if보다 한 단계 낮은 if다. ①의 if가 참일 경우 실행할 블록 내부의 if이기 때문이다. 그러한 점을 나타내기 위해 ②의 if는 ①의 if보다 더욱 들여쓰고 있고 ③은 ②보다 더욱 들여쓰고 있다. ②의 if가 참일 때 실행해야 할 명령문이기 때문이다. 즉, ①, ②, ③의 시작 위치가 사선 모양을 이룬다.

if, else if, else 형태로 이어질 때는 if와 그에 매칭되는 else를 같은 열에 두어야 한다. 예를 들어, ⑥의 else는 ①의 if에 대한 else이지 ②의 if에 대한 else가 아니다. 따라서 ⑥의 else는 ①의 if와 같은 위치에 두어야 한다. 이처럼 열을 맞추어 나란히 들여쓰지 않으면 디버깅 시에 어느 else가 어느 if에 걸리는지 알기 어려울 때가 많다.

닫는 괄호의 위치에도 유의해야 한다. ⑤의 닫는 괄호는 ①의 if 문과 같은 열에 있어야 그것이 ①의 if 문이 참일 때 실행해야 할 블록의 끝임을 나타낼 수 있다. else로 시작하는 블록도 마찬가지다. 열고 닫는 괄호 수도 매칭시켜야 한다. 여는 괄호와 닫는 괄호의 수가 일치하지 않으면 문법 오류가 일어난다.

예제 5-8

```
#include <stdio.h>
int main( ){
    int a = 1, b = 0;

    if (a)  ······································ ❶
        if (b) ··································· ❷
            printf("a and b are both true.\n");
    else ······································· ❸
        printf("a is not true.\n"); ············ ❹
    return 0;
}
```

```
a is not true.
```

else는 직전의 if에 걸린다.

중첩 if 문에서 자주 발생하는 오류가 이른바 댕글링 엘스(Dangling Else) 오류다. 이는 중첩 if 문 다음에 ③처럼 else가 매달려 그것이 그 위의 어떤 if에 걸리는지 모호한 경우를 말한다. 들여쓴 모습으로 보아 이 예제를 작성한 프로그래머는 ③의 else가 ①의 if에 대한 else라고 생각했을 가능성이 크다. 따라서 a가 1(true)이므로 이 else로는 들어오지 않을 것이라 생각했을 것이다. 그러나 else는 항상 그 직전의 if에 걸린다. 따라서 ③의 else는 ②의 if에 걸린다. 즉, 이 else는 a가 true인 동시에 b가 false일 때에 해당하므로 ④가 실행된다. 결국 ③은 잘못된 들여쓰기다. ②의 if와 같은 위치에 두어야 한다.

예제 5-9

```c
#include <stdio.h>
int main( ){
   int a = 1, b = 0;

   if (a){ ........................................ ❶
      if (b) ...................................... ❷
         printf("a and b are both true.\n");
   }
   else ........................................... ❸
      printf("a is not true.\n");
   return 0;
}
```

중괄호를 쓰면 프로그래머의 의도가 분명해진다. ③의 else를 ①의 if에 대한 else로 만들려면 예처럼 ①의 if가 참일 때 실행해야 할 부분을 중괄호로 묶어야 한다. 그래야 컴파일러가 ③의 else를 ①의 if에 대한 else로 취급한다.

```c
if (a) .................. ❶ if (a == true)
   if (b) ............... ❷ if (a == true && b == true)
      if (c) ............ ❸ if (a == true && b == true && c == true)
         one;
      else .............. ❹ if (a == true && b == true && c == false)
         two;
   else ................. ❺ if (a == true && b == false)
      three;
else .................... ❻ if (a == false)
   four;
```

if 문에서 들여쓰기는 필수다.

들여쓰기에 의해 if나 else의 시작 위치가 사선을 이룬다. 예에서는 if, if, if 순으로 들어갔다가 else, else, else 순으로 빠져나온다. 들여쓰기가 제대로 되어 있을 경우에 같은 열의 위쪽 if를 찾아보면 어느 else가 어느 if에 걸리는지를 쉽게 확인할 수 있다. ④의 else는 ③의 if에 걸린다. ⑤의 else는 ②의 if에 걸린다. ⑥의 else는 ①의 if에 걸린다.

```
int a = 1, b = 2, sum;
if ((a + b) > 0) ........................... ❶
if ((sum = a + b) > 0) ..................... ❷
```

조건식 내부에 연산식이나 대입문이 있을 수도 있다. ①에서 (a + b)는 레지스터나 주소를 알 수 없는 임시 메모리에 저장된 후 0과 비교된다. 비유적으로 말하자면 이는 연습장을 한 장 뜯어 거기에 a + b의 값을 계산하여 0과 비교한 후 곧바로 그 연습장을 버리는 것과 같다. 그러나 ②는 (a + b)의 값을 주소가 있는 메모리 변수인 sum에 대입한다. 대입문을 실행하면 좌변의 변수 값을 리턴하므로 이는 결국 if (sum > 0)과 같다. 여기서 주의해야 할 점은 ②는 조건식을 평가하는 도중에 대입문을 실행하기 때문에 sum 변수의 값을 바꾸는 부수 효과를 초래한다는 점이다. 이는 sum = a + b; if (sum > 0)처럼 둘로 나누어 표현해야 할 것을 하나의 조건식으로 처리한 것이라 할 수 있다.

```
int a = 3;
if (++a > 2) .............. ❶
if (a++ > 2) .............. ❷
if (a + 1 > 2) ............ ❸
```

조건식 자체가 부수 효과를 지닐 때도 있다. ①은 조건식 안에서 전위 증가에 의해 일단 변수 a의 값을 1만큼 증가시킨 다음 2와 비교한다. ②는 후위 증가이므로 일단 a와 2를 비교한 후에 a 값을 1만큼 증가시킨다. 어떤 경우든 조건식을 평가하는 과정에서 변수 a의 값이 바뀌어

버린다. 만약 변수 a의 값을 그대로 둔 채 (a + 1)과 2를 비교하려면 ③처럼 써야 한다. 그래야 a 값은 그대로 둔 채 a + 1을 계산하여 2와 비교한다.

예제 5-10

```
#include <stdio.h>
int main( ){
   int max = 0;

   if (max = 4)  ································ ❶
      printf("Yes.\n");  ························ ❷
   else
     printf("No.\n");  ·························· ❸
   return 0;
}
```

조건식에 대입 연산자를 쓰면 안 된다.

if 문에서 가장 자주 발생하는 오류는 실수로 조건식에 대입 연산자를 썼기 때문에 일어난다. 예에서 max는 0으로 초기화되었기 때문에 ③이 실행될 것처럼 보인다. 그러나 실제로는 ②가 실행된다. ①의 max = 4가 비교를 위한 관계 연산자가 아니라 대입 연산자이기 때문이다. 즉, ①의 if (max = 4)에 의해 max 변수에 4라는 값이 들어가고 그 값이 리턴된다. 0이 아닌 모든 수는 1(true)로 취급되기 때문에 이는 if (max = 4) → if (4) → if (1)이 되어 조건이 참이 된다.

이처럼 동일한 문구를 컴파일러와 프로그래머가 서로 다른 뜻으로 해석하는 오류를 의미상 오류(Semantic Errors)라 부른다. 그런 점에서는 댕글링 엘스도 의미상 오류다. 예에서 오류가 일어난 이유는 언어 습관 때문이다. 우리 일상에서 '같다'라는 뜻을 표현하기 위해 더블 이퀄 기호를 쓸 일은 거의 없다. 그러나 C 언어가 그렇게 해야 한다고 규정했으면 그 규정을 따라야만 한다.

더구나 예의 오류에 대해서 컴파일러는 아무런 경고도 하지 않는다. 즉, 프로그래머가 의도적으로 if (max = 4)라고 썼다고 생각하여 아무런 문법 오류(Syntax Error)도 띄우지 않는다. 오류는 프로그램을 실행하는 도중에 일어난다. 컴파일 결과 발생하는 컴파일 타임 오류

(Compile-time Error)와 달리 실행 도중 발생하는 오류인 런 타임 오류(Run-time Error)는 어디서 오류가 났는지 찾기가 상당히 어렵다. 심지어 소스코드 전체를 하나하나 샅샅이 뒤지며 찾아야 할 때도 있다.

```
if ((a > 20) && (b == 10)) ························ ❶
if (a > 20 && b == 10) ························· ❷
```

관계 연산자가 논리 연산자보다 우선순위가 높으므로 ①은 ②처럼 표현해도 된다. 물론 괄호가 있으면 가독성이 좋아진다. 그러나 괄호가 너무 많아도 문제가 될 수 있다. 예를 들어, 관계 연산이나 논리 연산이 복잡해지면 if (((!(a > 10)) && (!((b == 10)||(c == 10))))처럼 프로그래머 스스로도 직관적으로 이해할 수 없을 정도로 여러 겹의 괄호를 열고 닫기도 한다. 관계 연산자가 논리 연산자보다 우선순위가 높다는 사실을 알면 괄호를 하나라도 줄일 수 있다.

```
a = 10; b = 20;
if (a > 20 && b == 10) ························· ❶
if (a > 0 || b == 10 ) ························· ❷
```

일반적으로 관계 연산자는 처음 것이 먼저 평가된다. ①의 경우 (a > 20)가 먼저 평가되어 논리적으로 0(false)이 된다. 그런데 AND 연산에서는 어느 하나가 0이면 결과는 무조건 0이기 때문에 (b == 10)이라는 조건은 평가하지 않고 즉시 0을 돌려준다. 유사한 맥락에서 ②의 OR 연산자도 (a > 0)이 1(true)이기 때문에 즉시 1을 돌려준다. 처음 것을 먼저 평가하도록 번역한다는 점을 알고 있는 프로그래머는 AND 연산에서 0이 될 확률이 큰 것을 먼저 배치하기도 한다. 프로그램 실행 속도를 높이기 위해서다.

```
>Enter the coefficients a, b, c
>1 -4 3(Enter)
>The roots are, 1.000, 3.000.
```

예처럼 정수 a, b, c를 입력받아 $ax^2 + bx + c = 0$의 근을 구하는 프로그램을 작성해 보자. 단, 2차 방정식의 판별식 $D(= b^2 - 4ac)$의 값은 0 이상으로 가정하기로 한다. 일단 알고리즘을 생각해 보자. 프로그램은 항상 특수한 경우의 입력을 예상하고 처리할 수 있어야 한다. a와

b 모두가 0으로 입력될 때도 있을 것이다. 그 경우에 예는 0차 방정식이라고 할 수 있다. a는 0이지만 b가 0이 아니면 1차 방정식이다. a가 0이 아니면 2차 방정식이다. 따라서 다음과 같은 의사 코드를 써서 알고리즘을 표현할 수 있다.

```
1. 정수 a, b, c를 입력받는다.
2. 몇 차 방정식인지 판단한다.
3. 2차 방정식이면 판별식 D 값을 계산하고 근의 공식에 대입하여 두 실근을 출력한다.
4. 1차 방정식이면 하나의 근을 계산하여 출력한다.
5. 0차 방정식이면 근이 없다고 출력한다.
```

예제 5-11

```
#include <stdio.h>
#include <math.h> ········································ ❶

void zero_order(int a, int b, int c){ ··························· ❷
   printf("There is no root.\n");
}

void first_order(int a, int b, int c){ ·························· ❸
   printf("The root is, %.3f.\n", (-c) / (double)b);
}

double calc_D(int a, int b, int c){ ····························· ❹
   return (double)(b * b - 4 * a * c);
}

void second_order(int a, int b, int c){·························· ❺
   double root1, root2, D, root_D;
   D = calc_D(a, b, c);
   root_D = sqrt(D); ············································ ❻
   root1 = (-b + root_D) / (double)(2 * a);
   root2 = (-b - root_D) / (double)(2 * a);
   printf("The roots are, %.3f, %.3f.\n", root1, root2);
}
```

```c
int main( ){
    int a, b, c;
    printf("Enter the coefficients a, b, c.\n");
    scanf("%d%d%d", &a, &b, &c);
    if (a != 0) ············································· ⑦
        second_order(a, b, c);
    else if (b != 0)
        first_order(a, b, c);
    else
        zero_order(a, b, c);
    return 0;
}
```

```
Enter the coefficients a, b, c.
1 -4 4
The roots are, 2.000, 2.000.
```

예의 알고리즘을 구현한 프로그램이다. main은 직접 구체적인 일을 하지 않는다. 입력받은 a, b, c 값에 따라 if 문에 의해 상황별로 필요한 함수를 호출할 뿐이다. 프로그램이 복잡할수록 main 내에서 모든 것을 처리하려고 하면 안 된다. main이 너무 길어지기 때문이다. 이런 저런 함수를 호출하면서 프로그램의 전체적인 흐름만 제어하는 것이 main이다.

①에서 math.h 파일을 포함시킨 이유는 ⑥에서 제곱근을 구하는 sqrt 함수를 사용하기 위해서다. 이 함수의 원형은 double sqrt(double);로서 double 형 실수를 입력받아 double 형 실수를 돌려준다. 단, 괄호 안의 인자는 항상 0 이상이어야 한다. 음수의 루트 값을 계산할 수는 없기 때문이다. ②가 0차 방정식을, ③이 1차 방정식을 처리한다. ④는 판별식 D를 계산하는 함수로서 D 값을 double 형으로 변환하여 돌려준다. ⑤에서 2차 방정식의 두 실근을 계산하여 출력한다.

```
if (a > b) ································· ❶
   larger = a;
else
   larger = b;

larger = (a > b) ? a : b; ····················· ❷
a > b ? larger = a : (larger = b); ·········· ❸
```

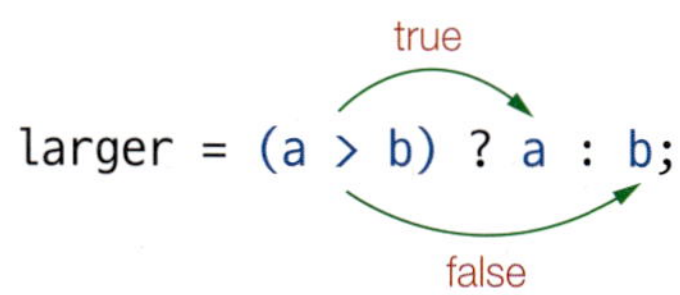

그림 5-6 3항 연산자

연산자에는 단항 연산자, 2항 연산자는 물론 3항 연산자(Ternary Operator)도 존재한다. C 언어는 짧은 표현을 선호하기에 ①의 if 문을 ②처럼 줄이기도 한다. ②의 우변에는 (a > b), a, b라는 3개의 피연산자가 있다. 이는 피연산자 1이 참이면 피연산자 2를 실행하고 거짓이면 피연산자 3을 실행하라는 뜻이다. 즉, ②의 우변은 (a > b)가 참이면 a가 되고 그렇지 않으면 b가 된다. ③도 ②와 같은 의미다. 유의해야 할 점은 피연산자 2와 피연산자 3이 대입문일 경우, 피연산자 3을 괄호로 묶어야 한다는 점이다. 그렇지 않으면 대입 연산자의 우선순위가 가장 낮기 때문에 컴파일러가 이를 (a > b ? larger = a : larger) = b;로 바라보고 좌변이 단일 변수가 아니라고 인식하여 L-value가 아니라는 오류 메시지를 띄운다.

02 switch 문

예제 5-12

```c
#include <stdio.h>
void comment(char);

int main( ){
   char grade;
   printf("Enter your grade in capital letter. __\b\b");
   scanf("%c", &grade);
   comment(grade);
   return 0;
}

void comment(char ch){
   if (ch == 'A')
      printf("Excellent.\n");
   else if (ch == 'B')
      printf("Good.\n");
   else if (ch == 'C')
      printf("Not bad.\n");
   else if (ch == 'D')
      printf("Need effort.\n");
   else if (ch == 'F')
      printf("You can do better than this.\n");
   else
      printf("No such grade.\n");
}
```

학점을 입력받아 코멘트를 가하는 프로그램이다. 여기서 학점은 A, B, C, D, F 다섯 가지만 입력이 가능하다. 그 외의 입력은 comment 함수의 마지막 else에 의해 오류 메시지로 처리된다. 여기서 문제점은 함수 내부에 else if, else if, else if 형태의 논리적인 흐름이 너무 장황하다는 점이다. A+, B+ 식으로 학점을 더욱 세분하여 처리해야 할 경우 else if가 더욱 길어질 수밖에 없다. 이에 대한 대안으로 C 언어는 switch 문(switch statements)을 제공한다.

예제 5-13

```
#include <stdio.h>
void comment(char);

int main( ){
   char grade;
   printf("Enter your grade in capital letter. __\b\b");
   scanf("%c", &grade);
   comment(grade);
   return 0;
}

void comment(char ch){
   switch (ch){ ···································· ❶
   case 'A': ······································· ❷
      printf("Excellent.\n");
      break;
   case 'B': ······································· ❸
      printf("Good.\n");
      break;
   case 'C': ······································· ❹
      printf("Not bad.\n"); ······················· ❺
      break; ······································ ❻
   case ('C' + 1): ································ ❼
      printf("Need effort.\n");
      break;
   case 'F':
      printf("You can do better than this.\n");
      break;
   default: ······································· ❽
      printf("No such grade.\n");
      break; ······································ ❾
   }
   return;
}
```

```
Enter your grade in capital letter.
D
Need effort.
```

case 다음에는 단 하나의 정수 상수만 올 수 있다.

이전 예의 if 문을 switch 문으로 바꾼 결과다. ch 변수의 값에 따라 분기하는 모습이 if 문에 비해 일목요연하다. switch 문의 괄호 안에는 예처럼 변수가 들어가도 되지만 switch (ch + 1)처럼 연산식이 들어가도 된다.

break 문을 만나면 곧바로 switch 문을 빠져나간다.

①의 switch 문이 실행되면 ②에서 시작하여 아래로 내려가면서 ch 값과 case 다음의 상수가 일치하는지 비교한다. 만약 서로가 일치하면 break;를 만날 때까지 나열된 모든 명령문을 실행하고 switch 문을 빠져나간다. 예를 들어 입력이 'C'라면 ②, ③, ④ 순으로 비교가 진행된 후 ④에서 일치하므로 그 아래 ⑤를 실행한다. 이후 ⑥에서 break;를 만나면 아래로 내려가지 않고 곧바로 switch 문을 빠져나간다.

사실상 이는 if 문과 동일한 흐름이다. 이전 예의 else if 다음에도 조건이 참이면 해당 명령문을 실행하고 곧바로 if 문을 빠져나왔기 때문이다. ⑧의 default는 이전 예의 마지막 else에 해당한다. default 경우까지 이르게 된 이유는 ch 값이 이전에 나열한 모든 정수와 일치하지 않았기 때문이다. default는 있어도 되고 없어도 되지만 예처럼 기대치 않은 입력이 들어왔을 때 오류를 처리하기 위해 사용할 때가 많다.

⑨도 선택적이다. 어차피 그 다음에 닫는 중괄호를 만나면 switch 문을 빠져나가기 때문이다. 이는 그 아래 return 문에 대해서도 마찬가지다. 어차피 그 다음에 닫는 중괄호를 만나면 comment 함수를 빠져나가기 때문이다. 그러나 함수가 끝날 때는 습관적으로 return 문을 쓰는 것이 좋다는 주장도 있다. 리턴 값이 있음에도 불구하고 그냥 빠져나가는 오류를 피할 수 있기 때문이다.

switch 문의 case 다음에는 반드시 정수 상수가 들어가야 한다. case 24.01처럼 부동 소수가 오면 안 된다. case (a > 20)처럼 관계 연산자가 와서도 안 된다. ②의 'A'라는 문자 역시

C 언어가 그것을 정수로 취급하기 때문에 가능한 일이다. ⑦처럼 연산식을 써도 좋으나 그 결과가 반드시 정수라야 한다. 여기서 'C' + 1은 'D'를 의미한다. 타입 매칭에도 유의해야 한다. switch (ch)의 ch가 문자형이라면 case 'A'의 'A'도 문자형이라야 한다. 이를 case A라고 해서는 안 된다. switch 문은 여러 경우를 일목요연하게 나열할 수 있다는 장점이 있지만 case 다음에 반드시 정수 상수가 들어가야 한다는 제약 조건으로 if 문에 비해 활용 범위가 좁다.

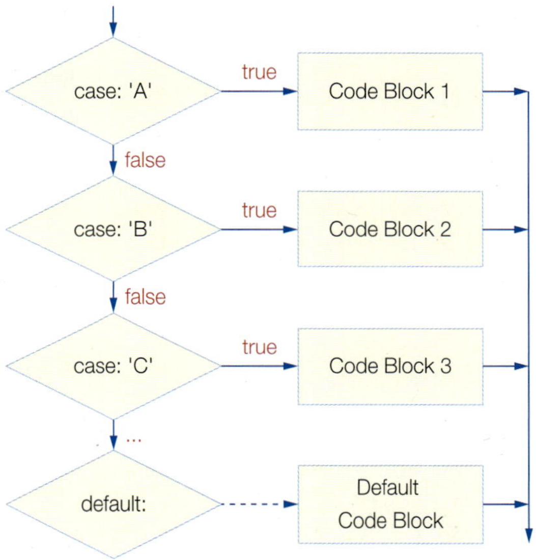

그림 5-7 switch 문의 흐름

switch 문의 흐름은 위 그림과 같다. case 다음의 상수와 일치하면 break;로 끝나는 해당 블록을 실행하고 switch 문을 빠져나간다. 계속해서 일치하지 않으면 마지막 default 레이블이 붙은 블록을 실행한다.

예제 5-14

```
#include <stdio.h>
void comment(char);

int main( ){
   char grade;
   printf("Enter your grade.\n");
```

```
    scanf("%c", &grade);
    comment(grade);
    return 0;
}

void comment(char ch){
    switch (ch){
    case 'A': ........................................ ❶
        printf("Excellent.\n");...................... ❷
    case 'B': ........................................ ❸
        printf("Good.\n"); ........................... ❹
        break;........................................ ❺
    case 'c': ........................................ ❻
    case 'C': ........................................ ❼
        printf("Not bad.\n"); ........................ ❽
        break;........................................ ❾
    }
}
```

```
Enter your grade.
A
Excellent.
Good.

Enter your grade.
c
Not bad.
```

case가 일치하면 break를 만날 때까지 모든 명령문을 실행한다.

switch 문에는 유의할 점이 있다. '일단 case가 일치하면 이후 break 문을 만날 때까지 모든 명령문을 무조건 실행한다'는 점이다. 여기서 '무조건'이라는 말은 그 아래 case와 일치하는지 비교하지 않는다는 의미다. 예에서 'A'가 입력되면 ①에서 매칭이 일어나므로 ②를 실행한다. 하지만 그 아래 break가 없기 때문에 빠져나가지 않고 곧바로 그 아래 ③으로 내려온다. 그런데 ①에서 이미 매칭이 되었기 때문에 ③에서는 아무런 비교가 일어나지 않는다. 따라서 ④를 실행한 후 ⑤의 break를 만나고서야 switch 문을 빠져나온다. 대부분의 경우 이는 우리가 원하던 바가 아니다. break 문을 빠뜨리면 이러한 오류에 처하게 된다는 점에 유의해야 한다.

switch 문의 이러한 성질을 역이용하기도 한다. ⑥, ⑦처럼 case 라벨만 계속해서 나열함으로써 입력에 대문자가 들어오든 소문자가 들어오든 동일하게 처리할 수 있기 때문이다. 즉, ⑥이 들어오든 ⑦이 들어오든 ⑧을 실행하고 ⑨에서 빠져 나간다. if 문으로 말하자면 이는 if (ch == 'c' || ch == 'C')에 의해 대문자든 소문자든 동일한 방식으로 처리하는 것과 같다.

예제 5-15

```
#include <stdio.h>
void calculate(double op1, char op, double op2){
    switch (op){
    case '+':
        printf("%.3f + %.3f = %.3f.\n", op1, op2, op1 + op2);
        break;
    case '-':
        printf("%.3f - %.3f = %.3f.\n", op1, op2, op1 - op2);
        break;
    case '*':
        printf("%.3f * %.3f = %.3f.\n", op1, op2, op1 * op2);
        break;
    case '/':
        printf("%.3f / %.3f = %.3f.\n", op1, op2, op1 / op2);
        break;
    default:
        printf("Not an allowable operator.\n");
        break;
    }
}

int main( ){
    char operator; double operand1, operand2;
    printf("Enter an expression. For EXAMPLE, 2.20 + 3.30.\n");
    scanf("%lf %c %lf", &operand1, &operator, &operand2);
    calculate(operand1, operator, operand2);
    return 0;
}
```

사칙연산을 할 수 있는 간단한 계산기 프로그램이다. main에서 2.3 + 3.4라는 수식을 입력할 경우 2.3은 첫 피연산자, '+'는 연산자, 3.4는 둘째 피연산자로서 각각의 변수에 저장된다. 이후 calculate 함수를 호출하면 switch 문에 의해 연산 결과가 화면에 출력된다.

과제

01 아래 함수를 호출하여 입력 정수의 절댓값을 계산하는 프로그램을 작성하라. 단, 함수 내부에서 3항 연산자를 써야 한다. 입출력 형식은 자유로이 할 수 있다.

```
int abs(int num);
```

02 아래 함수를 호출하되 알파벳 소문자 하나를 입력받아 그것이 자음이면 Consonant라고 출력하고 모음이면 Vowel이라고 출력하는 프로그램을 작성하라. 입출력 형식은 자유로이 할 수 있다.

```
int is_vowel(char c)
```

03 단가(unit_price)와 개수(quantity)를 입력받아 총액(total_price)을 출력하는 프로그램을 작성하라. 단, 단가, 개수, 총액은 정수형이어야 한다. 개수가 10개를 넘을 때는 총액에서 5%를 할인한 금액을 출력해야 한다. 입출력 형식은 자유로이 할 수 있다.

힌트 0.95를 곱한 결과를 정수형으로 변환해야 한다.

04 삼각형의 두 변의 길이 합은 항상 나머지 변의 길이보다 크다. 세 변의 길이를 입력받아 그것이 삼각형이 될 수 있으면 세 변의 길이 합을 출력하고 그렇지 않으면 'No such triangle'이라고 출력하는 프로그램을 작성하라. 단, 세 변의 길이는 모두 double 타입이다.

```
> Enter three real numbers.
> 0.0 0.0 0.0(Enter)
> No such triangle.
```

05 점 p의 정수형 좌표 값 x, y를 입력받아 그 점이 속한 4분면(quadrant)을 출력하는 프로그램을 작성하라. 단, 좌표축 경계선에 위치한 점은 입력하지 않기로 한다.

```
> Enter the x, y coordinates of the point.
> 4 -5(Enter)
> It's in the 4th quadrant.
```

06 체조 경기에서는 가장 낮은 점수와 가장 높은 점수를 제외한 나머지 점수만 평가에 반영한다. 문제를 단순화하여 3명의 심판이 1에서 10점까지 점수를 줄 경우 선수가 받는 점수를 계산해 보라. 단, 세 심판이 모두 서로 다른 점수를 준다고 가정하라.

힌트 입력 점수 중 어느 하나가 최대이거나 최소이면 해당 점수를 0으로 놓아 덧셈 계산에서 제외할 수 있다.

```
> Enter scores of three judges.
> 10 5 7(Enter)
> The player gets 7.
```

07 scanf 문이 제대로 실행될 경우 읽어들인 변수의 개수를 돌려준다. 예를 들어, scanf("%c%d%lf", &sex, &age, &weight);가 제대로 실행되면 3을 돌려준다. 이 scanf가 제대로 실행되면 각각의 변수 값을 출력하고 그렇지 않을 경우 오류 메시지를 출력하는 프로그램을 if 문을 써서 작성하라.

```
> Enter sex, age, and weight.
> F, 24, Soowon(Enter)
> Error in input format.
```

08 문자를 입력받아 그것이 알파벳인지 숫자인지 그 외의 경우인지 세 가지 경우로 구분하는 프로그램을 작성하라.

힌트 아스키코드 표에서 알파벳의 범위, 숫자의 범위를 참고하라. 숫자를 의미하는 문자(Digit)라면 if (ch >= '0' && ch <= '9')라고 할 수 있다.

```
> Enter a character.
> ;(Enter)
> It is neither an alphabet nor a digit.
```

09 짝수인지 홀수인지 판정은 비트 연산으로도 가능하다. 홀수의 2진 표현은 1로 끝나기 때문에 비트 단위로 1을 곱하면 1이 되기 때문이다. 예를 들어 11 & 1 = (1011) & (0001) = (0001) = 1이 된다. 숫자를 입력받아 &(Bitwise AND) 연산에 의해 그것이 짝수인지 홀수인지 판정하는 프로그램을 작성하라.

```
> Enter an integer.
> 201(Enter)
> It is an odd number.
```

10 세 개의 문자로 이루어진 단어를 입력받아 그 중 숫자를 나타내는 문자는 몇 개인지를 출력하는 프로그램을 작성하라. 단, 아래 함수를 작성하고 호출하여 ch가 숫자를 나타내는지 판정하라.

```
int is_digit(int ch);
```

```
> Enter a 3-letter word.
> k16(Enter)
> Digit appears 2 times.
```

11 윤년이란 2월이 29일까지 있는 해를 말한다. 이는 4로 나누어떨어지지만 100으로는 나누어떨어지지 않거나 4로 나누어떨어지는 동시에 400으로 나누어떨어지는 해를 말한다. 아래 함수를 사용하여 연도가 주어질 때 윤년인지 아닌지를 출력하는 프로그램을 작성하라.

```
int leap_year(int y);
```

```
> Enter year.
> 2000(Enter)
> It is a leap year.
```

12 비만을 평가하는 기준에는 여러 가지가 있지만 보편적으로 사용하는 방법은 체질량 지수(BMI: Body Mass Index)다. 이는 몸무게를 키의 제곱으로 나눈 값으로서 미국은 BMI 지수가 18.5 미만이면 저체중(Underweight)으로 분류한다. 또, 18.5 이상 25.0 미만이면 정상 체중(Normal), 25.0 이상이면 과체중(Overweight)으로 분류한다. 예를 들어, 몸무게 74kg에 키 1.76m인 경우 체질량 지수는 $74/(1.76)^2 = 23.8$로서 정상 체중이다. 몸무게와 키를 입력받아 BMI 평가 결과를 출력하는 프로그램을 작성하라.

```
> Enter your weight.
> 73(Enter)
> Enter your height.
> 1.76(Enter)
> Your BMI is 23.57. It is normal.
```

13 현행 가정용 전기 요금 누진제에 의하면 월 소비량이 200Kwh 이하일 경우 기본요금 910원에 단가 93.3원이다. 또, 201Kwh부터 400Kwh까지는 기본요금 1600원에 단가 187.9원이고 401Kwh 이상은 기본요금 7300원에 단가 280.6원이다. 하지만 여름과 겨울에 1000Kwh를 초과하면 기본요금 7300원에 단가 709.5원이 적용된다. 이렇게 하여 요금이 계산되면 여기에 세금 13.7%(부가가치세 10%, 전력산업 기반기금 3.7%)가 추가되어 청구액이 결정된다. 전력 사용량을 입력받아 청구액을 계산하는 프로그램을 작성하라.

힌트 사용량은 정수형, 요금은 double 형, 청구액은 요금에 1.137을 곱한 후 정수형으로 형 변환을 한다.

```
> Enter monthly amount in Kwh.
> 500(Enter)
> Enter 1 if summer or winter, 0 if not.
> 1(Enter)
> Including tax, you pay 167821.
```

14 계산기 프로그램을 수정하여 프로그램이 시작하면 부동 소수 연산인지 정수 연산인지 물어본 후에 결과를 출력하는 프로그램을 작성하라.

힌트 부동 소수 버전의 float_calculate와 정수 버전의 int_calculate라는 두 개의 함수를 작성하고 어떤 계산을 원하는지에 따라 서로 다른 함수를 호출해야 한다.

```
> Enter 1 for floating point calculation, 2 for integer calculation.
> 2(Enter)
> Enter an expression. For EXAMPLE, 2 + 5.
> 23 % 4(Enter)
> 23 % 4  = 3.
```

15 제품의 단가, 개수, 급행 여부를 물어보고 지불해야 할 운송료 총액을 계산하는 프로그램을 작성하라. 단, 금액이 20000원 이상이면 운송료는 1500원이고 그 미만이면 2000원이다. 또, 급행일 경우에는 1000원이 추가된다.

```
> 단가를 입력하세요.
> 5000(Enter)
> 개수를 입력하세요.
> 6(Enter)
> 급행 여부를 입력하세요. (1: 급행, 0: 아님)
> 1(Enter)
> 지불해야 할 총액은 32500원입니다.
```

Chapter 06
반복 구조

01 while 문과 for 문
02 반복 구조 예시
03 break 문과 continue 문
과제

1) 간장 한 스푼을 넣는다.

2) 국물이 섞이도록 잘 젓는다.

3) 국물 맛을 본다.

4) 간이 맞을 때까지 1), 2), 3)을 반복한다.

01 while 문과 for 문

프로그램의 흐름은 크게 봐서 세 가지로 나뉜다. 순차 구조(Sequential Structure), 선택 구조(Selection Structure), 반복 구조(Iteration Structure)가 그것이다. 어떤 알고리즘이든 이 세 가지 구조로 표현할 수 있다. 순차 구조는 문자 그대로 순서대로 실행되는 구조다. 프로그램은 기본적으로 위에서 아래로 내려가면서 실행되기 때문에 여기에는 특별한 명령문이 필요하지 않다. 순차 구조의 순서를 변화시키는 것이 선택 구조다. 조건이 참이냐 거짓이냐에 따라 이쪽저쪽으로 분기하기 때문이다. 이는 앞에서 알아본 if 문과 switch 문에 의해 구현된다. 선택 구조와 마찬가지로 반복 구조도 순차 구조의 순서를 변화시키는 것이다. 조건이 참이냐 거짓이냐에 따라 이전 명령어를 반복할지 여부가 결정되기 때문이다. 반복 구조를 위해 C 언어는 while 문(while statements), for 문(for statements), do while 문(do while statements)을 제공한다.

```
sum = 0;
sum += 1;
sum += 2;
sum += 3;
...
sum += 10;
```

1부터 10까지의 합을 구하려면 일단 sum 변수를 0으로 만든 다음 여기에 1부터 10까지 계속해서 더해야 한다. 그러자면 예처럼 유사한 명령문을 반복해야만 한다. 그러나 1부터 1000까지 더하라고 했을 때에도 이런 식으로 장황한 코딩을 계속할 수는 없는 노릇이다. 여기에 필요한 것이 반복문이다.

예제 6-1

```
#include <stdio.h>
int main( ){
    int sum = 0, count;
    count = 1; ................................... ❶
    while (count <= 10){ ......................... ❷
        sum += count;
        count ++; ................................ ❸
    }
    printf("Sum of 1 to 10 is %d.\n", sum);
    return 0;
}
```

1부터 10까지 합계를 출력하는 프로그램이다. 일단 sum을 선언하면서 0으로 초기화한다. 이어 ①에 의해 count를 1로 초기화한 1, 2, 3,… 순으로 바꾸어가면서 10까지 더한다. 더하는 작업이 반복적이기 때문에 ②처럼 while 문을 쓸 수 있다. 이 문장의 의미는 만약 (count <= 10)이라는 조건을 만족하면 블록 내부 명령문을 실행하라는 것이다. 또, 매번 실행을 마칠 때마다 ②의 조건을 다시 평가하라는 것이다. 이 작업은 조건이 거짓이 될 때까지 반복된다. ③에 의해 블록 내부에서 count 값이 계속 증가하면 결국 11에 이르게 된다. 그 경우 ②의 조건이 거짓이 되어 블록 내부로 들어가지 않고 그 아래 printf 문으로 빠져나간다.

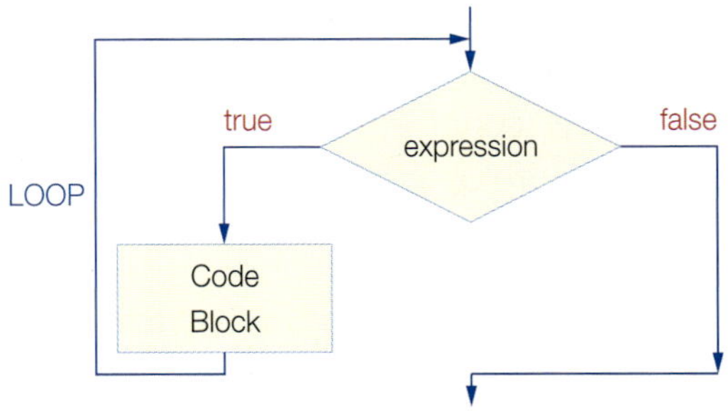

그림 6-1 while 문의 루프 구조

반복 구조를 루프 구조(Loop Structure)라고도 부른다. 그림에 보이는 것처럼 조건식이 참일 경우 코드 블록을 반복하는 모습이 고리를 이루며 빙빙 도는 모습이기 때문이다.

```
count = 1; ············································ ❶
while (count <= 10){ ······························ ❷
    sum += count; ································ ❸
    count ++; ···································· ❹
}
```

조건식에 의해 루프를 빠져나갈 수 있어야 한다.

반복문에는 항상 루프 제어 변수(Loop Control Variable)가 존재한다. 이 변수를 제어함으로써 루프를 빠져나갈 수 있는 조건이 형성된다. 예에서는 count가 그것이다. 예의 실행 과정을 추적하자면 일단 ①에 의해 count가 1로 초기화된다. 이후 ②에서 (1 <= 10)이라는 조건이 참이므로 블록 내부로 들어가 ③을 실행하고 ④에 의해 count가 2로 바뀐다. 이후 ②로 되돌아가면 (2 <= 10)이라는 조건이 참이므로 다시 블록 내부로 들어간다. 이 과정이 반복되어 count 값이 11에 이르면 ②의 조건식이 거짓이 되어 while 문을 빠져나간다.

루프 제어 변수를 제대로 관리하지 않으면 무한 루프에 빠지게 된다. 예를 들어 실수로 ④를 빠뜨렸다면 블록 내부에서 count 값은 초기화 값인 1을 그대로 유지한다. 따라서 루프가 몇 번을 돌든 ②의 조건은 항상 참이다. 결국 프로그램은 while 루프를 빠져나오지 못하고 무한정 반복된다. 이런 상황을 무한 루프(Infinite Loop)라 부른다. 무한 루프를 강제로 종료하려면 콘솔 창에서 Ctrl+C 키를 누르면 된다.

알고리즘이 되기 위한 조건 중 하나는 반드시 종료해야 한다는 것이다. 결말이 나지 않는 프로그램을 돌릴 수는 없기 때문이다. 루프를 빠져나오는 조건을 종료 조건(Termination Condition)이라 부른다. 예에서는 (count > 10)이 종료 조건이다. 루프 제어 변수를 제대로 관리하지 못하면 종료 조건에 이르지 못해 무한 루프를 돌게 된다는 점에 유의해야 한다.

```
count = 1; ·················· ❶ 초기식(Initialization)
while (count <= 10){ ······· ❷ 조건식(Condition Test)
    sum += count;
    count ++; ················ ❸ 증감식(Increment/Decrement)
}
```

반복 구조는 초기식, 조건식, 증감식으로 이루어진다.

반복 구조는 세 가지 요소로 이루어진다. 첫 번째 요소는 ①처럼 루프에 들어가기 전에 제어 변수 값을 설정하는 초기식이다. 초기식에 의해 제어 변수 값을 초기화하지 않으면 ③의 증감식에도 아무런 의미가 없다. 두 번째 요소는 ②처럼 제어 변수 값이 조건에 맞는지 테스트하는 조건식이다. 조건식이 있어야만 루프를 빠져나갈 수 있다. 세 번째 요소는 ③처럼 제어 변수 값을 변화시키는 증감식이다. 증가하거나 감소해야 한다. 변수 값이 이전 그대로 머물러 있으면 조건식을 테스트한 결과도 이전 그대로 머물러 있어 루프를 빠져나갈 수가 없다.

①의 초기식은 루프에 들어가기 이전에 단 한 번만 실행된다. ②의 조건식은 루프를 돌면서 반복적으로 평가된다. 대개 블록 내부 마지막 명령문이 ③의 증감식이다. while 문의 이러한 구조를 더욱 단순화한 것이 for 문이다.

while	for

`count = 1;`
`while (count <= 10){`
`   sum += count;`
`   count ++;`
`}`
	`for (count = 1; count <= 10; count++)`
	`   sum += count;`

그림 6-2 while 문과 for 문 비교

그림에서 보듯이 while 문의 세 가지 요소를 모두 괄호 안에 몰아넣은 것이 for 문이다. 요소 사이는 세미콜론으로 구분한다. for 문의 첫 번째 요소가 초기식, 두 번째 요소가 조건식, 세 번째 요소가 증감식이다. while 문과 마찬가지로 for 문도 블록 내부 명령문이 단 하나일 때는 굳이 중괄호로 묶을 필요가 없다.

```
for (initialize; test; increment){
   statement;
   statement;
   ...
}
```

for 문은 이러한 모습이다. 여기서 for (initialize; test; increment)는 제어 변수를 관리하기 위한 부분이고 블록 내부의 statement가 루프를 돌면서 실행해야 할 실제 명령문이다.

```
for (      ; a < 10;     ) ······················ ❶
for (a = 1; a < 10;     ) ······················ ❷
for (a = 1;        ; a++) ······················ ❸
for (a = 1; a < 10; a++){ ······················ ❹
       if (a % 2 == 0)
           sum += a;
       a+= 1;
}
```

초기식, 조건식, 증감식 중 어느 것이든 생략할 수 있다. ①처럼 초기식과 증감식이 빠진 for 문은 while 문과 같다. while (a < 10)에 해당하기 때문이다. ②처럼 해놓고 증감식을 for 블록의 내부에 위치시켜도 무방하다. 그러나 그렇게 하려면 굳이 for 문을 쓸 필요성이 줄어든다. ③처럼 조건식이 빠진 for 문은 무한 루프 형태다. 이 경우 블록 내부에 반드시 조건문이 있어야 무한 루프로부터 빠져나올 수 있다. ④처럼 블록 내부에 또 증감문이 있으면 오류가 나기 쉽다. 제어 변수 값이 블록 내부에서도 변하고 증감식에서도 변하면 값을 추적하기가 어렵기 때문이다.

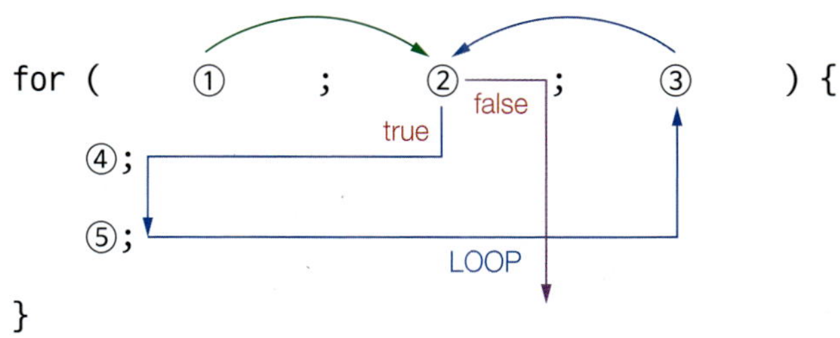

그림 6-3 for 문의 루프 구조

```
A: ① → ②(거짓) → 빠져나감
B: ① → ②(참) → ④ → ⑤ → ③ → ②(거짓) → 빠져나감
C: ① → ②(참) → ④ → ⑤ → ③ → ②(참) → ④ → ⑤ → ③ → ② ...
```

for 문의 초기화는 단 한 번만 실행된다.

for 문의 실행 순서를 살펴보자. for 문에 들어가면 일단 ①의 초기식을 실행한다. 이는 루프를 시작할 때 단 한 번만 실행된다. 곧이어 ②의 조건식을 테스트한다. A처럼 조건식이 거짓이면 곧바로 for 문을 빠져나간다. 반면에 B처럼 조건식이 참이면 ④, ⑤를 실행한다. 이어 ③의 증감식을 실행한 다음 다시 ②의 조건식을 테스트한다. 조건식이 거짓이면 for 문을 빠져나간다. 조건식이 참이면 C처럼 다시 루프 안으로 들어간다. 이 과정은 반복적이다.

예제 6-2

```
#include <stdio.h>
int main( ){
   int sum = 0, count;
   for (count = 1; count <= 10; count++)
      sum += count;
   printf("After loop, count is %d.\n", count);
   printf("Sum of 1 to 10 is %d.\n", sum);
   return 0;
}
```

1부터 10까지의 합을 구하는 프로그램을 for 문으로 작성한 예다. 결과는 동일하지만 while 문에 비해 조금 더 간단해진 느낌이다. 루프를 빠져나온 다음의 count 값에도 주목할 필요가 있다. (count <= 10)이라는 조건식을 빠져나오려면 count 값은 10이 아니라 11이 되어 있어야 한다.

```
for (count = 1; count <= 1000; count++);  ·························· ❶
for (count = 1; count <= 1000; count++){  ·························· ❷
}
```

①처럼 쓰기도 한다. 이는 그 자체로 for 문이 끝난 것이다. 따라서 count 값을 초기화한 후 계속해서 그 값을 1000까지 증가시키면서 조건식을 테스트하는 것 외에는 아무런 일도 하지 않는다. 이는 사실상 ②와 같은 뜻으로서 블록 내부에 아무런 명령문도 없으므로 아무 일도 하지 말라는 뜻이다. 이런 형태의 루프가 전혀 무의미한 것은 아니다. 그 다음 명령문 실행을 의도적으로 지연시키기 위해 count 값을 증가시키면서 시간을 끌었을 수도 있다. 블록 내부에 들어가야 할 명령문을 모두 초기식이나 조건식, 증감식에 넣었기 때문에 이런 모습이 될 수도 있다.

예제 6-3

```c
#include <stdio.h>
int main( ){
    int sum, count;
    for (sum = 0, count = 1; count <= 10;      ) ·················· ❶
        sum += count++; ·········································· ❷
    printf("Sum of 1 to 10 is %d.\n", sum);
    return 0;
}
```

콤마 연산자는 나중 것을 평가한 결과를 리턴한다.

이전 예를 달리 표현한 것이다. ①의 초기식은 sum = 0, count = 1이라는 두 개의 명령문으로 되어 있다. 여기서 콤마 연산자(Comma Operator, ',')는 2항 연산자로서 처음 피연산자와 나중 피연산자를 차례로 평가하되 나중 피연산자를 평가한 결과만 돌려준다. 예를 들어 int a = (2, 4);라고 하면 a에는 4가 대입된다. 또, result = (sum = 0, count = 1);이라고 하면 result에 1이 대입된다. sum = 0을 실행한 결과는 버려지지만 count = 1을 실행한 결과인 1이 리턴되어 result로 들어가기 때문이다.

그러나 예의 콤마 연산자는 단순히 sum과 count를 한꺼번에 초기화하기 위한 목적으로 사용되고 있다. 즉, sum = 0의 실행 결과인 0은 버려지지만 실행 도중 이미 sum에 0을 대입했다. 이는 count에 대해서도 마찬가지다. 콤마 연산자의 실행 결과를 다른 변수에 대입하지는 않았지만 실행 도중에 이미 count에 1이 들어갔다.

①의 괄호 안에는 증감식도 비어 있다. 이렇게 할 수 있는 이유는 블록 내부의 ②에서 count++에 의해 증감을 가하고 있기 때문이다. 우변의 count++가 후위 증가라는 점에도 유의해야 한다. 이는 일단 현재의 count 값을 sum에 더한 다음에 증가하라는 뜻이다. 이를 만약 ++count로 하면 결과가 제대로 나오지 않는다.

사실상 이러한 형태의 코드는 그리 바람직하지는 않다. 증감식을 비워 놓음으로 인해 제어 변수의 변화를 일목요연하게 추적하기 어렵기 때문이다. ①에서 sum = 0은 루프로 들어가기 전에 초기화하는 것이 낫다. 또 ② 대신 sum += count;라고 쓰고 count++는 ①의 증감식 위치에 넣는 것이 가독성 면에서도 낫다.

예제 6-4

```
#include <stdio.h>
int main( ){
   int sum = 0;
   for (int i = 1; i <= 10; i++)
      sum += i;
   printf("%d\n", sum);
   return 0;
}
```

Visual C 컴파일러는 함수 중간에도 변수를 선언할 수 있도록 허용한다. 예의 경우 for 문 내부의 초기식에서 int i를 선언하면서 동시에 1로 초기화하고 있다. 그러나 컴파일러에 따라서는 함수 중간에 변수를 선언하지 못하도록 하는 것도 있다. 또, 변수 선언이 함수 내부에 여기저기 흩어져 있으면 그 함수가 사용하는 변수를 한눈에 확인하기 어렵다. 그런 점을 감안하여 이 책의 변수 선언은 모두 함수 시작 부분에 몰아넣기로 한다.

예제 6-5

```
#include <stdio.h>
int main( ){
   int num;

   printf("Enter a number to be converted.\n"); ······················ ❶
   scanf("%d", &num); ················································· ❷
   while (num >= 0){ ·················································· ❸
      printf("%d is %X in hexadecimal.\n", num, num); ················ ❹
      printf("Enter a number to be converted.\n");
      scanf("%d", &num);
   }
   return 0;
}
```

```
Enter a number to be converted.
16
16 is 10 in hexadecimal.
Enter a number to be converted.
30
30 is 1E in hexadecimal.
Enter a number to be converted.
-1
```

입력 10진수를 16진수 형태로 찍기 위한 프로그램으로서 입출력을 반복하기 위해 while 문을 쓰고 있다. 이 프로그램은 음의 정수를 입력하면 ③의 조건식에 의해 실행을 종료한다. ④의 printf 함수가 음수에 대해서는 16진 변환을 못하기 때문이다. 이처럼 계속해서 입력을 받아 루프를 돌릴 때는 조금 번거로운 점이 있다. 루프 밖에서 첫 입력을 받기 위한 ①, ② 명령문을 루프 내부에도 그대로 반복해야 하기 때문이다. 이렇게 된 이유는 첫 입력을 받지 않고는 ③의 조건식을 테스트할 수 없기 때문이다. 또, 루프 내부에도 반복해야 하는 이유는 루프를 돌 때마다 새로운 입력을 받아야 하기 때문이다.

예제 6-6

```
#include <stdio.h>
int main( ){
    int num;
    while (1){ .......................................... ❶
        printf("Enter a number to be converted.\n"); ....... ❷
        scanf("%d", &num); ................................. ❸
        if (!(num >= 0)) ................................... ❹
            break; ......................................... ❺
        printf("%d is %X in hexadecimal.\n", num, num);
    }
    return 0;
}
```

이러한 번거로움을 피하려면 [예제 6-5]를 이처럼 짤 수도 있다. ①의 조건식에 1을 넣었기 때문에 항상 참이다. 항상 참이므로 무조건 블록 안으로 들어간다. 이른바 무한 루프(Infinite Loop)다. 이를 for (; ;)라고 해도 된다. 아무런 초기식, 조건식, 증감식이 없는 상태에서 조건식을 참으로 간주하여 실행을 계속하기 때문이다. 이렇게 한 다음에 루프 안으로 들어가 ②, ③에 의해 입력을 받아들인다. 이렇게 하면 첫 입력을 받기 위한 루프 바깥의 명령문은 불필요해진다.

break 문을 만나면 루프를 빠져나간다.

그러나 이 경우 반드시 블록 내부에서 ④처럼 if 문을 추가해야 한다. ①에서 루프를 빠져나가기 위한 아무런 조건도 테스트하지 않았기 때문이다. 음수가 입력되면 ④의 조건 테스트에 의해 ⑤의 break 문(break statement)이 실행되어 루프를 빠져나간다. 프로그램이 실행되자마자 처음부터 음수가 들어오는 특수한 경우라도 이 프로그램은 정상적으로 작동한다. break 문에 의해 곧바로 루프를 빠져나오기 때문이다.

while	do while

while (expression){
   statement;
   statement;
}
	do{
	   statement;
	  statement;
	} while (expresssion)

그림 6-4 while 문과 do while 문 비교

do while 문은 일단 실행한 다음에 조건을 테스트한다.

do while 문은 while 문을 변형한 구조다. 그림에서 보듯이 while 문은 루프를 돌기 전에 조건식을 테스트한다. 따라서 조건식이 거짓이면 처음부터 아예 블록 안으로 들어가지 않기 때문에 while 루프는 단 한 번도 실행되지 않을 수 있다. 반면에 do while 문은 일단 블록 내부 명령문을 실행한 다음에 조건식을 테스트하여 다시 루프를 돌 것인지를 결정한다. 따라서 처음에는 무조건 블록 안으로 들어가므로 do while 루프는 최소한 한 번은 실행된다.

예제 6-7

```
#include <stdio.h>
int main( ){
    int num;
    do{
        printf("Enter a number to be converted.\n");
        scanf("%d", &num);
        printf("%d is %X in hexadecimal.\n", num, num); ················❶
    } while (num >= 0); ·············································❷
    return 0;
}
```

첫 입력이 음수가 아니라고 가정하면 이전 예의 프로그램을 예처럼 do while 문을 써서 작성할 수 있다. 이 경우 루프 밖에서 첫 입력을 받을 필요도 없고 무한 루프를 돌릴 필요도 없기 때문에 이전 예의 while 문보다 간단해진다. 그러나 do while 문은 처음 한 번은 무조건 블록 내부의 명령문을 실행한 다음에 ②의 조건을 테스트한다는 점에 유의해야 한다. 따라서 만약 처음부터 음수를 입력하면 ①의 printf 문은 제대로 동작하지 않는다.

02 반복 구조 예시

복리 계산은 반복을 요한다. 원금 p, 연리 i라 할 때 y년 후의 원리금 합계를 복리로 계산하면 $p(1 + i)^y$이다. 원금, 연리, 햇수를 입력받아 원리금 합계를 계산하는 프로그램을 작성해 보자.

예제 6-8

```
#include <stdio.h>
int total(int, double, int);

int main( ){
   int principal; double interest; int years;      // 원금, 연리, 햇수
   printf("Enter principal, annual interest, and years.\n");
   scanf("%d%lf%d", &principal, &interest, &years);
   printf("Total is %d.\n", total(principal, interest, years));
   return 0;
}

int total(int p, double i, int y){
   double rate = 1.0; ························ ❶
   while (y > 0){ ···························· ❷
      rate *= (1.0 + i); ···················· ❸
      y--; ································· ❹
   }
   return (int)(p * rate); ···················· ❺
}
```

```
Enter principal, annual interest, and years.
200 0.15 2
Total is 264.
```

while 문을 사용한 예다. total 함수 내부의 while 루프에서 제어 변수인 y는 초기화할 필요가 없다. 매개변수로 건네받았기 때문이다. ④의 증감에 의해 while 루프 내부에서 y 값은 하나씩 감소한다. 예를 들어 y가 4로 들어오면 ②의 조건식을 통과하여 블록 내부로 들어간다. 반복을 계속함에 따라서 y 값은 4, 3, 2, 1로 줄어들고 0이 되면 루프를 빠져나간다. 따라서 ③은 네 번 반복된다. 그때마다 (1.0 + i)가 rate에 곱해지므로 rate의 최종적인 값은 $(1.0 + i)^4$이 된다. 여기서 주의할 점은 처음에 ①에 의해 rate를 반드시 1.0으로 초기화해야 한다는 점이다. 이 값이 정의되어 있지 않으면 ③의 연산도 정의되지 않기 때문이다. 또, 금액이 부동소수가 될 수는 없으므로 ⑤에서 형 변환 연산자를 써서 정수형으로 변환해야 한다.

while loop	for loop

ⓐ
`while (y > 0){`
`    rate *= (1.0 + i);`
`    y--;`
`}`
	ⓑ
	`for (; y > 0; y--)`
	`    rate *= (1.0 + i);`

ⓒ
`int count = 0;`
`while (count < y){`
`    rate *= (1.0 + i);`
`    count++;`
`}`
	ⓓ
	`int count;`
	`for (count = 0; count < y; count++)`
	`   rate *= (1.0 + i);`

그림 6-5 while loop vs. for loop

ⓐ처럼 y를 감소시키면서 루프를 제어할 수도 있지만 그 경우 매개변수 y 값이 변하게 된다. 따라서 while 루프를 빠져나오면 원래의 y 값을 복원할 수가 없다. 때로는 루프를 빠져나온 이후 원래의 y 값을 재사용해야 할 때도 있다. 그 경우 ⓒ처럼 또 다른 변수 count를 제어 변수로 쓸 수 있다.

ⓐ의 while 문을 for 문으로 바꾸면 ⓑ가 된다. 여기서 괄호 안에 초기화가 비어 있는 이유는 매개변수로 건네받았기 때문이다. 물론 그 경우에도 조건식과 구분하기 위해 세미콜론은 넣어야 한다. ⓒ의 while 문을 for 문으로 바꾸면 ⓓ가 된다.

루프가 정확히 몇 번 반복되는지를 확인하려면 제어 변수에 임의의 수치를 넣고 그 값이 루프를 돌 때마다 어떻게 변하는지 연필로 써 보는 것이 가장 좋은 방법이다. 이전 예에서는 y에 4

를 넣어서 테스트해 본 것이다. 이러한 방법을 연필 추적(Pencil Tracing)이라 부른다. 연필 추적도 디버깅을 위한 좋은 방법이다.

```
#define EOF -1
```

stdio.h는 EOF를 예처럼 정의하고 있다. 여기서 EOF(End of File)라는 상수는 두 가지 목적으로 쓰인다. 첫째, 입력이 정상적일 경우 함수 실행 결과 파일 끝에 도달했음을 알리기 위한 리턴 값으로 쓰인다. 둘째, 입력 함수를 실행하는 도중에 오류가 발생할 경우 그것을 알리기 위한 리턴 값으로도 쓰인다. 사실상 컴퓨터 하드웨어나 소프트웨어 환경에 문제가 있지 않은 한, 입출력 함수를 실행하는 도중 오류가 발생할 일은 거의 없다. 또, 그로 인해 오류가 발생할 경우에 대처할 방법도 없다. 그런 점에서 EOF는 주로 파일의 끝에 도달했는지 확인하기 위한 목적으로 쓰인다.

```
int getchar( );
int putchar(int ch);
```

getchar(get character)도 scanf와 마찬가지로 stdio.h에 정의된 표준 입력 함수다. 이 함수는 단순히 문자 하나를 입력받아 해당 아스키코드 값을 돌려준다. 물론 getchar 대신 scanf("%c", &ch);라고 해도 같은 효과를 초래한다. 그러나 getchar는 scanf처럼 다양한 입력 형식을 지원하지는 않는다. getchar가 입력 함수라면 putchar(put character)는 출력 함수다. 이 역시 stdio.h에 정의된 함수로서 문자 하나를 표준 출력 장치인 화면에 찍는 역할을 한다. 또, 출력 중 오류가 일어날 경우 EOF를 돌려준다.

문자 하나를 읽을 때는 getchar 함수가 효율적이다.

단순히 문자 하나를 읽을 때는 scanf 함수보다 getchar 함수가 효율적이다. getchar 함수에 비해 scanf 함수는 복잡한 입력 형식을 처리해야 하기 때문에 코드가 길어질 뿐 아니라 형식 지정자를 처리하는 과정에 시간이 소요되기 때문이다. 같은 맥락에서 단순히 문자 하나를 출력할 때는 printf 함수보다 putchar 함수가 효율적이다. 파일 끝을 나타내는 EOF가 돌아올 때까지 입력받은 문자를 화면에 메아리치는(Echo) 프로그램을 작성해 보자.

예제 6-9

```
#include <stdio.h>
int main( ){
    int ch; ······································ ❶
    for (  ;  ;  ){ ······························ ❷
        ch = getchar( );
        if (ch == EOF) ··························· ❸
            break; ······························· ❹
        else
            putchar(ch);
    }
    return 0;
}
```

```
a
a
b
b
^z
```

break 문은 switch 문을 빠져나가거나 루프를 빠져나갈 때 쓰인다.

계속해서 입력을 받아야 하기 때문에 루프 구조가 필요하다. 그런데 ②의 for 문을 보면 초기식, 조건식, 증감식이 모두 빠져 있는 이른바 무한 루프 형태다. 여기서 루프를 빠져나갈 수 있는 유일한 방법은 ④의 break 문이다. break 문은 switch 문을 빠져나가는 데에도 쓰이지만 루프를 빠져나가는 데에도 쓰인다. 따라서 ③의 조건식이 참이 되면 곧바로 for 루프를 빠져나가 프로그램이 종료된다.

표준 입력 장치인 키보드에서 파일 끝을 표시하려면 Ctrl+Z를 입력하면 된다. 그러나 Visual C 버전에 따라서는 Enter, Ctrl+Z, Enter를 치거나 [도움말]-[업데이트 확인]을 눌러 최신 버전으로 업데이트를 해야만 하는 것도 있다. 유닉스 운영체제라면 Ctrl+D를 입력해야 한다. 유의해야 할 점은 Ctrl+Z의 아스키코드 값이 −1(EOF)은 아니라는 점이다. 파일 끝이라는 특수한 경우를 만날 때 getchar 함수가 돌려주는 값이 −1일 뿐이다. 아스키코드 표에 의하면 Ctrl+Z는 10진수 26이라는 값을 갖는다.

키보드에서 문자를 입력하면 그 즉시 입력한 문자가 화면에 보인다. 그러나 이는 사용자가 입력을 제대로 했는지 확인하라는 차원에서 운영체제가 화면에 보여주는 에코일 뿐, 프로그램이 보여주는 에코가 아니다. 문자를 입력한 후 Enter를 눌러 그것을 입력 버퍼로 저장해야 비로소 getchar가 실행되어 순차적으로 문자를 읽어온다. 모든 입출력 함수는 화면에 보이는 문자가 아니라 입력 버퍼에 있는 문자를 대상으로 실행되기 때문이다.

EOF를 받아들이려면 정수형으로 선언해야 한다.

①에서 char ch;라고 선언하는 대신 int ch;라고 선언한 데에는 이유가 있다. 아스키코드에 의하면 모든 문자는 0 이상의 양의 정수로 표현되기 때문에 시스템에 따라서는 char 형을 아예 unsigned char 형으로 구현하기도 한다. 그러나 EOF는 음수이기 때문에 unsigned char 형으로 구현할 경우 ch에 EOF(−1)를 대입할 수 없다. 따라서 ③의 (ch == EOF)도 평가할 수 없다. ①에서 ch를 int 형으로 정의한 이유는 이 때문이다. 다시 말해서 프로그래머 입장에서는 자신이 사용하는 시스템이 char 형을 signed로 구현하는지 unsigned로 구현하는지 알 수 없기 때문에 ch를 아예 int 형으로 선언함으로써 EOF를 받을 수 있게 만든 것이다.

②처럼 무한 루프를 돌릴 때는 항상 주의해야 한다. 실수로 루프 내부에 break 문을 빠뜨리면 실제로 무한 루프가 돌아 디버깅이 어렵기 때문이다. ④처럼 break 문을 포함시켜도 무한 루프가 돌 수 있다. ③의 조건식이 참이 되는 경우가 없을 때다. 이 경우 역시 디버깅을 어렵게 만든다.

예제 6-10

```
#include <stdio.h>
int main( ){
   int ch; ········································ ❶
   printf("Enter a character.\n");
   scanf("%c", &ch); ······························ ❷
   if (ch == 'y') ································ ❸
      printf("yes.\n");
   else
      printf("no.\n");
   return 0;
}
```

```
Enter a character.
y
no.
```

scanf 함수를 써서 정수 변수에 문자를 넣을 때 유의할 점이 있다. 예의 프로그램은 제대로 작동하지 않는다. 'y'를 입력해도 'no'가 프린트된다. 이는 입력한 'y'가 정수형 변수 ch에 제대로 들어가지 않았기 때문이다. C 언어는 문자를 1바이트 정수로 취급한다. 그러나 ①에 의해 정수형 변수 ch에는 4바이트가 할당된다. 그런데 이 변수는 초기화를 하지 않았으므로 ②에서 읽은 'y'의 아스키코드 값인 10진수 121을 하위 1바이트에 넣더라도 상위 3바이트에는 아직 초기화되지 않은 쓰레기 값이 그대로 남아 있다.

정수형보다 작은 자료형은 정수형으로 바뀐 다음에 연산이 가해진다.

char, short 타입의 자료형은 일단 정수형으로 바뀐 다음에 연산이 가해진다. 이를 정수 승격(Integer Promotion)이라 부른다. ③의 조건식에 있는 문자형 상수 'y'도 4바이트 정수로 승격한 다음에 비교 연산이 가해진다. 그 과정에서 'y'는 상위 3바이트를 모두 0으로 채워 넣은 정수로 바뀐다. 예는 그것이 쓰레기 값이 남아 있는 ch와 같지 않기 때문에 일어난 오류다. 이 문제를 해결하려면 ①을 int ch = 0;이라고 해서 0으로 초기화시켜야 한다. 그래야 4바이트 모두 0으로 초기화된 상태에서 하위 1바이트에 'y'를 넣기 때문에 정수 승격이 가해진 'y'와 같아진다.

getchar 함수를 쓰면 초기화를 하지 않고도 동일한 효과를 기할 수 있다. 이 함수는 디폴트로 4바이트 정수형 값을 리턴하기 때문이다. 다시 말해 ② 대신 ch = getchar( );라고 해서 문자를 읽으면 자동으로 ch의 상위 3바이트가 0으로 채워진다. getchar 함수를 쓰면 ①을 char ch;라고 선언해도 좋다. 그 경우 getchar가 리턴한 4바이트 정수와 1바이트 정수 ch를 비교하는 과정에서 ch를 4바이트 정수로 바꾸는 자동 형 변환이 일어난다. 또, 그 결과 ch의 상위 3바이트가 0으로 채워진다. 정수 승격이든 자동 형 변환이든 모두가 임시로 형을 바꾸어 연산에 활용하는 것일 뿐이고 변수 선언 당시의 원래 자료형은 그대로 유지된다.

<table>
<tr><td>ⓐ</td><td><pre>ch = getchar( );
while (ch != EOF){
   putchar(ch);
   ch = getchar( );
}</pre></td></tr>
<tr><td>ⓑ</td><td><pre>while ((ch = getchar( )) != EOF)
    putchar(ch);</pre></td></tr>
<tr><td>ⓒ</td><td><pre>for (ch = getchar( ); ch != EOF; ch = getchar( ))
    putchar(ch);</pre></td></tr>
</table>

그림 6-6 초기식, 조건식, 증감식을 표현하는 서로 다른 방식

프로그램에는 항상 한 가지 방식만 있는 것이 아니다. ⓐ, ⓑ, ⓒ 모두 [예제 6-9]와 동일한 결과를 초래한다. ⓐ는 초기식, 조건식, 증감식을 모두 갖춘 모습이다. 여기서 증감은 제어 변수를 증감시키는 것이 아니라 getchar( )에 의해 ch에 새로운 값을 읽어들이는 것이다. ⓑ처럼 조건식 안에서 직접 문자를 읽어들일 수도 있다. 이렇게 되면 ch = getchar( )를 실행한 결과를 돌려주는 ch 값이 EOF와 비교된다.

대입 연산자의 우선순위가 가장 낮다.

이를 (ch = getchar( ) != EOF)라고 해서 괄호를 생략해서는 안 된다는 점에도 유의해야 한다. 관계 연산자가 대입 연산자보다 우선순위가 높기 때문에 그 경우 (ch = (getchar( ) != EOF))로 평가되어 ch에 논리 연산의 결과인 0 또는 1이 들어가기 때문이다. 초기식, 조건식, 증감식을 하나의 for 문으로 표현한 것이 ⓒ다.

아스키코드 규약에 의하면 영어 대문자는 'A'(65)부터 'Z'(90) 사이에 순차적으로 나열되어 있다. 또, 소문자는 'a'(97)부터 'z'(122) 사이에 나열되어 있다. 따라서 소문자 'a'를 대문자 'A'로 바꾸려면 소문자에서 32를 빼면 된다. 파일 끝 기호가 들어올 때까지 입력받은 소문자를 대문자로 바꾸어 출력하는 프로그램을 작성해 보자. 단, 대문자가 입력될 때는 그대로 출력하기로 한다.

예제 6-11

```
#include <stdio.h>
int main( ){
   int ch;

   printf("Enter a character.\n");
   for (ch = getchar( ); ch != EOF; ch = getchar( )){ ··············❶
      if (ch >= 'a' && ch <= 'z') ····································❷
         ch -= 'a' - 'A'; ············································❸
      putchar(ch); ···················································❹
      putchar('\n');
      getchar( ); ····················································❺
      printf("Enter a character.\n");
   }
   return 0;
}
```

```
Enter a character.
b
B
Enter a character.
B
B
Enter a character.
```

①처럼 초기식, 증감식에서 문자를 읽으면서 for 문을 돌릴 수 있다. ②의 if 문에 의해 ch가 영문 소문자인지를 확인할 수 있다. 소문자라면 ③에 의해 아스키코드 값이 32만큼 줄어 대문자가 된다. 이를 ch -= 32;라고 하지 않은 이유는 가독성을 높이기 위해서다. ④에서 대문자를 화면에 출력한다. 만약 입력이 대문자이면 ②의 조건식이 거짓이 되므로 ③을 건너뛰고 ④에서 대문자 그대로를 출력한다. ⑤는 한 줄 입력이 끝날 때마다 버퍼에 남아 있는 엔터 키를 먹어치우기 위한 것이다.

예제 6-12

```
#include <stdio.h>
#include <ctype.h>
int main( ){
   int ch;
   printf("Enter a character.\n");
   for (ch = getchar( ); ch != EOF; ch = getchar( )){
      if (islower(ch))
         ch = toupper(ch);
      putchar(ch);
      putchar('\n');
      getchar( );
      printf("Enter a character.\n");
   }
   return 0;
}
```

라이브러리 함수를 이용해도 된다. ctype.h 파일에는 character type과 관련된 함수들이 정의되어 있다. islower는 소문자인지 확인하는 함수이고 toupper는 소문자를 대문자로 변환하는 함수다.

함수 원형	의미	리턴 값
int isalpha(int)	알파벳인지 확인	1(true), 0(false)
int isdigit(int)	숫자인지 확인	1(true), 0(false)
int islower(int)	소문자인지 확인	1(true), 0(false)
int isupper(int)	대문자인지 확인	1(true), 0(false)
int toupper(int)	대문자로 변환	대문자의 아스키 값
int tolower(int)	소문자로 변환	소문자의 아스키 값

그림 6-7 ctype.h 함수

문자형 변수를 처리하는 함수는 ctype.h에 정의되어 있다.

ctype.h에 정의된 함수 일부다. 모든 함수가 정수형 인자를 건네받아 정수형 값을 돌려준다. 확인을 위한 함수의 경우 리턴 값이 1이면 참, 0이면 거짓을 의미한다. 대소문자 변환 함수의 경우 바뀐 문자의 아스키코드 값을 돌려준다. 대문자로 변환하는 함수에 대문자가 입력되면 원래 문자의 아스키코드 값을 그대로 돌려준다.

주사위를 세 번 던져 나오는 값의 합이 N이 되는 경우를 나열하는 프로그램을 작성해 보자. 단, N은 입력 정수로서 2보다는 크고 19보다는 작아야 한다. 문제가 무엇인지 또, 해결 방법이 무엇인지 생각나지 않으면 예를 들어 보면서 시작하는 것이 좋다. 처음 주사위를 던지면 1부터 6까지의 숫자가 나올 수 있다. 각각의 경우에 대해 또 다시 주사위를 던지면 그 역시 1부터 6까지의 숫자가 나올 수 있다. 마지막 주사위도 마찬가지다. N이 9일 때를 가정해 보자. 만약 처음에 1이 나오고 다음에 2가 나왔다면 마지막 주사위가 6이 나와야 합이 9가 된다.

예제 6-13

```
#include <stdio.h>
int main( ){
   int num, i, j, k;
   printf("Enter an integer between 2 and 19.\n");
   scanf("%d", &num);
   for (i = 1; i <= 6; i++){ ........................ ❶
      for (j = 1; j <= 6; j++){ ..................... ❷
```

```
        for (k = 1; k <= 6; k++){ ··································· ❸
            if (i + j + k == num) ···································· ❹
                printf("Sum of %d, %d, %d is %d.\n", i, j, k, num); ···· ❺
        }
    }
  }
  return 0;
}
```

for 문 안에 for 문이 있으면 중첩 for 문이다.

중첩 for(Nested for)는 for 문 내부에 for 문이 들어간 것을 말한다. 이는 마치 if 문 내부에 if 문이 들어간 것과 같은 모습이다. 예는 ①, ②, ③으로 이루어진 3중 for 문이다. 가장 안쪽의 for 문인 ③ 내부에 ④의 if 문이 자리 잡고 있다. 이 if 문의 조건이 참이면 ⑤를 실행한다. 다시 말해서 세 숫자의 합이 입력된 숫자와 같으면 출력한다. 가장 안쪽 루프인 ③의 for 문이 끝나면 그 직전의 루프인 ②의 for 문으로 되돌아간다. 또 ②의 for 문이 끝나면 그 직전의 루프인 ①의 for 문으로 되돌아간다. 이처럼 루프를 도는 과정에서 1부터 6까지 모든 i, j, k에 대해서 그 합이 num과 같은지를 확인할 수 있다.

실행 과정을 연필로 추적해 보자. 일단 ①에 의해 i를 1로 초기화하고 조건식을 테스트하면 (1 <= 6)이므로 블록 안으로 들어간다. 그 상태에서 ②를 실행하면 이 역시 j를 1로 초기화하고 조건식을 테스트하면 (1 <= 6)이므로 다시 블록 안으로 들어간다. ③도 마찬가지다. 이 역시 k를 1로 초기화하고 조건식을 테스트하면 (1 <= 6)이므로 또 다시 블록 안으로 들어간다. 이 경우 (i, j, k) = (1, 1, 1)이므로 만약 사용자가 N 값으로 9를 입력했다면 ④의 if 문이 거짓이 되어 ⑤를 실행하지 않고 빠져 나간다.

그 다음이 중요하다. 현재 가장 안쪽에 있는 ③의 루프를 실행 중이므로 그 다음 실행해야 할 것은 ③의 증감식인 k++다. 따라서 i, j 값은 여전히 1로 고정한 채 k 값이 2로 바뀐다. 계속해서 루프를 돌아 k 값이 7로 바뀌면 그제야 ③의 루프를 빠져나와 이제 그 직전의 루프인 ②의 증감식 j++를 실행하여 j 값이 2로 바뀐다. 이후 계속해서 루프를 돌아 j 값이 7로 바뀌면 그제야 ②의 루프를 빠져나와 이제 그 직전의 루프인 ①의 증감식 i++를 실행하여 i 값이 2로 바뀐다. 이처럼 중첩 루프를 빠져나갈 때에는 안쪽에서 바깥쪽을 향해 빠져 나간다.

결국 예의 (i, j, k)는 (1, 1, 1), (1, 1, 2), ···, (1, 1, 6), (1, 2, 1), (1, 2, 2), ···, (1, 2, 6), (1, 3, 1), ···, (1, 6, 6), (2, 1, 1), ··· (6, 6, 6) 순으로 모든 i, j, k 조합을 거치면서 합이 N이 될 때만 결과를 출력한다. ④ 직전에 printf("%d %d %d\n", i, j, k);를 삽입해 보면 인덱스 값의 변화를 추적할 수 있다.

난이도를 조금 높여 소문자만으로 이루어진 문장이 입력되었을 때 모든 단어의 첫 글자를 대문자로 바꾸는 프로그램을 작성해 보자.

1. 단어가 시작하는 첫 문자는 대문자로 변환해야 한다. 그렇다면 새로운 단어가 시작한다는 사실은 어떻게 알 수 있는가? 빈칸 이후에 알파벳이 나오면 그것이 새로운 단어의 시작을 알리는 신호탄이 될 것이다. 그렇다면 현재 상태가 빈칸을 읽은 상태라는 사실을 알고 있어야 알파벳이 나올 때 그것을 새로운 단어의 첫 문자로 간주할 수 있을 것이다.

2. 단어의 첫 문자를 제외한 나머지 문자는 모두 소문자 그대로 출력해야 한다. 그렇다면 지금 읽은 문자가 첫 문자인지 아니면 나머지 문자인지는 어떻게 알 수 있는가? 현재 상태가 이미 첫 문자를 읽어 대문자로 바꾸고 난 상태라는 사실을 알고 있어야 이후 문자를 읽을 때 그것을 나머지 문자로 간주할 수 있을 것이다.

이상은 입력 값이 들어올 때마다 어떻게 대처해야 할지를 나열해 본 것이다. 1, 2를 종합하면 결론은 하나다. '현재 프로그램이 처한 상태에 따라 읽어들인 문자를 어떻게 처리할지를 결정해야 한다'는 사실이다.

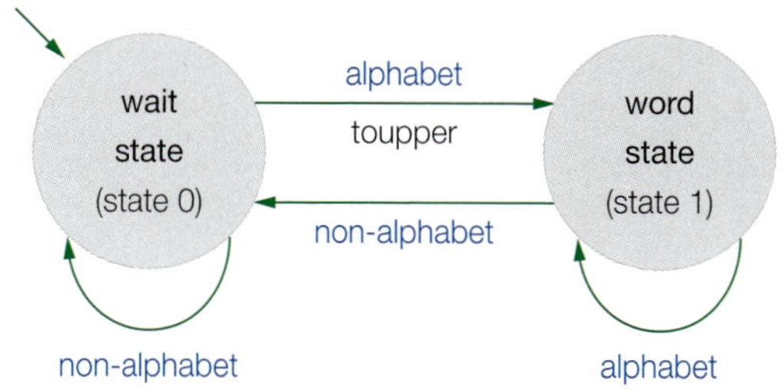

그림 6-8 상태 전이도

이를 다이어그램 형태로 그려보면 그림과 같이 두 가지 상태로 나타낼 수 있다. 단어를 기다리는 대기 상태(Wait State)와 단어로 들어간 상태(Word State)가 그것이다. 프로그램이 시작하면 일단 대기 상태로 들어간다. 이 상태에서 알파벳이 들어오면 그것을 새로운 단어가 시작하는 첫 문자로 간주하여 대문자를 출력하고 단어 상태로 옮겨간다. 단어 상태에서 알파벳이 들어오면 그것을 단어 내부의 나머지 문자로 간주하여 소문자 그대로 출력하고 계속 단어 상태로 남아 있다. 그러나 이 상태에서 알파벳이 아닌 값(예를 들어 빈칸)이 들어오면 단어가 끝난 것으로 간주하여 그것을 출력한 다음에 다시 대기 상태로 옮겨간다.

예제 6-14

```
#include <stdio.h>
#include <ctype.h>
int main( ){
    int ch, state; ············································ ❶

    state = 0; ················································ ❷
    printf("Enter a sentence in lowere-case letters.\n");
    for (ch = getchar( ); ch != '\n'; ch = getchar( )){
        switch (state){
            case 0:
                if (isalpha(ch)){ ····························· ❸
                    putchar(toupper(ch)); ····················· ❹
                    state = 1; ································ ❺
                }
                else
                    putchar(ch); ·············································· ❻
                break;
            case 1:
                putchar(ch); ·············································· ❼
                if (!isalpha(ch)) ································· ❽
                    state = 0; ································ ❾
                break;
        }
    }
    putchar('\n');
    return 0;
}
```

```
Enter a sentence in lower-case letters.
in spring, flowers are in full blossom.
In Spring, Flowers Are In Full Blossom.
```

①의 state가 현재 상태를 추적하기 위한 변수다. 이 변수의 값이 0이면 대기 상태(Wait State)이고 1이면 단어 상태(Word State)다. 프로그램이 시작되면 일단 ②에서 state 변수를

0으로 초기화함으로써 대기 상태로 들어간다.

switch 문이 상태별로 해야 할 일을 기술한다. 대기 상태일 때 읽어들인 값이 알파벳이면 ③이 참이 되고 따라서 ④에 의해 그것을 대문자로 바꾸어 출력한다. 곧이어 ⑤에 의해 단어 상태로 옮겨간다. 반면에 읽어들인 값이 알파벳이 아니면 ⑥에 의해 읽은 값을 그대로 출력한다. break에 의해 switch 문을 빠져나가더라도 바깥에 for 문이 둘러싸고 있으므로 계속 새로운 문자를 읽어들인다.

현재 상태가 단어 상태라면 ⑦에 의해 읽어들인 문자를 그대로 화면에 찍는다. 만약 그 문자가 알파벳이 아니면 ⑧이 참이 되어 ⑨에 의해 다시 대기 상태로 옮겨간다. 빈칸 다음에 시작하는 새로운 단어를 기다려야 하기 때문이다. 반면에 그 문자가 알파벳이면 계속 단어 상태로 남아 있어야 한다. 이 역시 switch 문을 빠져나가더라도 for 루프는 계속된다. 읽어들인 문자가 '\n'(Enter)일 때 비로소 for 문이 끝난다.

컴퓨터는 거대한 상태 전이 기계다.

컴퓨터는 거대한 상태 전이 기계(State Transition Machine)다. 프로그램이란 기본적으로 이 상태에서 저 상태로, 저 상태에서 다시 다른 상태로 옮겨가는 과정이기 때문이다. 컴퓨터를 FSM(Finite State Machine, 유한 상태 기계)이라고 부르기도 한다. 여기서 유한 상태라는 말은 상태의 개수가 유한함을 뜻한다. FSM에서 어떤 상태에서 다른 상태로 옮겨가는 것을 전이(Transition)라고 부른다. 상태와 상태 사이의 전이를 위한 조건을 명시함으로써 FSM이 정의된다. [그림 6-8]의 FSM도 두 개의 상태와 그 사이의 전이 조건으로 이루어져 있다. 이처럼 상태 전이를 나타낸 그림을 상태 전이도(State Transition Diagram)라 부른다.

모든 알고리즘에 FSM 개념이 내재되어 있다. 변수에 값을 대입해도 상태 변화다. 입력에 음수가 들어오면 프로그램을 끝내는 것도 상태 변화다. 1000원짜리 음료 자판기에 500원짜리 동전을 하나 넣으면 이제 500원을 넣은 상태로 바뀐다. 이어 500원을 더 넣으면 음료를 꺼낼 수 있는 상태로 바뀐다. 승강기도 마찬가지다. 3층에서 1층으로 내려가려는 승객이 버튼을 눌렀다고 해 보자. 1층에 있던 승강기가 그리로 올라가는 도중 만약 5층에서 1층으로 내려가려는 승객이 버튼을 누르면 승강기는 일단 5층으로 올라가도록 설계되어 있다. 5층에서 내려가면서 한꺼번에 두 승객을 태우기 위해서다. 정지 상태, 올라가는 상태, 내려가는 상태 등 세 가지 상태에서 각각 어떻게 움직일 것인지, 즉 어떤 상태로 옮겨갈 것인지가 사용자 입력 조건에 따라 결정된다.

컴파일러가 소스코드를 번역하는 데에도 FSM이 활용된다. 컴파일의 첫 단계인 어휘 분석기(Lexical Analyzer)는 소스코드를 일련의 토큰(Token, 징표)으로 바꾸는 역할을 한다. 예를 들어, a = b + c;라고 하면 어휘 분석기는 이를 'id', '=', 'id', '+', 'id', ';'라는 여섯 개의 토큰으로 바꾼다. 그래야 a, b, c를 변수명(id, Identifier)으로, '=' 기호를 대입 연산자로, '+' 기호를 산술 연산자로, 세미콜론을 문장 끝 기호로 인식할 수 있기 때문이다. 변수명은 물론 예약어, 연산자, 세미콜론 등 모든 것이 토큰이 될 수 있다.

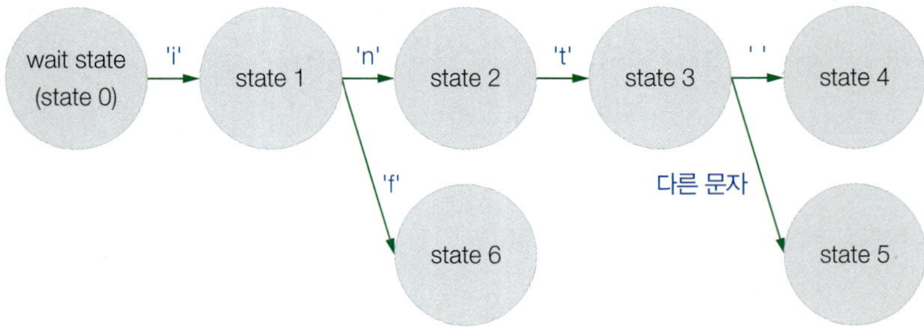

그림 6-9 예약어 int를 인식하기 위한 상태 전이도

어휘 분석기는 토큰의 종류까지도 분간할 수 있어야 한다. 그림에서 보듯이 현재 'i'를 읽은 상태인 state 1에서 다음 문자로 'n'이 들어오면 컴파일러는 state 2로 옮겨간다. 만약 다음 문자로 't'가 들어오면 state 3으로 간다. 이 상태에서 빈칸(' ')이 들어오면 state 4에 도달해 컴파일러는 이제 그것이 int라는 자료형이었다고 결론짓는다. 그러나 만약 state 3에서 빈칸이 아닌 다른 문자가 들어오면 state 5로 간다. 자료형이 아니므로 컴파일러는 이것이 혹시 변수명은 아닐까 하고 생각하기 때문이다. 사실 [그림 6-9]는 많은 상태를 생략하고 있다. state 1에서 'f'가 들어오면 컴파일러는 이것이 혹시 if 문의 시작을 알리는 토큰이 아닐까 하여 또 다른 상태인 state 6으로 갈 수도 있다.

흐름도도 상태 변화를 나타내기 위한 수단이라 할 수 있다. 예를 들어, if 문에 의해 분기가 일어나면 분기 이전 상태에서 분기 이후의 상태로 바뀐다. 그러나 FSM 다이어그램과 달리 흐름도에는 State 1, State 2라는 구체적인 상태 변화가 나타나 있지 않다. 물론 상태를 명시하지 않고도 문제를 해결할 수 있으면 그렇게 해도 무방하다. 그러나 이전 예처럼 상태 변화를 추적하는 것이 유리할 때는 FSM 다이어그램을 그려 보면서 프로그램을 작성하는 편이 더욱 유리하다.

03 break 문과 continue 문

소수(Prime Numbers)란 자신과 1을 제외하고는 약수가 없는 숫자를 말한다. 예를 들어 숫자 100이 소수인지를 판정하려면 2부터 99까지의 모든 수로 나누어 보면 된다. 2부터 10(=sqrt(100))까지의 숫자로만 나누어 보아도 된다. 만약 100이 두 수의 곱으로 표현된다면 두 수 모두 10보다 클 수는 없기 때문에 약수 중 하나는 10보다 작거나 같기 때문이다. 입력이 짝수이면 2로 나누어 떨어지기 때문에 짝수는 소수가 아니라고 판단해도 된다. 그러나 프로그램을 단순화하기 위해 여기서는 모든 수로 나누어 보기로 한다.

예제 6-15

```
#define true 1
#define false 0
#include <stdio.h>
int main( ){
   int max, num, i, is_prime;

   printf("Enter an integer larger than 1.\n");
   scanf("%d", &max);
   for (num = 2; num <= max; num++){
      is_prime = true;  ························ ❶
      for (i = 2; i < num; i++){  ··············· ❷
         if (num % i == 0){  ······················ ❸
            is_prime = false;  ···················· ❹
            break;  ······························· ❺
         }
      }
      is_prime ? printf("%d is a prime number.\n", num) :
                 printf("%d is NOT a prime number.\n", num);  ······ ❻
   }
   return 0;  ··································· ❼
}
```

```
Enter an integer larger than 1.
5
2 is a prime number.
3 is a prime number.
4 is NOT a prime number.
5 is a prime number.
```

2부터 입력 숫자에 이르는 모든 수에 대해 각각 그것이 소수인지를 판정하는 프로그램이다. 그 모든 수에 대해 ①에서 일단 소수라고 초기화한다. 여기서 우변의 true는 #define에 의해 컴파일 이전에 1로 바뀐다. 이후 ②의 루프를 돌면서 2부터 (num − 1)까지 숫자로 나누어 본다. 여기서 중요한 것은 만약 도중에 나누어떨어지면 더 이상 루프를 반복할 이유가 없다는 점이다. 예를 들어 15가 소수인지 확인하는 중에 3으로 나누어떨어지면 이미 소수가 아니다. 따라서 더 이상 4, 5, 6으로 나누어 볼 필요가 없다. 따라서 ③이 참이면 ④에서 소수가 아니라는 사실을 기록한 후 ⑤에 의해 곧바로 ②의 for 루프를 빠져나가 ⑥에 이른다. 반면에 num이 소수라면 ②의 for 루프가 끝날 때까지 지속적으로 ③이 거짓이기 때문에 ④는 단 한 번도 실행되지 않는다. 그 결과 ①에서 초기화한 값인 1이 그대로 유지된 상태에서 for 루프를 빠져나가 ⑥에 이른다.

break는 if 문을 빠져나가기 위한 것이 아니라 루프를 빠져나가기 위한 것이다.

중첩 루프에서 break는 항상 그 직전의 루프를 빠져나간다는 점에도 유의해야 한다. ⑤의 break는 ②의 for 문을 빠져나가라는 것이지 그 위쪽에 위치한 for 문을 빠져나가라는 것은 아니다. 이는 ⑤의 break 다음에 실행해야 할 명령어가 ⑥이지 ⑦이 아님을 의미한다. 한 가지 더 유의해야 할 점은 ⑤의 break가 ③의 if 문을 빠져나가는 것도 아니라는 점이다. 물론 break 문은 switch 문을 빠져나가는 데에는 사용할 수 있다. 그러나 break 문은 if 문을 빠져나가기 위한 것은 아니다.

예제 6-16

```c
#include <stdio.h>
int main( ){
    int num, max, sum = 0;

    printf("Enter an integer larger than 1.\n");
    scanf("%d", &max);
    for (num = 1; num <= max; num++){ ······························ ❶
        if (num % 2 == 0) ·········································· ❷
            continue; ················································ ❸
        sum += num; ·················································· ❹
    }
    printf("Sum of odd numbers from 1 to %d is %d.\n", max, sum);
    return 0;
}
```

1부터 입력된 숫자까지 홀수만 더하는 프로그램이다. 여기서 특이한 점은 ③의 continue 문이다. 이는 문자 그대로 루프를 계속하라는 의미다. 단, 그 아래 명령문은 실행하지 말고 곧바로 루프의 처음으로 되돌아가라는 의미다. 예에서도 ③의 continue 문을 만나면 그 아래 명령문인 ④는 실행하지 않고 곧바로 ①로 되돌아간다. ②가 참이면 짝수이므로 sum에 더하지는 말아야 하기 때문이다. 그러나 그 다음 홀수를 계속 더해나가야 하므로 루프는 계속 돌아야 한다. continue 문에 의해 ①로 되돌아가면 증감식인 num++가 실행되고 이어 조건식인 (num <= max)가 평가된다.

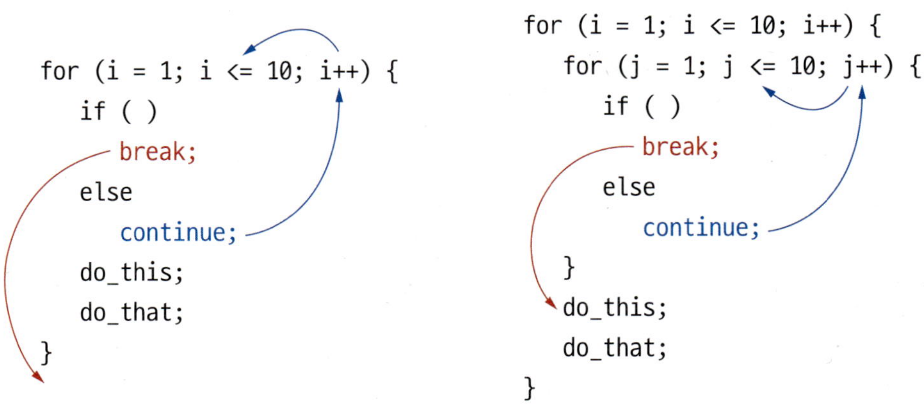

그림 6-10 break 문과 continue 문

중첩 루프의 break나 continue는 바로 직전의 루프에 적용된다.

그림은 break 문과 continue 문에 대한 예시다. 왼쪽 그림에서 break는 if 문 내부에 있지만 if 문이 아니라 for 문을 빠져나가기 위한 것이다. continue를 만나면 곧바로 증감식을 거쳐서 비교식으로 간다. while 루프 내부에서도 continue 문을 쓸 수 있다. 그 경우 별도의 증감식이 없으므로 곧바로 조건식이 평가된다. 오른쪽 그림에서 break는 안쪽 for 루프를 빠져나간다. 따라서 그 다음에는 do_this;를 실행한다. 만약 바깥쪽 for 루프를 빠져나가려면 안쪽 for 루프 밖에서 break를 써야 한다. 예를 들어, do_this 다음에 break를 써야 한다. 중첩 루프의 경우, break와 마찬가지로 continue도 바로 직전의 루프로 되돌아간다.

예제 6-17

```
#include <stdio.h>
int main( ){
   int num, max, sum = 0;

   printf("Enter an integer larger than 1.\n");
   scanf("%d", &max);
   for (num = 1; num <= max; num++){ ·································· ❶
       if (num % 2 == 1) ············································· ❷
         sum += num; ·················································· ❸
   }
   printf("Sum of odd numbers from 1 to %d is %d.\n", max, sum);
   return 0;
}
```

사실 [예제 6-16]은 이처럼 continue 문 없이 짜는 편이 낫다. 더욱 간명하기 때문이다. 하지만 문제는 프로그래머 생각이 어떻게 흘러가느냐에 달려 있다. 홀수이면 더하라는 식으로 생각할 수도 있지만 이전 예처럼 짝수이면 더하지 말라는 식으로 생각할 수도 있기 때문이다. 따라서 continue 문이 필요하다는 생각이 들 때에는 그것을 제거할 수 있는 대안은 없는지 고민해 볼 필요가 있다.

```c
#include <stdio.h>
int main() {
   int sum = 0, count = 1;
LOOP:
   sum += count;
   count++;
   if (count <= 10)
      goto LOOP;
   printf("Sum is %d.\n", sum);
   return 0;
}
```

C 언어는 goto 명령문을 제공한다. 예는 goto를 써서 1부터 10까지의 합을 구하는 프로그램이다. 여기서 goto LOOP;는 LOOP라는 레이블이 붙은 위치로 가서 거기부터 다시 순차적으로 명령문을 실행하라는 의미다. 만약 LOOP의 위치가 goto 명령문보다 이전에 위치하고 있으면 지금까지 실행했던 코드를 다시 실행하게 되므로 goto를 써서 반복문 기능을 수행할 수 있다. 일련의 코드를 별도의 함수로 만들어 놓으면 반복해서 호출할 수 있다는 개념, 즉 '함수'라는 개념이 과거에는 없었다. 따라서 당시에는 BASIC 언어처럼 고급 언어도 goto 문을 써서 코드를 반복할 수밖에 없었다.

```
if (a == b) ················ ❶
   printf(...);
SUB a, b ··················· ❷
JZ PRINT
```

C 언어의 조건문이나 반복문을 번역하면 어셈블리 언어의 분기문(Branch Statements)으로 바뀐다. 예를 들어 ①을 번역하면 ②처럼 바뀐다. 여기서 SUB(Subtract) a, b는 a − b를 계산하라는 명령문이다. 이어 JZ(Jump if Zero) PRINT는 직전 연산인 a − b의 결과가 Zero이면 PRINT 레이블이 붙은 위치로 Jump를 하고 그렇지 않으면 그 다음 명령문을 실행하라는 것이다. 여기서 Jump란 goto를 의미한다. 즉, a − b가 0이면 PRINT 레이블 위치로 가서 printf에 해당하는 명령문을 순차적으로 실행하라는 뜻이다. 이처럼 어떤 조건이 만족될 때 실행되는 명령문을 조건부 분기(Conditional Branch) 명령문이라 부른다. 무조건 분기(Unconditional Branch) 명령문도 있다. 예를 들어 J(Jump) LOOP라고 하면 아무런 조건

도 테스트하지 말고 무조건 LOOP 레이블 위치로 가라는 것이다. goto 문을 어셈블리 언어로 번역하면 무조건 분기 명령으로 바뀐다.

goto 문은 가독성을 저하시킨다.

그러나 고급 언어인 C 언어에서는 goto를 아예 사용하지 않는 편이 낫다. C 언어가 제공하는 조건문과 반복문만으로도 가능한 모든 흐름을 완벽하게 제어할 수 있기 때문이다. goto를 쓰면 오히려 프로그램을 조직화하기 어려울 뿐만 아니라 가독성이 현저하게 떨어진다. 프로그램 여기저기에 레이블이 붙어 있고 여기저기서 goto 문을 남발하면 프로그램이 서로 얽혀 논리적 흐름을 추적하기 어렵기 때문이다. 프로그램 흐름이 서로 얽혀 마치 면발처럼 복잡해질 때 그러한 코드를 스파게티 코드(Spaghetti Code)라 부른다. goto 문을 남발하면 스파게티 코드가 될 우려가 크다.

01 다음 중첩 루프의 실행 결과를 예측해 보고 실제 실행 결과를 출력하여 비교하라.

```
for (i = 0; i < 3; i++){
  for (j = 3; j >= 1; j--){
      printf("%d %d\n", i, j);
  }
}
```

02 1부터 n까지의 합을 구하되 그 합이 입력 정수를 넘지 않아야 한다는 조건 하에서 최댓값을 구하라.

```
> Enter a maximum number.
> 1000(Enter)
> The sum from 1 to 44 is 990.
```

03 1부터 입력 정수 n까지의 합을 구하되 5의 배수는 제외한 합을 구하라. 단, 이 프로그램은 반드시 continue 문을 사용해야 한다.

```
> Enter a natural number.
> 6(Enter)
> The sum is 16.
```

04 원주율 PI의 값은 PI = 4/1 - 4/3 + 4/5 - 4/7 + 4/9 - …에 의해 구할 수 있다. 항의 개수가 늘어날수록 정밀도가 높아진다. 항의 개수를 입력받아 상응하는 정밀도로 파이 값을 구하는 프로그램을 작성하라.

힌트 셋째 항의 분모는 2 * 3 - 1에 의해 계산된다. 홀수 번째 항은 양수, 짝수 번째 항은 음수다.

```
> Enter the number of terms.
> 500(Enter)
> PI evaluated to 500 terms is 3.139592655590.
```

05 입력 자연수의 약수(factors)를 모두 출력하는 프로그램을 작성하라.

```
> Enter a natural number.
> 40(Enter)
> 1 2 4 5 8 10 20 40
```

06 자연수 a, b에 대해 a의 b 제곱을 돌려주는 함수를 작성하되 for loop을 사용해서 작성하라. 또, main에서 이 함수를 호출하여 결과를 출력하라.

```
int power(int a, int b)
```

```
> Enter base and power.
> 2 7(Enter)
> 2 to the power of 7 is 128.
```

07 자연수 n을 입력 받은 후 1/n을 n번 더해서 출력하는 프로그램을 작성하라. 출력이 1이 아니면 왜 그런지 설명하라.

```
> Enter the number of iteration.
> 7(Enter)
> 1/7 summed up 7 times is 0.9999999999999998.
```

08 9 + 99 + 999 + 9999 …의 합계를 계산하는 프로그램을 작성하라.

힌트 99 = 9 * 10 + 9. 999 = 99 * 10 + 9.

즉, 루프를 돌 때마다 이전 수에 10을 곱하고 거기에 9를 더한다.

```
> Enter the number of terms.
> 5(Enter)
> The sum is 111105.
```

09 0부터 9999 사이의 숫자를 입력받아 각 자릿수의 합을 계산하는 프로그램을 작성하라. 예를 들어 1325가 들어오면 숫자의 합은 1 + 3 + 2 + 5 = 11이 되어야 한다.

힌트 몫이 0보다 클 동안 계속해서 10으로 나눈 나머지를 더해야 한다.

```
> Enter the number.
> 1325(Enter)
> The sum is 11.
```

10 삼각형의 밑변, 높이, 빗변을 각각 a, b, c라고 했을 때 피타고라스 정리에 의하면 $a^2 + b^2 = c^2$이라는 등식이 성립해야 직각 삼각형이다. a, b, c 모두 입력 숫자 N보다 작거나 같다고 가정할 때 직각 삼각형이 될 수 있는 자연수 a, b, c를 모두 나열하라. 단, 3, 4, 5와 4, 3, 5는 서로 다른 경우로 취급한다.

힌트 3중 for 루프를 사용한다.

```
> Enter the maximum length N.
> 7(Enter)
> The right-angled triangles are,
> 3  4  5
> 4  3  5
```

11 '서로 소'(Mutually Prime)는 1 이외에는 공약수가 없는 상태를 말한다. 예를 들어 5와 11은 1 이외에는 공약수가 없으므로 서로 소다. 두 정수 a, b가 인자로 전달될 때 서로 소라면 문자 'y'를, 그렇지 않으면 문자 'n'을 리턴하는 함수를 작성하고 main에서 그것을 불러 결과를 출력하는 프로그램을 작성하라.

힌트 2부터 a, b 중 작은 수까지만 루프를 돌리면서 어느 순간이라도 공약수가 있으면 곧바로 'n'을 리턴한다. 그렇지 않으면 끝까지 루프를 돈 다음에 빠져나와서 'y'를 리턴한다.

```
char mutually_prime(int a, int b);
```

```
> Enter two numbers.
> 5 11(Enter)
> They are mutually prime.
```

12 숫자 5를 입력했을 때 실행 결과다. 홀수 n을 입력받아서 이러한 모습을 화면에 출력하는 프로그램을 작성하라. 단, 하나의 프로그램에서 세 가지 모습을 연이어 출력해야 한다.

힌트 2중 for 문을 사용하되 바깥쪽 for의 인덱스 i는 몇 줄을 찍을 것인지를 제어하고 안쪽 for의 인덱스 j는 그 줄의 내용을 어떻게 찍을 것인가를 제어하되 i, j 값을 서로 연관시켜야 한다.

```
Enter the number.
5
*
**
***
****
*****
1
12
123
1234
12345
  *
 ***
*****
```

13 자아도취 수(Narcissistic Number, Armstrong Number)는 각각의 자릿수에 총 자릿수의 승수를 취해 더한 숫자와, 원래의 숫자가 동일한 경우를 말한다. 예를 들어, $153 = 1^3 + 5^3 + 3^3$, $1634 = 1^4 + 6^4 + 3^4 + 4^4$이므로 자아도취 수다. 입력 숫자가 주어지면 그것이 자아도취 수인지를 판별하는 프로그램을 작성하라.

힌트 루프를 돌면서 몇 자리 수인지를 먼저 계산한 후 다시 루프를 돌면서 합을 구한다.

```
int narciss(int n); // returns 1 if narcissistic number
```

```
> Enter a number.
> 1634(Enter)
> Yes, 1634 is a narcissistic number.
```

14 입력 자연수의 자릿수를 반대로 출력하는 프로그램을 작성하라. 예를 들어 1267을 입력하면 7621을 출력해야 한다. 단, 이 프로그램은 0이나 음수가 입력될 때까지 계속 반복되어야 한다.

힌트 주어진 수를 10으로 나눈 나머지를 출력한다. 10으로 나눈 몫에 대해 이 과정을 반복하되 몫이 0이면 빠져나온다.

```
void reverse_it(int num);
```

```
Enter a natural number.
1267
7621
Enter a natural number.
12345
54321
Enter a natural number.
0
```

15 일련의 자연수를 입력받아 지속적으로 평균값을 출력하는 프로그램을 작성하라. 단, 0이나 음수가 입력되면 프로그램을 종료한다. 반드시 while 루프를 사용해야 하며 평균값은 소수 이하 셋째 자리까지 표시해야 한다. 단, 처음부터 0이나 음수가 들어오면 곧바로 프로그램을 종료해야 한다.

```
> Enter a natural number.
> 4(Enter)
> Current average is 4.000.
> Enter a natural number.
> 2(Enter)
> Current average is 3.000.
> Enter an integer.
> -1(Enter)
```

16 키보드에서 입력한 모든 숫자는 문자로 읽힌다. 예를 들어, 숫자 23을 치더라도 그것은 문자 '2', '3'으로 읽힌다. stdlib.h에 선언된 atoi(alphanumeric to integer) 함수는 문자열을 숫자로 변환하는 함수다. 따라서 scanf가 %d 형식으로 읽을 때 이 함수가 자동으로 호출되어 23이라는 숫자로 변환된다. atoi 함수의 신세를 지는 대신 직접 짤 수도 있다. main에서 루프를 돌면서 scanf("%c", &ch);를 써서 숫자를 개별 문자 형태로 읽은 후 그것을 정수로 변환하여 출력하는 것이다. 빈 줄을 채워 이 프로그램을 완성해 보라.

```
#include <stdio.h>
int main( ){
    char ch; int sum = 0;
    int value;          // 문자 하나를 0..9 사이의 숫자로 변환하여 저장하는 변수
    printf("Enter a natural number.\n");
    while (1){
        scanf("%c", &ch);
        ____________; // ch가 엔터키('\n')와 같으면 빠져 나감
        ____________; // value 값 설정. 아스키 값 48('0')이 숫자 0
        ____________; // sum 값 설정. 이전 sum에 10을 곱한 후 value를 더함
    }
    printf("You entered %d in decimal.\n", sum);
    return 0;
}
```

17 상태 변화를 추적함으로써 입력 문장에서 전치사 in이 몇 번 나오는지 판단하여 출력하는 프로그램을 작성하라.

힌트 state 값이 0이면 wait state, 1이면 'i'가 입력된 상태, 2이면 'i','n'까지 입력된 상태, 이후 빈칸(' ')이 입력되어야 한 번 나온 것이다. 예제를 참고하라.

```
> Enter a sentence.
> I am interested in individual income in vintage market.(Enter)
> The preposition 'in' appears 2 times.
```

18 씨저 사이퍼(Caesar Cipher)는 암호화 방법 중 하나로서 문자를 몇 칸 건너뛴 나중 문자로 대체하는 방법이다. 예를 들어, 한 칸 나중 문자로 암호화할 경우 'attack at dawn'은 'buubdl!bu!ebxo'로 암호화할 수 있다. 아스키코드 표의 a 다음의 문자가 b이며 빈칸 다음 문자가 !이기 때문이다. 이 방법에서는 몇 칸을 건너뛰었는가가 바로 암호를 풀 수 있는 키(Key)라 할 수 있다. 키와 문자열을 입력받아 문자열을 암호화하는 프로그램을 작성해 보라. 단, 아스키코드 문자는 0부터 127 사이에 분포하므로 이 범위를 넘지 않게 하려면 암호화 결과에 모듈로(%) 128을 가해야 한다.

힌트 입력 버퍼에 쌓인 문자를 scanf("%c", &ch);를 써서 읽되 루프를 돌면서 하나씩 읽어야 한다. '\n'이 들어오면 빠져나가고 그렇지 않으면 암호화된 문자를 출력한다.

```
> Enter the key.
> 3(Enter)
> Enter the text.
> I like spring.(Enter)
> L#olnh#vsulqj1
```

19 입력 문장에서 영어 모음이 몇 번 나오는지를 판단하여 출력하는 프로그램을 작성해 보라.

```
> Enter a sentence.
> What a beautiful day.(Enter)
> Vowel appears 8 times.
```

20 새로운 아이디를 만들 때 규칙은 다음과 같다. 첫째, 알파벳 소문자로 시작해야 한다. 둘째, 반드시 숫자가 하나 이상 들어가야 한다. 셋째, 최대 8자리라야 한다. 입력 아이디가 이 규칙에 들어맞는지를 판단하는 프로그램을 작성하라.

힌트 엔터 키를 만날 때까지 scanf로 한 글자씩 읽으면서 규칙을 적용하라.

```
> Enter an identifier.
> meat4U(Enter)
> It's a legal ID.
```

21 2진수를 10진수로 변환하는 프로그램을 작성하라. 입력 2진수는 반드시 1로 시작한다고 가정한다. 또, main은 입력 2진수를 long long 타입의 10진수로 선언하고 scanf("%lld") 형식으로 읽어야 한다. 이후 아래 함수를 호출해야 한다. 이 함수 내부에서 math.h에 선언된 double pow(double x, double y);를 써서 x의 y승을 계산하되 결과 값을 int 타입으로 변환해야 한다.

힌트 2진수를 10으로 나눈 나머지에 자리 수에 해당하는 2의 승수를 곱하되 루프를 돌면서 계속 더해야 한다.

```
int bin_to_dec(long long n);
```

```
> Enter a binary number.
> 11010000(Enter)
> The decimal value of binary 11010000 is 208.
```

22 변형이 있을 수 있지만 일반적인 369 게임의 규칙은 다음과 같다. 숫자에 3이나 6이나 9가 들어가면 369 수다. 그 경우에 그것이 들어간 개수만큼 박수를 친다. 예를 들어, 36은 박수를 두 번 친다. 그 외의 숫자는 박수를 치지 않고 숫자를 말하면 된다. 1부터 입력 N까지 숫자에 대해 369 게임을 할 경우의 출력을 작성하라.

힌트 몫이 0이 될 때까지 계속해서 10으로 나누어 가면서 나머지가 369 수인지를 확인하여 박수를 몇 번 쳐야 하는지를 먼저 계산하라.

```
> Enter a number.
> 20(Enter)
> 1 2 ! 4 5 ! 7 8 ! 10 11 12 ! 14 15 ! 17 18 ! 20
```

Chapter 07

디버깅과 소프트웨어 설계

01 DEBUG 상수와 assert 함수

02 디버거 활용

03 분할 정복

04 소프트웨어 설계

과제

기존의 C 언어 학습서가 비교적 가볍게 다루어 왔던 주제가 디버깅이다. 그러나 현업 프로그래머로서 반드시 갖추어야 할 자질이 디버깅 능력이라 해도 과언이 아니다. 프로그래머도 사람인지라 항상 오류에 노출되어 있다. 따라서 프로그램 작성 도중 여기저기 오류를 일으켰다고 해서 스스로를 탓할 필요는 없다. 중요한 것은 그러한 오류를 자신의 힘으로 수정할 수 있는 능력이다.

01 DEBUG 상수와 assert 함수

과거 대형 컴퓨터의 전선을 벌레가 쏠아서 컴퓨터가 오작동하는 바람에 생겼던 말이 버그(Bug)다. 이를 프로그램에 빗대어 프로그램이 제대로 동작하지 않을 때에도 버그가 있다고 말한다. 이 경우 버그는 하드웨어의 문제가 아니라 소프트웨어 문제, 즉 잘못된 코드를 말한다. 벌레를 잡아내는 작업이 디버그(Debug)다. 즉, 프로그램 실행 결과로 오류가 나올 때 오류를 일으킨 부분을 잡아내고 수정하는 작업이 디버그다.

가장 간단한 방법은 이른바 연필 추적(Pencil Tracing)으로서 명령문에 의해 변수 값이 어떻게 바뀔지를 추측해서 연필로 종이에 써 보는 방법이다. 이는 알고리즘, 즉 프로그래머 논리에 모순이 없는지 확인할 수 있는 가장 직관적인 방법이다.

예제 7-1

```
#include <stdio.h>
int mutually_prime(int a, int b){
    int min, i, prime = 1;
    printf("Entering function, a = %d, b = %d.\n", a, b); ············ ❶
    min = (a < b) ? a : b;
    printf("Currently, min is %d.\n", min); ···························· ❷
```

```
    for (i = 2; i <= min; i++)
      if (a % i == 0 && b % i == 0){
        printf("Inside if.\n"); ····································❸
        prime = 0;
        break;
      }
    return prime;
}

int main( ){
    int first, second;
    printf("Enter two integers.\n");
    scanf("%d%d", &first, &second);
    mutually_prime(first, second) ?
                    printf("They are mutually prime.\n")
                    : printf("They are NOT mutually prime.\n");
    return 0;
}
```

또 다른 간단한 방법은 프린트 문이다. 예는 입력된 두 정수가 서로 소(Mutually Prime)인지 확인하는 프로그램이다. 제대로 된 결과가 나오지 않으면 ①, ②, ③처럼 변수 값이 의심스러운 곳에 프린트 문을 삽입해 볼 수 있다. ①은 함수 내부로 들어올 때 인수 값이 무엇인지를 확인하는 것이다. ②는 min 값이 제대로 대입되었는지를 확인하는 것이다. ③은 루프를 도는 중에 if 문의 조건이 참인 경우가 있는지를 확인하는 것이다.

또 다른 디버깅 방법은 매크로로서 DEBUG라는 매크로 상수나 assert라는 매크로 함수를 써 볼 수 있다. 이 방법을 이해하기 위해 일단 매크로에 대해 좀 더 자세히 살펴보자.

```
#define PI 3.1415 ················································❶
#define MAX(a, b)   ((a) > (b) ? (a) : (b)) ··························❷
#define ISDIGIT(x)  ((x) >= '0' && (x) <= '9') ·······················❸
#define SQUARE(x)   ((x) * (x)) ······································❹
#define SQUARE(x)   (x * x) ··········································❺
```

매크로 상수는 물론, 매크로 함수도 정의할 수 있다.

#define에 의해 정의된 모든 것이 매크로다. ①처럼 PI라는 매크로 상수(Macro Constants)를 정의할 수도 있지만 ② 이하처럼 매크로 함수(Macro Function)를 정의할 수도 있다. 매크로 상수와 마찬가지로 매크로 함수도 전처리기에 의해 처리된다. 예를 들어 소스코드를 읽는 도중 전처리기가 SQUARE(10)을 만나면 ④에 의해 무조건 ((10) * (10))으로 치환한다. x가 마치 함수에게 전달된 인자처럼 처리된다는 점에서 매크로 함수를 매개변수 매크로(Parameterized Macro)라고도 부른다. 매크로 함수명과 매개변수 사이에 빈칸이 있으면 안 된다는 점에도 유의해야 한다. 예를 들어 ②에서 #define MAX (a, b)라고 하면 전처리기는 MAX 자체를 (a, b)로 치환하기 때문이다.

매개변수를 자꾸 괄호로 묶는 데에는 이유가 있다. 만약 ④를 ⑤처럼 정의하면 SQUARE(20 + 30)은 (20 + 30 * 20 + 30)으로 확장된다. 이렇게 되면 우선순위에 의해 30 * 20이 먼저 평가되는 오류가 일어난다. ②, ③에서 매개변수를 괄호로 묶은 이유도 이 때문이다.

```
#define ABS(x) ((x) < 0) ? -(x) : (x) ·········· ❶
b = ABS(a++); ································· ❷
b = ((a++) < 0) ? -(a++) : (a++); ·········· ❸
```

매크로 함수를 잘못 쓰면 오류을 일으키기 쉽다. 절댓값을 구하는 ①의 매크로 함수에 의해 ②의 우변은 ③처럼 확장된다. 이렇게 되면 a++가 두 번 실행된다. (a++ < 0)이라는 관계식을 평가하는 도중에 한 번 실행된 후 우측 (a++)에 의해 또 한 번 실행되기 때문이다. 물론 이는 ②에서 의도한 바가 아니다.

```
#define SQUARE(x) (x) * (x) ··················· ❶

int square(int x){ ···························· ❷
   return(x * x);
}

int main( ){
   int a = 20;
   int result = square(a);···················· ❸
   int result = SQUARE(a);···················· ❹
}
```

일반 함수와 매크로 함수는 실행 속도와 처리 방법 면에서 차이가 있다. ③처럼 일반 함수를 호출하면 호출할 때마다 square 함수의 스택 프레임을 만드는 데 따르는 시간적, 공간적 오버헤드가 발생하지만 ④의 우변 매크로 함수를 호출하면 단순하게 (a) * (a)로 치환되기 때문에 그러한 오버헤드가 없어 실행 속도가 빠르다. 처리 방법도 다르다. 예를 들어 square(2 + 3);이라고 일반 함수를 호출하면 2 + 3이라는 연산식을 먼저 계산하여 squre(5)를 호출한다. 그러나 SQUARE(2 + 3);이라고 매크로 함수를 호출하면 소스코드가 (2 + 3) * (2 + 3)으로 치환된다.

너무 긴 매크로 함수는 피하는 것이 좋다. 매크로 함수가 길어지면 그것을 치환한 소스코드 자체가 길어져 프로그램 실행에 필요한 메모리 공간이 늘어난다. 또, 컴파일 오류나 실행 오류가 날 경우 어디에서 오류가 났는지 찾기가 어려워진다. 따라서 너무 긴 매크로 함수를 정의하는 것은 그리 바람직하지 않다. 자주 사용되는 함수로서 서너 줄을 넘지 않는 비교적 간단한 함수라면 속도 향상을 위해 매크로를 쓸 때가 많다.

매크로 함수는 속도는 빠르지만 타입 매칭 오류에 노출되어 있다.

그러나 매크로 함수는 타입 매칭을 확인하지 않는다는 점에 유의해야 한다. ②에서 보듯 일반 함수를 정의할 때는 매개변수나 리턴 값의 타입을 정의해야 한다. 또, ③에서 함수를 호출할 때 전달한 인자 a가 ②의 x와 타입이 일치하는지를 확인한다. 함수의 리턴 값이 ③의 좌변 result와 타입이 일치하는지도 확인한다. 그러나 매크로 함수에는 이러한 절차가 없다. ④의 우변이 단순히 (a) * (a);로 치환된다. 다시 말해서 a가 int 형이든 double 형이든 신경 쓰지 않고 무조건 치환한다. 타입을 확인하지 않는다는 것은 프로그램 실행 중 오류를 일으킬 가능성이 높다는 것을 뜻한다.

이 면은 매크로의 단점이지만 역으로 장점이 될 수도 있다. int 형이든 double 형이든 무조건 (a) * (a)로 치환하기 때문에 똑같은 내용의 함수를 타입별로 따로 만들 필요가 없기 때문이다. 이런 면에서 매크로 함수는 이른바 범용 프로그래밍(Generic Programming)을 위한 수단이 될 수 있다.

```
#define MAX 100 ············ ❶
  ...
#undef MAX ·················· ❷
  ...
```

```
#define MAX 400 ··········· ❸
   ...
```

모든 매크로에는 유효 영역이 있다. ① 이후로 MAX는 100으로 먹힌다. ② 이후로 MAX는 정의되지 않은 상태다. #undef를 써서 undefine을 가했기 때문이다. ③ 이후로 MAX는 400으로 먹힌다. MAX를 다시 정의했기 때문이다.

```
#define PRECISION 2

#if (PRECISION == 1)
   short i;
#elif (PRECISION == 2)
   int i;
#else
   long i;
#endif
```

조건에 따라 컴파일 대상을 바꾸려면 조건부 매크로를 써야 한다.

조건을 명시하여 컴파일 대상을 선택할 수도 있다. 예에서 PRECISION이 1이면 short i;가 프로그램에 포함되어 컴파일된다. 그러나 PRECISION이 2이면 int i;가 컴파일된다. 이는 현재의 PRECISION 값이 얼마인가에 따라서 변수 i의 자료형이 바뀜을 의미한다. 여기서 elif는 else if를, endif는 if가 끝났음을 뜻한다. 조건에 따라 컴파일 대상이 바뀌는 이러한 매크로를 조건부 매크로(Conditional Macro)라 부른다. 이는 마치 if 문과 비슷해 보이지만 컴파일러가 처리하는 명령문이 아니라 전처리기가 처리하는 지시어다. #이 붙어 있기 때문이다.

```
#define DEBUG ·············································· ❶
main( ){
   int num = 3;
   #ifdef DEBUG ············································ ❷
      printf("Currently num is %d.\n", num);·················· ❸
   #endif
   ...
}
```

매크로 상수인 DEBUG를 디버깅에 활용하기도 한다. 예를 들어, 디버깅에 사용된 printf 문도 조건부로 컴파일할 수 있다. ①은 DEBUG라는 매크로를 정의하고 있다. DEBUG 다음에 그 값이 무엇인지는 비워 두어도 된다. DEBUG라는 매크로를 정의했다는 사실 자체가 중요하기 때문이다. ②의 ifdef는 'if defined' 즉, '정의되어 있으면'이라는 뜻이다. DEBUG가 정의되어 있으면 ②가 참이 되어 컴파일러는 ③의 printf 문을 컴파일 대상에 포함시킨다. 여기서 printf는 디버깅을 위해 num 값을 찍어보고 있다. 이후 디버깅을 완료한 다음에 ①을 주석으로 처리하면 DEBUG는 정의되지 않은 상태로 바뀐다. 그 결과, ③이 컴파일 대상에서 제외된다.

그러나 이처럼 프로그램 중간에 매번 #ifdef를 쓰기는 상당히 번거롭다. 이에 대한 대안이 assert라는 매크로 함수다.

예제 7-2

```
//#define NDEBUG ······································· ❶
#include <assert.h> ·································· ❷
#include <stdio.h>

int factorial(int n){
   int result = 1;
   assert(n >= 0); ···································· ❸
   while(n)
      result *= n--;
   return result;
}

int main( ){
   int first, second, larger, count, sum = 0;

   printf("Enter two integers.\n");
   scanf("%d%d", &first, &second);
   printf("Factorial of %d is %d.\n", first, factorial(first));

   assert(second != 0); ······························· ❹
   printf("first/second is %d.\n", first / second);

   larger = (first > second);
   switch (larger){
```

```
    case 1:
        printf("First is the larger.\n");
        break;
    case 0:
        printf("Second is the larger.\n");
        break;
    default:
        assert(0); ........................................................❺
    }
    assert(first <= second); ..........................................❻
    for (count = first; count <= second; count++){
        sum += count;
        assert(count >= first && count <= second); ....................❼
    }
    printf("Sum from first to second is %d.\n", sum);
    return 0;
}
```

```
Enter two integers.
10 12
Factorial of 10 is 3628800.
first/second is 0.
Second is the larger.
Sum from first to second is 33.
```

assert란 문자 그대로 단언한다는 뜻으로서 괄호 안의 조건식이 반드시 만족되어야 한다고 잘라서 말하는 것이다. 이 매크로 함수는 ②의 assert.h 파일에 정의되어 있으므로 assert를 사용할 때는 반드시 이 파일을 포함시켜야 한다.

assert도 상당히 유용한 디버깅 도구다. 여기서 이러이러한 조건이 반드시 만족되어야 한다는 생각이 들면 어디든 assert를 삽입할 수 있다. assert 다음 괄호 안에 있는 조건식이 참이면 다음 명령문으로 넘어가지만 거짓이면 오류 메시지를 내보내고 프로그램을 종료한다. ③처럼 함수가 시작할 때 assert를 선언하기도 한다. 팩토리얼을 구하는 함수에 음수가 입력되어서는 안 되기 때문이다. ④는 나눗셈 이전에 분모가 0인지를 확인하려는 것이다. ⑤의 assert(0)은 강제로 프로그램을 종료하게 하려는 것이다. 예의 switch 문에서 larger의 값은 1 아니면 0 이므로 default 경우까지 도달하면 그것은 논리적으로 오류이기 때문이다. ⑥은 루프를 들어가기 전에 반드시 만족되어야 할 선행 조건(Precondition)을 확인하려는 것이다. ⑦은 루프 내부에서 제어 변수의 값이 제대로 움직이는지를 확인하려는 것이다.

```
Enter two integers.
-1 5
Assertion failed: n >= 0. file c:\project4\main.c, line 7
```

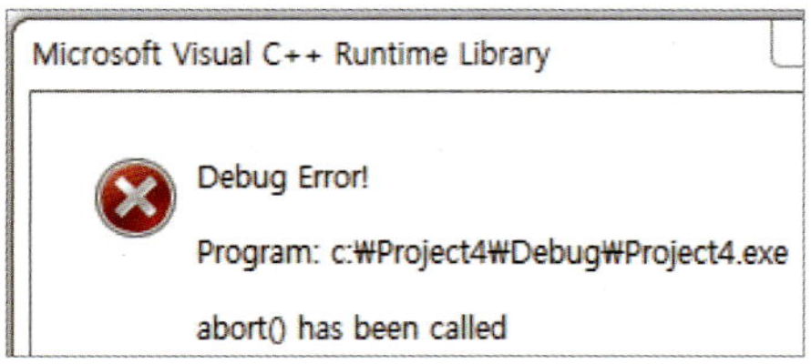

조건이 거짓이 되어 assert(0)이 되면 assert는 오류 메시지를 내보내고 abort(Abnormal Termination) 함수를 불러 프로그램을 종료한다. 예는 팩토리얼 함수에 −1이 전달된 데 따른 오류 메시지다. Visual C 컴파일러의 경우 예처럼 Assertion failed: 다음에 오류를 일으킨 조건식, 파일명, 소스코드 줄 번호 등의 오류 관련 정보를 내보내기도 한다.

디버깅이 끝난 후에도 assert 문을 지울 필요가 없다. 대부분 사용자는 실행 파일만 접할 뿐 소스코드는 볼 수 없기 때문이다. 소프트웨어 개발에 있어서 완벽한 코드란 존재하지 않는다. 아직 버그가 발견되지 않았을 뿐이다. assert 문을 지우지 말아야 하는 이유는 나중에 코드를 수정하고 보완하는 데 도움이 되기 때문이다. 어떤 함수나 명령문을 실행하는 데에는 항상 이러이러한 조건이 만족되어야 한다는 일종의 전제 조건이 존재한다. 디버깅이 끝난 이후에도 assert를 그대로 남겨 둠으로써 그러한 전제 조건을 기록해 둘 수가 있다. 이는 내 소스코드를 수정해야 하는 타인을 위한 배려이기도 한다.

디버깅 중에는 NDEBUG를 끄고 디버깅이 끝나면 NDEBUG를 켠다.

단, 디버깅을 완료하여 공개 버전(Release Version)을 내놓을 때는 assert를 비활성화해야 한다. 완성된 프로그램임에도 불구하고 계속해서 assert를 살려두면 매크로를 치환하는데 시간이 걸리기 때문이다. assert를 비활성화하려면 ①에서 코멘트 기호(//)를 지우면 된다. 다시 말해, 디버깅 도중에는 ①의 NDEBUG(No Debug)를 주석으로 처리하여 assert를 활성화시키고 디버깅을 마친 다음에는 다시 ①의 NDEBUG를 살려서 assert를 비활성화시켜서 assert 문이 소스코드에 남아 있지만 매크로로 치환되지는 않도록 해야 한다.

```
#ifdef NDEBUG ·······························································❶
   #define assert(expr) ((void)0) ···········································❷
#else ·······································································❸
   #define assert(expr) \ ···················································❹
   if (!(expr)){ \ ··························································❺
      printf("\n%s%s\n%s%s\n%s%d\n", "Assertion Failed: ", \
      #expr, "in file", _FILE_, "at line ", _LINE_); \
      abort( ); \
}
#endif ······································································❻
```

assert.h를 포함시키면 위의 조건부 매크로가 실행된다. ①은 '만약 NDEBUG라는 상수가 정의되어 있으면'이라는 뜻이다. 여기서 #ifdef는 if 문과 의미가 유사하지만 전처리기에 의해 처리된다는 점에서 컴파일러가 처리하는 if 문과는 다르다. 만약 이 조건이 사실이면 ②에 의해 소스코드의 모든 assert(expr)이 ((void)0)으로 바뀐다. 여기서 (void)0;은 아무것도 실행하지 말라는 의미의 널 명령문(Null Statement)이기 때문에 소스코드에 assert가 있더라도 컴파일러 번역 대상에서 제외된다. 디버깅을 완료한 이후 NDEBUG를 다시 살리면 assert가 무시되는 것은 이런 이유 때문이다.

반면에 NDEBUG가 정의되어 있지 않으면 ③의 #else로 가서 ④의 assert(expr)이 ⑤의 if 문으로 치환된다. 이 if 문은 expr이 나타내는 조건식이 참이면 아무것도 하지 않고 그대로 빠져나온다. 그러나 조건식이 거짓이면 그 아래 printf 문에 의해 오류 메시지를 출력한 후, abort 함수를 호출하여 빠져나간다. 여기서 _FILE_이나 _LINE_은 예약어로서 파일 이름과 소스코드의 줄 번호를 의미한다. 중간의 '\'는 줄 이음을 의미하는 기호로서 아래 줄이 위 줄 끝에 이어진다는 의미다. 이는 리터럴 상수가 길어질 경우 Enter를 눌러 '\n' 자체가 리터럴 상수에 포함되는 것을 피하기 위한 기호다. 조건부 매크로에서는 #if로 문을 열었으면 반드시 ⑥처럼 #endif를 써서 문을 닫아야 한다.

예제 7-3

```c
#include <stdio.h>
void fcn( ){
    printf("I am inside fcn.\n");
    return;
}

int main( ){
    fcn( );
    printf("Back to main.\n");
    return 0;
}
```

```
I am inside fcn.
Back to main.
```

예제 7-4

```c
#include <stdio.h>
#include <stdlib.h>
void fcn( ){
    printf("I am inside fcn.\n");
    exit(0);
}

int main( ){
    fcn( );
    printf("Back to main.\n");
    return 0;
}
```

```
I am inside fcn.
```

return은 함수 종료

exit는 프로그램 종료

return과 exit는 의미가 다르다. return은 피호출 함수에게 자신을 호출한 함수로 되돌아가라는 뜻의 C 명령어다. 그러나 exit는 C 명령어가 아니라 시스템 함수로서 프로그램을 무조건 종료하라는 뜻이다. [예제 7-3]과 [예제 7-4]를 돌려 보면 그 차이를 알 수 있다. return을 쓰면 main으로 돌아와 printf 문을 실행하지만 exit는 그렇지 않다. 둘 사이의 의미가 유사해지는 것은 main에서 return 문을 쓸 때다. main이 종료하면 프로그램 자체가 종료되기 때문에 exit와 같은 효과를 낸다. exit 함수는 stdlib.h 파일에 선언되어 있기 때문에 exit를 쓸 때는 해당 파일을 포함시켜야 한다.

```
#define EXIT_SUCCESS 0 ........................ ❶
#define EXIT_FAILURE 1 ........................ ❷
exit(EXIT_SUCCESS); ........................... ❸
exit(EXIT_FAILURE); ........................... ❹
```

stdlib.h 파일에는 exit를 빠져 나올 때의 상태(Status)를 나타내는 매크로 상수가 ①, ②처럼 정의되어 있다. 따라서 exit 문은 대개 ③, ④처럼 사용된다. 물론 상수 대신 직접 0이나 1을 넣어도 된다. 이 상수 값은 프로그램을 실행시킨 운영체제 함수에게 전달된다.

exit는 프로그램을 곧바로 종료하고 싶을 때 유용하다. 예를 들어서 운영체제에게 메모리를 요구했는데 메모리가 없다면 더 이상 명령문을 실행할 필요가 없다. 아무런 의미가 없기 때문이다. exit 함수를 호출하면 프로그램을 종료하면서 프로그램이 시작할 때 만들어진 입출력 스트림 버퍼를 삭제한다. 이어서 현재 열려 있는 파일을 모두 닫고 임시 파일을 삭제한 후에 상태를 나타내는 매크로 상수 값을 운영체제에 전달한다. abort는 exit와 조금 다르다. 대부분의 경우 abort는 이러한 후속조치를 취하지 않고 곧바로 프로그램을 종료한다. 문자 그대로 비정상 종료다.

return	exit

int factorial(int n){
  if (n < 0){
    return (-1); ❶
  }
  ...
	int factorial(int n){
	  if (n < 0){
	    exit(1); ❷
	  }
	  ...

그림 7-1 return과 exit의 비교

하지만 exit를 남발하는 것은 그리 바람직하지 않다. 아무 말 없이 프로그램을 종료해 버리기 때문이다. ②처럼 exit를 쓰기보다는 ①처럼 return 값을 통해 호출 함수에 오류가 일어났다는 사실을 보고하는 편이 낫다. factorial의 리턴 값이 −1일 수는 없기 때문에 여기서 −1은 단지 오류가 일어났다는 사실을 호출 함수에게 알리는 신호라 할 수 있다. 따라서 호출 함수는 이 리턴 값을 보고 상응하는 조치를 취할 수 있다. ②보다는 차라리 assert(n >= 0)이라고 하는 편이 낫다. 오류 메시지라도 내보내면서 프로그램을 종료하기 때문이다. 정히 ②처럼 쓰고 싶으면 exit(1) 직전에 printf("Error: n is negative.\n");이라고 하는 편이 낫다. 오류의 원인이라도 알릴 수 있기 때문이다.

02 디버거 활용

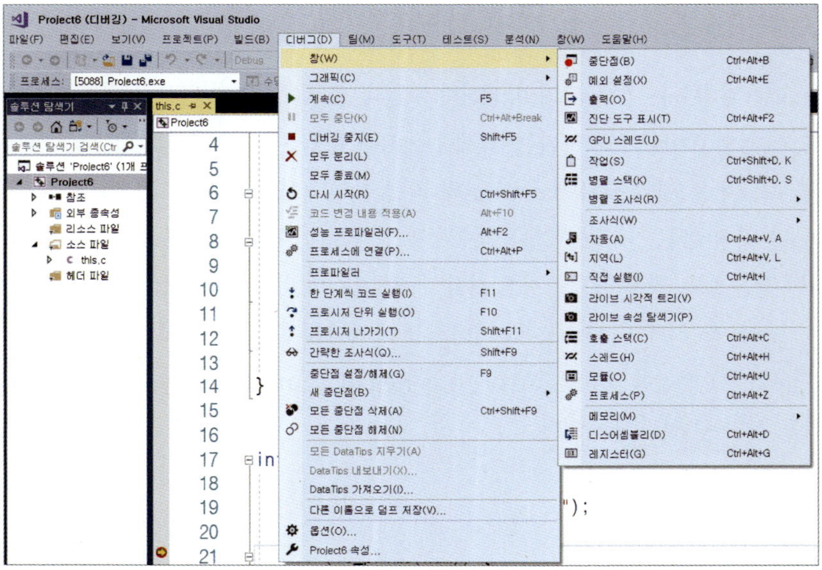

그림 7-2 디버그 모드 창

가장 강력한 디버깅 도구는 디버거(Debugger)다. 프로그램 실행 과정을 한 줄 한 줄 지켜볼 수 있기 때문이다. Visual C 컴파일러에서 F5([디버그]-[디버깅 시작])를 누르면 위 그림과 같이 다양한 디버그 메뉴가 열린다. 여기서 원하는 서브 메뉴를 선택하면 된다. 샘플 프로그램을 통해 디버깅 과정을 살펴보자.

예제 7-5

```
#include <stdio.h>
#define true 1
#define false 0

int is_prime(int n){
   int divider, remainder, prime = true;
```

```
    for (divider = 2; divider < n; divider++){
        remainder = n % divider;
        if (remainder = 0){
            prime = false;
            break;
        }
    }
    return prime;
}

int main( ){
    int num;
    printf("Enter an integer.\n");
    scanf("%d", &num);
    if (is_prime(num))
        printf("It is a prime number.\n");
    else
        printf("It is NOT a prime number.\n");
    return 0;
}
```

```
Enter an integer.
4
It is a prime number.
```

예의 is_prime 함수는 인자로 넘어온 num이 소수인지를 판정하여 소수이면 1(true)을 그렇지 않으면 0(false)을 되돌려준다. 이 함수는 일단 prime 변수를 true로 초기화한다. 이후 num을 2부터 (num −1)까지의 숫자로 계속해서 나누되 한 번이라도 나누어 떨어지면 prime 변수를 false로 바꾸고 break;에 의해 for 루프를 빠져나간다. 만약 num이 소수라면 한 번도 나누어 떨어지지 않으므로 prime 변수는 초기화 값인 true를 그대로 유지한다. 그러나 이 예제를 실행하면 위 결과 화면에서 볼 수 있듯이 오류가 난다. 4는 소수가 아닌데 소수라는 것이다. Visual C가 제공하는 디버거(Debugger)를 사용하여 오류의 원인을 찾아보자.

F10은 한 문장씩 실행하되 함수도 한 문장으로 취급한다. 따라서 함수 내부로는 들어가지 않는다. F10을 눌러 보자.

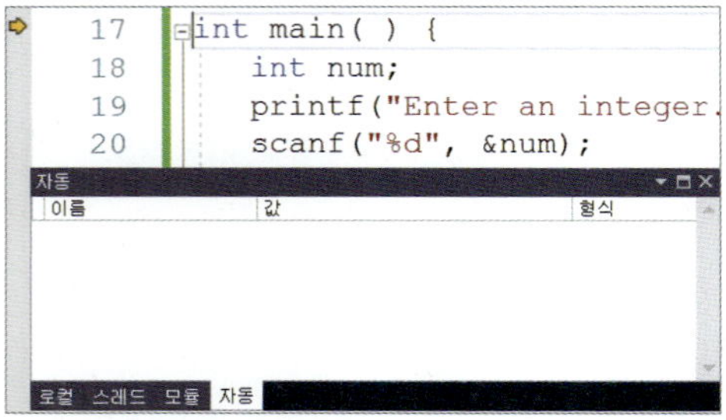

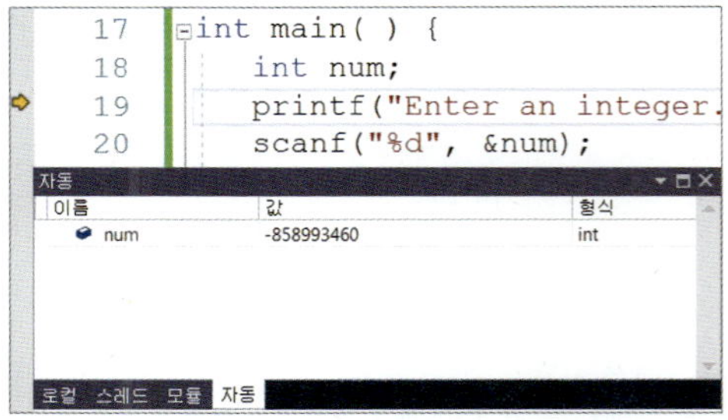

F10을 누르면 콘솔 창이 떴다가 하단 메뉴 바에 박힌다. 이어 왼쪽 그림처럼 main 함수가 있는 줄에 회색 박스가 보이고 왼쪽 끝에 노란 화살표가 생긴다. 박스나 화살표는 곧이어 실행할 명령문을 나타낸다. 따라서 아직 이 명령문을 실행하지는 않은 상태다. 동시에 아래쪽 출력 창이 자동 창(Auto Window)으로 바뀐다. 이는 실행 중인 명령문과 관련된 변수 값을 추적하는 창이다. 자동 창이 보이지 않으면 [디버그]-[창]-[자동] 메뉴를 선택하면 된다. 여기서 F10을 누르면 오른쪽 그림처럼 printf 문을 실행하기 직전의 num 값이 자동 창에 보인다. 예상했던 대로 쓰레기 값이 들어가 있다. 여기서 다시 F10을 누른다.

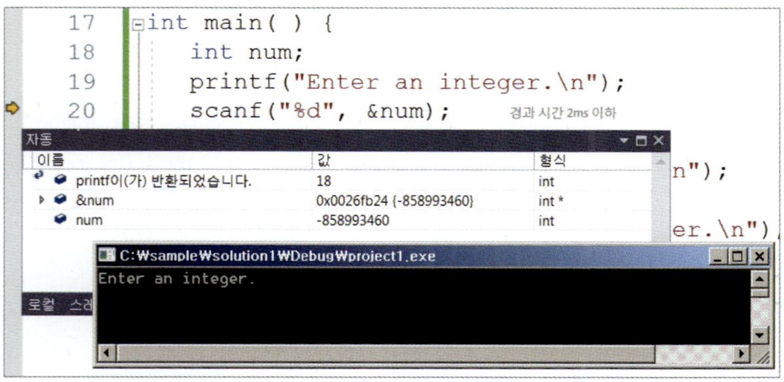

그림은 scanf를 실행하기 직전 상태다. 자동 창에 &num, 즉 num 변수의 주소 값이 보인다. 아직 scanf를 실행하지 않았으므로 주소 값도 쓰레기다. 또, 자동 창 첫 줄에 printf의 리턴 값인 화면에 출력한 문자 수 18이 보인다. 이는 이미 printf 문이 실행되었음을 의미한다. 따라서 하단의 콘솔 창을 열면 이미 printf 문의 내용이 출력되어 있음을 알 수 있다.

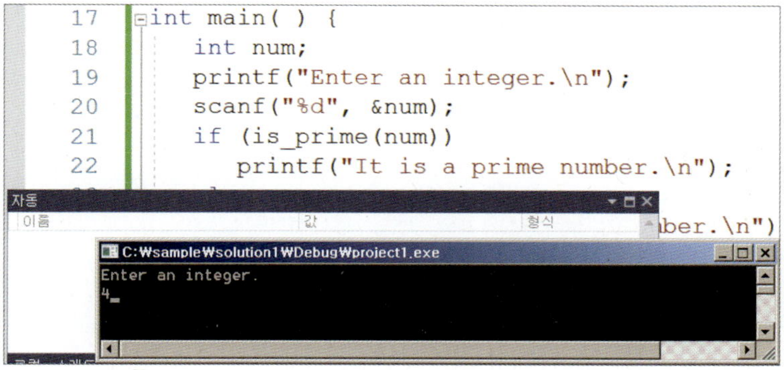

그러나 여기서 곧바로 숫자를 입력하면 입력이 되지 않거나 입력이 되더라도 화면에 보이지 않는다. 따라서 다시 F10을 눌러 일단 scanf를 실행하여 기다리게 한 다음에 입력해야 한다. 4(Enter)라고 입력해 보자.

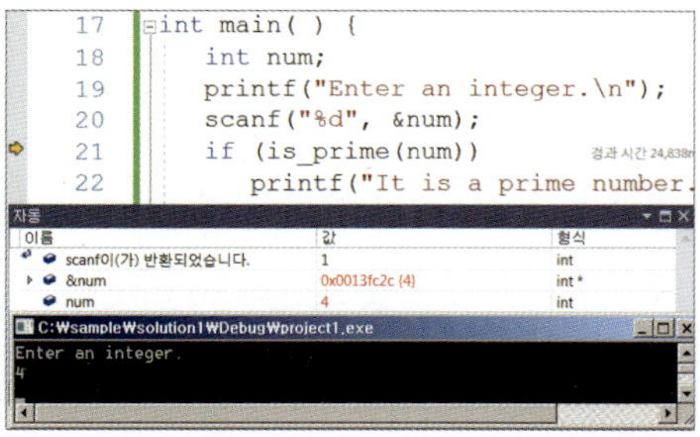

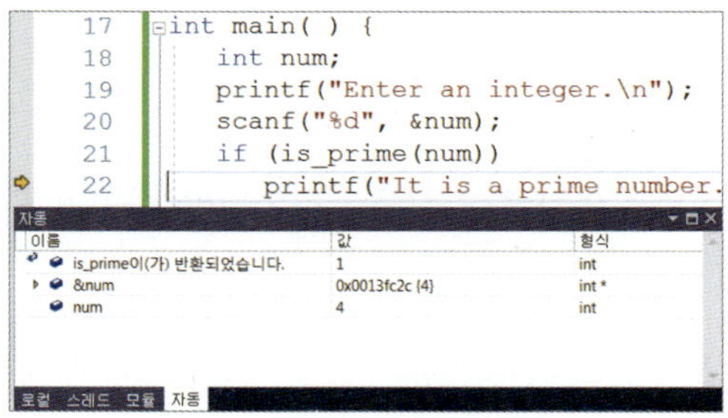

왼쪽 그림의 자동 창을 보면 scanf가 실행되어 num에 4가 들어갔음을 알 수 있다. 이어 F10을 눌러 if 문을 실행하면 is_prime 함수를 실행하여 오른쪽 그림처럼 회색 박스가 그 아래 printf 문을 가리키고 있다. 함수 실행 결과가 참이 되어 4가 소수가 아닌데도 화면에 소수라고 출력하겠다는 것이다.

함수 단위로 실행하려면 F10, 명령문 단위로 실행하려면 F11

F10은 피호출 함수 내부로 들어가지 않으므로 이런 방법으로는 is_prime 함수를 디버깅할 수가 없다. 따라서 [디버그]-[디버깅 중지]를 누르고 솔루션 탐색기 창에서 소스코드인 test.c를 더블클릭하여 원래 상태로 되돌아가 보자. F10과 달리 F11은 함수 내부로 들어간다. 이번에는 F11을 써서 디버깅을 해 보자.

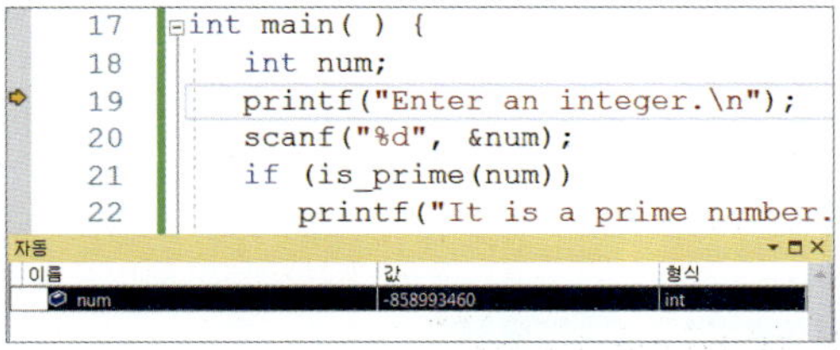

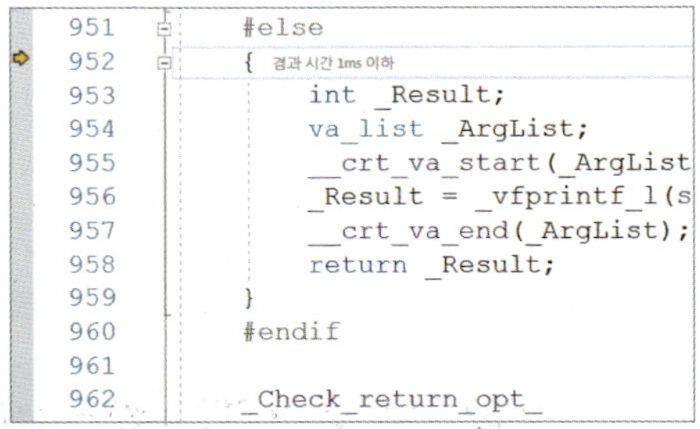

함수 내부로 들어가려면 F11, 빠져나오려면 Shift+F11

F11을 두 번 누르면 왼쪽 그림처럼 printf 문을 실행하기 직전 상태로 간다. 이 상태에서 F11을 누르면 오른쪽 그림처럼 printf 함수 내부로 들어간다. F11은 무조건 한 줄 단위로 실행하기 때문이다. 그러나 printf 함수를 수정할 일은 없으므로 여기서 Shift+F11을 누르면 printf 함수의 나머지 명령문을 한꺼번에 실행하고 다시 main 함수로 되돌아간다. 이후 다시 F11을 눌러 줄 단위로 디버깅을 계속할 수 있다. 이처럼 F11을 눌러서 줄 단위로 명령어를 관찰하되 printf처럼 디버깅하고자 하는 함수가 아닐 경우 Shift+F11을 눌러 호출 함수로 되돌아갈 수 있다.

설명의 편의상 여기서는 다시 [디버그]-[디버깅 중지]를 누르고 솔루션 탐색기 창에서 소스코드인 test.c를 더블클릭하여 원래 상태로 되돌아가 보자. 이번에는 중단점(Break Point)을 설정하여 곧바로 is_prime 함수 내부로 진입해 보자.

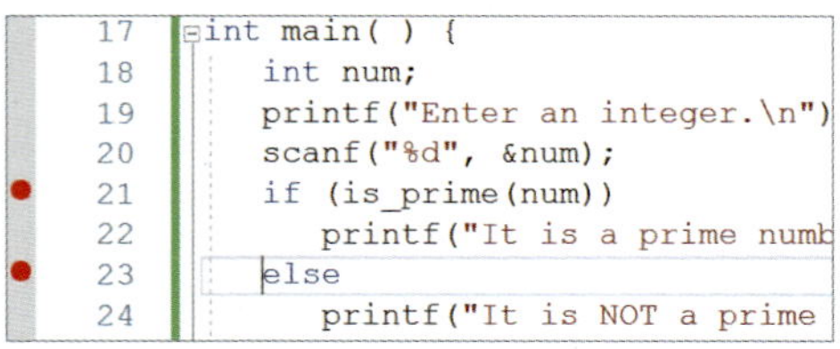

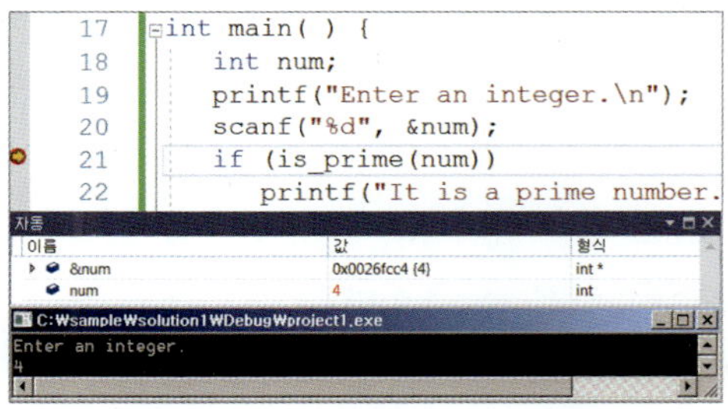

main 함수의 if 문이 있는 줄을 클릭한 후 F9를 누르면 중단점이 설정된다. 이어 else가 있는 줄을 클릭하고 F9를 누르면 왼쪽 그림처럼 붉은 원으로 표시된 중단점이 설정된다. 만약 중단점을 해제하려면 다시 F9를 누르면 된다.

[F9]로 중단점을 설정한 후 [F5]를 누르면 단번에 거기까지 간다.

이후, [F5]를 누르면 처음부터 중단점 직전까지 한꺼번에 실행된다. 물론 중단점에 도달하기 이전에 printf와 scanf가 실행되어야 한다. 따라서 콘솔 창에 값을 입력해야 한다. 하단 메뉴 바의 콘솔 창을 클릭해서 오른쪽 그림처럼 4를 입력해 보자.

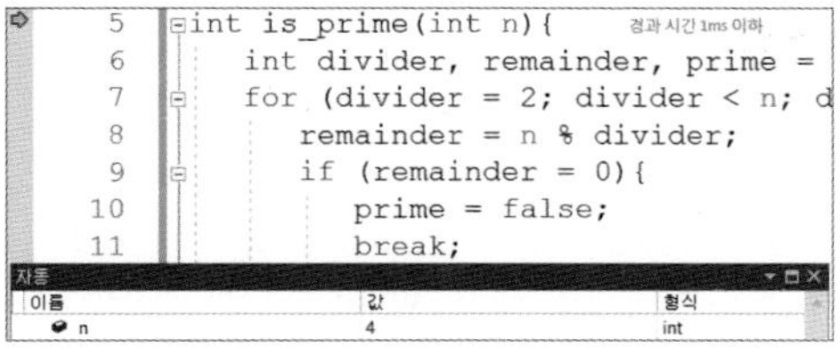

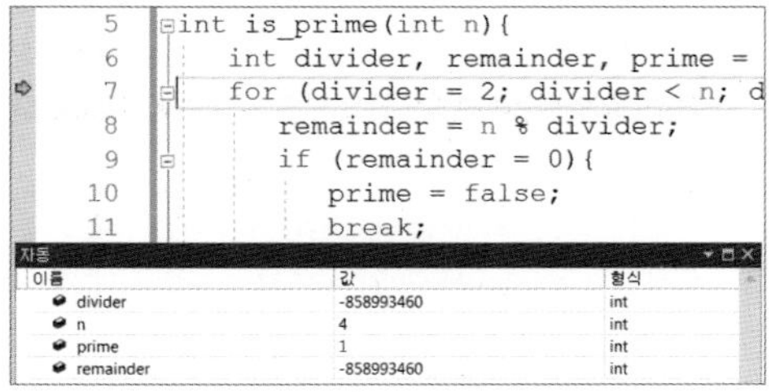

중단점까지 왔으면 이제 is_prime 함수 내부로 들어가야 한다. [F11]을 누르면 왼쪽 그림처럼 함수 시작 위치로 간다. 그림의 자동 창에 매개변수 n으로 전달된 num 값이 표시되어 있다. 여기서 다시 [F11]을 두 번 누르면 오른쪽 그림처럼 자동 창에 prime 변수 값이 1로 초기화된다. 다시 [F11]을 누른다.

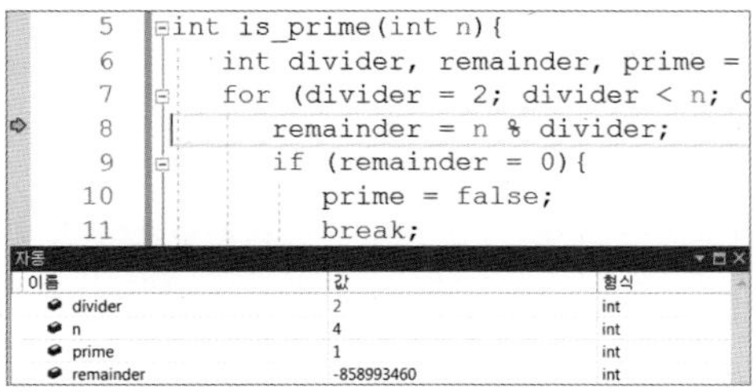

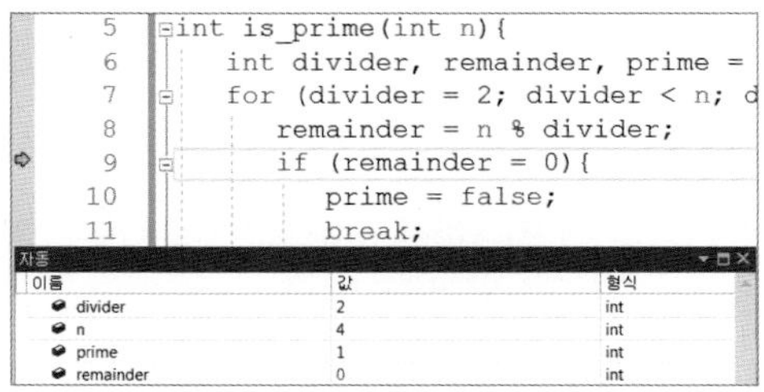

왼쪽 그림은 루프 내부로 들어와 remainder 값을 평가하기 직전이다. 처음 for 문으로 들어간 상태이므로 divider는 2로 초기화되어 있다. 다시 [F11]을 누르면 오른쪽 그림처럼 바뀐다. 자동 창을 보면 예상했던 대로 remainder 값은 0이다. 4 % 2 = 0이기 때문이다. 다시 [F11]을 눌러 if 문을 실행해 보자.

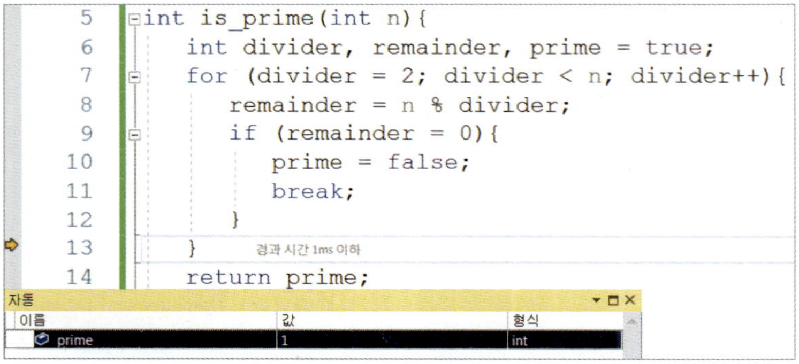

remainder가 0이므로 if 문을 실행하면 그 아래 prime = false;로 가야 함에도 불구하고 그것을 건너뛰고 for 블록의 끝으로 가고 있다. 또, 자동 창에는 prime 값이 초기화 당시의 값인 1(true)로 되어 있다. remainder, 즉 나머지가 0인데도 prime = false;가 실행되지 않은 것이다.

조금 생각해 보면 여기서 if 문이 잘못 되었음을 알 수 있다. if (remainder = 0)은 비교가 아니라 대입이다. 즉, remainder와 0을 비교하는 것이 아니라 무조건 remainder에 0을 대입한 후에 좌변 remainder 값인 0을 리턴한다. 그 결과 if (0)이 되어 논리적으로 거짓(false)이 되므로 remainder 값과 무관하게 어떤 경우든 블록 내부로 들어가지 않는다. 따라서 prime도 0(false)으로 바뀌지 않는다. 이를 if (remainder == 0)으로 바꾸어야 관계 연산자에 의해 제대로 비교가 이루어져 prime이 0으로 바뀐다.

디버깅은 여러 측면에서 이루어진다. 예처럼 명령문이 어떤 순서로 실행되었는지도 디버깅을 위한 단서다. 당연히 실행되리라고 기대하던 명령문을 건너뛴다면 무엇인가 잘못되었기 때문이다. 어느 순간에 어떤 함수가 호출되었는지도 단서다. 기대하던 함수가 아닌 다른 함수가 호출된다면 이 역시 무엇인가 잘못되었기 때문이다. 소스코드에 표시된 회색 박스(또는 왼쪽 화살표)가 어디로 건너뛰는지를 살펴봄으로써 다음에 실행될 것으로 예상하는 명령문이나 함수가 실제로 실행이 되는지를 알 수 있다. 함수 실행 시 매개변수의 값이 얼마로 넘어왔는지도 단서다. 함수 내부의 변수 값도 단서다. 이는 자동 창의 매개변수나 지역 변수 값이 어떻게 바뀌는지 추적해서 디버깅을 할 수도 있음을 의미한다.

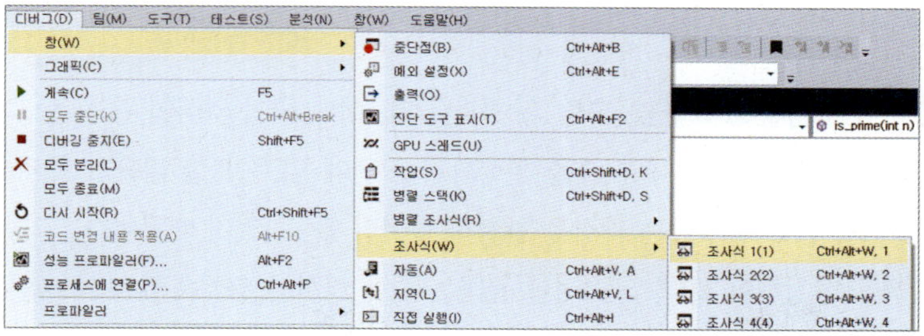

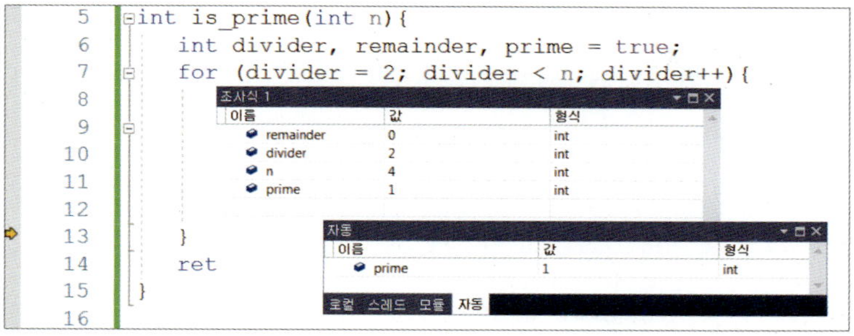

자동 창에 보이지 않는 변수는 조사식 창에서 볼 수 있다.

자동 창에 나타난 변수는 디버거가 중요하다고 생각한 변수다. 그러나 만약 프로그래머가 추적하고자 하는 변수가 자동 창에 나타나 있지 않으면 [디버그]–[창]–[조사식]–[조사식 1]을 눌러 조사식 창을 띄워 볼 수 있다. 이후 조사식 창의 이름 필드 아래를 클릭하고 거기에 관찰하려는 변수명을 입력하면 그 값을 알 수 있다.

키	의미
F5	빌드 후에 디버깅 시작, 중단점이 있으면 거기까지 실행
Shift+F5	디버깅 중지
F10	빌드 후 명령문 단위 실행. 함수 호출이면 함수 단위로 실행(Step Over)
F11	빌드 후 명령문 단위 실행. 함수 호출이면 함수 내부로 진입(Step Into)
Shift+F11	함수 내부에서 남은 줄 모두 실행하고 나감(Step Out)
F9	중단점 설정/해제

그림 7-3 자주 쓰이는 Debugging Key

F9로 중단점을 설정하고 F5로 곧바로 거기까지, 이후 F10 또는 F11

지금까지 설명한 디버깅 관련 키를 요약하면 [그림 7-3]과 같다. 어떤 줄이 의심이 갈 때는 그 이전의 줄까지는 단번에 실행해 버리고 해당 줄을 실행하기 직전에 멈추어 설 필요가 있다. 이후 F10이나 F11을 통해 해당 줄을 실행하는 과정을 찬찬히 들여다 볼 수 있기 때문이다. 그렇게 하려면 이른바 중단점을 설정해야 한다. 그러려면 원하는 줄에 커서를 위치시킨 다음 F9를 누르면 된다. 이후 F5를 누르면 곧바로 디버그 모드로 들어가 프로그램 처음부터 해당 중단점 직전까지 단번에 실행된다. 그 과정에서 scanf처럼 입력을 읽어야 할 때는 입력 창이 뜨게 된다. 중단점이 여럿일 때 F5를 누르면 중단점에서 중단점까지가 단번에 실행된다. 중단점이 설정된 줄에 커서를 위치시키고 F9를 다시 한 번 누르면 중단점이 해제된다.

중단점을 설정했으면 F5로 거기까지 갈 수 있다. 이후 F10이나 F11을 눌러 디버깅을 할 수 있다. F10이나 F11이나 모두 코드를 한 줄씩 실행한다. 그러나 해당 줄이 함수를 호출할 때는 차이가 있다. F10은 단번에 피호출 함수 전체를 모두 실행한 후 곧바로 호출 함수의 다음 줄로 이동한다. 이런 이유로 F10을 '프로시저 단위 실행' 또는 'Step Over(건너 뜀)'라고 부른다. 그러나 F11은 피호출 함수 내부로 들어가 피호출 함수의 코드까지도 줄 단위로 실행한다. 이런 이유로 F11을 '한 줄 단위 실행' 또는 'Step Into(들어 감)'라고 부른다.

03 분할 정복

컴파일 오류를 해결하려면 오류 메시지를 읽고 내용을 이해하려 노력할 필요가 있다. 그래야 유사한 종류의 오류 메시지에 대한 해결 방법을 깨달을 수 있다. 그러나 디버깅 면에서 보면 컴파일 타임 오류보다 런 타임 오류가 더 해결하기 어렵다.

```
if (count = 1) ............................... ❶
if (1 < count < 10) .......................... ❷
if ((x == 5) & (y == 5)) ..................... ❸
```

잘 알려진 버그 패턴도 많다. 예를 들어 if 문만 하더라도 위와 같이 다양한 오류가 일어난다. ①은 비교가 아닌 대입이다. ②는 수학의 수식이지 관계 연산자가 아니다. ③은 논리 연산자를 써야 할 곳에 비트 연산자를 쓰고 있다. 이 외에도 오류 패턴은 다양하다. 리턴 값이 있는 함수에서 아무것도 리턴하지 않을 때도 있다. switch 문에서 break 문을 빠뜨릴 때도 있다. 입출력문에서 형식을 잘못 지정할 때도 있다. 입력 버퍼에 남아 있던 '\n'을 처리하지 않을 때도 많다. 물론 이러한 종류의 오류에 대해서는 어느 정도 익숙해질 필요가 있다.

```
int count, sum;
while (count < 10)
   sum += count;
```

루프와 관련된 오류 패턴도 많다. 예는 count 값이나 sum 값을 초기화하지 않은 상태에서 루프를 돌고 있다. 이렇게 되면 결과는 쓰레기다. 컴파일러에 따라서는 초기화하지 않은 값을 사용할 때 컴파일 오류를 띄우기도 한다. 동일한 컴파일러도 버전에 따라 수시로 기능이 바뀌기 때문에 거기에 의존하면 안 된다. 루프와 관련된 가장 흔한 오류가 하나 차이 오류(Off by 1 Error)다. 이는 제어 변수가 1만큼 크거나 작을 때 일어나는 오류다. 예에서도 만약 1부터 10까지 더하라고 했으면 count를 1로 초기화한 다음 while 문의 괄호 안이 (count <= 10)

으로 바뀌거나 (count < 11)로 바뀌어야 한다.

일반적으로 이런 종류의 오류는 디버거를 사용하여 추적해 보면 비교적 짧은 시간 안에 디버깅이 가능하다. 가장 디버깅이 어려운 경우는 알고리즘 자체에 논리적인 오류가 있을 때다. 그러한 오류를 줄이려면 코딩 이전에 알고리즘을 생각해내는 데 많은 시간을 투자해야 한다. 논리가 분명하고 정확해야 오류가 줄어들기 때문이다. 프로그램 과제물이 나오면 되도록 조기에 착수하는 것이 좋다는 말이 있다. 그러나 이는 과제가 나오자마자 곧바로 컴퓨터 앞에 앉아 #include부터 입력하라는 말은 아니다. 큰 그림을 그려 보면서 문제를 어떻게 해결할지 생각하는 시간을 충분히 가져야 한다는 말이다.

연도와 월을 입력받아 해당 월의 달력을 찍는 프로그램을 생각해 보자. 원하는 월의 1일이 무슨 요일인지만 알면 달력을 찍을 수 있다. 그런데 우리가 아는 사실은 서기 1년 1월 1일이 일요일이라는 사실이다. 또, 윤년은 2월이 29일까지이며 그 해는 366일이라는 사실이다. 따라서 일단 다음과 같은 의사 코드로 알고리즘을 표현할 수 있다.

```
1. 원하는 연도와 월을 입력받는다(예를 들어, 2018년 5월).
2. 1년 1월 1일부터 2017년 12월 31일까지의 날짜 수를 계산한다(윤년 감안).
3. 2018년 1월 1일부터 4월 30일까지의 날짜 수를 계산한다(윤년 감안).
4. 2, 3의 결과를 더하고 거기에 1을 더하면 2018년 5월 1일까지의 총 날짜수가 나온다.
   이것을 7로 나눈 나머지가 0이면 일요일, 1이면 월요일이다.
5. 2018년 5월 1일의 요일을 기준으로 해당 월의 달력을 출력한다.
```

```
main( ){
   read year and month; ································❶
   calculate days to up to the last year; ··············❷
   calculate days to up to the last month; ·············❸
   calculate the weekday of the 1st day; ···············❹
   print the calendar; ·································❺
}
```

프로그램 오류를 줄일 수 있는 가장 효율적인 접근 방식은 분할 정복(Divide and Conquer)이다. 이는 큰 문제를 작은 문제로 나누어 하나씩 정복하면 결국에는 큰 문제를 정복할 수 있다는 접근 방식이다. 프로그램 전체를 작성한 후에 한꺼번에 디버깅을 하면 소스코드끼리 서로 얽혀 어디에서 오류가 났는지 찾기가 어려워진다. 분할 정복은 이러한 사태를 방지하기 위한 것으로서 프로그램을 함수 단위로 나누어 짜면서 각각에 대한 디버깅을 마친 후에 나중에 그것을 서로 이어붙이는 방법이다. 분할 정복에 의해 예의 유사코드를 프로그램으로 짜 보자.

예제 7-6

```
#include <stdio.h>
#define true 1
#define false 0

// 윤년인지 평년인지 판단하는 함수
int leap_year(int y){
   if ((y % 4 == 0 && y % 100 != 0) || (y % 4 == 0 && y % 400 == 0))
       // 4로 나누어떨어지는 동시에 100으로 나누어떨어지지 않거나,
       // 4로 나누어떨어지는 동시에 400으로 나누어떨어지면 윤년
      return true;
   else
      return false;
}

int main( ){
   int year;
   while (1){
      printf("Enter year.\n");
      scanf("%d", &year);
      if (year == -1)
         break;
      if (leap_year(year))
         printf("It is a leap year.\n");
      else
         printf("It is NOT a leap year.\n");
   }
   return 0;
}
```

```
Enter year.
2000
It is a leap year.
Enter year.
2200
It is NOT a leap year.
```

일단 윤년을 판단하는 함수 하나만 작성하여 예처럼 테스트해 본다. 샘플 입력을 바꾸어가면서 제대로 된 출력이 나올 때까지 디버깅하여 일단 이 함수를 완벽하게 만들어야 한다. 예처

럼 루프를 돌려가며 여러 샘플 입력에 대해 출력이 제대로 되는지 테스트해도 좋다.

예제 7-7

```
#include <stdio.h>
#define true 1
#define false 0

int leap_year(int y){
    if ((y % 4 == 0 && y % 100 != 0) || (y % 4 == 0 && y % 400 == 0))
        return true;
    else
        return false;
}

// 서기 1년 1월 1일부터 작년 말까지의 날짜 수를 돌려주는 함수
int to_last_year(int year){
    int i, total = 0;

    for (i = 1; i <= (year - 1); i++){
        if (leap_year(i))
            total += 366;
        else
            total += 365;
    }
    return total;
}

int main( ){
    int year;

    while (1){
        printf("Enter year.\n");
        scanf("%d", &year);
        printf("Days up to last year is %d.\n", to_last_year(year));
        if (year == -1)
            break;
    }
    return 0;
}
```

```
Enter year.
3
Days up to last year is 730.
Enter year.
4
Days up to last year is 1095.
```

to_last_year 함수만 따로 테스트하기 위한 프로그램이다. 이미 윤년인지 판단하는 함수가 제대로 돌아간다는 확신이 있기 때문에 이제 to_last_year 함수에 대한 디버깅에 집중할 수 있다.

예제 7-8

```
#include <stdio.h>
#define true 1
#define false 0

int leap_year(int y){
   if ((y % 4 == 0 && y % 100 != 0) || (y % 4 == 0 && y % 400 == 0))
     return true;
   else
     return false;
}

// 금년 1월 1일부터 전달 말일까지 날짜 수
int to_last_month(int year, int month){
   int i, total = 0;

   for (i = 1; i <= (month - 1); i++){
      if (i == 1 || i == 3 || i == 5 || i == 7 || i == 8 || i == 10)
         total += 31;                       // 큰 달이면 31일
      else if (i == 4 || i == 6 || i == 9 || i == 11)
         total += 30;                       // 작은 달이면 30일
      else {                                // 2월은 평년, 윤년을 반영
         if (leap_year(year))
            total += 29;
```

```
            else
                total += 28;
        }
    }
    return total;
}

int main( ){
    int year, month;
    while (1){
        printf("Enter year and month.\n");
        scanf("%d%d", &year, &month);
        if (year == -1)
            break;
        printf("Days up to last month is %d.\n",
                    to_last_month(year, month));
    }
    return 0;
}
```

```
Enter year and month.
2020 3
Days up to last month is 60.
Enter year and month.
2021 3
Days up to last month is 59.
```

to_last_month 함수를 테스트하기 위한 프로그램이다. 분할 정복 기법은 이처럼 함수를 하나씩 테스트하면서 디버깅을 계속한다. 함수 단위의 디버깅은 프로그램 전체 단위의 디버깅에 비해 훨씬 쉬운 일이다. 개별 함수가 완성되면 이제 이 함수들을 조합하여 프로그램을 구성해 볼 수 있다. 이는 함수 하나하나에 완벽을 기한 후에 레고 블록을 조립하듯이 그것을 쌓아서 프로그램을 완성하는 방법이라 할 수 있다.

디버깅의 반대편에 있는 것이 테스팅(Testing)이다. 디버깅이 오류를 고치는 작업인 반면에 테스팅은 오류를 찾아내는 작업이기 때문이다. 그러나 프로그램 테스팅은 버그가 있음을 확인하기 위한 수단일 뿐 테스팅을 마쳤다고 해서 버그가 없다고 단언할 수는 없다. 프로그램이 완벽한지 테스트하기란 기본적으로 불가능하기 때문이다. 샘플 입력을 1000개 넣어 보았는데 모두 제대로 돌아간다고 해서 그 프로그램이 완벽하다고 말할 수는 없다. 10만개를 넣어 보아도 불안하기는 마찬가지다. 전혀 예상치 못한 특수한 경우의 입력에 대해서 프로그램이 오류를 드러낼 수 있기 때문이다.

부정확한 알고리즘의 결과는 다양하다. 무한 루프가 돌 수도 있다. 알고리즘이 비정상적으로 종료할 수도 있다. 정상적으로 종료되었지만 잘못된 결과가 출력될 수도 있다. 어떤 경우든 프로그램의 부정확성을 증명할 수는 있다. 오류를 찾아내면 되기 때문이다. 그러나 프로그램의 정확성을 증명하기는 어렵다. 무한한 가지 수의 모든 조건에 대해 프로그램이 정상적으로 작동한다고 주장할 수는 없기 때문이다. 따라서 프로그램의 정확성은 '가능한' 모든 입력에 대해 프로그램이 제대로 작동한다고 말하는 수준에서 그쳐야 한다.

프로그램을 테스트하는 방법도 여러 가지이다. 테스트 프로그램(Test Program)은 루프를 돌면서 가능한 한 많은 양의 임의의 샘플 데이터를 만들어내어 자동으로 그것을 내 프로그램에 입력해 보면서 정확성을 검증하는 방법이다. 명령문 테스팅(Statement Testing)은 샘플 입력을 바꾸어 가면서 프로그램 내의 모든 명령문이 최소한 한 번은 실행되는지를 검증하는 방법이다. 이 방법은 논리와 직결되어 있다. 단 한 번도 실행되지 않은 명령문이 있다면 논리가 잘못되었을 가능성이 크기 때문이다.

경계 조건 테스팅(Boundary Testing, Corner Testing)은 허용된 입력 스펙(Input Specification)의 경계선 바로 위나 바로 아래에 있는 데이터를 입력하여 그것을 제대로 처리하는지 확인하는 방법이다. 이른바 '1만큼 오류'도 경계 조건 테스팅에 의해 찾아낼 수 있다. 정수를 문자로 변환하는 프로그램이라면 정수 128이 입력될 때 아스키코드 표에는 없는 문자라고 오류 메시지를 내보낼 수 있어야 한다. 아스키코드는 정수 0부터 127까지를 사용하는 문자 규약이기 때문이다. 5개 문자를 저장할 수 있는 문자열 변수라면 실제로는 6개 문자를 저장할 수 있어야 한다. 문자열 끝에 '\0'을 붙여야 하기 때문이다. 따라서 이 변수에 6개 문자를 입력하면 오류로 처리할 수 있어야 한다.

특수 경우 입력 처리(Special Case Input Handling)가 제대로 되어 있는지도 검증해야 한다. 예를 들어, 나이를 입력하는데 음수가 입력되면 오류로 처리할 수 있어야 한다. 문자를 입력 받는 프로그램에 처음부터 엔터 키가 입력되더라도 처리할 수 있어야 한다. 정수 사이의 덧셈이 오버플로우를 일으키면 오버플로우가 일어났다고 보고할 수 있어야 한다. 대부분의 과제물은 일정한 가정 하에 프로그램을 짜도록 요구하기 때문에 특수 경우 입력에 대해서는 그리 신경을 쓰지 않는다. 그러나 실제 업무에 사용되는 상용 프로그램이라면 전혀 예상치 못한 의외의 입력에도 대처할 수 있어야 한다.

04 소프트웨어 설계

프로그램 설계에도 분할 정복 기법을 적용할 수 있다. 문제가 커지면 한꺼번에 해결하기가 어려워진다. 이에 대한 대안이 이른바 구조화된 설계(Modular Design, Structured Design)다. 이는 문제에 대한 해결책을 여러 개의 모듈(Module, Subsystem)로 나누고 모듈 사이의 상호 작용에 의해 문제를 해결하는 방식을 말한다. 유지 보수가 편한 설계, 융통성이 있어 확장하기 쉬운 설계가 좋은 설계인데, 모듈 단위의 설계가 바로 그런 설계다. 여기에는 적지 않은 이점이 따른다. 모듈별로 디버깅과 테스팅을 할 수 있기 때문에 유지 보수가 쉽다. 또, 개별 모듈을 이리저리 조합함으로써 새로운 프로그램, 더 큰 프로그램을 만들기도 쉽다.

여기서 모듈이란 하나의 기능을 수행하는 독립적인 단위를 말한다. 비교적 간단한 기능이라면 하나의 모듈을 하나의 함수로 구현할 수도 있다. 그러나 기능이 복잡해지면 하나의 모듈이 다시 여러 개의 함수를 호출하는 형태가 될 때도 있다. 편의상 여기서는 하나의 모듈이 하나의 함수에 해당한다고 가정하기로 한다.

1단계: 요구사항 분석
2단계: 프로그램 설계
3단계: 코딩
4단계: 테스팅 및 디버깅

프로그램을 개발하는 과정은 크게 보아 위 순서로 진행한다. 1단계의 요구사항 분석은 프로그램이 어떤 역할을 수행해야 하는지를 파악하는 작업을 말한다. 과제물처럼 규모가 작은 프로그램이라면 이는 비교적 간단한 작업이지만 규모가 크면 이 작업도 체계적으로 이루어져야 한다. 추상적 수준에 머무르던 요구사항을 점차 구체화시켜야 하기 때문이다. 입력과 출력은 어떤 형태인지 경우별로 어떤 출력을 내보내야 하는지 프로그램의 실행 속도는 어느 선까지 허용되는지 등의 구체적 요구사항까지도 결정해야 한다.

대개 3단계 코딩 작업이 진행되면서 1단계 요구사항이 구체화된다. 코딩을 계속할수록 이전에는 생각지 못했던 새로운 경우가 드러나고 그에 따라 새로운 문제가 제기되기 때문이다. 심지어 코딩 도중 2단계의 결과인 설계를 바꾸기도 한다. 원래의 설계가 지닌 취약점이 드러나기 때문이다. 요구사항, 설계, 코딩은 명확하게 분리된 작업이 아니다. 3단계에서 문제가 생기면 2단계로 되돌아가서 설계를 변경할 수도 있다. 코딩이 어려울 경우 아예 1단계로 되돌아가서 요구사항의 범위를 축소하기도 한다.

프로그램 설계 방식에는 상향식(Bottom Up)과 하향식(Top Down)이 있다. 상향식은 프로그램의 전체적인 구조는 무시한 채 프로그램 작성에 어떤 모듈들이 필요할지를 대략적으로 확인하는 데서 출발한다. 이후 각각의 모듈을 따로 따로 만들어내는 데 주력한다. 예를 들어 하나의 모듈이 하나의 함수로 이루어져 있다면, 그 함수가 어떤 인자를 받아서 어떤 일을 해야 하는지만 분명해지면 함수를 구현하는 일은 어렵지 않다. 이 방식의 장점은 이처럼 만들어낸 함수는 다양한 목적으로 재사용할 수 있다는 점이다. 프로그램의 전체적인 구조나 다른 함수와의 연관성을 염두에 두지 않고 만들었기 때문에 그만큼 독립적이다. 따라서 그것만 따로 떼어내어 사용할 수 있기 때문에 범용성이 높다. C 언어의 표준 라이브러리가 그러한 예다. 그러나 이 방식의 약점은 개별 함수를 어떤 방식으로 조합하여 전체적인 프로그램을 구성할지가 분명하지 않다는 점이다. 프로그램의 전체적인 구조나 함수 사이의 연관성을 염두에 두지 않았기 때문이다.

반면에 하향식은 큰 그림을 먼저 그린다. 어떤 함수가 필요하며 그것들이 서로 어떻게 연관되어 프로그램 전체의 구조를 이룰 것인가가 중요하다. 이 방식에서는 함수를 어떻게 구현할 것인가는 그리 중요하지 않다. 심지어 과연 그런 함수를 구현할 수 있을지도 문제가 되지 않는다. 단지 이런저런 역할을 하는 함수가 있다고 가정하고 추상적인 수준에서 함수를 호출하여 프로그램을 작성한다. 물론 이 방식도 최종적으로는 함수를 구현해야 한다. 그러나 이러한 접근 방식으로 작성한 함수는 해당 프로그램에서만 돌아갈 가능성이 크다는 점이 이 방식의 단점이다. 다시 말해서 재사용이 어렵기 때문에 새로운 프로젝트를 할 때마다 모든 함수를 새로 짜야 할 가능성이 커진다.

실제로 상향식과 하향식은 서로 보완 관계에 있다. 상향식은 재사용이 가능한 함수를 강조한다. 반면에 하향식은 프로그램 전체의 구조를 강조한다. 따라서 양쪽에서 접근해 와서 중간에서 만나게 하는 것이 이상적이다.

물론 프로그램이 간단하다면 상향식도 가능하다. 그러나 프로그램이 복잡할수록 하향식이 유리해진다. 상향식으로는 설계가 어렵기 때문이다. 예를 들어, 정부의 행정 전산망을 설계하라고 할 경우 프로그램 규모는 엄청나게 커진다. 여기에 대해 상향식을 적용하여 처음에 주민등록등본을 발급하는 프로그램을 완성하고 그 다음에 국세청의 연말정산 프로그램을 완성하는 식으로 생각해서는 '체계적인' 설계가 불가능하다. 주민등록등본이나 연말정산이라는 디테일을 먼저 생각하면 안 된다. 그보다는 일단 추상적인 수준에서 정부를 부처별로 나누고 각각의 부처에 속한 부서별로 어떤 프로그램이 필요한지 파악해야 한다. 또 부서 사이에 프로그램을 어떻게 공유하고 어떻게 연동시킬 것인지 체계적으로 생각해야 한다.

프로그램의 규모가 클수록 하향식이 유리하다.

다시 말해서 프로그램의 규모가 클수록 일단 큰 그림을 스케치할 필요가 있다. 나무 이전에 숲을 먼저 보아야 한다. 그래야 전체적인 모습이 보인다. 그런 이후에 비로소 작은 그림 하나하나에 대해 디테일을 채워나가야 한다. 비교적 작은 규모의 프로그램도 하향식으로 설계할 수 있다. 연간 순급여를 보고하는 프로그램을 예로 들어 보자.

```
main( ){
    calculate gross payment; ················· ❶
    get personal information; ················ ❷
    calculate tax and deduction; ············· ❸
    report net payment; ······················ ❹
}
```

하향식 설계에서 main 함수는 대개 추상적인 수준에서 함수를 호출하는 것만으로 역할이 끝난다. 위의 예제는 연간 순급여(Net Payment)를 보고하는 데 필요한 함수를 의사 코드 형태로 써 본 것이다. ①에서 일단 사원의 연간 총급여(Gross Payment)를 계산한다. ②에서 해당 사원의 개인 정보를 읽어온다. 이 정보를 바탕으로 ③에서 납부해야 할 세액(Tax)과 공제액(Deduction)을 계산한다. 이후 ④에 의해 총급여에서 세액을 빼고 거기에 공제액을 더해 순급여를 보고한다.

물론 각각의 의사 코드에 해당하는 함수는 아직 구현하지 않았다. 단지, 이러한 역할을 하는 함수를 호출하면 문제가 해결될 것이라는 그림을 그린 것이다. 하향식 설계 방식을 취한다면 프로그램을 작성할 때도 이처럼 main 함수부터 작성해야 한다. 그런 다음에 각각의 역할을 담당하는 함수를 구현해야 한다.

아이디와 패스워드를 확인하여 로그인을 허용하는 프로그램을 설계한다고 가정해 보자. 요구 사항을 접하자마자 아이디는 몇 자리이고 자리 수를 어길 때는 어떤 오류 메시지를 내보낼 것인지 등을 생각하면 안 된다. 하향식 설계에서는 처음부터 그러한 디테일에 연연해서는 안 되기 때문이다. 나무 하나하나에 주목하기 시작하면 숲은 보이지 않는다. 의도적으로 디테일을 무시해야 한다. 큰 그림부터 그려 보아야 한다.

```
int main( ){
   get id and password; ························ ❶
   validate id; ································ ❷
   if invalid
      send error message;
   else {
      check if id matches password; ········ ❸
      if unmatched
         send error message;
      else
         send login success message;
   }
}
```

의사 코드로 알고리즘을 표현할 수 있어야 한다.

알고리즘을 의사 코드로 표현한 예로서 비교적 큰 줄거리만 기술하고 있다. 이 수준에서는 디테일에 신경을 쓰면 안 된다. 예를 들어, ①에서 구체적으로 어떤 방법으로 입력받을 것인지를 생각해서는 안 된다. ②, ③을 구체적으로 어떤 방법으로 확인할 것인지도 생각해서는 안 된다. 거시적인 차원에서 이러이러한 단계가 필요하다고 이야기해야 할 때에는 디테일에 신경을 쓰면 오히려 방해가 된다. 개별 함수를 어떻게 구현할 것인지는 나중 문제다. 예처럼 선택 구조를 써서 알고리즘을 표현해도 좋다. 반복 구조를 써서 표현해도 좋다.

```
int main( ){
   int valid, matched; ·························································· ❶
   int id, password;

   get_input(id, password);
```

```
    valid = validate_id(id); ·········································❷

    if (!valid) ···················································❸
        send_err_msg( );
    else {
        matched = check_pswd(id, password); ··························❹
        if (!matched) ················································❺
            send_err_msg( );
        else ·························································❻
            send_success_msg( );
    }
    return 0;
}
```

하향식 설계는 점진적인 설계다. 추상적인 코드에서 점차 구체적인 코드로 나아간다. 다시 말해서 추상적으로 표현된 의사 코드를 다듬는 과정에서 프로그램이 점차적으로 구체화된다. 위의 예는 이전 예의 의사 코드를 조금 더 구체적인 함수 호출로 대체하고 있다. ①에서 아이디의 유효성을 확인하는 valid라는 변수와 아이디와 패스워드가 매칭되는지를 나타내는 matched 변수를 선언하고 있다. ②에서 validate_id 함수를 실행한 결과 리턴 값을 valid 변수에 대입하고 있다. 허용된 id가 아니면 ③에 의해 오류 메시지로 처리한다. 그렇지 않으면 ④에 의해 id와 password가 매칭되는지 확인한다. 만약 매칭되지 않으면 ⑤에 의해 오류 메시지로 처리한다. 그렇지 않으면 ⑥에 의해 로그인이 성공적이라고 출력한다. 이 단계까지 오면 함수 사이의 연관성도 뚜렷해진다. id, password, valid, matched 등의 변수를 인자 형태로 주고받는 모습이 드러나기 때문이다.

스텁 코드로 전체적인 시나리오를 테스트할 수 있다.

```
int validate_id(int id){
    return 1;           // valid id!
}
```

스텁 코드(Stub Code)를 써서 하향식 프로그램 개발에 드는 노력을 줄이기도 한다. 예에서 보듯 스텁 코드는 완전한 함수가 아니다. 인자로 전달된 id를 구체적으로 검증하는 과정이 빠져 있기 때문이다. 이는 단지 함수 실행 결과 1(true)을 돌려준다고 가정하고 쓴 함수로서 아직 구체적으로 구현되지 않은 코드를 임시로 대체하는 역할을 한다. 이렇게 함으로써 개별 함수를 구체적으로 구현하기에 앞서 프로그램 전체의 알고리즘이 제대로 작동하는지 테스트할 수 있다. 다시 말해 스텁 코드는 함수끼리 유기적으로 제대로 연결되어 있는지를 테스트하기 위한 것이다.

스텁 코드를 작성할 수 있다는 것은 이미 함수명이나 매개변수, 리턴 타입 등 함수 원형을 결정했음을 의미한다. main에서 호출한 모든 함수를 적당한 스텁 코드로 대체하면 이제 프로그램을 컴파일하여 메인 함수가 제대로 동작하는지 테스트할 수 있다. 즉, 전체적인 시나리오가 제대로 작동하는지를 테스트해 볼 수 있다.

x	o	
	x	o
	o	x

1	2	3
4	5	6
7	8	9

또 다른 예로 틱택토(Tic-Tac-Toe) 게임을 설명해 보자. 이 게임은 두 사람이 서로 번갈아 돌을 놓되 어느 한쪽이 놓은 돌 세 개가 일렬로 놓이면 승자가 되는 것이다. 왼쪽 그림이라면 X가 승자다. 대각선으로 세 개가 놓였기 때문이다. 콘솔 창이라면 '–', 'X', 'O' 등의 문자를 써서 현재의 상태를 보여 줄 수 있다. 또, 오른쪽 그림처럼 9개 칸 각각에 숫자를 부여함으로써 위치를 나타낼 수 있다. 컴퓨터와 사람이 번갈아 돌을 놓는다고 가정하고 하향식 설계 방식으로 이 게임을 설계해 보자.

```
int main( ){
   int turn, game_over = 0, state;
   char board[ ][ ];

   welcome_message( );      // 환영 인사 및 게임 설명
   init_board(board);       // 어떤 돌도 놓이지 않은 것으로 초기화 ········ ❶
   turn = who_first( );     // 사람과 컴퓨터 중 누가 먼저 할 것인지 결정 · ❷
   while (!game_over){
      if (turn == 1){              // 사람이 둘 차례이면 ················ ❸
         human_move(board);        // 돌 위치를 입력받고 ················ ❹
         state = check(board);     // 보드 상태를 체크
```

```
        }
        else {                          // 컴퓨터가 둘 차례이면
            computer_move(board);       // 컴퓨터가 돌 위치를 결정
            state = check(board);       // 보드 상태를 체크
        }
        draw_board(board);              // 화면에 보드를 그림 ················· ❺
        respond(state);                 // 보드 상태에 따라 승부를 결정 ······ ❻
        toggle_turn(turn)               // 차례를 교대 ························ ❼
    }
    return 0;
}
```

main 함수를 가장 먼저 작성하라.

하향식 설계를 위한 가장 좋은 방법은 main 함수를 가장 먼저 작성하는 것이다. 예는 이미 상당히 상세한 수준의 의사 코드다. 함수 사이의 상호작용에 필요한 인자까지도 명시하고 있기 때문이다. ①에 의해 2차원 배열로 표현된 보드의 내용을 초기화한다. ②에 의해 컴퓨터와 사람 중 누가 먼저 할지를 결정하여 차례(turn) 변수에 넣는다. turn이 사람이라면 ④에 의해 몇 번 칸에 돌을 놓을지 물어 볼 수 있다. turn이 컴퓨터라면 프로그램이 돌을 어디에 넣을지 결정해야 한다. 어떤 경우든 보드에 변화가 생길 때마다 check(board) 함수를 불러서 상태를 업데이트해야 한다. 변화가 생겼으므로 ⑤에 의해 변화된 상태의 보드를 그림으로 그린다.

⑥은 check(board) 함수 호출 결과인 state를 처리하는 함수다. state에도 여러 가지가 있을 수 있다. 사람이나 컴퓨터가 놓은 돌이 일직선이 되면 승자를 선언해야 한다. 아직 승부가 나지 않아 다음 돌을 입력받기 위해 계속해서 루프를 돌아야 할 때도 있다. 모든 칸이 차면 무승부다. 더 이상 양쪽 모두 승산이 없다고 판단하여 중간에 무승부를 선언할 수도 있다. 번갈아 두는 게임이므로 ⑦에서 차례를 교대해 주어야 한다. 물론 예도 아직 설계 단계의 코드라 할 수 있다. 실제로 함수를 구현하는 도중 문제가 생기면 이 설계는 얼마든지 바뀔 수 있다.

사실상 이러한 종류의 게임에는 여러 형식이 있을 수 있다. 예처럼 사람과 컴퓨터 사이의 게임으로 만들 수도 있지만 사람과 사람 사이의 게임으로 만들 수도 있다. 즉, 두 사람이 번갈아 가며 게임하는 형식으로 만들 수도 있다. 그 경우에는 컴퓨터가 어디에 돌을 놓도록 해야 할지 고민할 필요가 없으므로 오히려 프로그램이 쉬워진다. 가장 어려운 것이 컴퓨터와 컴퓨터

사이의 게임으로 만들 때다. 서로 다른 전략(Strategy)이나 전술(Tactics)을 주입해야 하기 때문이다.

의사 코드에 조건문이나 반복문을 적극적으로 활용할 필요도 있다. 프로그램의 논리적 흐름이 분명해지기 때문이다. main 함수를 작성하기 전에 흐름도(Flow Chart)나 상태 전이도(State Transition Diagram)를 그려서 논리적 흐름을 미리 검토하기도 한다. 여기서 예를 든 목적은 단순히 하향식 프로그램 방식을 설명하기 위한 것이므로 구체적인 구현은 이후 설명할 11장으로 미루기로 한다.

과제

01

```c
#include <stdio.h>
int main( ){
    int i, max, sum = 0;
    printf("Enter the maximum number.\n");
    scanf("%d", &max);
    for (i = 1; sum <= max; i++)
        sum += i;
    printf("The sum from 1 to %d is %d\n", i, sum);
    return 0;
}
```

```
Enter the maximum number.
10
The sum from 1 to 6 is 15
```

1부터 n까지의 합을 구하되 그 합이 입력 정수를 넘지 않아야 한다는 조건 하에서 최댓값을 구하는 문제다. 이 문제에 대해 위와 같이 소스코드를 작성한 결과, 그림에서 보듯이 잘못된 값이 출력되고 있다. Visual C가 제공하는 디버거를 이용하여 이 문제를 해결하라. 조사식 창을 열어 i, max, sum 변수를 입력하고 루프를 돌 때마다 개별 변수 값이 어떻게 변화하는지 추적하고 루프를 빠져나갈 때의 값이 어떻게 변화하는지도 추적해야 한다. 추적 과정에 사용된 화면을 모두 캡처해서 하나의 파일로 제출하라.

02 본문에서 언급한 달력 프로그램을 마저 완성하라. 단, print the calendar 부분을 담당하는 별도의 함수를 만들되 그 함수만 따로 떼어 테스트하는 프로그램을 작성해야 한다. 이후 모든 함수를 모아서 전체적인 프로그램을 완성한다.

03 [예제 6-10]의 오류를 추적해 보라. 메뉴에서 [디버그]-[창]-[조사식]을 선택한 후 &ch를 입력하여 정수 변수 ch의 주소를 알아내라. 이후 [디버그]-[창]-[메모리]를 선택하여 메모리 창을 띄우라. 조사식 창의 &ch에 마우스를 누른 상태에서 메모리 창으로 끌고 가서 메모리 창에 ch 변수의 값을 바이트 단위로 디스플레이해 보라.

Chapter 08
함수 II

01 스택 프레임

02 변수의 영역과 수명

03 값 호출과 참조호출

04 인라인 함수와 가변 인자 함수

05 재귀 호출

과제

생각한다는 것은 사물이나 개념 사이에 존재하는 관계를 파악해 보려는 노력이다. 다양한 관계 중, 현상을 이해하는 데 가장 핵심적인 것이 인과 관계다. 원인을 알아야 결과를 이해할 수 있다. 함수를 호출할 때마다 호출 스택이 쌓인다. 따라서 스택의 작동 방식을 알아야 그것이 원인이 되어 초래되는 결과를 이해할 수 있다. 변수의 영역과 수명, 값 호출, 재귀호출 등이 그러한 예다.

01 스택 프레임

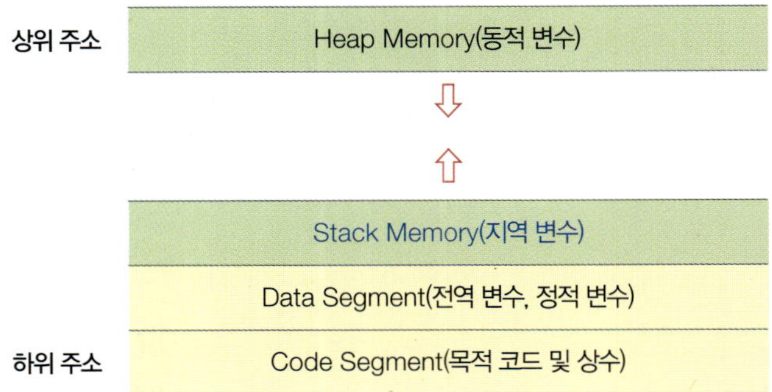

그림 8-1 프로그램 실행 도중의 메인 메모리 구조

프로그램 실행 시 메인 메모리는 코드 세그먼트(Code Segment), 데이터 세그먼트(Data Segment), 스택(Stack Memory), 빈 공간(Free Memory), 힙(Heap Memory) 순으로 자리를 잡는다. 물론 운영체제에 따라서 이와 정반대로 힙 메모리 자리에 스택 메모리를, 스택 메모리 자리에 힙 메모리를 위치시키기도 한다.

여기서 스택(Stack)이란 문자 그대로 '쌓아놓은 더미'를 말한다. 책을 쌓아놓은 스택을 예로 들면, 쌓아놓은 책 더미의 가장 위쪽을 스택 탑(Stack Top)이라 부른다. 스택에 새로운 책을 올려놓을 때 그 책은 항상 스택 탑의 바로 위에 올려진다. 스택 탑에 새로운 데이터를 추가하는 작업을 푸시(Push)라 부른다. 반면에 스택에서 책을 빼낼 때는 스택 탑 위치에 있는 책을 빼내게 된다. 스택 탑에 있는 데이터를 가져오는 작업을 팝(Pop)이라 부른다. 이처럼 데이터에 가해지는 작업(Operation)을 추상적으로 정의할 경우에 그 자료형을 추상 자료형(ADT: Abstract Data Type)이라 부른다. 운영체제에 따라서는 스택 세그먼트와 힙 메모리가 그림과는 서로 반대 위치에 있을 수도 있다.

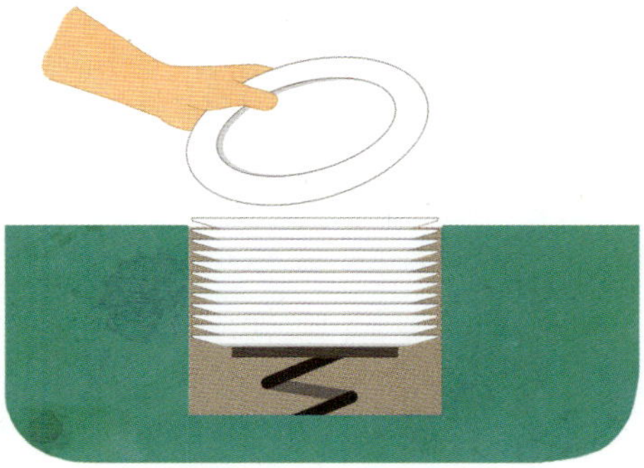

어떤 식당에는 접시 스택 아래 스프링이 달려 있다. 새로운 접시를 위에 올리면 무게로 인해 스프링이 수축하여 아래쪽 접시가 카운터 아래로 내려간다. 즉, 가장 위에 놓인 접시만 카운터 높이에 위치한다. 가장 위 접시를 치우면 스프링이 팽창하여 바로 밑에 있던 접시 한 개가 카운터 위로 올라온다. 따라서 접근할 수 있는 유일한 접시는 항상 가장 위에 있는 접시이고 나머지 접시는 카운터 아래에 있으므로 접근이 불가능하다.

월요일 아침에 어머니가 내 책상 위에 메모를 올려놓으셨다. 화요일에 또 다른 메모를 그 위에 올려놓으셨다. 수요일에 또 다른 메모를 그 위에 올려놓으셨다. 목요일에 또 다른 메모를 그 위에 올려놓으셨다. 금요일에 어머니가 오셔서 "내가 월요일에 올려놓은 메시지를 보았니?"라고 하신다. 내 책상 위에는 4장으로 이루어진 메모지 스택이 있다. 월요일 메모는 가장 바닥에 깔려 있다. 그것을 보기 위해 나는 목요일 메모를 내려놓고, 수요일 메모를 내려놓고, 화요일 메모를 내려놓는다. 마지막으로 월요일 메모를 집어서 본다.

스택의 모든 작업은 탑에서만 이루어진다. 그 아래 깔린 것에는 접근할 수 없다.

스택의 모든 작업은 항상 스택 탑 위치에서 이루어진다. 식판을 쌓아놓은 스택을 예로 들면 반납을 할 때도 쌓인 식판의 맨 위에 올려놓는다. 반면에 설거지를 위해 식판을 뺄 때도 맨 위의 것부터 뺀다. 이처럼 푸시와 팝은 항상 스택 탑에서 이루어진다. 푸시를 가하면 스택 탑의 위치가 바로 위로 이동한다. 반면에 팝을 가하면 스택 탑의 위치가 바로 아래로 이동한다. 기본적으로 스택은 스택 탑 아래에 있는 것에는 접근할 수 없다. 이는 일종의 약속이기 때문에 실제로 접근할 수 있더라도 접근해서는 안 된다. 아래에 있는 것에 접근하려면 반드시 팝을 가해서 위의 것을 모두 제거한 다음에 접근해야 한다.

<table>
<tr><td rowspan="6">main( )의
스택 프레임
(활성 상태)</td><td>매개변수</td><td></td><td></td><td></td></tr>
<tr><td rowspan="3">지역 변수</td><td>first</td><td></td><td></td></tr>
<tr><td>second</td><td></td><td></td></tr>
<tr><td>sum</td><td></td><td></td></tr>
<tr><td>리턴 주소</td><td></td><td></td><td>2040</td></tr>
<tr><td>리턴 값</td><td></td><td></td><td></td></tr>
<tr><td colspan="3" rowspan="13">코드 세그먼트</td><td></td><td><code>int main( ){</code></td></tr>
<tr><td></td><td><code>   int first, second, sum;</code></td></tr>
<tr><td></td><td><code>   printf("Enter two input integers.\n");</code></td></tr>
<tr><td></td><td><code>   scanf("%d%d", &first, &second);</code></td></tr>
<tr><td>1004</td><td><code>   sum = add(first, second);</code></td></tr>
<tr><td>1008</td><td><code>   printf("The sum is %d.\n", sum);</code></td></tr>
<tr><td></td><td><code>   return 0;</code></td></tr>
<tr><td></td><td><code>}</code></td></tr>
<tr><td>1016</td><td><code>int add(int f, int s){</code></td></tr>
<tr><td></td><td><code>   int total;</code></td></tr>
<tr><td></td><td><code>   total = f + s;</code></td></tr>
<tr><td></td><td><code>   return total;</code></td></tr>
<tr><td></td><td><code>}</code></td></tr>
</table>

그림 8-2 main 함수 실행 도중의 메모리 모습

함수를 호출할 때도 스택 구조가 사용된다. 그림은 프로그램이 시작할 때, 즉 메인 함수가 시작할 때의 코드 세그먼트와 스택 메모리 모습이다. 물론 코드 세그먼트에는 기계어 형태의 2진 코드가 들어가야 하지만 설명의 편의상 C 코드 형태로 넣기로 한다. 또 코드 세그먼트의 바로 위쪽에는 전역 변수나 정적 변수가 들어가야 할 데이터 세그먼트가 존재하지만 이 역시 설명의 편의상 생략하기로 한다.

함수를 호출할 때마다 스택 메모리에 스택 프레임(Stack Frame)이 만들어진다. 이를 활성화 레코드(Activation Record)라고도 부른다. 예는 운영체제가 main 함수를 호출할 때 만들어진 스택 프레임으로서 매개변수, 지역 변수, 리턴 주소, 리턴 값이라는 네 개의 요소로 구성되어 있다. 매개변수(Parameters)는 호출 함수가 피호출 함수에게 넘기고자 하는 인자 값이다. 즉 호출 함수가 피호출 함수를 부르면서 여기에 인자 값을 복사해놓으면 피호출 함수는 여기에서 그 값을 읽어간다. 그러나 예의 경우 main( )의 괄호 안이 비어 있는 것으로 보아 운영체제가 main 함수를 호출하면서 넘겨준 매개변수는 없다.

지역 변수(Local Variables)는 피호출 함수 내에서 선언한 변수로서 예에서는 first, second, sum이 지역 변수에 해당한다. 리턴 주소(Return Address)는 호출 함수가 채워넣어야 한다. 예를 들어, 운영체제가 2036번지에 있는 명령문에서 main을 호출했다면 main이 실행을 끝내면 운영체제는 자신의 바로 다음 명령문을 수행해야 한다. 따라서 만약 명령문 길이가 4바이트라면 예처럼 2040번지를 기록해두어야 한다.

리턴 값(Return Value)은 피호출 함수가 호출 함수에 되돌려주는 값을 말한다. 따라서 이 부분을 채우는 것은 피호출 함수의 책임이다. 리턴 타입이 void가 아닌 한 피호출 함수가 여기에 리턴 값을 복사해놓으면 호출 함수가 그 값을 읽어간다. 다시 말해서 main 함수가 실행을 마치면 운영체제 함수가 이곳을 읽어서 리턴 값을 가져간다.

add( )의 스택 프레임 (활성 상태)	매개변수	f, s
	지역 변수	total
	리턴 주소	1008
	리턴 값	
main( )의 스택 프레임 (비활성 상태)	매개변수	none
	지역 변수	first, second, sum
	리턴 주소	2040
	리턴 값	

그림 8-3 main이 add를 호출한 다음의 스택 메모리 모습

지역 변수, 매개변수의 개수와 타입을 참고로, 스택 프레임의 크기가 컴파일 타임에 확정된다. 또, 프로그램 실행 도중 새로운 함수를 호출할 때마다 스택 탑에 스택 프레임이 푸시된다. 예를 들어 main 함수가 1004번지 명령어를 실행하는 도중 add 함수를 호출하면 그 순간 그림처럼 main 함수의 스택 프레임 위에 add 함수의 스택 프레임이 푸시된다. 여기서 리턴 주소가 1008번지인 이유는 add 함수를 마친 다음 실행해야 할 main 함수의 명령문이 주소 1008번지에 있기 때문이다. [그림 8-2] 소스코드를 보면 이를 알 수 있다. 물론 이는 개략적인 설명이다. 만약 이것이 어셈블리 언어라면 add 함수를 마친 다음에는 리턴 값을 sum에 대입하는 어셈블리 명령문이 있는 주소로 가야 하기 때문이다.

CPU 레지스터 중에는 PC 레지스터(Program Counter Register)라는 것이 있다. 여기에

는 항상 바로 다음에 실행할 명령문의 주소가 저장되어 있다. 만약 현재 1004번지에 있는 명령문을 실행하고 있다면 그 상태에서 PC 레지스터에는 1008번지가 저장되어 있다. 그런데 1004번지 명령문이 1016번지에서 시작하는 add 함수를 호출하고 있다면 PC 레지스터 값을 1016으로 바꾸어야 한다. 그래야 바로 다음에 그 함수를 실행할 수 있기 때문이다. 그러나 PC 레지스터의 값을 그렇게 바꾸기 전에 해야 할 일이 있다. 스택 프레임의 리턴 주소란에 1008번지라는 값을 미리 저장해두어야 한다. 그래야 add 함수 실행을 마치고 되돌아왔을 때 그 값을 읽어서 원래 하던 일을 이어서 할 수 있기 때문이다.

매 순간, 스택 탑에 있는 단 하나의 스택 프레임만 활성화된다.

스택 구조에서 스택 탑에만 접근할 수 있듯이 매 순간 스택 탑 위치에 있는 스택 프레임 하나만 활성 상태가 된다. 또, 그처럼 활성화된 스택 프레임에 있는 변수에만 접근할 수 있다. 처음에 main을 실행하는 동안에는 main의 스택 프레임이 스택 탑에 있었기 때문에 first, second, sum 변수에 접근할 수 있었다. 그러나 main이 add를 호출하면 [그림 8-3]처럼 add의 스택 프레임이 스택 탑에 푸시되어서 그 아래 main의 스택 프레임에는 일체 접근할 수가 없다. 다시 말해서 add를 실행하는 동안에는 f, s, total에만 접근할 수 있을 뿐이고 그 아래 깔려 있는 main의 스택 프레임에 있는 first, second, sum에는 접근할 수가 없다. 컴퓨터는 이런 방법을 통해 변수의 유효 영역(Scope of Variables)을 제한한다. 즉, 현재 스택 탑에 어떤 함수의 스택 프레임이 있느냐에 따라 사용 가능한 변수가 제한된다.

방안에서 책을 보다가 벨소리가 들려서 택배를 받으러 나간다고 생각해 보자. 그 경우 그냥

책을 덮고 나가기보다는 보던 곳에 책갈피를 끼워놓고 나가는 편이 낫다. 택배를 받은 다음 되돌아와서 책을 펼치면 이전에 보던 곳 다음 쪽부터 볼 수 있기 때문이다. 책을 보던 맥락에서 택배를 받으러 나가는 맥락으로 바뀌는 것을 맥락의 전환(Context Switching)이라고 부른다. 맥락을 전환하기 전에는 반드시 이전 상태를 기록해놓아야 한다. 그래야 이전 맥락으로 되돌아왔을 때 당시의 환경을 그대로 복원할 수 있기 때문이다.

스택 구조에 의해 맥락의 전환을 쉽게 구현할 수 있다. 스택 탑 아래 깔려 있는 스택 프레임이 함수 호출 직전의 환경을 기록하고 있기 때문이다. add가 실행을 마치면 이제 그것을 호출한 main으로 되돌아와서 이전 환경을 복원해야 한다. 그러나 스택을 유지했기 때문에 이 작업은 간단하게 해결할 수 있다. add가 실행을 마침과 동시에 팝에 의해 add의 스택 프레임이 스택에서 제거된다. 그렇게 되면 이제 그 아래 깔려 있는 main의 스택 프레임이 다시 스택 탑 위치를 차지하면서 활성화된다. 그 경우 main의 지역 변수인 first, second, sum은 add를 호출할 당시의 값을 그대로 유지하고 있다. add를 실행할 동안 그 아래 깔린 main의 스택 프레임은 건드릴 수 없기 때문이다.

예제 8-1

```
#include <stdio.h>

int square(int m){
    return m * m; ·································· ❶
}

int sq_add(int f, int s){ ······················ ❷
    int total;
    total = square(f) + square(s); ············ ❸
    return total;
}

int main( ){
    int first, second, sum;
    printf("Enter two integers.\n");
    scanf("%d%d", &first, &second);
    sum = sq_add(first, second); ·············· ❹
    printf("The result is %d.\n", sum);
    return 0;
}
```

```
Enter two integers.
3 4
The result is 25.
```

푸시와 팝을 반복하면서 스택은 늘어나거나 줄어든다. main 함수가 ④에서 ②의 sq_add 함수를 호출하면 이 함수는 ③에서 또다시 square 함수를 호출한다. 그 과정에서 스택이 계속 쌓이기 때문에 square를 실행하는 동안 스택의 모습은 아래에서 위로 가면서 main의 스택 프레임, sq_add의 스택 프레임, square의 스택 프레임이 쌓여 있는 모습이 된다. 또, 그 상태에서는 스택 탑에 있는 square의 스택 프레임만 활성화되어 접근이 가능해진다. square가 실행을 마치면 해당 스택 프레임이 팝되어 이제 sq_add의 스택 프레임에 접근이 가능해진다. sq_add가 실행을 마치면 해당 스택 프레임이 팝되어 이제 main의 스택 프레임에 접근이 가능해진다.

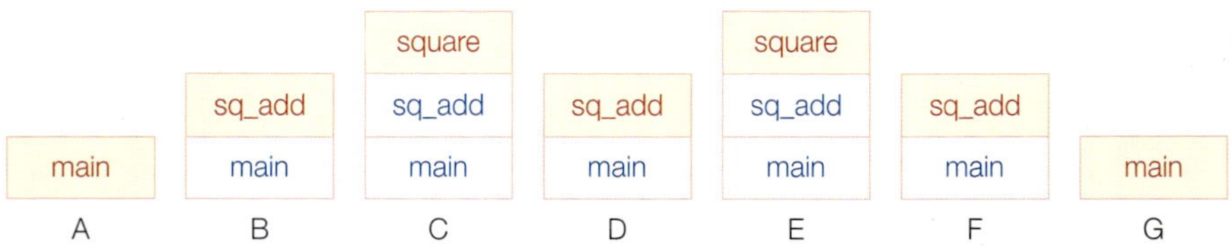

그림 8-4 스택의 변화 모습

그림은 프로그램을 실행하는 동안 일어난 스택의 변화 모습이다. 처음 main을 실행할 때는 A처럼 main의 스택 프레임이 탑에 있다. 이후 sq_add를 호출하면 B처럼 sq_add의 스택 프레임이 탑을 차지한다. sq_add가 square를 호출하면 C처럼 square의 스택 프레임이 탑을 차지한다. square가 실행을 마치면 D처럼 다시 sq_add가 탑을 차지한다. 이는 ③의 total = square(f) + square(s);에서 squre(f)를 마치고 sq_add 함수로 되돌아온 상태다. 그런데 여기서 square(s)를 마저 평가해야 하므로 다시 한 번 square를 호출하면 E처럼 바뀌고 square(s)에서 되돌아오면 F처럼 바뀐다. sq_add에서 main으로 되돌아오면 G처럼 바뀐다.

스택에 의해 메모리 공간을 절약할 수 있다. CPU는 매 순간 하나의 함수를 수행한다. 따라서 매 순간 활성화되는 함수는 단 하나다. 그 활성화된 함수의 스택 프레임이 현재의 스택 탑에 있고 모든 접근은 그 프레임 안에 있는 데이터로 제한된다. 이후 함수 실행이 끝나면 팝에 의해 그것을 날려 버림으로서 스택 메모리 공간이 줄어든다. 다시 말해서 스택 메모리가 늘었다 줄었다 하면서 메모리를 효율적으로 사용할 수 있다. 그러나 실수로 무한 루프를 돌면서 함수 호출을 계속하면 스택 프레임이 무한정 쌓이게 되고 그 결과 힙 메모리와 맞닿아버려 더 이상 가용 메모리가 없는 상태인 스택 오버플로우(Stack Overflow) 오류에 처한다.

지역 변수는 스택 프레임 안에 존재한다.

지역 변수는 함수를 호출할 때 생성되어 함수에서 빠져나올 때 소멸된다. 이는 지역 변수가 스택 프레임 내부에 존재하기 때문이다. 예를 들어 sq_add 함수의 지역 변수인 total은 sq_add가 호출되는 순간 스택 프레임 내부에 만들어진다. 그러나 이 변수는 sq_add를 빠져나가는 순간 사라진다. 팝에 의해 sq_add의 스택 프레임 자체가 사라졌기 때문이다.

지역 변수를 선언할 때는 그 안에 쓰레기 값이 들어가 있다는 것도 이런 측면에서 이해해야 한다. 늘었다 줄었다 하면서 스택 공간을 재사용하기 때문에 새로 만들어진 스택 프레임의 지역 변수가 있는 곳에, 팝에 의해 지금은 사라졌지만 이전에 존재하던 스택 프레임이 사용하던 값이 그대로 남아 있기 때문이다.

```
sum = sq_add(first, second); ·································· ❶
int sq_add(int first, int second); ························· ❷
```

sq_add( )의 스택 프레임 (활성 상태)	매개변수	first, second
	지역 변수	total
main( )의 스택 프레임 (비활성 상태)	매개변수	none
	지역 변수	first, second, sum

그림 8-5 변수명은 동일하지만 다른 변수

변수명이 같더라도 함수가 다르면 서로 다른 변수다.

호출 함수가 사용하는 변수명과 피호출 함수가 사용하는 변수명을 동일하게 가져가더라도 그것은 완전히 별개의 변수다. 그림에서 보듯이 main에서 선언한 first, second는 main의 스택 프레임 내부에 존재한다. 이 상태에서 ①에 의해 sq_add를 호출하면서 first, second 변수의 값을 복사하여 넘겨주면 이제 스택 탑에는 sq_add의 스택 프레임이 만들어진다. 또, ②의 선언에 따라 내부에 first, second라는 매개변수가 만들어진다. 그러나 이들 매개변수는 변수명만 main의 first, second와 동일할 뿐이지 완전히 별개의 변수다. 서로 다른 스택 프레임에 존재하기 때문이다.

매개변수는 물론 일반적인 지역 변수에 대해서도 이는 마찬가지다. 만약 sq_add가 total 대신 main과 동일하게 sum이라는 변수를 쓰더라도 그것은 서로 다른 변수다. 서로 다른 스택 프레임에 존재하기 때문이다. 매 순간 스택 탑에 있는 단 하나의 스택 프레임만 활성화된다. 따라서 같은 이름의 sum이라는 변수를 쓰더라도 그 sum이 어떤 스택 프레임의 sum을 지칭하는지는 의심할 여지가 없다. 호출 함수와 피호출 함수 사이에 서로 다른 변수명을 사용하라고 권장하는 이유는 단지 그것이 서로 다른 함수에 속한 변수라는 점을 알림으로써 가독성을 높이기 위해서다.

예제 8-2

```
#include <stdio.h>

void try(int a, int b){
   printf("Inside try, a at %p, b at %p.\n", &a, &b);
   printf("Inside try, a = %d, b = %d.\n", a, b);
   a++; b++;
   printf("Upon increasing, a = %d, b = %d.\n\n", a, b);
   return;
}

int main( ){
   int one = 1, two = 2;
   printf("In main, one at %p, two at %p.\n", &one, &two);
   printf("In main, one = %d, two = %d.\n\n", one, two);

   try(one, two);

   printf("Back to main, one at %p, two at %p.\n", &one, &two);
   printf("Back to main, one = %d, two = %d.\n", one, two);
   return 0;
}
```

```
In main, one at 002DF960, two at 002DF954.
In main, one = 1, two = 2.

Inside try, a at 002DF87C, b at 002DF880.
Inside try, a = 1, b = 2.
Upon increasing, a = 2, b = 3.

Back to main, one at 002DF960, two at 002DF954.
Back to main, one = 1, two = 2.
```

예의 출력을 확인해 봄으로써 스택 프레임의 변화를 추적할 수 있다. 일단 주소 연산자인 &에 의해 각 변수의 주소를 확인할 수 있다. 예에서 보듯 main 함수의 one, two 주소와 try 함수의 a, b 주소가 다르다. 서로 다른 스택 프레임에 존재하기 때문이다. 또, main이 try를 호출하면서 복사해준 인자인 one, two는 메인으로 되돌아오면 호출 이전의 값을 그대로 유지한다. 호출 시 원본 변수인 one, two의 값만 각각 a, b로 복사되어 넘어갔을 뿐 원본 변수와 매개변수는 서로 다른 스택 프레임에 존재하기 때문이다. 변수 자체가 아니라 변수의 값만 복사해서 넘겨받는다는 점에서 피호출 함수의 매개변수를 값 매개변수(Value Parameters)라고도 부른다.

예의 출력을 조금 유심히 보면 try 함수의 변수 주소가 main 함수의 변수 주소보다 작음을 알 수 있다. 이는 이 시스템이 메모리 주소가 감소하는 쪽으로 스택을 쌓아가고 있음을 의미한다. 운영체제에 따라서는 메모리 주소가 증가하는 쪽으로 스택을 쌓아가기도 한다.

main 함수도 그저 평범한 함수일 뿐이다.

사실상 main 함수도 일반 함수와 완전히 동일한 자격의 함수다. 운영체제는 프로그램이 실행되면 곧바로 main 함수를 호출하고 CPU 사용권을 넘긴다. 따라서 프로그램이 시작되면 main이 운영체제로부터 넘겨받은 매개변수, main 자체의 지역 변수, main이 끝나고 되돌아갈 운영체제 명령어의 주소, main이 운영체제에게 되돌려줄 값 등을 위한 공간이 스택 프레임 형태로 스택에 푸시된다. main이 실행을 마치면 이 역시 팝되어 사라지고 그 아래에 있던 운영체제 함수의 스택 프레임이 스택 탑으로 올라온다.

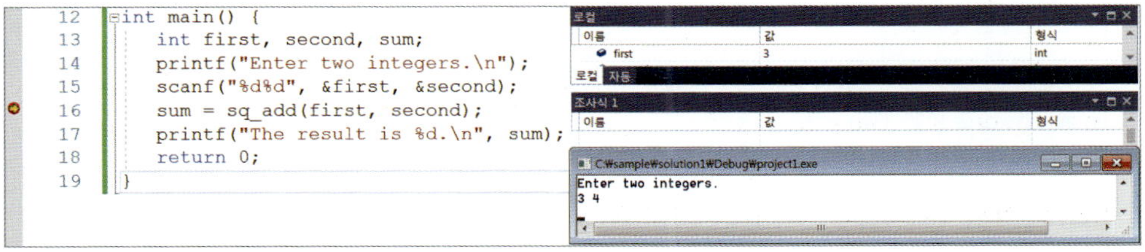

Visual C의 디버그 모드에서도 함수 호출 시 스택이 쌓이는 모습을 볼 수 있다. [예제 8-1]을 예로 들어 보자. sum = sq_add(first, second);라는 명령어를 클릭하고 F9를 누르면 중단점이 설정된다. 이후 F5를 눌러 중단점 명령어 직전까지 갈 수 있다. 그 과정에서 콘솔 창이 떠서 입력을 요구한다. 하단 메뉴 바에서 콘솔 창을 클릭하여 3 4(Enter)를 입력해 보자.

현재 실행 중인 함수의 지역 변수를 보려면 [디버그]-[창]-[지역] 메뉴를 선택하여 로컬 창(Local Window)을 띄우면 된다. 그림의 로컬 창 하단을 보면 로컬 창과 자동 창이 탭으로 되어 있어 원하는 것을 선택하도록 되어 있다. 여기서 F11을 눌러 sq_add 함수로 진입해 보자.

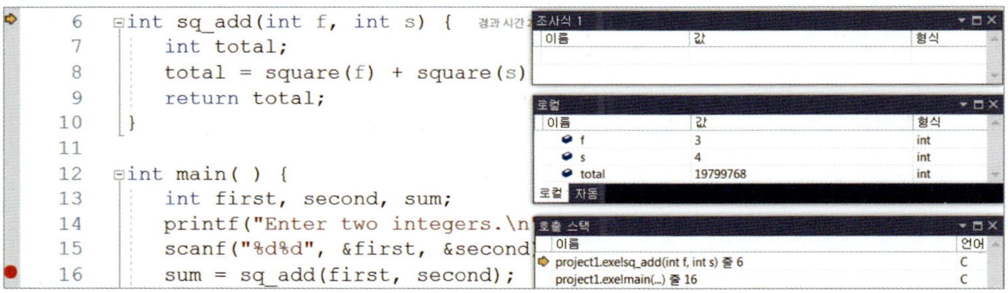

sq_add로 진입하면 로컬 창의 지역 변수가 그림처럼 f, s, total로 바뀐다. 여기서 [디버그]-[창]-[호출 스택]을 눌러 호출 스택 창(Call Stack Window)을 띄우면 현재의 스택 상태를 관찰할 수 있다. 호출 스택 창의 왼쪽 노란 화살표가 가리키는 것이 현재의 스택 탑으로서 project1.exe!sq_add(int f, int s)라고 되어 있다. 이는 sq_add 함수가 현재의 스택 탑에 있음을 의미한다. 또, 로컬 창에는 항상 현재의 스택 탑에 위치한 프레임 내부에 존재하는 지역 변수가 보인다. 여기서 F11을 두 번 눌러 square 함수로 진입해 보자.

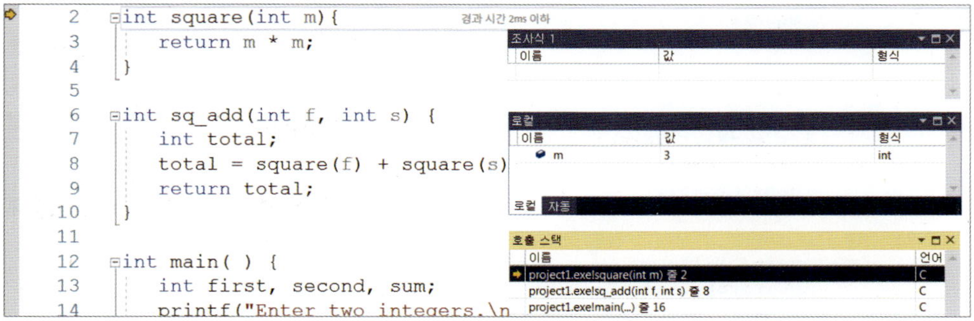

호출 스택 창을 보면 스택 탑에 square 함수가 위치해 있음을 알 수 있다. 로컬 창 역시 square 함수의 지역 변수인 m 값을 보여주고 있다. 또, 호출 스택 창에는 세 개의 스택 프레임이 쌓여 있는 모습을 볼 수 있다. 즉, 스택의 아래쪽에서 위쪽으로 올라가면서 main, sq_add, square 함수의 스택 프레임이 쌓여 있다.

호출 스택 창은 상당히 유용한 디버깅 도구다. 현재 함수에서 오류가 났다면 직전에 그 함수를 호출한 함수가 무엇이며 또 호출 함수의 변수 값이 어떤 상태에서 호출했는지를 추적할 수 있기 때문이다.

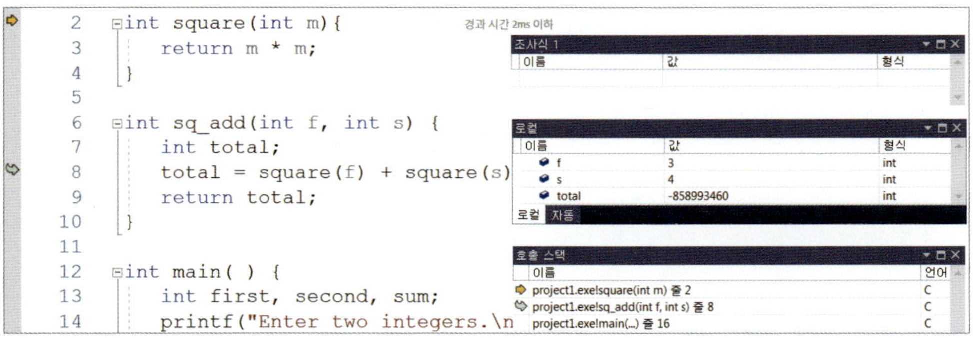

그림의 호출 스택 창에서 스택 탑 바로 아래에 있는 sq_add 함수를 더블클릭하면 소스코드 왼쪽 8번 줄에 휘어진 화살표가 나타나 여기에서 그 함수를 호출했음을 보여준다. 또, 로컬 창에는 호출 당시의 매개변수와 지역 변수인 f, s, total 등이 보인다. 예의 경우 square를 호출한 것이 sq_add이며 f가 3이고 s가 4인 상태에서 호출했음을 보여준다.

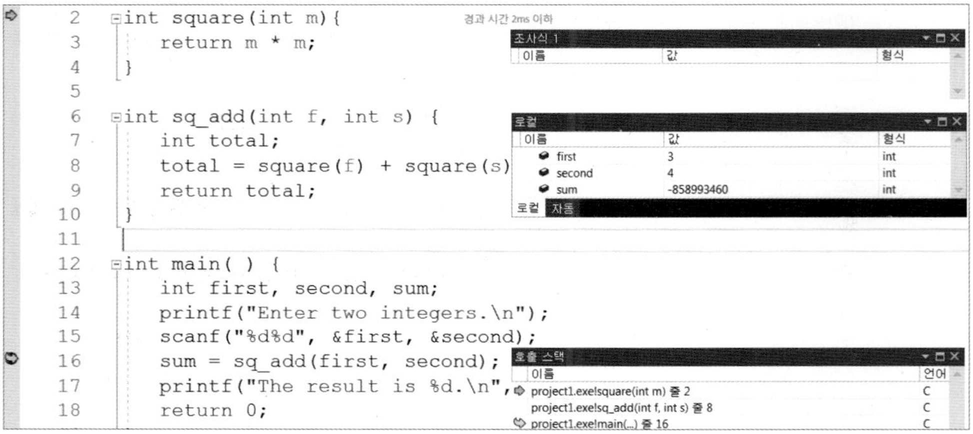

다시 호출 스택의 그 아래 줄을 더블클릭하면 이번에는 소스코드 왼쪽 16번 줄에 휘어진 화살표가 나타나 여기에서 함수를 호출했음을 보여준다. 이는 sq_add 함수를 호출한 함수가 main임을 나타낸다. 또, 로컬 창에는 호출 당시 main의 지역 변수 값이 보인다. 필요시 이런 방식으로 아래쪽 스택 프레임으로 내려가면서 호출 함수를 역추적하여 디버깅할 수 있다.

02 변수의 영역과 수명

예제 8-3

```
#include <stdio.h>
void sum_up(int n){
    int sum = 0; ································· ❶
    sum +=n ;
    printf("Accumulated sum is %d.\n", sum);
}

int main( ){
    int num, i;
    for (i = 1; i < 4; i++){
        printf("Enter an integer.\n");
        scanf("%d", &num);
        sum_up(num); ······························ ❷
    }
    return 0 ;
}
```

```
Enter an integer.
1
Accumulated sum is 1.
Enter an integer.
2
Accumulated sum is 2.
Enter an integer.
3
Accumulated sum is 3.
```

변수의 영역(Scope, Visibility)이란 그 변수가 영향을 미치는 유효 범위를 말한다. 지역 변수(Local Variables)의 영역은 그 변수를 선언한 함수 내부에 국한된다. 예에서 main의 지역 변수인 num과 i의 영역은 main 함수의 중괄호로 둘러싸인 블록 내부다. 외부 함수의 눈에는 이 변수들이 보이지 않기 때문에 접근할 수가 없다. 예를 들어 sum_up 함수 내에서는 num이나 i에 접근할 수 없다. sum_up 함수의 스택 프레임이 스택 탑에 위치할 때는 그 아래에 비활성 상태로 깔려 있는 main 함수의 스택 프레임에 접근할 수 없기 때문이다. 매개변수도 지역 변수와 완전히 동일하게 취급된다. 예를 들어 sum_up 함수의 매개변수 n도 지역 변수와 마찬가지로 유효 범위가 sum_up 함수 내부로 국한된다.

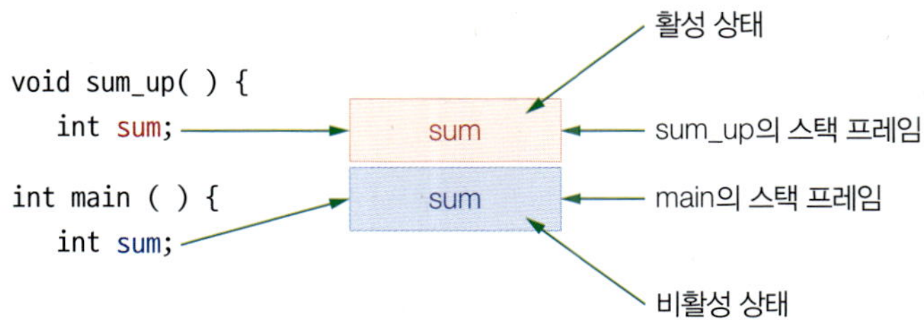

그림 8-6 서로 다른 스택 프레임에 존재하는 지역 변수

지역 변수의 영역이 함수 내부로 국한된다는 것은 그 함수의 스택 프레임 내부로 국한된다는 의미다. 전술한 대로 서로 다른 함수에서 동일한 지역 변수명을 쓰더라도 그것이 별개의 변수인 이유는 위 그림에서 보듯 지역 변수의 유효 영역이 해당 스택 프레임 내부로 국한되기 때문이다.

이 예제는 정수가 입력될 때마다 그때까지의 누계를 출력하려는 프로그램이다. 그러나 그러한 기대와는 달리 매번 입력 정수를 그대로 프린트한다. 이렇게 된 이유는 변수의 수명 때문이다. main이 ②에서 sum_up을 호출할 때마다 sum_up의 스택 프레임이 생성된다. 또, ①에 의해 내부에 sum 변수가 생성되고 0으로 초기화된다. 그러나 여기서 sum은 지역 변수이므로 sum_up 함수 실행을 마치면 곧바로 사라진다. 함수 실행을 마치고 호출 함수로 되돌아갈 때 해당 지역 변수가 저장된 스택 프레임 전체가 팝에 의해 날아가기 때문이다. 결국, 현재의 누계 값이 사라져 버리기 때문에 그 다음 입력이 들어올 때 이전 누계에 다시 더할 수가 없다.

예제 8-4

```
#include <stdio.h>
int sum; ··················································· ❶

void sum_up(int n){
   sum += n ; ·············································· ❷
   printf("Accumulated sum is %d.\n", sum);
}

int main( ){
   int num, i; sum = 0; ································· ❸

   for (i = 1; i < 4; i++){
```

```
        printf ("Enter an integer.\n");
        scanf("%d", &num);
        sum_up(num);
    }
    printf("Finally, the sum is %d.\n", sum); ............................❹
    return 0 ;
}
```

```
Enter an integer.
1
Accumulated sum is 1.
Enter an integer.
2
Accumulated sum is 3.
Enter an integer.
3
Accumulated sum is 6.
Finally, the sum is 6.
```

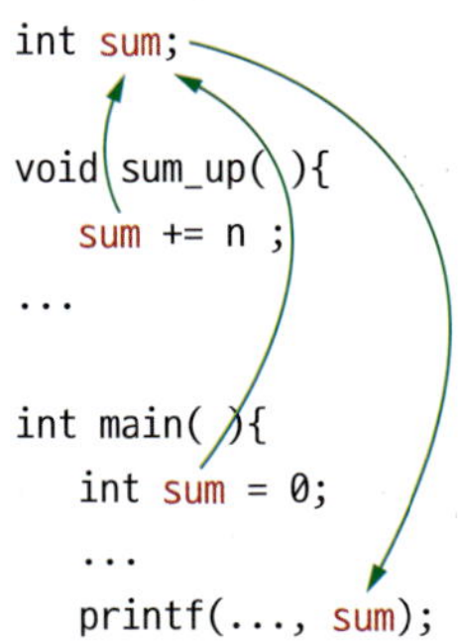

그림 8-7 전역 변수 공유

이 문제는 전역 변수(Global Variables)를 써서 해결할 수 있다. 여기서 전역이란 지역에 대응하는 개념으로서 지역 변수의 유효 영역이 그 변수가 선언된 함수 내부라면 전역 변수의 유효 영역은 프로그램 전체다. 다시 말해서 모든 함수가 접근할 수 있다. 비유적으로 말해서 지역 변수가 그 동네에만 알려진 인사라면 전역 변수는 전국적으로 알려진 인사다.

전역 변수를 선언하려면 변수를 함수 바깥에 선언해야 한다. 또, 가급적 프로그램 시작 부분에 선언해야 한다. 원 패스 컴파일러일 경우 변수를 미리 선언해두어야 이후 모든 함수가 사용할 수 있기 때문이다. ①의 sum 변수가 그 예다. 전역 변수의 영역은 프로그램 전체이므로 어떤 함수든 그 변수에 접근할 수 있다. 예에서 sum_up 함수는 ②에서, main 함수는 ③과 ④에서 sum에 접근하고 있다. 이렇게 되면 ③에서 sum을 초기화한 다음 sum_up이 호출될 때마다 ②에 의해 계속 더하기 때문에 누계를 계산할 수 있다.

만약 지역 변수가 전역 변수와 동일한 이름을 사용하면 지역 변수가 우선권을 갖는다. 예를 들어서 ② 직전에 int sum;이라고 지역 변수를 선언하면 이 변수는 ①의 전역 변수와는 전혀 다른 변수로서 sum_up 함수가 끝날 때까지 우선권을 갖는다. 따라서 그 경우 ②에 의해 sum 값을 변화시키면 지역 변수 sum을 변화시킨 것에 불과하다.

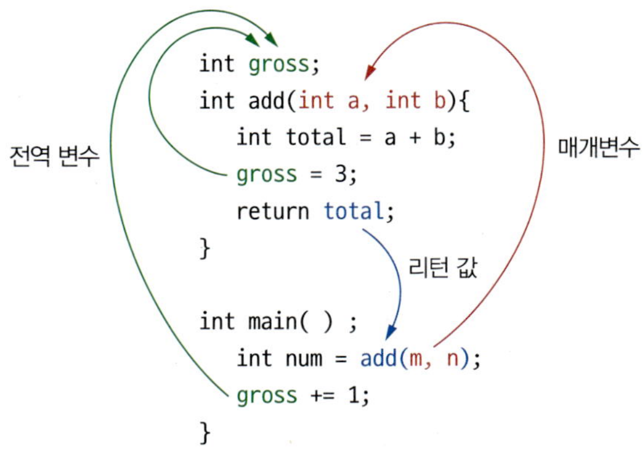

그림 8-8 함수 사이의 소통 방법

함수 사이의 소통 방법

① 인자를 통해 ② 리턴 값을 통해 ③ 전역 변수를 통해

결국 함수 사이의 소통 방법은 크게 봐서 세 가지라고 할 수 있다. 첫째, 호출 함수가 피호출 함수에 인자를 복사하여 넘김으로써 소통할 수 있다. 둘째, 피호출 함수가 호출 함수에 리턴 값을 복사하여 넘김으로써 소통할 수 있다. 셋째, 호출 함수와 피호출 함수가 전역 변수를 통해 소통할 수 있다. 그림의 경우 main은 add를 호출하면서 m을 인자로 넘기고 있다. add 함수는 total을 리턴함으로써 main과 소통하고 있다. main과 add는 전역 변수인 gross를

공유하면서 소통하고 있다.

전역 변수는 되도록 피하는 것이 좋다.

그러나 전역 변수는 가급적 쓰지 않는 것이 바람직하다. 지역 변수와 달리 전역 변수는 프로그램이 끝날 때까지 존재하기 때문에 메모리 낭비가 심하다. 변수명도 문제다. 지역 변수는 함수 내에서만 영향을 미치기 때문에 서로 다른 함수가 동일한 변수명을 써도 별 문제가 없다. 그러나 전역 변수는 모든 함수가 공유하는 변수다. 따라서 하나의 프로그램을 여러 사람이 나누어 짤 경우에 각자 필요에 의해 만든 전역 변수명이 같으면 컴파일 오류가 발생한다.

전역 변수를 피해야 하는 가장 큰 이유는 디버깅을 어렵게 만들기 때문이다. 변수가 그릇이라면 전역 변수는 대문 밖에 내놓은 그릇이다. 그런데 누구나 그 그릇을 쓸 수 있도록 내다놓으면 누가 어떤 목적으로 그 그릇을 썼는지 알기 어렵다. 여러 함수가 동일한 변수를 건드리면 변수 값이 어떻게 바뀌었는지 추적하기가 어렵다. 예를 들어서 A 함수가 변수 값을 읽어오기 직전에 이미 B 함수가 그 값을 바꾸었는지도 모른다. 전역 변수를 피하라는 이유는 이 때문이다. 변수 값을 일관성 있게 관리하려면 함수 사이의 모든 소통은 두 함수 사이에만 이루어져야 한다. 즉, 서로 지역 변수를 복사하여 건네주고 또 리턴 값을 건네받는 형태로 이루어져야 한다.

예제 8-5

```
#include <stdio.h>
int main( ){
   int i = 1; ........................................... ❶
   { .................................................... ❷
      printf("printing from 1 to 3.\n");
      int count = i; .................................... ❸
      while (count < 4)
         printf("%d ", count++);
   } .................................................... ❹
   // printf("%d", count); .............................. ❺
   return 0;
} ....................................................... ❻
```

실제로 지역 변수는 블록 내부 어디서든 선언할 수 있다. ②는 함수 내부에서 중괄호를 열면서 블록을 시작하고 있다. 이처럼 블록 내부에 또 다른 블록을 만들 수도 있다. 또, 그 블록 내부에서 ③처럼 count라는 지역 변수를 선언할 수 있다. 블록 내부에서 선언된 지역 변수의 유효 범위는 그 블록 내부로 제한된다. 따라서 ④의 닫는 중괄호를 만나면 이 변수는 소멸된다. 그 결과 ⑤의 주석을 다시 살리면 그림과 같은 컴파일 오류가 뜬다. 이는 count를 정의된 블록 밖에서 사용했기 때문에 나온 오류 메시지다. 메인 함수에 대해서도 지역 변수의 범위는 블록 내부로 제한된다. ①에서 선언한 변수 i의 유효 범위는 main의 중괄호를 닫는 ⑥ 직전까지다.

```
auto int sum;
```

변수 영역은 공간 개념이고 변수 수명은 시간 개념이다

변수의 영역이 공간적인 유효 범위를 말한다면 변수의 수명(Lifetime, Extent)은 시간적인 유효 범위를 말한다. 모든 지역 변수는 선언된 순간 생성된다. 또, 닫는 중괄호를 만나 함수를 빠져나가는 순간 소멸한다. 매개변수도 지역 변수로 취급되므로 함수를 호출하는 순간 생성되어 함수를 빠져나가는 순간 소멸한다. 스택 프레임의 생성 시점과 소멸 시점에 따라 자동으로 수명이 결정된다는 점에서 지역 변수를 자동 변수(Auto Variables)라고도 부른다. 그런 점에서 지역 변수 앞에 예처럼 auto를 붙여 선언하기도 한다. 타입명 앞에 붙은 auto를 타입 지정자(Type Specifier)라고 부른다. 그러나 대부분 지역 변수가 자동 변수에 속하기 때문에 이 키워드는 생략해도 무방하다.

지역 변수와 전역 변수는 수명도 다르다. 지역 변수는 함수를 호출할 때 생성되어 함수 실행이 끝나면 소멸된다. 그러나 전역 변수는 프로그램이 시작할 때부터 끝날 때까지 살아 있다. 비유적으로 말해, 지역 변수가 단명이라면 전역 변수는 장수다. 이는 지역 변수와 전역 변수의 저장 장소 자체가 다르기 때문이다. 지역 변수는 스택에 스택 프레임 형태로 저장되기 때문에 함수 실행이 끝나자마자 스택 프레임이 팝되면서 곧바로 소멸된다. 그러나 전역 변수는 프로그램 시작과 함께 데이터 세그먼트라는 고정된 메모리 공간에 생성되기 때문에 프로그램이 끝나기 전까지는 소멸되지 않는다. 초깃값도 다르다. 지역 변수는 이전 함수가 사용하던 스택 프레임에 남아 있던 쓰레기 값을 갖지만 전역 변수는 자동으로 0으로 초기화된다.

지역 변수와 전역 변수는 변수의 영역을 일컫고
자동 변수와 정적 변수는 변수의 수명을 일컫는다.

용어도 명확히 해야 한다. 지역 변수의 반대말은 전역 변수다. 이는 변수의 공간적인 유효 범위, 즉 변수의 영역을 구분하는 용어다. 그러나 변수의 시간적인 유효 범위, 즉 변수의 수명을 구분할 때는 지역 변수나 전역 변수라는 용어를 쓰지 않는다. 프로그램 실행 도중 스택 프레임과 함께 자동으로 생성되고 소멸되는 변수를 자동 변수라 부르는데 반해서 프로그램 시작과 함께 생성되어 프로그램이 끝날 때까지 소멸되지 않는 변수는 정적 변수(Static Variables)라 부른다. 따라서 변수의 수명에 관한 한 지역 변수냐 전역 변수냐가 아니라 자동 변수냐 정적 변수냐로 구분해야 한다. 일반적으로 지역 변수는 자동 변수에 속하고 전역 변수는 정적 변수에 속한다. 그러나 정적 변수에 전역 변수만 있는 것은 아니다. 지역 변수도 정적 변수가 될 수 있다.

예제 8-6

```
#include <stdio.h>

void sum_up(int n){
   static int sum = 0; ·································· ❶

   sum +=n ; ············································ ❷
   printf("Accumulated sum is: %d.\n", sum);
}

int main( ){
   int num, i;
   for (i = 1; i < 4; i++){
      printf("Enter a number.\n");
      scanf("%d", &num);
      sum_up(num); ······································ ❸
   }
```

```
    return 0 ;
}
```

static을 붙여서 지역 변수를 정적 변수로 만들 수 있다.

전역 변수 대신 정적 변수를 써도 이전 예와 동일한 효과를 기할 수 있다. ①에서 정적 변수를 선언하고 있다. sum 변수의 타입명 앞에 붙은 static이 변수의 수명을 정적 변수로 만들어달라는 요구다. sum은 함수 내부에 선언된 지역 변수다. 따라서 ①은 sum이라는 지역 변수를 정적 변수로 만들어달라는 요구다. 그 결과 컴파일러는 sum을 스택 프레임이 아닌 데이터 세그먼트에 저장하게 된다.

정적 변수의 초기화는 한 번만 실행된다. 다시 말해, ①의 초기화는 처음 sum_up을 호출할 때 단 한 번만 실행된다. 이후 다시 호출할 때는 초기화를 하지 않는다. 게다가 정적 변수는 데이터 세그먼트에 저장되므로 함수 실행이 끝난 뒤에도 사라지지 않는다. 따라서 ③의 호출이 반복될 때마다 이전 sum 값에 ②가 가해져 계속 더할 수 있다.

전역 변수는 기본적으로 정적이다. 따라서 static이라는 키워드를 쓰지 않아도 변수의 수명과 관련해서는 자동으로 static 변수로 취급된다. 그렇다면 전역 변수와 정적 지역 변수와의 차이점은 무엇인가? 전역 변수의 단점은 여러 함수가 공유한다는 점이다. 물론 그렇게 함으로써 함수 사이에 인자를 주고받지 않아도 된다는 장점도 있다. 그러나 바로 그 공유로 인해 변수 값을 일관되게 관리하기 어렵다는 단점이 생긴다. 반면에 정적 지역 변수는 여전히 지역 변수다. 따라서 해당 함수 내에서만 접근이 가능하다. 예의 sum 변수는 정적 변수의 특성을 가지면서도 동시에 다른 함수가 접근하지 못하게 하는 지역 변수로서의 장점을 지닌다. 따라서 전역 변수를 정적 지역 변수로 대체할 수 있으면 그렇게 하는 편이 낫다.

예제 8-7

```
#include <stdio.h>

int a; double b; char c;

int main( ){
   static int d;
   int e;
```

```
    printf("%d, %lf, %x, %d\n", a, b, c, d);
    //printf("%d\n", e);
     return 0;
}
```

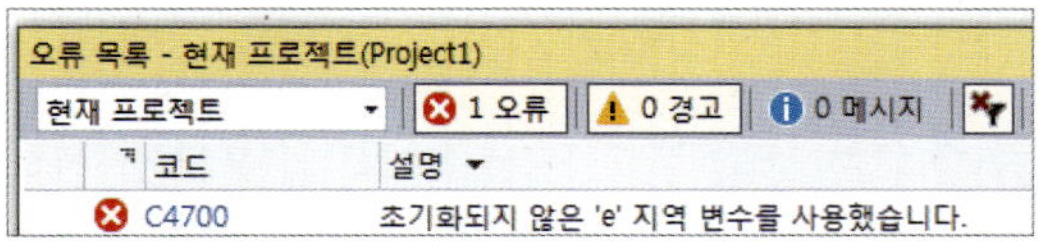

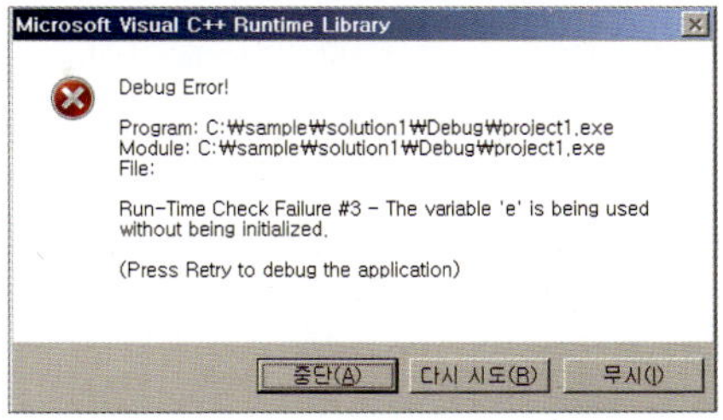

전역 변수와 정적 변수는 자동으로 0으로 초기화

지역 변수는 자동으로 쓰레기 값으로 초기화

전역 변수와 정적 변수는 초기화를 하지 않으면 0으로 자동 초기화된다. 프로그램을 메모리에 올릴 때 해당 변수의 값을 0으로 초기화하도록 컴파일러가 번역해 놓았기 때문이다. 예의 프로그램을 통해서 그 점을 확인할 수 있다. 반면, 지역 변수는 초기화 값을 부여하지 않으면 쓰레기 값을 지닌다. 이전 스택 프레임이 팝 되어 사라진 공간에 새로운 스택 프레임이 푸시되기 때문에 스택 프레임 내부의 지역 변수에는 이전 스택 프레임이 사용했던 값이 그대로 남아 있기 때문이다.

예의 프로그램에서 주석 처리된 부분을 다시 살리면 그림에서 보듯 '초기화되지 않은 'e' 지역 변수를 사용했습니다.'라는 오류 메시지가 뜨면서 컴파일을 멈춘다. 지역 변수를 초기화하지 않았을 경우에 과거의 컴파일러는 경고 메시지를 띄우면서 실행을 계속했지만 요즈음 컴파일러는 오류 메시지를 띄우면서 컴파일을 아예 멈추기도 한다.

```
void add( ){
    int i, j;
    register int count = 0; ···················· ❶

    for (i = 0; i < MAX; i++)
        for (j = 0; j < MAX; j++) ··········· ❷
```

```
        count++;
}
```

레지스터 변수(Register Variables)는 문자 그대로 변수를 메인 메모리가 아닌 CPU 레지스터에 저장하라는 요구다. 기억 장치의 접근 속도면에서 CPU 레지스터는 메인 메모리에 비해 훨씬 고가의 고속 메모리다. 따라서 ②처럼 어떤 변수가 자주 사용될 때는 ①처럼 그 변수에 레지스터를 할당하도록 요구해 볼 수 있다.

그러나 요즘 나온 대부분의 컴파일러는 자동으로 최적화(Optimization) 옵션을 실행한다. 즉, ①처럼 요구하지 않아도 컴파일러 스스로 소스코드를 읽어나가면서 자주 사용되는 변수에는 레지스터를 할당하도록 번역한다. 그러나 실제로 명령문을 실행할 시점에 모든 레지스터가 이미 사용 중이면 레지스터를 할당받지 못할 수도 있다.

어떤 경우든 자주 쓰이는 변수를 레지스터 변수로 선언한다고 해서 손해 볼 일은 없다. 특히 예처럼 여러 겹으로 둘러싸인 중첩문의 가장 안쪽에서 사용되는 변수라면 레지스터 변수로 선언하는 것이 유리하다. 접근 빈도가 높기 때문이다. 전역 변수 앞에는 register 지정자를 붙일 수 없다는 점에도 유의해야 한다. CPU 레지스터는 몇 개 안 되는 고속, 고가의 자원이다. 따라서 프로그램이 시작할 때부터 끝날 때까지 존재하는 전역 변수가 레지스터 하나를 독점하도록 놓아둘 수는 없는 노릇이다.

```
const int a = 10, b = 20; ········ ❶ O.K.
a++; ······························ ❷ Error
a = 20; ··························· ❸ Error
a = b; ···························· ❹ Error
```

const 변수는 초기화 시에 단 한 번만 값을 부여할 수 있다.

상수 변수(Constant Variables)가 필요할 때도 있다. ①처럼 타입명 앞에 const라는 타입 지정자를 붙이면 변수 선언과 동시에 변수 값을 초기화한 이후로는 그 값을 바꾸지 못한다는 의미다. 예에서는 a, b 모두 값을 바꾸지 못한다. 따라서 ② 이하는 모두 '식이 수정할 수 있는 L-value가 아닙니다.'라는 오류 메시지가 뜬다. 이는 a가 상수 변수이기 때문에 대입문의 왼쪽에 올 수 없다는 뜻이다.

```
double total_money(const int principal){ ····· ❶
    double total;
    const double rate = 0.03;

    total = principal(1 + rate); ················ ❷ O.K.
    principal *= 10; ···························· ❸ Error
    return total;
}
```

매개변수를 const로 선언하기도 한다. ①처럼 선언하면 함수 내부에서 이 매개변수의 값을 읽을 수는 있지만 변경할 수는 없다. 따라서 ②는 무방하다. principal이나 rate 변수를 읽기만 했을 뿐, 변경하지는 않았기 때문이다. 그러나 ③은 컴파일러 오류를 유발한다. 상수 변수의 값을 변경하려고 했기 때문이다. 읽기만 하고 변경은 하지 말아야 할 변수를 프로그래머의 실수로 인해 함수 내부에서 변경할 가능성은 항상 존재한다. 특히 여러 함수가 동일한 인자를 공유할 때 그러한 실수를 하면 문제가 된다. 어떤 함수가 인자 값을 바꾸어버리면, 그것을 공유하는 다른 모든 함수가 피해를 입기 때문이다. 그런 가능성을 없애려면 읽기만 할 매개변수 앞에는 const 지정자를 붙이는 것이 좋다.

```
#define rate 0.03 ······························ ❶
const double rate = 0.03; ······················ ❷
```

값이 변할 수 있어야 변수라는 점을 생각하면 상수 변수를 만드는 이유는 짐작하기 어렵다. 상수로 쓰고자 한다면 ①처럼 #define에 의해 매크로 상수로 선언하면 그만이다. 그런데도 왜 굳이 ②처럼 변수로 선언하는가? 여기에는 이유가 있다.

#define에 의해 선언된 상수는 무조건 프로그램 전체에 걸쳐 적용된다. ①처럼 선언하면 rate라는 문자열은 전처리기에 의해 모두 0.03으로 처리된다. 그러나 ②의 상수 변수는 변수에 속하기 때문에 사용 영역을 프로그래머 마음대로 조절할 수 있다. 함수 외부에 선언하면 전역 변수로 취급되지만 함수 내부에 선언하면 지역 변수로 취급된다. 따라서 함수 내부에 상수 변수를 선언함으로써 상수의 적용 범위를 그 함수 내부로 제한할 수 있다. 또 다른 장점도 있다. 상수 변수는 변수이기 때문에 선언할 때 반드시 타입을 선언해야 한다. 또, 해당 변수를 사용할 경우 컴파일러는 항상 타입이 일치하는지를 확인한다. 그러나 #define에 의해 선언된 상

수는 단순한 치환에 그치기 때문에 타입이 일치하는지 확인을 하지 않는다. 나아가 상수 변수는 상수가 아니라 변수이기 때문에 이후 설명할 포인터를 써서 접근할 수도 있다.

읽기만 할 매개변수 앞에는 const를 붙이는 것이 좋다.

읽기만 할 뿐 변경하지 않을 매개변수는 가급적 상수 변수로 선언하는 것이 좋은 습관이다. 만약 프로그래머가 실수로 상수 변수의 값을 변경하려 시도하면 컴파일러 단계에서 오류 메시지가 발생하여 그러한 실수를 미리 거를 수 있기 때문이다.

```
int ready = 0;
while (!ready){
   printf("Wating for the ready signal.\n");
}
```

대부분의 컴파일러는 나름대로 소스코드를 최적화(Optimization)한다. 위의 예에서는 ready라는 변수를 0(false)로 초기화했고 루프 내부에 ready 값을 바꾸는 명령어가 없으므로 !ready는 항상 1(true)이다. 그 결과 컴파일러는 최적화 도중에 while (!ready)를 while(1)로 바꾸어버리므로 while 문은 무한 루프를 돌 수밖에 없다. 그런데 이 프로그램을 작성한 사람은 while 루프를 도는 중에 소스코드가 아닌 외부 코드나 외부 신호가 ready 값을 1로 바꿀 것을 기대하고 짠 것이다. 그래야 while 루프를 벗어날 수 있기 때문이다. 그러나 컴파일러는 그러한 사정을 모른다. 자신이 아는 한도 내에서 최적화할 뿐이다.

```
volatile int ready = 0;
```

이러한 사태를 방지하려면 ready 변수 앞에 volatile이라는 타입 지정자를 앞세워 컴파일러에게 ready 변수를 최적화 대상에서 제외해달라고 요구해야 한다.

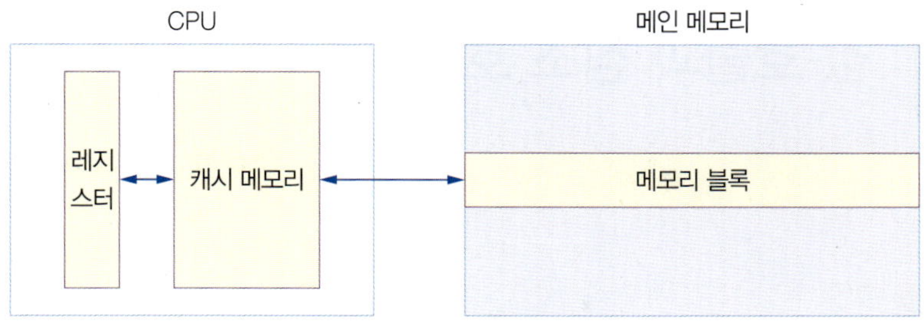

그림 8-9 메모리 계층 구조

volatile은 캐시 메모리(Cache Memory)와도 연관되어 있다. 대부분의 컴퓨터는 메인 메모리 접근 횟수를 줄이기 위해 메모리를 직접 접근하지 않는다. 대신 일정한 크기(예를 들어 32바이트나 128바이트)의 블록 단위로 메모리 내용을 한꺼번에 가져다가 캐시 메모리에 저장한다. 메인 메모리에 비해 캐시 메모리가 더욱 고속의 메모리이므로 CPU 입장에서는 메인 메모리보다 캐시 메모리를 통해 데이터를 읽고 쓰는 것이 더욱 빠르기 때문이다. 메인 메모리, 캐시 메모리, 레지스터로 가면서 메모리 접근 속도가 빨라진다. 또, 그만큼 가격이 비싸지기 때문에 메모리 용량이 제한된다. 역으로 레지스터, 캐시, 메인 메모리 순으로 접근 속도가 느려진다. 메모리에도 계층이 있다는 점에서 이를 메모리 계층 구조(Memory Hierarchy)라고도 부른다.

그런데 문제는 어떤 변수를 메인 메모리에서 캐시 메모리로 옮겨 놓은 상태에서 메인 메모리에 있는 변수 값이 바뀌는 경우다. 만약 그처럼 바뀐 변수 값이 아직 캐시 메모리에 반영되어 있지 않은 상태에서 CPU가 캐시 메모리에 접근하여 변수 값을 읽으면 이는 바뀌기 이전 상태의 변수 값을 읽은 것이 된다.

volatile 변수는 최적화 및 캐시 대상에서 제외된다.

변수를 volatile로 지정하면 그 변수는 컴파일러의 최적화 대상에서 제외될 뿐만 아니라 캐시 대상에서도 제외된다. volatile은 문자 그대로 변덕스럽다는 뜻으로서 값이 자주 바뀐다는 의미다. 따라서 volatile 지정자를 쓰면 언제 값이 바뀔지 모르니 접근이 필요한 바로 그 시점에 직접 메인 메모리로 가서 거기에 저장된 변수 값을 읽어오라는 뜻이 된다. 특히 전역 변수에는 volatile 지정자를 붙여야 할 때가 많다. 하나의 전역 변수를 여러 프로세스(Process, Thread)가 공유할 때는 어느 시점에 어떤 프로세스가 그 변수 값을 바꾸는지 예측하기 어렵기 때문이다.

03 값 호출과 참조 호출

예제 8-8

```
#include <stdio.h>

void increment(int m){ ······································ ❶
    m++; ······················································ ❷
    printf("Inside function, m is %d.\n", m); ··················· ❸
    return;
}

int main( ){
    int a = 10;
    printf("Before calling function, a is %d.\n", a);
    increment(a); ············································· ❹
    printf("After calling function, a is %d.\n", a); ·············· ❺
    return 0 ;
}
```

```
Before calling function, a is 10.
Inside function, m is 11.
After calling function, a is 10.
```

함수 호출 시 매개변수로 복사본이 넘어간다는 점에 유의해야 한다. ④에서 increment 함수를 호출하면 a 변수 자체가 전달되는 것이 아니라 a 변수의 값이 복사되어 ①의 m으로 들어간다. 다시 말해, main의 스택 프레임에 있는 a 변수의 값이 increment의 스택 프레임이 만들어질 때 그 안의 매개변수 m으로 '복사'되어 들어간다.

참조 호출은 원본을 전달하고

값 호출은 사본을 전달한다.

함수 호출 시에 원본을 넘겨주는 방식을 참조 호출(Call by Reference, Call by Variable)이라 부르고 사본을 넘겨주는 방식을 값 호출(Call by Value)이라 부른다. 사실상 이는 원본 호출과 사본 호출이라고 부르는 것이 더 직관적이지만 기존 관습에 따라 참조 호출과 값 호출이라는 용어를 쓰기로 한다.

C 언어는 값 호출만 허용한다.

C++ 언어는 참조 호출과 값 호출을 모두 지원하는 데 반해 C 언어는 값 호출만을 지원한다. 따라서 C 언어에서 함수를 호출하면 무조건 사본이 넘어간다. 사본이 넘어가기 때문에 그것으로 피호출 함수 내부에서 무슨 짓을 하든 함수 실행을 마치고 호출 함수로 되돌아오면 원본 값은 그대로다. ②에서 m 값을 증가시켜 ③에서 11을 찍더라도 함수 실행을 마치고 ⑤로 되

돌아와서 a를 찍으면 여전히 10이 찍힌다.

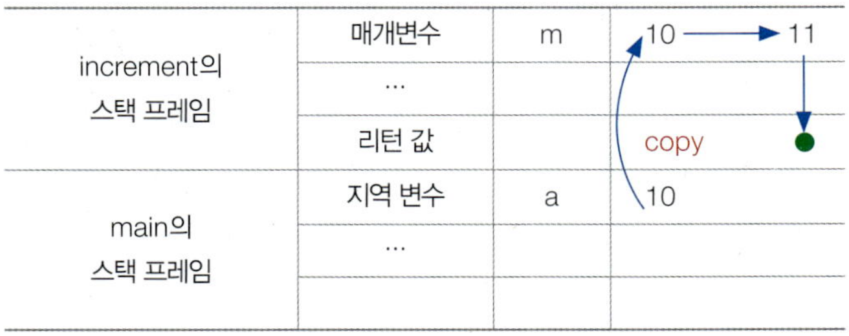

그림 8-10 값 호출

이렇게 되는 이유는 스택 프레임의 작동 방식 때문이다. 그림에서 보듯 main이 increment를 호출하면 increment의 스택 프레임이 만들어진다. 그런데 main이 increment를 호출하면서 건넨 것은 a 변수 자체가 아니다. a 변수의 값을 복사해서 increment의 매개변수인 m에 저장한 것이다. 따라서 increment 함수 내부에서 m 값을 바꾸더라도 그 아래 깔린 main의 스택 프레임에 있는 a 변수는 아무런 영향을 받지 않는다. increment가 실행되는 도중에는 increment의 스택 프레임에만 접근이 가능할 뿐 그 아래 깔린 main의 스택 프레임에는 접근할 수 없기 때문이다.

C 언어 설계 원칙 중 하나는 독립성(Modularity)이다. 이는 함수 사이의 간섭을 최소화하자는 원칙이다. C 언어가 값 호출만을 지원하는 이유는 원본이 훼손되는 사태를 막음으로써 함수 사이의 독립성을 유지하기 위해서다. 다시 말해, 프로그래머의 부주의로 피호출 함수 내에서 호출 함수의 원본 변수 값을 바꾸는 사태를 방지하자는 것이다. 물론 그러한 주장에도 일리는 있다. 그러나 이렇게 되면 정작 프로그래머가 함수 호출을 통해 원본 변수 값을 바꾸고자 할 때에도 그것이 불가능해진다.

함수 호출 시에 복사된 값을 건네주듯이 함수를 빠져나올 때도 복사된 값을 돌려준다. 예와는 달리 increment가 m 값을 리턴한다고 가정해 보자. 그 경우 그림에서 보듯이 increment가 실행을 마치면 m 변수의 값을 복사하여 스택 프레임의 '리턴 값' 란에 저장한다. main 함수는 increment의 스택 프레임이 팝되기 '직전에' 리턴 값을 읽어간다. 다시 말해, 피호출 함수는 m 변수 자체가 아니라 m 변수의 사본을 리턴한다. 피호출 함수가 m 변수 자체를 리턴할 수 없는 이유는 그것이 함수를 빠져나가면 사라지는 스택 프레임 내의 지역 변수이기 때문이다.

m 변수의 수명은 함수가 시작할 때 생성되어 함수가 끝날 때 소멸되기 때문에 함수 실행을 마치면 m 변수를 포함한 스택 프레임이 모두 사라진다. 이미 사라진 변수에 main 함수가 접근할 수는 없다.

예제 8-9

```
#include <stdio.h>

int increment(int m){ ........................................................ ❶
    m++;
    printf("Inside function, m is %d.\n", m);
    return m; ................................................................ ❷
}

int main( ){
    int a = 10;
    printf("Before calling function, a is %d.\n", a);
    a = increment(a); ........................................................ ❸
    printf("After calling function, a is %d.\n", a);
    return 0 ;
}
```

값 호출이 지닌 한계를 극복하는 한 가지 방법은 예처럼 함수의 리턴 값을 이용하는 것이다. ①에 의해 increment 함수는 정수를 돌려주는 함수로 바뀐다. 따라서 ②에서 변경된 m 값을 돌려주면 ③에 의해 그 값이 좌변 a에 대입되고, 그 결과 main의 원본 변수 a의 값이 바뀌게 된다. 이처럼 리턴 값을 이용함으로써 피호출 함수가 가한 변경 내용을 호출 함수에 반영할 수 있다.

```
int increment_both(int m, int n){ ............................................ ❶
    m++; n++;
    printf("Inside function, m is %d and n is %d.\n", m, n);
    return m; ................................................................ ❷
}
```

함수는 단 하나의 값만 돌려줄 수 있다.

그러나 이 경우의 문제점은 함수 리턴 값이 단 하나여야 한다는 데 있다. ①처럼 m, n 모두를 증가시키는 함수일 때도 ②에서 보듯 리턴 값은 단 하나여야 한다. return(m, n)이라는 식으로 하나 이상의 리턴 값을 돌려줄 수는 없다. C 언어 문법에 그러한 구문은 존재하지 않기 때문이다.

물론 이 문제에 대한 해결책은 있다. m, n을 전역 변수로 선언하면 increment_both 함수 내에서 직접 원본 변수를 건드리기 때문에 main으로 되돌아오더라도 원본 변수의 값이 모두 바뀐 것을 볼 수 있다. 그러나 전역 변수는 되도록 피하는 것이 좋다는 점에서 이는 그리 바람직한 방법이 아니다. 또 다른 방법으로는 m, n을 묶어서 하나의 구조체로 선언한 후 구조체 전체를 리턴하는 방법이다. 그러나 원본을 변경하는 가장 확실한 방법은 포인터(Pointer)다. 구조체나 포인터에 대해서는 이후 설명하기로 한다.

예제 8-10

```
#include <stdio.h>

void swap(int m, int n){ ······························· ❶
   int temp; ··········································· ❷
   printf("Before swap, m = %d and n = %d.\n", m, n);
   temp = m; ··········································· ❸
   m = n; ·············································· ❹
   n = temp; ··········································· ❺
   printf("After swap, m = %d and n = %d.\n", m, n);
   return;
}

int main( ){
   int a = 10, b = 20;
   printf("Before calling function, a = %d and b = %d.\n", a, b);
   swap(a, b); ········································· ❻
   printf("After calling function, a = %d and b = %d.\n", a, b);
   return 0;
}
```

```
Before calling function, a = 10 and b = 20.
Before swap, m = 10 and n = 20.
After swap, m = 20 and n = 10.
After calling function, a = 10 and b = 20.
```

변수 값을 서로 교환하는 함수가 스왑(swap) 함수다. ⑥에서 main이 a, b 변수의 값을 교환하기 위해 swap 함수를 호출하고 있다. 따라서 a, b 변수의 값이 ①의 m, n으로 각각 복사되어 들어간다. swap 함수 내부에서도 유의할 점이 있다. 곧바로 m = n; n = m;이라고 해서는 교환이 되지 않는다. m, n 모두 n이 되기 때문이다. 따라서 ②처럼 제 3의 변수인 temp (temporary)를 써야 한다. 일단 ③에 의해 m을 temp에 저장해두어야 한다. m을 다른 곳에 저장했으므로 이제 ④에 의해 n을 m으로 옮길 수 있다. 이후 ⑤에 의해 저장해둔 m을 n으로 옮길 수 있다.

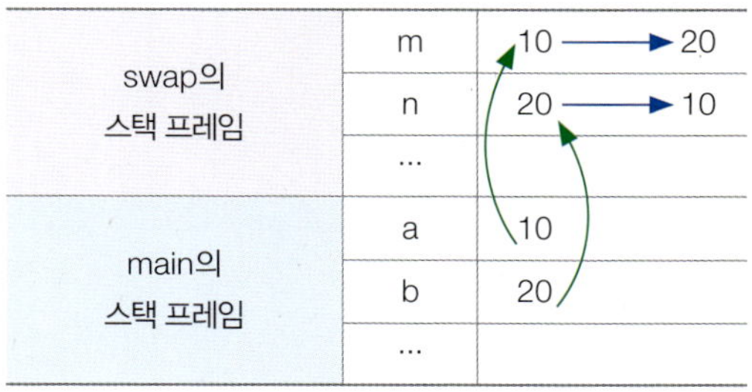

그림 8-11 값 호출에 의한 스와핑

물론 이렇게 한다고 해서 main으로 되돌아왔을 때 a, b 변수 값이 바뀌지는 않는다. 여전히 값 호출이기 때문에 그림에서 보듯이 m, n의 값만 바뀔 뿐이다. swap의 스택 프레임이 사라지고 다시 main의 스택 프레임이 스택 탑에 위치하면 a, b의 값은 swap 함수를 호출하기 이전의 값을 그대로 유지한다. 여기서는 일단 값 호출로는 스왑 함수를 제대로 구현할 수 없다는 점만 지적하고 문제 해결을 위한 방법은 이후 포인터 부분에서 설명하기로 한다.

04 인라인 함수와 가변 인자 함수

예제 8-11

```
#include <stdio.h>

inline int add(int a, int b){ ·················· ❶
    return (a + b);
}

int main( ){
    int sum, first = 10, second = 20;
    sum = add(first, second); ·················· ❷
    printf("sum is %d.\n", sum);
    return 0;
}
```

```
sum is 30.
```

C 언어의 함수 중에는 인라인 함수(Inline Function)라는 것이 있다. ①처럼 함수 헤더 앞에 inline이라는 키워드를 붙이면 add는 인라인 함수가 된다. 이렇게 되면 컴파일러는 ①의 소스코드를 참조하여 ②의 우변 add(first, second)를 (first + second)로 치환한다. 컴파일러는 인라인 함수가 호출되는 곳마다 피호출 함수의 본체에 있는 소스코드를 적절히 처리하여 복사해 넣는다.

```
#define  add(a, b) ((a) + (b))
```

이를 매크로 함수를 써서 처리하려면 위와 같이 할 수 있다. 그러나 매크로 함수와 인라인 함수는 전혀 다르다. 첫째, 매크로 함수는 전처리기에 의해 처리되지만 인라인 함수는 컴파일러에 의해 처리된다. 둘째, 매크로 함수는 타입이 일치하는지 검사하지 않지만 인라인 함수는 검사한다. first와 second가 각각 int 타입인지 add 함수의 리턴 타입이 int가 맞는지를 검사한다. 셋째, 매크로 함수는 단순히 문자열을 대체하지만 인라인 함수는 매크로보다 영리한 방법으로 소스코드를 대체한다. 예를 들어, 매크로 함수의 경우 add(10 + 20, 30 + 40)이라고 하면 이를 단순히 ((10 + 20) + (30 + 40))이라는 문자열로 대체하지만 인라인 함수의 경우 이를 미리 계산하여 (30 + 70)으로 대체한다.

인라인 함수는 프로그램 실행 속도를 높이기 위한 것이다.

인라인 함수의 장점은 함수 호출에 따른 오버헤드를 줄일 수 있다는 점이다. 즉, 함수를 호출하는 대신 직접 피호출 함수의 소스코드를 가공하여 삽입함으로써 스택 프레임을 생성하는 데 따르는 시간적, 공간적 오버헤드를 없앨 수 있기 때문이다. 이는 함수 내부 코드가 비교적 간단할 경우 인라인 함수를 씀으로써 실행 속도를 높일 수 있음을 의미한다.

인라인 함수는 캐시와도 연관되어 있다. 대부분의 컴퓨터가 캐시 메모리(Cache Memory)를 사용한다. DRAM(Dynamic Random Access Memory)으로 이루어진 메인 메모리에 비해 캐시 메모리는 SRAM(Static Random Access Memory)이라는 고속의 메모리 소자로 이루어져 있기 때문에 접근 속도가 빠르다. 따라서 CPU는 메인 메모리에 있는 프로그램을 블록 단위로 나누어 그때그때 필요한 블록을 캐시 메모리에 복사해놓고 메인 메모리 대신 캐시 메모리에 접근함으로써 속도 향상을 꾀한다. 고가이기 때문에 이 메모리는 메인 메모리에 비해 크기가 작다. DRAM이 보통 4~16GB 정도인데 비해 인텔 i5나 i7 프로세서에 들어가는 캐시 메모리는 32KB~8MB 정도다.

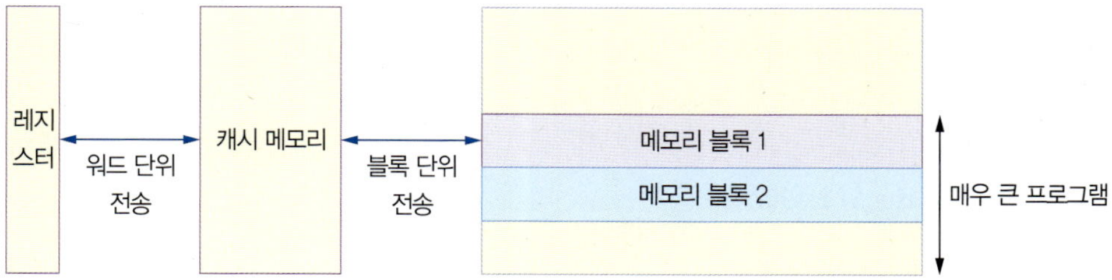

그림 8-12 캐시 메모리와 메모리 블록

그런데 인라인 함수는 함수를 호출하는 곳마다 소스코드를 삽입해야 하므로 인라인 함수의 소스코드가 길어질 경우 이를 여러 번 호출하면 프로그램 크기가 지나치게 커진다. 이는 인라인 함수의 약점이다. 프로그램이 커져 여러 블록으로 나뉠수록 다음 명령어가 현재의 캐시 메모리 블록에 있을 확률이 줄어들기 때문이다. 만약 메모리 블록 1이 캐시에 있는 상태라면 블록 1의 마지막 명령어 다음 명령어는 메모리 블록 2에 존재한다. 그 경우 다음 명령어를 실행하려면 현재의 캐시 메모리를 내리고 새로 메모리 블록 2 전체를 캐시로 읽어와야 하므로 속도가 저하된다. 이런 점으로 인해 소스코드가 너무 길어지면 프로그래머가 인라인 함수로 선언하더라도 컴파일러가 그것을 인라인 함수로 처리하지 않을 때도 많다. 특히 임베디드 시스템에 사용되는 코드라면 속도는 느리더라도 코드의 크기가 작아야 한다. 나아가 함수 내부에 루프가 존재하거나 이후 설명할 재귀 함수나 함수 포인터를 사용하는 곳에는 인라인 함수를 사용할 수 없다는 점에도 유의해야 한다.

예제 8-12

```
#include <stdio.h>

int power2(int num, int power){
   __asm {
         mov eax, num;
         mov ecx, power;
         shl eax, cl;
   }
}

int main(void){
   printf("3 times (2 to the 5) is %d.\n", power2(3, 5));
   return 0;
}
```

```
3 times (2 to the 5) is 96.
```

어셈블리 명령어를 소스코드에 직접 넣을 수도 있다.

어셈블리 언어로 된 코드를 C 코드에 삽입하기도 한다. 이는 전술한 인라인 함수와는 다른 의미이지만 C 코드 라인 중간에 삽입되었다는 의미에서 이를 인라인 어셈블리(Inline

Assembly)라고 부른다. 예의 power2 함수는 num * (2의 power 승)을 돌려주는 함수로서 __asm으로 시작하는 어셈블리 언어로 작성되어 있다. 인자로 전달된 num을 eax 레지스터에 저장하고 power를 ecx 레지스터에 저장한 뒤 마지막 명령어(shift left eax by lower bits of ecx register)에 의해 계산 결과를 ecx 레지스터에 저장하고 그 값을 돌려준다.

물론 모든 C 코드는 컴파일러에 의해 결국은 어셈블리 언어로 번역된다. 그러나 이처럼 프로그래머가 직접 어셈블리 코드를 작성함으로써 컴파일러에게 맡기는 번역에 비해 더욱 짧고 빠른 효율적인 코드가 될 수 있다. 인라인 어셈블리 역시 프로그램의 실행 속도를 높이기 위한 방법이다. 운영체제 프로그램이나 드라이버 프로그램(Driver Program)처럼 특정 하드웨어를 직접 작동시켜야 할 경우에도 인라인 어셈블리 언어가 사용된다. 그러한 기능을 직접 제공하는 C 명령문이 없기 때문이다.

인자 수를 바꿔가며 호출할 수 있는 함수가 가변 인자 함수다.

일반적인 함수에는 인자의 개수가 고정되어 있다. 그러나 때로는 인자의 개수가 상황에 따라 달라질 수도 있다. 예를 들어 합계를 구하는 함수를 호출할 때 함수 호출 시마다 인자의 개수가 바뀌어야 할 때도 있다. 두 수의 합계를 구해야 할 때도 있고 세 수의 합계를 구해야 할 때도 있기 때문이다. 이 경우 인자를 가변 길이 인자(Variable Length Argument)라 부른다. 또, 가변 길이 인자를 받아들일 수 있는 함수를 가변 인자 함수(Variadic Function)라 부른다. stdarg.h 파일에 정의된 매크로를 활용하면 가변 인자 함수를 만들 수 있다.

예제 8-13

```
#include <stdio.h>
#include <stdarg.h> ···································· ❶

int find_min(int count, ...){ ··························· ❷
   int min, temp, i;

   va_list(p); ·········································· ❸
   va_start(p, count); ··································· ❹
   min = va_arg(p, int); ·································· ❺
   for (i = 2; i <= count; i++){
      temp = va_arg(p, int); ······························ ❻
      if (temp < min)
```

```
        min = temp;
    }
    va_end(p); ························································ ❼
    return min;
}

int main( ){
    int arg_count = 3;
    printf("Minimum is %d.\n", find_min(arg_count, 30, 20, 10));  ··❽
    return 0;
}
```

```
Minimum is 10.
```

⑧에서 호출한 find_min 함수는 둘째, 셋째, 넷째 인자인 30, 20, 10 중 가장 작은 수를 돌려주는 함수다. 첫째 인자인 arg_count는 뒤따르는 인자의 개수로서 여기서는 3으로 초기화되어 있다. 만약 첫 인자가 2라면 후속 인자도 두 개라야 한다. 이처럼 인자의 개수를 자유롭게 가져가려면 함수를 정의할 때 ②처럼 첫 인자 이후에 세 개의 점을 찍어야 한다.

가변 인자 함수를 사용하려면 va_start, va_arg, va_end라는 세 가지 매크로 함수를 호출해야 한다. 이는 ①의 stdarg.h(standard argument header) 파일에 포함되어 있다. ③의 va_list(p)라는 매크로를 확장하면 p가 이 함수에 전달된 인자 리스트를 가리키게 된다. 여기서 p는 프로그래머가 임의로 정한 변수명이다. 이후 ④의 va_start 매크로에 의해 리스트를 초기화해야 한다. 여기서 count는 ②에서 전달받은 count와 일치해야 한다. ⑤의 va_arg는 현 위치의 인자를 돌려준다. 처음 호출했으므로 현재로서는 첫 인자다. 괄호 안의 int는 인자의 타입을 의미한다. 매번 va_arg 매크로를 실행할 때마다 차례차례 그 다음 인자를 돌려준다. 따라서 ⑤에 의해 첫 인자(예에서는 30)가 min으로 들어간 후 ⑥에 의해 나머지 인자들이 min과 비교되어 가장 작은 값이 min에 저장된다. ④의 va_start로 매크로를 시작했으면 반드시 ⑦의 va_end로 매크로를 끝내야 한다.

scanf나 printf 함수도 사실상 가변 인자 함수다. "%d%d"라고 할 때는 두 개의 인자가 뒤따르지만 "%d%d%d"라고 할 때에는 세 개의 인자가 뒤따르기 때문이다.

05 재귀 호출

```
n! = n × (n-1) × (n-2) × ... × 1(단, 1! = 1)
```

자연수 n에 대해서 팩토리얼(factorial)을 정의해 볼 수 있다. 예를 들어 n!(n factorial)은 예처럼 정의된다. n이 주어졌을 때 n!을 계산하는 알고리즘을 생각해 보자. 알고리즘에서 문제 크기(Problem Size)란 데이터의 크기(Data Size)를 말한다. 100!을 구하라고 한다면 문제 크기는 100이다. 물론 100!이 얼마인지 물었을 때 즉시 대답하기는 어렵다. 문제 크기가 너무 크기 때문이다. 그러나 이 문제에 대해 우리가 말할 수 있는 것은 '99!을 알면 거기에 100을 곱해서 100!을 계산할 수 있다'는 사실이다.

```
n! = n * (n - 1)!
```

다시 말해 n!이 뭔지 잘 모르더라도 (n − 1)!만 구하면 거기에 n을 곱하면 된다. 그렇다면 (n − 1)!은 얼마인가? 그 역시 잘 모르겠지만 (n − 2)!만 구하면 거기에 (n − 1)을 곱하면 된다. 결국 5!을 구하는 문제는 4!을 구하는 문제로, 이는 다시 3!을 구하는 문제로 바뀐다. 이를 계속해 나가면 이 문제는 결국 1!을 구하는 문제로 바뀐다. 물론 정의에 의해 1!은 1이다.

재귀 호출은 분할 정복 알고리즘에 속한다.

큰 문제를 그보다 작은 문제로 환원한 후 작은 문제를 해결함으로써 큰 문제의 해결에 이르는 알고리즘을 분할 정복 알고리즘(Divide and Conquer Algorithms)이라 부른다. 크기 100의 문제를 크기 99의 문제로, 이를 다시 크기 98의 문제로 환원해서 결국에는 곧바로 해결 가능한 크기 1의 문제로 환원할 수 있다. 여기서 주의해야 할 것은 작은 문제 역시 큰 문제와 동일한 성격의 문제라야 한다는 점이다. 예를 들어, 100!을 구하는 문제나 99!을 구하는 문제나 동일한 성격이다. 둘 다 n! = n * (n − 1)!이라는 일반식으로 표시할 수 있기 때문이다.

이 논리는 도미노 게임과 유사하다. 100번째 막대기가 반드시 쓰러진다는 것을 증명하려면 '99번째가 쓰러지면 인접한 100번째도 쓰러진다'고 말할 수 있다. 그럼 99번째가 반드시 쓰러진다는 것은 어떻게 증명하는가? 이 역시 '98번째가 쓰러지면 인접한 99번째도 쓰러진다'고 말할 수 있다. 결국 이 문제는 첫 번째 막대기가 쓰러진다는 것을 증명하는 문제로 바뀐다. 그 경우 '첫 번째 막대기는 손으로 직접 밀었기 때문에 쓰러진다'고 말할 수 있다. 이는 이른바 수학에서 말하는 수학적 귀납법과는 정반대의 순서다. 수학적 귀납법이 n = 1일 때 참이면 n = 2일 때도 참이고 n = 2일 때 참이면 n = 3일 때도 참이라는 순서로 증명하기 때문이다.

재귀 호출(Recursive Call)에서 재귀(再歸, Recursion)란 '되돌아 옴'을 의미한다. Recurse의 어원인 Re + Occur도 다시 일어난다는 뜻이다. 쉽게 말해 재귀 호출이란 어떤 함수가 실행 도중 자기 자신을 호출함으로써 자기 자신에게 되돌아오는 것을 말한다. 분할 정복에 의해 큰 문제를 풀려면 그보다 작은 문제를 풀어야 한다. 그런데 그 작은 문제 역시 원래의 큰 문제와 동일한 성격이기 때문에 자기 자신을 호출해야 한다. 그처럼 자기 자신을 호출하는 함수를 재귀 함수(Recursive Function)라 부른다.

예제 8-14

```
#include <stdio.h>

int factorial(int n){ ·························· ❶
   if (n == 1)
      return 1; ································ ❷
   else
      return (n * factorial(n - 1)); ········ ❸
}
```

```
int main( ){
   int num;
   printf("Enter a positive integer.\n");
   scanf("%d", &num);
   printf("Factorial of %d is %d.\n", num, factorial(num));
   return 0 ;
}
```

```
Enter a positive integer.
5
Factorial of 5 is 120.
```

입력된 자연수의 factorial을 구하는 프로그램이다. 재귀 호출은 ③에서 일어난다. factorial(n − 1)이라는 함수 호출에서 factorial이 바로 자기 자신인 ①의 함수명이다. 따라서 이는 factorial 함수를 실행하는 도중 자기 자신인 factorial 함수를 부르는 모습이다. 다른 점이 있다면 매개변수의 값이다. ①에서 factorial의 매개변수는 n으로 들어왔지만 ③에서 factorial을 호출할 때의 매개변수는 (n − 1)로서 문제의 크기가 1만큼 줄어든 모습이다. 재귀 호출이 계속됨에 따라 n이 점차로 줄어 1이 되면 ②에 의해 1을 돌려준다. 그렇지 않으면 ③에 의해 호출 함수에게 n * (n − 1)!을 돌려준다.

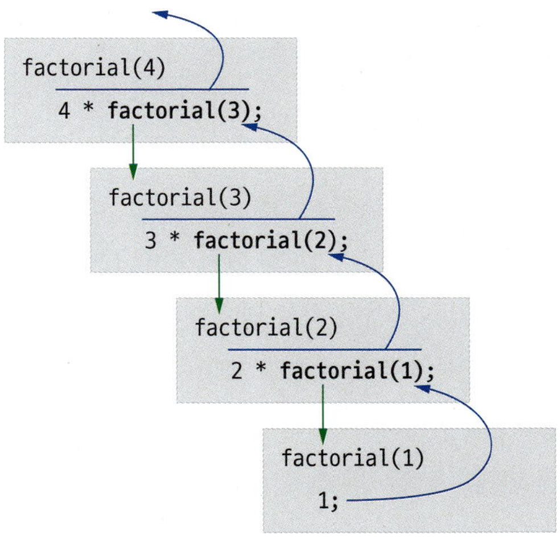

그림 8-13 재귀 호출 들어가기와 나오기

재귀 함수도 함수 실행이 끝나면 호출 함수로 되돌아간다.

factorial(4)를 구하는 모습이다. 일단 factorial(4)에서 시작하여 아래쪽으로 factorial(3), factorial(2), factorial(1) 순서로 재귀 호출이 이루어진다. 이후 나올 때에는 그 역순인 factorial(1), factorial(2), factorial(3), factorial(4) 순서로 연속해서 리턴 값을 돌려준다. 모든 피호출 함수는 실행이 끝나면 '직전에' 자신을 호출한 함수로 되돌아가기 때문이다.

재귀 호출을 쉽게 설명하려는 의도에서 메모리 내에 동일한 함수가 여러 벌 존재한다고 말하기도 한다. 즉, 함수를 호출할 때마다 동일한 소스코드가 메모리에 계속해서 복사된다고 설명하기도 한다. 그러나 이는 스택 개념을 모르는 사람들의 이해를 돕기 위해 할 수 있는 이야기일 뿐, 실제로 메모리에 동일한 함수가 여러 벌 존재하지는 않는다. 메모리에 단 하나의 함수만 존재하는 상태에서 함수를 호출할 때마다 서로 다른 스택 프레임이 쌓여갈 뿐이다.

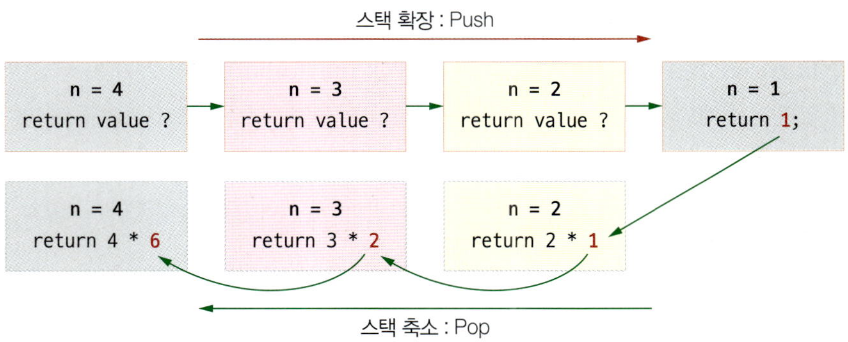

그림 8-14 재귀 호출에 따른 스택의 변화

4!을 구하는 동안 스택이 변화하는 모습이다. 함수 내부에 지역 변수는 없으므로 리턴 주소를 생략하면 매개변수와 리턴 값만으로 구성된 스택 프레임을 그려 볼 수 있다. 왼쪽 상단에서 오른쪽으로 가면서 스택 프레임이 쌓이고(Push) 다시 왼쪽으로 가면서 스택 프레임이 사라진다(Pop). 왼쪽 상단 스택 프레임은 4!을 구하는 함수를 호출할 때 만들어진 것으로서 main으로부터 넘겨받은 매개변수 n 값이 4로 되어 있고 또 main에게 되돌려줄 리턴 값이 미정인 채로 남아 있다. factorial(4) = 4 * factorial(3);이므로 이 리턴 값은 나중에 factorial(3)의 리턴 값이 돌아오면 거기에 현재의 n 값인 4를 곱해서 결정된다. 물론 아직은 리턴 값을 모르는 상태다.

스택 프레임에는 함수를 호출할 당시의 변수 값이 저장되어 있다.

되돌아오면서 스택 프레임이 삭제(Pop)된다. factorial(1) 상태에서 factorial(2) 상태로 되돌아오면서 factorial(1)의 스택 프레임이 삭제된다. 따라서 이제 그 아래 깔려 있던 factorial(2)의 스택 프레임이 활성 상태로 바뀐다. 그런데 이 스택 프레임은 이전에 factorial(1)을 호출할 당시의 매개변수 n의 값인 2를 그대로 유지하고 있다. 함수를 호출할 때마다 새로운 스택 프레임이 만들어지므로 그 아래 깔려 있는 스택 프레임의 변수 값은 호출 당시의 값을 그대로 유지하기 때문이다. factorial(2)의 스택 프레임이 활성화되면 이제 factorial(2)는 factorial(1)을 부르기 이전 상태를 완벽하게 복원하여 n = 2인 상태에서 2 * factorial(1)의 값을 계산한다. 물론 그 결과는 호출 함수인 factorial(3)에게 리턴된다.

재귀 호출에서 직접 해결할 수 있을 정도로 문제 크기가 작아졌을 때를 베이스 케이스(Base Case) 또는 디젠 케이스(퇴행, Degenerate Case)라고 부른다. 재귀 호출에 의해 문제 크기가 조금씩 줄어들면 결국 베이스 케이스에 도달한다. 예의 경우 n이 1인 경우가 베이스 케이스다.

일반적으로 재귀 호출 함수는 베이스 케이스 처리를 위한 명령문으로 시작한다. 예에서도 if (n == 1)이라는 조건문을 통해 베이스 케이스를 먼저 처리하고 있다. 이어 베이스 케이스가 아닌 경우에 대해서 ③에 의해 factorial(n − 1)을 호출함으로써 문제 크기를 줄여가고 있다.

문제 크기가 줄어드는지를 반드시 확인해야 한다. 모든 재귀 호출은 호출할 때마다 문제 크기가 줄어들어 최종적으로는 베이스 케이스에 도달해야 한다. 호출할 때마다 오히려 문제 크기가 커지면 베이스 케이스에 도달할 수 없다. 예에서도 자연수가 아닌 −5가 입력되면 매개변수 n은 −6, −7, …로 발산하여 베이스 케이스에 도달하지 못하기 때문에 재귀 호출에서 빠져나올 수가 없다. 재귀 호출에서 빠져나오는 유일한 방법은 베이스 케이스에 도달하는 것뿐이다.

예제 8-15

```
#include <stdio.h>

void recurse(int n){ ............................ ❶
    if (n == 0) ................................. ❷
        return; ................................. ❸
    else { ...................................... ❹
```

```
        printf("%d ", n); ························ ❺
        recurse(n - 1); ························· ❻
    }
}

int main( ){
    int num;
    printf("Enter a positive integer.\n");
    scanf("%d", &num);
    recurse(num);
    return 0 ;
}
```

```
Enter a positive integer.
4
4 3 2 1 계속하려면 아무 키나 누르십시오...
```

예의 재귀 호출 결과를 예측해 보자. recurse(4)가 들어오면 ④의 조건에 해당하기 때문에 ⑤에 의해 일단 4를 찍고 ⑥에 의해 recurse(3)을 호출한다. recurse(3)이 들어오면 이 역시 ④의 조건에 해당하기 때문에 일단 3을 찍고 recurse(2)를 호출한다. 이 작업을 계속하다가 recurse(0)으로 들어오면 ②의 베이스 케이스에 도달하여 ③에서 재귀 호출을 빠져나간다. 따라서 이 프로그램은 4, 3, 2, 1 순서로 프린트를 하게 된다. 그러나 ⑥ 이후에는 아무런 명령문이 없기 때문에 되돌아올 때는 아무 일도 하지 않는다.

모든 알고리즘에는 '반드시 종료해야 한다'는 전제 조건이 붙는다. 즉, 모든 알고리즘에는 반드시 종료 조건(Termination Condition)이 있어서 실행을 끝낼 수 있어야 한다. 예에서도 recurse(n + 1);이라고 하면 베이스 케이스에 도달하지 않기 때문에 프로그램이 끝나지 않는다. 그러나 실제로 재귀 호출에서는 그런 일이 일어나지 않는다. 함수를 호출할 때마다 스택에 스택 프레임이 쌓여 더 이상 가용 메모리가 없어지면 스택 오버플로우 오류(Stack Overflow Error)를 내보내고 프로그램이 끝나기 때문이다. 따라서 재귀 호출을 할 때는 종료 조건이 존재하는지는 물론 반드시 그 종료 조건에 도달하는지에 유의해야 한다.

예제 8-16

```
#include <stdio.h>

void recurse(int n){ ............................ ❶
   if (n == 0) .................................. ❷
      return; ................................... ❸
   else { ....................................... ❹
     recurse(n - 1); ............................ ❺
     printf("%d ", n); .......................... ❻
   }
}

int main( ){
   int num;
   printf("Enter a positive integer.\n");
   scanf("%d", &num);
   recurse(num);
   return 0 ;
}
```

```
Enter a positive integer.
4
1 2 3 4 계속하려면 아무 키나 누르십시오...
```

[예제 8-15]에서 ⑤와 ⑥의 순서를 바꾼 것이다. 이 상태에서 재귀 호출 결과를 예측해 보자. 만약 recurse(4)로 들어오면 ④의 조건에 해당하므로 ⑤에 의해 먼저 recurse(3)을 호출한다. 이후 recurse(3)으로 들어오면 이 역시 ④의 조건에 해당하므로 ⑤에 의해 recurse(2)를 호출한다. 결국 이 예는 아무것도 하지 않은 채 recurse(4), recurse(3), recurse(2), recurse(1), recurse(0) 순으로 함수 호출만 계속한다.

recurse(0)으로 들어와 ③에 의해 함수를 빠져나가면 이제 그 이전 상태인 recurse(1)로 되돌아간다. 여기서 중요한 것은 함수 실행이 끝나 되돌아온 다음에는 그 함수를 호출한 바로 다음 명령문을 마저 실행해야 한다는 점이다. 즉, recurse(1)로 되돌아온 상태에서는 ⑤ 다음의 명령문인 ⑥을 실행해야 한다. 그런데 recurse(0)의 스택 프레임이 팝된 상태에서 스택 탑에는 recurse(1)의 스택 프레임이 있고 그 상태에서 n 값은 1이기 때문에 1을 찍는다. recurse(1) 함수를 빠져나가면 다시 그 이전 상태인 recurse(2) 함수로 되돌아간다. 그 상태에서의 n 값은 2이기 때문에 ⑥을 실행하면 2를 찍게 된다. 결국 예의 프로그램은 1, 2, 3, 4 순으로 프린트한다.

꼬리 재귀: 먼저 일을 한 다음에 재귀 호출로 들어간다.

머리 재귀: 먼저 재귀 호출을 한 다음에 되돌아오면서 일을 한다.

이는 이전 예인 [예제 8-15]의 출력 순서와 정반대다. 이전 예가 일단 프린트를 하고 이후에 재귀 호출을 한다면 이 예는 일단 재귀 호출을 끝까지 계속한 다음에 되돌아오면서 프린트하는 모습이다. 이전 예인 [예제 8-15]처럼 마지막 명령문에서 재귀 호출을 하는 경우를 꼬리 재귀(Tail Recursion, End Recursion)라 부르고 이 예처럼 재귀 호출부터 먼저 하는 경우를 머리 재귀(Head Recursion)라 부른다. 둘 사이의 차이는 결국 어느 시점에서 일을 하느냐이다. 일부터 먼저하고 재귀 호출로 들어가는 것이 꼬리 재귀라면 재귀 호출을 먼저하고 되돌아오면서 일을 하는 것이 머리 재귀다.

예제 8-17

```
#include <stdio.h>

void reverse(int n){
    if (n == 0) ································· ❶
        return;
    else {
        printf("%d", n % 10); ··················· ❷
        reverse(n / 10); ························ ❸
    }
}

int main( ){
    int num;
    printf("Enter a positive integer.\n");
    scanf("%d", &num);
    reverse(num);
    printf("\n");
    return 0;
}
```

```
Enter a positive integer.
1234
4321
```

꼬리 재귀를 이용하여 입력된 10진수를 역순으로 찍는 프로그램이다. 예를 들어, 1234가 입력되면 4321을 출력한다. reverse(1234)로 들어오면 ②에 의해 4를 찍는다. 1234를 10으로 나눈 나머지가 4이기 때문이다. 이후 ③에 의해 reverse(123)을 호출한다. 1234를 10으로 나눈 나머지가 123이기 때문이다. 이 작업을 계속하여 reverse(1)로 들어오면 ②에 의해 1을 찍는다. 이후 ③에 의해 reverse(0)을 호출하면 ①의 베이스 케이스에 해당하여 빠져나간다. 물론 여기서도 reverse(0), reverse(1), reverse(2), reverse(3), reverse(4) 순으로 되돌아가지만 ③ 다음에는 아무런 명령문이 없는 꼬리 재귀이므로 되돌아가면서 할 일은 없다.

예제 8-18

```
#include <stdio.h>

void reverse(int n){
    if (n != 0){
        printf("%d", n % 10);
        reverse(n / 10);
     }
}

int main( ){
    int num;
    printf("Enter a positive integer.\n");
    scanf("%d", &num);
    reverse(num);
    printf("\n");
    return 0 ;
}
```

[예제 8-17]의 reverse 함수를 이처럼 짜도 된다. 즉, 베이스 케이스에 그냥 되돌아가라고 하는 대신 베이스 케이스가 아닌 경우에만 일을 하라고 시킬 수도 있다. 이는 이전 예의 베이스 케이스에서 아무런 일도 하지 않고 return 문에 의해 그냥 빠져나왔기 때문에 가능한 일이다. 다시 말해, 이 예는 베이스 케이스이면 그냥 빠져나가라는 사실을 묵시적으로 처리하고 있다. 물론 프로그래머의 스타일에 따라서는 이렇게 짤 수도 있다. 그러나 이런 식의 코딩이 습관화되면 베이스 케이스를 별도로 처리해야 된다는 사실을 잊어버릴 가능성이 높아진다. 때에 따라서는 베이스 케이스에도 처리해야 할 일이 있을 수 있다. 따라서 이런 형태의 코딩은 되도록 피하는 것이 낫다.

예제 8-19

```c
#include <stdio.h>

void to_binary(int n){
    if (n == 0) ................................ ❶
        return;
    else {
        to_binary(n / 2); ....................... ❷
        printf("%d", (n % 2)); .................. ❸
    }
}

int main( ){
    int num;
    printf("Enter a positive integer.\n");
    scanf("%d", &num);
    to_binary(num);
    printf("\n");
    return 0;
}
```

```
Enter a positive integer.
14
1110
```

머리 재귀를 이용하여 10진수를 2진수로 변환하는 프로그램이다. 10진수 14를 예로 들면 $14 = 1110 = 1 \times 2^3 + 1 \times 2^2 + 1 \times 2^1 + 0 \times 2^0$이다. 14를 2로 나누면 몫은 7, 나머지는 0이 된다. 이 나머지가 0×2^0의 계수인 0에 해당한다. 이어 몫인 7을 다시 2로 나누면 몫이 3이고 나머지가 1이 된다. 이 나머지가 1×2^1의 계수인 1에 해당한다. 이런 점에서 볼 때 1110의 왼쪽 끝에 있는 MSB 1은 14를 2로 세 번 나누었을 때의 나머지이다. 그런데 그것을 가장 먼저 써야 하므로 일단 ②의 재귀 호출에 의해 나누기를 계속한 다음에 ③처럼 되돌아오면서 나머지를 써야 한다. 또, 몫이 0일 때는 더 이상의 재귀 호출을 하지 말아야 하므로 ①에서 베이스 케이스로 처리하여 빠져나와야 한다.

예제 8-20

```
#include <stdio.h>

void reverse_it( ){
    char ch;
    scanf("%c", &ch); ............................ ❶
    if (ch == '\n') ............................ ❷
        return;
    else {
        reverse_it( ); ............................ ❸
        printf("%c", ch); ........................ ❹
    }
}

int main( ){
    printf("Enter a sentence.\n"); ............ ❺
    reverse_it( );
    printf("\n");
    return 0;
}
```

```
Enter a sentence.
hello
olleh
```

입력 문자열을 읽어 역순으로 출력하는 프로그램이다. ⑤의 프롬프트에 의해 입력받은 문자열은 마지막 엔터 키('\n')까지 포함해서 버퍼 메모리에 저장된다. 이후 reverse_it를 호출하면 ①에 의해 버퍼 내부 첫 글자를 읽어온다. 베이스 케이스인 ②는 '\n'이 들어올 때다. 다른 키가 들어오면 ③에 의해 재귀 호출이 이루어진다. 머리 재귀이므로 아무 일도 하지 않고 ①에 의해 계속해서 재귀 호출을 하면서 다음 문자를 읽게 된다. 결국 마지막 문자인 '\n'을 보고서야 함수를 빠져나와 그 직전의 호출 함수로 되돌아가 ④를 실행하게 된다. 읽기는 처음부터 읽었으나 찍는 것은 베이스 케이스로부터 빠져나와 되돌아가면서 찍기 때문에 입력된 문장의 역순으로 출력한다.

```
1, 1, 2, 3, 5, 8, 13, 21, ....

fibonacci(n) = fibonacci(n - 1) + fibonacci(n - 2)
단, fibonacci(2) = fibonacci(1) = 1
```

자연 현상에서 많이 볼 수 있는 수열 중 하나가 피보나치 수열(Fibonacci Sequence)이다. 예를 들어 이달 초에 암수 토끼 1쌍이 있으면 그 다음 달 초에는 1쌍 그대로이지만, 그 다음 달 초에는 2쌍, 그 다음 달에는 3쌍으로 엄청나게 빠른 속도로 번식한다. 이 수열의 첫 항과 둘째 항은 1로 정의된다. 이후 셋째 항부터는 그 직전에 있는 두 항의 합으로 표시된다. 공식에 의하면 크기 n의 문제를 동일한 성격의 크기 (n − 1)의 문제와 크기 (n − 2)의 문제로 환원할 수 있으므로 이 문제 역시 재귀 호출에 의해 해결할 수 있다.

예제 8-21

```c
#include <stdio.h>

int fib(int n){
   if (n < 3) ...................................................❶
      return 1;
   else
      return (fib(n - 1) + fib(n - 2)); ..........................❷
}

int main( ){
   int num;
   printf("Enter a number N.\n");
   scanf("%d", &num);
   printf("%dth fibonacci number is %d.\n", num, fib(num));
   return 0;
}
```

```
Enter a number N.
6
6th fibonacci number is 8.
```

피보나치 수열의 N번째 항을 구하는 프로그램이다. ①이 베이스 케이스다. 여기서 베이스 케이스는 두 가지로서 n이 2일 때와 n이 1일 때다. 정의에 의해 두 경우 모두 1을 돌려주어야 한다. 베이스 케이스가 아닌 경우 ②처럼 재귀 호출을 한다. factorial과 달리 여기서는 재귀 호출이 두 번 이루어져야 한다.

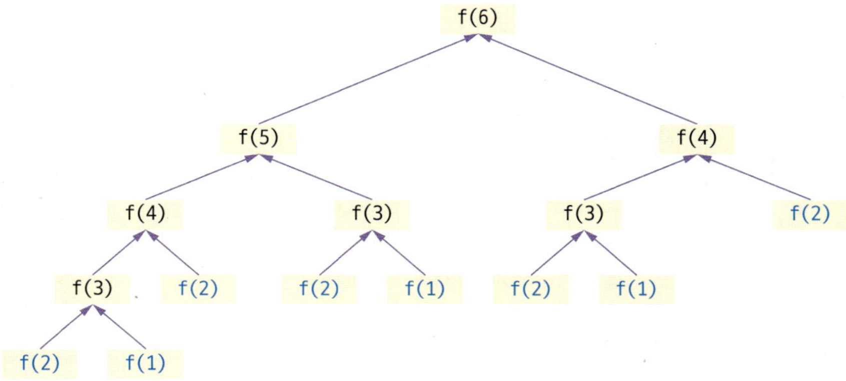

그림 8-15 fib 함수의 호출 및 리턴 과정(f는 fib를 의미)

fib(6)을 실행했을 때 리턴 값이 반환되는 모습이다. fib(6)을 계산하려면 fib(5)와 fib(4)를 호출해야 한다. 그런데 fib(5)는 다시 fib(4)와 fib(3)을 호출해야 하고, fib(4)는 fib(3)과 fib(2)를 호출해야 한다. 호출을 계속하면 맨 아래 베이스 케이스에 도달하여 되돌아가면서 리턴 값을 돌려준다. 그런데 위 그림을 유심히 살펴보면 동일한 호출이 반복되는 것을 알 수 있다. fib(4)는 두 번, fib(3)은 세 번, fib(2)는 무려 다섯 번이나 반복된다. 동일한 계산을 반복하는 것은 속도 면에서 그만큼 효율성이 떨어짐을 의미한다.

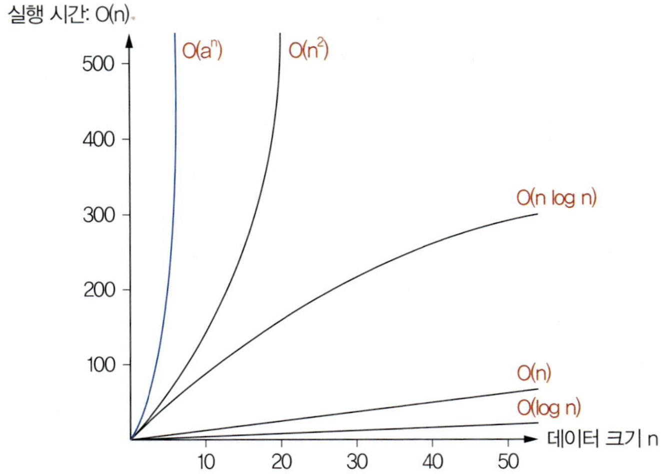

그림 8-16 데이터 크기 증가에 따른 실행 시간 변화

알고리즘의 시간적 효율은 데이터 크기 n이 증가함에 따라 실행에 걸리는 시간이 어떻게 증가하느냐를 가지고 평가한다. 예를 들어, 데이터 크기 n이 10배 증가할 때 알고리즘 실행 시간이 30배 증가하면 그 알고리즘은 n에 정비례한다고 말하고 이를 O(n)으로 표시한다. 30 = 3 × 10 = 3n이기 때문이다. 여기서 O(알파벳 O)는 알고리즘의 시간적 효율을 평가하는 함수 기호로서 대문자이기 때문에 Big Oh라고 읽는다.

알고리즘에 따라 함수 실행에 비상식적인 시간이 걸릴 수도 있다.

fibonacci 함수를 재귀 호출로 구현할 경우 알고리즘의 실행 시간은 2^n에 정비례하는 것으로 알려져 있다. 그림에서 아래쪽으로 내려가면서 연산 횟수가 1, 2, 4, 8, … 순으로 증가하기 때문이다. 이는 기하급수적인 증가로서 n이 커지면 사실상 이는 엄청난 시간이 되어 버린다. 그림의 왼쪽 끝에 있는 곡선에 해당하기 때문이다. 동일한 문제를 해결하는 서로 다른 알고리즘을 분석하고 비교하는 연구 분야인 계산 이론(Computation Theory)에서는 이러한 알고리즘을 비상식적인 시간(Unreasonable Time)을 요하는 알고리즘이라고 부른다. 예를 들어 fib(2000)을 호출할 경우 결과 값이 나오는 데에는 가히 비상식적이라고 부를 만큼 엄청난 시간이 걸린다. 물론 결과가 나오기 이전에 숫자가 너무 커져서 정수 오버플로우가 일어나거나 또는 반복적인 함수 호출로 인해 스택 오버플로우 오류가 먼저 일어날 가능성도 있다.

예제 8-22

```
#include <stdio.h>
long long fib(long long n) {
    if (n < 3)
        return 1;
    else
        return (fib(n - 1) + fib(n - 2));
}

int main( ) {
    long long num;
    printf("Enter a number N.\n");
    scanf("%lld", &num);
    printf("%lldth fibonacci number is %lld.\n", num, fib(num));
    return 0;
}
```

실행 시간의 차이를 느껴보기 위해 앞의 [예제 8-21]을 수정한 프로그램이다. 더 큰 숫자를 표현하기 위해 소스코드에 나타난 int는 모두 long long으로 바꾸었고 그에 따라 입출력도 모두 %lld(long long decimal)로 바꾸었다. N이 42일 경우 피보나치 수는 267914296이 나온다. N이 45일 경우 1134903170이 나온다. 컴퓨터가 비교적 느린 경우에는 벌써 계산 시간이 현저하게 길어진 것을 느낄 수 있다. 이처럼 실행 시간이 기하급수적으로 증가하는 알고리즘의 경우 슈퍼 컴퓨터로도 실행 시간이 10년, 100년이 걸릴 수도 있다. 이런 견지에서 '좋은 알고리즘은 수퍼 컴퓨터보다 훨씬 낫다'고 말한다.

예제 8-23

```
#include <stdio.h>
int factorial(int n){
    int i, fact = 1; ............................ ❶
    for (i = n; i > 0; i--) .................... ❷
        fact *= i; ............................. ❸
    return fact;
}
```

```
int main( ){
    int num;
    printf("Enter a positive integer.\n");
    scanf("%d", &num);
    printf("Factorial of %d is %d.\n", num, factorial(num));
    return 0 ;
}
```

재귀 호출 대신 for 루프를 써서 factorial을 구한 예다. ①에서 fact 변수를 1로 초기화하고 있고, ②에서 루프를 돌면서 ③에 의해 fact 변수에 i를 곱하고 있다. 예를 들어, factorial(4)로 들어왔다면 fact 변수의 초기화 값인 1에다 4, 3, 2, 1이 순차적으로 곱해진다. 물론 이와는 반대 순서로 for (i = 1; i <= n; i++)로 해도 마찬가지다. 알고리즘의 시간적 효율면에서 볼 때 루프 내부의 계산이 대략 n번 반복된다고 생각하면 이는 n에 정비례하는 알고리즘, 즉 O(n) 알고리즘으로서 비교적 빠른 알고리즘이다.

실행 속도면에서는 재귀 함수가 불리할 수도 있다.

일반적으로 재귀 함수는 아름다울 정도로 간명하다. 그러나 시간이나 공간면에서는 불리하다. 함수를 호출할 때마다 새로운 스택 프레임을 만들어야 하기 때문이다. 시간면에서는 호출이 일어날 때마다 스택 프레임을 만들고 거기에 필요한 요소들을 쓰기 위한 시간이 필요하다. 공간면에서는 호출이 일어날 때마다 스택 프레임을 푸시하기 위한 스택 메모리가 필요하다.

결국 주어진 문제를 재귀 호출로 해결할 것인가 아니면 반복문으로 해결할 것인가가 관건이다. 재귀 호출의 최대 장점은 프로그램이 간명해서 코딩도 빠르고 디버깅할 일도 별로 없다는 점이다. 따라서 데이터 크기가 별로 크지 않아 처리 속도가 문제되지 않을 때는 재귀 호출도 상당히 좋은 방법이다. 이론적으로는 모든 재귀 호출을 반복문으로 치환할 수 있다고 알려져 있다. 그러나 때에 따라서는 반복문으로 치환하기가 무척 까다로울 때가 많다. 그 경우에도 재귀 호출을 사용할 수밖에 없다. 그러나 만약 반복문을 쓸 수 있으면 당연히 반복문이 낫다. 특히 대용량의 입력 데이터를 빠르게 처리해야 할 때는 조금 어렵더라도 재귀 호출을 반복문으로 바꾸는 방법을 고민해 보아야 한다.

과제

01 아래 프로그램의 출력을 예상해 보라. 또, main의 printf 문이 n * 10을 출력하도록 main 함수와 ten_times 함수를 수정하라.

```
#include <stdio.h>
void ten_times(int n){
    n *= 10;
}
int main( ){
    int n = 5;
    ten_times(n);
    printf("%d\n", n);
    return 0;
}
```

02 다음 예에서 rate라는 전역 변수를 없애는 대신 그것을 main 내부의 지역 변수로 선언하라. 이후 main이 change_rate 함수를 호출하면서 rate를 인자로 전달하고 change_rate는 변경된 rate를 리턴하도록 수정하라. 또, main은 그 리턴 값을 받아서 printf로 출력하도록 수정하라.

```
#include <stdio.h>
double rate;
void change_rate(){
    rate *= 1.1;
}
int main( ){
    rate = .2;
    change_rate( );
    printf("The modified rate is %lf.\n", rate);
    return 0;
}
```

03 a, b, c가 인자로 전달되었을 때 아래 함수를 호출해서는 동시에 최소 및 최대의 값을 리턴 받을 수 없다. 함수의 리턴 값은 항상 하나이기 때문이다. 이에 대한 대안으로서 이 함수의 리턴 타입을 void로 만들고 전역 변수를 사용하도록 변형해 볼 수 있다. main에서 세 개의 정수를 입력받은 후 변형된 함수를 호출하여 최소와 최대를 출력하는 프로그램을 작성하라.

```
int min_max(int a, int b, int c);
```

```
> Enter three integers.
> 2 2 5(Enter)
> min is 2, max is 5.
```

04 음의 정수가 들어오기 전까지 정수를 입력받되 입력을 받을 때마다 그 상태에서의 최솟값을 출력하는 프로그램을 작성하라. 단, 프로그램은 루프를 돌면서 반드시 아래 함수를 호출해야 한다. 또, 이 함수는 함수 내에서 정적 변수 min을 선언하고 매번 호출될 때마다 이전에 저장된 min 값과 넘겨받은 n 값을 비교해서 더 작은 값을 돌려주어야 한다. 입력 정수의 크기는 100을 넘지 않는 것으로 가정한다.

힌트 정적 변수 min을 100으로 초기화

```
int current_min(int n);
```

```
> Enter a number.
> 50(Enter)
> Current min is 50.
> Enter a number.
> 30(Enter)
> Current min is 30.
```

05 자연수 n을 입력받은 후 재귀 호출에 의해 1부터 n까지의 합을 출력하는 프로그램을 작성하라.

힌트 베이스 케이스가 아닌 경우 n + sum(n - 1)을 리턴한다.

```
int sum(int n);
```

06 두 정수의 평균을 구할 수도 있고 세 정수의 평균을 구할 수도 있는 가변 길이 함수를 구현하라. 또, 프로그램이 시작하면 경우 별로 인자의 개수와 값을 입력받아 평균을 출력하는 프로그램을 작성하라.

```
double average(int count, ...);
```

```
> Enter number of arguments. It must be 2 or 3.
> 3(Enter)
> Enter three integers.
> 80 90 100(Enter)
> Average value is 90.000000.
```

07 재귀 호출에 의해 1부터 입력된 n까지의 숫자를 순차적으로 출력하는 프로그램을 작성하라.

힌트 재귀 호출을 하려면 반드시 main 이외의 별도의 함수를 만들어야 한다. print_up(n - 1)로 머리 재귀를 가하여 되돌아오면서 출력한다.

```
void print_up(int n);
```

```
> Enter the last integer.
> 10(Enter)
> 1 2 3 4 5 6 7 8 9 10
```

08 자연수 n을 입력받은 후 재귀 호출에 의해 화면에 n개의 asterisk(*)를 출력하는 프로그램을 작성하라.

09 자연수 n을 입력받아 sum = 12 + 22 + ⋯ + n2를 계산하여 출력하되 재귀 함수로 구현해 보라.

힌트 인자에서 10을 빼면서 재귀 호출한다. 베이스 케이스는 2일 때다.

```
int sum(int n);
```

10 양의 정수 a, b를 입력받아 a의 b 제곱을 출력하는 프로그램을 작성하되 재귀 함수로 구현해 보라.

```
int power(int a, int b);
```

```
> Enter base and multiplier.
> 2 5(Enter)
> 2 to the power of 5 is 32.
```

11 재귀 호출로 해결할 수 있는 전형적인 문제로 하노이 타워 문제(Hanoi Tower Problem)가 있다. 이는 티베트 승려들의 놀이로서 X, Y, Z의 말뚝 세 개가 박혀 있고 말뚝 X에 N개의 원반이 쌓여 있을 때 모든 원반을 X에서 Y로 옮기는 놀이다. 단, 한 번에 한 개씩 움직여야 하며 매 순간 지름이 작은 원반은 항상 그보다 지름이 큰 원반 위에 놓여야 한다. 또, 옮기는 과정에서 임시로 Z를 활용할 수 있다.

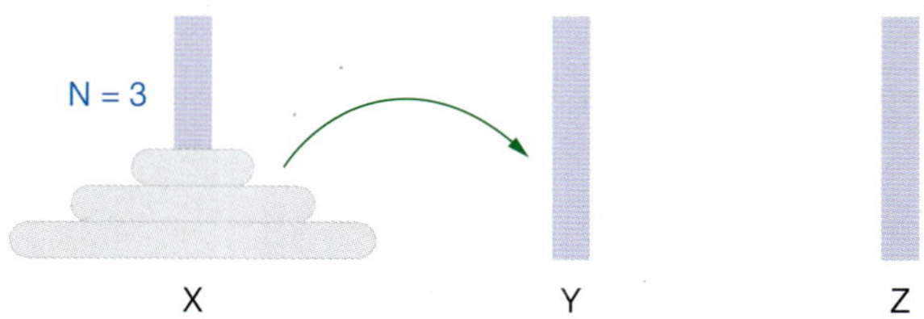

그림 8-17 하노이 타워 문제

```
hanoi(N, X, Y, Z){
    if (N == 1) ........................................ ❶
        hanoi(1, X, Y, Z);
    else {
        hanoi(N-1, X, Z, Y); ........................... ❷
        hanoi(1, X, Y, Z); ............................. ❸
        hanoi(N-1, Z, Y, X); ........................... ❹
    }
}
```

문제 해결을 위한 알고리즘을 의사 코드로 표현하면 예와 같다. 여기서 N은 원반의 수다. 이 역시 재귀 호출로서 N이 하나일 때인 ①이 베이스 케이스다. 하나일 때는 곧바로 그것을 X에서 Y로 옮기면 된다. 베이스 케이스가 아닐 경우를 생각해 보자. 그림을 예로 들면 X의 맨 아래 원반을 제외한 위쪽에 있는 두 개의 원반을 한 덩어리로 간주할 수 있다. 물론 이를 일반화하면 위쪽에 몇 개가 있더라도 한 덩어리로 간주할 수 있다. ②에 의해 그 한 덩어리를 일단 X에서 Z로 옮긴다. 어떻게 옮길지는 재귀 호출에 의해 프로그램이 해결할 것이다. 그렇게 하는 과정에서 비어 있는 Y를 임시로 활용할 수 있다. 이후 ③에 의해 맨 아래 원반을 곧바로 X에서 Y로 옮긴다. 이렇게 되면 이제 남은 일은 ④에 의해 Z에 있는 두 개의 원반을 Y로 옮기는 일이다. 또, 그렇게 하는 과정에서 비어 있는 X를 임시로 활용할 수 있다. 알고리즘을 참고로 하노이 타워 문제를 해결하는 프로그램을 작성하라.

```
void hanoi(int n, char x, char y, char z)
```

```
> Enter the number of disks.
> 3(Enter)
> move a disk from X to Y.
  move a disk from X to Z.
  move a disk from Y to Z.
  move a disk from X to Y.
  move a disk from Z to X.
  move a disk from Z to Y.
  move a disk from X to Y.
```

12 입력된 자연수 n이 소수인지를 확인하는 프로그램을 작성하되 재귀 함수로 구현해 보라. 이 함수는 인자 n이 소수이면 1을, 그렇지 않으면 0을 돌려준다. 둘째 인자인 half는 n/2에 해당하는 정수다.

힌트 어떤 수가 소수인지 판단하려면 n/2 또는 sqrt(n)까지로만 나누어 보면 된다. n이 half로 나누어떨어지면 소수가 아니다. 그렇지 않을 경우 half를 하나 줄여서 재귀 호출한다. 베이스 케이스는 half가 1일 때다.

```
int is_prime(int n, int half);
```

13 10진수를 2진수로 변환하는 프로그램을 작성하되 재귀 호출에 의해 구현하라.

```
void to_binary(int n);
```

14 다음 프로그램을 실행해 보라. 이후 이 프로그램과 동일한 역할을 하는 소스코드를 작성하되 재귀 호출을 없애고 작성하라.

```
#include <stdio.h>
void recurse(int n){
    if (n > 10)
        return;
    printf("%d.\n", n);
    recurse(n + 1);
}
int main( ){
    int num;
    printf("Enter a natural number.\n");
    scanf("%d", &num);
    recurse(num);
    return 0;
}
```

15 컴퓨터는 클럭이 만드는 박자에 맞추어 움직인다. time.h에 선언된 clock_t clock( );이라는 원형의 함수는 프로그램 시작 후 지금까지 발생한 클럭 신호의 횟수를 리턴하는 함수다. 이를 매크로 상수 CLOCKS_PER_SEC로 나눈 후 float로 변환하면 경과 시간을 초 단위로 계산할 수 있다. [예제 8-22]를 수정하여 fib 함수 실행에 걸린 시간을 측정하는 프로그램을 작성하라.

```
> Enter the number N
> 30(Enter)
> 30 th fibonacci number is 832040
  Time elapsed for fibonacci is 0.036 seconds.
```

Chapter 09
배열

01 필요성 및 정의

과제

일반화는 사고의 수준을 높이기 위한 수단이다. 사실 사이의 공통점을 하나의 개념으로 승화할 수 있기 때문이다. 이른바 계산적 사고(Computational Thinking)가 요하는 능력 중 하나가 바로 일반화다. 문제 자체나 해결 방법에 존재하는 패턴은 물론, 구현에 쓰이는 자료형도 일반화할 수 있어야 한다. 동일 자료형의 변수를 묶어 하나의 집합 자료형으로 일반화시킨 것이 배열이다.

01 필요성 및 정의

```c
printf("%d\n", rabbit1);
printf("%d\n", rabbit2);
printf("%d\n", rabbit3);
......
```

실험실에서 100마리 토끼의 체중을 관리한다고 가정하자. 토끼별로 번호를 부여하면 rabbit1, rabbit2, rabbit3, …, rabbit100이라는 100개의 변수가 필요하다. 모든 토끼의 체중을 출력하려면 위와 같이 100개의 명령문을 써야만 한다. 한마디로 말해 변수가 너무 많다.

```c
printf("%d\n", rabbit[1]);
printf("%d\n", rabbit[2]);
printf("%d\n", rabbit[3]);
......
```

여러 변수를 하나의 그룹으로 묶은 것이 배열이다.

이에 대한 해결책이 배열(Array)이다. 개별 토끼마다 변수를 부여할 것이 아니라 모든 토끼를 하나로 묶는 변수를 부여하되 개별 토끼를 일컬을 때는 인덱스(Index)를 쓸 수 있다. 예에서는 rabbit이 집합적인 명칭이다. 그 중 rabbit1의 체중을 일컬을 때는 rabbit[1]처럼 대괄호 안에 인덱스를 넣어 구분할 수 있다. 이렇게 되면 rabbit[1], rabbit[2], rabbit[3]가 각각 하나의 변수에 해당한다. 따라서 rabbit[1] = 12;라는 형태로 체중을 대입할 수 있다.

```c
for (i = 0; i < 100; i++){
   printf("%d\n", rabbit[i]);
}
```

배열을 쓰면 100마리 토끼의 체중을 프린트하는 명령문이 위와 같이 간단해진다. 인덱스를 바꾸어가며 루프를 돌릴 수 있기 때문이다. 이처럼 여러 변수를 집합적으로 관리할 수 있는 자료형이 배열이다. 아파트 호수별로 거주자 수를 관리할 때도 배열을 쓸 수 있다. 예를 들어 apt[101] = 4;라고 하면 101호 거주자가 네 명이라는 의미다.

```
int rabbit[100]; ··········· ❶
char char_set[26]; ········ ❷
```

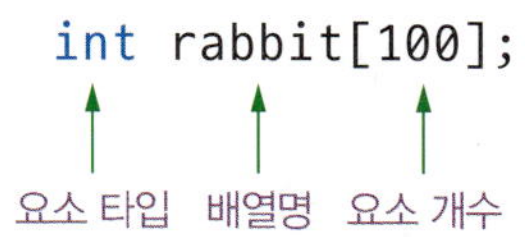

그림 9-1 배열 선언

배열 변수를 선언하려면 ①처럼 요소 타입(element type), 배열명(array name), 배열 크기(array size) 순으로 선언해야 한다. 배열을 구성하는 변수 하나하나를 배열 요소(Array Element)라고 부른다. ①의 선언은 '100개의 요소로 구성된 rabbit이라는 배열인데 각각의 요소가 정수형이다'라는 의미다. 같은 맥락에서 ②의 선언은 '26개 요소로 구성된 char_set라는 배열인데 요소가 문자형이다'라는 의미다.

배열 요소는 모두 동종 자료형이어야 한다.

유의할 점은 배열의 모든 요소가 반드시 동종 자료형(Homogeneous Data Type)이어야 한다는 점이다. 예를 들어 ①에서 int의 의미는 배열 요소 하나하나가 모두 정수형이라는 의미다. rabbit[22]든 rabit[99]든 모두 정수형이어야 한다. 배열 요소 중 어떤 것은 정수형이고 다른 것은 부동 소수형이면 안 된다. int, float rabbit[100];이라고 선언할 수는 없기 때문이다.

C 언어의 배열 인덱스는 0부터 시작한다.

한 가지 더 유의할 점은 C 언어의 배열 인덱스는 0부터 시작한다는 것이다. ①에서 배열 크기(Array Size)가 100이라는 것은 최대한 넣을 수 있는 배열 요소의 개수가 100개라는 뜻이다. 따라서 0부터 시작할 경우 인덱스는 0, 1, 2, …, 99까지 존재한다. 즉, 배열 요소는 rabbit[0]부터 rabbit[99]까지 존재한다. 배열 크기가 100일 경우 rabbit[100]은 존재하지 않는다. 이처럼 C 언어는 배열 요소를 지칭할 때 0번째, 1번째, 2번째 순으로 지칭한다. 이는 조금 불편한 특성이다. 우리가 일상에서 사물을 지칭할 때 첫째, 둘째, 셋째 순으로 부르기 때문에 둘째 토끼가 rabbit[2]가 되어야 하지만 C 언어는 그것을 rabbit[1]이라 부른다. 0번째부터 시작했기 때문이다.

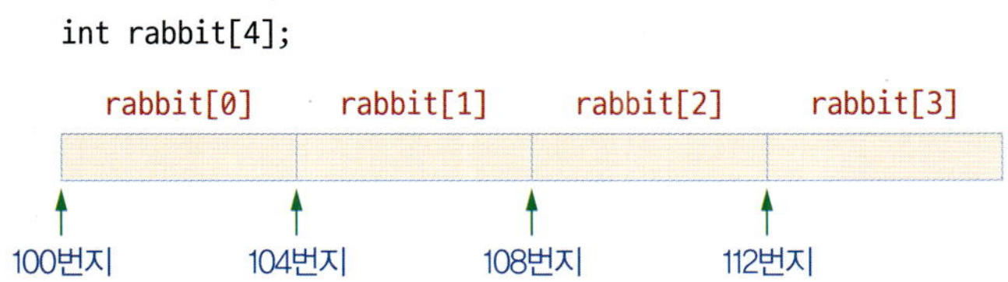

그림 9-2 배열 요소의 시작 주소

&rabbit[i] = &rabbit[0] + sizeof(int) * i

C 언어가 인덱스를 0부터 시작하는 데는 이유가 있다. 지역 변수로 선언된 배열은 스택 프레임 내부에 만들어진다. 그런데 위 그림에서 보듯 배열은 연속 메모리(Contiguous Memory) 공간을 차지한다. 그렇게 함으로써 배열 요소별로 주소 값을 쉽게 계산할 수 있기 때문이다. 예를 들어 rabbit[0]이 100번지에서 시작한다고 가정할 경우에 배열 요소가 4바이트 정수형이라면 rabbit[1]은 104번지에서 시작한다. 이를 일반화하면 rabbit[i]의 주소, 즉 &rabbit[i]는 예처럼 계산할 수 있다. 그러나 인덱스 1부터 시작하면 이 계산은 &rabbit[i] = &rabbit[1] + sizeof(int) * (i − 1)로 바뀌어야 한다. 배열 요소에 접근할 때마다 i에서 1을 빼야 한다는 것은 번거롭기도 하지만 속도면에서도 상당한 부담이다. C 언어가 배열 인덱스를 0부터 시작하는 것은 바로 이 때문이다.

응용 프로그램 중에는 실시간대 응용 프로그램(Real-time Application)이라는 것이 있다.

다른 무엇보다도 실행 속도가 중시되는 프로그램이다. 예를 들어서 미사일이 발사되었을 때 궤도를 추적하여 충돌 지점을 예측하는 프로그램은 실시간대 응용 프로그램이어야 한다. 이미 충돌한 이후에 결과를 예측하는 것은 아무런 소용이 없기 때문이다.

```
int sales[4] = {5, 6, 7, 8};  ················· ❶
int sales[ ] = {5, 6, 7, 8};  ················· ❷
int sales[4] = {5, 6};  ······················· ❸
int sales[4] = {0};  ·························· ❹
```

배열을 지역 변수로 선언하면서 초기화하려면 예처럼 집합 기호를 써야 한다. ①처럼 쓰면 sales[0]는 5, sales[3]는 8로 초기화된다. 우변의 개수가 정확하다면 ②처럼 배열 크기 란을 비워놓아도 된다. 컴파일러가 우변을 참조해서 배열 크기를 정하기 때문이다. 그러나 어떤 경우든 배열 크기를 컴파일 타임에 미리 확정해야 한다. 프로그램 실행 도중에 배열 크기를 바꿀 수는 없다. ③처럼 선언하면 처음 두 요소를 제외한 나머지 요소, 즉 sales[2]와 sales[3]는 0으로 초기화된다. ④처럼 선언하면 모든 요소가 0으로 초기화된다. 물론 static sales[4]처럼 정적 변수로 선언하면 자동으로 모든 요소를 0으로 초기화한다.

```
int days[ ] = {31, 28, 31, 30, 31, 30, 31, 31, 30, 31, 30, 31};
int size_days = sizeof(days);  ····················· ❶ // size of days[ ]
num_elts = sizeof(days) / sizeof(days[0]);  ······· ❷ // size of days[ ]

for (i = 0; i < num_elts; i++){  ················· ❸
   printf("Month %d has %d days.\n", i + 1, days[i]);
}
```

sizeof 연산자를 배열에 적용하면 배열 전체가 몇 바이트인지 알 수 있다. ①의 결과 size_days는 12 * sizeof(int), 즉 48로 초기화된다. 배열 전체의 크기를 바탕으로 요소의 개수를 구하려면 sizeof(days) / sizeof(int)라고 하는 것보다는 ②처럼 배열 전체의 크기를 배열 첫 요소의 크기로 나누는 것이 낫다. 요소 타입이 int인지 char인지 기억나지 않을 때도 있기 때문이다. 요소의 개수를 알면 이제 ③처럼 인덱스가 요소의 개수보다 작을 때까지 루프를 돌릴 수 있다. 이는 1월부터 12월까지 월별 날짜 수를 찍는 루프로서 printf 문을 유심히 관찰해 보면 인덱스 0일 때 1월의 날짜 수를 찍는 것을 알 수 있다.

예제 9-1

```c
#define MAX 5 ············································································ ❶
#include <stdio.h>

int main( ){
    int i, sum = 0; double average;
    int rabbit[MAX];

    printf("Enter weights of five rabbits.\n");
    for (i = 0; i < MAX; i++) ············································ ❷
        scanf("%d", &rabbit[i]);

    for (i = 0; i < MAX; i++) ············································ ❸
        sum += rabbit[i];
    printf("Average weight is %.3lf.\n", ((double)sum)/MAX);

    printf("&rabbit[0] is %p.\n", &rabbit[0]); ·························· ❹
    printf("&rabbit[1] is %p.\n", &rabbit[1]); ·························· ❺
    printf("rabbit is %p.\n", rabbit); ···································· ❻
    return 0 ;
}
```

```
Enter weights of five rabbits.
5 7 5 8 5
Average weight is 6.000.
&rabbit[0] is 001FF914.
&rabbit[1] is 001FF918.
rabbit is 001FF914.
```

다섯 마리 토끼의 무게 평균을 구하는 프로그램이다. ①에서 MAX를 5로 정의한다. ②에서 루프를 돌면서 다섯 마리 토끼의 무게를 입력받는다. ③에서 합계를 구한다. ②, ③에서 주의할 점은 테스트 조건이 (i < MAX)여야 한다는 점이다. 0부터 시작했으므로 배열 인덱스는 0…(MAX − 1)까지다. 따라서 이를 (i <= MAX)처럼 등호를 포함시키면 배열 인덱스 범위 초과(Array Index out of Range) 오류가 발생한다. rabbit[MAX − 1]이 배열 마지막 요소

이기 때문에 rabbit[MAX]는 선언한 배열 바깥 주소에 접근하려는 시도다.

④, ⑤, ⑥은 요소별 주소 값을 확인하기 위한 것이다. ④에 의해 rabbit[0]의 주소를, ⑤에 의해 rabbit[1]의 주소를 확인할 수 있다. 배열 요소끼리는 서로 붙어 있기 때문에 주소가 정수형의 크기인 4바이트씩 증가함을 알 수 있다.

배열명 ≡ 배열 시작 주소

```
rabbit ≡ &rabbit[0] ················································ ⓐ
&rabbit[i] = rabbit + sizeof(int) * i ································ ⓑ
```

특이한 것은 ⑥의 실행 결과로서, ④와 완전히 같은 값을 출력한다. 이는 C 언어가 배열명과 배열 시작 주소를 동일시하기 때문이다. 다시 말해서 배열명 자체가 배열 첫 요소의 주소이기 때문에 ⓐ처럼 쓸 수 있다. 따라서 &rabbit[i], 즉 rabbit[i]의 주소는 이전처럼 &rabbit[0] + sizeof(int) * i로 표현할 수도 있지만 ⓑ처럼 표현할 수도 있다.

예제 9-2

```
#define MAX 200
#include <stdio.h>

int main( ){
   int i, num; int fib[MAX];

   printf("Enter a number N.\n");
   scanf("%d", &num);

   fib[0] = fib[1] = 1; ·············································· ❶
   for (i = 2; i <= num; i++) ········································ ❷
      fib[i] = fib[i - 1] + fib[i - 2];
   printf("%dth fibonacci number is %d.\n", num, fib[i - 1]); ····· ❸
   return 0;
}
```

```
Enter a number N.
6
6th fibonacci number is 13.
```

```
Enter a number N.
44
44th fibonacci number is 1134903170.
```

배열을 쓰면 재귀 호출을 하지 않고도 피보나치 수열을 계산할 수 있다. 인덱스를 증가시키면서 계속해서 배열을 채워나가면 되기 때문이다. 일단 ①에 의해 배열의 0번째, 1번째 요소를 1로 초기화한다. 이후 2번째 요소부터는 ②의 루프를 돌면서 직전 두 요소의 합으로 다음 요소를 채우면 된다. ②의 루프를 빠져나올 때 i 값은 num이 아니라 num + 1이다. 따라서 fib[num]을 출력하려면 ③은 fib[i]가 아니라 fib[i − 1]을 출력해야 한다. 배열 인덱스는 0부터 시작하기 때문에 왼쪽 그림은 인덱스 6에 있는 요소를 구한 결과다. 배열 인덱스와는 달리 일상의 언어는 첫 번째부터 시작하기 때문에 이는 사실상 일곱 번째 피보나치 수열을 구한 것이다.

시간적 효율면에서 볼 때 이 방법은 재귀 호출보다 훨씬 빠르다. 첫 요소부터 시작하여 왼쪽에서 오른쪽으로 가면서 차례차례 직전의 두 칸을 더해 다음 칸을 채우면 되기 때문이다. 따라서 재귀 호출처럼 동일한 계산을 반복할 일도 없다. 이전에 재귀 호출로 처리했을 때의 속도와 이처럼 루프로 처리했을 때의 속도를 비교하려면 오른쪽 그림처럼 44를 입력해 본다. 이는 일상 언어로는 N이 45일 경우에 해당한다.

과제

* 별도의 함수를 호출하지 않고 main 함수 내에서 배열을 선언하고 처리하는 과제이다.

01 정수 5개를 입력받아 배열에 저장한 후 그 중 가장 큰 수와 작은 수를 출력하는 프로그램을 작성하라. 단, 루프를 한 번만 돌면서 동시에 가장 큰 수와 작은 수를 갱신해야 한다.

힌트 첫 숫자를 min인 동시에 max로 초기화하라.

```
> Enter five integers separated by blanks.
> 5 2 3 2 8(Enter)
> min is 2. max is 8.
```

02 10진수를 계속해서 2로 나누되 몫이 0이 될 때까지 나머지를 배열에 순차적으로 저장할 수 있다. 이후 그 배열을 거꾸로 읽으면서 출력하면 그것이 10진수를 2진수로 변환한 결과가 된다. 이 방법을 써서 입력된 10진수를 2진수로 변환하는 프로그램을 작성하라.

03 회문(Palindrome)이란 앞에서부터 읽으나 뒤에서부터 읽으나 동일한 문장을 말한다. 주어진 문장이 회문인지 아닌지를 확인하는 프로그램을 작성하라. 단, 프로그램은 'Q'가 입력될 때까지 계속되어야 하며 문장은 최대 100문자로 가정한다.

힌트 A 배열에 입력 문장을 넣고 B 배열에는 A 배열을 역순으로 넣는다. 예를 들어 데이터 개수가 5개라서 A 배열 인덱스가 0에서 4까지 가면 B 배열의 인덱스는 4에서 0까지 가면서 넣어야 한다. 이후에 처음부터 끝까지 두 배열의 요소가 모두 같은지 비교하면서 다른 경우를 만나면 곧바로 루프를 빠져나온다. 이렇게 하려면 루프를 들어가기 전에 is_palindrome 변수를 true로 초기화하고 루프 내부에서 요소가 서로 다를 경우 그것을 false로 바꾼 후에 빠져나온다. 빠져나온 이후 이 변수 값을 기준으로 회문인지 아닌지를 출력한다. 빠져나올 때까지 계속 같았으면 이 변수가 초기화 값인 true를 유지하기 때문이다.

```
> Enter a sentence.
> able was I ere I saw elba(Enter)
> Yes, it is a palindrome.
> Enter a sentence.
> olleh(Enter)
> No, it is NOT a palindrome.
> Q(Enter)
```

04 입력된 문장을 배열에 저장한 후 단어 사이의 빈칸이 여럿이면 그것을 하나의 빈칸으로 바꾸어 출력하는 프로그램을 작성해 보라.

```
> Enter a sentence.
> Today's        weather   forecast    says it's partly     cloudy.(Enter)
> Today's weather forecast says it's partly cloudy.
```

05 입력받은 문장 중에 'e'가 있는지 확인하여 있으면 yes를, 없으면 no를 출력하는 프로그램을 작성하라. 단, 입력 문장을 배열에 입력한 다음 무조건 마지막에 'e'를 추가로 삽입해야 한다. 그 경우 루프를 돌면서 'e'를 찾되 찾은 위치가 마지막이면 no라고 출력하고 그렇지 않으면 yes라고 출력할 수 있다. 또, 배열 내에 반드시 'e'가 존재하므로 루프를 돌 때마다 매번 현재 인덱스가 배열 범위를 초과하는지를 비교할 필요가 없어 실행 시간을 줄일 수 있다. 데이터가 끝났음을 알릴 목적으로 삽입된 이러한 문자나 숫자를 센티넬(Sentinel)이라 부른다. 예를 들어, 입력으로 -1이 들어오면 프로그램을 종료하라고 할 때 -1도 센티넬이다.

```
> Enter input sentence.
> It is not difficult.(Enter)
> no.
```

06 기호 1번, 2번, 3번 세 사람이 선거에 출마했다고 가정하자. 당선이 확정되려면 과반수 득표에 성공해야 한다. 예를 들어 10명이 투표를 했는데 결과가 2, 2, 2, 2, 2, 3, 3, 3, 1, 1이 나왔다면 2번이 다수 득표자이지만 당선자는 없다. 과반수가 아니기 때문이다. 1번부터 8번까지 출마했을 때 10명의 투표 결과를 입력받아 당선자가 없으면 없다고 알리고, 있으면 기호 몇 번이 당선되었는지 알리는 프로그램을 작성하라.

힌트 입력을 저장하는 배열 vote[10]과 후보별 득표수를 저장하는 배열 count[8]을 활용한다.

```
> Enter the result of voting.
> 4 2 4 1 4 7 4 3 4 4(Enter)
> Number 4 is the winner.
```

07 앞의 06번 문제를 해결하는 또 다른 방법은 서로 다른 숫자를 상쇄하는 방법이다. 예를 들어 2, 1, 3, 1, 2, 3, 3이 들어왔을 때 처음 2와 1은 서로 다른 숫자이므로 상쇄시킨다. 이후 3과 1을 상쇄시키고 2와 3을 상쇄시키면 3만 남는다. 만약 어떤 숫자가 과반수라면 그것과 다른 모든 수를 일대일로 상쇄시켜도 살아남아야 한다. 그러나 이 예에서 보듯이 살아남은 숫자라고 해서 반드시 과반수는 아니므로 살아남은 숫자가 배열 전체에서 몇 번 나타나는지 확인해야 한다. 이 방법을 써서 위 문제를 해결하는 프로그램을 작성하라.

힌트 또다른 배열을 만들어 상쇄된 요소를 모두 0으로 표시하기로 하고 요소별로 그 이전에 있는 모든 요소와 비교해서 서로 다르면 둘 다 0으로 만든다. 단, 비교 시에 0은 이미 상쇄된 요소이므로 비교 대상에서 제외한다. 이후 원본 배열에서 0이 아닌 요소의 개수를 세어 과반수인지 확인한다.

08 두 문자열이 순서만 다를 뿐 동일한 문자로 구성되어 있을 때 서로를 애너그램(Anagram, 어구전철)이라고 부른다. 예를 들어 creative와 reactive는 애너그램이다. 문장을 입력받아 그것이 서로 애너그램인지 판별하는 프로그램을 작성하라. 단, 입력은 모두 소문자이며 빈칸은 무시하기로 한다.

힌트 각각의 문자열을 배열 A, B에 넣고 2중 루프에 의해 배열 A의 문자가 배열 B에 있는지 확인한다. 같은 문자가 있으면 B의 문자를 '*'로 치환한다. B의 모든 요소가 '*'로 바뀌어 있으면 애너그램이다. 단, 빈칸이 있으면 continue에 의해 루프를 계속해야 한다.

```
> Enter the first string
> ave maria, gratia plena, dominus tecum(Enter)
> Enter the second string
> virgo serena, pia, munda et immaculata(Enter)
> Yes, they are anagrams.
```

09 8자리 이하의 패스워드를 입력받아 읽은 내용을 출력하는 프로그램을 작성하라.

힌트 scanf나 getchar로 읽은 문자가 '\n'이 아닐 때까지 읽으면서 입력 개수를 추적해야 한다. 배열의 크기가 8개더라도 실제 데이터는 앞에서부터 5개 들어가 있을 수 있다. 따라서 그 개수를 추적해야 개수만큼만 출력할 수 있다.

```
> Enter password(maximum 8 characters).
> smile(Enter)
> Your password is smile.
```

10 입력 문자열을 배열에 저장한 후 그 문자열의 부분 문자열(Substring)을 모두 나열하는 프로그램을 작성하라.

힌트 배열의 마지막 인덱스를 last라고 하면 시작 인덱스 start를 0부터 last까지 움직이게 한다. 또, start로부터의 이격 거리인 offset를 0부터 (last - start)까지 움직이게 한다. 그 상태에서 배열 인덱스 i를 start로 초기화한 후 i가 start + offset이 될 때까지 움직이면서 찍어야 하므로 결국 3중 for 문이 필요하다.

```
> Enter a string.
> code(Enter)
> c
> co
> cod
> code
> o
> od
> ode
> d
> de
> e
```

Chapter 10
포인터

01 포인터 정의

02 포인터와 참조 호출

03 포인터에 의한 배열 전달

과제

누가 손가락으로 달을 가리킨다면 그 옆에 있는 사람은 당연히 달을 보아야 한다. 달은 보지 않고 손가락만 본다면 수단에 집착하여 본질은 깨우치지 못하는 처사다. 옳은 이야기다. 그러나 만약 손가락을 제대로 보지 못한다면 그것이 가리키는 달을 볼 수 없다. 따라서 손가락을 보는 것도 달을 보는 것 못지않게 중요하다. 달이 변수라면, 그것을 가리키는 손가락이 포인터다.

01 포인터 정의

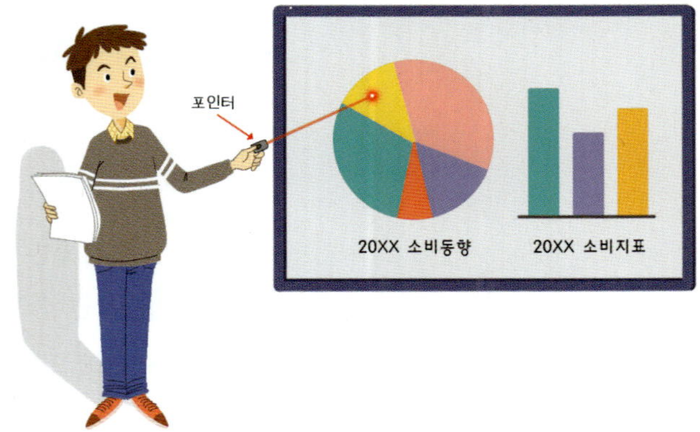

포인터 변수란 다른 변수를 가리키는 변수로, 다른 변수의 주소를 담은 변수다. 난해한 프로그램을 만들기 위한 가장 손쉬운 방법이 포인터다. 물론 부주의하게 사용된 포인터에 대해서는 이 말이 맞다. 전혀 기대하지 않은 곳을 가리킬 때도 많기 때문이다. 그러나 포인터를 효율적으로 사용하면 복잡한 프로그램을 너무나도 간단명료하게 짤 수 있다. 포인터를 제공하지 않는 다른 언어에 비해 C 언어가 지닌 가장 큰 강점 중의 하나가 바로 포인터다.

포인터 변수

```
int *p;
```

대상 변수의 타입 (int) / p가 가리키는 대상 변수 (*p)

포인터 변수의 변수 값은 다른 변수의 주소다.

포인터 변수는 asterisk('*', '스타'라고 읽음) 기호를 써서 선언한다. *p는 'p가 가리키는 것'을 의미한다. 영어로는 'Something pointed by p'라고 한다. 따라서 위 선언은 p가 가리키는 변수가 정수형이라는 의미다. 여기서 가리킨다는 것은 주소 값을 가지고 있다는 뜻이다. 달리 표현하면 '변수 p가 어떤 주소 값을 담고 있는데 그 주소를 따라가면 다른 변수가 있고 그 변수의 타입이 정수다'라는 뜻이다. 변수 p가 다른 변수의 주소 값을 가지고 있을 때 p를 포인터(Pointer) 또는 포인터 변수(Pointer Variables)라고 부른다. 다시 말해서 포인터 변수는 int, double 등 일반적인 변수 값을 담는 그릇이 아니라 주소 값을 담는 그릇이다.

```
int num;  ..................... ❶
int *p;  ...................... ❷
p = &num;  .................... ❸
*p = 5;  ...................... ❹
```

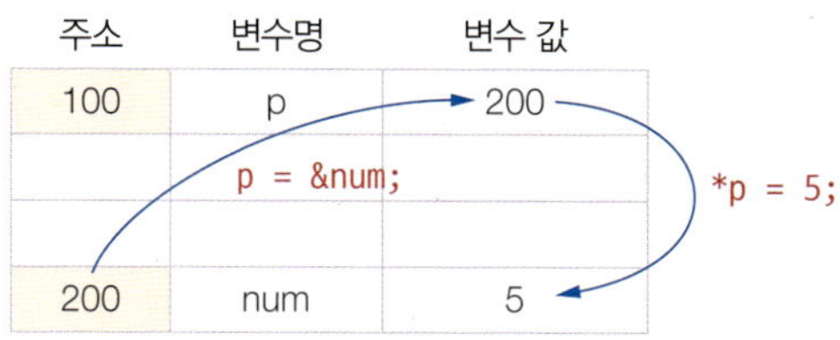

그림 10-1 포인터 변수와 다른 변수의 주소

①, ②에 의해 두 개의 변수가 만들어진다. num은 정수 변수이고 p는 포인터 변수다. 그림에서 보듯이 편의상 num 변수는 200번지, p 변수는 100번지에 만들어진다고 가정하자. 둘 다 지역 변수이므로 변수 값은 아직 정의되어 있지 않다. ③ 우변의 &(Ampersand) 연산자는 'Address of'를 의미한다. &num은 num 변수의 주소를 의미한다. 따라서 ③에 의해 포인터 변수 p에 num 변수의 주소인 200이 대입된다. p에 num의 주소가 들어 있으므로 이제 p는 num을 가리키는 포인터라 할 수 있다.

포인터 p를 통해 num에 숫자 5를 넣으려면 ④처럼 하면 된다. 여기서 좌변의 *p는 'p가 가리키는 것'을 의미한다. 그런데 p가 200번지이니 p가 가리키는 것은 바로 num이다. num이 200번지에 있기 때문이다. 그 결과, 그림처럼 num 변수에 숫자 5가 대입된다. 이처럼 포인터를 따라가서 변수에 접근하는 행위를 간접 참조 또는 단순히 참조(Dereferencing, Indirection)라 부른다.

실제로 특정 위치의 메모리에 있는 것은 비트 열뿐이다. 그것을 어떻게 해석할 것인가는 프로그래머에게 달려 있다. 예를 들어 메모리에 2F104A52라는 32비트 비트열이 있다고 가정할 때 그것을 해석하는 방법은 여러 가지다. 이를 4바이트 정수로 해석할 수도 있고 네 개의 문자로 이루어진 문자열로 해석할 수도 있다. 이를 포인터 변수의 값으로 보고 주소로 해석할 수도 있다.

```
char *p; ..................... ❶
int *p; ...................... ❷
double *p; ................... ❸
```

포인터가 가리키는 변수의 타입을 명시해야 한다.

포인터 변수를 선언할 때는 반드시 그것이 가리키는 변수가 어떤 타입인지 밝혀야 한다. 그렇게 하는 데에는 이유가 있다. 포인터 변수가 다른 변수의 주소를 가지고 있다는 말은 다른 변수의 '시작 주소'를 가지고 있다는 말이다. 따라서 포인터가 가리키는 변수의 타입을 밝혀야만 시작 주소로부터 한꺼번에 몇 바이트를 읽어야 하는지 알릴 수 있다. ①이라면 시작 주소로부터 1바이트, ②라면 4바이트, ③이라면 8바이트를 읽어야 한다.

예제 10-1

```
#include <stdio.h>
int main( ){
   int num, *p; ........................................................ ❶

   p = &num; ........................................................... ❷
   *p = 5; ............................................................. ❸

   printf("&num = %p, num = %d.\n", &num, num);
   printf("p = %p, *p = %d, &p = %p\n", p, *p, &p);

   printf("sizeof(p) = %d.\n", sizeof(p)); ............................. ❹
   printf("sizeof(*p) = %d.\n", sizeof(*p)); ........................... ❺
   return 0 ;
}
```

```
&num = 0028F718, num = 5.
p = 0028F718, *p = 5, &p = 0028F70C
sizeof(p) = 4.
sizeof(*p) = 4.
```

SYMTAB		
타입	주소	변수명
int	0028F718	num
...	...	...
pointer	0028F70C	p

그림 10-2 심볼 테이블

Main Memory
5
...
0028F718

그림 10-3 변수 값

포인터를 예시하는 프로그램이다. 여기서 printf 문의 %p는 pointer 형식, 즉 16진수 주소 형식으로 찍으라는 의미다. ①의 선언에 의해 할당된 num의 주소는 0028F718번지이고 p의 주소는 0028F70C번지다. 아직 이들 변수의 값은 정의되지 않은 상태다. ②에 의해 p의 값이 num 변수의 주소인 0028F718로 바뀐다. 이후 ③에 의해 *p, 즉 num 변수의 값이 5로 바뀐다. ④의 sizeof(p)는 포인터 변수 자체의 크기로서 예에서는 4바이트다. 이에 비해 ⑤의 sizeof(*p)는 포인터 변수가 가리키는 변수의 크기다. p가 num을 가리키고 num이 정수형이므로 4바이트가 찍힌다.

SYMTAB에는 타입, 주소, 변수명이 저장되어 있다.

프로그램은 실행 도중 항상 SYMTAB(Symbol Table, 심탭)을 유지한다. 여기서 심볼이란 변수를 말한다. [그림 10-2]에서 보듯이 심볼 테이블에는 변수별로 타입, 주소, 변수명이 저장되어 있다. 따라서 변수명이나 주소를 알면 타입별 크기를 참고로 해당 변수의 값을 읽거나 쓸 수 있다. 또, ②에서 num의 주소인 0028F718이 포인터 p의 값으로 들어간 것은 바로 이 SYMTAB을 참조했기 때문이다. ③에서 num에 5를 대입한 것도 SYMTAB에서 0028F718에 있는 변수가 num이라는 것을 알아냈기 때문이다. 프로그램을 메인 메모리로 올릴 때 로더(Loader)는 변수별 시작 주소를 SYMTAB에 기록한다.

포인터 변수도 변수이기 때문에 일정한 메모리 공간을 차지한다. 그렇다면 포인터 변수의 크기는 몇 바이트인가? 예를 들어 메모리가 8(= 2^3)바이트이고 1바이트마다 주소를 할당한다면 필요한 주소는 0부터 7번지까지다. 따라서 포인터 크기는 3비트면 충분하다. 이런 맥락에서 볼 때 사용 가능한 메인 메모리의 크기에 따라 포인터 크기가 좌우된다. 예를 들어 메모리가 4GB(= 2^{32}Bytes = 4,294,967,296Bytes)라면 32비트 크기의 포인터가 필요하다. 그러나 메모리가 크다고 해서 무조건 포인터가 커지는 것은 아니다. 운영체제가 메모리를 관리하는 방법에 따라서 포인터 크기가 그보다 작아질 수 있다.

포인터 크기 = 어드레스 버스 크기 (= 데이터 버스 크기 = 워드 크기 = 정수형 크기)

메모리 주소 값을 저장하기 위한 변수가 포인터다. 따라서 포인터 변수의 크기는 어드레스 버스의 크기와 일치한다. 예를 들어 32비트 컴퓨터에서는 어드레스 버스의 크기가 32비트이므로 포인터의 크기도 32비트다. 그런데 대부분의 시스템이 데이터 버스의 크기도 어드레스 버스의 크기와 일치시킨다. 그 경우 포인터, 어드레스 버스, 데이터 버스의 크기가 일치한다. CPU와 메모리 사이의 데이터 이동 단위가 바로 워드이므로 워드 크기는 데이터 버스 크기와 일치한다. 대부분의 시스템이 워드 크기를 정수형 크기로 설정하기 때문에 이렇게 되면 다섯 가지가 일치할 수 있다.

디버거를 써서 포인터 값의 변화를 추적할 수 있다.

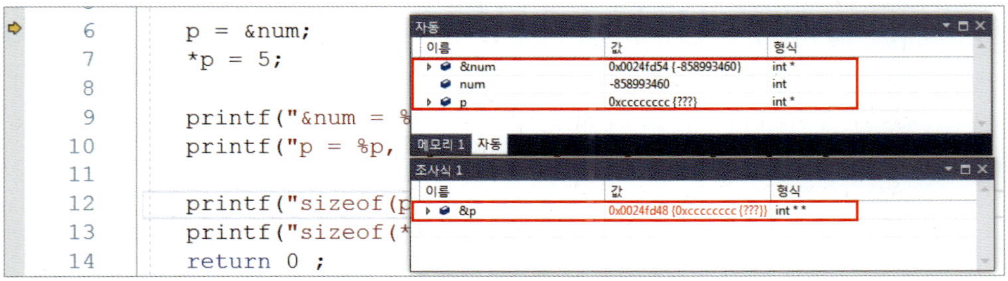

디버거를 써서 [예제 10-1]의 실행 과정을 확인해 보자. F10을 계속 눌러 ②를 실행하기 직전까지 간 상태에서 '자동' 창을 보면 아직 num 변수나 p 변수의 값이 정의되지 않아 쓰레기가 들어가 있음을 알 수 있다. 또, num 변수의 주소도 확인할 수 있다. 여기서 num 변수의 주소가 이전 예와 같지 않은 이유는 디버거 프로그램이 메모리를 차지했기 때문이다. 자동 창에는 보이지 않는 &p를 확인하려면 [디버그]-[창]-[조사식]-[조사식 1]을 눌러 '조사식' 창(Watch Windows)을 띄운 후 '이름' 필드 아래 &p를 입력하고 Enter를 치면 된다.

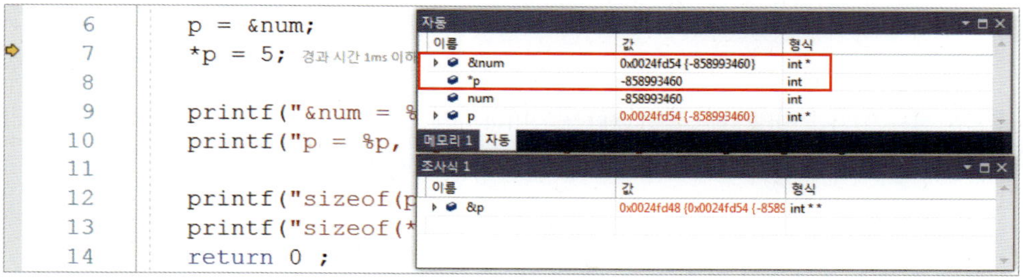

여기서 F10을 눌러 ②를 실행하면 자동 창에 &num 값이 포인터 변수 p로 들어갔음을 확인할 수 있다.

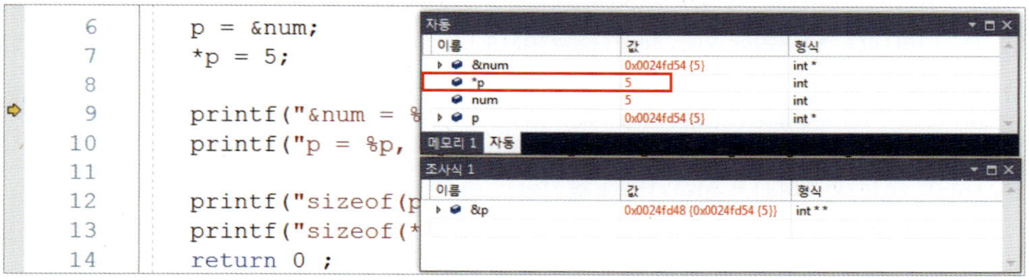

여기서 다시 F10을 누르면 *p에 5가 들어갔음을 알 수 있다.

변수명을 써서 직접 접근할 수도 있고
포인터를 써서 간접 접근할 수 있다.

결국 데이터를 접근하는 방법은 두 가지다. 변수명으로 직접 접근하거나 포인터를 통해 간접 접근할 수 있다. 변수명으로 직접 접근하려면 num = 5;라고만 쓰면 된다. 그러나 여기서는 간접 접근을 한 것이다. 정수 포인터 p를 만들고(int *p;) 거기에 num의 주소를 넣고(p = #) 그 주소가 가리키는 곳을 찾아가서 5를 넣었기(*p = 5;) 때문이다. 이는 포인터를 쓰면 변수명을 사용하지 않고도 접근이 가능함을 뜻한다.

```
int p = 200; ............... ❶
int *p = 200; .............. ❷
```

①과 ②는 의미가 전혀 다르다. 물론 둘 다 p에 200이라는 숫자를 대입한다. 그러나 서로 전

혀 다른 타입의 변수다. ①의 p는 정수형이지만 ②의 p는 포인터형이다. 변수 크기도 다를 수 있다. ①의 정수 변수 p는 4바이트이지만 ②의 포인터 변수 p는 8바이트일 수도 있다. 가장 중요한 점은 ①의 숫자 200은 정수 200을 의미하지만 ②의 숫자 200은 메모리 200번지를 의미한다는 점이다. 포인터 변수에는 주소 값만 들어갈 수 있기 때문이다.

그림 10-4 연산 코드와 피연산자

어셈블리 언어 수준에서 포인터를 설명할 수도 있다. 어셈블리 명령어는 연산 코드(OP code: Operation Code)와 피연산자(Operand)로 이루어진다. 연산 코드는 어떤 작업을 해야 하는지를 나타낸다. 메모리에 있는 데이터를 CPU 레지스터로 가져오려면 LOAD, 역으로 CPU 레지스터를 메모리에 저장하려면 STORE라는 연산 코드가 필요하다. 연산 코드가 타동사라면 피연산자는 목적어다. 연산을 실행하는 데 필요한 데이터를 명시하는 부분이 피연산자이기 때문이다. 어셈블리 언어가 피연산자를 명시하는 방식은 크게 세 가지로 볼 수 있다.

```
LOAD AX, #200  ·············· ❶
a = 200;  ··················· ❷
```

그림 10-5 즉시 접근

첫째, 즉시 접근(Immediate Addressing)이다. 이는 피연산자의 주소를 지정하는 방식이 아니라 피연산자 자체를 직접 제공하는 방식이다. 예를 들어 ①은 AX 레지스터에 숫자 200을 넣으라는 명령어다. 여기서 피연산자인 숫자 200은 상수이므로 위 그림처럼 아예 명령어의 일부로 포함시킬 수 있다. 이렇게 하면 굳이 숫자 200을 미리 메모리에 저장해 놓고 명령어를 실행할 때 다시 가져올 필요가 없다. 메모리에 접근할 필요가 없기 때문에 그만큼 빠르다. 만약 여기서 AX 레지스터가 C 언어의 변수 a라고 가정하면 이는 ②의 C 명령문을 번역한 것이라 할 수 있다. 즉, 우변 200이 상수이기 때문에 그것을 아예 어셈블리 명령문의 일부로 포함시킬 수 있다. 여기서 # 기호는 그것이 숫자 200 그 자체임을 의미한다.

```
LOAD AX, 200 ……………… ❶
a = b …………………………… ❷
```

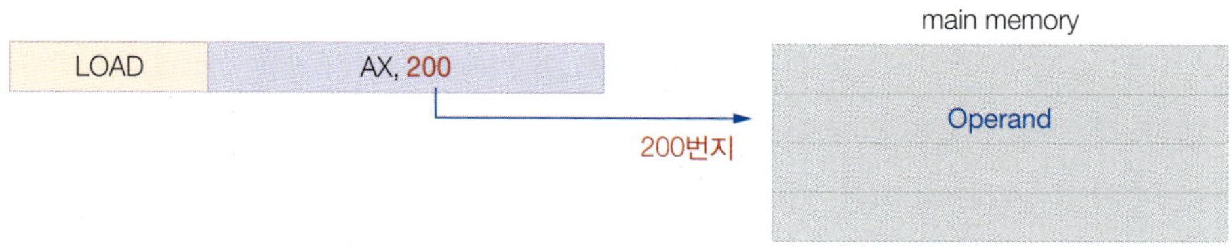

그림 10-6 직접 접근

둘째, 직접 접근(Direct Addressing)이다. 이는 피연산자가 있는 메모리 주소를 지정하는 방식이다. ①의 피연산자 200은 숫자 200이 아니라 주소 200번지를 뜻한다. 따라서 이는 메모리 200번지에 있는 데이터를 읽어와서 AX 레지스터에 저장하라는 뜻이다. 만약 SYMTAB에 변수 b의 주소가 200번지로 나와 있다면 이는 ②의 C 명령문을 번역한 것이라 할 수 있다. 변수 b의 값을 읽어와서 a에 저장하라는 것이기 때문이다. 여기서 우변 b는 상수가 아니라 변수이기 때문에 매 순간 값이 달라질 수 있다. 따라서 즉시 접근처럼 b 값을 어셈블리 명령어의 일부로 포함시킬 수가 없고 이처럼 b가 있는 주소로 가서 그 값을 읽어와야 한다. 이 경우 한 번의 메모리 접근이 필요하다.

```
LOAD AX, @200 ……………… ❶
a = *b; …………………………… ❷
```

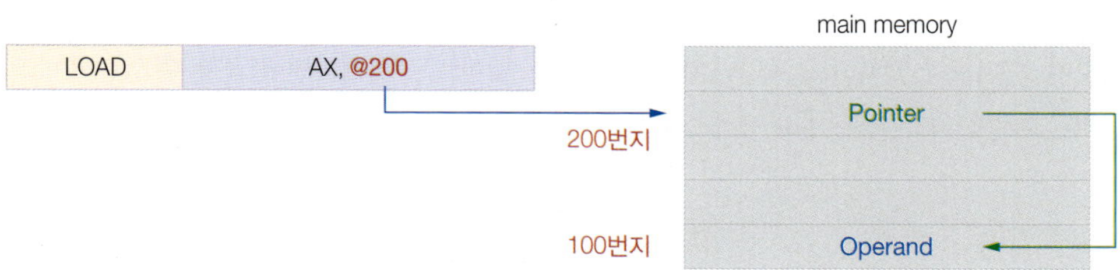

그림 10-7 간접 접근

셋째가 간접 접근(Indirect Addressing)으로서 피연산자의 주소가 아니라 피연산자의 주소를 담은 변수의 주소를 지정하는 방식이다. ①의 200은 200번지를 의미하지만 그곳에 피연산자가 있다는 뜻이 아니다. 200번지에 적혀 있는 주소를 보고 그곳으로 찾아가야 실제 피연산자가 있다는 뜻이다. 이는 메모리 200번지의 변수가 바로 포인터 변수임을 의미한다. 만약 SYMTAB에 변수 b의 주소가 200번지로 나와 있다면 이는 ②의 C 명령문을 번역한 것이라 할 수 있다. b를 포인터 변수로 바라보고 *b, 즉 b가 가리키는 변수 값을 a에 넣으라는 것이기 때문이다. 이렇게 되면 두 번의 메모리 접근이 필요하다. 일단 메모리 200번지로 가서 포인터 변수의 값을 CPU로 읽어들인 다음에 다시 그 포인터 변수가 가리키는 주소로 가서 실제 피연산자를 읽어와야 하기 때문이다. 예에서 사용된 # 기호나 @ 기호는 단지 예시를 위한 것일 뿐으로 어셈블리 언어의 종류에 따라서 전혀 다른 기호를 사용하기도 한다.

즉시 접근, 직접 접근, 간접 접근 순으로 속도가 느려진다. 메모리 접근 횟수가 늘어나기 때문이다. 그럼에도 불구하고 어셈블리 언어에서 간접 접근을 사용하는 데에는 이유가 있다. 명령어 전체의 길이가 제한되어 있기 때문에 피연산자(Operand)에 그리 많은 비트 수를 할애할 수 없기 때문이다. 예를 들어 어셈블리 명령어의 길이를 32비트로 설계할 경우 연산 코드에 5비트를 할애하면 32(= 2^5) 가지의 명령어를 수용할 수 있다. 그 경우 남은 27비트가 피연산자에 할당되기 때문에 27비트로 접근할 수 있는 메모리 주소의 범위는 0번지부터 ($2^{27} - 1$)번지까지로 제한된다.

접근할 수 있는 주소의 범위를 늘리는 수단이 포인터다.

결국 컴퓨터 구조를 설계하는 관점에서 볼 때 포인터는 접근할 수 있는 주소의 범위를 확장하기 위한 수단이라 할 수 있다. 피연산자의 비트 수가 모자라서 메모리의 전체 주소 공간을 커버하기 어려울 때는 간접 접근에 의해 일단 피연산자가 포인터 변수를 가리키게 한 후에 포인터 변수의 값이 메모리 전체의 주소 공간을 커버하도록 할 수 있기 때문이다. 예를 들어 피연산자가 27비트라 할지라도 포인터 변수의 크기를 32비트로 설계하면 접근할 수 있는 주소의 범위는 0번지부터 ($2^{32} - 1$)번지까지로 늘어난다.

```
int * p; ..................... ❶
int *p; ...................... ❷
int* p; ...................... ❸

int* p, q; ................... ❹
```

```
int *p, *q; ················ ❺
```

①, ②, ③은 완전히 동일한 의미다. 중간에 빈칸이 무시되기 때문이다. ②는 '변수 p가 가리키는 것, 즉 *p가 정수형'이라는 의미가 강하다. 그러나 ③은 '변수 p의 타입은 int*'라는 의미가 강하다. 즉, p가 '정수 포인터' 형이라는 의미가 강하다. 이렇게 되면 int*는 정수 포인터, char*는 문자 포인터, double*는 실수 포인터라는 식으로 새로운 자료형을 정의할 수 있다. 그러나 그 경우 ④의 표현에 유의해야 한다. 이렇게 선언하면 컴파일러는 이를 int *p, q;로 바라본다. p는 int* 형이지만 q는 단순히 int 형으로 간주한다. 둘 다 정수 포인터로 선언하려면 ⑤처럼 해야 한다. 이 책에서는 ②, ③ 두 가지 방식을 섞어 쓰기로 한다.

```
int num = 3; int *p = &num; ···················· ❶ O.K.
int *p = &num; int num = 3; ···················· ❷ Error
```

①처럼 포인터 변수를 선언하면서 값을 초기화할 수도 있다. 주의할 점은 이 선언이 p를 &num으로 초기화하는 것이지 *p를 &num으로 초기화하는 것이 아니라는 것이다. ②는 오류다. 첫 선언에서 p에 &num을 대입할 수가 없다. 아직 num 변수를 선언하지 않았기 때문이다.

```
int* p; ······································· ❶
p = 240; ····································· ❷
printf("Pointer value is %p.\n", p); ·········· ❸
```

②처럼 포인터 변수에 직접 번지 수를 대입해도 ③에 의해 값을 찍을 수는 있다. 그러나 컴파일러의 경고 메시지가 따른다. ①에서 p 변수의 타입을 (int*), 즉 정수 포인터로 선언했지만 ②의 우변 240은 포인터 타입이 아니라 정수 타입이기 때문이다. 물론 240 대신 (int*)240; 처럼 형 변환 연산자를 가해서 타입을 일치시킬 수는 있다. 그러나 메모리를 관리하는 것은 운영체제의 고유 권한이기 때문에 프로그래머가 구체적인 번지수를 대면서 해당 주소의 데이터에 직접 접근하는 것은 허용되지 않는다. 예를 들어, 프로그래머가 운영체제가 상주하는 주소에 접근하여 운영체제 프로그램을 뜯어고치도록 놔둘 수는 없는 노릇이다. 실제로도 C 프로그래머가 직접 포인터 변수에 주소를 대입할 일은 거의 없다.

```
*p = 5; ····················· ❶
*p = *p + 5; ················ ❷
printf("%d", *p); ··········· ❸
&num = 5; ··················· ❹
```

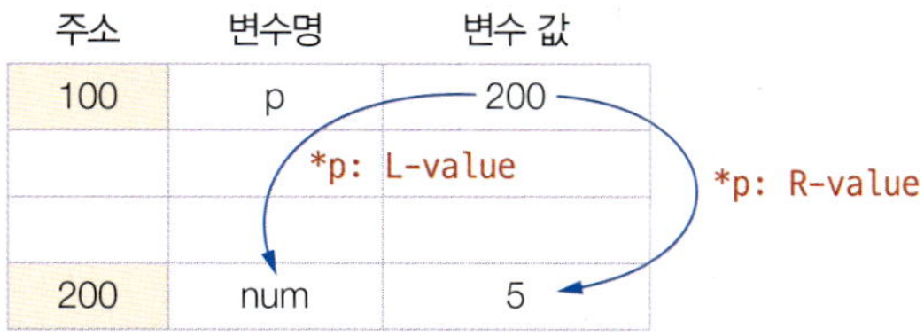

그림 10-8 L-value, R-value

*p가 L-value이면 변수 자체를 의미하고
R-value이면 변수 값을 의미한다.

포인터를 쓸 때도 L-value와 R-value의 차이점에 유의해야 한다. ①의 *p는 대입문의 좌변에 있으므로 L-value다. 따라서 이는 변수 자체를 의미한다. p가 가리키는 변수에 5를 대입하라는 것이다. 그러나 ②의 우변에 있는 *p는 R-value로서 변수 자체가 아니라 그 변수의 값을 의미한다. ②의 의미는 p가 가리키는 변수 값에 5를 더해서 그것을 p가 가리키는 변수에 대입하라는 뜻이다. ③의 *p도 R-value다. printf 문의 인자는 R-value로 간주되기 때문에 여기서 *p는 변수 자체가 아니라 변수의 값을 의미한다. ④는 오류다. &num에서 &는 주소 연산자로서 연산의 결과인 주소는 상수, 즉 R-value다. 대입문의 좌변에 상수가 올 수는 없다.

예제 10-2

```
#include <stdio.h>

int main( ){
   int first = 50, second = 200, *p;

   printf("&first is %p.\n", &first); ········ ❶
   printf("&p is %p.\n", &p); ················· ❷
```

```c
    p = &first; ................................... ③
    printf("p is %p.\n", p);
    printf("*p is %d.\n", *p);

    *p += 50; ..................................... ④
    printf("*p changed to %d.\n", *p);

    p = &second; .................................. ⑤
    printf("*p changed to %d.\n", *p);
    return 0;
}
```

```
&first is 0031FCF4.
&p is 0031FCDC.
p is 0031FCF4.
*p is 50.
*p changed to 100.
*p changed to 200.
```

포인터 변수를 테스트하기 위한 프로그램이다. ①은 first 변수의 주소, ②는 p 변수의 주소를 찍는다. ③에 의해 포인터 p의 값이 바뀐다. 이제 p가 가리키는 것은 first이므로 p를 통해 first에 간접적으로 접근할 수 있다. ④에 의해 *p, 즉 first의 값이 바뀐다. ⑤에서 p에 second의 주소를 대입하고 있다. 이는 p가 가리키는 대상을 first에서 second로 바꾸는 행위다. 이처럼 포인터 변수의 값을 바꿈으로써 포인터가 가리키는 대상을 바꿀 수 있다.

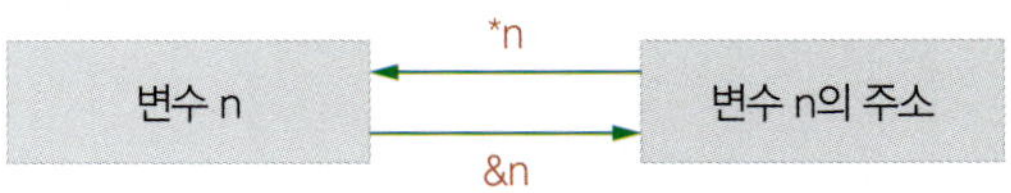

그림 10-9 역함수 관계

```
*(&n) is equal to n. ........................... ①
*(*(&n))is equal to *n. ........................ ②
```

&와 *는 역함수(Inverse Function) 관계에 있다. 우리가 어떤 수에 5를 곱하고 그것을 다시 5로 나누면 그 결과는 원래의 수 그대로다. 그런 점에서 곱셈과 나눗셈은 역함수다. 서로 정반대의 역할을 하기 때문이다. 그림에서 보듯, &는 주소 연산자로서 변수로부터 주소를 찾으라는 것인 반면에 *는 참조 연산자로서 주소로부터 변수를 찾으라는 것이다. 이 역시 서로 정반대의 의미를 지닌 역함수다. ①의 의미는 오른쪽에서 왼쪽으로 가면서 해석할 수 있다. 즉, *(&n)은 'n의 주소가 가리키는 것'이라는 뜻이다. 이는 n 그 자체다. 만약 변수 n이

200번지에 있다면 &n은 200이다. 따라서 *(&n)은 *(200), 즉 '200번지가 가리키는 것'이므로 n 그 자체다. 그런 점에서 역함수끼리는 서로 상쇄시킬 수 있다. ②의 경우 *가 두 개이고 &가 하나이므로 서로 상쇄하면 * 하나만 남기 때문에 *n이 된다. 물론 *n의 의미는 그것이 L-value냐 R-value냐에 따라 달라진다.

```
double num = 2.0; ············ ❶
int *p; ························ ❷
p = &num; ···················· ❸ Error
```

③은 오류다. ①에서 선언한 num 변수는 double 형이다. 그런데 ②에서 선언한 p 변수는 정수 포인터다. 따라서 ③처럼 정수 포인터에 double 형 변수의 주소를 대입하면 타입 불일치 오류가 난다. 정수 포인터는 기본적으로 시작 주소로부터 4바이트를 읽는다. 그런데 거기에 8바이트 double 변수의 시작 주소를 대입하면 이는 8바이트 중 4바이트만 읽어들이라는 뜻이 되기 때문이다.

```
int *p = NULL; ··············· ❶ NULL은 현재 가리키는 대상이 없다는 뜻
*p = 100; ···················· ❷ Error
```

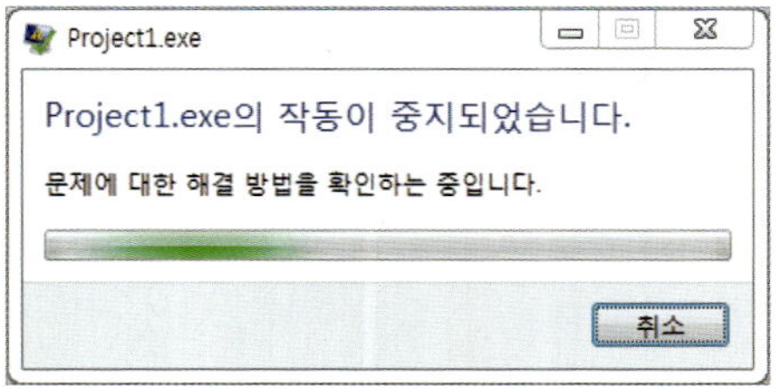

그림 10-10 크래시

역시 오류다. ①에 의해 포인터 변수 p를 만들고 p의 값을 NULL로 초기화하고 있다. 여기서 NULL은 가리키는 것이 없다는 의미로 약속된 상수다. 그런데 ②에서 p가 가리키는 곳, 즉 p에 들어 있는 주소를 따라가서 거기에 100을 넣으라는 것이다. 주소가 없는 상태에서 그 주소를 따라가 거기에 100을 넣을 수는 없다. 그러나 컴파일러는 이러한 오류를 눈치채지 못한다. 오류는 실행 시간에 일어난다. 그림에서 보듯 실행 도중에 아무런 오류 메시지도 없이 작동이

중지되어 버린다. 이른바 크래시(Crash)라 부르는 현상이다. 대부분의 런 타임 오류(Run-time Error)가 그렇듯이 포인터 역시 오류가 나면 어느 명령문에서 오류가 났는지 디버깅이 어렵다. 아무런 설명이 없기 때문이다.

포인터 관리는 프로그래머 책임이다.

C 언어에서 포인터를 관리하는 것은 전적으로 프로그래머의 책임이다. Java 언어를 비롯한 대부분의 언어는 아예 포인터 기능을 제공하지 않는다. 프로그래머가 포인터를 써서 직접 메모리 주소에 접근하는 것을 허용하지 않음으로써 그에 따른 위험 부담을 줄일 수 있기 때문이다. 그러나 역으로 생각하면 이것은 C 언어의 장점이기도 하다. 포인터를 쓰면 비교적 간단한 코드만으로 끝낼 수 있는 작업을 포인터 없이 작성하면 장황하게 이어가야 할 때가 많기 때문이다. 코드가 장황해진다는 것은 그만큼 실행 시간이 오래 걸린다는 뜻이다.

```
int *p =  NULL; ································ ❶
#define NULL 0 ································· ❷
#define NULL ((void *) 0) ······················ ❸
```

포인터가 아무것도 가리키지 않을 때는 ①처럼 널(NULL)이라는 매크로 상수로 초기화하는 것이 좋다. NULL 값을 가진 포인터를 널 포인터라고 부른다. 여기서 NULL은 아무 것도 가리키지 않는다는 의미로 쓰인다. 표준 라이브러리 헤더는 NULL을 ②처럼 정의하고 있다. 여기서 0을 주소 0번지라는 의미로 해석할 수도 있지만 실제로 이는 아무 것도 가르치지 않는다는 뜻으로 약속한 상수다.

컴파일러에 따라서는 NULL을 ③처럼 정의하기도 한다. 정수형 변수 x에 대해 (double)x라고 하면 x가 double 형으로 바뀐다. 이른바 형 변환 연산자다. 또, (int *)x라고 하면 x가 정수 포인터 형으로 바뀐다. 같은 맥락에서 (void *)0은 정수 0을 포인터 형으로 바꾸라는 의미다. 다시 말해서 0을 주소 0번지로 간주하라는 의미다. 또, void*는 포인터가 가리키는 대상의 타입이 아직 정해지지 않았다는 의미다. 물론 그렇게 하더라도 NULL 값이 여전히 정수 0임에는 변함이 없다. 프로그래머로서는 자신이 쓰는 컴파일러가 NULL을 어떤 방식으로 정의했는지 알 필요가 없다. 가리키는 것이 없을 때 단순히 NULL이라고만 쓰고 그것이 정수 0이라고 생각하면 된다.

```
int *p =  NULL; ································ ❶
...
if (p == NULL){ ································ ❷
   printf("p points to nothing.\n");
   exit(1);
}
*p = 100; ······································ ❸
```

1. 가리키는 것이 없는 포인터에는 NULL을 넣는다.
2. 포인터를 따라갈 때에는 항상 그것이 NULL인지 확인한다.

조심성 있는 프로그래머는 ①처럼 포인터 변수를 항상 NULL로 초기화한다. 그리고 조금 번거롭지만 포인터를 따라갈 때는 ②처럼 항상 그것이 널 포인터인지 확인한다. 만약 널 포인터이면 프로그래머가 직접 작성한 오류 메시지를 띄운 후 exit로 빠져 나감으로써 크래시를 예방할 수 있다. 결국 예에서 ③은 NULL이 아닐 때만 실행되므로 안전하다.

```
int num = 1;
const int *p = &num; ··························· ❶
*p = 5; ········································ ❷ Error
```

타입 지정자인 const에 대해서도 유의할 필요가 있다. ①에서 p를 &num으로 초기화하고 있다. 여기서 유의할 점은 p가 아니라 *p가 const라는 점이다. 즉, p가 가리키는 대상이 상수라는 것이다. 따라서 ②처럼 하면 오류다. 상수를 변경하려 했기 때문이다.

```
int num1 = 1, num2 = 2;
int* const p = &num1; ·························· ❶
*p = 5; ········································ ❷ O.K.
p = &num2; ····································· ❸ Error
```

이전 예와 유사하지만 ①의 const가 p 바로 앞에 붙어 있다. 이렇게 되면 이제는 p 자체가 const라는 의미가 된다. 포인터의 값이 상수이니 가리키는 대상이 고정되어 버린다. 따라서 ②는 무방하지만 ③처럼 하면 오류가 난다. num2를 가리키도록 p를 바꾸었기 때문이다. const는 항상 상수로 만들고 싶은 변수 바로 앞에 붙여야 한다. 이전 예에서는 const를 *p

앞에 붙여 *p를 상수로 만들었지만 이 예에서는 const를 p 앞에 붙여 p를 상수로 만들었다.

```
const int num = 10; ······························ ❶
const int *p = &num; ····························· ❷ O.K.
int *p = &num; ··································· ❸ Error
```

①에 의해 num 변수를 상수로 선언하면서 초깃값을 부여하고 있다. 이른바 상수 변수다. 이렇게 되면 num 값이 고정되어 이후에는 바꿀 수가 없다. ②는 포인터 p를 &num으로 초기화하면서 *p가 상수임을 선언하고 있다. 이는 ①과도 부합하는 정의다. num을 상수로 선언했고 p를 &num으로 초기화했으니 *p도 당연히 상수여야 하기 때문이다. ③에 대해서는 컴파일러 경고가 따른다. 좌변에 const 지정자가 없으므로 컴파일러는 *p가 변수라고 생각한다. 그런 상태에서 p를 &num으로 초기화하면 이후에 *p의 값, 즉 num 값을 바꿀 우려가 있기 때문이다.

02 포인터와 참조 호출

C 언어에서 참조 호출 효과를 기할 수 있는 유일한 방법이 포인터다.

C 언어는 포인터에 의해 참조 호출 효과를 기한다. 물론 C 언어에서는 모든 것이 값 호출이기 때문에 피호출 함수가 건네받은 변수는 무조건 사본이다. 따라서 피호출 함수 내에서 사본을 가지고 아무리 조작을 가한들 호출 함수의 원본 변수는 변하지 않는다. 그렇다면 C 언어는 어떤 방법으로 참조 호출 효과를 기할까? 함수를 호출할 때 변수가 아니라 그 변수를 가리키는 주소, 즉 포인터를 넘겨주면 된다. 물론 포인터 역시 값 호출에 의해 복사본이 넘어간다. 그러나 그처럼 넘어간 복사본이 원본 변수를 가리키는 포인터이기 때문에 포인터를 통해 해당 주소에 접근하면 원본 변수를 변경할 수 있다.

예제 10-3

```
#include <stdio.h>

void call_by_value(int p){ ········································ ❶
   p += 1;
}

void call_by_reference(int *p){ ···································· ❷
   *p += 1;
}

int main( ){
   int num;

   num = 500;
   printf("Before call_by_value, num is %d.\n", num);
   call_by_value(num); ·············································· ❸
   printf("After call_by_value, num is %d.\n", num);
```

```
    num = 500;
    printf("Before call_by_reference, num is %d.\n", num);
    call_by_reference(&num); ········································ ❹
    printf("After call_by_reference, num is %d.\n", num);
    return 0;
}
```

```
Before call_by_value, num is 500.
After call_by_value, num is 500.
Before call_by_reference, num is 500.
After call_by_reference, num is 501.
```

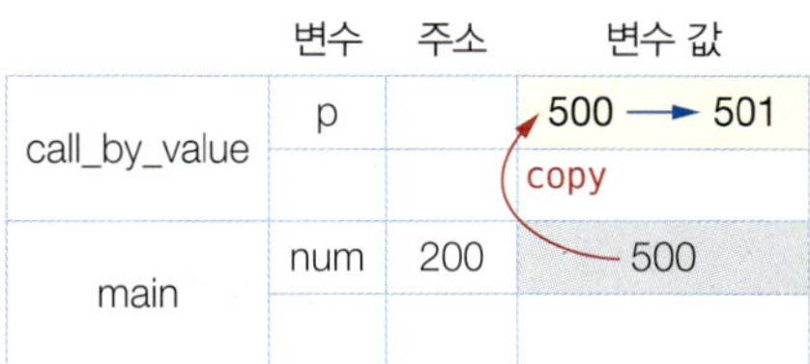

그림 10-11 값 호출

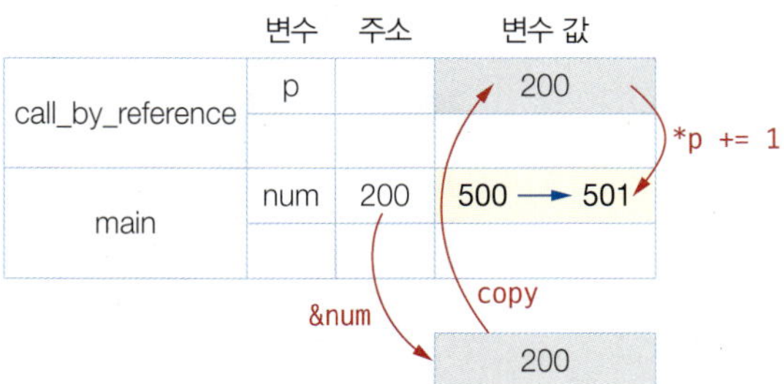

그림 10-12 참조 호출

값 호출은 변수의 값을 복사하고
참조 호출은 변수의 주소를 복사한다.

③은 값 호출, ④는 참조 호출이다. [그림 10-11]에서 보듯 값 호출에서는 num 변수의 값인 500이 ①의 p로 복사되어 들어간다. 따라서 ①에서 p를 501로 증가시켜도 main으로 되돌아오면 원본 변수인 num 값은 그대로 500이다. 그러나 참조 호출에서는 num 변수의 값이 아니라 num 변수의 주소 값인 200이 ②의 p로 복사되어 들어간다. 따라서 ②에 의해 그 주소를 찾아가서 *p, 즉 p가 가리키는 원본 변수인 num 값을 501로 증가시키면 main으로 되돌아왔을 때 num 값 자체가 501로 바뀌어 있다.

스택 프레임으로 말하자면 이는 현재 스택 탑에 있는 피호출 함수의 스택 프레임이 그 아래 깔려 있는 호출 함수의 스택 프레임을 건드리는 격이다. 앞에서 설명한 것과 같이 스택 탑의 스택 프레임이 활성 상태로 가면 그 아래 깔린 스택 프레임은 비활성 상태로 바뀌기 때문에 일반적으로는 접근이 불가능하다.

참조 호출도 인자 전달 방식은 여전히 값 호출이다.

그러나 C 언어는 주소를 통해서는 원본 변수에 접근할 수 있도록 허용한다. 즉, 주소를 통해서는 피호출 함수가 그 아래 깔린 호출 함수의 스택 프레임에 접근할 수 있도록 허용한다. 참조 호출 효과를 기할 수 있도록 하기 위해서다. 이는 C 언어에서 피호출 함수가 호출 함수의 원본 변수에 접근할 수 있는 유일한 방법이기도 하다. 유의할 점은 값 호출이든 참조 호출이든 인자를 전달하는 방식은 여전히 값 호출이라는 점이다. 값 호출일 때에는 변수의 값을 복사해서 넘겼고 참조 호출에서는 변수의 주소를 복사해서 넘겼기 때문이다. 이는 C 언어가 기본적으로 인자를 전달하는 데 있어서는 무조건 복사 메커니즘을 사용하기 때문이다.

main의 num 변수가 50만 원짜리 수표라 하고, 이 수표를 복사한 후에 어떤 함수에 전달했다고 가정해 보자. 그 경우 함수 내에서 금액을 고쳐서 51만 원으로 바꾸더라도 main으로 되돌아오면 원본은 50만 원짜리 그대로다. 복사본을 가지고 놀았기 때문이다. 그러나 main이 그 50만 원짜리 지폐를 서랍에 넣고 '서랍'이라는 위치를 복사한 후에 어떤 함수에 전달했다고 가정해 보자. 그 경우 함수 내에서 '서랍'을 찾아가서 그 안에 있는 50만 원짜리를 51만 원으로 고치면 당연히 원본이 바뀌게 된다.

호출 함수와 피호출 함수의 매개변수 타입도 일치해야 한다. ②에서 int* p라고 선언하고 ④에서 &num을 넘겨주면 &num이 p로 복사되어 들어간다. 여기서 p의 타입을 int*라고 한 이유는 p가 정수 포인터여야 하기 때문이다. 다시 말해서 &num이 정수 변수의 주소이기 때문에 그것을 넘겨받을 p도 정수 변수의 주소를 담을 수 있는 그릇인 정수 포인터여야 한다. 따라서 이를 int p라고 선언하면 타입 불일치 오류가 일어난다.

예제 10-4

```
#include <stdio.h>

void min_max(int a, int b, int* min, int* max){ ······················ ❶
    if (a < b){
        *min = a;
        *max = b;
    }
    else {
        *min = b;
        *max = a;
    }
}

int main( ){
    int first, second, smaller, larger;
    printf("Enter two different integers.\n");
    scanf("%d%d", &first, &second);
    min_max(first, second, &smaller, &larger); ······················ ❷
    printf("Smaller: %d, Larger: %d\n", smaller, larger);
    return 0;
}
```

```
Enter two different integers.
2 5
Smaller: 2, Larger: 5
```

서로 다른 두 정수 중 작은 것과 큰 것을 출력하는 프로그램이다. 여기서 중요한 것은 인자를 전달하는 방식이다. ②에서 main은 변수 네 개를 전달하고 있다. C 언어는 모든 것을 값 호출로 처리하기 때문에 이 모든 변수가 복사되어 넘어간다. 그런데 무엇을 복사하여 넘겨주는가가 중요하다. first는 변수의 값을 복사하여 넘겨주기 때문에 ①의 a에는 변수의 값이 복사되어 들어간다. 그러나 &smaller는 변수의 주소, 즉 포인터를 복사하여 넘겨주기 때문에 ①의 min에는 변수의 주소가 복사되어 들어간다.

②는 값 호출과 참조 호출을 섞어서 사용하고 있다. first와 second는 값 호출이기 때문에 설사 min_max에서 값을 변경하더라도 main으로 되돌아오면 원본은 그대로다. 그러나 smaller와 larger는 참조 호출이기 때문에 main으로 되돌아오면 원본이 바뀔 수 있다. 실제로 ②에서 smaller와 larger는 호출 당시에는 그 값조차 정의되지 않은 상태다. 즉, 이들 변수는 피호출 함수에게 어떤 값을 전달하기보다 오히려 피호출 함수에게 거기에 어떤 값을 써넣어 달라고 요구한 것이다. 즉, 그릇을 주면서 피호출 함수가 거기에 무언가 담아주기를 바란 것이다. 이렇게 함으로써 함수의 리턴 값은 단 하나여야 한다는 약점을 극복할 수 있다. smaller와 larger라는 두 개의 원본 변수를 모두 변경할 수 있기 때문이다.

인자의 종류는 세 가지다. 입력 인자는 읽기만 하고자 하는 인자, 출력 인자는 변경하고자 하는 인자, 입출력 인자는 읽기도 하고 변경도 하고자 하는 인자다.

```
int num;
int *p = &num;
printf("Enter an integer.\n");
scanf("%d", &num); ························································ ❶
printf("Enter another integer.\n");
scanf("%d", p); ··························································· ❷
```

변수에 주소 연산자를 붙이면 포인터로 바뀐다.

변수에 주소 연산자를 붙이면 그것이 바로 그 변수를 가리키는 포인터가 된다. 지금까지 scanf 함수를 호출할 때는 항상 ①처럼 변수에 주소 연산자(&)를 붙였다. 이는 참조 호출 효과를 기하기 위해서다. main이 scanf 함수에 &num을 전달하고 scanf가 버퍼에서 읽어 들인 값을 num에 저장하면 main으로 되돌아왔을 때 num 원본이 바뀌도록 하기 위해서다. 만약 scanf 함수에 &num 대신 num을 전달하면 값 호출 형태가 되기 때문에 main으로 되돌아왔을 때 num 값은 변하지 않는다. 다시 말해 입력이 num에 저장되지 않는다. 물론 이는 우리가 원하는 바가 아니다. 그러나 p 자체가 이미 포인터인 경우에는 ②처럼 주소 연산자 없이 scanf 함수를 호출해야 한다. 포인터를 건네주었기 때문에 scanf는 p가 가리키는 대상인

*p에 입력을 저장할 수 있기 때문이다.

예제 10-5

```
#include <stdio.h>

int* larger(int* a, int* b){
    if (*a > *b)
        return a;
    else
        return b;
}

int main( ){
    int first, second, *p;
    printf("Enter two different integers.\n");
    scanf("%d%d", &first, &second);
    p = larger(&first, &second);
    printf("%d is larger.\n", *p);
    return 0;
}
```

```
Enter two different integers.
2 5
5 is larger.
```

함수 실행 결과로 포인터를 리턴하기도 한다. 예의 larger 함수의 리턴 타입에서 int*는 이 함수가 정수 포인터를 돌려준다는 뜻이다. 또, 함수 내부에서 이 함수가 리턴하는 a, b는 각각 first, second를 가리키는 포인터다.

예제 10-6

```
#include <stdio.h>
void swap(int *, int *);

int main( ){
```

```
    int first, second;
    printf("Enter two numbers to swap.\n");
    scanf("%d%d", &first, &second);
    printf("Before swap: first = %d and second = %d.\n", first, second);
    swap(&first, &second); ................................................ ❶
    printf("After swap: first = %d and second = %d.\n", first, second);
    return 0;
}

void swap(int *p, int *q){ ................................................ ❷
    int temp;
    temp = *p; ............................................................ ❸
    *p = *q; .............................................................. ❹
    *q = temp; ............................................................ ❺
}
```

```
Enter two numbers to swap.
10 20
Before swap: first = 10 and second = 20.
After swap: first = 20 and second = 10.
```

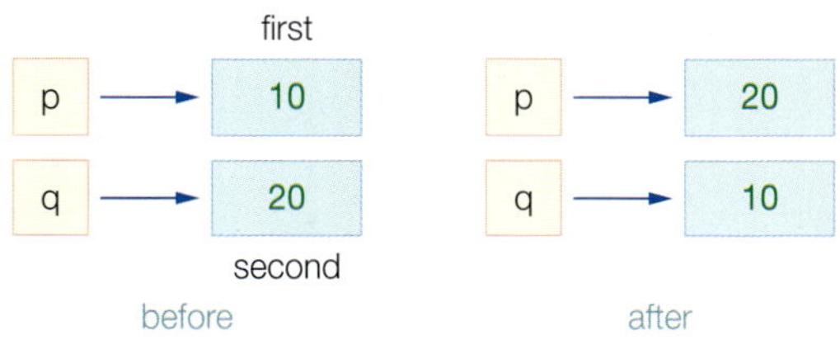

그림 10-13 포인터에 의한 원본 교환

포인터에 의해 원본 변수를 교환하는 스왑(swap) 프로그램이다. ①에서 변수가 아니라 변수를 가리키는 포인터를 건네주고 있다. 이것이 복사되어 ②의 p, q로 복사되어 들어간다. 이렇게 되면 p, q는 각각 first, second라는 원본 변수를 가리킨다. 이후 ③, ④, ⑤처럼 *p, *q를 교환하면 main으로 되돌아왔을 때도 원본 변수 값이 바뀌어 있는 것을 알 수 있다. *p와 *q가 교환되어야 한다. 만약 temp = p; p = q; q = temp;라고 하면 주소값만 교환될 뿐 원본 변수는 바뀌지 않는다.

03 포인터에 의한 배열 전달

```
int a[4] = {1, 2, 3, 4};
int b[4] = {5, 6, 7, 8};
a = b; ........................................ ❶ Error
if (a == b) ................................... ❷ Error
for (i = 0; i < 4; i++) ....................... ❸ O.K.
   a[i] = b[i];
```

C 언어는 배열 단위의 대입이나 복사를 허용하지 않는다.

C 언어가 지닌 특성 중 하나는 배열 단위로 대입하거나 비교할 수 없다는 것이다. C 언어 자체가 그런 기능을 제공하지 않는다. ①의 대입문을 쓴 사람은 b 배열의 요소가 하나하나 a 배열로 복사되기를 원했겠지만 그렇게는 되지 않는다. C 언어가 배열 단위의 복사를 허용하지 않기 때문이다. 사실상 이는 포인터 측면에서도 말이 되지 않는다. 배열명은 그 자체로 배열의 시작 주소다. 그런데 a, b 배열이 만들어질 때 할당된 시작 주소는 프로그램이 끝날 때까지 변하지 않는다. 그런 점에서 배열명은 상수 포인터다. 상수는 L-value가 될 수 없기 때문에 a가 대입문의 좌변에 올 수는 없다. ②도 오류다. 배열명은 주소이기 때문에 (a == b)는 배열 요소가 같은지를 비교하는 것이 아니라 두 배열의 시작 주소가 같은지를 비교하는 것이다. 물론 a 배열의 시작 주소와 b 배열의 시작 주소가 같을 수는 없다.

이는 C 언어가 실행 속도를 염두에 두고 설계되었기 때문이다. 운영체제나 컴파일러 같은 시스템 프로그램을 짜는 데 C 언어가 사용되는 이유는 실행 속도가 빠르기 때문이다. 그런데 일반적으로 배열은 여러 요소로 구성되어 있기 때문에 배열끼리 복사하는 데는 시간이 걸린다. 이는 배열 크기가 커질수록 심화된다. 더구나 배열 요소가 단순한 타입이 아니라 사용자가 정의한 복잡한 타입일 경우 복사에 걸리는 시간은 엄청나게 길어질 수 있다. 그런 이유로 인해 C 언어는 배열 단위의 복사를 허용하지 않는다. 물론 원한다면 프로그래머가 직접 복사할 수는 있다. ③처럼 루프를 돌면서 배열 요소 단위로 하나하나 복사하면 된다.

그러나 배열 단위의 복사를 허용하지 않음으로 인해 함수 호출에 문제가 발생한다. 피호출 함수에게 배열을 넘겨주어야 할 때가 있기 때문이다. 물론 별도로 함수를 만들지 않고 그냥 main 함수 내부에서 처리하면 배열을 넘겨줄 일이 없으므로 아무런 문제도 생기지 않는다. 그러나 별도의 함수를 만들어 호출할 경우 호출 함수는 값 호출에 의해 피호출 함수에게 배열을 복사하여 넘겨주어야 한다. 그러나 배열은 배열 단위의 그러한 복사를 허용하지 않기 때문에 문제가 발생한다.

예제 10-7

```c
#define MAX 4
#include <stdio.h>

void increment(int rb[ ]){ ······················ ❶
    int i;
    for (i = 0; i < MAX; i++)
        rb[i]++;
}

int main( ){
    int i, rabbit[MAX] = {10, 20, 30, 40};
    increment(rabbit); ·························· ❷
    for (i = 0; i < MAX; i++)
        printf("%d ", rabbit[i]);
    printf("\n");
    return 0;
}
```

```
11 21 31 41
```

배열명 = 배열 시작 주소 = 포인터

배열을 인자로 전달하면 배열 시작 주소인 포인터만 복사되어 넘어간다.

결론부터 말해 C 언어는 배열을 전달할 때 배열의 시작 주소만 전달한다. ②에서 함수를 호출할 때도 rabbit이라는 배열명을 전달하고 있다. 배열명이 배열 시작 주소이기 때문이다. 그것이 ①의 rb로 복사되어 들어간다. int rb[ ]로 선언했기 때문에 rb 역시 배열명으로서 포인터다. 따라서 이는 포인터가 포인터로 복사되어 들어간 것이다. 배열을 전달할 때는 원본 배열의 시작 주소만 넘어간다. 배열 요소를 일일이 복사하여 전달하는 대신에 원본 배열의 시작 주소만 복사하여 전달하는 것은 처리 속도나 메모리 공간면에서도 매우 경제적이다.

인터넷으로 부피가 큰 냉장고를 주문했는데 별도의 비싼 택배 비용이 든다고 가정하자. 그런데 마침 나에게는 냉장고를 옮길 수 있는 트럭이 있고 냉장고가 있는 물류창고도 집에서 가깝다. 이런 경우에는 택배로 받는 것보다 냉장고를 보관해 둔 주소를 알아서 직접 찾아오는 것이 경제적이다. 배열은 부피가 큰 물건이다. 따라서 그것을 피호출 함수에 직접 전달하는 것보다 배열이 있는 주소만 알려주는 것이 훨씬 경제적이다.

	변수명	시작 주소	변수 값
increment의 스택 프레임			
	rb	96	100
main의 스택 프레임	rabbit[0]	100	10 → 11
	rabbit[1]	104	20 → 21
	rabbit[2]	108	30 → 31
	rabbit[3]	112	40 → 41

copy

그림 10-14 배열 시작 주소 복사

이는 사실상 배열 원본을 전달한 것과 마찬가지다. 물론 포인터가 포인터로 복사되어 들어갔으므로 전달 방식은 여전히 값 호출이다. 그러나 실제 효과는 참조 호출이다. 포인터를 건네주면 원본 변수에 접근할 수 있기 때문이다. 그림에서 main이 전달한 rabbit은 실제로는 &rabbit[0]이므로 increment 함수의 rb에는 100이 복사되어 들어간다. 그러나 이는 정수 100이 아니라 100번지라는 주소다. 따라서 increment 함수 내에서 rb[2]++;라고 하면

rb[2]의 주소는 &rb[2] = rb + sizeof(int) * 2 = 100 + 4 * 2 = 108번지로 계산된다. 이는 main의 스택 프레임에 있는 원본 배열의 rabbit[2] 주소다. 따라서 108번지를 찾아가서 값을 증가시키면 실제로 원본 배열 값이 증가한다.

②에서 int rb[ ]처럼 배열 크기 란을 비워놓은 데에는 이유가 있다. 배열을 전달하는 과정에서 배열 요소를 복사하는 것이 아니므로 요소가 몇 개인지 말할 필요가 없기 때문이다. 물론 이를 int rb[MAX]라고 해도 무방하다. 그러나 배열을 전달할 때 컴파일러는 배열의 시작 주소에만 관심이 있지 배열의 크기에는 전혀 관심이 없다. 따라서 int rb[MAX]라고 하더라도 MAX는 무시해 버린다. 따라서 이 경우 increment 함수 안에서 배열 인덱스가 (MAX − 1)을 넘지 않도록 하는 것은 전적으로 프로그래머 책임이다.

```
increment(rabbit[3]); ······························ ❶
void increment(int rb3); ··························· ❷
```

배열 요소 자체를 전달하면 참조 호출 효과를 기할 수 없다. 예를 들어, main이 ①처럼 호출하고 increment가 ②처럼 받았다면 이것은 완전한 값 호출이다. rabbit[3]은 변수 주소가 아니라 변수 자체이기 때문에 rb3에는 변수 값이 복사되어 들어간다. 따라서 되돌아오면 rabbit[3]은 바뀌지 않는다. 배열 요소 하나만 바꾸려면 이 역시 &rabbit[3]로 해서 포인터로 호출하고 int* rb3로 해서 포인터로 받아야 한다.

```
void increment(const int rb[ ])
```

원본 배열을 읽기만 할 때에는 const 지정자를 붙이는 것이 좋다.

피호출 함수가 호출 함수의 원본 변수를 변경해야 할 때도 있지만 읽기만 해야 할 때도 있다. 그럼에도 불구하고 실수로 원본 변수를 변경할 때도 있다. 그 경우 피호출 함수를 예처럼 선언하는 것이 좋다. 여기서 const 지정자는 rb 배열 요소 하나하나를 상수라고 선언한 것이기 때문에 함수 내부에서 배열 요소를 변경할 수 없게 된다. 만약 함수 내부에 원본 변수를 변경하는 명령문이 있을 경우 컴파일 단계에서 오류 메시지가 뜬다. 따라서 읽기만을 원할 때는 무조건 const 지정자를 붙이는 것은 상당히 좋은 습관이다. 프로그래머의 부주의로 인한 오류를 방지할 수 있기 때문이다.

예제 10-8

```
#define MAX 100  ··········· ❶
#include <stdio.h>

void print_array(const int arr[ ], int length){  ········ ❷
    int i;
    for (i = 0; i < length; i++)  ············ ❸
        printf("%d ", arr[i]);
}

int main( ){
    int i, temp, rabbit[MAX];
        printf("Enter an integer.\n");
    scanf("%d", &temp);
    for (i = 0; temp >= 0 ; i++){  ··········· ❹
        rabbit[i] = temp;
        printf("Enter an integer.\n");
        scanf("%d", &temp);
    }
    print_array(rabbit, i);  ················· ❺
    printf("\n");
    return 0;
}
```

```
Enter an integer.
10
Enter an integer.
20
Enter an integer.
30
Enter an integer.
-1
10 20 30
```

음수가 들어오기 전까지 정수를 하나씩 입력받아 배열에 넣은 후 배열 내용을 출력하는 프로그램이다. 이 역시 ⑤에서 참조 호출에 의해 원본 rabbit 변수를 넘겨준다. ①의 배열 크기 MAX는 예상할 수 있는 최대 입력의 개수다. 컴파일 시에 크기가 미리 정해져야 한다는 점에서 배열을 정적 데이터 타입(Static Data Type)이라고 부른다. 이는 배열의 약점이기도 하다. 프로그램 실행 도중에 입력 정수가 MAX보다 더 많이 들어오면 배열 크기를 늘릴 수는 없기 때문이다. 또, 예처럼 입력 정수가 세 개밖에 들어오지 않으면 나머지 아흔 일곱 개는 공간만 잡아 놓고 실제로는 사용되지 않아 낭비되기 때문이다.

배열 요소가 n개면 인덱스는 0부터 n−1까지다.

여기서 중요한 것은 배열 내에 몇 개의 데이터가 있는지를 추적하는 일이다. 이는 배열의 크기인 MAX와는 다르다. 즉, 현재 배열에 들어가 있는 요소가 실제로 몇 개인지를 의미한다. 때에 따라서는 함수를 호출할 때 개수 정보를 넘겨야만 한다. 예를 들어 print_array 함수에 length를 전달하지 않으면 이 함수는 몇 개의 요소를 출력해야 할지 알 수 없다. ④에서 빠져나올 때의 i 값이 바로 실제로 배열에 들어간 개수다. 이것이 ⑤의 함수 호출에 의해 ②의 length로 들어간다. 그래야만 ③의 루프가 인덱스 0부터 (length − 1)까지 돌 수 있다.

정렬(Sorting)에는 다양한 알고리즘이 존재한다. 숫자가 커지는 순으로 정렬하는 것을 오름차순(Ascending Order) 정렬, 숫자가 작아지는 순으로 정렬하는 것을 내림차순(Descending Order) 정렬이라고 한다. 오름차순을 예로 정렬 방법을 설명해 보자.

	70	90	30	40	20
1 단계	70	20	30	40	90
2 단계	40	20	30	70	
3 단계	30	20	40		
4 단계	20	30			

그림 10-15 선택 정렬

선택 정렬(Selection Sort)은 매 단계의 가장 큰 것을 마지막으로 가져가는 방식이다. 위 그림을 보면 1단계에서는 70부터 20까지 다섯 개 숫자를 서로 비교해서 그 중 가장 큰 것인 90을 선택하여 이를 이전의 마지막에 위치했던 20과 교환한다. 그 결과 가장 큰 숫자인 90이 마지막으로 간다. 그런데 이 자리는 정렬이 완료되었을 때 가장 큰 숫자가 들어갈 자리이므로 90은 이제 제자리를 찾아간 것이다. 마지막 자리는 정렬되었으므로 2단계에서는 정렬의 범위를 줄여 앞에 있는 숫자 네 개만 정렬하면 된다. 이 역시 넷 중 가장 큰 숫자인 70을 마지막 숫자인 40과 교환함으로써 70이 마지막에 들어간다.

단계가 진행될 때마다 오른쪽에 정렬이 완료된 그룹이 점차 늘어난다. 반면에 왼쪽의 정렬되지 않은 그룹은 줄어든다. 최종적으로 왼쪽에 정렬되지 않은 숫자 하나가 남으면 더 이상 비교할 대상이 없으므로 정렬이 끝난다. 데이터가 다섯 개이면 네 단계로 충분하다. 물론 내림차순으로 정렬하려면 가장 작은 것과 마지막 것을 교환하면 된다. 이 알고리즘을 코드로 바꾸면 다음과 같다.

예제 10-9

```
#define MAX 100
#include <stdio.h>

void print_array(const int arr[ ], int length);
void swap(int*, int*);
void selection_sort(int arr[ ], int length);

int main( ){
   int i = 0, temp, data[MAX];
   printf("Enter integers separated by a blank.\n");
   while (1){
      scanf("%d", &temp);
      if (temp < 0)
         break;
      data[i++] = temp;
   }

   printf("Before sorting: ");
   print_array(data, i);
   printf("\n");

   selection_sort(data, i);
   printf("After sorting: ");
   print_array(data, i);
   printf("\n");
   return 0;
}

void print_array(const int arr[], int length){
   int i;
```

```
    for (i = 0; i < length; i++)
        printf("%d ", arr[i]);
}

void swap(int *p, int *q){
    int temp;
    temp = *p;
    *p = *q;
    *q = temp;
}

void selection_sort(int arr[], int length){ ························❶
    int last, largest, current;

    for (last = length - 1; last > 0; last--){ ······················❷
        largest = 0; ·····················································❸
        for (current = 1; current <= last; current++){ ···············❹
            if (arr[current] > arr[largest])
                largest = current; ·······································❺
        }
        swap(&arr[largest], &arr[last]); ································❻
    }
}
```

```
Enter integers separated by a blank.
5 2 4 1 3 -1
Before sorting: 5 2 4 1 3
After sorting: 1 2 3 4 5
```

음수가 들어오기 전까지 입력받은 정수를 오름차순으로 정렬하는 프로그램이다. 선택 정렬은 두 개의 for 문으로 구성된 중첩 루프다. 바깥쪽 ②는 단계를 나타내는 루프로서 데이터 다섯 개가 입력되면 last가 4, 3, 2, 1로 줄어들면서 총 네 단계를 진행한다. 안쪽 ④는 매 단계 정렬되지 않은 숫자의 처음부터 마지막까지 가면서 가장 큰 것을 찾는 루프다. ②의 last가 4, 3, 2, 1로 줄어들기 때문에 last 자체가 매 단계 정렬되지 않은 숫자의 마지막 인덱스를 나타낸다. last가 줄어들어 0이 되면 왼쪽에 정렬되지 않은 숫자 하나만 남은 경우이므로 더이상 비교가 필요 없다. 따라서 last가 1이 될 때까지만 진행하면 된다.

비교에는 항상 기준이 필요하다. ③의 largest는 배열 내에서 가장 큰 숫자가 있는 인덱스를 저장하기 위한 것이다. 일단 arr[0]이 가장 크다고 가정하여 largest를 0으로 놓는다. 이후 ④에 의해 current를 1부터 last까지 가면서 arr[current]가 arr[largest]보다 크면 ⑤에 의해 largest 인덱스를 변경한다. ④의 루프를 빠져나오면 ⑥에서 가장 큰 숫자와 마지막 숫자를 교환한다. 이후 다음 단계로 가기 전에 ②의 last--에 의해 last가 3으로 줄어든다. 따라서 다음 단계에서는 arr[0]부터 arr[3]까지 숫자 중 가장 큰 숫자와 마지막 숫자를 교환한다.

예에서 참조 호출은 두 번 일어난다. 처음에는 main이 selection_sort를 호출할 때 일어난다. data라는 배열명, 즉 포인터를 건네주었기 때문이다. 두번째는 selection_sort가 swap을 호출할 때 일어난다. 주소 연산자인 &를 써서 배열 요소를 가리키는 포인터를 건네주었기 때문이다. 두 경우 모두 참조 호출이므로 원본 배열의 내용 자체가 바뀐다.

1 단계	7	9	3	4	2	7	9	3	4	2	7	3	9	4	2	7	3	4	9	2	7	3	4	2	9
2 단계	7	3	4	2		3	7	4	2		3	4	7	2		3	4	2	7						
3 단계	3	4	2			3	4	2			3	2	4												
4 단계	3	2				2	3																		

그림 10-16 버블 정렬

정렬 기능은 거의 모든 응용 프로그램에 쓰인다. 따라서 정렬에 관한 한 많은 연구가 진행되었고 그만큼 다양한 알고리즘이 있다. 버블 정렬(Bubble Sort)은 문자 그대로 마치 공기 방울이 수면 위로 떠오르듯 가장 큰 숫자가 한 칸씩 한 칸씩 오른쪽으로 떠오르는 정렬이다. 1단계에서 우선 가장 왼쪽의 한 쌍을 비교한다. 7, 9는 이미 오름차순으로 정렬되어 있으니 그대로 둔다. 이어 다음 쌍인 9, 3을 비교한다. 9가 3보다 크므로 교환한다. 교환을 한 상태에서 다시 다음 쌍인 9와 4를 비교하여 교환한다. 이런 식으로 계속하면 결국 다섯 개 중 가장 큰 숫자인 9가 마지막에 위치하게 된다. 그런데 이 자리는 정렬이 완료되었을 때 가장 큰 숫자가 들어갈 자리이므로 9는 이제 제자리를 찾아간 것이다.

마지막 자리는 정렬되었으므로 이제 2단계에서는 정렬 대상의 범위를 줄여 앞쪽에 있는 네 개의 숫자만 정렬하면 된다. 동일한 방법을 적용하면 네 개 중 가장 큰 숫자인 7이 마지막에 들어간다. 최종적으로 왼쪽에 정렬이 안 된 숫자 하나가 남으면 더 이상 비교할 것이 없으므로 정렬이 끝난다.

단계별로 가장 큰 숫자가 오른쪽 끝에 가서 박힌다는 점에서 버블 정렬은 선택 정렬과 유사하다. 그러나 선택 정렬에서는 가장 큰 숫자와 마지막 숫자가 단번에 스와핑되지만 버블 정렬에서는 가장 큰 숫자가 여러 번의 스와핑을 거쳐서 마지막 위치로 떠오를 때가 많다.

예제 10-10

```
// print_array, swap, main 함수는 이전 예와 동일함
// selection_sort 함수 원형을 아래 bubble_sort 함수 원형으로 대치
// main에 있는 selection_sort 호출을 bubble_sort 호출로 대치

void bubble_sort(int arr[], int length){
   int pass, current;

   for (pass = 1; pass < length; pass++){ ............................ ❶
      for (current = 0; current < (length - pass); current++){ ...... ❷
         if (arr[current] > arr[current + 1]) ...................... ❸
            swap(&arr[current], &arr[current + 1]); ................. ❹
      }
   }
}
```

①에서 pass는 단계를 나타낸다. 입력 데이터가 다섯 개라면 length가 5이므로 ①에 의해 1단계부터 4단계까지 간다. ②의 조건식은 current < (length − pass)로 되어 있다. 입력 데이터가 다섯 개라면 1단계에서는 이 값이 5 − 1 = 4이므로 current는 0부터 3까지 간다. 즉, 1단계에서는 ③의 조건문이 (arr[0] > arr[1]), (arr[1] > arr[2]), (arr[2] > arr[3]), arr[3] > arr[4]) 순으로 비교된다. 왼쪽 것과 오른쪽 것을 비교하고 필요하다면 그 즉시 ④에 의해 교환한다. 이런 점에서 버블 정렬은 배열 끝에 도달할 때까지 교환을 미루었다가 단번에 교환하는 선택 정렬과는 다르다. 단계별로 정렬해야 할 대상이 줄어들기 때문에 2단계에서는 current가 0부터 2까지만 가면 된다.

예제 10-11

```c
// 이전 예와 동일하며, bubble_sort 함수 내용만 바꿈

void bubble_sort(int arr[], int length){
   int pass, current, sorted = 0;

   for (pass = 1; (pass < length) && (!sorted); pass++){ ············· ❶
      sorted = 1; ··················································· ❷
      for (current = 0; current < (length - pass); current++){ ······ ❸
         if (arr[current] > arr[current + 1]){
            swap(&arr[current], &arr[current + 1]);
            sorted = 0; ··············································· ❹
         }
      }
   }
}
```

변수를 하나 추가하면 버블 정렬의 속도를 높일 수 있다. 예를 들어 2단계에서 한 쌍씩 비교하는 도중에 단 한 번도 스와핑이 일어나지 않았다면 그것은 이미 정렬이 완료되어 있음을 의미한다. 따라서 3단계로 넘어갈 필요가 없다. 예에서는 이미 정렬이 되어 있는지를 확인하기 위해 sorted라는 변수를 쓰고 있다. 이 변수의 값이 1(true)이면 이미 정렬이 되어 있는 것이고 0(false)이면 그렇지 않은 것이다. 상태를 알린다는 점에서 이러한 변수를 플래그(Flag, 깃발)라고도 부른다. 일단 매 단계에 들어갈 때마다 이미 정렬이 되어 있다고 가정하고 ②에 의해 true로 초기화한다. 이어 ③의 루프 내에서 한 번이라도 스와핑이 있었으면 ④에서 sorted 값을 false로 바꾼다. 그렇지 않으면 초기화 값인 true가 그대로 유지되기 때문에 ①의 조건식에 의해 바깥쪽 루프를 빠져나온다. 따라서 그 다음 단계로 넘어가지 않는다.

데이터가 많으면 버블 정렬은 선택 정렬보다 상당히 불리하다. 스와핑이 잦기 때문이다. 그러나 버블 정렬에도 몇 가지 장점이 있다. 버블 정렬이 선택 정렬보다 더 효율적일 때도 있다. 데이터가 이미 정렬되어 있는데도 그 사실을 모르고 정렬시킨 경우이다. 그 경우 sorted 변수를 사용한 버블 정렬은 1단계가 끝나자마자 그대로 빠져나온다. 스와핑이 전혀 없었기 때문이다. 선택 정렬은 그렇지 않다. 이미 정렬된 데이터에 대해서도 모든 단계를 이행한다.

과제

01 a, b를 더해 *p에 저장하는 함수를 작성한 후에 main에서 이 함수를 호출하여 결과를 출력하는 프로그램을 작성하라.

힌트 main에서 일단 sum 변수와 그것을 가리키는 포인터 변수 ptr를 선언한 후 함수 호출 시 ptr을 p로 넘겨준다.

```
void add(const int a, const int b, int* p);
```

02 −1이 들어오기 전까지 일련의 정수를 입력받아 그 중 찾고자 하는 정수가 몇 번 나타나는지를 계산하여 출력하는 프로그램을 작성하라. 단, 반드시 아래 함수를 호출해야 한다. 이 함수는 배열 a의 마지막 요소 인덱스가 last일 때 배열 내부에 comp와 같은 숫자가 몇 번 나타나는지를 구하는 함수로서 재귀 호출로 작성해야 한다.

힌트 재귀 호출을 할 때마다 last를 1씩 감소시킨다. 현재의 arr[last]가 comp와 같으면 재귀 호출을 한 값에 1을 더해 리턴하고 그렇지 않으면 그냥 재귀 호출을 한다. 인덱스가 0인 경우에도 비교해야 하므로 베이스 케이스는 last가 -1일 때다.

```
int count(const int a[ ], const int comp, int last);
```

```
> Enter input numbers.
> 3 6 9 3 3 2 3 -1(Enter)
> Enter a number to search.
> 3(Enter)
> 3 appear 4 times.
```

03 이미 계산된 값을 재활용하는 알고리즘을 동적 프로그래밍(Dynamic Programming)이라 부른다. Fibonacci 수열을 재귀 호출로 구현할 경우에 이미 계산한 값을 또 다시 계산하면 실행 시간이 길어진다. 따라서 피보나치 값을 저장하는 배열 value[ ] 외에 이미 계산이 되어 있는지를 나타내는 별도의 배열 found[ ]를 생각해 볼 수 있다. 일단 found 배열의 모든 값을 0(false)으로 초기화한 다음에 value[i]가 계산되면 그와 동시에 found[i]를 1(true)로 바꿀 수 있다. 이렇게 해 놓으면 재귀 호출 시에 found[i]가 1이면 이미 계산된 value[i]를 리턴할 수 있다. 그렇지 않으면 재귀 호출에 의해 value[i]를 채우는 동시에 found[i] 값을 1로 만들어야 한다. 다음 밑줄 친 부분을 채워 이 프로그램을 완성하라.

```
int fibo(int val[ ], int fnd[ ], int n){
    int temp;
    if ____________________;    // 이미 알려져 있으면,
       ____________________;    // 곧바로 값을 리턴
    else {                      // 그렇지 않으면,
       ____________________;    // 재귀 호출로 직전 두 항을 더해 temp에 대입
       ____________________;    // temp 값을 val 배열에 대입
       ____________________;    // fnd 배열의 값을 바꿈
       ____________________;    // temp를 리턴
    }
}

int main( ){
    int i, num, value[100], found[100];
    ____________________;       // 입력 숫자를 num에 저장
    ____________________;       // found 배열을 초기화
    ____________________;       // value 배열의 처음 두 항을 초기화
    ____________________;       // found 배열의 처음 두 항을 초기화
    printf("%dth Fibonacci number is %d.\n", num, fibo(value, found, num
     - 1));
    return 0;
}
```

```
> Enter a number.
> 8(Enter)
> 8th Fibonacci number is 21.
```

04 a, b, c가 있을 때 순환 스왑(Cyclic Swap)은 a를 b로, b를 c로, c를 a로 옮기는 스왑을 말한다. 아래 함수를 참조 호출하여 main으로 돌아왔을 때 a, b, c의 값을 출력하라.

```
void cyclic_swap(int *a, int *b, int *c);
```

```
> Enter three integers a, b, c.
> 1 2 3(Enter)
> Before cyclic swap, a = 1, b = 2, c = 3.
> After cyclic swap, a = 3, b = 1, c = 2.
```

05 n factorial을 계산하는 아래 재귀 함수를 작성하라. 단, 이 함수로부터 되돌아온 후 main에서 p가 가리키는 값을 출력하면 그것이 n factorial 값이어야 한다.

힌트 main에서 결과 값을 저장할 result 변수를 1로 초기화하고 함수 호출 시 result를 가리키는 포인터 ptr을 p로 넘겨준다.

```
void factorial(int n, int *p);
```

06 아래 함수를 호출하여 입력 문장을 거꾸로 출력하는 프로그램을 작성하라.

힌트 재귀 호출을 써 볼 수 있다. 일단 마지막 문자를 찍은 다음에 문자열의 마지막 인덱스를 하나씩 줄여 가며 재귀 호출을 한다. 그 경우 베이스 케이스는 인덱스가 -1일 때다.

```
void reverse(char s[ ], int last);
```

07 컴퓨터에 long long 타입의 크기를 초과하는 정수를 저장할 수는 없다. 이에 대한 대안이 숫자를 자릿수별로 나누어 배열에 넣는 것이다. 예를 들어, 567이라면 arr[0] = 5; arr[1] = 6; arr[2] = 7;로 저장할 수 있다. 그런데 암호화 과정에서 엄청나게 큰 수에 대한 모듈로 연산이 필요할 때가 많다. 이 연산이 특이한 점은 덧셈과 곱셈에 대해 분배 법칙이 성립한다는 것이다. 즉, (a + b) % m = ((a % m) + (b % m))%m, (a * b) % m = ((a % m) * (b % m))%m이다. 예를 들어, 968 % 7 = (900 % 7 + 60 % 7 + 8 % 7) % 7이라 할 수 있다. 여기서 900 % 7 = ((7 + 2) * 100) % 7 = (2 * 100) % 7 = ((9 % 7) * 100) % 7이다. 따라서 968 % 7은 다음과 같이 루프를 돌면서 계산할 수 있다.

```
remainder = 9 % 7 = 2
remainder = (2 * 10 + 6) % 7 = 5
remainder = (5 * 10 + 8) % 7 = 2(Answer)
```

main을 참고로 다음 함수를 채워 이 프로그램을 완성하라.

```
int modulo(int a[ ], const int m, const int size);

int main( ){
    int i, mod, arr[1000];
    char ch;
    printf("Enter a big positive integer.\n");
    i = 0;
    while ((ch = getchar()) != '\n'){
        arr[i] = atoi(&ch);     // must include <stdlib.h>
        i++;                    // number of array elements
    }
    printf("Enter a modulus number.\n");
    scanf("%d", &mod);
    printf("The result of modulo is %d.\n", modulo(arr, mod, i));
    return 0;
}
```

```
> Enter a big positive integer.
> 12345123451234512345(Enter)
> Enter a modulus number.
> 7(Enter)
> The result of modulo operation is 1.
```

08 다항식 $p(x) = 5.0x^3 + 6.0x^2 + 7.0x^1 + 8.0$을 평가하려면 5.0 * x * x * x + 6.0 * x * x + 7.0 * x + 8.0을 계산해야 한다. 그런데 곱셈 횟수가 많을수록 오류가 쌓인다. 부동 소수는 곱할 때마다 아래쪽 자릿수가 잘려 나가기 때문이다. 이에 대한 대안이 호르너 규칙(Horner's Rule)이다. 이는 예를 $((5.0x + 6.0)x + 7.0)x + 8.0$ 형태로 계산하여 곱셈 횟수를 차수만큼으로 줄여 연산의 정확도를 높이는 방법이다. main에서 다항식의 차수와 계수를 입력받은 후에 아래 호르너 규칙을 적용한 함수를 호출하여 결과를 출력하는 프로그램을 작성하라. 여기서 n은 다항식의 차수, p[ ]는 계수를 저장한 배열, x는 변수 x의 값이다. 단, 다항식의 차수는 1차 이상으로 가정한다.

힌트 결과 값을 p[0]으로 초기화한 후 루프를 돌면서 p[i]에 x를 곱하고 p[i + 1]을 더한다. 2차 다항식의 경우 계수는 세 개다.

```
double horner(const int n, const double p[ ], const double x);
```

```
> Enter order of polynomial.
> 2(Enter)
> Enter 3 coefficients.
> 1.0 2.0 3.0(Enter)
> Enter the value of x.
> 2.0(Enter)
> The value of the polynomial is 11.000000.
```

09 상대방에게 1부터 100 사이 숫자 하나를 생각하게 한 다음 그것을 맞추려는 질문을 던진다고 생각해 보자. 만약 '1이냐? 2냐? 3이냐? …'라는 식으로 물어서 답을 찾는다면 최악의 경우 100번의 질문이 필요하다(상대방이 생각한 숫자가 100일 때). 이보다 효율적인 방법이 2진 탐색(Binary Search)이다. 이는 '스무 고개'와 유사하다. 먼저 50이냐고 묻는다. 아니라고 하면 그것보다 큰지 작은지를 묻는다. 크다고 하면 이번에는 75냐고 묻는다. 아니라고 하면 다시 그것보다 큰지 작은지를 묻는다. 이렇게 하면 질문 한 번에 검색의 범위가 반으로 줄기 때문에 대략 100, 50, 25, 12, 6, 3, 1 크기로 범위가 줄어든다. 따라서 대략 여섯 번 내외의 질문이면 충분하다.

정렬 결과 arr 배열에 10 20 30 40 50 60 70 80 90 100이 저장되었다고 가정하고 숫자 80이 저장된 곳의 인덱스를 찾는다고 가정하자. 이 경우 2진 탐색은 일단 가운데 인덱스에 있는 숫자와 80을 비교한다. 예에서는 첫 인덱스가 0, 마지막 인덱스가 9이므로 가운데 인덱스를 arr[(0

+ 9)/2]라고 가정하면 일단 arr[4]와 80을 비교한다. 같으면 찾은 것이므로 인덱스 4를 출력한다. 그러나 이 경우 arr[4]의 50보다 80이 크므로 이제 탐색 범위를 arr[4]의 오른쪽인 arr[5]에서 arr[9]까지로 줄일 수 있다. 다시 이 범위의 가운데에 있는 arr[7]과 80을 비교한다. 같으면 인덱스 7을 출력하고 그렇지 않으면 다시 탐색 범위를 좁힌다. 배열 데이터가 N개일 때 처음부터 끝까지 가면서 탐색하는 선형 탐색(Linear Serach)이 최악의 경우에 대략 N번의 비교를 요하는 데 비해서 2진 탐색은 대략 $\log_2 N$번의 비교면 충분하다.

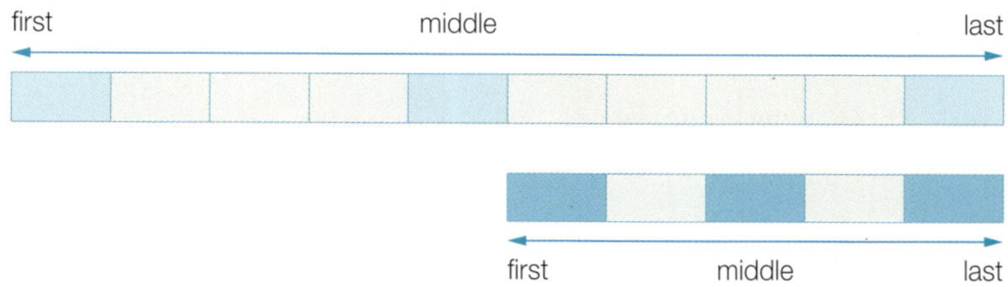

그림 10-17 2진 탐색의 인덱스 변화

12개의 입력 숫자를 배열에 저장하고 정렬한 후 2진 탐색에 의해 해당 숫자가 배열 인덱스 몇 번에 저장되어 있는지를 출력하고 없으면 'No such data.'라고 출력하는 프로그램을 작성하라.

힌트 탐색 범위의 첫 인덱스를 first, 마지막 인덱스를 last라고 하고 first <= last일 때까지 루프를 돌아야 한다. 만약 first > last에 의해 루프를 빠져나왔으면 'No such data.'라고 출력한다. 재귀 호출에 의해 이를 구현하려면 아래 함수를 사용할 수 있다. 여기서 length는 배열 요소의 개수, value는 찾고자 하는 값, first와 last는 탐색의 범위를 나타내는 인덱스다. 따라서 범위 내의 가운데 인덱스 middle은 (first + last) / 2로 계산할 수 있다. 찾고자 하는 숫자가 arr[middle]보다 크면 first = middle + 1로 놓고 재귀 호출을 하면 된다. 그보다 작으면 last = middle - 1로 놓으면 된다. 베이스 케이스, 즉 first > last일 때는 인덱스 값 -1을 리턴함으로써 main에게 'No such data'라는 사실을 알릴 수 있다.

```
int binary_search(int arr[ ], int length, int value, int first, int last);
```

```
> Enter twelve integers.
> 5 1 3 4 6 2 10 101 13 12 88 15(Enter)
> Enter data to be searched.
> 12(Enter)
> It is in index 7.
```

10 회문인지 판단하는 프로그램을 작성하되 아래 재귀 함수를 호출하라. 여기서 first, last는 비교해야 할 요소의 인덱스를 말한다.

힌트 첫 문자와 마지막 문자를 비교하여 같으면 ++first, --last에 의해 비교 범위를 줄여서 재귀 호출을 하면 된다. 베이스 케이스는 두 인덱스가 교차할 때, 즉 first가 last보다 크거나 같을 때다.

```
int is_palindrome(char s[ ], int first, int last);
```

```
> Enter input sentence.
> able was I ere I saw elba(Enter)
> Yes, it is a palindrome.
```

11 삽입 정렬(Insertion Sort)은 우리가 화투나 카드 패를 정렬할 때 무심코 적용하는 방법이다. 실수로 노트를 떨어뜨렸을 때 뒤섞인 페이지를 정렬할 때도 이 방법이 사용된다.

	22	37	15	19	40
1단계	22				
	22				
2단계	22	37			
	22	37			
3단계	22	37	15		
	22	15	37		
	15	22	37		
4단계	15	22	37	19	
	15	22	19	37	
	15	19	22	37	
5단계	15	19	22	37	40
	15	19	22	37	40

그림 10-18 삽입 정렬

이는 왼쪽에서 오른쪽으로 가면서 정렬된 그룹을 늘려가는 방법이다. 1단계에서 가장 왼쪽 첫 숫자에만 주목한다. 22 하나이므로 그 자체로 정렬된 것이다. 2단계에서 다음 숫자를 보되 왼쪽 숫자와 비교한다. 37은 왼쪽의 22보다 크므로 그대로 둔다. 이렇게 함으로써 처음 두 개의 레코드는 정렬된 그룹을 이룬다. 다음 3단계에서 15는 왼쪽의 37보다 작다. 따라서 15와 37을 교환한다. 그러나 여기서 끝내서는 안 된다. 다시 왼쪽의 22와 비교해야 한다. 15가 22보다 작으므로 15와 22를 다시 교환한다. 또, 이런 방법으로 제 자리를 찾을 때까지 비교를 계속해야 한다.

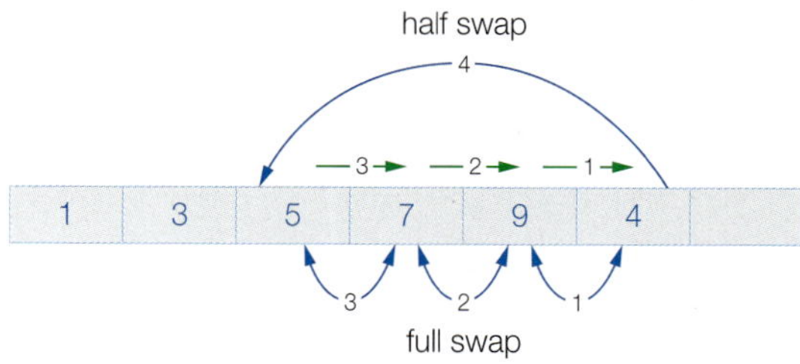

그림 10-19 풀 스왑과 하프 스왑

삽입 정렬의 스왑에는 두 가지 방법이 있다. 풀 스왑(Full Swap)은 오른쪽이 왼쪽보다 작을 때마다 스왑을 계속하는 방법이다. 그림의 예를 들자면 4와 9를 스왑하고 이어서 4와 7을, 그리고 4와 5를 스왑하는 방법이다. 일반적으로 스왑은 세 번의 대입 연산을 요한다. a, b를 스왑하자면 a를 temp로, b를 a로, temp를 b로 넣어야 하기 때문이다. 스왑의 횟수를 줄여 실행 시간을 단축하기 위한 방법이 하프 스왑(Half Swap)이다. 그림에서 4가 9보다 작다고 판단되더라도 일단 스왑을 유보한 채 9의 왼쪽에 있는 7과 비교를 한다. 4가 7보다 작더라도 다시 7의 왼쪽에 있는 5와 비교한다. 결국 4와 3을 비교한 다음에야 4가 5의 자리에 들어가야 함을 알 수 있다. 이후 9, 7, 5를 차례차례 한 칸씩 오른쪽으로 이동시켜 4가 들어갈 자리를 마련한 다음에 단번에 4를 5의 자리로 이동시킨다. 실제로 이 경우에는 스왑이 일어나는 것이 아니라 이동만 일어나기 때문에 풀 스왑에 비해 실행 시간이 상당히 줄어든다.

단계별로 이러한 삽입을 계속하면 정렬된 그룹은 점차 오른쪽으로 자라나 결국 정렬이 종료된다. 분명한 것은 현재 고려되고 있는 숫자의 왼쪽에 있는 모든 숫자는 정렬되어 있다는 사실이다. 이처럼 매번 루프를 돌 때마다 변하지 않는 사실을 루프 인베리언트(Loop Invariant)라고도 부른다. 다음 함수 원형을 써서 삽입 정렬 함수를 작성하고 main에서 그것을 불러 정렬 결과를 출력해 보라.

힌트 current 인덱스를 배열 처음부터 끝까지 가면서 각 요소에 대해 left 인덱스를 왼쪽에 있는 모든 요소와 비교를 해야 하므로 2중 for 문으로 처리해야 한다.

```
void insertion_sort(int arr[ ], int length);
```

```
> Enter input numbers.
> 5 6 7 3 1 2 -1(Enter)
> After sorting: 1 2 3 5 6 7
```

12 집합 연산에는 새로운 원소를 추가하는 작업(Addition)과 기존 원소를 제거하는 작업(Deletion)이 필수적이다. 이 두 가지 작업을 아래 add_element와 delete_element 함수로 구현하라. 여기서 value는 삽입이나 삭제할 값을, set는 집합을, cp는 원소의 개수를 저장한 변수 count를 가리키는 포인터다. 이를 포인터로 만든 이유는 함수 사이에 count 변수를 공유하기 위해서다. 집합 내에 동일 원소가 있어서는 안 되기 때문에 add_element 내부에서는 has_element를 호출하여 해당 원소가 없을 경우에 한해서 추가해야 한다. 유사한 맥락에서 원소를 제거하는 작업에서도 has_element를 호출하여 제거하려는 원소가 없으면 그대로 두어야 한다. 작업이 끝날 때마다 현재의 집합 요소를 오름차순으로 정렬해서 출력해야 한다. 'q'가 입력되면 프로그램을 끝내야 한다.

힌트 추가할 때는 배열 끝에 추가한다. 삭제할 때는 이동이 필요하다. 예를 들어, 인덱스 0부터 5까지인 상태에서 인덱스 2에 있는 요소를 삭제하면 인덱스 3, 4, 5에 있는 요소가 차례차례 왼쪽으로 한 칸씩 이동해야 한다. 추가할 경우 count가 증가하고 삭제할 경우 count가 감소한다. a 5가 입력되면 숫자 5를 읽고 난 다음에는 while ((ch = getchar( )) != '\n');에 의해 버퍼 클리어링을 해야 한다.

```
int has_element(int value, int set[ ], const int *cp);
void add_element(int value, int set[ ], int *cp);
void delete_element(int value, int set[ ], int *cp);
```

```
> Enter commands: a 5 adds 5 to the set, d 5 deletes 5 from the set.
> a 20(Enter)
> 20
> Enter commands: a 5 adds 5 to the set, d 5 deletes 5 from the set.
> a 10(Enter)
> 10 20
> Enter commands: a 5 adds 5 to the set, d 5 deletes 5 from the set.
> d 10(Enter)
> 20
> q(Enter)
```

Chapter 11
포인터와 배열

01 포인터 산술 연산
02 2중 포인터
03 동적 메모리
04 2차원 배열과 포인터 배열
과제

컴파일러 번역 도중 배열 기호는 포인터 기호로 바뀐다. 따라서 배열의 정체는 포인터라고 할 수 있다. 자료형끼리 서로 섞여 더욱 유용한 자료형이 만들어진다. 배열 요소가 배열인 것이 2차원 배열이고 배열 요소가 포인터인 것이 포인터 배열이다. 포인터를 가리키는 포인터가 2중 포인터다. 알고리즘을 효과적으로 구현하려면 이들 자료형을 자유자재로 쓸 수 있어야 한다.

01 포인터 산술 연산

```
int num;
int arr[10];
int *p;

p = &num; ………………… ❶
p = arr; ………………… ❷
```

①처럼 하면 이제 p는 num이라는 단일 변수를 가리킨다. 이와는 달리 ②처럼 하면 p는 여러 변수로 이루어진 arr 배열의 첫 요소를 가리킨다. 배열명 자체가 배열 첫 요소의 주소이기 때문에 이는 p = &arr[0];과도 같다. 배열의 경우 첫 요소의 주소만 알면 나머지 모든 요소의 주소를 계산하여 접근할 수 있기 때문에, ②는 첫 변수는 물론 배열의 나머지 모든 변수에도 접근할 수 있는 명령문이다. 줄줄이 엮여 있는 사탕을 끄집어내려면 첫 번째 사탕 꼬투리만 잡으면 되기 때문이다.

```
int *p; ……………… ❶ p = 400, p + 1 = 404, p + 2 = 408
char *p; ……………… ❷ p = 400, p + 1 = 401, p + 2 = 402
double *p; ………… ❸ p = 400, p + 1 = 408, p + 2 = 416
```

가리키는 대상의 타입에 따라 포인터 산술 연산의 결과가 달라진다.

C 언어의 산술 연산에는 포인터 산술 연산(Pointer Arithmetics)이라는 것이 있다. 일반적인 산술 연산에서 p = 400이라고 하면 당연히 p + 1 = 401이다. 그러나 포인터 변수는 가리키는 대상에 따라 연산의 단위가 달라진다. 예를 들어 ①처럼 선언하면 p는 4바이트 단위의 정수 포인터다. 따라서 정수끼리 붙어 있다고 가정할 때 현재 p가 400번지 정수를 가리키고 있으면 그 다음 정수의 주소는 p에 4를 더한 값이 된다. 즉, p + 1 = 404가 된다. 그러나 ②의 경우 1바이트 단위의 문자 포인터이기 때문에 p + 1 = 401이 된다. ③처럼 8바이트 크기의

실수 포인터라면 p + 1 = 408이 된다. 즉, 포인터 변수에 1을 더하는 연산은 그 포인터가 가리키는 자료형의 크기만큼 더하는 연산으로 바뀐다.

물론 이는 컴퓨터 하드웨어에 따라 다를 수 있다. 바이트 단위 주소 컴퓨터(Byte Addressable Machine)라면 위 이야기가 맞다. 바이트 단위로 1번지씩 주소를 지정하기 때문이다. 그러나 워드 단위 주소 컴퓨터(Word Addressable Machine)라면 이야기가 달라진다. 만약 1워드가 4바이트라면 이 컴퓨터는 4바이트 단위로 1번지씩 주소를 할당한다. 따라서 이러한 구조의 컴퓨터에서는 정수형 변수에 대해서도 산술 연산의 결과로 p + 1 = 401이 된다. 그러나 이 책에서는 바이트 단위로 주소를 지정하는 컴퓨터를 가정하고 설명하기로 한다.

포인터 사이에 덧셈은 허용되지 않지만 뺄셈은 허용된다. 예를 들어 포인터 p, q에 대해 q − p라는 표현을 사용하기도 한다. 이는 p, q가 동일한 배열 내의 요소를 가리킬 때만 의미가 있다. 정수 배열 arr에서 p = &arr[1]; q = &arr[3];이라고 한다면 q − p는 2가 된다. 이는 두 포인터 사이에 있는 요소의 개수를 구하기 위한 계산이다.

```
int rabbit[4], *p;

p = rabbit; ················ ❶
p = &rabbit[0]; ············ ❷

p = rabbit + 1; ············ ❸
p = &rabbit[1]; ············ ❹
```

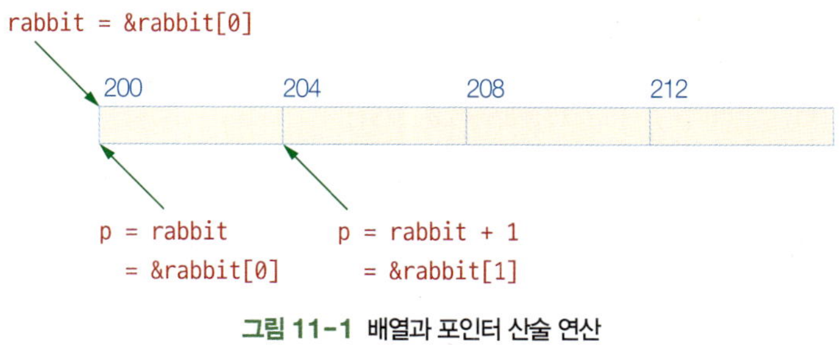

그림 11-1 배열과 포인터 산술 연산

배열명은 그 자체로 포인터다. 배열의 시작 주소이기 때문이다. ①에 의해 배열의 시작 주소가 p에 복사되어 들어간다. 그런데 배열의 시작 주소라는 것은 정확하게 말하면 배열 첫 요소인 rabbit[0]의 주소다. 따라서 ①은 ②와 완전히 동일한 표현이다. ③의 우변 rabbit은 포인터다. 따라서 포인터에 1을 더했으므로 이는 포인터 산술 연산이다. rabbit 배열의 요소가 정수형이므로 이는 rabbit + 1 = &rabbit[0] + 4로 계산된다. 이는 ④와 완전히 동일한 명령문이다. 배열 요소는 서로 붙어 있으므로 rabbit[0]의 시작 주소에 4를 더한 값은 rabbit[1]의 시작 주소이기 때문이다.

```
int num, *p, rabbit[ ] = {10, 20, 30};
p = rabbit;
num = *(++p);  ............ ❶
p = rabbit;
num = ++(*p);  ............ ❷
```

①과 ②의 차이에도 유의해야 한다. ①의 우변은 일단 p를 증가시킨다. 현재 p가 rabbit[0]을 가리키고 있으므로 (++p)는 rabbit[1]을 가리킨다. 이후 p가 가리키는 변수의 값을 좌변에 대입한다. 따라서 num에는 rabbit[1]의 값인 20이 대입된다. 반면에 ②는 일단 p가 가리키는 변수의 값을 읽어온다. 이후 거기에 1을 더해 좌변에 대입한다. 현재 p가 rabbit 즉 rabbit[0]을 가리키고 있으므로 거기에 1을 더하면 num에는 11이 대입된다. 여기서 ②의 ++는 포인터 산술 연산이 아니라 일반적인 산술 연산이다. *p가 포인터가 아니라 포인터가 가리키는 변수 값이기 때문이다.

예제 11-1

```
#include <stdio.h>

int main( ){
   int i, *p, arr[ ] = {5, 10, 15, 20, 25};
   printf("arr[0] is %d.\n", arr[0]);
   printf("*arr is %d.\n", *arr);  ............ ❶

   p = arr;
   for (i = 0; i < 5; i++)
      printf("%d\t", *(p + i));  ............ ❷
    printf("\n");
```

```c
    p = arr;
    for (i = 0; i < 5; i++)
        printf("%d\t", *p++);  ........................ ❸
    printf("\n");

    p = arr;
    for (i = 0; i < 5; i++)
        printf("%d\t", (*p)++);  ...................... ❹
    printf("\n");
    return 0;
}
```

```
arr[0] is 5.
*arr is 5.
5    10    15    20    25
5    10    15    20    25
5    6     7     8     9
```

*p++ = *(p++)

*p++는 포인터 값을 증가, (*p)++는 변수 값을 증가

①에 의해 배열명이 배열 첫 요소를 가리키는 포인터임을 알 수 있다. 또, ②에 의해 포인터 산술 연산이 제대로 되는지 확인할 수 있다. ③은 주의를 요한다. 우선순위에 의하면 후위 증감 연산자(++)가 참조 연산자(*)보다 순위가 높다. 따라서 *p++는 *(p++)를 의미한다. 그런데 여기서 p++는 후위 증가 연산자이므로 일단 *p를 찍은 다음 포인터 p 값을 증가시키기 때문에 5 10 15 20 25를 찍는다. 이는 ④의 (*p)++와는 의미가 다르다. (*p)는 포인터가 가리키는 변수를 뜻한다. 이 역시 후위 증가 연산자이므로 일단 *p를 찍지만 그 다음에 p가 아니라 *p, 즉 변수 값을 증가시킨다. 그 결과 배열 첫 요소의 값을 계속 증가시키면서 찍는다.

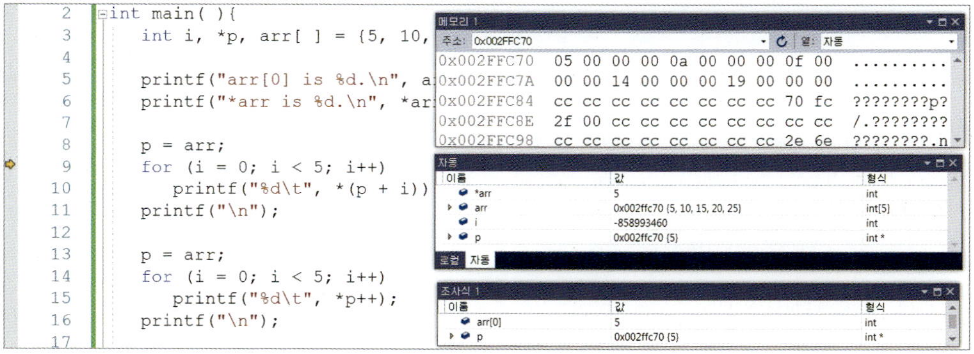

배열 내용을 보려면 디버거의 '메모리' 창을 띄우면 된다. 예는 p = arr;까지 실행하고 for 루

프에 들어가기 직전의 모습이다. '자동' 창을 보면 arr의 내용이 {5, 10, 15, 20, 25}로 표시되어 있다. 또, arr과 p가 동일한 주소로 되어 있음을 알 수 있다. 또, *arr이 조사식 창에서 입력한 arr[0]과 똑같이 5임을 알 수 있다. 여기서 [디버그]-[창]-[메모리]-[메모리 1]을 누르면 '메모리' 창(Memory Window)을 띄울 수 있다. 이후 '조사식' 창이나 '자동' 창에서 원하는 변수를 마우스로 선택해 '메모리' 창의 주소란으로 끌어다놓으면 변수의 내용을 볼 수 있다. 단, 끌어다 놓는 변수는 반드시 포인터 변수여야 한다. 위의 예시는 자동 창의 arr을 끌어다놓은 것이다. '메모리' 창을 보면 배열 첫 요소인 5는 4바이트에 걸쳐 '05 00 00 00'으로 저장되어 있다. 낮은 자리수를 먼저 저장하는 것으로 보아 이는 리틀 엔디언(Little Endian) 방식이다. 이어 바로 다음에 배열 둘째 요소인 10(16진수 a)이 '0a 00 00 00'으로 저장되어 있다.

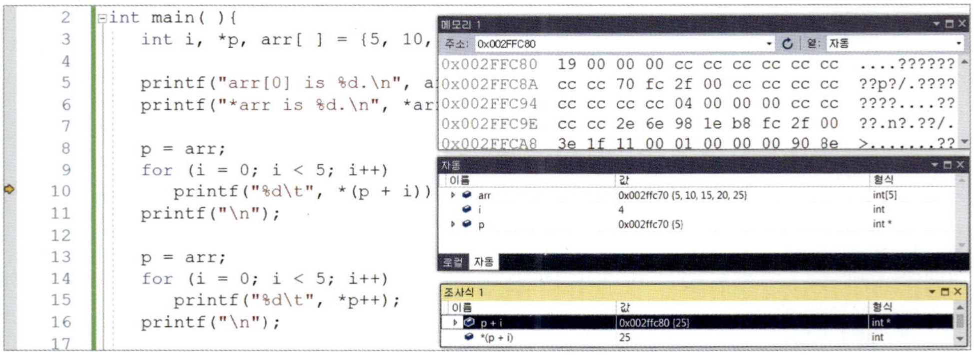

'메모리' 창도 매우 유용한 디버깅 도구가 될 수 있다. 메모리에 저장된 변수의 모습을 직접 확인할 수 있기 때문이다. 예는 루프 안에서 i가 4일 때 printf 문을 실행하기 직전의 모습이다. 조사식 창에 (p + i)와 *(p + i)를 넣으면 주소와 값을 확인할 수 있다. 또, (p + i)를 선택해 메모리 창으로 끌고가면 (p + i)번지에서 시작하는 메모리 내용을 볼 수 있다. 예상한 대로 arr[4]의 값으로 25(16진수 19)가 저장되어 있음을 알 수 있다.

예제 11-2

```
#define MAX 5
#include <stdio.h>

int main( ){
   int i, sum, *p, arr[MAX] = {5, 10, 15, 20, 25};
```

```
    sum = 0;
    for (p = arr; p < &arr[MAX]; p++)  ........❶
        sum += *p;
    printf("Sum is %d.\n", sum);

    sum = 0;
    for (i = 0; i < MAX; i++)  ..................❷
        sum += *(arr + i);
    printf("Sum is %d.\n", sum);

    sum = 0;
    p = arr;
    for (i = 0; i < MAX; i++)  ..................❸
        sum += p[i];
    printf("Sum is %d.\n", sum);
    return 0;
}
```

$$arr[i] = *(arr + i)$$

배열 요소의 합을 구하는 프로그램으로 세 가지 방법을 예시하고 있다. ①은 포인터 산술 연산에 의해 p 값을 증가시켜 다음 요소를 가리키게 하면서 합을 구하는 방법이다. arr 배열의 마지막 요소는 arr[MAX − 1]이므로 조건식의 p는 &arr[MAX]보다 작아야 한다. ②는 배열명 arr에 i를 더해 다음 요소를 가리키게 하면서 합을 구하는 방법이다. 배열명도 포인터이므로 배열명에 숫자를 더하면 이 역시 포인터 산술 연산으로 바뀐다. 여기서 *(arr + i)를 *arr + i라고 하면 안 된다. 참조 연산자(*)가 덧셈 연산자(+)보다 우선순위가 높기 때문이다.

```
&p[i]
= &p[0] + sizeof(int) * i
= p + sizeof(int) * i
= arr + sizeof(int) * i
```

포인터를 배열명으로 쓸 수도 있다. ③ 직전에 p = arr;이라고 했으므로 이제 p는 arr과 동의어다. 즉, p를 마치 배열명처럼 사용하여 arr[i] 대신 p[i]라고 쓸 수 있다. 이 경우 p[i]의 값을 구하려면 먼저 &p[i]를 구해야 한다. 그런데 컴파일러는 &p[i]를 위와 같이 번역하기 때문에 결국 p[i]는 arr[i]와 같은 뜻이 된다.

```
int num, arr[4];
num = arr[2]; ················ ❶ O.K.
num = 2[arr]; ················ ❷ O.K.
```

배열 기호는 컴파일러에 의해 포인터 기호로 바뀐다.

어셈블리 언어 수준에서는 배열이란 것이 존재하지 않는다. 따라서 프로그래머가 배열 기호를 쓰더라도 컴파일러는 그것을 포인터 기호로 번역한다. 그 결과, 배열 요소는 배열 시작 주소(Base Address)와 그로부터 몇 바이트만큼 떨어져 있는지를 나타내는 이격 거리(Offset)로 바뀐다. ①의 우변은 컴파일 결과 *(arr + 2)에 해당하는 어셈블리 명령문으로 바뀐다. arr이 배열 시작 주소이고 2가 이격 거리이기 때문이다. 심지어 이를 ②처럼 써도 된다. 2[arr] = *(2 + arr)로 번역하기 때문이다. C 언어가 배열 기호를 제공하는 이유는 단지 그것이 개념적으로 포인터보다 이해하기 쉽기 때문이다. 따라서 무조건 포인터 기호를 쓸 필요는 없다. 불분명한 포인터 코드보다는 분명한 배열 코드가 낫다. 그러나 분명하면서도 간단한 포인터 코드는 배열 코드보다 훨씬 낫다.

```
int num, *p = &num;
printf("*p is %d.\n", *p); ······················ ❶
printf("p[0] is %d.\n", p[0]); ·················· ❷
int *a; ········································· ❸
int a[ ]; ······································· ❹
```

①, ②는 동일한 표현이다. 배열 요소가 반드시 둘 이상이어야 한다는 조건은 없기 때문이다. 다시 말해서 p가 가리키는 변수가 단 하나일지라도 그 자체를 배열로 바라보고 p[0]라는 배열 기호를 쓸 수 있다. ③, ④는 약간의 의미 차이가 있을 수 있다. ③은 포인터 a가 가리키는 변수가 단일 변수라는 의미가 강하다. 그러나 이 선언만으로는 a가 단일 변수를 가리키는지 여러 변수로 이루어진 배열의 첫 요소를 가리키는지 알 수가 없다. 이에 비해 ④는 a가 배열이라는 의미가 강하다. 물론 이 역시 int a[1];이라고 하면 a는 단일 변수를 가리킨다.

```
int *p, arr[MAX];
arr = p; arr = 100; ································ ❶ Error
p = arr; p = arr + 2; ····························· ❷ O.K.
```

배열명 = 배열 시작 주소 = 상수

배열명은 포인터이지만 프로그램 실행 도중에 값을 바꿀 수 없는 상수 포인터다. 따라서 배열명을 변수로 쓸 수는 없다. ①처럼 배열명이 대입문 좌변의 L-value로 등장해서는 안 된다. 프로그램이 시작할 때 확정된 배열의 시작 주소를 프로그램 실행 도중에 바꿀 수는 없기 때문이다. 물론 ②는 무방하다. p = arr;에서 좌변 p가 변수이고 우변 배열명은 R-value이기 때문이다. p = arr + 2;도 무방하다. arr + 2가 연산식으로서 R-value이기 때문이다.

```
int arr[10];
int *p = arr + 9; ································· ❶
int num = *(++p); ································· ❷ Error
```

런 타임 오류 중 가장 흔한 것이 배열 인덱스 범위 초과(Array Index out of Range) 오류다. ①에 의해 p는 배열의 마지막 요소인 arr[9]를 가리킨다. 따라서 거기에 1을 더한 ②의 우변은 arr[10]을 접근하려는 것이므로 선언된 배열의 바깥 영역에 접근하려는 시도다.

잘못된 포인터 연산이 문제가 되는 이유는 컴파일 단계에서 걸러내지 못하기 때문이다. 또, 실행 중 오류가 일어나면 어떤 일이 일어날지 모르기 때문이다. 프로그램이 곧바로 크래시하는 것은 최선의 경우다. 하지만 오류가 일어났음에도 불구하고 프로그램이 계속 실행될 때가 더 많다. 그 결과, 예상치 않았던 이상한 출력이 나오기도 한다. 프로그램 용역을 발주한 사람 앞에서 시연할 때 오류가 일어나는 것이 아마도 최악의 경우일 것이다. 이런 점을 감안할 때 프로그래머는 포인터가 배열 경계선을 벗어나는지 철저하게 확인해야 한다.

```
int sum_up(int *p); ······························· ❶
int sum_up(int p[ ]); ····························· ❷
```

피호출 함수에서 배열을 넘겨받으려면 ①처럼 해도 되고 ②처럼 해도 된다. 포인터 기호를 쓰든 배열 기호를 쓰든 결과는 완전히 동일하다. ①처럼 하면 p가 단일 변수를 가리키는 포인터인지 배열 전체를 받는 포인터인지가 불분명하다. 그러나 ②처럼 하면 p가 배열을 받고 있다는 점이 비교적 분명하게 드러난다. 그러나 배열이 포인터이고 포인터가 배열이라는 점에서 볼 때 어떤 기호를 사용할 것인가는 결국 프로그래머의 개인적 취향에 달려 있다.

```
int sum_up(const int *p);
int sum_up(const int p[ ]);
```

피호출 함수가 호출 함수의 원본 배열을 읽기만 할 뿐 변경은 하지 말아야 할 때도 많다. 그 경우에는 예처럼 선언하는 것이 좋다. 이렇게 해놓으면 sum_up 함수 내부에 배열 요소의 값을 바꾸는 명령문이 있을 경우 컴파일러가 자동으로 오류 메시지를 내보낸다. const 지정자는 프로그래머의 실수로 인해 배열 내용이 변경되는 사태를 예방하기 위한 수단이다.

예제 11-3

```
#include <stdio.h>
#include <stdlib.h>

int main( ){
   int i;
   for(i = 0; i < 6; i++)
      printf("%d ", rand( ));
   printf("\n");
   return 0;
}
```

```
41 18467 6334 26500 19169 15724
```

여섯 개의 난수(Random Number)를 생성하는 프로그램이다. stdlib.h 파일에 선언된 rand 함수는 0부터 RAND_MAX까지의 정수 중 임의의 숫자를 돌려준다. 여기서 RAND_MAX는 stdlib.h에 정의된 상수로서 int 형으로 표현할 수 있는 최대 정수를 말한다. 사용되는 stdlib.h에 따라 값이 달라지지만 이 값은 최소 32767 이상이다. 그런데 이상하게도 이 프로그램은 실행될 때마다 매번 동일한 숫자 열(Number Sequence)을 출력한다.

프로그램은 입력이 같으면 출력도 같다.

입력이 같은데도 어떨 때는 이렇게 출력하고 어떨 때는 저렇게 출력하는 프로그램은 존재하지 않는다. rand 함수도 마찬가지다. 입력이 같으면 출력도 같을 수밖에 없다. rand 함수에 입력되는 값을 seed라 부른다. 난수를 생성하는 씨앗이라는 뜻이다. 예를 실행할 때마다 매번 동일한 숫자 열을 내보내는 이유는 디폴트로 사용된 seed 값이 같기 때문이다. seed가 같으면 첫 난수가 같아질 뿐 아니라 숫자 열 전체가 같아진다. 대부분의 난수 발생 알고리즘이 바로 직전의 난수를 이용하여 그 다음 난수를 만들기 때문이다.

```
void srand(unsigned seed);
```

stdlib.h 파일에는 srand 함수가 선언되어 있다. 이는 rand 함수에 입력될 seed 값을 설정하는 함수로서 원형은 예와 같다. 만약 이 함수를 호출하지 않으면 디폴트 seed 값으로 1이 적용되어 srand(1)이 호출된다. 예를 실행할 때마다 매번 동일한 숫자 열이 나온 이유는 seed 값이 계속해서 1로 들어갔기 때문이다. 그렇다면 어떻게 하면 프로그램이 실행될 때마다 srand 함수를 써서 seed 값을 바꿀 수 있을 것인가가 관건이다.

이에 대한 해법이 time.h 헤더 파일에 선언된 time 함수다. 이 함수는 NULL을 인자로 주면서 time(NULL)이라고 하면 1970년 1월 1일 이후 지금까지 몇 초가 경과했는지를 정수로 돌려준다. 따라서 프로그램이 실행되는 매 순간마다 값이 바뀐다.

예제 11-4

```
#include <stdio.h>
#include <stdlib.h>
#include <time.h>  ···························· ❶

int main( ){
   int i;
   srand(time(NULL));  ······················ ❷
   for (i = 0; i < 6; i++)
      printf("%d ", (1 + rand() % 45));  ···· ❸
   printf("\n");
   return 0;
}
```

①에서 time.h 헤더 파일을 포함하였고 ②에서 time 함수를 호출하여 seed 값을 설정하고

있다. 이 seed 값이 '자동으로' ③의 rand 함수로 들어간다. 예에서 보듯 srand 함수는 루프 밖에서 단 한 번만 부르면 된다. seed 값을 바꾸어 첫 난수를 바꾸면 rand 함수 호출에 의해 만들어지는 일련의 난수 전체가 바뀌기 때문이다. 이는 전술한 대로 바로 직전의 난수를 이용하여 그 다음 난수를 만들기 때문이다.

$$\text{first} \leqq \text{rand}(\,) \leqq \text{last}$$
$$\text{first} + \text{rand}(\,)\ \%\ (\text{last} - \text{first} + 1)$$

rand가 생성하는 난수의 범위는 0부터 RAND_MAX까지다. 그런데 이 범위를 조절해야 할 때가 있다. 예를 들어, 로또 숫자는 1부터 45까지로 제한되어 있다. 그 경우 0부터 RAND_MAX까지의 숫자를 1부터 45까지 숫자로 사상(Mapping)시켜야 한다. ③이 그 예다. 어떤 수를 45로 나누면 그 나머지는 0~44 범위에 분포한다. 따라서 여기에 1을 더하면 1~45 범위가 된다. 이를 일반화하면 예처럼 공식화할 수 있다. 여기서 first는 범위 내의 첫 숫자, last는 마지막 숫자를 의미한다. 만약 rand 함수의 결과를 10~40 범위로 사상하려면 10 + rand( )% 31로 해야 한다.

입력 금액이 주어지면 그 금액에 해당하는 만큼의 복권번호를 생성하는 프로그램을 작성해 보자. 단, 정렬된 순서로 번호를 출력해야 하며 프로그램은 0원이 입력될 때까지 반복된다고 가정하자. 한 장에 천 원이니 5천 원이 입력되면 다섯 세트를 만들어야 한다. 한 세트는 번호 여섯 개로 구성되며 세트 내에 동일한 번호가 나와서는 안 된다.

예제 11-5

```
#define MAX 6
#include <stdio.h>
#include <stdlib.h>
#include <time.h>
#include <windows.h>

void print_array(const int*, int);
void swap(int*, int*);
void bubble_sort(int*, int);
int is_duplicate(const int*, int, int);
void set_numbers(int*);
```

```
void print_array(const int* arr, int length){
   int i;
   for (i = 0; i < length; i++)
      printf("%d ", arr[i]);
}

void swap(int *p, int *q){
   int temp;
   temp = *p;
   *p = *q;
   *q = temp;
}

void bubble_sort(int* arr, int length){
   int pass, current, sorted = 0;
   for (pass = 1; (pass < length) && (!sorted); pass++){
      sorted = 1;
      for (current = 0; current < (length - pass); current++){
         if (arr[current] > arr[current + 1]){
            swap(&arr[current], &arr[current + 1]);
            sorted = 0;
         }
      }
   }
}

int main(void){
   int money, i, lottery[MAX];
   while (1){
      printf("Enter available money.\n");
      scanf("%d", &money);
      if (money == 0)
         break;
      printf("Possible sets of lottery numbers are,\n");
      for (i = 1; i <= money / 1000; i++){
         set_numbers(lottery);
         bubble_sort(lottery, MAX); ··································· ❶
         print_array(lottery, MAX); ··································· ❷
         printf("\n");
```

```
        }
    }
    return 0;
}

int is_duplicate(const int* arr, int length, int n){
    int i;
    for (i = 0; i < length; i++){ ········································ ❸
        if (arr[i] == n)
            return 1;
    }
    return 0;
}

void set_numbers(int* lotto){
    int i, num;
    Sleep(1000); ········································································ ❹
    srand(time(NULL));
    for (i = 0; i < MAX;){ ·························································· ❺
        num = 1 + rand( )% 45;
        if (!is_duplicate(lotto, i, num)) ································· ❻
            lotto[i++] = num; ······················································ ❼
    }
}
```

```
Enter available money.
5000
Possible sets of lottery numbers are,
9 14 16 21 23 28
7 9 18 26 33 40
6 21 27 33 34 45
12 22 24 26 37 42
2 3 12 23 27 41
Enter available money.
```

main은 몇 세트를 만들 것인지만 알려줄 뿐 실제로 한 세트의 복권 번호를 만드는 것은 set_

numbers 함수다. 전달 받은 lotto 배열에 들어갈 번호를 얻기 위해 ⑤에서 i를 0에서 5까지 증가시키면서 루프를 돌린다. ⑥의 is_duplicate 함수는 새로 만든 난수가 기존에 만든 난수와 중복되는지를 확인하기 위한 함수다. 예를 들어, ⑤에서 i가 3인 상태에서 이 함수를 호출했다면 num은 lotto[3]에 넣고자 하는 숫자다. 따라서 이 숫자는 이전에 만들어진 lotto[0], lotto[1], lotto[2]와 중복되지 말아야 한다. 이 작업은 ③에 의해 이루어진다. 비교 결과 같은 값이 있으면 곧바로 1(true)을 돌려주면서 함수를 빠져나간다. 그렇지 않으면 0(false)을 돌려준다. 중복되지 않으면 ⑦에 의해 lotto[3]에 num을 대입하고 i 인덱스를 4로 증가시킨다. 반면, 중복되면 i 인덱스 값을 유지한 채 ⑤의 루프로 되돌아가 같은 인덱스에 새로운 난수를 만들어 넣는다.

한 가지 더 유의할 점은 srand 함수 호출 사이의 시간 간격이다. 만약 컴퓨터의 속도가 무척 빨라서 이전 srand 함수를 호출할 때와 다음 srand 함수를 호출할 때의 간격이 1초 이내라면 srand(time(NULL)) 함수 실행 결과로 동일한 seed 값이 설정된다. 따라서 이를 방지하려면 함수 호출 사이 시간을 조금 더 늘려야 한다. 그러려면 〈windows.h〉 파일을 포함시킨 후 ④처럼 srand 함수 호출 직전에 Sleep(1000); 명령어를 추가할 수 있다. 여기서 Sleep 함수(S가 대문자임에 유의)는 CPU에게 아무것도 하지 말고 1000ms를 기다리라는 뜻이다.

예에서 배열은 세 번 전달된다. ①, ②, ⑥에서다. 세 경우 모두 lottery 또는 lotto라는 배열명을 전달해 참조 호출 효과를 기하고 있다. 그러나 print_array나 is_duplicate 함수는 배열을 읽기만 할 뿐 쓸 필요는 없기 때문에 배열명 앞에 const라는 타입 지정자를 붙였다. 또 예에서는 매개변수로 전달된 배열에 모두 포인터 기호를 쓰고 있다는 점도 유의할 필요가 있다.

02 2중 포인터

예제 11-6

```c
#include <stdio.h>
int main( ){
    int num = 10;
    int *ptr = &num; ........................... ❶
    int **dptr = &ptr; ......................... ❷

    printf("num is %d.\n", num);
    printf("*ptr is %d.\n", *ptr);
    printf("**dptr is %d.\n", **dptr); ......... ❸
    return 0;
}
```

```
num is 10.
*ptr is 10.
**dptr is 10.
```

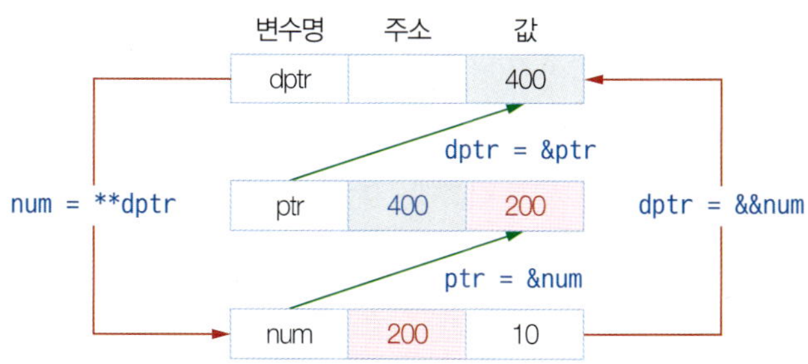

그림 11-2 2중 포인터

포인터를 가리키는 포인터가 2중 포인터다.

포인터 자체도 변수다. 따라서 포인터를 가리키는 포인터를 선언할 수 있다. ①에 의해 ptr이 num을 가리키는 포인터가 된다. 이처럼 변수를 직접 가리키는 포인터를 단일 포인터(Single Pointer)라 부른다. 그런데 ②처럼 하면 dptr = &ptr이 되므로 이제 dptr이 ptr을 가리킨다. 이처럼 포인터를 가리키는 포인터를 2중 포인터(Double Pointer)라 부른다. 그림에서 보듯

dptr이 ptr을 가리키고 ptr이 다시 num을 가리키게 된다. 따라서 num 값을 찍으려면 ③처럼 해야 한다. **dptr = *(*dptr) = *(ptr) = num이기 때문이다. ②의 좌변 타입 선언에도 유의해야 한다. *dptr이 int가 아니고 **dptr이 int다.

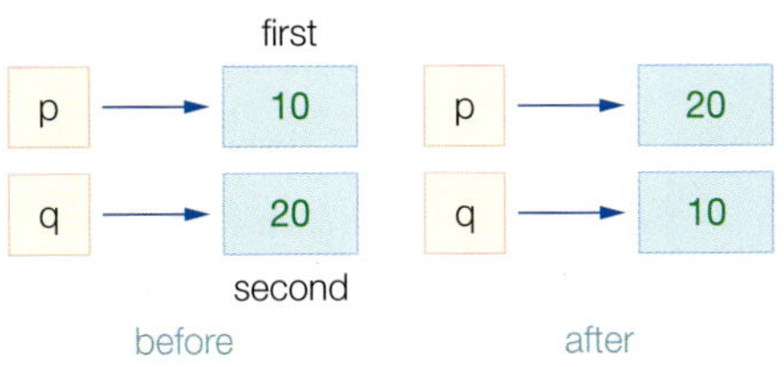

그림 11-3 변수의 값을 교환

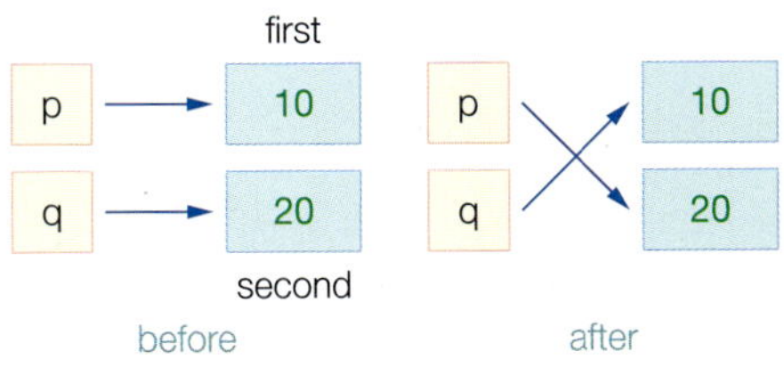

그림 11-4 변수 포인터를 교환

스왑(swap)해야 할 변수가 무척 클 때는 [그림 11-3]처럼 변수 값을 바꾸는 방식이 문제가 되기도 한다. 물론 지금까지 우리가 배운 변수는 int, char, double 등 단순한 자료형이지만 이후 더욱 복잡한 자료형을 정의하면 변수 하나의 크기가 엄청나게 커질 수 있기 때문이다. 그 경우 교환을 위해 변수를 읽어 이리저리 옮기는 데에는 많은 시간적 부담이 따른다. 따라서 [그림 11-4]에서 보듯이 변수는 그대로 둔 채 포인터만 바꿔서 교환하는 방법을 생각해 볼 수 있다.

예제 11-7

```
#include <stdio.h>
void swap(int**, int**);

int main( ){
   int first, second;
   int *fp = &first, *sp = &second; ································❶

   printf("Enter two integers to swap.\n");
   scanf("%d%d", &first, &second);
   printf("Before swap: *fp is %d and *sp is %d\n", *fp, *sp);
   swap(&fp, &sp); ·······························································❷
   printf("After swap: *fp is %d and *sp is %d\n", *fp, *sp);
   return 0;
}

void swap(int** p, int** q){ ··················································❸
```

```
    int *temp; ·············· ❹
    temp = *p; ·············· ❺
    *p = *q;
    *q = temp;
}
```

```
Enter two integers to swap.
10 20
Before swap: *fp is 10 and *sp is 20
After swap: *fp is 20 and *sp is 10
```

변수 원본을 변경하려면 변수의 주소를 넘기는 것처럼 포인터 원본을 변경하려면 포인터의 주소를 넘겨야 한다. 일단 ①에 의해 first, second 변수를 가리키는 포인터인 fp, sp를 만들어야 한다. 이후에 변수는 그대로 둔 채 포인터만 교환할 수 있다. 즉, ②처럼 포인터의 포인터를 스왑 함수에 넘김으로써 포인터 값을 변경할 수 있다. 스왑 함수에게 2중 포인터인 &fp와 &sp를 넘겨주었기 때문에 fp와 sp 원본이 바뀌고 그 결과 main으로 되돌아와서 *fp, *sp를 찍으면 이전과는 반대로 찍힌다.

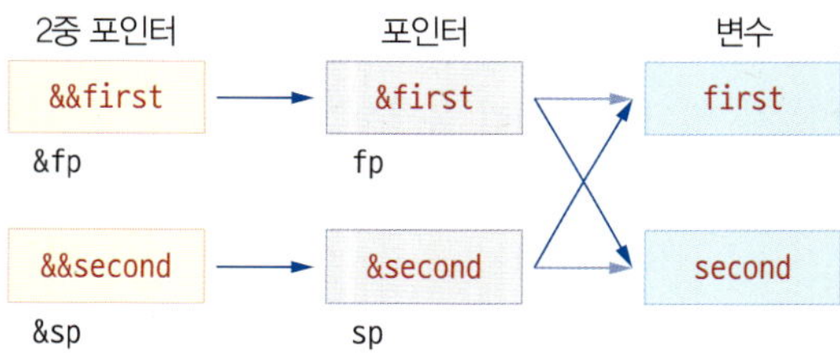

그림 11-5 포인터 자체를 스와핑

```
&fp = &(&first) = &&first
```

②에서 넘겨준 &fp는 2중 포인터로서 위와 같이 나타낼 수 있다. ①에서 fp = &first로 초기화했기 때문에 &fp는 &&first다. &&first를 말로 표현하면 'first 변수의 주소를 지닌 포인터 변수의 주소'라 할 수 있다. 여기서 'first 변수의 주소를 지닌 포인터 변수'가 바로 fp이다. 그런데 일반 변수와 마찬가지로 포인터 변수에도 주소가 있다. 따라서 &fp처럼 주소 연산자를 써서 포인터 변수의 주소를 구할 수 있다.

```
**p = **(&fp) = **(&&first) = first
```

&fp가 ③의 p로 복사되어 들어간다. 여기서 p는 2중 포인터로 선언되어 있다. p 앞에 *가 두 개이기 때문이다. 이처럼 p를 2중 포인터로 선언한 이유는 &fp와 p의 타입을 일치시키기 위해서다. 예에서 보듯이 *와 &는 역함수이기 때문에 서로 상쇄시키면 결국 first만 남는다. 그런데 first가 int 형 변수다. 따라서 **p도 int 형으로 선언해야 한다. 영어로는 2중 포인터를 Pointer to a Pointer라고 부른다. int **p를 말로 표현하자면 'p가 가리키는 것이 가리키는 것은 정수형이다'라고 할 수 있다. 'p가 가리키는 것을 찾아갔더니 포인터 변수가 나오더라. 그래서 다시 포인터 변수가 가리키는 것을 찾아 갔더니 정수 변수가 나오더라'는 것이다. 그런 의미에서 2중 포인터에서는 '참조가 두 번 일어난다'고 말하기도 한다.

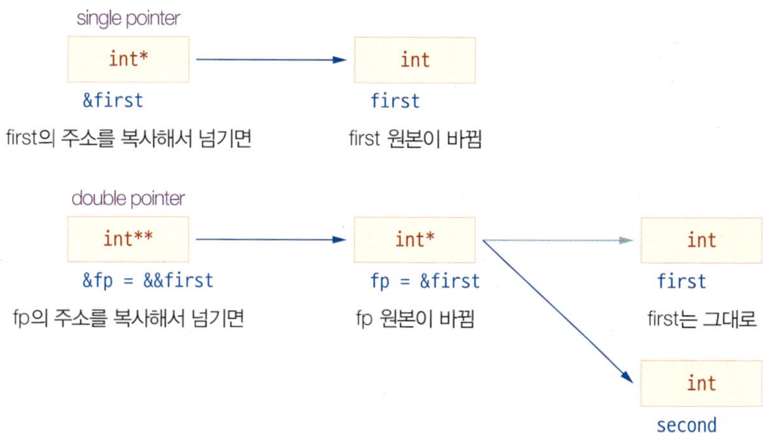

그림 11-6 단일 포인터와 2중 포인터 비교

호출 함수의 포인터 원본을 바꾸려면 포인터의 포인터를 넘겨야 한다.

포인터의 포인터, 즉 포인터를 가리키는 포인터가 2중 포인터다. 왜 포인터의 포인터를 쓰는가. 참조 호출에 의해 변수 원본을 변경하려면 변수를 가리키는 포인터를 넘기듯이 참조 호출에 의해 포인터 원본을 변경하려면 포인터를 가리키는 포인터를 넘겨야 하기 때문이다.

swap 함수 내에서 ④의 temp는 이제 정수가 아니라 정수 포인터로 선언해야 한다. 포인터끼리 교환하려면 임시로 포인터를 저장할 temp도 포인터여야 하기 때문이다. 이후 ⑤ 이하는 [예제 11-5]의 스왑 함수와 완전히 동일하다. 그러나 여기서는 변수가 아니라 포인터가 교환된다는 점에 유의해야 한다. **p와 **q가 변수인 상태에서는 *p나 *q는 변수가 아니라 변수를 가리키는 포인터이기 때문이다. 호출 함수가 포인터의 주소를 넘겨주었고 피호출 함수가 그 주소를 찾아가서 포인터를 변경했으니 이제 main 함수로 되돌아오면 원본 포인터인 fp와 sp 자체의 값이 뒤바뀌게 된다. 즉, 변수는 그대로 둔 채 변수를 가리키는 포인터만 바뀐다.

```
int first;
printf("&first is %p.\n", &first); ·············· ❶ O.K.
printf("&&first is %p.\n", &&first); ············ ❷ Error
```

①은 무방하지만 ②는 컴파일 오류를 일으킨다. first 변수가 만들어지면서 주소가 확정되기 때문에 주소 연산자를 써서 ①처럼 &first라고 하면 주소 값을 알 수 있다. 그러나 ②처럼 &&first라고 해서는 &first의 주소를 확인할 수 없다. 메인 메모리에 &first를 저장한 변수가 따로 존재하지 않기 때문이다. 변수가 존재하지 않는다는 것은 변수의 주소가 존재하지 않는다는 의미이다. 예에서 int *fp = &first;라고 하여 일단 포인터 변수 fp를 만든 이유는 그렇게 해야 비로소 &fp에 의해 fp의 주소를 구할 수 있기 때문이다.

예제 11-8

```
#include <stdio.h>
int main( ){
    int *p, arr[4] = { 10, 20, 30, 40 };

    printf("arr is %p.\n", arr); ································ ❶
    printf("arr + 1 is %p.\n", arr + 1); ························ ❷
    printf("sizeof(*arr) is %d.\n\n", sizeof(*arr));

    printf("&arr is %p.\n", &arr); ······························ ❸
    printf("&arr + 1 is %p.\n", &arr + 1); ······················ ❹
    printf("sizeof(*(&arr)) is %d.\n\n", sizeof(*(&arr)));

    p = arr;
    printf("p is %p.\n", p); ···································· ❺
    printf("p + 1 is %p.\n", p + 1); ···························· ❻
    printf("&p is %p.\n", &p); ·································· ❼
    printf("&p + 1 is %p.\n", &p + 1); ·························· ❽
    return 0;
}
```

```
arr is 001EFD74.
arr + 1 is 001EFD78.
sizeof(*arr) is 4.

&arr is 001EFD74.
&arr + 1 is 001EFD84.
sizeof(*(&arr)) is 16.

p is 001EFD74.
p + 1 is 001EFD78.
&p is 001EFD8C.
&p + 1 is 001EFD90.
```

조사식 1

이름	값	형식
arr	0x001efbb8 {10, 20, 30, 40}	int[4]
&arr	0x001efbb8 {10, 20, 30, 40}	int[4] *
p	0x001efbb8 {10}	int *
&p	0x001efbd0 {0x001efbb8 {10}}	int * *

조금 이상하게 보이지만 ①과 ③은 같은 값을 출력한다. arr과 &arr은 같다. C 컴파일러는 기본적으로 상수나 연산식에 주소 연산자를 허용하지 않는다. 주소를 알 수 없는 R-value이기 때문이다. 그러나 arr이라는 배열명은 상수임에도 불구하고 &arr이라는 주소 연산자를 허용한다. 그 경우 arr이나 &arr 모두 배열 시작 주소를 가리키는 포인터로서 같은 값을 갖는다.

arr은 배열 첫 요소의 시작 주소이지만 &arr은 배열 전체의 시작 주소다.

그러나 서로 타입이 전혀 다르다는 점에 유의해야 한다. arr은 단순히 배열 첫 요소를 가리키는 포인터이지만 &arr은 배열 전체를 가리키는 포인터다. 그림의 조사식 창에서 &arr의 타입이 int[4]*로 표시되어 있는 것은 이 때문이다. arr이 배열 첫 요소를 가리키기 때문에 sizeof(*arr)은 4다. 그러나 &arr은 배열 전체를 가리키기 때문에 sizeof(*(&arr))은 16이다. 가리키는 대상이 달라서 포인터 산술 연산 방법도 다르다. arr은 배열 요소를 가리키는 포인터이므로 arr + 1은 arr에 배열 요소의 크기인 4를 더한 값이 된다. 그러나 &arr은 배열 전체를 가리키는 포인터이므로 &arr + 1은 &arr에 배열 전체의 크기인 16을 더한 값이 된다.

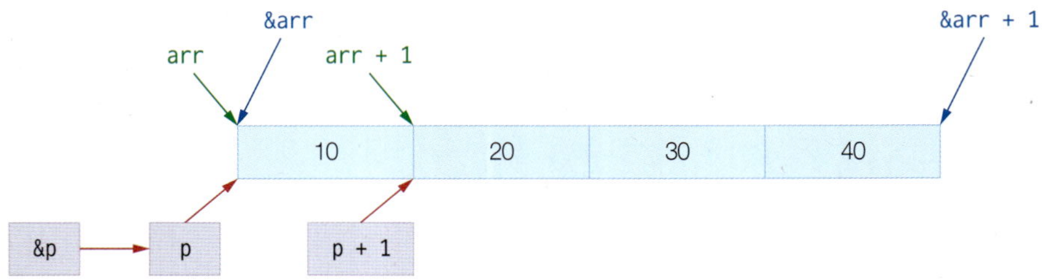

그림 11-7 배열명(arr), 배열명의 주소(&arr), 포인터 변수(p)의 차이점

p = arr;이라고 하면 p는 arr과 같은 값을 가지지만 p는 상수가 아니라 변수라는 점에서 arr과는 여러모로 차이가 있다. 변수 p는 주소가 부여된 L-value이기 때문에 &p처럼 자유로이 주소 연산자를 붙일 수 있다. 또, arr과 &arr의 값은 같지만 p와 &p의 값은 다르다는 점에서도 차이가 있다. 포인터 변수 p의 값과 포인터 변수 p가 자리잡은 주소는 다르기 때문이다. ⑤와 ⑦이 다른 값을 보이는 이유는 이 때문이다. 산술 연산도 arr이나 &arr과는 다르다. p = arr;이라고 하면 p에는 단순히 arr 배열의 시작 주소가 들어갈 뿐 p가 가리키는 것이 몇 개의 요소로 이루어진 배열인지에 관한 아무런 정보가 없다. 조사식 창에서 arr을 int[4]라는 배열 기호로 표시한 데 비해, p를 단순히 int* 형으로 표시한 이유는 이 때문이다. p가 단순한 정수 포인터이므로 ⑥의 p + 1은 p에 정수형의 크기인 4를 더한 값이 된다.

&p도 &arr과는 다른 의미를 지닌다. &p는 포인터 변수 p의 주소이므로 이는 2중 포인터다. 다시 말해 &p가 가리키는 것이 p이고 p가 가리키는 것이 정수이므로 &p의 타입은 조사식 창에서 보듯 int** 타입이다. 포인터 산술 연산은 그 포인터가 가리키는 타입의 크기에 좌우된다. &p가 가리키는 것이 p이고 p가 포인터 타입이므로 ⑧의 &p + 1은 &p에 포인터 타입의 크기(예에서는 4바이트)를 더한 값이 된다. 물론 이처럼 2중 포인터에 산술 연산을 가할 일은 거의 없다.

03 동적 메모리

예제 11-9

```
#include <stdio.h>

int* find_bigger(const int a, const int b){ ❶
    int bigger;
    bigger = (a > b)? a: b;
    return &bigger; ❷
}

int main( ){
    int first, second, max;

    printf("Enter two integers to compare.\n");
    scanf("%d%d", &first, &second);

    max = *(find_bigger(first, second)); ❸
    printf("The bigger one is, %d.\n", max);
    return 0;
}
```

입력한 두 숫자 중 큰 수를 출력하는 프로그램이다. ③에서 ①의 함수를 호출한다. 그런데 이 함수의 리턴 타입은 int*, 즉 정수 포인터로 선언되어 있으므로 ②에서 &bigger를 리턴하고 있다. 결과적으로 ③은 &bigger가 가리키는 값을 max에 대입하게 된다.

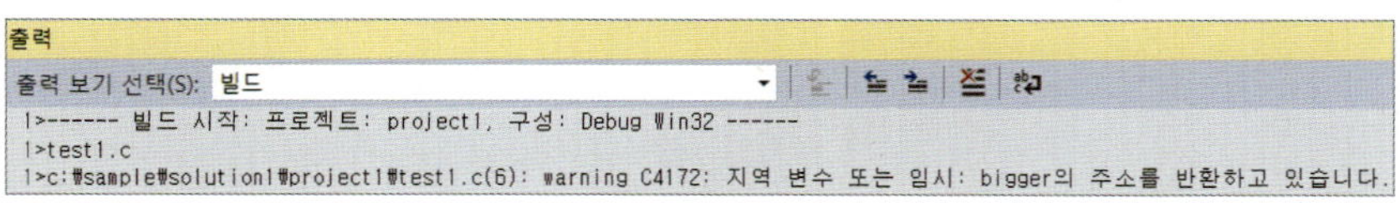


```
warning: function returns address of local variable
```

그러나 이 프로그램에는 변수의 수명과 관련된 심각한 문제가 있다. bigger는 함수 내부에 선언된 지역 변수로서 함수를 빠져나올 때 스택 프레임과 함께 사라진다. 따라서 main 함수로 되돌아간 후 ③의 우변에서 &bigger를 따라가 bigger의 값을 읽어올 수가 없다. 컴파일러가 '지역 변수의 주소를 반환하고 있습니다.'라는 경고 메시지를 띄우는 이유는 이 때문이다.

지역 변수나 지역 변수를 가리키는 포인터를 호출 함수에 리턴하면 안 된다.

때에 따라서는 예의 프로그램이 제대로 작동하기도 한다. 그러나 이는 믿을만한 것이 못 된다. 대형 컴퓨터에서는 여러 사용자가 아주 짧은 시간 간격(Time Slice)을 두고 CPU를 공유한다. 이를 시 공유 시스템(Time Sharing System)이라 부른다. 이러한 환경에서는 ② 직후에 다른 사용자가 CPU 사용권을 얻어 bigger 변수가 있던 자리에 자신의 데이터를 쓸 수도 있다. 일단 반납한 메모리는 누구라도 재사용할 수 있기 때문이다. 그 경우 ③처럼 &bigger를 따라가면 이는 접근 위반(Access Violation)이다. 타인이 사용 중인 메모리 영역을 침범할 수는 없기 때문이다.

개인용 컴퓨터에서도 문제가 될 수 있다. 하나의 프로그램을 여러 개의 프로세스(Process)로 나눈 뒤 짧은 시간 간격을 두고 CPU가 각각의 프로세스를 번갈아가며 실행하는 이른바 멀티쓰레딩(Multi-threading) 환경에서는 다른 프로세스가 반납한 메모리를 사용할 수도 있기 때문이다. 따라서 지역 변수가 그대로 남아 있으리라고 기대해서는 안 된다. find_bigger 함수가 사용하던 스택 프레임 공간을 다른 프로세스가 사용하지 않는다는 보장이 없기 때문이다.

예제 11-10

```
#include <stdio.h>
int* num_array( ){
   int i, arr[5];
   for (i = 0; i < 5; i++)
      arr[i] = i;
   return arr; ································· ❶
}

int main( ){
   int i, *p = num_array( ); ················· ❷

   for (i = 0; i < 5; i++) ··················· ❸
```

```
        printf("%d ", p[i]);
    printf("\n");
    return 0;
}
```

num_array는 0부터 4까지 숫자로 이루어진 배열을 만든 다음에 시작 주소를 돌려주는 함수다. main이 ②에서 이 함수를 호출한 뒤 ③에서 배열 내용을 출력하고 있다. 그런데 이 프로그램도 앞의 [예제 11-9]와 동일한 문제를 안고 있다. num_array 함수 내부의 arr 배열이 지역 변수이기 때문에 함수를 빠져나올 때 사라진다. 따라서 ①은 곧바로 사라질 배열의 시작 주소를 main 함수에게 돌려주는 격이다.

이 문제를 해결하는 방법은 세 가지다. 첫 번째 방법은 static int arr[5]; 형태로 함수 내부에 정적 변수(Static Variables)로 선언하는 것이다. 그래야 함수를 빠져나가 호출 함수로 되돌아가더라도 배열이 남아 있다. 두 번째 방법은 배열을 함수 바깥에 전역 변수(Global Variables)로 선언하는 것이다. 전역 변수도 프로그램이 끝날 때까지 수명이 지속되기 때문이다. 그러나 전역 변수는 함수의 독립성을 약화시키기 때문에 그리 장려할 바가 못 된다. 세 번째 방법이 지금 설명할 동적 변수(Dynamic Variables)를 활용하는 것이다.

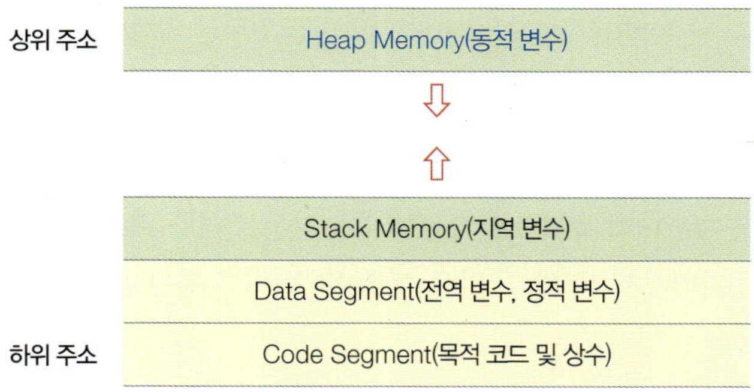

그림 11-8 프로그램 실행 도중의 메인 메모리 구조

스택은 정적 메모리, 힙은 동적 메모리

힙 메모리는 스택 메모리의 맞은편에 위치한다. 스택 메모리를 일명 정적 메모리(Static Memory)라고도 부른다. 컴파일러가 '프로그램 실행 이전'에 지역 변수나 매개변수가 들어갈 스택 프레임의 크기를 미리 고정시켜 놓기 때문이다. 반면에 힙 메모리를 동적 메모리

(Dynamic Memory)라 부른다. '프로그램 실행 도중'에 필요한 만큼의 변수 공간을 자유로이 할당받을 수 있기 때문이다. 또, 그렇게 할당받은 공간은 명령문을 통해 되돌려주지 않는 한 프로그램이 끝날 때까지 그대로 유지되기 때문이다. 이는 힙 메모리를 사용하면 전역 변수를 쓰지 않고도 피호출 함수 내에서 만든 변수를 호출 함수에 전달할 수 있음을 의미한다.

```
#include <stdlib.h> ............................ ❶
(void *)malloc(size_t size); .................. ❷
typedef unsigned int size_t; ................ ❸
```

힙 메모리를 할당받으려면 malloc 함수를 호출해야 한다.

프로그램 실행 도중 원하는 만큼의 힙 메모리를 할당받기 위한 것이 malloc(memory allocation) 함수로서 '멜록' 또는 '엠 얼록'으로 읽는다. 이 함수는 stdlib.h 파일에 선언되어 있기 때문에 ①처럼 stdlib.h 파일을 포함시켜야 쓸 수 있다. 함수 원형은 ②처럼 선언되어 있다. 이 함수는 매개변수 size를 통해 몇 바이트를 원하는지를 입력받아 운영체제로부터 그만큼의 힙 메모리를 할당받은 후에 시작 주소를 돌려준다. 여기서 size_t는 stdio.h, stdlib.h 등 여러 표준 라이브러리에 ③처럼 정의된 타입으로서 unsigned int와 동일한 타입이다.

malloc 함수는 void* 타입의 포인터를 리턴한다.

특이한 점은 이 함수의 리턴 타입이 void*라는 점이다. 이는 리턴 값인 포인터가 가리키는 변수의 타입이 아직 정해져 있지 않다는 뜻이다. 이를 범용 포인터(Generic Pointer)라고도 부른다. 여기서 범용이란 여러 목적으로 사용할 수 있다는 뜻이다. 즉, 리턴 당시에는 정확히 어떤 타입의 변수를 가리킬지 정의되지 않은 상태이지만 이후 형 변환에 의해 원하는 어떤 타입의 변수라도 가리킬 수 있기 때문이다.

```
int* p;
*p = 3; ........................................ ❶ Error

int num,
int *p = &num;
*p = 3; ........................................ ❷ O.K.
```

```
int* p;
p = (int*)malloc(sizeof(int));
*p = 3;  ........................................ ❸ O.K.
```

①은 오류다. 포인터 변수 p의 공간만 확보되었을 뿐 아직 p가 가리키는 곳의 공간은 확보되지 않은 상태다. 따라서 p를 따라가서 거기에 3을 저장할 수는 없다. ②는 무방하다. int num;에 의해 num 변수의 공간이 확보되어 있고 p가 &num으로 초기화되었기 때문에 p를 따라가서 num에 3을 저장할 수 있다. num이 지역 변수이므로 이는 스택 메모리를 이용한 방법이다. ③이 힙 메모리를 이용한 방법이다. 우변 malloc 함수는 운영체제로부터 sizeof(int)에 해당하는 4바이트 공간을 할당받은 후 시작 주소를 돌려준다. 그 시작 주소가 p에 대입된다. 그런데 malloc 함수의 디폴트 리턴 타입은 (void*)다. 따라서 (int*)를 붙여 형 변환을 가해야 우변의 리턴 타입을 좌변의 정수형 포인터 p와 일치시킬 수 있다.

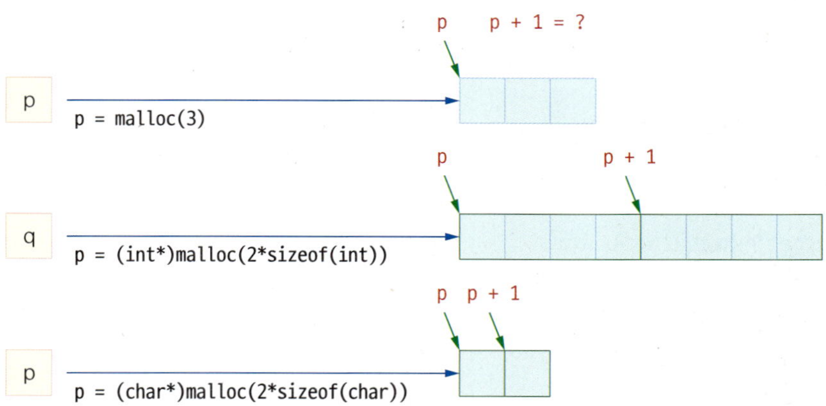

그림 11-9 malloc 함수의 형 변환

void* 포인터를 원하는 타입의 포인터로 변환해야 접근이 가능하다.

범용 포인터를 필요한 타입의 포인터로 변환하는 것은 프로그래머의 책임이다. 그림에서 보듯 p = malloc(3);이라고 하면 우변에 의해 3바이트 공간이 할당되고 시작 주소가 돌아온다. 그러나 이처럼 void 포인터를 그대로 p에 대입하면 p에는 할당받은 공간을 몇 바이트 단위로 읽거나 쓰겠다는 정보가 없다. 따라서 *p에 쓰거나 읽을 수도 없고 포인터 산술 연산을 가할 수도 없다. 둘째 줄처럼 (int*) 타입으로 변환하면 이제 p는 정수 포인터이므로 할당받은 공간을 4바이트 단위로 사용할 수 있게 된다. 이 경우 포인터 산술 연산에 의해 p + 1은 4바이트 만큼 떨어진 곳을 가리키게 된다. 문자 포인터로 변환하면 셋째 줄처럼 1바이트씩 증가한다.

```
int num = 10;
void *p = &num;

p++; ················································ ❶ Error
printf("%d", *p); ··································· ❷ Error
printf("%d", *(int*)p); ····························· ❸ O.K.
```

void 포인터가 가리키는 대상에 접근할 때는 미리 형 변환을 가해야 한다. ①은 오류다. p가 void 포인터이므로 p에 1을 더하면 얼마나 증가시켜야 할지 모르기 때문이다. ②도 오류다. p가 void 포인터이므로 *p를 읽으려면 몇 바이트 단위로 읽어야 할지 모르기 때문이다. ③처럼 (int*)에 의해 p를 정수 포인터로 변환한 다음에야 4바이트 정수 단위로 읽어올 수 있다.

예제 11-11

```
#include <stdio.h>
#include <stdlib.h>

int* get_number( ){
    int* p;
    p = (int*)malloc(sizeof(int)); ·············· ❶
     if (p != NULL) ····························· ❷
       *p = 20;
    return p; ·································· ❸
}

int main( ){
    int i, *ptr;
    ptr = get_number( ); ······················· ❹
    printf("*ptr is %d.\n", *ptr); ············· ❺
    free(ptr);
    ptr = NULL;
    return 0;
}
```

```
*ptr is 20.
```

④에서 get_number 함수를 호출하여 리턴 받은 포인터를 ⑤에서 따라가 값을 찍고 있다. get_number의 리턴 값인 p가 가리키는 공간은 malloc에 의해 만들어진 힙 메모리다. 스택 메모리와 달리 힙 메모리는 함수가 끝나도 사라지지 않기 때문에 main으로 되돌아와서도 이처럼 안전하게 p가 가리키는 공간에 접근할 수 있다.

get_number 함수 내에서 p가 가리키는 곳에 힙 메모리를 확보하기 위한 명령이 ①이다. 여기서 sizeof(int)는 정수 하나를 저장할 공간이다. 물론 정수형을 4바이트로 구현한 시스템이라면 sizeof(4)라고 해도 된다. 그러나 정수형을 몇 바이트로 구현하는지는 시스템에 따라 다를 수 있으므로 sizeof(int)라고 쓰는 편이 안전하다. malloc이 리턴한 void 포인터도 정수 포인터로 변환해야 한다. 물론 이 경우 좌변 p가 (int*) 타입이므로 변환을 가하지 않아도 자동으로 형 변환이 일어난다. 그러나 프로그래머 스스로 의도를 분명히 한다는 차원에서 형 변환 연산자를 명시하는 편이 낫다.

더 이상 사용 가능한 힙 메모리가 없을 경우에 malloc 함수는 NULL을 리턴한다. 이는 더 이상 가용 메모리가 없다는 뜻으로 약속한 상수다. 그럼에도 불구하고 이를 주소로 간주하여 메모리 0번지에 무엇을 저장하려고 하면 크래시가 일어난다. 따라서 ②처럼 malloc 함수의 리턴 값이 NULL인지를 반드시 확인해야 한다. 이 작업을 일명 널 테스트(NULL Test)라고 부른다. p가 NULL이 아닌 경우에 한해 p를 따라가서 *p에 20을 대입할 수 있다.

```
int* get_number( ){
   int* p;
   p = (int *)malloc(sizeof(int));
   if (p == NULL){
      printf("No more memory available.\n");
      exit(1);
   }
   *p = 20;
   return p;
}
```

get_number 함수를 위와 같이 짤 수도 있다. 이전 예처럼 malloc의 리턴 값이 NULL이 아니면 이렇게 하라고 시킬 수도 있지만 이처럼 리턴 값이 NULL이면 오류 메시지를 출력하고 프로그램을 빠져나오라고 시킬 수도 있다. 메모리 부족으로 인해 NULL이 돌아오면 더 이상

할 수 있는 일이 없기 때문에 exit 함수를 써서 곧바로 프로그램을 종료시키는 것은 지극히 당연한 일이다. 이런 방식을 쓰면 자동으로 NULL이 아닐 때에 한해 그 아래 명령문을 수행하게 된다.

힙 메모리는 변수명 대신 포인터로 접근한다.

예에서 유의해야 할 점은 두 가지다. 첫째, malloc에 의해 확보된 변수 공간에는 별도의 변수명이 없다. 변수 공간을 가리키는 포인터를 따라가서 20이라는 값을 넣었을 뿐이다. malloc에 의해 만들어지는 공간은 기본적으로 프로그램 실행 도중 확보한 공간이다. 따라서 프로그램 실행 도중에 변수명을 부여할 수는 없는 노릇이다. 둘째, 포인터 p가 가리키는 변수 공간은 스택 메모리가 아니라 힙 메모리에 만들어진다. 따라서 이 공간은 get_number 함수를 빠져 나와 호출 함수로 되돌아가도 그대로 유지된다. ⑤에서 변수 값을 출력할 수 있는 것은 이 때문이다.

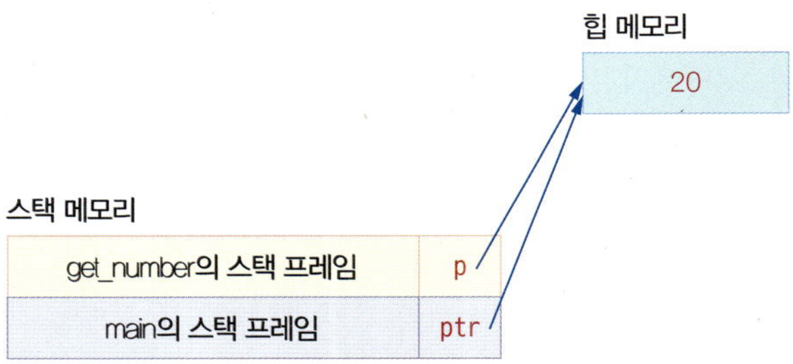

그림 11-10 포인터 자체는 스택 메모리에 존재

①의 포인터 변수 p는 여전히 get_number 함수의 스택 프레임에 존재하는 지역 변수라는 점에도 유의해야 한다. 즉, int* p;에 의해 만들어진 p 자체는 get_number 함수의 스택 프레임에 존재하기 때문에 함수를 빠져나오면 사라진다. 그럼에도 불구하고 main에서 p를 따라갈 수 있는 이유는 ③에서 리턴한 p의 값이 복사되어 ④의 ptr로 들어갔기 때문이다. 힙 메모리에 만들어지는 것은 p가 아니라 p가 가리키는 변수다. 그 변수 공간이 사라지지 않았고, 또 그 변수 공간을 가리키는 포인터가 있으면 얼마든지 접근이 가능하다.

malloc으로 할당받은 메모리는 free를 가하기 전까지는 그대로 살아 있다.

malloc의 반대말이 free다. malloc마다 상응하는 free가 있어야 한다. 문을 열고 들어갔으면 닫고 나오듯이 malloc으로 열었으면 free로 닫을 필요가 있다. malloc으로 할당받은 메모리는 free를 가하기 전까지는 사라지지 않는다. 따라서 할당받은 메모리를 더 이상 쓸 필요가 없을 때는 프로그램 실행 도중이더라도 free를 써서 운영체제에 반납하는 것이 좋다. 불필요한 메모리를 그때그때 수시로 반납해야 가용 메모리가 늘어나기 때문이다.

```
void free(void *ptr);
```

free 함수의 인자는 포인터여야 한다. 즉, ptr이 가리키는 힙 메모리를 운영체제에 반납하라는 것이다. 유의할 점은 이렇게 하더라도 포인터 변수 ptr 자체의 공간은 반납되지 않는다는 것이다. ptr은 main 함수의 스택 프레임, 즉 스택 메모리에 존재하는 지역 변수이기 때문에 main을 빠져나갈 때 비로소 사라진다.

Java 언어에서는 별도의 가비지 콜렉터(Garbage Collector) 프로그램이 자동으로 불필요한 메모리를 찾아서 수거하기 때문에 프로그래머가 신경을 쓰지 않아도 된다. 그러나 C 언어는 다르다. 프로그래머가 직접 free 함수를 호출하여 불필요한 메모리를 해제해야 한다. free 명령에 인색한 프로그래머도 많다. 그렇게까지 하지 않아도 프로그램이 종료되면 자동으로 메모리가 반납된다는 믿음에서다. 그러나 이는 잘못된 습관이다. 예를 들어, 여기저기서 계속 malloc 함수를 호출하면 사용 가능한 힙 메모리도 계속해서 줄어든다. 그 경우 어느 순간 갑자기 NULL이 돌아올 가능성이 커진다. 그러한 가능성을 줄이려면 함수를 빠져나오기 전이더라도 불필요한 메모리는 수시로 반납해야 한다. 더 이상 쓰지도 않을 메모리를 붙잡고 있는 현상을 메모리 누수(Memory Leakage)라 부른다.

```
free(ptr);
ptr = NULL; ················ ❶
…
if (ptr != NULL) ········· ❷
   *ptr = 40;
```

①처럼 포인터 ptr이 가리키는 공간을 반납한 즉시 ptr에 NULL을 대입하기도 한다. 이후 ②처럼 포인터를 따라가기 전에 널 테스트를 선행시켜 NULL이 아닐 때만 따라가기도 한다. 이는 free에 의해 이미 반납한 공간에 접근하는 오류를 방지하기 위한 것이다. NULL 포인터를

따라갈 경우 필연적으로 크래시를 일으킨다. 그 경우 디버깅이 어렵다. 프로그램 내에 포인터 변수가 많아지면 어느 포인터가 크래시를 일으켰는지 찾기 어렵기 때문이다.

```
int *p, *q;
p = (int*)malloc(sizeof(int));
*p = 10;

q = p; ..................... ❶
free(p); ................... ❷
p = NULL;
*q = 20; ................... ❸
```

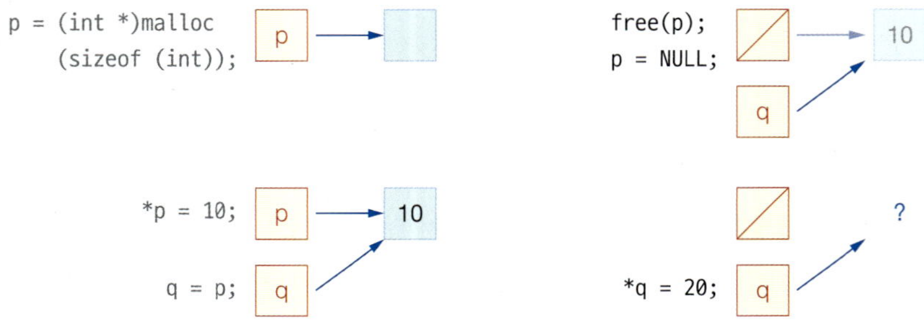

그림 11-11 q는 댕글링 포인터

동적 메모리를 반납할 때는 이른바 댕글링 포인터(Dangling Pointer)에 유의해야 한다. ①에 의해 q도 p와 동일한 메모리 공간을 가리키게 된다. 이후 ②에서 p가 가리키는 공간을 반납하고 p를 NULL로 만들었다고 가정하자. 그러나 q는 여전히 이미 반납한 이전 메모리 공간을 가리키고 있다. 결국 ③처럼 q를 따라가는 것은 오류다. 이처럼 이미 반납한 공간을 가리키는 포인터를 댕글링 포인터라고 한다. 마치 공동으로 소유하던 회사를 어느 한 사람이 팔아치웠음에도 불구하고 그것을 모르는 다른 사람이 소유권을 주장하는 것과도 같다. NULL 포인터는 그림에서 보듯 대개 사선으로 표시한다.

대부분의 프로그래머가 포인터가 가리키는 공간을 반납한 후 그 포인터를 NULL로 만드는 것까지는 신경을 쓴다. 그러나 이전에 그 포인터와 같은 공간을 가리키는 포인터가 있었는지까지 신경을 쓰기는 어렵다. 포인터가 가리키는 공간을 반납하기 전에 같은 값을 지닌 모든 포인터를 확인하여 그것까지 NULL로 만드는 일에는 대단한 주의력이 필요하다.

```
int* p = (int *)malloc(sizeof(int));
int* q = (int *)malloc(sizeof(int));
*p = 10; *q = 20;
p = q;
```

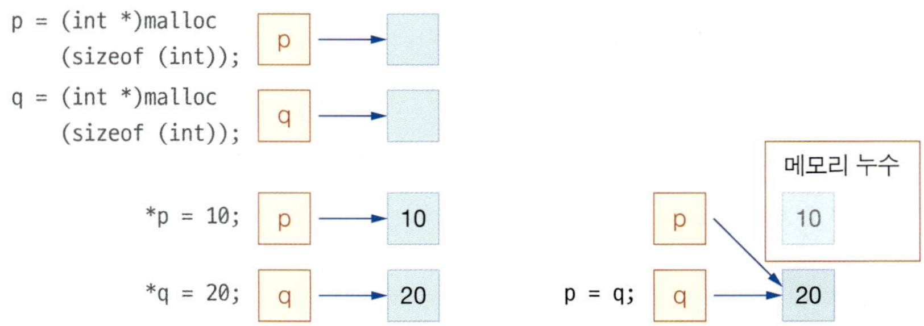

그림 11-12 메모리 누수

부주의로 인해 메모리를 반납하지 않을 때도 많다. 예에서 p = q;라고 하는 순간 p는 q가 가리키던 공간을 가리키게 된다. 이처럼 p와 q가 동일한 곳을 가리킬 때 p는 q의(또는 q는 p의) 에일리어스(Alias, 별명)라고 부른다. 어떤 포인터를 다른 포인터의 에일리어스로 만들 때는 주의를 해야 한다. 위의 그림에서 보듯 p가 q로 바뀌면 p는 더이상 이전에 가리키던 공간을 가리키지 않는다. 이처럼 무작정 연결을 끊으면 그 공간은 반납되지 않은 채로 머물게 된다. 연결이 끊어졌기 때문에 이 공간은 더 이상 프로그램이 사용할 수 있는 공간이 아니다. 운영체제에 반납하지도 않았기 때문에 재사용도 불가능하다. 이른바 '낙동강 오리알' 신세가 된 것이다. 이 역시 메모리 누수에 속한다. 따라서 포인터 p를 바꿀 때는 반드시 p가 가리키는 공간을 반납한 후에 바꾸는 것이 바람직하다.

크래시는 대부분 포인터를 잘못 사용했기 때문에 일어난다.

실행 도중 프로그램이 크래시를 일으키는 경우는 대부분 포인터와 연관되어 있다. 초기화하지 않은 포인터를 따라가거나 NULL 포인터를 따라갈 경우 크래시가 일어난다. 이미 반납한 메모리에 다시 접근하면 쓰레기 값이 돌아올 수 있지만 크래시가 일어날 수도 있다. 이미 반납한 메모리에 다시 free를 가할 때에도 크래시가 일어난다. 만약 포인터 값이 메모리에 존재하지 않는 주소라면 주소 버스 오류(Address Bus Error)를 일으킨다. 메모리에 존재하는 주소이지만 malloc에 의해 할당받은 메모리 영역을 벗어난 주소로 접근하려 할 때도 있다. 운영체제가 프로그램에 할당한 메모리를 벗어날 경우 유닉스 운영체제는 이를 Segmentation Fault라고 부른다. 접근이 허용된 세그먼트를 벗어났다는 것이다. 윈도우즈 운영체제는 이를 Fatal Exception Error라고 부른다. 이는 '치명적인 예외 상황이 일어났다'는 추상적인 표현이다.

예제 11-12

```
#define MAX 10
#include <stdio.h>
#include <stdlib.h>

int* square_array( ){
    int i;
    int *p = NULL; ................................ ❶

    p = (int *)malloc(MAX * sizeof(int));  .... ❷
    if (p != NULL){
        for (i = 0; i < MAX; i++)
            p[i] = i * i;
    }
    return p; ..................................... ❸
}

int main( ){
    int i, *arr = square_array( );
    for (i = 0; i < MAX; i++) .................... ❹
        printf("%d ", *(arr + i));
    printf("\n");
    free(arr); .................................... ❺
    arr = NULL;
    return 0;
}
```

```
0 1 4 9 16 25 36 49 64 81
```

동적 메모리를 어떻게 활용할지는 프로그래머에게 달려 있다.

프로그램 실행 도중 필요에 따라 메모리를 할당받는다는 의미에서 malloc에 의한 메모리 할당을 동적 메모리 할당(DMA: Dynamic Memory Allocation)이라고 부른다. 정수형을 4바이트로 구현한 시스템이라면 ②는 malloc(40)과 같다. 운영체제로서는 malloc이 요구한 크기의 메모리만 되돌려줄 뿐 이 공간이 어떻게 활용되는지에 대해서는 전혀 관심이 없다. 따라서 공간 활용은 전적으로 프로그래머에게 달려 있다. 40바이트의 연속된 공간을 4바이트씩 나누어서 10개 요소로 이루어진 정수 배열로 활용할 수도 있다. 40바이트 연속 공간을 1바이트씩 나누어서 40개 요소로 이루어진 문자 배열로 활용할 수도 있다.

예는 malloc에 의해 부여받은 공간을 정수 배열로 활용하여 배열 요소를 인덱스의 제곱으로 채우고 있다. ①에서 선언한 포인터 p에 ②에서 배열 시작 주소를 대입하고 있다. ③에서 리턴한 포인터를 따라가서 ④에서 배열 내용을 출력하고, ⑤에서 arr이 가리키는 배열을 반납하고 있다. malloc에 의해 할당받은 공간은 몇 바이트를 받았는지 기록이 남아 있기에 그 공간의 시작 주소를 가리키는 포인터만 넘겨주면 그것이 가리키는 공간 전체가 반납된다. 대개 freee 명령은 malloc 명령과 같은 함수 내에서 처리하고 끝낼 때가 많다. 그러나 이 경우 ⑤의 free는 ②의 malloc과는 다른 함수에 위치하고 있다. square_array 함수가 만든 배열을 main에서 접근한 후에 free를 시켜야 하기 때문이다.

포인터를 선언할 때 초기화하지 않으면 임의의 값이 들어가기 때문에 임의의 메모리 주소를 가리키게 된다. 그러한 포인터를 따라가면 주소에 따라 다양한 현상을 초래한다. 아무런 효과가 없거나 이상한 값을 읽거나 크래시가 일어난다. ①에서 포인터를 선언하면서 곧바로 NULL로 초기화한 것은 이러한 오류를 우려했기 때문이다.

```
int name[40]; ········································· ❶
char *name = (char*)malloc(size * sizeof(char)); ·········· ❷
```

정적 배열의 크기는 컴파일 타임에, 동적 배열의 크기는 런 타임에 결정된다.

스택 프레임 안에 존재하는 모든 변수는 컴파일 타임, 즉 프로그램을 메인 메모리에 올리기 전에 미리 크기를 확정해야 한다. 컴파일러가 스택 프레임의 크기를 확정해주어야 프로그램 실행 도중에 해당 크기의 스택 프레임을 푸시하고 팝하여 자동으로 메모리를 관리할 수 있기 때문이다. 이 크기는 프로그램 실행 도중에 바꿀 수 없다. 스택 메모리를 정적 메모리라고 부르는 이유는 프로그램 실행 중에 스택 프레임의 크기, 즉 프레임 안에 있는 변수의 크기나 주소를 바꿀 수 없기 때문이다. 예를 들어, 이름을 저장하는 정적 배열(Static Array)을 선언하려면 배열 크기를 컴파일 타임에 확정해야 한다. 가장 긴 영문 이름이 40문자라고 가정할 경우 그 이름을 기준으로 배열 크기를 확정하면 ①처럼 선언해야 한다. 이렇게 되면 그보다 짧은 이름이 들어올 때 메모리가 낭비되는 것은 자명한 일이다.

반면, 동적 메모리는 프로그램 실행 도중에 자유로이 크기를 조정할 수 있어서 메모리 낭비가 없다. ②에 의해 malloc의 인자인 size 값을 조정하여 정확히 필요한 만큼의 메모리만 확보하면 되기 때문이다. 예를 들어, 6바이트 크기의 이름이 들어오면 name = (char *)malloc(6 * sizeof(char));로 40바이트 크기의 이름이 들어오면 name = (char *)malloc(40 * sizeof(char));로 해서 해당 크기의 배열을 만들 수 있다. 프로그램 실행 도중에 자유로이 크기를 조정할 수 있다는 의미로 이를 동적 배열(Dynamic Array)이라고 부른다.

스택 메모리는 스택 프레임의 생성과 소멸에 의해 자동으로 메모리가 관리된다. 그러나 힙 메모리는 프로그래머가 명령문을 통해 직접 관리해야 한다. 메모리의 크기나 수명, 즉 언제 어떤 크기의 메모리를 요구할 것인지 언제 메모리를 반납할 것인지 등을 프로그래머가 직접 관리해야 한다. 직접 관리해야 하는 만큼 실행 오류도 잦은 것이 동적 메모리다. 그러나 프로그램 실행 도중에 메모리를 할당하는 속도면에서는 정적 메모리가 동적 메모리보다 훨씬 빠르다. 정적 메모리는 컴파일 시에 미리 확정한 크기의 스택 프레임을 스택 탑에 올려놓기만 하면 되지만 동적 메모리는 필요한 크기만큼의 빈 공간을 힙 메모리에서 찾아야 하기 때문이다.

malloc, calloc, realloc에 의해 동적 배열을 만들 수 있다.

```
int *p = (int*)calloc(3 * sizeof(int));
```

malloc과 유사한 함수로 calloc(clearing allocation)이 있다. 이 역시 stdlib.h에 선언된 함수로서 malloc과 마찬가지로 힙 메모리를 할당하되 메모리가 없으면 NULL을 돌려준다. 예의 calloc은 정수 세 개를 넣을 수 있는 공간을 할당하라는 것이다. calloc과 malloc의 유일한 차이점은 calloc은 할당된 메모리 요소를 자동으로 0으로 초기화하는 데 비해 malloc은 그렇지 않다는 점이다. calloc의 'c'가 개수를 뜻하는 'count'라는 주장도 있고(예의 경우 3개), 메모리를 0으로 'clear'한다는 의미라는 주장도 있다. 요소끼리 서로 붙어 있다는 뜻에서 'contiguous allocation'이라는 주장도 있다. 그러나 그런 의미라면 malloc 역시 요소끼리 서로 붙어 있다.

malloc, calloc, realloc에 의해 할당된 메모리는 연속 메모리(Contiguous Memory)다.

변수끼리 다닥다닥 붙어 있다. 그래야 배열 인덱스나 포인터 산술 연산에 의해 원하는 요소가 있는 주소를 찾아갈 수 있기 때문이다.

```
int *p = (int *)malloc(3 * sizeof(int)); ............................❶
int *new_p = (int *)realloc(p, 5 * sizeof(int)); ....................❷
```

realloc을 쓰면 프로그램 실행 도중에 배열 크기를 늘릴 수 있다.

realloc(re-allocate) 함수는 문자 그대로 다시 할당하라는 것이다. ①에서 malloc 함수로 정수 세 개를 넣을 공간을 할당했는데 프로그램 실행 도중에 이 공간으로는 부족해서 추가로 두 개를 더 넣을 공간이 필요할 때도 있다. 그 경우 ②처럼 realloc 함수를 써서 모두 다섯 개의 공간을 만들어달라고 요구할 수 있다. 단, 이전에 사용하던 공간을 가리키는 포인터 p를 첫 인자로 넘겨주어야 한다. 만약 p를 NULL로 주면 이전에 사용하던 공간이 없다는 뜻이므로 그 경우 realloc은 malloc과 동일한 명령이 된다. 따라서 루프를 돌 경우에 p = NULL로 초기화한 후 루프 내부에서 realloc을 쓰면 처음에는 malloc으로 먹고 이후로는 realloc으로 먹는다.

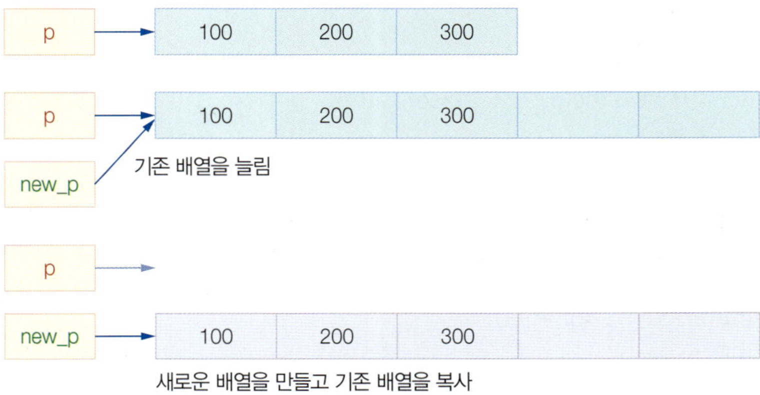

그림 11-13 realloc 함수의 서로 다른 실행 방법

realloc은 일단 현재 포인터 p가 가리키는 공간 끝에 정수 두 개를 추가할 만한 빈 공간이 있는지를 확인한다. 만약 그러한 공간이 있으면 공간을 넓혀 원래의 p를 그대로 돌려준다. 그러나 만약 그 공간을 이미 다른 프로그램이 사용하고 있으면 그렇게 할 수가 없다. 그 경우

realloc은 다른 빈 곳에 한꺼번에 다섯 개를 넣을 공간이 있는지를 확인한다. 이후 원래 p가 가리키던 정수 세 개를 그리로 복사한 다음에 새로 마련한 공간의 시작 주소를 돌려준다.

realloc 함수를 사용할 때 유의할 점은 두 가지다. 첫째, 충분한 인접 공간이 없어 다른 곳으로 옮겨갈 때의 realloc은 이전 포인터 p가 가리키던 공간을 운영체제에 반납한다. 따라서 이전 포인터인 p를 따라가면 안 된다. 물론 인접 공간이 충분하다면 그렇게 하지 않는다. 그러나 프로그래머로서는 그러한 속사정을 알 수가 없다. 따라서 예에서 보듯이 realloc에 의해 새로운 포인터를 할당받은 이후에는 이전에 사용하던 포인터를 쓰지 말아야 한다. 둘째, 정적 배열에 대해서는 realloc 함수를 쓸 수 없다. 정적 배열은 힙이 아니라 스택에 존재하기 때문이다. 예를 들어 int arr[3]; int* p = arr;이라고 해놓고 p가 가리키는 배열을 realloc으로 늘리려고 하면 안 된다.

예제 11-13

```
#include <stdio.h>
#include <stdlib.h>

int main( ){
   int *p = (int *)malloc(3 * sizeof(int)); ·························❶
   int i;

   p[0] = 100; p[1] = 200; p[2] = 300; ·······························❷
   p = (int *)realloc(p, 5 * sizeof(int)); ···························❸
   if (p != NULL){ ···················································❹
      p[3] = 400;
       p[4] = 500;
   }
   for (i = 0; i < 5; i++)
      printf("%d ", *(p + i));
   printf("\n");
   return 0;
}
```

```
100 200 300 400 500
```

realloc 함수의 사용예다. ①에서 할당받은 공간에 ②에서 정수 세 개를 넣고 있다. 추가로 정수를 넣기 위해 ③에서 다섯 개의 정수 공간을 할당해주도록 요구하고 있다. ③의 우변을 실행한 결과로 이전 배열의 시작 주소가 돌아오면 좌변 p에는 원래의 p가 대입된다. 그렇지 않고 새로 만든 배열의 시작 주소가 돌아오면 그것이 좌변 p에 대입된다. realloc 역시 공간이 없으면 널을 돌려주므로 ④에서 널 테스트를 가한 다음에 정수 두 개를 추가하고 있다. 프로그램 실행 도중에 필요에 따라 배열 크기를 늘릴 수 있다는 것은 대단한 융통성이다. realloc을 쓰면 그것이 가능해진다.

```
int* resize_array(int *p, int new_size){
    int* new_p = (int*)realloc(p, new_size * sizeof(int));  ········❶
    return new_p;
}

int* fibonacci(int *fib, int size){
    int i;
    resize_array(fib, size); ·········································❷
    fib[1] = fib[0] = 1;
    for (i = 2; i < size; i++)
        fib[i] = fib[i - 1] + fib[i - 2];
    return fib;
}
```

위 예시에서 fibonacci 함수는 ②에서 인수로 전달받은 fib 배열을 넘겨주면서 resize_array 함수를 호출하고 있다. resize_array 함수는 fib 배열의 크기를 new_size 크기로 늘린 다음 새로운 배열의 시작 주소인 new_p를 리턴하고 있다. 여기서 문제가 되는 것은 ②다. resize_array 함수가 리턴 값이 있음에도 그것을 돌려받지 않고 있기 때문이다. 만약 ①의 realloc 함수가 실행 도중에 fib 배열을 다른 곳으로 옮겼다면 그 주소를 돌려받지 않고 있기 때문에 ②를 실행한 후의 fib는 여전히 옛 주소를 가리키게 된다. 따라서 그 아래 명령문은 이미 운영체제에 반납한 공간에 접근하려는 잘못된 시도다. 물론 이를 수정하려면 ②를 fib = resize_array(fib, size);라고 해야 한다.

예제 11-14

```
#include <stdio.h>
#include <stdlib.h>
int main( ){
    int last = 0; char ch; ·········································❶
    char *p;
```

```
    p = (char*)malloc(sizeof(char)); ································❷
    if (p == NULL)
        exit(1);

    printf("Enter a character string.\n");
    while (1){
       if ((ch = getchar( )) == '\n')
           break; ·················································❸
       else {
          *(p + last) = ch; ··········································❹
          last++; ···················································❺
          p = (char*)realloc(p, (last + 1) * sizeof(char)); ··········❻
          if (p == NULL)
             exit(1);
       }
    }
    *(p + last) = '\0'; ········❼
    printf("%s\n", p);
    return 0;
}
```

```
Enter a character string.
The beauty of programming.
The beauty of programming.
```

문자를 읽을 때마다 배열 크기를 늘리며 동적 배열에 저장하는 프로그램이다. 필요한 공간의 크기, 즉 입력될 문자의 수를 모르는 상태에서 malloc 함수를 부를 수는 없다. 따라서 문자 하나하나를 읽으면서 그때마다 realloc에 의해 동적 배열의 크기를 하나씩 늘릴 수밖에 없다. ①에서 last는 배열 마지막 인덱스다. ②에서 일단 1바이트 공간을 만든다. 특수한 경우 입력에 대비하여 입력 첫 문자가 '\n'이라면 ③에 의해 루프를 빠져나와 ⑦에서 거기에 널 문자를 삽입한다. 그렇지 않으면 읽어온 문자를 ④에 의해 배열 마지막 인덱스(첫 문자일 경우 인덱스 0)에 삽입한다. 다음에 읽어올 문자에 대비하여 ⑤에서 마지막 인덱스를 증가시킨다. 배열 마지막 인덱스에 1을 더한 것이 배열 요소의 개수이므로 ⑥에서 필요한 공간의 크기는 (last + 1)이 되어야 한다.

%s 형식을 써서 문자열 배열을 찍으려면 문자열 끝에 반드시 널 문자('\0')를 붙여야 한다. printf 문이 문자열을 찍을 때는 널 문자인 '\0'을 만나기 전까지 계속해서 문자를 출력하기 때문이다. ⑦에서 배열 마지막 인덱스에 '\0'을 삽입한 이유는 이 때문이다.

04 2차원 배열과 포인터 배열

2차원 배열(Two Dimensional Array)이란 배열의 배열을 말한다. 배열 요소가 배열로 이루어진 배열이다. 2차원 배열을 행렬(Matrix)이라고도 부른다. 시각적으로 행렬을 연상시키기 때문이다. 정수로 구성된 2차원 배열을 선언하면서 초기화해 보자.

```
int arr[2][3] = { ·································· ❶
    {1, 2, 3},          // 0 행
    {4, 5, 6}           // 1 행
};
int arr[2][3] = {1, 2, 3, 4, 5, 6}; ············ ❷
```

①에서 보듯 int arr[2][3]은 2행 3열 행렬의 모습이다. 1차원 배열과 마찬가지로 2차원 배열도 인덱스는 0부터 시작한다. 예를 들어 2행 3열 배열이면 행으로는 0행부터 1행까지다. 열로는 0열부터 2열까지다. 예는 0행이 {1, 2, 3}으로 1행이 {4, 5, 6}으로 이루어진 모습이다. 예에서 arr[0][2]는 0행 2열의 요소이므로 3이다. 이를 ②처럼 선언해도 마찬가지다.

arr[0]			arr[1]		
arr[0][0]	arr[0][1]	arr[0][2]	arr[1][0]	arr[1][1]	arr[1][2]
1	2	3	4	5	6

그림 11-14 2차원 배열

2차원 배열의 정체는 1차원 배열이다. 관점을 달리했을 뿐이다.

위 그림에서 보듯이 2차원 배열은 실제로는 1차원 배열이다. 바라보는 관점을 달리했을 뿐이다. 1, 2, 3, 4, 5, 6이라는 1차원 배열에서 1, 2, 3을 묶어 0행(arr[0])으로 바라보고 4, 5, 6을 묶어 1행(arr[1])으로 바라보았을 뿐이다. 2차원 배열 arr[i][j]는 i개의 요소(행)로 이루어져 있는데 각각의 요소가 다시 j개 요소(열)로 이루어졌다.

정수로 구성된 배열을 정수 배열이라고 부르며 int arr[ ];로 선언한다. 문자로 구성된 배열을 문자 배열이라고 부르며 char arr[ ];로 선언한다. 같은 맥락에서 배열로 구성된 배열, 즉 배열 요소가 배열인 경우를 배열의 배열(Array of Arrays)이라 부른다. 그림을 예로 들자면 배열 요소인 arr[0] 자체가 배열이다. arr[0][0], arr[0][1], arr[0][2]라는 세 개의 배열 요소로 구성되어 있기 때문이다. 2차원 배열이란 배열의 배열을 말한다. 그러나 이를 array arr[ ];이라고 선언할 수는 없다. C 언어에 array라는 타입은 정의되어 있지 않기 때문이다. 대신 배열에 들어가는 실제 요소의 타입을 명시해야 한다. 배열 요소가 정수라면 int arr[ ][ ];로 선언해야 한다.

예제 11-15

```
#define ROW 2          // 행(Row)의 수
#define COL 3          // 열(Column)의 수
#include <stdio.h>

int main( ){
   int i, j;
   int first[ROW][COL], second[ROW][COL], add[ROW][COL];

   for(i = 0; i < ROW; i++){ ..................................... ❶
      for(j = 0; j < COL; j++){
         printf("Enter first matrix [%d][%d]:", i, j);
         scanf("%d", &first[i][j]);
      }
   }

   for(i = 0; i < ROW; i++){ ..................................... ❷
      for(j = 0; j < COL; j++){
         printf("Enter second matrix [%d][%d]:", i, j);
         scanf("%d", &second[i][j]);
      }
   }

   for(i = 0; i < ROW; i++){ ..................................... ❸
      for(j = 0; j < COL; j++)
         add[i][j] = first[i][j] + second[i][j];
   }
```

```
    printf("Sum of the two matrices is,\n");
    for (i = 0; i < ROW; i++){ ········································ ❹
        for (j = 0; j < COL; j++)
            printf("%d ", add[i][j]);
        printf("\n");
    }
    return 0;
}
```

두 행렬을 더한 합 행렬의 값을 출력하는 프로그램이다. 행렬의 덧셈은 동일한 행과 열에 있는 요소끼리 더하면 된다. 배열끼리 더하는 일은 같은 차원의 행렬끼리만 가능하다. 예에서도 first와 second는 2행 3열로 같은 차원이다. 또, 합을 저장할 add 행렬도 같은 차원이다. ①에서 first 행렬을, ②에서 second 행렬을 입력받는다. ③에서 각 요소의 합을 구하여 add 행렬에 넣고 ④에서 그것을 출력한다.

예제 11-16

```
#include <stdio.h>
int main( ){
    int *p, *q, arr[2][3] = { 1, 2, 3, 4, 5, 6 };

    printf("arr is %p.\n", arr); ······································ ❶
    printf("arr + 1 is %p.\n", arr + 1);
    printf("&arr is %p.\n", &arr); ···································· ❷
    printf("&arr + 1 is %p.\n\n", &arr + 1);

    printf("arr[0] is %p.\n", arr[0]); ································ ❸
    printf("arr[0] + 1 is %p.\n", arr[0] + 1);
    printf("&arr[0] is %p.\n", &arr[0]); ······························ ❹
    printf("&arr[0] + 1 is %p.\n\n", &arr[0] + 1);

    p = arr;
    printf("p is %p, p + 1 is %p.\n", p, p + 1); ······················ ❺

    q = arr[0];
    printf("q is %p, q + 1 is %p.\n", q, q + 1); ······················ ❻
```

```
    printf("(q + 1)[2] is %d.\n\n", (q + 1)[2]); ························ ⑦
    return 0;
}
```

```
arr is 0022F7D0.
arr + 1 is 0022F7DC.
&arr is 0022F7D0.
&arr + 1 is 0022F7E8.

arr[0] is 0022F7D0.
arr[0] + 1 is 0022F7D4.
&arr[0] is 0022F7D0.
&arr[0] + 1 is 0022F7DC.

p is 0022F7D0, p + 1 is 0022F7D4.
q is 0022F7D0, q + 1 is 0022F7D4.
(q + 1)[2] is 4.
```

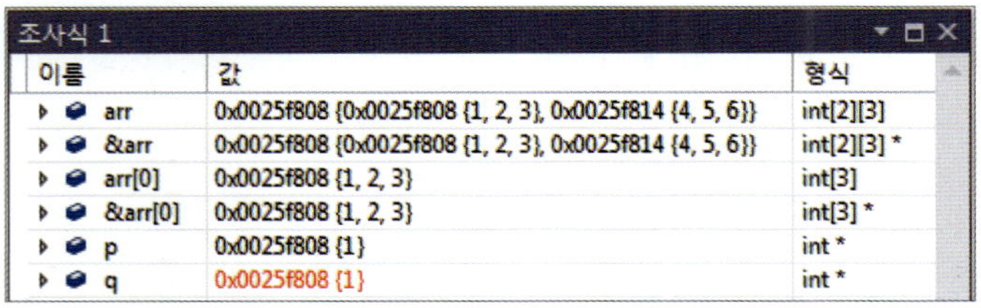
조사식 1

이름	값	형식
arr	0x0025f808 {0x0025f808 {1, 2, 3}, 0x0025f814 {4, 5, 6}}	int[2][3]
&arr	0x0025f808 {0x0025f808 {1, 2, 3}, 0x0025f814 {4, 5, 6}}	int[2][3] *
arr[0]	0x0025f808 {1, 2, 3}	int[3]
&arr[0]	0x0025f808 {1, 2, 3}	int[3] *
p	0x0025f808 {1}	int *
q	0x0025f808 {1}	int *

2차원 배열과 관련된 포인터를 테스트하는 프로그램이다. ①의 arr은 배열명, 즉 배열 시작 주소로서 ②의 &arr과 같은 값이다. 그러나 arr과 &arr은 가리키는 대상의 크기가 다르다. arr은 자신을 arr[0], arr[1]이라는 두 개의 커다란 요소로 바라본다. 즉, 행 단위로 바라보기 때문에 시작 주소인 arr에 1을 더하면 다음 요소인 arr[1]을 가리킨다. 따라서 '콘솔' 창에서 보듯이 arr + 1은 arr에 12를 더한 값이 된다. 그러나 &arr은 2차원 배열 전체를 가리킨다. 따라서 &arr + 1은 arr에 24를 더한 값이 된다. '조사식' 창을 통해서도 이러한 점을 짐작할 수 있다. &arr은 int[2][3]*로 배열 전체를 가리키는 포인터로 표시되어 있다.

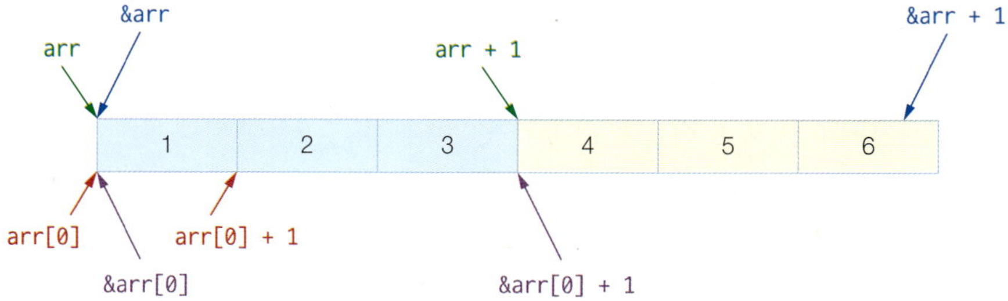

그림 11-15 2차원 배열에서의 포인터 산술 연산

한 행을 나타내는 ③의 arr[0]은 arr[0][0], arr[0][1], arr[0][2]라는 세 요소로 이루어진 배열이다. 즉, arr[0]도 그 자체로 배열명이자 배열의 시작 주소라 할 수 있다. arr[0] + 1은 arr[0]에 4를 더한 값이 된다. 다음 요소인 arr[0][1]을 가리켜야 하기 때문이다. 그러나 ④의 &arr[0]은 행 전체를 가리킨다. 따라서 &arr[0] + 1은 &arr[0]에 행 전체 크기인 12를 더한 값이 된다.

2차원 배열의 각 행은 그 자체로 하나의 배열이다. 행만 표시하면 그것은 행 전체를 나타내는 동시에 그 행의 시작 주소를 가리키는 포인터다. 예를 들어 arr[0]은 0행 전체를 나타내는 동시에 0행의 시작 주소를 나타내는 포인터다. arr[1]은 1행 전체를 나타내는 동시에 1행의 시작 주소를 나타내는 포인터다.

&arr은 배열 전체, arr은 하나의 행, arr[0]는 하나의 열을 가리키는 포인터

요약하자면 &arr, arr, arr[0]이 다같이 배열 시작 주소를 가리킨다. 그러나 포인터 산술 연산 시의 이동 단위가 다르다. &arr은 배열의 전체 크기인 24바이트 단위로 움직인다. arr은 행 크기인 12바이트 단위로 움직인다. arr[0]은 열 크기인 4바이트 단위로 움직인다.

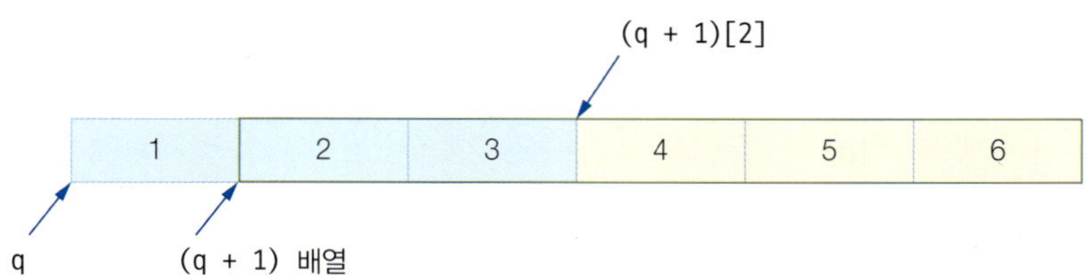

그림 11-16 (q + 1) 배열

변수 포인터인 p, q는 상수 포인터인 배열명과는 다르게 움직인다. int *p, *q;로 선언했기 때문에 p, q는 항상 4바이트 단위로 움직인다. ⑤, ⑥이 동일한 값을 출력한다. ⑦도 그러한

예다. q가 배열의 시작 주소인 arr[0][0]을 가리키는 상황에서 (q + 1)은 arr[0][1]을 가리킨다. 무조건 4바이트 단위로 이동하기 때문이다. 이렇게 되면 (q + 1) 자체를 arr[0][1]에서 시작하는 배열명으로 간주할 수 있다. (q + 1)[2]를 찍으면 arr[1][0]인 4가 찍히는 것은 이 때문이다.

```
int arr[ ][3] = {1, 2, 3, 4, 5, 6};
```

변수 선언과 동시에 초기화를 할 때에는 arr[2][3] 대신 위의 예처럼 arr[ ][3]이라고 쓰기도 한다. 열의 수만 주어지면 행의 수는 우변 요소의 수를 보고 계산할 수 있기 때문이다.

1차원 배열에서는 배열과 포인터가 자연스럽게 호환된다. 즉, 배열에 포인터 기호를 써도 되고 포인터에 배열 기호를 써도 된다. 예를 들어 int p[MAX];라고 선언했을 때 p[i]라고 해도 되고 *(p + i)라고 해도 된다. 물론 p[i]라고 해도 최종적으로는 컴파일러가 그것을 *(p + i *sizeof(int))로 번역한다. 그러나 그러한 포인터 산술 연산은 컴파일러가 알아서 처리하기 때문에 프로그래머로서는 단순히 p[i] 또는 *(p + i)라고만 쓰면 된다.

p[0]			p[1]		
p[0][0]	p[0][1]	p[0][2]	p[1][0]	p[1][1]	p[1][2]
1	2	3	4	5	6

p[i][j] = *(p[0] + (i * COL) + j)

한 행에 몇 열이 있는지를 알아야 p[i][j]에 접근할 수 있다.

2차원 배열에서도 배열과 포인터가 자유로이 호환되는지에 대해 생각해 보자. 2차원 배열에서 p[i][j]의 주소는 예처럼 계산할 수 있다. 여기서 COL은 한 행이 몇 열로 구성되어 있는가를 말한다. 예를 들어 위 배열의 맨 마지막 요소인 p[1][2]는 *(p[0] + (1 * 3) + 2)로 나타낼 수 있다. 하나의 행이 3열로 구성되므로 행의 수인 1에 3을 곱한 다음에 거기에 열의 수인 2를 더해야 비로소 p[1][2]의 주소를 구할 수 있기 때문이다. 물론 이는 컴파일러에 의해 *(p[0] + (1 * 3) + 2)* sizeof(int))처럼 자료형을 감안한 구체적인 주소로 바뀐다.

예제 11-17

```
#include <stdio.h>
int main( ){
   int i, j, arr[2][3];
   int *p = arr; ································· ❶

   for (i = 0; i < 2; i++){
      for (j = 0; j < 3; j++){
         p[i][j] = i * i + j * j; ············ ❷ // 컴파일 오류
         printf("%d ", p[i][j]); ············· ❸ // 컴파일 오류
      }
      printf("\n");
   }
   return 0;
}
```

코드	설명
C2109	첨자는 배열 또는 포인터 형식을 사용해야 합니다.

2차원 배열을 포인터로 받으면 거기에는 몇 행 몇 열이라는 정보가 없다.

2차원 배열을 포인터로 처리할 때는 행과 열에 관한 정보에 유의해야 한다. ①에 의해 arr 배열의 시작 주소가 p로 들어간다. 그러나 p에는 단순히 시작 주소만 들어갈 뿐 그것이 가리키는 arr 배열의 차원이 몇 행 몇 열인지 모른다. 그런데 ②, ③에서 p[i][j]의 주소를 계산하려면 한 행에 3열이 있다는 사실을 알고 있어야 비로소 (p + (i * 3) + j)라는 공식을 적용할 수 있다. 그러나 p에는 그런 정보가 없다. 결국 그림과 같은 컴파일 오류가 뜬다. 물론 p 대신 arr을 직접 쓰면 이런 문제가 생기지 않는다. 또, p[i][j] 대신 *(p[0] + (i * 3) + j)라고 프로그래머가 직접 주소를 계산해주어도 문제가 생기지 않는다. 그러나 프로그램이 복잡해지면 그렇게 하기가 어려워진다.

```
int (*p)[3] = arr;
```

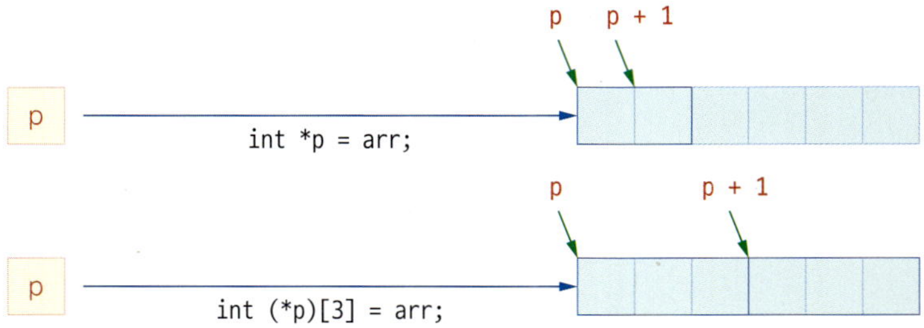

그림 11-17 int *p와 int (*p)[3]의 차이점

이 문제를 해결하려면 ①을 예처럼 선언해야 한다. 이는 (*p), 즉 p가 가리키는 것이 정수 세 개 단위로 이루어진 배열이라는 뜻이다. 이렇게 되면 p는 포인터 산술 연산 시에 세 개의 열을 묶어서 하나의 행으로 처리한다. 또, 하나의 행이 몇 열인지에 관한 정보를 주었기 때문에 p[i][j] = (p[0] + (i * COL) + j)를 계산할 때도 아무런 문제가 일어나지 않는다. int (*p)[3];에 의해 열의 개수인 COL이 3이라고 선언했기 때문이다.

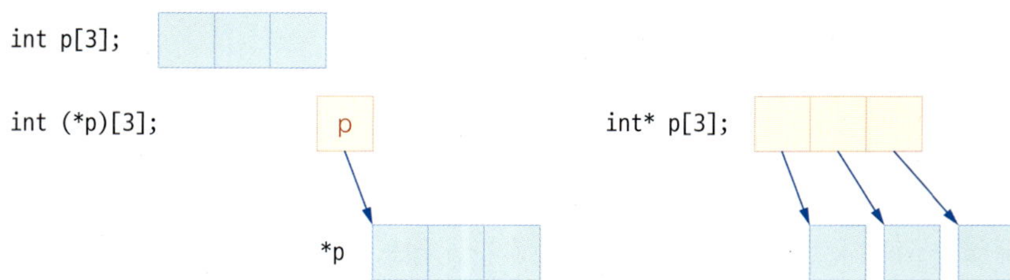

그림 11-18 배열, 배열을 가리키는 포인터, 포인터로 이루어진 배열

int* p[ ]: 배열 p의 요소가 정수 포인터

int (*p)[ ]: 포인터 p가 가리키는 것이 정수 배열

포인터와 관련하여 배열을 선언할 때는 주의를 요한다. 인덱스 연산자인 [ ]가 참조 연산자인 *보다 우선순위가 높기 때문에 컴파일러는 '[ ]'를 먼저 해석하고 '*'를 해석한다. int* p[3];이라고 선언하면 이는 p[3], 즉 배열 요소가 정수 포인터라는 뜻이다. 반면에 int (*p)[3];이라고 선언하면 *p를 괄호로 묶었기 때문에 먼저 해석된다. 이는 int p[3]의 p를 *p로 바꾼 모습으로 *p, 즉 p가 가리키는 것이 정수 세 개로 이루어진 배열이라는 의미다. 따라서 이후로는 *p가 배열명 역할을 한다. 사실상 int* p[3];와 int (*p)[3]은 상반된 선언이다. 전자의 p는 정수

포인터 배열(array of integer pointers)인 반면에 후자의 p는 정수 배열 포인터(pointer to an array of integers)이기 때문이다.

예제 11-18

```
#include <stdio.h>
#include <stdlib.h>

void print_it(int p[2][3]){ ..............❶
    int i, j;
    for (i = 0; i < 2; i++){
        for (j = 0; j < 3; j++){
            p[i][j] = i * i + j * j; ..............❷
            printf("%d ", p[i][j]);
        }
        printf("\n");
    }
}

int main( ){
    int *arr = (int*)malloc(2 * 3 * sizeof(int)); ..............❸
    if (arr != NULL)
        print_it(arr); ..............❹
    free(arr);
    arr = NULL;
    return 0;
}
```

```
0 1 4
1 2 5
```

피호출 함수를 통해 배열의 차원을 선언하기도 한다. ③에서 malloc에 의해 동적 배열을 만들었지만 arr 자체로는 4 바이트 int 단위로 접근한다는 정보 외에는 배열 차원에 관한 아무런 정보가 없다. 2차원 배열로 사용할 예정이라고 하더라도 arr 자체에는 그것이 몇 행 몇 열인지에 관한 정보가 없다. malloc에 의해 만들어진 정수 여섯 개를 2행 3열로 바라볼 수도 있지만 3행 2열로 바라볼 수도 있다. 그러한 상태에서 ④에서 print_it 함수를 호출하면서 arr을 건네주고 있다. 그런데 ①은 건네받은 arr을 p[2][3]으로 선언하고 있다. 이는 p가 가리키는 대상의 차원을 알리는 행위다. 즉, arr을 2행 3열로 이루어진 2차원 배열로 바라보겠다는 것이다.

그 결과 ②에서 아무런 문제없이 p[i][j]의 주소를 계산할 수 있다. 이를 p[ ][3]이라고만 해도 된다. 행의 수는 몰라도 열의 수인 3만 알면 p[i][j]를 *(p + (i * 3) + j)라고 계산할 수 있기 때문이다.

```
int* p[2]; ······························································ ❶
for (i = 0; i < 2; i++)
    p[i] = (int*)malloc(3 * sizeof(int)); ····························· ❷
```

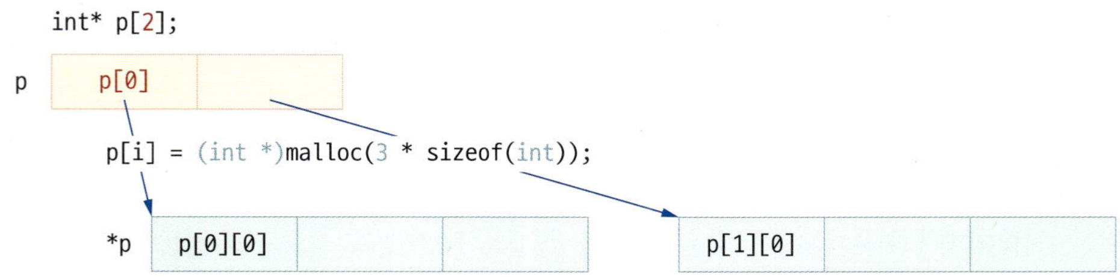

그림 11-19 행은 정적 메모리, 열은 동적 메모리

배열 요소가 포인터인 배열을 포인터 배열이라 부른다.

배열 요소가 포인터인 배열을 포인터 배열이라 부른다. ①처럼 선언하면 p는 정수 포인터로 이루어진 정적 배열이다. ②처럼 하면 p 배열의 p[0], p[1]이 각각 정수 세 개로 이루어진 배열을 가리킨다. 이는 마치 2차원 행렬의 모습과도 같다. p[0]이 0행을 의미하고 또 그것이 열 세 개로 이루어진 배열을 가리키기 때문이다. 여기서 malloc에 의해 만들어진 배열은 동적 배열이다. 따라서 프로그램 실행 중 열의 수(col)를 입력받아 ②처럼 p[i] = (int*)malloc(col * sizeof(int));이라고 하면 원하는 만큼 열의 수를 조정할 수 있다. 그림에서 보듯 모습도 정적 배열일 때와는 다르다. 정적 배열일 때는 p[0]의 마지막 요소인 p[0][2]와 p[1]의 첫 요소인 p[1][0]이 붙어 있지만 동적 배열일 때는 떨어져 있을 수 있다. malloc을 호출할 때마다 운영체제가 서로 다른 위치의 힙 메모리를 할당할 수 있기 때문이다.

예에서 행의 수는 2로 고정되어 있다. int *p[2];라고 정적 배열로 선언했기 때문이다. 만약 프로그램 실행 중에 행의 수까지 원하는 만큼 입력받으려면 포인터 배열 p 자체도 동적 배열로 만들어야 한다. 그러자면 예에서 p 배열을 가리키는 또 다른 포인터를 선언하고 malloc에 의해 그 포인터가 포인터 배열 p를 가리키게 해야 한다.

```
int** p = (int**)malloc(2 * sizeof(int*)); ❶
for (i = 0; i < 2; i++)
    p[i] = (int*)malloc(3 * sizeof(int)); ❷
```

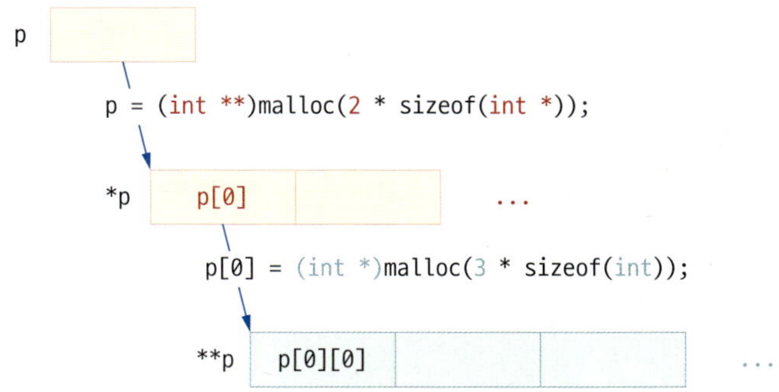

그림 11-20 행과 열이 모두 동적 메모리

행과 열의 수를 모두 동적으로 조정하려면 2중 포인터를 써야 한다.

그렇게 하려면 2중 포인터를 써야 한다. p가 *p 배열을 가리키되 malloc에 의해 필요한 행의 수만큼 배열 요소를 만들어야 한다. 여기서 p가 직접 정수를 가리키는 것은 아니다. p는 포인터 배열인 *p를 가리키고 *p가 정수를 가리킨다. 결국 'p가 가리키는 것이 가리키는 것이 정수'이므로 ①에서 p의 타입은 int**로 선언해야 한다. 또, p가 직접 가리키는 것은 포인터로 이루어진 배열이므로 malloc 함수의 인자로 sizeof(int *)를 전달해야 한다. 정수가 아니라 정수 포인터를 저장할 공간을 확보해야 하기 때문이다. 예는 2행 3열 2차원 배열을 동적으로 생성하는 모습이다.

```
int arr[2][3];
arr = &arr[0] ❶
arr[0] = &arr[0][0] ❷
arr =  &&arr[0][0] ❸
```

정적 배열이든 동적 배열이든 2차원 배열명은 2중 포인터다.

정적 배열인 경우에도 2차원 배열명은 사실상 2중 포인터다. 예에서 arr이라는 배열명은 배열의 시작 주소다. 그러나 2차원 배열의 경우 arr이 가리키는 것은 arr[0], 즉 0행 전체이므로, ①처럼 쓸 수 있다. 그런데 arr[0] 역시 배열로 이루어져 있기 때문에 arr[0]이 가리키는 것은 arr[0][0]이므로 ②처럼 쓸 수 있다. 두 가지 사실을 종합하면 'arr이 가리키는 것은 0행이고 0행이 가리키는 것은 0행 0열이다'라고 할 수 있다. 이는 ①과 ②로부터 ③을 유도한 것과 같다. 결국 'arr[0][0]의 주소의 주소'가 arr이라는 점에서 2차원 배열명은 2중 포인터라 할 수 있다.

```
int arr[m][n]; ....................................................❶
int **arr = (int **)malloc(m * sizeof(int *)); ....................❷
for (i = 0; i < m; i++) arr[i] = (int *)malloc(n * sizeof(int));
```

①이 정적 2차원 배열이라면 ②는 동적 2차원 배열이다. ①에서는 배열명인 arr이 2중 포인터이고, ②에서는 포인터 변수 arr이 2중 포인터다. 우변의 형 변환 연산자인 (int**)는 2중 포인터로의 변환을 의미한다.

예제 11-19

```
#include <stdio.h>
#include <stdlib.h>

int** create_matrix(int, int);
void destroy_matrix(int**, int);

int main( ){
   int row, column, i, j, **matrix;

   printf("Enter row and column.\n");
   scanf("%d%d", &row, &column);

   matrix = create_matrix(row, column);
   for (i = 0; i < row; i++){
      for (j = 0; j < column; j++){
         matrix[i][j] = i * i + j * j;
         printf("%d\t", matrix[i][j]);
      }
```

```
        printf("\n");
    }
    destroy_matrix(matrix, row);
    return 0;
}

int** create_matrix(int row, int col){
    int i, **p;
    p = (int**)malloc(row * sizeof(int*)); ······························ ❶
    if (p == NULL)
        exit(1);
    for (i = 0; i < row; i++){
        p[i] = (int*)malloc(col * sizeof(int)); ························· ❷
        if (p[i] == NULL)
            exit(1);
    }
    return p;
}

void destroy_matrix(int** p, int row){
    int i;
    for (i = 0; i < row; i++) ··········································· ❸
        free(p[i]);
    free(p); ··························································· ❹
    p = NULL;
}
```

```
Enter row and column.
4 5
0    1    4    9    16
1    2    5    10   17
4    5    8    13   20
9    10   13   18   25
```

프로그램 실행 도중 필요한 만큼의 행과 열의 크기를 입력받아 동적 배열을 만드는 프로그램이다. 일단 ①에서 row개 요소로 이루어진 포인터 배열을 만든다. 포인터를 저장해야 하므로 배열 요소의 크기도 int가 아니라 int*라는 점에 유의해야 한다. 이후 ②에서 배열 내 각각의 포인터가 col개의 정수 배열을 가리키도록 하면 된다.

이 동적 배열이 사용하던 공간을 반납하려면 ③처럼 일단 행별로 그 안에 있는 모든 열을 반납해야 한다. 이후 ④에 의해 모든 행을 반납해야 한다. 순서를 바꾸어 ④, ③ 순으로 명령하면 안 된다. 행을 먼저 반납하면 그 행이 가리키던 열의 주소가 사라지기 때문에 열이 차지하던 공간은 반납할 수 없기 때문이다. 이는 폴더를 삭제할 때 그 폴더에 속한 파일을 먼저 삭제한 다음에 해당 폴더를 삭제하는 경우와도 유사한 맥락이다.

정적 포인터 배열은 int *p[100];로 선언한다.
동적 포인터 배열은 int **p;로 선언한다.

```
int *p[3]; ...................................................... ❶

int **p; ........................................................ ❷
p = (int **)malloc(3 * sizeof(int *)); ........................... ❸

for(i = 0; i < 3; i++) .......................................... ❹
   p[i] = (int*)malloc(10 * sizeof(int));
```

결국 2차원 배열의 행은 정적으로 선언할 수도 있고 동적으로 선언할 수도 있다. ①처럼 정적 포인터 배열(Array of Static Pointers)로 선언할 때는 행의 수가 컴파일 타임에 미리 결정되어야 한다. 반면에 ②처럼 동적 포인터 배열(Array of Dynamic Pointer)로 선언할 때는 행의 수를 미리 결정할 필요가 없다. 프로그램 실행 도중에 세 개가 필요하면 ③처럼 동적으로 필요한 행의 수만큼 요소를 만들면 된다. 여기서 정적이냐 동적이냐는 행의 수를 어떻게 결정하느냐에 관한 것일 뿐이다. 각 행이 포인터이므로 그 포인터가 가리키는 열은 두 경우 모두 ④처럼 동적 메모리로 만들 수 있다. 3행 10열의 2차원 배열을 생성하려면 ①, ④로 진행해도 되고 ②, ③, ④로 진행해도 된다.

과제

01 다음 프로그램의 출력을 예측하고 실제로 프로그램을 실행하여 예측한 값이 맞는지 확인하라.

```
#include <stdio.h>
void in_order(int m, int *n){
    if (m > *n)
        return;
    else {
        ++m;
        --(*n);
        printf("%d %d\n", m, *n);
        in_order(m, n);
        printf("%d %d\n", m, *n);
    }
}

int main( ){
    int m = 2, n = 8;
    in_order(m, &n);
    printf("%d %d\n", m, n);
    return 0;
}
```

02 main에서 int num, *p, **q;라고 선언했다고 가정하자. 프로그램은 두 가지 방법을 써서 num에 5를 저장하고 출력해야 한다. 첫 번째 방법은 p를 사용하여 num에 5를 저장한 후 p를 통해서 num 값을 출력해야 한다. 두 번째 방법은 q를 사용하여 num에 5를 저장한 후 q를 통해서 num 값을 출력해야 한다.

힌트 두 번째 방법에서는 q에 p의 주소를 대입한 다음 **q에 접근할 수 있다.

03 다음 프로그램의 출력을 예측하고 실제로 프로그램을 실행하여 예측한 값이 맞는지 확인하라.

```
#include <stdio.h>
void f1(int *p){*p = 30;}
void f2(int p){p = 40;}
void f3(int *arr){
    int *p = arr;
    printf("%d\n", *p);
    printf("%d\n", *(p + 3));
}

int main( ){
    int m = 10, list[ ] = {1, 3, 5, 7};
    f1(&m);
    printf("%d\n", m);
    f2(m);
    printf("%d\n", m);
    f3(list);
    return 0;
}
```

04 입력 문장을 배열에 저장하고 해당 문장에 모음이 몇 번 나오는지를 출력하는 프로그램을 작성하라. 문장은 소문자만으로 이루어져 있다고 가정한다. 단, 아래 함수를 호출해야 하며 이 함수는 포인터 산술 연산을 써서 구현해야 한다.

```
int count_vowel(char * arr, int length);
```

05 양의 정수가 들어올 때까지 입력을 순서대로 a 배열에 저장하라. 이후 아래 함수를 호출해야 한다. 이 함수는 a 배열을 넘겨받아 요소의 순서를 뒤집어서 b 배열에 저장한다. 이후 main으로 되돌아가 b 배열을 순서대로 출력하라. 단, 입력 정수는 하나 이상으로 가정한다.

```
void reverse_array(int *a, int *b, int length);
```

```
> Enter a sequence of positive integers.
> 1 2 3 4 5 -1(Enter)
> 5 4 3 2 1
```

06 05번과 동일한 목적의 프로그램을 작성하되 이번에는 아래 함수를 사용하여 순서를 뒤집은 배열의 시작 주소를 리턴하는 방식으로 작성하라.

힌트 main으로 되돌아가도 이 함수의 리턴 값이 가리키는 곳에 데이터가 남아 있게 하려면 함수 내부에서 malloc을 호출해야 한다.

```
int* reverse_array(int *a, int length);

int main( ){
   int i = 0, num, length, int original[100], *reversed;
   printf("Enter a sequence of positive integers.\n");
   while (1){
      scanf("%d", &num);
      if (num <= 0)
         break;
      original[i++] = num;
   }
   length = i;

   reversed = reverse_array(original, length);
   for (i = 0; i < length; i++)
      printf("%d ", reversed[i]);
   printf("\n");
   free(reversed);
   return 0;
}
```

07 main에서 int arr1[5], arr2[5];라는 배열을 선언하고 print_array 함수를 불러 입력 내용을 출력하라. 이후 두 배열과 요소의 개수를 인자로 넘겨주면서 swap_array 함수를 호출하여 배열 내용을 서로 바꾸어 보라. 이후 main으로 되돌아와서 배열 내용이 바뀌었는지 다시 print_array 함수를 불러 출력하라. 단, 두 함수 모두 포인터 기호만 써서 구현해야 하며 배열 요소의 개수는 다섯 개로 한다.

```
void print_array(int *arr, int length);
void swap_array(int *a, int*b, int length);
```

```
> Enter the contents of first array.
> 1 2 3 4 5(Enter)
> Enter the contents of second array.
> 10 20 30 40 50(Enter)
> Before swapping,
> first: 1 2 3 4 5
> second: 10 20 30 40 50
> After swapping,
> first: 10 20 30 40 50
> second: 1 2 3 4 5
```

08 두 개의 문자열을 입력받아 참조 호출에 의해 서로 swap하려 한다. 그런데 두 문자열의 길이가 다를 수 있으므로 문자열마다 길이를 추적하기가 번거롭다. 그 경우 길이 정보를 추적하는 대신 문자열 자체에 '\0'을 추가하여 문자열 끝임을 알릴 수 있다. 다음 함수를 완성하여 문자열 스왑의 결과를 출력하라.

```
#define MAX_LEN 100
#include <stdio.h>
void swap_string(char *a, char *b){
    int i, temp[MAX_LEN];
    for (i = 0; *(a + i) != '\0'; i++) // a string을 temp string으로 복사
        ______________________;        // 포인터 기호를 써서 대입 가능
```

```
    temp[i] = '\0';                          // 문자열 끝임을 표시
    ______________________________           // b string을 a string으로 복사
        ______________________;
    ______________________;                  // 문자열 끝임을 표시
    ______________________________           // temp string을 b string으로 복사
        ______________________;
    ______________________;                  // 문자열 끝임을 표시
}

int main( ){
    int i; char ch, string1[MAX_LEN], string2[MAX_LEN];

    printf("Enter string 1.\n");
    for (i = 0; (ch = getchar()) != '\n'; i++)
        string1[i] = ch;
    string1[i] = '\0';
    printf("Enter string 2.\n");
    for (i = 0; (ch = getchar()) != '\n'; i++)
        string2[i] = ch;
    string2[i] = '\0';

    swap_string(string1, string2);
    printf("After swapping,\n");
    printf("string 1 is %s\n", string1);  // 문자열 끝에 '\0'이 있으면 배열
                                           명을 주면서
    printf("string 2 is %s\n", string2);  // 루프 없이 곧바로 %s 형식으로 출
                                           력 가능.
    return 0;
}
```

09 %s 형식으로 문자열을 입력받아 정적 배열에 저장하고 아래 함수를 써서 그것을 거꾸로 출력하라. 단, 이 함수는 재귀 함수인 동시에 포인터 산술 연산을 써서 구현해야 한다.

힌트 %c 형식으로 출력하되 일단 arr + (length - 1)이 가리키는 것을 찍고 length를 1만큼 감소시켜 재귀 호출을 한다. length가 줄고 줄어 베이스 케이스에 도달한다.

```
void print_array(char *arr, int length);
```

10 main을 참고로 두 함수를 채우되 첫 함수는 배열 기호를, 둘째 함수는 포인터 산술 연산을 사용하라.

```
double average_by_array(int p[ ], int length));
double average_by_pointer(int *p, int length);
int main( ){
    int arr[5] = {10, 40, 50, 20, 15};
    printf("%lf\n", average_by_array(arr, 5));
    printf("%lf\n", average_by_pointer(arr, 5));
    return 0;
}
```

11

```
char** p = (char**)malloc(2 * sizeof(char*));
```

위 선언에 의해 2개 요소로 이루어진 포인터 배열 p[0], p[1]을 생성할 수 있다. 이후 두 개의 문자열을 별도로 입력받아 각각을 p[0], p[1]이 가리키는 배열에 저장하되 realloc을 써서 필요한 만큼 공간을 확보하여 저장할 수 있다. 이후 swap 함수를 호출하여 p[0], p[1] 포인터 자체를 교환한 후에 p[0], p[1]이 가리키는 이름을 출력할 수 있다. 다음 프로그램을 완성하여 이러한 일련의 작업을 수행하라.

```
> Enter first string.
> Seoul(Enter)
> Enter second string.
```

```
> Los Angeles(Enter)
> first string became Los Angeles, second string became Seoul.
```

```
#include <stdio.h>
#include <stdlib.h>
int main( ){
    int i; char ch, *temp;
    char** p = (char**)malloc(2 * sizeof(char*));

    p[1] = p[0] = NULL;    // 포인터 값이 NULL이면 realloc은 malloc과 동일

    printf("Enter first string.\n");
    for (i = 0; (ch = getchar( )) != '\n'; i++){
        p[0] = ______________________;
        // realloc만을 써서 필요 공간 확보, 첫 인자는 p[0].
        // i가 0이면 입력 문자수는 1. '\0' 추가하려면 이보다 (i + 2)개의 공간이 필요
        ______________________      // 널 테스트. p[0]이 널이면
        ______________________;     // exit로 빠져나감
        ______________________;     // 배열 인덱스 [0][i]에 입력 문자 삽입
        ______________________;     // 문자열 끝에 '\0' 추가
    }
    ...                             // 둘째 문자열에 대해서도 동일한 작업
    ________________;               // temp를 사용해서 p[0]과 p[1]을 swap
    ________________;
    ________________;
    printf("first string became %s, second string became %s.", p[0], p[1]);
    ________________;               // p[0]을 free시킴
    ________________;               // p[1]을 free시킴
    ________________;               // p를 free시킴
    return 0;
}
```

12 문자열을 입력받아 정적 배열에 저장하고 아래 함수를 써서 그것을 거꾸로 출력하는 프로그램을 작성하라. 여기서 arr은 배열 시작 주소이며 length는 배열 요소의 개수다. 단, 이 함수는 반드시 포인터 산술 연산을 써서 구현해야 한다.

힌트 i를 length - 1로 초기화한 후 i를 감소시키면서 (arr + i)가 가리키는 것을 찍는다.

```
void print_array(char *arr, int length);
```

```
> Enter a sentence.
> Amore Roma
> amoR eromA
```

13 양의 정수가 들어올 때까지 입력을 순서대로 배열에 저장하라. 이후 아래 함수를 호출해야 한다. 이 함수는 arr 배열을 넘겨받아 배열 요소 중 가장 작은 것을 *min에, 가장 큰 것을 *max에 저장한다. 이후 main으로 되돌아가 가장 작은 값과 가장 큰 값을 출력하라.

```
void min_max(int *arr, int *min, int *max, int length);
```

```
> Enter a sequence of positive integers.
> 4 2 3 9 2 5 8 2 -1(Enter)
> Minimum is 2, Maximum is 9.
```

14

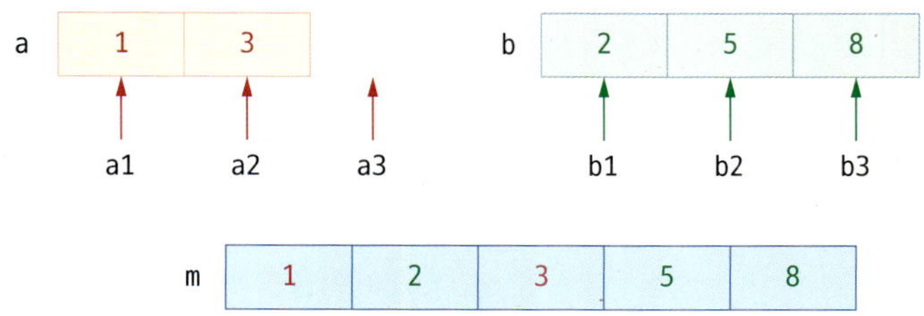

그림 11-21 정렬된 두 배열의 합병

이미 정렬된 두 개의 배열을 정렬 순서를 유지하면서 합병(Merge)하는 과정은 위 그림과 같다. a, b 배열에 별도의 포인터를 사용하여 처음에는 배열 첫 요소인 a1, b1에 위치시킨다. 이후 두 포인터가 가리키는 값을 비교한다. a1이 가리키는 1이 b1이 가리키는 2보다 작으니 1을 배열 m에 옮겨 적는다. 옮기자마자 a1은 a2로 이동한다. 이제 a2와 b1을 비교하니 b1이 작다. 따라서 b1을 m에 옮겨 적는다. 옮기자마자 b1은 b2로 이동한다. 이제 a2와 b2를 비교하니 a2가 작다. 따라서 a2를 m에 옮겨 적고 a3로 이동한다. 그 순간 a 배열은 더이상 합병할 것이 없다. 따라서 b 배열에 남아 있는 b2, b3를 그대로 순차적으로 m으로 옮겨 적으면 된다. 이렇게 할 수 있는 이유는 b 배열 자체가 이미 정렬된 상태이기 때문이다.

a, b, m 세 개의 동적 배열을 선언하라. a, b의 크기는 다를 수 있으나 m의 크기는 a, b의 크기를 합한 것이라야 한다. 이후 a, b 배열에 정렬된 순서로 입력을 하도록 요구한 다음 그것을 합병하여 m 배열에 저장하고 내용을 출력하라. 단, 프로그램 전체에 배열 기호를 써서는 안 된다.

힌트 a, b 배열 중 무엇이 작으냐에 따라 코드를 달리해야 한다. a, b 포인터가 a++, b++로 전진하면 거기에 따라 m 포인터도 m++로 전진한다. a, b, m 포인터는 계속 움직이므로 나중에 free할 것에 대비해서 시작 주소인 a, b, m 포인터를 미리 복사해두어야 한다.

```
> Enter number of elements in array a.
> 3(Enter)
> Enter data to be inserted in array a. It must be in sorted order.
> 1 3 8(Enter)
> nter number of elements in array b.
> 5(Enter)
> Enter data to be inserted in array b. It must be in sorted order.
> 2 3 4 7 9(Enter)
> Result of merging is,
> 1 2 3 3 4 7 8 9
```

15 행과 열 수를 입력받아 동적 배열을 만들고 배열 데이터를 입력받아 그것을 제곱한 값을 출력하는 프로그램을 작성하라.

```
> Enter row and column.
> 3 2(Enter)
> Enter the value of array elements.
> 1 2 3 4 5 6(Enter)
> The result is
1 4
9 16
25 36
```

16 아래 프로그램은 7장의 tic-tac-toe 프로그램을 구현한 예다. 일단 소스코드를 이해한 후에 computer_move 함수, check 함수, 기타 필요한 함수를 수정하되 세 가지 전략을 부여하라. 첫째, 랜덤 함수를 사용하여 위치를 결정하라. 둘째, 사람이 놓은 돌이 일직선이 되는 것을 예방할 수 있는 위치에 놓아보라. 셋째, 컴퓨터 자신이 놓은 돌이 일직선이 될 수 있는 위치에 놓아보라. 더 나은 전략이 있으면 그 전략을 구현해서 컴퓨터가 사람을 이길 수 있는 방법을 모색해보라.

```
#include <stdio.h>
#include <stdio.h>

void init_board(char b[ ][3]){    // initialize with a blank character
int i, j;for (i = 0; i < 3; i++)
   for (j = 0; j < 3; j++)
      b[i][j] = ' ';
}

void draw_board(char b[ ][3]){
   int i;
   for (i = 0; i < 3; i++){
```

```
        printf("¦---¦---¦---¦\n");
        printf("¦ %c ¦ %c ¦ %c ¦\n", b[i][0], b[i][1], b[i][2]);
    }
    printf("¦---¦---¦---¦\n\n");
}

void welcome_message( ){
    printf("Welcome to my tic-tac-toe game.\n");
    printf("The coordinates are,\n");
    printf("¦---¦---¦---¦\n");
    printf("¦0 0¦0 1¦0 2¦\n");
    printf("¦---¦---¦---¦\n");
    printf("¦1 0¦1 1¦1 2¦\n");
    printf("¦---¦---¦---¦\n");
    printf("¦2 0¦2 1¦2 2¦\n");
    printf("¦---¦---¦---¦\n\n");
}

int who_first( ){                    // returns 1 for human, 0 for computer
    char ch;
    printf("play first? (Y/N)\n");
    scanf("%c", &ch);
    if (ch == 'Y' || ch == 'y')
        return 1;
    else
        return 0;
}

void human_move(char b[ ][3]){    // exits program if input is invalid
    int i, j;
```

```
    printf("It's YOUR turn. ");
    printf("Enter coordinates. For instance, 1 0\n");
    scanf("%d%d", &i, &j);
    if (i < 0 || i > 2 || j < 0 || j > 2){
        printf("Invalid coordinate exits the program.\n");
        exit(1);
    }
    b[i][j] = '0';
    printf("You moved as follows.\n");
}

void computer_move(char b[ ][3]){ // puts 'X' at the first blank of array
    int i, j;
    printf("Computer moved as follows.\n");
    for (i = 0; i < 3; i++)
        for (j = 0; j < 3; j++)
            if (b[i][j] == ' '){
                b[i][j] = 'X';
                return;
            }
}

int check(char b[ ][3], char ch){
        int i, j, matched = 0, count = 0;

        for (i = 0; i < 3; i++)    // horizontal line check
            if (b[i][0] == ch && b[i][1] == ch && b[i][2] == ch)
                matched = 1;

        for (j = 0; j < 3; j++)    // vertical line check
```

```
        if (b[0][j] == ch && b[1][j] == ch && b[2][j] == ch)
            matched = 1;

    if (b[1][1] == ch)          // diagonal line check
        if ((b[0][0] == ch && b[2][2] == ch) ||
            (b[0][2] == ch && b[2][0] == ch))
            matched = 1;

    if (matched){
        if (ch == 'X')
            return 0;           // computer won.
        else
             return 1;          // human won.
    }

    for (i = 0; i < 3; i++)
        for (j = 0; j < 3; j++)
            if (b[i][j] == ' ')
                count++;
    if (count == 0)
        return 2;               // board full(It's a draw).
    return 3;                   // continue game.
}

int main( ){
    int turn, game_over = 0, state;
    char board[3][3];

    welcome_message( );
    init_board(board);
```

```
    turn = who_first( );
    while (!game_over){
        if (turn == 1){
            human_move(board);
            state = check(board, '0');
        }
        else {
            computer_move(board);
            state = check(board, 'X');
        }
        draw_board(board);

        if (state == 0){
            printf("Computer won.\n\n");
            game_over = 1;
        }
        else if (state == 1){
            printf("You won.\n\n");
            game_over = 1;
        }
        else if (state == 2){
            printf("It's a draw.\n\n");
            game_over = 1;
        }
        turn = (turn + 1) % 2;      // toggles the turn
    }
    return 0;
}
```

Chapter 12
문자열

01 문자열 표현
02 문자열 입출력
03 문자열 처리 함수
04 버퍼 오버플로우와 컴퓨터 보안
05 문자열 배열과 문자열 포인터 배열
과제

텍스트도 컴퓨터가 다루어야 할 주요 정보다. 문서 편집기에서 [편집] 메뉴를 누르면 나타나는 서브 메뉴가 모두 텍스트 정보를 처리하기 위한 것이다. 컴퓨터 내부에서 문자열은 배열 형태로 저장된다. 그러나 C 언어 설계 과정에서 실행 속도에 너무 집착하여 문자열이 배열 크기를 넘어서는지는 등한시하게 된다. 그 결과 버퍼 오버플로우를 이용한 해킹으로 인해 보안에 심각한 문제가 야기된다.

01 문자열 표현

C++ 언어에는 string이라는 타입이 존재하기 때문에 string str = "apple";라고 쓸 수 있다. 그러나 C 언어에는 그러한 타입이 없다. 따라서 C 언어는 문자열을 배열에 저장한 뒤 첫 문자를 가리키는 포인터로 그 문자열을 대신한다.

```
char *str;
```

예의 str은 하나의 문자를 가리키는 포인터다. 그러나 실제로 str은 그 문자뿐만 아니라 그 뒤에 이어진 문자열 전체를 접근할 수 있는 포인터일 수도 있다. 첫 문자만 가리키면 '\0'을 만날 때까지 나머지 문자들을 포인터 산술 연산에 의해 줄줄이 접근할 수 있기 때문이다. 문자열 자체가 포인터로 저장되기 때문에 배열을 가리키는 포인터와 마찬가지로 첫 문자, 즉 실마리만 붙잡는 선언이 문자열 선언이다.

```
char str[10] = "apple"; ······································ ❶
char str[10] = {'a', 'p', 'p', 'l', 'e'}; ···················· ❷
```

그림 12-1 char str[10] = "apple";

①처럼 선언하면 str이 가리키는 배열에는 'a', 'p', 'p', 'l', 'e', '\0'이 저장된다. 큰따옴표로 둘러싸인 것을 문자열로 간주하여 컴파일러가 자동으로 '\0'을 삽입하기 때문이다. 여기서 '\0'(Backslash Zero)는 문자열의 끝을 나타내는 구분자(Delimiter)다. 화면에 찍으면 한 칸을 차지할 뿐 아무 것도 보이지 않는 문자라는 뜻에서 널 문자(Null Character)라 부른다. 이는 아스키코드 0에 해당하기 때문에 char ch = '\0';과 char ch = 0;은 같은 표현이다.

문자열 끝에는 항상 '\0'이 붙는다.

②처럼 선언하면 문자열이 아니다. 마지막에 널 문자를 넣지 않았기 때문이다. 따라서 이 경우 printf("%s", str);이라고 하면 당연히 오류가 나야 한다. %s 형식으로 문자열을 출력하면 문자열 끝을 나타내는 '\0'을 만나야 더이상 문자를 출력하지 않기 때문이다. 그럼에도 불구하고 printf("%s", str);는 정상적으로 출력된다. 이는 다른 이유 때문이다. ②처럼 배열을 선언하면서 초기화하면 'a', 'p', 'p', 'l', 'e' 이후의 다섯 개 요소에 자동으로 0이 들어가기 때문이다. 따라서 printf가 그것을 '\0'으로 간주하여 출력을 멈추었을 뿐이다. 그러나 이러한 방식의 초기화에 의존해서는 안 된다. 만약 ②를 char str[ ]이라고만 선언했다면 printf는 오류를 일으킨다. 배열 크기를 비워둘 경우 컴파일러가 우변을 참고로 5바이트 공간에 'a', 'p', 'p', 'l', 'e'를 넣고 난 이후에 Null 문자를 삽입하지도 않고 또 삽입할 공간도 없기 때문이다.

명칭	아스키 값	자료형
Null 문자('\0')	0	char
NULL 포인터	None	int or void*
Zero 문자('0')	48	char
줄 바꿈 문자('\n')	10	char
Space 문자(' ')	32	char

그림 12-2 널 문자와 널 포인터

Null 문자는 포인터가 아무 것도 가리키지 않을 때 쓰는 NULL 포인터와는 다르다. 물론 둘 다 숫자 0으로 표시되지만 Null 문자가 1바이트 문자형인데 비해 NULL 포인터는 4바이트 정수형이다. #define NULL 0에 의해 NULL이 0으로 치환될 때 그 0은 디폴트로 정수형으로 간주되기 때문이다. 만약 NULL 포인터를 #define NULL (void*)0으로 정의하면 NULL은 포인터 변수의 크기를 갖는다. Null 문자는 제로(Zero)를 나타내는 문자 '0'이나 줄 바꿈을 뜻하는 '\n', 빈칸(Space)을 뜻하는 ' '와도 다른 문자임에 유의해야 한다.

문자열은 반드시 큰따옴표(Double Quote)로 둘러싸야 한다. 작은따옴표(Single Quote)로 둘러싸면 문자열이 아니라 문자로 취급된다. "a"와 'a'는 다르다. "a"라고 하면 '\0'이 삽입되지만 'a'라고 하면 삽입되지 않는다. 문자가 여럿이더라도 '\0'이 없으면 문자열이 아니라 문자 배열일 뿐이다. char str[10];이라고 선언한다고 해서 그것이 곧바로 문자열이 되는 것은 아니다. 어딘가에 '\0'이 있어야 비로소 문자열이 된다. str[5] = '\0';이라고 하면 str[4]까지 문자열이 된다. 그러나 '\0'은 구분자일 뿐 문자열의 일부가 아니라는 점에도 유의해야 한다. 문자열의 길이를 따질 때에는 '\0'을 포함해서는 안 된다.

```
char str[] = {'a', 'p', 'p', 'l', 'e', '\0'}; ························ ❶
char str[] = "apple"; ·················································· ❷
str[3] = '\0'; ························································· ❸
printf("%s", str); ····················································· ❹
char list[4][6] = {"Park", "Yoon", "Joo", "Chung"}; ···················· ❺
```

문자열 배열을 선언하면서 초기화할 수도 있다. ①, ②는 동일한 의미다. 이처럼 배열 크기를 비워 놓으면 컴파일러는 우변을 기준으로 크기를 결정한다. ②에서 배열 크기는 6으로 잡힌다. 마지막에 '\0'을 삽입해야 하기 때문이다. 배열 크기를 6으로 선언하면 실제로 들어갈 수 있는 문자는 다섯 개다. ③에 의해 ④에서는 "app"까지만 출력된다. '\0'이 문자열 끝을 의미하므로 printf가 str[2]까지만 문자열로 간주하기 때문이다. ⑤처럼 하면 4행 6열의 2차원 행렬이 만들어지므로 각각의 행에는 6바이트 크기의 배열이 들어간다. 따라서 널 문자를 제외하면 각 행에 문자 다섯 개가 들어갈 수 있다.

```
char *p = "apple";
```

문자열 ≡ 첫 문자를 가리키는 포인터 ≡ 문자열 시작 주소

문자열 상수(String Constants)에는 항상 리턴 값이 있다. 첫 문자를 가리키는 포인터가 바로 그것이다. 예처럼 초기화하면 컴파일러는 우변 문자열을 상수 메모리에 저장한 후 첫 문자인 'a'를 가리키는 포인터를 돌려준다. 그것이 좌변의 문자 포인터 p에 대입된다. 따라서 만약 printf("%p", p);라고 하면 문자열의 시작 주소, 즉 'a'의 주소가 찍힌다. printf("%c", *p);라고 하면 첫 문자인 'a'가 찍힌다. 배열명이 배열의 시작 주소를 의미하듯이 문자열이 문자열의 시작 주소를 의미한다.

예제 12-1

```
#include <stdio.h>
int main( ){
    char *p = "apple"; ················································ ❶
    char str[20];
```

```
    int i;

    printf("*p is %c.\n", *p);
    printf("Last character of apple is %c.\n", *("apple" + 4));  ···❷

    printf("Enter a string.\n");
    scanf("%s", str); ·············································❸

    printf("%s\n", str); ··········································❹
    for (i = 0; str[i] != '\0'; i++) ······························❺
        printf("%c", str[i]);
    printf("\n");
    return 0;
}
```

```
*p is a.
Last character of apple is e.
Enter a string.
strawberry
strawberry
strawberry
```

①처럼 선언과 동시에 초기화하면 p는 배열 첫 요소인 'a'를 가리킨다. ②의 "apple"도 'a'를 가리키는 포인터를 돌려준다. 거기에 4를 더하고 있으므로 이는 포인터 산술 연산이다. "apple"이 첫 문자인 'a'를 가리키므로 1바이트 단위의 포인터 산술 연산을 가하면 "apple" + 4는 마지막 문자인 'e'를 가리키게 된다.

%s 형식으로 읽으면 자동으로 '\0'이 붙는다.

scanf 함수나 printf 함수가 문자열을 다룰 때에는 반드시 포인터를 인자로 넘겨주어야 한다. 예를 들어 scanf에 의해 입력 문자열을 저장하려면 ③처럼 포인터(여기서는 배열명)를 인자로 넘겨주어야 한다. 여기서 str 배열의 크기는 '\0'을 포함하여 입력 문자열을 충분히 담을 수 있는 크기라야 한다. %s 형식으로 읽으면 scanf는 공백 문자를 건너뛰고 공백 문자가 아닌 문자에서 시작하여 빈칸을 만나기 전까지의 문자열을 읽어 들인다. 이후 자동으로 '\0'을 추가한다. ④에서 보듯 printf 함수도 %s 형식으로 문자열을 출력하려면 포인터를 넘겨주어야 한다. ④는 ⑤와 완전히 동일한 의미다.

예제 12-2

```
#include <stdio.h>
#include <string.h>
int main( ){
    char* str1 = "Okay Buddy";
    char str2[15] = "Bless you.";

    printf("strlen(str1) is %d.\n", strlen(str1)); ···················· ❶
    printf("strlen(str2) is %d.\n", strlen(str2)); ···················· ❷
    printf("sizeof(str1) is %d.\n", sizeof(str1)); ···················· ❸
    printf("sizeof(str2) is %d.\n", sizeof(str2)); ···················· ❹
    return 0;
}
```

```
strlen(str1) is 10.
strlen(str2) is 10.
sizeof(str1) is 4.
sizeof(str2) is 15.
```

문자열 길이(Length)와 문자열 크기(Size)는 다른 의미다. "apple"라고 할 때 문자열의 길이는 5이지만 크기는 6이다. 크기를 따질 때에는 '\0'까지 포함해야 하기 때문이다. 따라서 문자열의 길이에 1을 더하면 문자열의 크기가 된다. ①, ②의 strlen은 문자열의 길이를 구하는 함수로서 string.h 헤더 파일에 선언되어 있다. 이 함수에 문자열을 가리키는 포인터를 건네주면 '\0'을 만나기 전까지의 문자 개수를 돌려준다. 그러나 sizeof 연산자를 써서 문자열 크기를 구해서는 안 된다. ③의 경우 포인터 자료형의 크기를 돌려준다. str1이 포인터이기 때문이다. ④의 경우 배열 전체의 크기를 돌려준다.

R-value에는 주소 연산자를 붙일 수 없다.

```
int *p, a;
```

```
a = 10; ······························· ❶
p = &(a + 20) ························· ❷ Error
register int a; p = &a; ·········· ❸ Error
```

일반적으로 상수나 연산식에는 포인터를 할당할 수 없다. ①의 우변 10이라는 상수는 어셈블리 명령문의 일부로 포함되기 때문에 CPU가 명령문을 해독하는 과정에서 사용한 후 곧바로 사라진다. 따라서 별도의 메모리 주소가 있을 수 없다. ②의 우변 연산식인 (a + 20)도 레지스터나 임시 메모리에서 연산이 이루어진 후 곧바로 사라지기 때문에 주소를 알 수 없다. ③처럼 레지스터에 저장된 변수에도 메모리 주소가 있을 수 없다. 주소가 없는 값, 즉 R-value는 주소 연산자를 붙여 포인터를 만들 수가 없다.

예제 12-3

```
#include <stdio.h>
int main( ){
    char str1[10] = "apple"; ····················· ❶
    char *str2 = "apple"; ························ ❷

    str1[4] = 'y'; ································ ❸
    printf("%s", str1);
    printf("\n");
    str2 = "pie"; ································· ❹
    printf("%s", str2);
    printf("\n");

    // str2[4] = 'y'; ···························· ❺ 실행 오류(크래시)
    // str1 = "peach"; ··························· ❻ 컴파일 오류(좌변이 상수)
    return 0;
}
```

```
apply
pie
```

스택 세그먼트 문자열은 읽고 쓸 수 있지만
코드 세그먼트 문자열은 읽기 전용이다.

배열을 문자열 상수로 초기화할 경우에 그 배열은 읽고 쓰기가 모두 가능하다. 배열은 스택 세그먼트의 스택 프레임 안에 있는 지역 변수 영역에 저장되기 때문이다. ①에 의해 컴파일러는 일단 스택 프레임에 배열 공간을 할당한 후 거기에 문자열 상수를 저장한다. 이는 변수 영역이기 때문에 ③처럼 내용을 변경해도 아무런 문제가 없다. 따라서 문자열 상수의 값을 변경할 필요가 있을 경우 반드시 배열로 선언해야 한다.

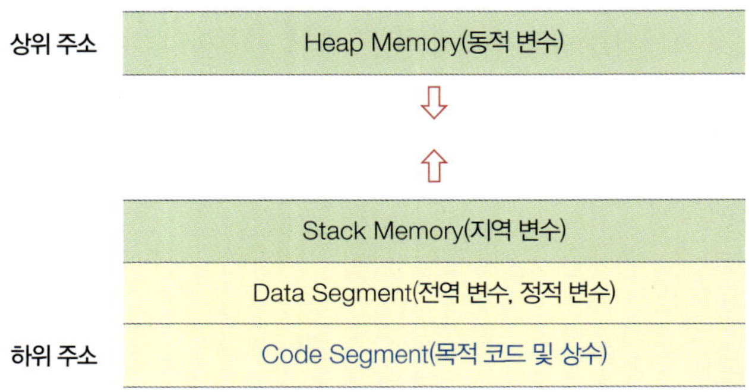

그림 12-3 프로그램 실행 도중의 메인 메모리 구조

그러나 배열로 선언하지 않는 한 소스코드에서 큰따옴표로 둘러싸인 문자열은 모두 코드 세그먼트의 상수 영역에 저장된다. printf("Hello, world.\n");이라고 할 때 괄호 안의 인자도 코드 세그먼트에 저장된다. 특이한 점은 이 영역에 저장되는 상수는 상수임에도 불구하고 메모리 주소를 가지고 있다는 점이다. 따라서 ②처럼 초기화하면 "apple"이 코드 세그먼트에 저장되고 문자열 시작 주소가 str2로 들어간다. ④도 마찬가지다. 큰따옴표로 둘러싸인 "pie"가 코드 세그먼트에 저장되고 문자열 시작 주소가 str2로 저장된다.

유의해야 할 점은 코드 세그먼트의 상수 영역은 읽기 전용(Read Only)이라는 점이다. 따라서 ⑤처럼 문자열 상수의 값을 변경하는 행위는 허용되지 않는다. 이런 점을 감안한다면 배열이 아닌 포인터를 써서 문자열을 초기화할 때는 가급적 그 문자열은 읽기만 할 목적으로 사용하는 것이 좋다. 만약 str2가 가리키는 내용을 읽기만 할 목적으로 ②처럼 초기화했다면 아예 const 지정자를 붙여 const char *str2 = "apple";이라고 하는 편이 더욱 안전하다.

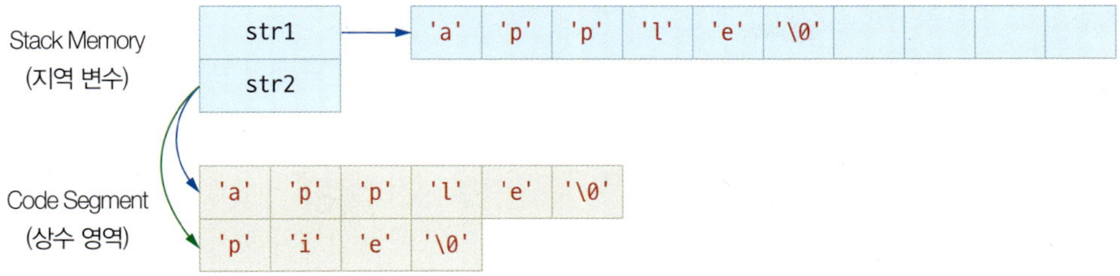

그림 12-4 변수 영역 문자열과 상수 영역 문자열

그림에서 보듯 str1과 str2는 성격이 전혀 다르다. str1 배열은 스택 메모리의 지역 변수 영역에 있기 때문에 얼마든지 값을 바꿀 수 있다. 그러나 str2가 가리키는 "apple"은 코드 세그먼트의 상수 영역에 있기 때문에 값을 바꿀 수가 없다. 하지만 위 그림에서 보듯 str2라는 포인터 변수 자체는 스택 세그먼트에 존재하는 지역 변수이므로 값을 자유로이 바꿀 수가 있다. 예를 들어, str2 = str1;이라고 해도 무방하다. 값을 바꾼 결과 str2가 가리키는 문자열이 상수 영역이 아니라 변수 영역에 있다면 당연히 그 문자열도 바꿀 수 있다.

str2의 값을 바꿀 수 있기 때문에 프로그램 실행 도중 ④처럼 str2에 "pie"를 대입할 수도 있다. 그러나 이 경우 str2가 가리키던 "apple"이 "pie"로 덧씌워지는 것이 아니라는 점에 특히 유의해야 한다. 컴파일 결과 "apple"과 "pie"는 코드 세그먼트의 서로 다른 주소에 저장된다. 이 상황에서 str2 = "apple";이라고 하면 str2에는 "apple"의 시작 주소가 대입된다. 이후 str2 = "pie";라고 하면 이제 str2에는 "pie"의 시작 주소가 대입된다. str2의 값만 바뀐다.

char str[ ];이면 str은 상수다.
char* str;이면 str은 변수다.

⑥은 오류다. 프로그래머 입장에서는 이 명령문을 써서 배열 내용을 바꾸려고 했을지 모르겠지만 컴파일러는 포인터를 바꾸려는 의도로 간주한다. 게다가 str1은 배열명으로서 상수 포인터다. 상수는 L-value가 될 수 없기 때문에 대입문의 좌변에 올 수 없다. 다시 말해서 상수 포인터에 "peach"의 시작 주소를 대입할 수는 없다. 컴파일 오류가 뜬 이유는 이 때문이다.

```
char str1[10] = "apple"; ························ ❶ O.K.

char str1[10]; ·································· ❷
str1 = "apple"; ································· ❸ Error
```

배열은 선언과 동시에 초기화할 때만 문자열 상수를 넣을 수 있다. ①을 ②, ③처럼 두 문장으로 풀어 써서는 안 된다. 이렇게 되면 컴파일러는 ②에 의해 스택 프레임 내부에 10바이트의 메모리를 확보하고 그 시작 주소를 str1에 복사함으로써 str1의 값을 확정한다. 그러나 ③처럼 명령하면 오류다. 물론 str1 배열은 스택 세그먼트에 있기 때문에 내용을 바꿀 수는 있다. 하지만 ③처럼 문자열을 직접 대입할 수는 없다. C 언어는 배열 단위의 복사를 허용하지 않기 때문이다. 내용을 바꾸려면 요소 단위로 문자를 하나하나 대입하거나 이후 설명할 문자열 복사 함수를 써야 한다.

예제 12-4

```
#include <stdio.h>
char* get_apple( ){
    char* p = "apple";
    return p;
}

int main( ){
    char *str = get_apple( );
    printf("%s", str);
    return 0;
}
```

코드 세그먼트에 저장된 문자열은 정적 변수(Static Variables)의 특성을 지닌다는 점에도 유의해야 한다. 따라서 문자열 상수는 프로그램이 시작할 때 저장되어 프로그램이 끝날 때까지 그 값을 그대로 유지한다. 예의 get_apple 함수 내부에 사용된 문자열 상수 "apple"은 get_apple 함수를 빠져나가 호출 함수로 되돌아가도 사라지지 않는다. main 함수에서 포인터를 따라가 문자열을 찍을 수 있는 것은 이 때문이다.

예제 12-5

```
#define MAX 15
#include <stdio.h>
main( ){
    char ch, str[MAX];
    int i;
```

```
    printf("Enter a sentence to reverse.\n");
    for (i = 0; (ch = getchar( )) != '\n'; i++)  ··········· ❶
        str[i] = ch;
    str[i] = '\0';  ··············································· ❷

    for (--i; i >= 0; i--)  ······································· ❸
        putchar(str[i]);
    return 0;
}
```

입력 문자열을 거꾸로 출력하는 프로그램이다. ①에서 엔터키가 들어오기 전까지 입력받은 문자를 배열에 저장한다. 입력이 hello(Enter)라면 ①의 i는 0부터 4까지 간 후에 5에서 빠져나온다. 이후 ②에서 str[5]에 '\0'을 삽입한다. str 배열이 문자열임을 나타내기 위해서다. 물론 이 프로그램에서는 굳이 이렇게 할 필요는 없다. 그러나 문자열 관련 함수를 호출할 때를 대비한다면 문자열 끝에는 항상 '\0'을 삽입하는 것이 좋다. ③에서 배열 내용을 역순으로 출력한다. 여기서 i 값을 --i로 초기화한 이유는 인덱스를 '\0' 직전으로 되돌리기 위해서다.

예제 12-6

```
#define MAXCHAR 20
#include <stdio.h>
#include <ctype.h>  ············································· ❶

char* read_line( ){  ············································· ❷
    char ch;
    int i;
    static char text[MAXCHAR];  ·································· ❸

    printf("Enter a sentence.\n");
    for (i = 0; (ch = getchar( )) != '\n'; i++)
        text[i] = ch;
    text[i] = '\0';
    return text;
}
```

```
int main( ){
   int i;
   char *p = read_line();

   for (i = 0; p[i] != '\0'; i++){
      if (islower(p[i])) ···················································· ④
         p[i] = toupper(p[i]);
      putchar(p[i]);
   }
   printf("\n");
   return 0;
}
```

```
Enter a sentence.
Peaceful World.
PEACEFUL WORLD.
```

입력 문장의 소문자를 모두 대문자로 바꾸는 프로그램이다. ①에서 ctype.h 파일을 포함한 이유는 여기에 islower, toupper 함수가 선언되어 있기 때문이다. ②는 입력 문장을 text 배열에 넣고 배열 시작 주소를 돌려주는 함수다. ③에서 text 배열을 정적 변수로 선언한 이유는 함수를 빠져나가도 사라지지 않게 하기 위해서다. ④의 islower 함수는 괄호 안의 인자가 소문자이면 1을 리턴하기 때문에 입력이 소문자일 경우에만 toupper 함수에 의해 대문자로 바뀐다.

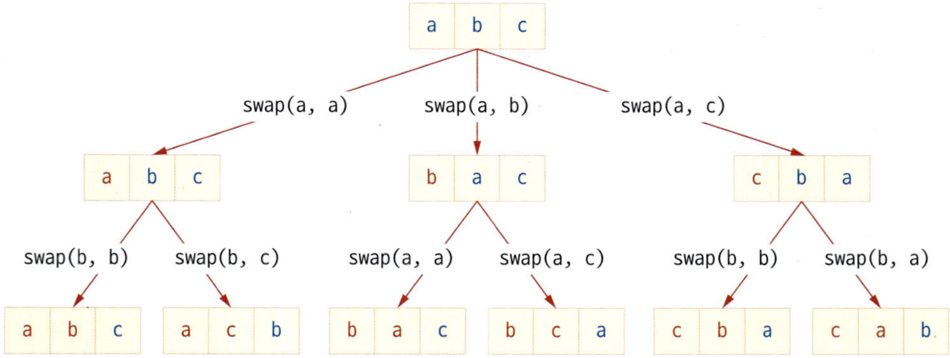

그림 12-5 a, b, c의 자리바꿈을 위한 상태 공간 트리(빨간 색은 위치 고정)

문자열 abc가 주어졌을 때 문자 순서를 바꾸는 문자 순열(Character Permutation)을 생각해 보자. 일단 첫째 자리에 들어갈 수 있는 문자는 a와 a, a와 b, a와 c를 교환하여 구할 수 있다. 이후 첫째 자리를 고정한 상태에서 둘째 자리에 들어갈 수 있는 문자를 구해야 한다. 이 역시 첫째 자리를 구할 때와 같은 방법으로 구할 수 있다. 그림에서 보듯이 abc에서 첫째 자리를 a로 고정하면 둘째 자리에 들어갈 수 있는 문자는 swap(b, b), swap(b, c)에 의해 구할 수 있다. 만약 abcd에서 첫째 자리를 a로 고정하면 둘째 자리에 들어갈 수 있는 문자는 swap(b, b), swap(b, c), swap(b, d)가 될 것이다. 자리마다 구하는 방법이 같기 때문에 결국 이 문제는 재귀 호출에 의해 프로그램이 직접 해결하도록 맡겨야 한다. 가지가 갈라지면서 가능한 모든 상태를 나열하고 있다는 점에서 [그림 12-5]와 같은 구조를 상태 공간 트리(State Space Tree) 또는 결정 트리(Decision Tree)라고 부른다.

예제 12-7

```
#include <stdio.h>

void swap(char*, char*);
void permute(char*, int, int);

int main( ){
   char str[ ] = "abc";
   permute(str, 0, strlen(str) - 1); ················❶
   return 0;
}

void swap(char* x, char* y){
   char temp;
   temp = *x;
   *x = *y;
   *y = temp;
}

void permute(char *s, int left, int right){ ······❷
   int i;
   if (left == right) ·····························❸
      printf("%s\n", s);
   else {
```

```
        for (i = left; i <= right; i++){ ············❹
            swap(s + left, s + i); ······················❺
            permute(s, left + 1, right); ···············❻
            swap(s + left, s + i); ······················❼
        }
    }
}
```

```
abc
acb
bac
bca
cba
cab
```

재귀 호출에 의해 문자 순열을 구하는 프로그램이다. ①에 의해 ②의 left에는 0이, right에는 2가 들어간다. 여기서 left와 right는 permute 함수가 처리해야 할 인덱스의 범위를 말한다. ③이 베이스 케이스다. left와 right가 일치하면 문자 하나이므로 더 이상 순열을 구할 필요가 없기 때문에 배열 내용을 출력하고 호출 함수로 되돌아간다. 여기서 베이스 케이스는 [그림 12-5]의 상태 공간 트리 하단까지 내려온 상태라고 할 수 있다.

④의 루프를 통해 i 인덱스를 left에서 right까지 증가시킨다. 따라서 처음 이 함수를 호출했을 때 i는 0에서 2까지 간다. ⑤에서 가장 왼쪽에 있는 문자와 거기서 오른쪽으로 i만큼 떨어져 있는 문자를 교환한다. 처음 이 함수를 호출했을 때는 i가 0에서 2까지 가면서 a와 a, a와 b, a와 c를 교환한다. swap(a, a)처럼 자기 자신과 스왑하는 것을 셀프 스왑(Self Swap)이라고 부른다. 이렇게 함으로써 첫째 자리를 세 가지 문자로 고정시킨다. 이후 각각의 경우에서 ⑥의 재귀 호출에 의해 left 인덱스를 1만큼 증가시킴으로써 둘째 자리를 고정시킨다.

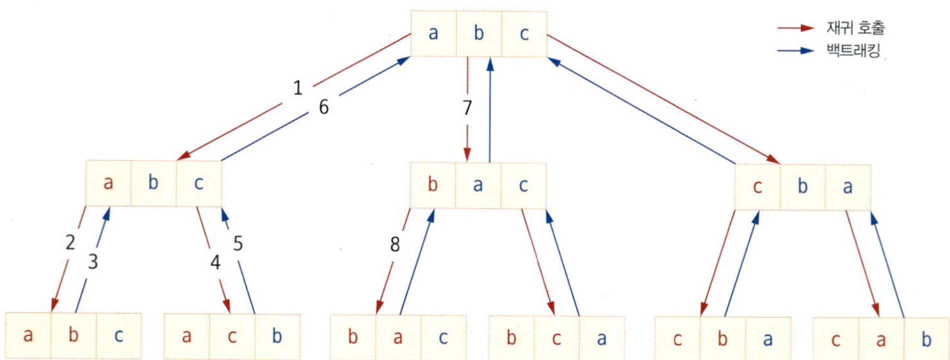

그림 12-6 a, b, c의 자리바꿈을 위한 재귀 호출 순서

그림에서 위에서 아래로 향하는 화살표가 재귀 호출이 일어나는 과정이다. 아래에서 위로 향하는 화살표는 함수 실행이 끝나고 직전에 자신을 호출한 함수로 되돌아가는 과정이다. 직전에 지나왔던 곳으로 되돌아간다는 의미에서 이를 백트래킹(Backtracking)이라고도 부른다. 그림의 번호가 [예제 12-7]에서 재귀 호출과 백트래킹이 일어나는 순서다.

여기서 중요한 것은 ⑦이다. 이는 ⑤와 동일한 명령문으로 이처럼 동일한 스왑을 반복하면 스왑을 하기 이전 상태로 간다. 이 명령문이 필요한 이유는 배열을 ⑤의 스왑 이전 상태로 되돌려놓을 필요가 있기 때문이다. 그림을 예로 들자면 일단 1, 2 순으로 재귀 호출이 진행되어 베이스 케이스를 만나면 좌하단의 "abc"를 출력한다. 이는 a를 고정시킨 상태에서 swap(b, b)에 의해 b를 고정시킨 모습이다. 이후 3의 백트래킹에 의해 호출 함수로 되돌아갈 때에는 ⑦에 의해 다시 한 번 swap(b, b)를 호출하여 원래의 "abc"를 복원해야 한다. 물론 swap(b, b)는 셀프 스왑이므로 스왑 결과의 배열 내용이 바뀌지는 않는다. 그러나 모든 것이 셀프 스왑은 아니다. 예를 들어 swap(b, c)에 의해 4로 내려가 "acb"를 출력한 다음에는 반드시 다시 한 번 swap(c, b)를 해야 5의 백트래킹에 의해 호출 함수로 되돌아갔을 때 "abc"를 복원할 수 있다.

백트래킹을 할 때마다 원본을 복원해야 하는 이유는 ⑤의 swap 함수가 참조 호출에 의해 원본 배열 자체를 변경했기 때문이다. 만약 값 호출이라면 피호출 함수 실행이 끝나 호출 함수로 되돌아가면 호출 당시의 값을 자동으로 회복한다. 그러나 여기서는 swap 함수가 포인터를 건네받아서 원본 배열 자체를 변경하고 있기 때문에 ⑦에서 프로그래머가 직접 swap 함수를 다시 호출해야만 원본 배열을 복원할 수 있다.

02 문자열 입출력

```
int scanf(const char *ctrl_string, ...); ································❶
if (scanf("%s%d%d", str, &num1, &num2) != 3) ··························❷
    printf("Error while reading input.\n");
```

stdio.h에 선언된 scanf 함수의 원형은 ①과 같다. scanf("%s", str);이라고 할 때 "%s"의 타입이 const char*다. "%s"도 문자열이므로 리턴 값은 당연히 문자 포인터이기 때문이다. const가 붙은 이유는 입력 버퍼에 저장된 문자열을 읽기만 할 뿐 변경은 하지 않겠다는 것이다. 함수 원형에서 보듯이 이 함수도 리턴 값이 있다. 제대로 읽힌 항목의 개수가 그것이다. 예를 들어 "%s%d%d"라고 했을 때 입력이 문자열, 10진수, 10진수 형태로 제대로 매칭되면 3을 돌려준다. 매칭이 안 될 경우 이보다 작은 수를 돌려준다. 따라서 ②처럼 if 문을 써서 입력을 읽어들이는 동시에 타입 매칭이 제대로 되었는지를 확인할 수도 있다.

```
char str[15];
printf("Enter a string.\n");
scanf("%s", str);
```

%s 형식으로 문자열을 읽는 경우 scanf는 빈칸을 읽으면 더 이상 읽기를 멈춘다. 예의 경우 "Good Day"라고 입력하면 str 배열에는 "Good"까지만 입력되고 '\0'이 삽입된다. 따라서 빈칸 이후의 나머지 문자열인 "Day"는 입력 버퍼에 그대로 남는다.

예제 12-8

```
#include <stdio.h>
int main( ){
   char str[128];

   printf("Enter a string.\n");
   scanf("%[A-Z]s", str); ············································❶
```

```
    printf("String before lower case is %s\n", str);

    while (getchar( ) != '\n');
    printf("Enter a string.\n");
    scanf("%[^e]s", str); ········································❷
    printf("String before e is %s\n", str);

    while (getchar() != '\n');
    printf("Enter a string with spaces.\n");
    scanf("%[^\n]s", str); ·······································❸
    printf("You entered %s\n", str);

    while (getchar() != '\n');
    printf("Enter a string with spaces.\n");
    gets(str); ····················································❹
    printf("You entered %s\n", str);
    return 0;
}
```

```
Enter a string.
Patience
String before lower case is P
Enter a string.
The Letter
String before e is Th
Enter a string with spaces.
Sizzling Day
You entered Sizzling Day
Enter a string with spaces.
Sizzling Day
You entered Sizzling Day
```

scanf 함수가 지닌 스캔 세트(Scan Set) 기능을 활용하면 읽어야 할 문자를 선별적으로 지정할 수도 있다. ①처럼 "%[A-Z]s" 형식으로 읽으면 대문자 A부터 Z 사이에 있는 문자만 읽는다. 따라서 "%[A-Za-z0-9]s"로 읽으면 영문과 숫자만 읽는다. 물론 %s 형식으로 읽었으므로 str 배열 끝에는 '\0'이 삽입된다. ②처럼 하면 첫 'e'를 만나기 전까지 문자를 읽는다. 여기서 '^' 기호는 제외할 문자를 뜻한다. "%[^0-9]s"라고 하면 숫자를 만나기 전까지 모든 문자를 읽는다. 따라서 ③의 경우 '\n' 전까지 모든 문자를 읽으므로 엔터키가 들어오기 전까지 빈칸을 포함한 모든 문자를 읽는다. 예를 들어, "Sizzling Day"라는 문자열을 입력하면 ③에 의해 str 배열에 "Sizzling Day"까지 모두 입력되고 이후 '\0'이 삽입된다.

문자열 입력 함수는 자동으로 '\0'을 삽입한다.

③과 동일한 역할을 하는 것이 ④의 gets(get string) 함수다. 이를 일명 '한 줄 읽기' 함수라고도 부르지만 이는 입력이 한 줄을 넘어 몇 줄이 되더라도 Enter를 누르기 전까지 모든 문자를 받아들인다. 이 함수도 인자로 전달된 str 배열 끝에 자동으로 '\0'을 삽입한다. scanf를 비롯하여 문자열 입력과 관련된 모든 함수가 문자열 끝에 자동으로 '\0'을 삽입하기 때문이다.

```
char *gets(char *str);
```

gets의 함수 원형이다. 이 함수는 표준 입력으로부터 한 줄을 읽어 str이 가리키는 곳에 저장한다. '\n'을 만나거나 파일 끝(EOF)에 도달하면 읽기를 멈춘다. 또, 읽기가 성공적으로 완료되면 str을 돌려주지만 그렇지 않을 경우 NULL을 돌려준다.

예제 12-9

```
#include <stdio.h>
int main( ){
   char str[10]; ................................ ❶
      printf("Enter a string.\n");
   gets(str); .................................... ❷
   puts(str); .................................... ❸

   do {
      printf("Enter another string.\n");
      gets(str);
```

```
        puts(str);
    } while (*str != '\0');  ❹

    printf("Enter a very LONG string.\n");
    gets(str);  ❺
    printf("You entered,\n");
    puts(str);  ❻
    return 0;
}
```

gets에는 특별한 점이 있다. 이 함수는 입력 버퍼에서 엔터키, 즉 '\n'을 읽어서 제거한다. 대신 그 자리에 '\0'을 삽입한다. ②에 대해 "Danny(Enter)"라고 입력하면 str에는 'D', 'a', 'n', 'n', 'y', '\0'이 들어가고 입력 버퍼에서 '\n'이 제거된다. 전술한대로 문자를 읽을 때에는 버퍼에 남아 있는 '\n'으로 인해 문제가 발생할 때가 많다. 그러나 gets 함수는 '\n'을 읽어서 제거하기 때문에 이후에 새로운 문자열을 읽는 데에도 아무런 지장이 없다. ④의 루프를 빠져나오려면 엔터키만 누르면 된다. 엔터키가 입력될 경우 gets 함수의 리턴 값인 str이 가리키는 것은 '\n'이 아니라 '\0'이다. '\n'을 '\0'으로 대체했기 때문이다.

gets는 한 줄 읽기 함수, '\n'을 '\0'으로 대체
puts는 한 줄 쓰기 함수, '\0'을 '\n'으로 대체

gets가 한 줄 입력을 위한 함수라면 ③의 puts(put string)는 한 줄 출력을 위한 함수다. puts에도 특별한 점이 있다. 이 함수는 gets와는 정반대로 문자열 끝의 '\0'을 제거하고 대신 '\n'을 삽입하여 자동으로 줄을 바꾼다. 따라서 puts로 문자열을 출력하면 printf 함수처럼 줄 바꿈을 위해 별도로 '\n'을 넣을 필요가 없다. printf("%s\n", str);이라고 해야 할 것은 puts(str);이라고만 하면 된다.

```
Enter a string.
apple tree
apple tree
Enter another string.
lemon tree
lemon tree
Enter another string.


Enter a very LONG string.
lemon tree very pretty but the lemon is impossible to eat
You entered,
lemon tree very pretty but the lemon is impossible to eat
```

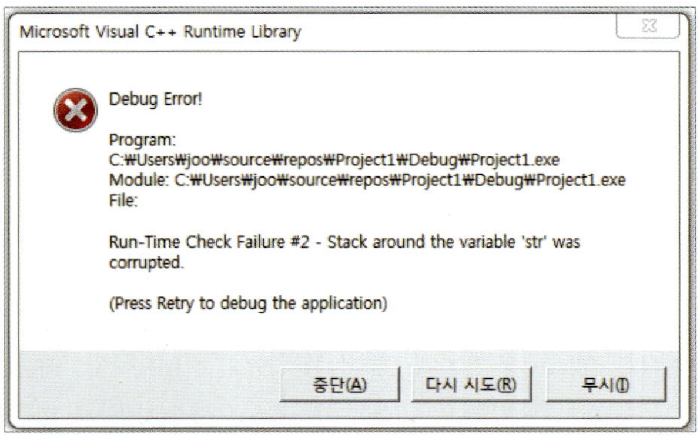

그러나 gets는 배열 크기보다 큰 문자열이 입력될 때 문제를 일으킨다. ①의 선언을 보면 str 배열에는 '\0'을 제외하고 영문자 아홉 개까지만 들어갈 수 있다. 그럼에도 불구하고 실제로 gets는 '\n'이 들어오는지만 확인할 뿐 배열 경계선을 넘어가는지는 확인하지 않는다. 나아가 배열 경계선을 넘어 문자를 저장하려 시도한다. 콘솔 창 아래쪽에 꽤 긴 문자열을 입력해도 ⑥의 puts가 제대로 실행되는 것을 보면 ⑤의 gets가 배열 경계선을 넘어 문자열을 저장했음을 알 수 있다. 만약 운영체제가 뒤늦게나마 배열 경계선을 넘어간 것을 알아채면 그림처럼 크래시 창이 뜬다. 여기서 오류 메시지를 보면 'Stack around the variable 'str' was corrupted'라고 나온다.

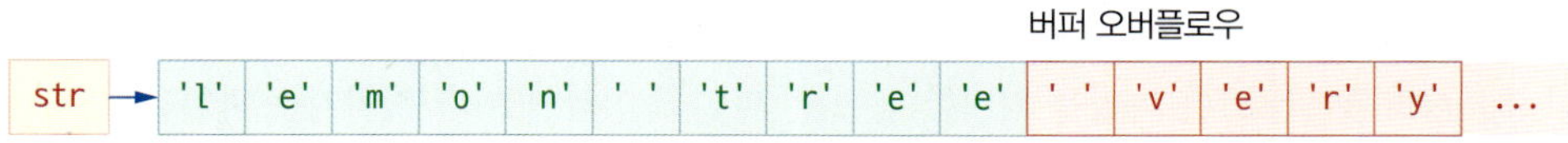

그림 12-7 버퍼 오버플로우

배열 경계선을 넘어가면 버퍼 오버플로우를 일으킨다.

배열 경계선을 검사하지 않아 입력 데이터가 배열 바깥에 쓰여지는 오류를 버퍼 오버플로우(BOF, Buffer Overflow) 또는 버퍼 오버런(Buffer Overrun)이라 부른다. 그 경우 인접한 메모리에 다른 데이터가 있다면 당연히 그 데이터는 덧씌워진다. 허용되지 않은 메모리 영역을 침범하여 값을 저장하는 이러한 행위를 메모리 오염(Memory Corruption)이라 부른다. 오염이 일어날 당시에는 크래시 창이 뜨지 않더라도 나중에 오염된 메모리 주소에 접근해서 데이터를 읽고 그것이 오염된 데이터임을 발견하기도 한다. 만약 여러 사람이 메모리를 공유하는 상황이라면 이는 타인의 데이터를 파괴하는 행위다. 공유하지 않는 상황이더라도 프로그래머 자신이 써 놓은 데이터를 스스로 파괴할 수도 있다.

물론 입력 문자열을 충분히 수용할 수 있도록 배열 크기를 제대로 관리하면 gets 함수를 두려워할 필요는 없다. 그러나 그렇지 않을 경우에 gets 함수는 버퍼 오버플로우를 일으켜 인접 메모리를 오염시킬 가능성이 있다는 점에 유의해야 한다.

컴퓨터 입출력은 표준 입출력(Standard I/O)과 파일 입출력(File I/O)으로 나뉜다. 표준 입출력은 키보드로부터 읽어서 화면으로 출력하는 것을 말한다. 이에 비해 파일 입출력은 외부 파일로부터 읽어서 외부 파일로 쓰는 것을 말한다. 표준 입출력과 파일 입출력을 섞어 쓰기도 한다. 키보드로부터 입력받은 데이터를 처리하여 파일에 저장할 때가 그 예다. C 언어는 표준 입출력을 파일 입출력과 동일하게 처리하기 위해 표준 입출력도 일종의 파일로 취급한다. 이를 위해 표준 입출력에도 파일 명을 부여한다. stdin(standard input)이 표준 입력을, stdout(standard output)이 표준 출력을 뜻하는 파일 명(엄밀하게는 파일을 가리키는 포인터)이다. 따라서 stdin 파일로부터 입력을 받는다는 말은 키보드 입력을 받는다는 말과 같다. 또, stdout 파일로 출력한다는 말은 화면으로 출력한다는 말과 같다.

```
char str[15];
char *fgets(char *str, int n, FILE* fp); ································ ❶
fgets(str, sizeof(str), stdin); ·········································· ❷
```

gets가 표준 입력 함수라면 fgets(file get string)는 파일 입력 함수로서 함수 원형은 ①과 같다. fgets의 첫 글자 f는 파일을 의미한다. ①은 파일 포인터인 fp가 가리키는 파일을 읽어 str 배열에 저장하되 둘째 인자인 n을 참고로 배열 크기를 초과하는지 확인하면서 읽으라는 뜻이다. 이 함수가 gets에 비해 나은 점은 배열 경계선을 절대 넘지 않는다는 것이다. 따라서 버퍼 오버플로우도 일어나지 않는다. 표준 입력에서 이 함수를 쓰려면 ②처럼 호출하면 된다. 표준 입력을 가리키는 파일 포인터가 바로 stdin이기 때문이다.

fgets는 세 가지 경우에 읽기를 멈춘다. 배열 크기를 초과하거나 '\n'을 읽거나 파일 끝에 도달했을 때다. 어느 경우든 한 가지라도 먼저 일어나면 그 즉시 읽기를 멈춘다.

예제 12-10

```
#include <stdio.h>
#include <string.h>

int main( ){
   char text[10];

   printf("Enter a text.\n"); ··········································· ❶
   fgets(text, sizeof(text), stdin); ···································· ❷
   printf("You entered %s.", text); ····································· ❸
   printf(" It's length is %d.\n", strlen(text)); ······················· ❹

   text[strlen(text) - 1] = '\0'; ······································· ❺
   printf("You entered %s.", text);
   printf(" It's length is %d.\n", strlen(text));
   return 0;
}
```

```
Enter a text.
apple
You entered apple
. It's length is 6.
You entered apple. It's length is 5.
```

gets는 '\n'을 '\0'으로 대체
fgets는 '\n'을 유지한 채 '\0'을 추가

그러나 gets와 fgets에도 차이점이 있다. gets가 '\n'을 제거하는 것과 달리 fgets는 '\n'까지 읽어들인다. 예를 들어 ①에서 apple(Enter)이라고 입력하면 ②의 text에는 'a', 'p', 'p', 'l', 'e', '\n', '\0'이 들어간다. '\n'까지도 읽어들인 다음에 문자열 끝을 나타내는 '\0'를 붙이기 때문이다. 따라서 ③에서 줄 바꿈 문자까지도 출력한다. 또, ④에서 '\n'까지 문자열로 간주하여 문자열 길이를 6으로 출력한다. 물론 이는 잘못된 결과다. 이 문제를 해결하려면 ⑤처럼 '\n' 자리에 '\0'을 덧씌워야 한다. 즉, text[5]의 위치에 '\0'을 넣어야 제대로 된 결과를 출력할 수 있다.

```
warning C4013: 'gets'이(가) 정의되지 않았습니다. extern은 int형을 반환하는 것으로 간주합니다.
```

gets를 쓸 경우 위와 같은 경고 메시지가 뜰 때가 있다. 이는 gets 함수의 버퍼 오버플로우 문제를 우려한 Visual C가 stdio.h에서 gets 함수 선언을 제거했을 때 뜨는 메시지다. 물론 이런 메시지를 내보내는 이유는 gets 대신 fgets를 사용해달라는 부탁이다. 이는 scanf 대신 scanf_s를 쓰라는 부탁과도 유사하다. 그러나 gets 대신 fgets를 쓰면 앞에서 설명한 대로 '\n'을 처리하는 일이 조금 번거롭다. 나아가 C 언어를 설계하는 과정에서 등한시했던 보안 책임을 프로그래머에게 전가하는 것 같은 느낌도 든다. Visual C 컴파일러도 무척 자주 바뀌기 때문에 이전에는 경고 메시지에 그쳤던 것을 오류 메시지로 바꾸어 아예 컴파일이 되지 않게 만들기도 한다. 현재로서 Visual C는 gets를 경고 메시지로 처리하고 있으므로 경고를 무시하고 컴파일을 계속할 수 있다.

예제 12-11

```
#include <stdio.h>
int main( ){
   char first[6], last[6]; ········································ ❶

   printf("Enter first name.\n"); ································ ❷
   fgets(first, sizeof(first), stdin); ···························· ❸

   // while (getchar() != '\n');
```

```
    printf("Enter last name.\n"); ································❹
    fgets(last, sizeof(last), stdin);  ···························❺

    printf("Full name is,\n");
    puts(first);
    puts(last); ··················································❻
    return 0;
}
```

```
Enter first name.
Danny
Enter last name.
Full name is,
Danny
```

'\n'과 '\0'이 자리를 다투면, fgets는 '\0'을 먼저 넣는다.

first name과 last name을 입력받아 full name을 출력하는 프로그램이다. ①에 의해 first에는 다섯 문자까지 입력이 가능하다. 마지막에 '\0'을 붙여야 하기 때문이다. 그런데 ②에 대해 "Danny(Enter)"라고 입력하면 first에 'D', 'a', 'n', 'n', 'y', '\0'이 들어간다. 배열 마지막에 '\n'이 아닌 '\0'이 들어간 이유는 fgets가 다섯 문자를 읽자마자 더 이상 읽다가는 문자열 끝에 '\0'을 넣을 수 없다고 판단하여 곧바로 '\0'을 삽입하고 읽기를 멈추었기 때문이다. fgets는 항상 '\0'이 들어갈 자리를 염두에 두고 있기 때문에 배열 크기가 여섯 개라면 다섯 개를 입력한 상태에서 읽기를 멈춘다.

그러나 이렇게 되면 아직 입력 버퍼에는 '\n', 즉 Enter가 읽히지 않고 남아 있는 상태다. 이 상태에서는 ④를 출력하기는 하지만 입력 버퍼에 '\n'이 남아 있으므로 last name이 입력되기를 기다리지 않고 곧바로 ⑤가 실행되어 '\n'을 읽어오면 더 이상 읽기를 멈추고 결국 last에는 '\n', '\0'이 저장된다. 따라서 ⑥에서 줄 바꿈만 두 번 하게 된다. 한 번은 '\n'을, 또 한 번은 '\0'을 '\n'으로 대체하여 찍기 때문이다.

버퍼를 클리어하려면 while (getchar( ) != '\n');

이 문제를 해결하는 방법은 간단하다. 항상 입력 버퍼에 남아 있던 문자를 모조리 제거한 다음에 새로운 입력을 받아들이는 것이다. 이를 버퍼 청소(Buffer Clearing)라 부른다. 버퍼 청소를 하려면 첫 입력이 끝난 ③ 다음에 위 while 문을 삽입하면 된다. 이 명령문은 while 루프이기는 하지만 조건식 다음에 아무런 명령문이 없기 때문에 조건식만을 테스트한다. 또 그 과정에서 계속해서 gechar 함수를 실행한다. 이렇게 되면 '\n'을 만나기 전까지 입력 버퍼에 남아있던 문자는 물론 '\n'까지도 읽어버린다. 루프를 빠져나왔다는 것은 이미 '\n'까지 읽었다는 뜻이기 때문이다. 물론 fflush(file flush) 함수를 써서 fflush(stdin)처럼 해 볼 수도 있으나 이 함수는 비표준 함수로서 실행 결과가 정의되어 있지 않기 때문에 위 명령문을 쓰는 편이 훨씬 안전하다.

03 문자열 처리 함수

string.h에는 문자열을 처리하기 위한 다양한 함수가 정의되어 있다. 그 중 자주 사용되는 함수로는 strlen, strcpy, strcat, strcmp 등을 들 수 있다.

```
size_t strlen(const char *str);
```

strlen(string length)은 문자열 포인터 str을 입력받아 그것이 가리키는 문자열의 길이를 돌려주는 함수다. 여기서 size_t는 stdio.h, stdlib.h, string.h 등 여러 표준 라이브러리에 정의된 자료형으로서 unsigned int를 의미한다.

예제 12-12

```
#include <stdio.h>
#include <string.h>

int main( ){
    char *str1 = "pine", *str2 = "apple";

    if (strlen(str1) - strlen(str2) >= 0) ........................❶
        printf("yes.\n");
    else
        printf("no.\n");

    if (strlen(str1) > strlen(str2)) ................................❷
        printf("yes.\n");
    else
        printf("no.\n");

    if (((int)strlen(str1) - (int)strlen(str2)) >= 0) ...............❸
        printf("yes.\n");
    else
```

```
        printf("no.\n");
    return 0;
}
```

```
yes.
no.
no.
```

strlen 함수는 리턴 타입이 size_t 즉, unsigned int라는 점에 유의해야 한다. ①의 경우 "no"라고 찍어야 하지만 "yes"로 찍힌다. 0 이상의 정수를 나타내는 자료형인 unsigned int 사이에 산술 연산을 할 경우 자동으로 모듈로 연산이 이루어져 ①의 괄호 안이 $(4 - 5)\% \ 2^{32}$이 되어 양수가 되어 버리기 때문이다. 이를 방지하려면 ②처럼 산술 연산을 제거해야 한다. 아니면 ③처럼 unsigned int를 int로 형 변환을 가한 다음에 산술 연산을 해야 한다.

```
char dest[10], src[10];
dest = src; ..................................... ❶ Error
for (i = 0; i <= strlen(src); i++) ............ ❷ O.K.
    dest[i] = src[i];
strcpy(dest, src); .............................. ❸ O.K.
```

문자열도 배열이기 때문에 ①처럼 대입문을 써서 한꺼번에 배열 전체를 복사할 수는 없다. ②처럼 요소 단위로 하나하나 복사해야 한다. 여기서 i <= strlen(src)처럼 등호를 포함한 이유는 문자열 끝 '\0'까지도 복사하기 위해서다. 문자열 배열을 선언하면서 동시에 문자열 값을 초기화할 수는 있다. 그러나 그 외의 경우에는 ②처럼 문자 단위로 복사하거나 아니면 ③처럼 strcpy 함수를 써서 복사해야 한다.

```
char* strcpy(char *dest, char *src);
```

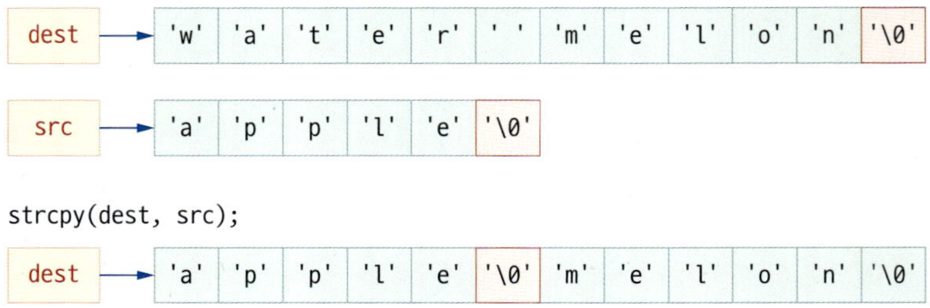

그림 12-8 strcpy 실행 결과

strcpy(string copy) 함수는 src(source)가 가리키는 문자열을 dest(destination)가 가리키는 문자열로 복사한 다음 dest를 돌려준다. src 문자열 끝의 '\0'까지도 dest 문자열로 복사한다. 그림에서 보듯 strcpy 함수 실행 결과 dest 문자열은 '\0'을 처음 만나는 "apple"에서 끝나기 때문에 이후의 나머지 문자열은 모두 무시된다. 이 함수를 쓸 때에는 인자의 순서에 특히 유의해야 한다. 뒤의 것이 앞의 것으로 복사된다. 다시 말해 나중 인자인 src가 가리키는 것을 처음 인자인 dest가 가리키는 곳으로 복사한다.

```
char *dest = "water melon", *src = "apple";
strcpy(dest, src); ........................................... ❶ Error
dest = (char*)malloc(sizeof(char) * (strlen(src) + 1));
strcpy(dest, src); ........................................... ❷ O.K.
```

strcpy로 문자열을 복사할 때도 영역을 확인해야 한다. 소스코드에 큰따옴표로 둘러싼 문자열은 모조리 상수 영역에 저장된다. 이는 변수 선언과 동시에 문자열로 초기화할 때는 물론, 변수 선언 이후 문자열을 대입할 때도 마찬가지다. ①은 컴파일은 되지만 실행 중 오류 메시지가 뜬다. dest가 가리키는 것이 상수 영역이므로 값을 변경할 수 없기 때문이다. 따라서 일단 src가 들어갈 공간을 새로이 만든 다음에 ②처럼 대입해야 한다. 읽기만 할 수 있는 상수 영역의 메모리와는 달리 힙 메모리는 읽고 쓰기를 자유로이 할 수 있다. dest 자체는 변수이기 때문에 malloc 함수가 리턴한 새로운 주소를 대입할 수 있다. 또, 함수 인자인 strlen(src)에 1을 더한 이유는 src 문자열 끝의 '\0'까지도 복사하기 위해서다.

```
char *dest = (char*)malloc(6 * sizeof(char));
char *src = (char*)malloc(11 * sizeof(char));
```

```
strcpy(dest, "apple");
strcpy(src, "strawberry");
strcpy(dest, src);  ······························ ❶
strcpy(src + 1, src);  ·························· ❷
```

strcpy에서 문자열의 길이나 주소를 관리하는 것은 전적으로 프로그래머의 책임이다. ①의 경우 src가 가리키는 문자열을 모두 dest가 가리키는 곳으로 복사할 수가 없다. dest가 가리키는 메모리가 6바이트에 불과하기 때문이다. 따라서 항상 dest가 가리키는 곳이 src 문자열을 복사하기에 충분한지를 확인해야 한다. src와 dest가 가리키는 주소가 중복되지 않는지에 대해서도 유의해야 한다. ②처럼 src가 가리키는 문자열을 src + 1이라는 주소로 복사하라고 할 경우 결과는 정의되어 있지 않다. 다시 말해, 어떤 결과를 초래할지 알 수 없다.

```
char* strcat(char *dest, char *src);
```

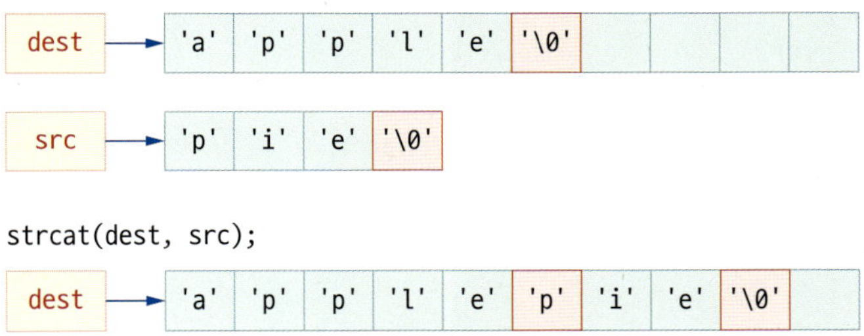

그림 12-9 strcat 실행 결과

strcat(string concatenate) 함수는 문자열을 이어붙이는 함수로서 src가 가리키는 문자열을 dest가 가리키는 문자열 끝에 이어붙인 다음에 dest를 돌려준다. 그림에서 보듯 dest 문자열 끝 '\0'에서부터 src 문자열의 첫 문자가 덧씌워진다는 점에 유의해야 한다. 또, dest가 가리키는 배열이 src가 가리키는 문자열을 이어 붙이기에 충분한지도 확인해야 한다.

```
int strcmp(const char *str1, const char *str2);
```

str1 > str2이면 양수를 리턴

str1 < str2이면 음수를 리턴

str1 == str2이면 0을 리턴

strcmp(string compare) 함수는 문자열을 비교하는 함수다. 이는 정렬 개념으로서 사전으로 말하자면 먼저 나오는 단어가 작고 나중 나오는 단어가 크다. 이 함수는 문자열 포인터 str1과 str2를 입력받아 str1이 가리키는 문자열이 str2가 가리키는 문자열보다 크면 양수를, 작으면 음수를, 같으면 0을 돌려준다. 쉽게 말해, 첫 인자에서 둘째 인자를 뺀다고 생각하면 된다. 아스키코드 표에 의하면 A < B < … < Z < a < b < … 〈 z로서 대문자보다 소문자가 오히려 더 크다. 따라서 strcmp("a", "A")는 양수다. strcmp("abc", "abcd")는 음수다. 사전에서 abc 다음에 abcd가 나오기 때문이다. strlen과 strcmp 모두가 원본 배열을 읽기만 하고 쓰지 않는 함수이기에 함수 원형에 const 지정자를 붙이고 있다.

```
char str1[] = "apple";
char str2[] = "pie";
if (str1 == str2) ··················································· ❶

char* str = (char*)malloc(6 * sizeof(char)); ························ ❷
strcpy(str, "apple");
if (str == "apple") ················································· ❸
```

①의 조건문으로는 문자열을 비교할 수 없음에 유의해야 한다. str1, str2는 배열명으로서 첫 문자를 가리키는 포인터다. 따라서 이 비교는 str1, str2라는 두 개의 포인터 즉, 주소가 같은지를 비교하는 것이지 str1이 가리키는 문자열과 str2가 가리키는 문자열이 같은지를 비교하는 것이 아니다. 문자열을 비교하려면 strcmp 함수를 써야 한다. ③도 오류다. 이 역시 스택에 있는 str이라는 포인터와 코드 세그먼트에 있는 "apple"의 시작 주소를 비교할 뿐, 포인터가 가리키는 내용을 비교하는 것이 아니다. 더구나 ②에서 할당한 힙 메모리의 주소와 "apple"이라는 상수가 저장된 코드 세그먼트 주소가 같을 수는 없다. 이 경우에도 문자열을 비교하려면 strcmp 함수를 써야 한다.

예제 12-13

```
#include <stdio.h>
#include <string.h>

int main( ){
   char str1[30], str2[10];

   printf("Enter the first string.\n");
   gets(str1);
   printf("Enter the second string.\n");
   gets(str2);

   printf("strlen(str1) is %d.\n", strlen(str1)); ················❶
   printf("strlen(str2) is %d.\n", strlen(str2));

   if (strcmp(str1, str2) == 0) ··································❷
      printf("%s and %s are equal.\n", str1, str2);
   else if (strcmp(str1, str2) < 0)
      printf("%s is smaller than %s.\n", str1, str2);
   else
      printf("%s is bigger than %s.\n", str1, str2);

   printf("Before strcpy, str1 = %s, str2 = %s.\n", str1, str2);
   strcpy(str1, str2); ···········································❸
   printf("After strcpy, str1 = %s, str2 = %s.\n", str1, str2);

   printf("Before strcat, str1 = %s, str2 = %s.\n", str1, str2);
   strcat(str1, str2); ···········································❹
   printf("After strcat, str1 = %s, str2 = %s.\n", str1, str2);

   printf("%s.\n", strcat(str1, "OMG!")); ························❺
   return 0;
}
```

```
Enter the first string.
lemon
Enter the second string.
tree
strlen(str1) is 5.
strlen(str2) is 4.
lemon is smaller than tree.
Before strcpy, str1 = lemon, str2 = tree.
After strcpy, str1 = tree, str2 = tree.
Before strcat, str1 = tree, str2 = tree.
After strcat, str1 = treetree, str2 = tree.
treetreeOMG!.
```

문자열 관련 함수를 테스트하는 프로그램이다. ①에서 문자열의 길이를 찍고, ②에서 문자열을 비교한다. ③에서 src가 가리키는 문자열을 dest가 가리키는 문자열로 복사한다. 여기서 strcpy는 str1을 돌려주지만 그것을 어디에 대입하지는 않았다. ④의 strcat도 str1을 돌려주지만 어디에 대입하지는 않았다. ⑤의 "OMG!"라는 문자열은 그 자체로 첫 글자인 'O'를 가리키는 포인터다. 따라서 strcat(str1, "OMG!")는 str1이 가리키는 문자열 끝에 "OMG!"를 이어붙인 다음 str1을 돌려준다.

예제 12-14

```
#include <stdio.h>

int my_strlen(const char *str){
    int i;
    for (i = 0; str[i] != '\0'; i++);
    return i;
}

int main( ){
    char text[30];
    printf("Enter a text.\n");
    gets(text);
```

```
    printf("Length of the text is %d.\n", my_strlen(text));
    return 0;
}
```

string.h가 제공하는 strlen 함수를 프로그래머가 직접 짠 예다. 원본 배열을 바꿀 필요가 없으므로 const를 붙이고 있다. 만약 str에 "ace"를 입력하면 for 문은 str[3]에서 '\0'을 만나 빠져나온다. 따라서 리턴 값으로 돌아온 3이 바로 문자열의 길이다. 이를 포인터 버전으로 바꾸어 for (i = 0; *(str + i) != '\0'; i++);라고 할 수도 있다.

예제 12-15

```
#include <stdio.h>

int recursive_strlen(const char *str){
    if (*str == '\0')
        return 0;
    else
        return (1 + recursive_strlen(++str));
}

int main( ){
    char text[30];
    printf("Enter a string.\n");
    gets(text);
    printf("Length is %d.\n", recursive_strlen(text));
    return 0;
}
```

재귀 호출에 의해 strlen을 구현한 예다. 재귀 호출을 할 때마다 ++str에 의해 str을 미리 증가시켜 다음 문자를 가리키도록 하고 있다. 이를 str++라고 하면 안 된다. 그렇게 되면 재귀 호출을 할 시점에는 str을 증가시키지 않은 상태이기 때문이다. 다시 말해, 호출이 완료된 이후에 str을 증가시키기 때문이다. 물론 이를 recursive_strlen(str + 1)이라고 해도 된다.

예제 12-16

```
#include <stdio.h>

char* my_strcpy(char* dest, const char* src){
    int i = 0;
    while((dest[i] = src[i]) != '\0') ········································❶
        i++;
    return dest;
}

int main( ){
    char dest[30], src[10];

    printf("Enter destination string.\n");
    gets(dest);
    printf("Enter source string.\n");
    gets(src);

    printf("On strcpy(dest, src), dest became %s.\n", my_strcpy(dest, src));
    return 0;
}
```

strcpy 함수를 직접 짠 예다. src에서 dest로 복사하므로 src 앞에만 const 지정자를 붙이고 있다. ①에서 src[i]를 dest[i]에 대입하면 좌변 dest[i]가 리턴된다. 그 값이 '\0'이면 빠져나온다. 빠져나오는 순간에 이미 '\0'이 복사된 상태이므로 dest 배열 끝에 추가로 '\0'을 붙일 필요가 없다.

예제 12-17

```
#include <stdio.h>

char* my_strcpy(char *dest, const char *src){
    char* backup = dest; ·························································❶
    while (*src != '\0'){
        *dest = *src;
        dest++; src++;
```

```
    }
    *dest = '\0'; ·························································· ❷
    return backup;
}

int main( ) // 이전 예와 동일함.
```

my_strcpy를 포인터 버전으로 바꾼 예다. ①에서 dest를 backup에 미리 저장한 이유는 이후 dest 포인터를 움직이기 위해서다. '\0'을 만나기 전까지 src가 가리키는 문자열을 dest가 가리키는 문자열로 복사하고 두 포인터 모두 다음 문자를 가리키도록 이동시킨다. 여기서는 src가 '\0'을 가리키는 순간에 복사하지 않고 그냥 빠져나왔으므로 ②처럼 dest 문자열 끝에 '\0'을 추가해야 한다. 물론 이를 while ((*dest=*src) != '\0'){dest++; src++}라고 하면 '\0'을 추가할 필요 없다. 빠져나오는 순간 이미 '\0'까지 복사했기 때문이다. 루프를 돌면서 dest 포인터가 이동했으므로 첫 문자를 가리키던 원래의 dest를 돌려주려면 ①에서 저장한 backup을 돌려주어야 한다.

```
char* my_strcpy(char* dest, const char* src){
    char* backup = dest;
    while (*dest++ = *src++);
    return backup;
}
```

가장 짧은 버전이다. 후위 증감 연산자(++)가 참조 연산자(*)보다 우선순위가 높다. 따라서 *src++는 (*src)++가 아니라 *(src++)를 의미한다. 그런데 후위 증가이므로 일단 *dest = *src;을 실행한 후에 src++와 dest++를 실행한다. 또, 대입문을 실행할 때마다 좌변의 *dest를 리턴한다. 만약 *dest가 '\0'이라면 아스키 0을 리턴하므로 이는 논리적으로는 false다. 따라서 루프를 빠져나온다.

```
char *strchr(const char *str, int c);
char *strstr(const char *str1, const char *str2);
```

이 외에도 문자열을 처리하기 위한 다양한 함수가 존재한다. 예는 문자열을 탐색하기 위한 함수다. strchr(string character) 함수는 str이 가리키는 문자열에서 처음 만나는 문자 c를 가리키는 포인터를 돌려준다. strstr(string string) 함수는 str1이 가리키는 문자열에서 처음 만나는 문자열 str2를 찾아 첫 문자를 가리키는 포인터를 돌려준다. 해당 문자나 문자열을 찾지 못하면 이 함수들은 NULL을 돌려준다.

C 언어 초창기에는 인자를 전달할 때 디폴트 프로모션(Default Promotion)이라는 방법을 사용하였다. 이는 크기가 작은 타입을 그보다 큰 타입으로 변환하여 전달하는 것으로서 char, short는 int로, float는 double로 변환하여 전달하였다. 과거에 만들어진 표준 라이브러리 함수에서 char, short, float 타입의 인자를 찾아보기 어려운 것은 이 때문이다. 위 strchr 함수 원형에서 매개변수 c가 문자임에도 불구하고 int로 선언된 것은 이 때문이다. 타입을 변환하여 전달하였기 때문에 피호출 함수는 전달받은 매개변수를 다시 원하는 타입으로 변환해야 한다.

예제 12-18

```
#include <stdio.h>
#include <string.h>

int main( ){
   char *here, *there;
   char text[ ] = "This is first. This is second. This is third.";
   const char ch = '.';

   here = strchr(text, ch); ........................................ ❶
   printf("Text after the first period is, %s\n", (here + 2)); ...❷

   strcpy(text, "It is a right answer."); ........................... ❸
   there = strstr(text, "right"); ................................... ❹
   strncpy(there, "wrong", 5); ...................................... ❺
   puts(text);
   return 0;
}
```

```
Text after the first period is, This is second. This is third.
It is a wrong answer.
```

strchr과 strstr을 테스트하는 프로그램이다. ①에서 here는 text 문자열에서 처음 나타나는 마침표를 가리킨다. 마침표 다음에 빈칸이 있으므로 (here + 2)는 다음 문장의 첫 글자를 가리킨다. 그 결과 ②에서 (here + 2)에서 시작하여 남은 문자열을 모두 출력한다. ④의 there는 ③에서 복사한 문장의 첫 'r'을 가리키게 된다. ⑤의 strncpy(string n copy) 함수는 정확히 n개의 문자만 strcpy를 하라는 뜻이다. 즉, there가 가리키는 위치에 "wrong"이라는 문자열을 복사하되 정확히 문자 다섯 개만 복사하라는 뜻이다. 그 결과 "right"가 "wrong"으로 대체된다. 만약 ⑤ 대신 strcpy(there, "wrong");이라고 하면 결과가 달라진다. "wrong" 문자열 끝의 '\0'까지 문자 여섯 개를 복사하기 때문에 wrong 이후에 나오는 문자는 찍히지 않는다.

예제 12-19

```
#include <stdio.h>
int main( ){
   char str[100];

   char* name = "Lee eun";
   int age = 19;
   double weight = 58.5;

    char *first = "First line of a long string. ";
    char *second = "Second line of a long string.";

   sprintf(str, "Name: %s, Age: %d, Weight: %lf.", name, age, weight); ·❶
   puts(str);

   sprintf(str, "%s %s", first, second); ··································❷
   puts(str);
   return 0;
}
```

```
Name: Lee eun, Age: 19, Weight: 58.500000.
First line of a long string. Second line of a long string.
```

sprintf(string printf) 함수는 printf 함수의 출력을 화면이 아니라 배열로 내보낸다. 디폴트 출력 장치인 화면이 아니라 배열로 내보냈기 때문에 이는 일종의 출력 방향 변경(Output Redirection)에 해당한다. ①의 sprintf에 의해 printf가 제공하는 다양한 출력 형식을 활용한 결과를 str 배열에 저장할 수 있다. sprintf는 %에 의해 지정한 자료형에 무관하게 모든 출력 데이터를 '문자'로 변환하여 '문자열' 형태로 배열에 저장한다. 예를 들어, 두 문장을 하나의 배열에 저장하려면 ②처럼 할 수 있다. sprintf를 써서 printf의 출력을 배열에 저장한 다음에는 C 언어가 제공하는 다양한 문자열 처리 함수를 써서 배열 내용을 자유로이 편집할 수 있다는 것이 sprintf 함수의 장점이다.

```
int num =  2 ;
```

컴파일러는 위의 명령문을 읽어서 "int", "num", "=", "2", ";"라는 일련의 토큰(Token, 징표)으로 분리한다. 그리고는 각각을 타입명, 변수명, 대입 연산자, 숫자, 문장 끝 기호라고 해석한다. 이처럼 컴파일러가 소스코드를 일련의 토큰으로 분리하고 해석하는 작업을 파싱(Parsing, 구문 분석)이라 부른다.

예제 12-20

```
#include <stdio.h>
#include <string.h>

int main( ){
   char str[] = "J.Park Seoul 010-2222-3456"; ························ ❶

   char *p = strtok(str, " "); ····································· ❷
   while (p != NULL){ ·············································· ❸
      printf("%s\n", p);
      p = strtok(NULL, " "); ······································· ❹
   }
   return 0;
}
```

```
J.Park
Seoul
010-2222-3456
```

```
char *strtok(char *str, const char *delim);
```

strtok(string token) 함수는 문자열을 토큰 단위로 분리하기 위한 것이다. ①의 문자열에 대해 ②의 형태로 strtok 함수를 호출하면 처음 빈칸을 만나기 전까지의 토큰만 분리하여 그 문자열의 시작 주소를 돌려준다. 따라서 좌변 p에는 "J.Park"의 시작 주소 즉, 'J'를 가리키는 포인터가 들어간다. ③의 널 테스트는 문자열이 끝났는지 확인하기 위해서다.

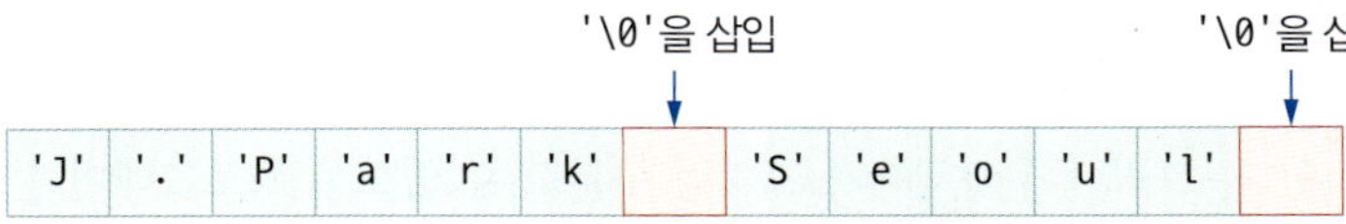

그림 12-10 strtok 함수는 token이 끝나는 곳에 '\0'을 삽입

strtok 함수의 첫 인자로 처음에는 문자열의 시작 주소를 넘겨주어야 한다. ②의 str이 그것이다. 그런데 이 함수는 토큰이 끝나는 곳에 항상 '\0'(Null 문자)을 삽입하여 문자열 끝임을 표시한다. 또, 이후에 이 함수를 호출할 때는 ④처럼 NULL을 첫 인자로 넘겨주어야 그 다음 문자부터 시작해서 다음 토큰을 분리한다. 여기서 대문자 NULL은 NULL 포인터가 아니라 Null 문자를 의미한다. 문자를 삽입하기 때문에 이 함수는 원본을 변경한다는 점에도 유의해야 한다. 둘째 인자는 구분자(Delimiter)다. 예를 들어 strtok(NULL, "−");라고 하면 "−"가 나오기 직전까지만 분리하고 "−" 위치에 '\0'을 삽입한다. strtok(NULL, ".,:;")처럼 둘 이상의 문자를 구분자로 쓸 수도 있기 때문에 이 인자는 항상 큰따옴표를 써서 문자열로 나타내야 한다는 점에도 유의한다.

유니코드 표준은 한글을 2바이트로 나타낸다.

C 언어 표준인 ANSI C는 기본적으로 문자를 1바이트로 표현한다. 영어 알파벳을 기준으로 하기 때문이다. 아스키코드 역시 영어 알파벳을 기준으로 하는 문자 표다. 이는 ANSI 표준을

그대로 따라서 프로그래밍을 할 경우 한글 입출력에 문제가 생길 수 있음을 의미한다.

한글 문자는 영어 문자와는 전혀 다른 방법으로 표현된다. 한글 표현은 완성형과 조합형으로 대별할 수 있다. 완성형은 한글을 음절 단위로 표현하는 반면에 조합형은 초성, 중성, 종성을 구분하여 표현한다. 국제 표준 기구인 ISO(International Standard Organization)에 의해 정의된 유니코드(Unicode, ISO 10646) 표준은 영문이든 한글이든 모든 문자를 2바이트로 표현한다. 이 표준에 의하면 완성형 한글은 AC00부터 D7AF까지 11,172개 문자를 표현할 수 있으며 조합형 한글은 1100부터 11FF까지 256개의 초성, 중성, 종성 기호를 표현할 수 있다.

모든 입출력에는 운영체제가 개입한다. 따라서 프로그램에 영어와 한글이 섞여 있더라도 입출력에 관한 한 영어 문자는 1바이트 단위로, 한글 문자는 2바이트 단위로 운영체제가 알아서 구분하여 처리한다. 대부분의 운영체제는 한글의 경우에 유니코드 표준 중 완성형 한글만 지원한다. 윈도우즈의 콘솔 창에서 입출력하는 한글도 모두 2바이트 완성형 한글이다. 이처럼 운영체제가 알아서 처리하기 때문에 프로그래머로서는 영어 문자와 한글 문자를 자유로이 섞어서 사용할 수 있다. 그러나 운영체제가 그처럼 구분할 수 있도록 프로그래머가 주의를 기울여야 할 때도 있다.

예제 12-21

```
#include <stdio.h>
#include <string.h>

int main( ){
   int i;
   unsigned char str[40];

   printf("Enter a mixture of Korean and English.\n");
   gets(str);
   puts(str); ·························································❶

   for (i = 0; i < (int)strlen(str); i++) ·····························❷
      printf("%c", str[i]);
   printf("\n");
```

```
        /* for (i = strlen(str) - 1; i >= 0; i--)  ·····················③
            printf("%c", str[i]);
        printf("\n");  */

    for (i = (int)strlen(str) - 1; i >= 0; ){
        if (str[i] >= 0 && str[i] <= 127){  ·····························④
            printf("%c", str[i]);
            i--;
        }
        else {  ·····························································⑤
            printf("%c", str[i - 1]);
            printf("%c", str[i]);
            i -= 2;
        }
    }
    printf("\n");
    return 0;
}
```

```
Enter a mixture of Korean and English.
한글 font A4 용지
한글 font A4 용지
한글 font A4 용지
지용 4A tnof 글한
```

영문과 한글이 섞인 문장을 입력받아 순서대로, 또 거꾸로 출력하는 프로그램이다. 순서대로 출력하는 ①, ②는 정상적으로 작동한다. 운영체제는 첫 바이트가 0부터 127까지 범위 안에 있으면 영문자든 기호든 무조건 아스키코드로 간주하여 1바이트 단위로 처리한다. 그러나 그 범위 밖에 있으면 유니코드로 간주하여 그 다음 바이트까지 합쳐서 2바이트 단위로 처리한다.

③은 입력 문장을 거꾸로 출력하기 위한 것이다. 영문자일 경우 문제가 없으나 한글의 경우 이처럼 해서는 정상적인 출력을 기대할 수 없다. 한글은 2바이트 단위로 하나의 문자를 나타내므로 2바이트 중 둘째 바이트를 먼저 찍고 이어서 첫째 바이트를 찍어서는 제대로 된 출력이 나오지 않기 때문이다.

이에 대한 대안이 ④, ⑤다. 인덱스를 뒤에서 앞으로 이동하되 ④처럼 현재 str[i]가 아스키코드 범위 안에 있으면 영문자나 기호로 간주하여 곧바로 그 글자를 찍고 인덱스를 하나 감소시킨다. 그렇지 않으면 유니코드로 간주하여 ⑤처럼 직전 바이트인 str[i − 1]을 먼저 찍고 이어서 str[i]를 찍는다. 그래야 두 바이트가 이어져서 하나의 글자를 형성한다. 2바이트를 처리했으므로 이 경우 인덱스도 2만큼 감소시켜야 한다.

문자 표현 방식은 크게 SBCS(Single Byte Character Set), WBCS(Wide Byte Character Set), MBCS(Multi Byte Character Set)로 나누어 볼 수 있다. SBCS는 1바이트로 문자를 표현하는 방식으로 아스키코드가 대표적이다. WBCS는 2바이트로 문자를 표현하는 방식으로, 유니코드가 대표적이다. MBCS는 1바이트와 2바이트를 섞어서 표현하는 방식이다.

예제 12-22

```
#include <stdio.h>
#include <string.h>
int main( ){
    char str[ ] = "ABC언어"; ······································ ❶
    wchar_t uni_str[ ] = L"ABC언어"; ······························ ❷

    printf("sizeof(str) is %d.\n", sizeof(str)); ··················· ❸
    printf("sizeof(uni_str) is %d.\n", sizeof(uni_str)); ··········· ❹

    printf("strlen(str) is %d.\n", strlen(str)); ··················· ❺
    printf("wcslen(uni_str) is %d.\n", wcslen(uni_str)); ··········· ❻
    return 0;
}
```

```
sizeof(str) is 8.
sizeof(uni_str) is 12.
strlen(str) is 7.
wcslen(uni_str) is 5.
```

①의 우변은 2바이트 한글과 1바이트 영문으로 처리되므로 MBCS라 할 수 있다. ②의 우변 문자열 상수 앞의 L은 이어지는 상수가 유니코드 상수임을 의미한다. 또, wchar_t는 유니코

드의 char 타입임을 의미한다. 따라서 ②는 WBCS라고 할 수 있다.

sizeof는 함수 호출이 아니라 연산자다. 이 연산자는 괄호 안의 변수가 정확히 몇 바이트를 차지하는지만 계산한다. ③은 8바이트다. 영문 3바이트, 한글 두 글자 4바이트, 그리고 '\0'이 1바이트를 먹기 때문이다. 그러나 ④는 12바이트다. 유니코드는 영문, 한글, 특수 문자를 가리지 않고 모두 2바이트로 처리하기 때문이다. 따라서 문자 다섯 개에 10바이트, 거기에 '\0'까지 2바이트를 먹기 때문에 12바이트다.

한글에 대해서는 문자열 길이도 다른 방법으로 정의할 수 있다. ⑤의 strlen은 영문 3바이트에 한글 두 글자 4바이트를 더해 7바이트를 출력한다. 이는 우리가 예상했던 바다. 그러나 ⑥은 다르다. ANSI C의 strlen 함수에 해당하는 것이 유니코드의 wcslen(wide character set length) 함수다. 이 함수는 바이트 수가 아니라 문자의 개수를 돌려준다. 유니코드는 영문, 한글을 분간하지 않으므로 ②의 우변 문자열 길이는 5다. 이 함수 외에도 유니코드에서 사용할 수 있는 문자열 함수로는 strcpy에 해당하는 wcscpy, strcmp에 해당하는 wcscmp 등이 있다. 또, 입출력을 위한 함수로는 wscanf, wprintf, fgetws, fputws 등이 있다.

사실 한글 창제 원리에 부합하는 코드는 완성형이 아니라 조합형이다. 그러나 조합형 한글 활용을 위한 연구는 상당히 미진한 수준에 머물러 있다고 말할 수 있다. 유니코드 표준에서 한글 완성형 영역에 할당된 범위가 옛 한글을 수용하기에는 부족하기 때문에 옛 한글을 완전히 표현할 수도 없다. 나아가 한글을 처리하기 위한 C 함수에 대한 연구도 전반적으로 미흡해 보인다. 그러나 이 부분은 이 책의 주 관심사가 아니므로 한글에 관한 추가적인 학습이나 연구는 독자의 재량에 맡기기로 한다.

04 버퍼 오버플로우와 컴퓨터 보안

```
void try_this( ){
    char str[4];
    strcpy(str, "ABCDEF");
    return;
}
```

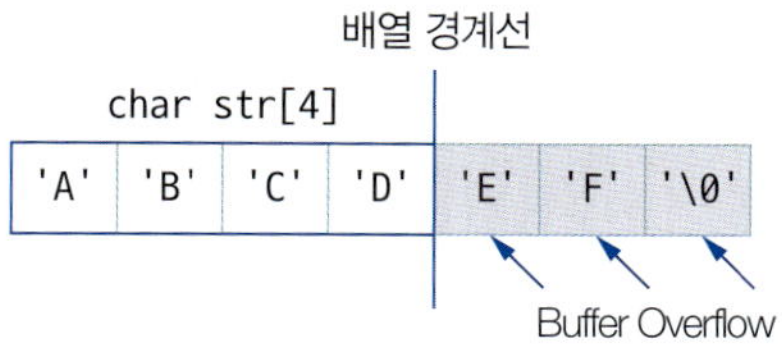

그림 12-11 버퍼 오버플로우

버퍼 오버플로우를 일으키는 전형적인 예다. str 배열의 크기가 4이므로 '\0'을 포함해서 str[0]부터 str[3]까지 넣을 수 있다. 그러나 strcpy 함수는 복사할 문자열의 '\0'을 만날 때까지 무조건 복사를 계속한다. 따라서 예의 경우 배열 경계선을 넘어가버린다.

표준 C 언어에는 버퍼 오버플로우의 결과가 정의되어 있지 않다. 다시 말해, 무슨 일이 일어날지 모른다. 만약 명령문 실행 도중 운영체제가 버퍼 오버플로우를 탐지하면 세그먼트 폴트(Segment Fault)라는 오류 메시지를 내보낸다. 그러나 명령문 실행이 끝나고서야 오버플로우를 탐지하고 오류 메시지를 내보내기도 한다. 심지어 운영체제가 오버플로우를 전혀 탐지하지 못하고 그냥 지나칠 때도 있다. 어떤 경우든 str 배열에 인접한 메모리가 오염된다.

배열 경계선을 넘어가는지에 대한 확인은 프로그래머의 책임이다.

C 언어에서 배열 경계선을 넘어가는지에 대한 확인은 전적으로 프로그래머의 몫이다. 배열 경계선을 넘어가는 프로그램을 짜더라도 컴파일러는 아무런 불평을 하지 않는다. C 언어의 전신이라 할 수 있는 ALGOL 언어는 배열 경계선을 넘는지에 대한 검사가 철저했다. 예라면

명령문이 실행되는 동안에 매 순간 str[0]의 왼쪽에 쓰려는 시도나 str[3]의 오른쪽에 쓰려는 시도를 확인했다. 할당받지 않은 메모리 영역을 침범하는 것은 보안(Security)과 직결되어 있기 때문이다. 배열의 바깥 영역에 쓰는 것은 물론 읽는 것도 보안에 위배된다. 그러나 ALGOL 이후 나온 언어는 보안보다는 속도를 더 중시했다. 명령문을 실행하는 도중 문자 하나를 읽고 쓸 때마다 매번 배열 경계선을 넘는지 확인하는 일은 상당한 속도 저하를 초래하기 때문이다. 그 결과 C는 물론 C++, C#, JAVA, Python 언어까지도 속도를 이유로 보안을 등한시하는 설계를 채택하게 되었다.

do_this( )의 스택 프레임	매개변수	
	지역 변수	char str[4]; ⇩
	리턴 주소	1004 → 2004 ⇩
	리턴 값	

코드 세그먼트	
	
	1004
	
	2004
		int main( ){
		  do_this( );
		  add_all();
		  ...
		}
		void format_disk( ){
		  fdisk( );
		  ...
		}

그림 12-12 지역 변수의 버퍼 오버플로우

결국 버퍼 오버플로우는 컴퓨터 보안에 문제를 일으키는 가장 큰 요인이 되고 만다. 웜 바이러스(Worm Virus), 코드 레드(Code Red), 블래스터(Blaster) 등은 모두 버퍼 오버플로우를 이용한 해킹(Hacking)이다. 그림에서 만약 main 함수가 실행 도중에 do_this 함수를 호출하면 do_this 함수의 스택 프레임이 스택 탑에 푸시된다. 이 함수가 실행 도중에 사용자 입력을 저장하기 위해 char str[4]를 지역 변수로 정의했다고 가정하자.

해커는 의도적으로 배열에 오버플로우를 일으킨다.

해커는 의도적으로 이 배열에 오버플로우를 일으킨다. 예를 들어 str[4]가 오버플로우를 일으키면 사용자 입력이 그 아래 리턴 주소 영역을 침범하게 된다. 이 경우 입력을 조작하여 리턴 주소 값을 1004번지에서 2004번지로 바꿀 수도 있다. 그렇게 되면 do_this 함수 실행이 끝나면 원래 되돌아가야 할 1004번지 대신 2004번지로 가기 때문에 format_disk( )를 실행하게 된다. 2004번지에 format_disk( )가 아니라 이른바 악성 코드(Malicious Code)를 미리 심어놓을 수도 있다. 스택 메모리가 아닌 힙 메모리에 악성 코드를 심어놓고 리턴 주소가 그곳을 향하게 할 수도 있다. 한 걸음 더 나아가, 상당히 긴 길이의 오버플로우를 일으키면서 오버플로우 내용 자체에 악성 코드를 심어놓고 리턴 주소가 그곳을 가리키게 할 수도 있다.

C나 C++ 언어에서 메모리 오염이 수시로 발생하는 이유는 이 언어들이 메모리 관리 기능을 프로그래머에게 맡겨버렸기 때문이다. malloc 함수로 할당받은 메모리 영역을 벗어나 접근을 시도할 때도 있다. 포인터 산술 연산을 잘못하여 프로그램에 할당된 영역 바깥의 메모리에 접근할 때도 있다. 그러나 프로그램 실행 도중 운영체제가 이러한 버그를 탐지하기는 어렵다. 또, 이러한 버그가 어떤 결과를 초래할지도 예측하기 어렵다.

```
void do_this( ){
    int i, j;
    char username[8];
    int disk_quota = 200;
    int super_user = 0;
     ...
}
```

리턴 주소만 오염되는 것은 아니다. 변수를 선언한 순서대로 메모리를 할당한다고 가정할 경우에 예의 username을 입력받는 도중에 버퍼 오버플로우가 일어나면 그 아래 변수가 오염된다. 예의 경우 사용자에게 할당된 디스크 양(disk quota)을 바꾸거나 사용자 권한을 관리자(super user) 권한으로 바꿀 수 있다. 오버플로우가 어느 방향으로 일어나는지, 즉 username 이전에 선언한 변수가 영향을 받는지 이후에 선언한 변수가 영향을 받는지는 컴파일러 구현 방법에 따라 달라진다.

예제 12-23

```
#include <stdio.h>
int main( ){
    char str[4]; ············ ❶
```

```
    printf("Enter a string.\n");
    scanf("%s", str);
    printf("After scanf, str became %s\n\n", str);
    return 0;
}
```

```
Enter a string.
yellow
After scanf, str became yellow
```

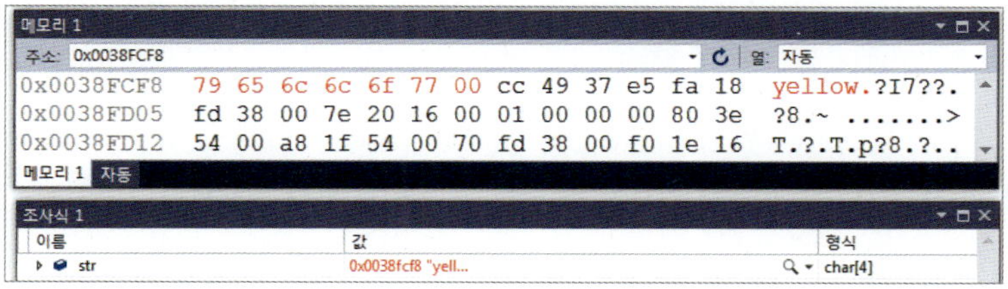

scanf 함수도 버퍼 오버플로우에 노출되어 있다. ①에서 str[4]라고 선언했으므로 마지막 '\0'이 들어갈 자리를 빼면 세 자리가 남는다. 따라서 길이가 3을 넘는 문자열을 입력하면 오버플로우가 일어난다. 그러나 결과 그림에서 보듯이 "yellow"를 입력해도 str을 찍어보면 제대로 찍힌다. 디버그 모드로 들어가서 메모리 창을 띄워 보면 str 주소에 "yellow"와 '\0'이 저장되어 있음을 확인할 수 있다. 이는 오류 메시지나 크래시 창이 뜨느냐 마느냐에 무관하게 실제로 버퍼 오버플로우가 일어났음을 의미한다.

예제 12-24

```
#include <stdio.h>
int main( ){
    char str[4];

    printf("Enter a string.\n");
    scanf_s("%s", str, sizeof(str));
    printf("After scanf_s str became %s\n", str);
    return 0;
```

```
}
```

```
Enter a string.
red
After scanf_s str became red
```

```
Enter a string.
blue
After scanf_s str became
```

scanf의 버퍼 오버플로우를 방지하기 위한 함수가 scanf_s다.

```
scanf_s("%s", str, sizeof(str));
```

scanf 함수의 오버플로우 문제를 해결하기 위해 나온 함수가 scanf_s 함수다. 마지막 's'가 security를 의미한다. 이 함수는 정확히 인자로 전달된 sizeof(str) 크기에 맞추어 입력 문자열을 읽는다. 단, 문자열 끝에 '\0'을 붙일 자리를 남겨 두어야 하므로 실제 문자 입력은 sizeof(str) − 1개까지만 입력할 수 있다. 예를 들어 str[4]일 때 "red"까지는 입력이 가능하다. 그러나 "blue"라고 하면 아예 입력이 되지 않아 출력도 나오지 않는다.

scanf_s 함수에도 문제가 있다. 물론 이 함수를 쓰면 보안 기능은 강화되지만 문자 하나하나를 읽을 때마다 매 순간 배열 경계선을 넘는지 확인하기 때문에 scanf에 비해 속도는 느려진다. 게다가 이 함수는 ANSI C에서 정의한 표준 C 함수가 아니라 비주얼 C 컴파일러에서만 쓸 수 있기 때문에 이식성이 떨어진다.

```
char* strncpy (char* dest, const char* src, size_t num);
```

strcpy의 버퍼 오버플로우를 방지하기 위한 함수가 strncpy다.

버퍼 오버플로우를 일으키는 대표적인 함수가 scanf, gets, strcpy, strcat, sprintf 등이다. 비주얼 C 컴파일러는 strcpy에 대해서도 보안을 강화한 버전인 예의 strncpy(string n copy) 함수를 제공한다. 이는 strcpy와 동일하지만 셋째 인자인 num만큼만 복사하라는 의미다. 그렇게 함으로써 문자 하나하나를 복사할 때마다 복사한 문자의 수가 num보다 큰지 확인하여 버퍼 오버플로우를 방지할 수 있기 때문이다.

예제 12-25

```
#include <stdio.h>
#include <string.h>
int main( ){
   char dest[9]; ······························ ❶
   char* src = "mju.ac.kr"; ··················· ❷
   char str[9];

   strncpy(dest, src, sizeof(dest)); ·········· ❸
   printf("%s\n", strcpy(str, dest)); ········· ❹
   return 0;
}
```

```
mju.ac.kr 儆儆儆?z꺅斅 ↔
```

단순해 보이지만 오류가 있다. ①에서 dest 배열의 크기는 9다. 그런데 ②의 src 길이는 '\0'을 포함하면 10이다. 따라서 ③처럼 복사하면 sizeof(dest)는 9이기 때문에 dest에는 '\0'이 들어가지 않는다. 이 경우 ④가 문제를 일으킨다. strcpy 함수는 dest 문자열에서 '\0'이 나올 때까지 dest를 src로 복사하지만 dest에는 '\0'이 없기 때문에 dest 배열의 경계선을 넘어 읽기를 계속하기 때문이다. 또, 그처럼 읽은 문자를 계속해서 str 배열에 저장함으로 인해 str 배열도 오버플로우를 일으킨다. 결국 그림처럼 오버플로우에 의해 오염된 메모리 내용까지 문자로 변환해 출력하게 된다. 오염된 곳에 문자가 아닌 숫자가 있을 수도 있다. 어셈블리어로 번역된 명령문이 있을 수도 있다. 그것을 문자 단위로 읽으면 당연히 아스키코드 범위인 0부터 127까지를 벗어날 가능성이 높다. 그림의 출력은 운영체제가 그것을 한자 영역의 유니코드로 간주했기 때문인 것으로 보인다.

```
strcpy(dest, src) ······························ ❶
≠  strncpy(dest, src, sizeof(dest))

strcpy(dest, src) ······························ ❷
=   strncpy(dest, src, sizeof(dest) - 1);
    dest[sizeof(dest) - 1] = '\0';
```

따라서 strcpy를 strncpy로 바꾸려면 ①이 아니라 ②처럼 바꾸어야 한다. 일단 dest 배열이 수용할 수 있는 크기보다 하나 적은 개수를 복사해야 한다. 그리고 dest 배열의 마지막에 '\0'을 삽입해야 한다.

힙 메모리를 사용하여 strcpy의 오버플로우를 방지할 수 있다.

strcpy의 버퍼 오버플로우를 해결하기 위한 또 다른 방법은 malloc에 의해 힙 메모리를 사용하는 것이다. strcpy는 기본적으로 dest 배열의 크기가 src 배열의 크기보다 크거나 같음을 전제로 한다. 따라서 dest 배열이 src 배열보다 작을 경우 당연히 오버플로우를 일으킨다. 이미 dest 배열의 경계선을 넘어갔음에도 불구하고 src 배열에서 '\0'을 만날 때까지 계속해서 복사하기 때문이다. 따라서 만약 malloc에 의해 src 문자열을 복사하는 데 필요한 충분한 공간을 dest에 할당하면 오버플로우는 일어나지 않는다.

예제 12-26

```
#include <stdio.h>
#include <stdlib.h>         // to use NULL
#include <string.h>         // to use strcpy

char* safe_strcpy(char*, const char*);

int main( ){
   char source[100];
   char* destination = NULL;

   printf("Enter source string.\n");
   gets(source);

   destination = safe_strcpy(destination, source);
   printf("After safe string copy, destination points to\n");
   puts(destination);
   free(destination);
   return 0;
}

char* safe_strcpy(char *dest, const char *src){
   char* backup;
```

```
    dest = (char*)malloc(sizeof(char) * (strlen(src)+ 1));  ········❶
    if (dest == NULL){
       printf("No more memory.\n");
       exit(1);
    }
    backup = dest;
    while (*dest++ = *src++);  ········································❷
    return backup;
}
```

```
Enter source string.
rain drops composed by chopin
After string copy, destination points to
rain drops composed by chopin
```

malloc을 활용하여 안전하게 문자열을 복사하는 함수다. ①처럼 malloc에 의해 그때그때 필요한 만큼의 충분한 공간을 확보한 다음에 ②처럼 문자열을 복사하면 버퍼 오버플로우를 방지할 수 있다. 여기서 malloc의 인자가 (strlen(src)+ 1)인 이유는 '\0'을 삽입하기 위해서다. 또, ②의 backup은 원래의 dest를 저장하기 위한 것이다. 그 아래 루프에 의해 dest가 계속해서 이동하기 때문이다. 사실상, ①에 의해 충분한 메모리를 확보한 다음에는 ② 대신 strcpy 함수를 호출해도 버퍼 오버플로우가 일어나지 않았다.

오버플로우 방지에 힙 메모리가 유용하다는 것은 사실이다. 그러나 여기에는 조건이 붙는다. 스택은 스택 프레임의 푸시 팝에 의해 메모리 공간이 자동으로 재활용된다. 그러나 힙은 반드시 프로그래머가 직접 free 함수를 호출하여 불필요한 공간을 반납해야 한다. 그렇지 않으면 메모리가 낭비된다. 또, 스택은 접근할 수 있는 변수의 유효 영역이 현재 활성화되어 있는 스택 프레임 내부로 제한된다. 그러나 힙은 그렇지 않다. 힙 메모리는 프로그램 실행 도중 할당되고 free 이전까지는 살아 있기 때문에 포인터만 가지고 있으면 어떤 함수라도 해당 변수에 접근할 수 있다. 다시 말해서 스택처럼 변수의 유효 영역을 자동으로 관리할 수가 없다. 스택 메모리에서 일어나는 오류에 비해 힙 메모리에서 일어나는 오류를 탐지하기 어려운 것은 이 때문이다.

예제 12-27

```
#include <stdio.h>
#include <stdlib.h>
#include <string.h>

char* my_strcpy(char*, const char*);

int main( ){
    char source[30],
    *destination = NULL;

    printf("Enter source string.\n");
    gets(source);
    destination = my_strcpy(destination, source);
    printf("After string copy, destination points to\n");
    puts(destination);
    free(destination);
    return 0;
}

char* my_strcpy(char *dest, const char *src){
    dest = (char*)malloc(sizeof(char) * (strlen(src) + 1));
    if (dest == NULL){
        printf("No more memory.\n");
        exit(1);
    }
    memset(dest, 0, sizeof(char) * (strlen(src) + 1)); ··············❶
    memcpy(dest, src, sizeof(char) * (strlen(src) + 1)); ···········❷
    return dest;
}
```

```
Enter source string.
a nightmare
After string copy, destination points to
a nightmare
```

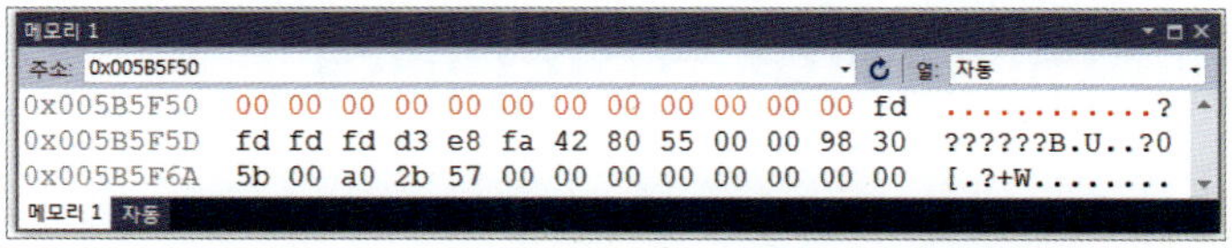

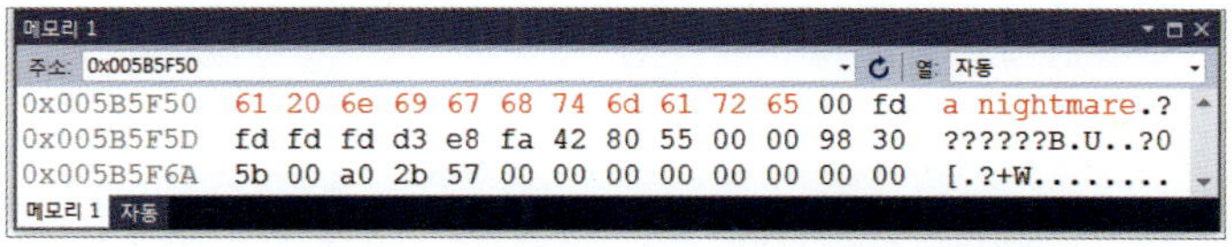

①의 memset(memory set) 함수는 dest가 가리키는 공간을 0으로 초기화한다. 둘째 인자는 초기화 값을, 셋째 인자는 dest가 가리키는 주소로부터 몇 바이트를 초기화할 것인가를 지정한다. ②의 memcpy(memory copy) 함수는 strcpy 함수와 유사하지만 약간의 차이가 있다. 이 함수는 src가 가리키는 내용을 dest가 가리키는 곳으로 복사하되 무조건 인자에 지정한 바이트 수만큼 복사한다. strcpy처럼 '\0'을 만났는지 확인하지도 않는다.

```
void* memcpy(void* dest, const void* src, size_t n){ ················ ❶
    int i;
    char* d = dest; char* s = src; ·································· ❷

    for (i = 0; i < n; i++)
        *d++ = *s++;
    return dest;
}
```

memcpy 함수의 일반적인 구현 방법이다. ①에서 dest와 src를 모두 void* 타입으로 정의한 이유는 그것이 가리키는 대상이 문자이든 정수이든 타입에 무관하게 memcpy 함수를 호출할 수 있도록 하기 위해서다. ②에서 이를 char* 타입 즉, 문자 포인터로 변환하여 바이트 단위로 복사하고 있다. 컴파일러에 따라서는 memcpy를 메모리 블록 단위로 복사하는 어셈블리 명령으로 번역하기도 한다. 그 경우 memcpy는 strcpy에 비해 빠른 실행 속도를 보인다. memcpy에서 유의해야 할 점은 src 배열이 있는 곳과 dest 배열이 있는 곳이 겹치면 안 된다는 점이다. src와 dest가 서로 겹치는지 여부를 확인하지 않기 때문에 서로 일부라도 겹치면 복사에 문제가 일어나기 때문이다. 이러한 이유로 인해 memcpy 대신 memmove(memory move) 함수를 권장하기도 한다.

05 문자열 배열과 문자열 포인터 배열

s[0]				s[1]			
s[0][0]	s[0][1]	s[0][2]	s[0][3]	s[1][0]	s[1][1]	s[1][2]	s[1][3]
'K'	'i'	'm'	'\0'	'L'	'e'	'e'	'\0'

그림 12-13 문자열 배열

```
char s[2][4]; ································· ❶
strcpy(s[0], "Kim"); strcpy(s[1], "Lee"); ················ ❷
```

문자열 역시 배열이기 때문에 2차원 배열의 각 행마다 문자열 배열을 담을 수 있다. 2차원 배열에 문자를 저장하려면 일단 ①처럼 선언해야 한다. 이후 ②의 strcpy 명령에 의해 문자열을 넣을 수 있다. 여기서 strcpy의 첫 인자인 s[0]은 0행 전체를 가리키는 포인터이고 둘째 인자인 문자열은 그 자체로 첫 문자를 가리키는 포인터다.

세 사람의 이름을 입력받아 정렬한 후 화면에 디스플레이하는 프로그램을 작성해 보자.

```
#define FRIENDS 3
#define MAX 10

int main( ){
   char name[MAX];
   char list[FRIENDS][MAX]; ······························ ❶
   int i;

   for (i = 0; i < FRIENDS; i++){ ·························· ❷
      printf("Enter your friend's name.\n");
      gets(name);
      strcpy(list[i], name); ······························ ❸
   }
```

```
    bubble_sort(list); ·············································· ❹
    print_array(list) ··············································· ❺
}
```

하향식 접근으로 일단 main을 작성해 보자. ①에서 2차원 정적 배열 list를 선언한다. ②에서 루프를 돌면서 세 사람 이름을 입력받아 ③에서 list[i]로 복사한다. 이후 ④에서 list를 정렬하고 ⑤에서 출력한다.

```
void print_array(char arr[FRIENDS][MAX]){ ························· ❶
    int i;
    printf("\n");
    for (i = 0; i < FRIENDS; i++)
        puts(arr[i]); ·············································· ❷
}
```

간단해 보이는 print_array 함수부터 작성해 보자. 2차원 배열이므로 ①의 매개변수를 char **arr이라고 해도 되지만 차원을 알릴 필요가 있을 때에 대비하여 예처럼 행과 열의 수를 명시하기로 한다. ②의 puts에서 arr[i]는 한 행을 가리키는 포인터다.

```
void bubble_sort(char arr[FRIENDS][MAX]){
    int pass, current, sorted = 0;
    for (pass = 1; (pass < FRIENDS) && (!sorted) ; pass++){
        sorted = 1;
        for (current = 0; current < (FRIENDS - pass); current++){
            if (strcmp(arr[current], arr[current + 1]) > 0) ·········· ❶
                swap(arr[current], arr[current + 1]); ················ ❷
        }
    }
}
```

버블 정렬 함수다. 문자열을 비교해야 하므로 ①처럼 strcmp 함수를 써야 한다. 또, 오름차순으로 정렬할 경우, 이전 것이 이후 것보다 크면 ②의 함수를 불러 교환한다. main이 이 함수를 호출할 때 bubble_sort(list);라는 식으로 list라는 배열명 즉 포인터를 넘겨주었기 때문에

list 배열 원본을 변경할 수 있다. 또, ②에서 swap 함수를 호출할 때에는 arr[i], 즉 행 전체를 가리키는 포인터를 넘김으로써 원본 배열을 행 단위로 변경할 수 있다.

```
void swap(char *p, char *q){
    char temp[MAX];
    strcpy(temp, p);
    strcpy(p, q);
    strcpy(q, temp);
}
```

문자열을 스와핑하는 함수다. 숫자를 스와핑하는 함수와 유사하지만 문자열을 스와핑해야 하기 때문에 strcpy 함수를 써야 한다. 지금까지 작성한 모든 함수를 종합하면 다음과 같다.

예제 12-28

```
#define FRIENDS 3
#define MAX 10

#include <stdlib.h>
#include <string.h>

void swap(char *p, char *q){
    char temp[MAX];
    strcpy(temp, p);
    strcpy(p, q);
    strcpy(q, temp);
}

void bubble_sort(char arr[FRIENDS][MAX]){
    int pass, current, sorted = 0;
    for (pass = 1; (pass < FRIENDS) && (!sorted) ; pass++){
        sorted = 1;
        for (current = 0; current < (FRIENDS - pass); current++){
            if (strcmp(arr[current], arr[current + 1]) > 0)
                swap(arr[current], arr[current + 1]);
        }
    }
```

```
}

void print_array(char arr[FRIENDS][MAX]){
    int i;
    printf("\n");
    for (i = 0; i < FRIENDS; i++)
        puts(arr[i]);
}

int main( ){
    char name[MAX];
    char list[FRIENDS][MAX];
    int i;

    for (i = 0; i < FRIENDS; i++){
        printf("Enter your friend's name.\n");
        gets(name);
        strcpy(list[i], name);
    }
    bubble_sort(list);
    print_array(list);
    return 0;
}
```

```
Enter your friend's name.
이국종
Enter your friend's name.
강영희
Enter your friend's name.
차희진

강영희
이국종
차희진
```

```
char list[3][5] = { "Kim", "Lee", "Park" };
```

'K'	'i'	'm'	'\0'		'L'	'e'	'e'	'\0'		'P'	'a'	'r'	'k'	'\0'

그림 12-14 배열의 배열

예처럼 배열 요소 자체가 배열인 배열을 배열의 배열(Array of Arrays)이라 부른다. 일반적인 배열과 마찬가지로 문자열을 배열의 배열로 선언할 경우 문자열끼리는 그림처럼 서로 인접한 메모리에 저장된다. 그런 의미에서 이를 연속 배열(Contiguous Array)이라 부른다.

```c
char *list[3] = { "Kim", "Lee", "Park" };
```

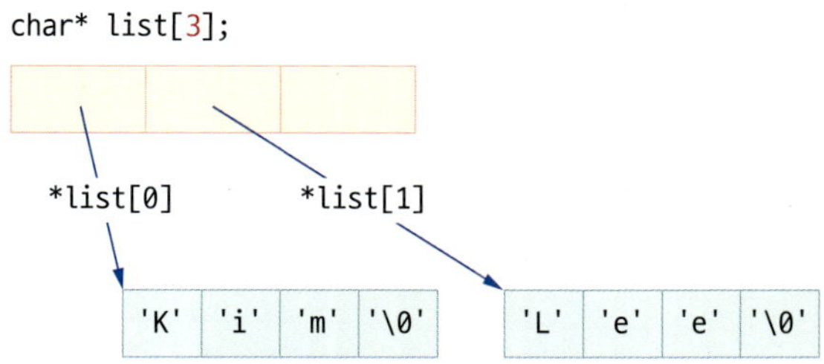

그림 12-15 문자열을 가리키는 포인터 배열

배열의 배열은 연속이지만, 포인터 배열은 불연속이다.

일반 배열과 마찬가지로 문자열 배열에서도 배열 요소에 포인터를 넣고 그 포인터가 문자열을 가리키게 할 수 있다. 이른바 문자열 포인터 배열(Array of Pointers to Strings)이다. 물론 예처럼 포인터 배열을 선언하는 동시에 문자열로 초기화할 때는 문자열끼리 서로 붙어 있을 수도 있다. 그러나 포인터 배열을 쓸 때는 대개 malloc을 써서 동적 메모리를 할당하고 거기에 문자열을 저장하기 때문에 문자열끼리 서로 떨어져 저장된다. 그런 점에서 이를 불연속 배열(Ragged Array)이라고 부른다. 우선순위에도 유의해야 한다. 인덱스 기호인 대괄호([ ])는 괄호와 같은 등급의 우선순위로서 최상위에 속한다. 따라서 *(list[0]) 대신 *list[0]이라고만 해도 된다.

연속 배열과 불연속 배열에는 차이가 있다. 연속 배열의 문자열은 서로 인접해 있기 때문에 포인터 산술 연산을 써서 접근할 수 있다. 예를 들어 이름 길이가 5바이트라면 컴파일러는 list[2]를 list + 2 * 5라는 상수 주소로 번역하여 찾아간다. 이에 비해 불연속 배열은 서로 떨어져 있기에 그러한 계산이 불가능하다. *list[2]처럼 반드시 포인터를 따라가서 접근해야 한다. 상수냐 변수냐에도 차이가 있다. 연속 배열의 list[2]는 list와 마찬가지로 상수이지만, 불연속 배열의 list[2]는 변수다. char* list[3];이라고 문자열을 가리키는 변수로 선언했기 때문이다. 상수와는 달리 변수는 L-value가 될 수 있기 때문에 그 값을 자유로이 변경할 수 있다.

예제 12-29

```
#include <stdio.h>
#include <string.h>

int main( ){
    int i;
    char conti[3][5] = {"Kim", "Lee", "Park"};
    char temp[5];

    char* ragged[3] = {"Kim", "Lee", "Park"};
    char* temp_ptr;

    strcpy(temp, conti[2]); ........................................ ❶
    strcpy(conti[2], conti[0]);
    strcpy(conti[0], temp);
    for (i = 0; i < 3; i++)
        printf("%s ", conti[i]);
    printf("\n");
    temp_ptr = ragged[2]; .......................................... ❷
    ragged[2] = ragged[0];
    ragged[0] = temp_ptr;
    for (i = 0; i < 3; i++)
        printf("%s ", ragged[i]);
    printf("\n");
    return 0;
}
```

```
Park Lee Kim
Park Lee Kim
```

첫 이름인 "Kim"과 마지막 이름인 "Park"을 스왑(swap)하는 프로그램이다. ①의 conti는 배열의 배열이기 때문에 strcpy를 써서 conti[i]가 가리키는 문자열 자체를 교환해야 한다. 그러나 ②의 ragged는 포인터 배열이기 때문에 ragged[i], 즉 포인터 값만 교환하면 된다. ragged[i]는 상수가 아니라 변수이므로 대입문의 좌변에 올 수 있기 때문이다. printf 문의 인자는 항상 R-value로 취급되기 때문에 conti[i]나 ragged[i]나 출력 방법은 동일하다.

예제 12-30

```
#define MAX 10
#include <stdio.h>
#include <string.h>

int main( ){
    char wish_list[MAX][100]; ········· ①
    char temp[100];
    int i = 0, j;

    while(1){
        printf("Enter your wishes.\n");
        gets(temp);
        if (strcmp(temp, "quit") == 0)
            break;
        strcpy(wish_list[i], temp); ···· ②
        i++;
    }
    for (j = 0; j < i; j++) ············ ③
        puts(wish_list[j]);
    return 0;
}
```

```
Enter your wishes.
good grade on this class
Enter your wishes.
good health to you all
Enter your wishes.
quit
good grade on this class
good health to you all
```

하고 싶은 일 MAX개를 입력받아 입력한 순서대로 출력하는 프로그램이다. 여기서 ①의 자료형은 2차원 배열로서 배열 요소가 문자열인 연속 배열이다. ②에서 입력 문장을 wish_list[i]로 복사한다. ③에서 입력된 문장을 출력한다.

예제 12-31

```
#define MAX 10
#include <stdio.h>
#include <string.h>
#include <stdlib.h>

int main( ){
    char *wish_list[MAX]; ········································· ①
    char temp[100];
```

```
    int i = 0, j;

    while (1){
       printf("Enter your wishes.\n");
       gets(temp);
       if (strcmp(temp, "quit") == 0)
          break;
       wish_list[i] = (char*)malloc(sizeof(char)*(strlen(temp) + 1)); ··❷
       if (wish_list[i] == NULL){
          fprintf(stderr, "No more memory.\n");
          exit(1);
       }
       strcpy(wish_list[i], temp); ····································❸
       i++;
     }

    for (j = 0; j < i; j++)
       puts(wish_list[j]);
    for (j = 0; j < i; j++){ ············································❹
       free(wish_list[j]);
       wish_list[j] = NULL;
     }
    return 0;
}
```

같은 목적이지만 불연속 배열을 사용한 예다. 입력 문자열이 들어오면 ②에서 문자열 크기에 맞추어 동적 메모리를 할당한 후 ③에서 wish_list[i]가 가리키는 곳으로 복사하고 있다. ④에서 할당받은 동적 메모리 공간을 반납하고 이어 포인터 자체를 NULL로 처리하고 있다.

```
char wish_list[MAX][100]; ······················❶
char* wish_list[MAX]; ··························❷
```

①과 ② 사이에는 두 가지 차이가 있다. ①처럼 배열의 배열로 선언하면 배열 요소인 문자열의 크기가 100으로 고정된다. 따라서 입력 문자열의 크기가 10이면 나머지 공간은 낭비된다. 반면, ②처럼 포인터 배열로 선언한 다음, 포인터가 malloc에 의해 할당받은 공간을 가리키

게 하면 그러한 낭비가 없다. 정확히 문자열 크기만큼의 공간을 할당하기 때문이다. 문자열이 위치하는 장소에도 차이가 있다. ①처럼 선언하면 문자열 배열은 스택 메모리의 스택 프레임 내에 위치한다. 반면에 ②처럼 선언하면 포인터만 스택 프레임 내에 위치하고 그것이 가리키는 문자열은 힙 메모리에 위치한다.

Microsoft가 윈도우즈를 개발하기 이전에는 MS DOS(Microsoft Disk Operating System)라는 운영체제를 사용했다. 이 운영체제는 지금처럼 그래픽 아이콘을 누르는 형태가 아니라 텍스트로 된 명령어를 쳐 넣는 형태의 사용자 인터페이스(UI: User Interface)를 제공했다. 윈도우즈에서 명령 프롬프트 메뉴를 선택하면 열리는 창이 바로 도스 창 즉, 콘솔 창이다. 몇 가지 도스 명령어만 알면 프로그램을 외부에서 실행할 수 있다. 윈도우즈의 폴더를 도스에서는 디렉터리(Directory)라고 부른다. "dir/w"라고 치면 현재의 디렉터리 안에 있는 파일이나 하위 디렉터리가 보인다. 여기서 "/w"는 wide 즉, 좌우로 넓게 보여달라는 옵션이다. "cd"는 change directory를 의미한다. "cd sub"라고 치면 현재의 디렉터리 아래에 있는 sub라는 디렉터리로 이동한다. "cd.."이라고 치면 바로 상위의 디렉터리로, "cd\"라고 치면 최상위 디렉터리(root directory)인 "C:"나 "D:"로 이동한다. "help"를 치면 이 모든 명령어를 볼 수 있다.

예제 12-32

```
#include <stdio.h>
#include <stdlib.h>

int main(int argc, char* argv[ ]){ ..................................❶
   int i;
   char *name = argv[1];
   int age = atoi(argv[2]); .........................................❷

   printf("argc is %d\n", argc);
   printf("%s is %d years old\n", name, age);

   for (i = 1; i < argc; i++)
      printf("%s ", argv[i]);
   printf("\n");
   return 0;
}
```

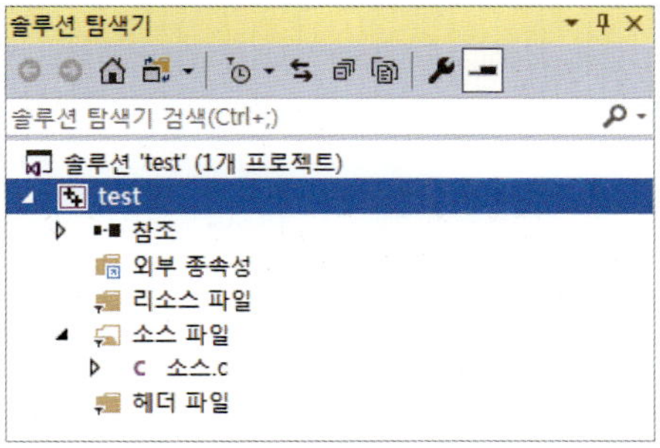

main 함수에도 인자를 전달할 수 있다.

다른 함수와 마찬가지로 main 함수에도 인자를 전달할 수 있다. 지금까지 우리가 그 기능을 사용하지 않았을 뿐이다. 예의 소스코드를 입력한 상태에서 Ctrl+F5를 누르면 실행이 되지 않는다. main 함수에 인자가 선언되어 있지만 그것을 전달하지 않았기 때문이다. 이 프로그램을 실행하려면 [빌드] 메뉴에서 [솔루션 빌드] 또는 [프로젝트 빌드]를 선택하여 일단 실행 파일을 만들어야 한다. 만약 프로젝트 명을 test라고 했다면 빌드 결과 test.exe라는 이름의 실행 파일이 만들어진다. 이 파일이 위치하는 경로를 찾아보려면 '솔루션 탐색기' 창에서 프로젝트 폴더명(여기서는 test)에 마우스 우 클릭을 가하여 [파일 탐색기에서 폴더 열기]를 선택한다.

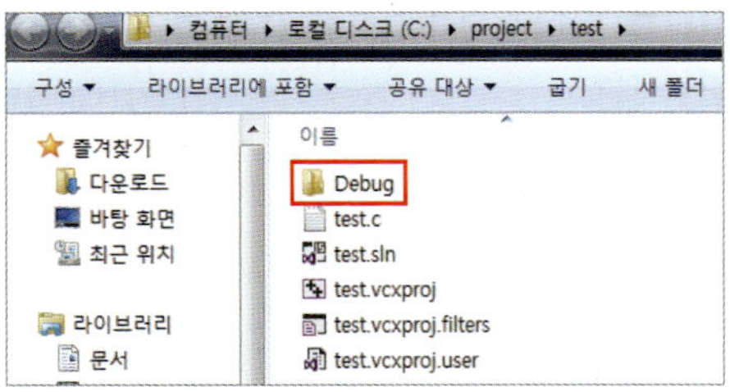

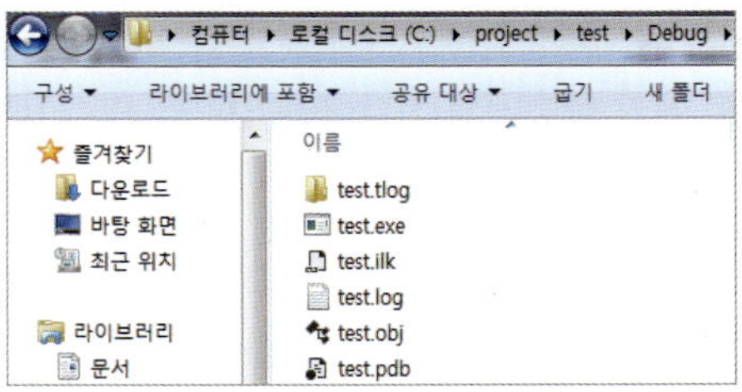

그 결과 왼쪽 그림과 같이 파일 탐색기 창이 열린다. 여기서 Debug 폴더를 더블클릭하면 오른쪽 그림과 같이 test.exe가 보인다. 상단 메뉴 바를 보면 이 파일이 c:\project\test\Debug 폴더 안에 있음을 확인할 수 있다.

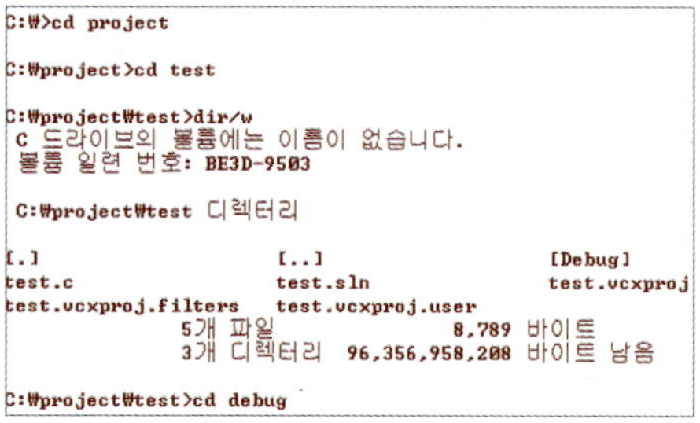

그림 12-16 디렉터리 이동

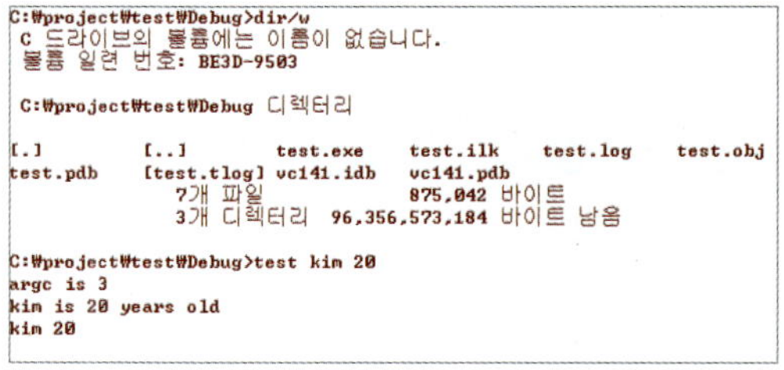

그림 12-17 실행 파일 위치 및 콘솔 명령

이제 윈도우즈에서 명령 프롬프트 창을 띄우고 이 Debug 디렉터리로 찾아가 보자. 일단 cd\를 쳐서 루트 디렉터리로 이동한 다음 왼쪽 그림처럼 cd 명령을 계속해서 test 디렉터리로 이동해 보자. 여기서 dir/w를 치면 [Debug] 형태로 하위에 Debug 디렉터리가 있음을 알 수 있다. 다시 cd debug라고 쳐서 Debug 디렉터리까지 이동한 후 dir/w를 치면 오른쪽 그림처럼 파일이나 하위 디렉터리가 보인다. 여기서 test.exe가 바로 실행 파일이다. 이처럼 디렉터리를 이동하는 과정이 번거로우면 test.exe 파일을 c: 드라이브 바로 아래 복사해 놓고 실행해도 좋다.

```
> test kim 20(Enter)
```

이제 프로그램을 실행하려면 콘솔 창에서 예의 명령어를 입력해야 한다. 이처럼 콘솔 명령어 형태로 메인 함수에게 전달하는 인자를 명령어 라인 인자(Command Line Argument)라 부른다. 여기서 test는 실행 파일 명으로서 프로젝트 명과 일치한다. test 대신 확장자까지 포함하여 test.exe라고 입력해도 무방하다. 명령어 실행 결과는 [그림 12-17] 하단에 나타나 있다. 물론 아무런 인자도 필요 없다면 main( )처럼 괄호 안을 비워 놓고 단순히 실행 파일 명만 입력하면 된다. 그러나 프로그램 실행과 동시에 main에 인자를 건네려면 이처럼 해야 한다.

argc는 인자의 개수, argv는 개별 인자를 가리키는 포인터 배열이다.

[예제 12-32] ①의 argc(argument count)는 실행 파일 명을 포함한 인자의 개수를 뜻한다. "test kim 20"이라는 명령어를 입력하면 운영체제는 인자 수를 3으로 계산한 다음 main 함수의 argc에 3을 넘긴다.

①의 argv(argument vector)는 배열을 뜻한다. 수학에서 말하는 벡터가 여러 요소로 이루어져 있듯이 배열도 여러 요소로 이루어져 있기 때문이다. main 함수에서 argc, argv라는 이름을 쓴 것은 단지 이 이름을 관습적으로 써 왔기 때문일 뿐 다른 이름을 써도 된다. char* argv[ ]라고 선언했으므로 argv 배열의 요소는 char* 즉, 문자열을 가리키는 포인터라 할 수 있다. 프로그램을 실행하기 위해 "test kim 20"이라고 입력하면 운영체제는 argv[0]에는 "test"의 시작 주소를, arg[1]에는 "kim"의 시작 주소를, arg[2]에는 "20"의 시작 주소를 넣는다.

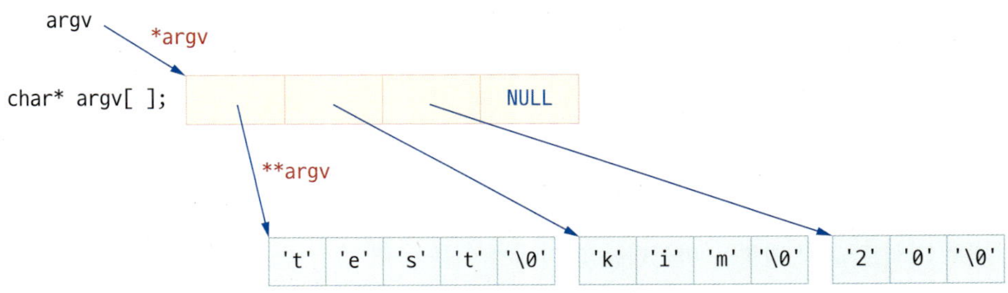

그림 12-18 argv는 2중 포인터

명령어 라인 인자 argv는 2중 포인터다.

그림에서 보듯 argv는 argv[ ] 배열의 이름이다. 물론 이는 배열명이기 때문에 상수 포인터다. 그런데 argv[ ] 배열의 요소는 문자열을 가리키는 포인터다. 따라서 다시 그것을 따라가야 문자열이 나온다. 이는 argv가 2중 포인터임을 뜻한다. 이런 이유로 둘째 인자를 char* argv[ ] 라고 하는 대신 char** argv라고 쓰기도 한다.

```
int atoi(const char*);
```

키보드로 입력하는 모든 것은 문자다. 숫자 20을 입력하더라도 그것은 문자열이지 숫자가 아니다. scanf에서 %d 형식으로 읽겠다고 하는 순간 그것이 숫자로 변환된다. 그러나 예처럼 명령어 라인 형태로 입력하면 "20"은 문자열 그대로다. 따라서 argv[2]가 가리키는 것 역시 "20"이라는 문자열의 첫 문자인 '2'다. ②의 atoi(alphanumeric to integer) 함수는 문자열을 숫자로 변환하는 함수로서 원형은 예와 같다. argv[2] 자체가 포인터이므로 그것을 넘겨주면 된다. 반대의 함수도 존재한다. 이른바 itoa(integer to alphanumeric) 함수는 정수를 문자열로 변환한다. 이들 함수는 string.h가 아니라 stdlib.h에 정의되어 있다는 점에도 유의해야 한다.

argv에 있는 배열 요소의 개수가 argc다. 따라서 만약 실행 파일 명을 제외한 배열 요소에 대해 루프를 돌리려면 1부터 (argc – 1)까지 돌리면 된다. 그러나 argv 배열의 실제 크기는 (argc + 1)이다. 즉, 배열 인덱스가 0부터 argc까지 간다. 마지막 요소인 argv[argc]는 NULL로 채워져 배열의 끝임을 알리기 위한 구분자로 사용된다.

```
> test kim 20 > out.txt(Enter)
```

출력을 파일에 저장할 수도 있다. 예처럼 명령어 라인 끝에 "> out.txt"를 추가하면 out.txt 파일이 만들어지고 프로그램 실행 결과가 out.txt 파일에 저장된다. 표준 출력 장치인 화면에서 외부 파일로 출력 방향을 바꾼다는 의미에서 이를 출력 방향 변경(Output Redirection)이라 부른다. 이는 운영체제 수준에서 출력의 방향을 설정하는 방법이다. 물론 소스코드를 통해 출력 방향을 외부 파일로 변경할 수도 있다.

예제 12-33

```
#include <stdio.h>
#include <stdlib.h>
#include <time.h>

int main(int argc, char** argv){
    int i, max;
    int* rand_arr;

    srand(time(NULL));
    max = atoi(argv[1]);  ··········································❶

    rand_arr = (int *)malloc(max * sizeof(int));  ····················❷
    if (rand_arr == NULL){
        fprintf(stderr, "No more memory.\n");
        exit(1);
    }
```

```
    for (i = 0; i < max; i++)  ················· ❸
        *(rand_arr + i) = 1 + rand() % 45;
    for (i = 0; i < max; i++)
        printf("%d ", *(rand_arr + i));  ········· ❹
    printf("\n");

    free(rand_arr);
    return 0;
}
```

```
C:\>test 6
20 42 21 44 16 13

C:\>test 8
30 14 11 38 37 41 23 2
```

명령어를 통해 실행 파일 명과 개수를 입력하면 개수만큼의 난수를 생성하는 프로그램이다. 예를 들어, test 6이라고 입력하면 1부터 45까지 사이의 난수 여섯 개를 출력한다. test 8이라고 입력하면 난수 여덟 개를 출력한다. 물론 이 프로그램은 난수가 중복되는지를 확인하지도 않고 정렬하지도 않는다. 그러나 명령어 라인을 통해 외부에서 인자의 값을 전달할 수 있다는 점이 11장의 로또 프로그램과는 다르다. ①에서 개수를 나타내는 문자를 숫자로 변환한다. ②에서 해당 숫자 크기의 동적 메모리 배열을 만들고 ③에서 난수를 만들어 그 배열에 저장한다. ④에서 루프를 돌면서 난수를 찍는다.

과제

01 다음 코드가 무슨 작업을 하려는 것인지 예측해 보고 프로그램을 실행시켜 예측이 맞는지 확인하라.

```
#include <stdio.h>
void fcn(char *str){
    char ch;
    char *current = str;
    while (*str)
        str++;
    for (str--; str > current; str--, current++){
        ch = *str;
        *str = *current;
        *current = ch;
    }
}

int main( ){
    char string[100];
    printf("Enter input string.\n");
    gets(string);
    fcn(string);
    puts(string);
    return 0;
}
```

02 gets로 문장을 입력받아 정적 배열에 저장한 후 첫 번째는 puts로, 두 번째는 printf("%s")로, 세 번째는 fprintf("%s")로, 네 번째는 printf("%c")로 출력하는 프로그램을 작성하라.

03 다음 프로그램의 출력을 예측해 보고 프로그램을 실행해서 예측이 맞는지 확인하라.

```
#include <stdio.h>
int main( ){
    char s[100] = "I am here.";
    char *t = "I am here.";
    (s == t) ? printf("yes.\n") : printf("no.\n");  // 무엇을 비교하는가?
    (*s == *t) ? printf("yes.\n"): printf("no.\n");  // 무엇을 비교하는가?
    return 0;
}
```

04 strcat 함수와 동일한 역할을 수행하는 my_strcat 함수를 작성하라. 여기서 dest가 가리키는 공간은 src 문자열을 이어붙이기에 충분하다고 가정한다. main에서 두 개의 문자열을 입력받은 후, 이 함수를 호출하여 결과를 출력하는 프로그램을 작성하라. 단, 이 프로그램은 dest 문자열에 "quit"가 입력될 때까지 실행을 반복한다.

힌트 실행을 반복하려면 main에서 루프를 돌되 if (strcmp(dest, "quit") == 0) break;에 의해 빠져나온다.

```
char* my_strcat(char *dest, char *src);
```

```
> Enter destination string.
> bla(Enter)
> Enter source string.
> bla(Enter)
> blabla
> Enter destination string.
> quit(Enter)
```

05 strchr 함수와 동일한 역할을 수행하는 my_strchar 함수를 작성하라. 단, 입력 문장에 해당 문자가 없으면 NULL을 리턴해야 한다. main에서 이 함수를 불러서, 찾아낸 문자 이후의 모든 문자를 출력해 보라. 찾는 문자가 없으면 "No such character."라고 출력하라. 단, 프로그램은 "quit"가 입력될 때까지 실행을 반복한다.

```
char *my_strchr(const char *str, int c);
```

```
> Enter source string.
> http://university.academy.korea(Enter)
> Enter character to be searched.
> .(Enter)
> academy.korea
> Enter source string.
```

06 문자열 내부의 특정 문자열을 다른 문자열로 대체하는 프로그램을 작성하라. 단, 대체할 문자열의 길이는 원래 문자열의 길이와 같다고 가정한다. 또, 바꿀 문자열이 없으면 NULL을 리턴해서 원래 문장 그대로 출력해야 한다.

힌트 리턴 값이 NULL이 아닐 때까지 루프를 돌면서 strstr(str, from)을 호출하여 교체할 위치를 찾아낸 다음에 strlen(from)의 길이만큼 문자 단위로 복사한다.

```
void change_str(char *str, const char *to, const char *from);
```

```
> Enter a string.
> This winter is so cold compared with the previous winters.
> from string.
> winter(Enter)
> to string.
> summer(Enter)
> This summer is so cold compared with the previous summers.
```

07 strcmp 함수와 동일한 역할을 하는 my_strcmp 함수를 작성하라. 또, main에서 이를 불러 입력받은 두 개의 문자열 크기를 비교하여 출력하는 프로그램을 작성하라. 단, 이 프로그램은 "quit"가 입력될 때까지 실행을 반복한다.

```
int my_strcmp(const char *str1, const char *str2);
```

```
> Enter string 1.
> add(Enter)
> Enter string 2.
> addition(Enter)
> Result of strcmp(str1, str2) is -1.
> Enter string 1.
> quit
```

08 키보드에서 입력한 모든 내용은 기본적으로 문자로 취급된다. 따라서 키보드에서 234라고 치면 그것은 '2''3''4'로 취급된다. 이를 scanf("%d") 형식으로 읽을 때 자동으로 호출되는 함수가 atoi(alpha-numeric to integer) 함수다. 이는 문자 그대로 알파벳이나 숫자로 구성된 문자열을 정수로 변환하는 함수다. atoi와 동일한 역할을 하는 my_atoi 함수를 작성하고 검증하는 프로그램을 작성하라. 단, 입력은 gets(str)이나 scanf("%s", str); 형태로 읽어야 한다. %d 형식으로 읽으면 안 된다. 이후 my_atoi 함수를 호출하여 그것을 정수로 변환한 뒤에 그 정수 값을 출력해야 한다. "quit"가 입력될 때까지 실행을 반복한다.

힌트 음수가 들어올 수도 있으므로 일단 부호를 처리해야 한다. 이후 읽은 문자에서 '0'을 빼면 숫자가 된다. 따라서 '\0'이 들어오기 전까지 루프를 돌면서 이전 숫자에 10을 곱한 값에 현재의 숫자를 더하면 된다.

```
int my_atoi(const char *string);
```

```
> Enter a number string.
> -234(Enter)
> The string you enter is integer -234.
```

09 영문과 한글이 섞인 문장을 입력받아 한글이 몇 문자인지를 출력하는 프로그램을 작성하라.

힌트 아스키코드 범위이면 영문이므로 포인터를 1칸 전진, 아니면 한글이므로 2칸 전진한다.

```
int k_letters(const char *string);
```

```
> Enter a sentence with Korean and English letters.
> 논증 글쓰기: Essay, 논술, 논문의 실체. 주우석 지음.(Enter)
> 한글 문자는 17번 나옵니다.
> Enter a sentence with Korean and English letters.
```

10 strstr 함수와 동일한 역할을 수행하는 my_strstr 함수를 완성하여 찾아낸 문자열을 포함하여 그 이후의 모든 문자를 출력해 보라.

```
> Enter string 1.
> There are many string searching algorithms.(Enter)
> Enter string 2.
> an(Enter)
> any string searching algorithms.
```

```
#define true 1
#define false 0
#include <stdio.h>
#include <string.h>

char *my_strstr(const char *str1, const char *str2){
   const char *temp1 = str1, *temp2 = str2;
   int i, length = (int)strlen(str2);
   int matched = false;

   while (________________________){     // str1의 끝까지
      if (________________________){     // 첫 문자가 같으면
         ________________________;       // 일단 matched를 참으로 놓고
```

```
        for (_____________________){   // i가 0부터 lengh - 1까지 증가하면서
            if (______________________){
             // temp1 + i가 가리키는 것이 temp2 +i가 가리키는 것과 다르면
                ______________________; // matched는 거짓
                ______________________; // 루프 밖으로
             }
        }
        if (______________________)  // 초기화 값이 그대로 유지되었으면
                ______________________;  // temp1을 리턴
    }
    ______________________;    // 그렇지 않으면 temp1을 다음 문자로 이동
  }
  ______________________;       // 매칭이 없을 경우 리턴 값은 NULL
}

int main( ){
    char string1[100], string2[100], *position;
    while (1){
        printf("Enter string 1.\n");
        gets(string1);
        if (strcmp(string1, "quit") == 0)
            break;
        printf("Enter string 2.\n");
        gets(string2);
        position = my_strstr(string1, string2);
        (position == NULL)? printf("No such string.\n"): puts(position);
    }
    return 0;
}
```

11 문자열 탐색 알고리즘 중 하나인 Rabin-Karp 알고리즘은 문자열을 숫자로 변환하여 탐색하는 방법이다. 예를 들어 abcdfkg라는 텍스트에서 cdf를 찾는다고 생각해 보자. 그 경우 cdf = 'c' * 100 + 'd' * 10 + 'f' = 63 * 100 + 64 * 10 + 66 = 7006이라는 계산에 의해 숫자로 바꿀 수 있다. 숫자로 변환하고자 하는 문자열을 해시 키(Hash Key)라고 부르고, 해시 키를 숫자로 변환하는 함수를 해시 함수(Hash Function)라 부른다. 텍스트 abcdfkg를 세 문자 단위로 숫자로 바꾸면 처음 abc = 'a' * 100 + 'b' * 10 + 'c'가 되어 찾고자 하는 7006이 아님을 알 수 있다. 이후 차례로 bcd, cdf 순으로 가면서 숫자가 일치하는지 확인할 수 있다. 단, 숫자가 일치하더라도 문자열이 일치하는지는 다시 확인해야 한다. 문자열은 일치하지 않지만 해시 함수를 적용한 결과 같은 수가 나올 수도 있기 때문이다. 텍스트와 검색 문자열을 입력받아 배열에 저장한 후 Rabin-Karp 알고리즘을 적용하여 해당 문자열이 텍스트에 존재하면 그 문자열부터 이후 문자를 모두 출력하고 존재하지 않으면 "No such string."이라고 출력하는 프로그램을 작성하라.

힌트

```
char *strstr_by_hash(const char *str1, const char *str2);
```

```
> Enter text.
> In these days, everything gets polarized.(Enter)
> Enter search string.
> thing(Enter)
> thing gets polarized.
```

12 "quit"를 입력할 때까지 계속해서 단어를 입력받아 2차원 동적 배열에 저장한 뒤 그 동안 입력된 단어를 출력하는 다음 프로그램을 완성하라. 여기서 각 행은 단어를 가리키는 포인터다. 따라서 단어가 계속 들어올 때마다 행의 수도 realloc을 써서 늘려가야 한다. 또, 입력 단어도 malloc을 써서 단어 크기에 맞는 만큼의 공간에 저장해야 한다.

```
#include <stdio.h>
#include <stdlib.h>
#include <string.h>
int main( ){
```

```
    char** p = NULL, word[100];
    int i, row = 0;                    // row는 행 번호(0, 1, 2, …)

    while (1){
        printf("Enter a word.\n");
        gets(word);
        ____________________;          // quit가 입력되면 루프를 빠져나감
            ____________________;
      p = ____________________;
                // realloc, row를 써서 단어가 들어올 때마다 행의 수를 증가
        if ( ____________________ )  // 널 테스트
            ____________________;      // 널이면 exit로 빠져나감
        p[row] = ________________________________________;
         // malloc을 써서 p[row]가 단어 크기만큼의 동적 메모리를 가리키게 함
        if ( ____________________ )  // 널 테스트
            ____________________;      // 널이면 exit로 빠져나감
        ____________________;          // word를 p[row]로 복사
        ____________________;          // 행 번호 증가
    }
    ____________________               // 루프를 돌면서 p[i]가 가리키는 것을
                                         출력

        ____________________;
    ____________________;              // 개행
    ____________________               // 루프를 돌면서 p[i]가 가리키는 공간
                                         반납

        ____________________;
    ____________________;              // p가 가리키던 포인터 배열 공간 반납
    return 0;
}
```

13 아래 my_strcpy 함수를 재귀 호출에 의해 구현하라. main에서 gets로 입력을 받아 src 배열을 채운 뒤 이 함수를 호출하고 main으로 되돌아와서 puts로 dest 배열을 출력하라. 단, dest 배열의 크기는 src 배열과 동일한 크기라고 가정한다.

힌트 index는 현재 복사해야 할 문자의 인덱스를 뜻한다. 따라서 src[index]가 '\0'이면 문자열의 끝이므로 그것을 복사한 후 곧바로 빠져나와야 한다. 그렇지 않으면 복사 후에 index를 증가시켜 재귀 호출을 계속 해야 한다.

```
char* my_strcpy(char *dest, const char *src, int index);
```

14 일련의 정수를 입력받을 때 미리 몇 개가 들어오는지 알고 있으면 그 개수만큼 루프를 돌면서 읽으면 된다. 그러나 그렇지 않을 경우가 문제다. 입력 끝은 엔터키('\n')에 해당하는 문자형이므로 정수처럼 계속해서 %d 형식으로 읽을 수가 없고 별도로 %c 형식으로 읽어야 하기 때문이다. 물론 -1을 입력의 끝을 알리는 센티넬로 약속하여 -1을 읽으면 입력을 멈출 수도 있다. 그러나 -1도 입력 데이터로 들어올 수 있으므로 이 역시 문제가 된다. 한 가지 대안은 모든 입력을 일단 문자(열)로 읽어 배열에 저장하고 이후 배열을 읽으면서 atoi 함수를 써서 문자열을 정수로 변환하는 것이다. 입력 정수를 문자(열) 형태로 str 배열에 저장한 후 그 배열을 다시 읽어 arr이라는 정수 배열에 저장하는 프로그램을 완성해 보라. 단, 설명의 편의상 널 테스트는 생략하기로 한다.

```
> Enter one or more integers.
> 21 33 0 -25 86(Enter)
> 21 33 0 -25 86
```

```
#include <stdio.h>
#include <string.h>
#include <stdlib.h>
int main( ){
    char ch, *str, *ptr;
    int i, j;
    int *arr;                    // 정수 배열
    printf("Enter one or more integers.\n");
    _________________;           // 동적 문자열을 가리키는 포인터 str을 NULL
                                    로 초기화
```

```
    for (i = 0; (ch = getchar( )) != '\n'; i++){
                                        // 읽은 문자가 '\n'이 아닐 때까지
        ______________________________________________;
        // realloc에 의해 str에 (i + 1)개의 문자를 저장하는 공간을 할당
        ____________________; // str[i]에 읽은 문자를 대입
    }
    ____________________;     // '\n' 자리에 ' '를 덮씌움
    ____________________;     // 그 다음에 '\n'을 추가.
     // str이 가리키는 문자열에서 ' '를 모두 널 문자로('\0') 치환하기 위해
     // strtok 함수를 호출.
     // '\n' 자리에 ' '를 덮씌운 이유도 마지막 문자열 끝에 널 문자를 삽입하기 위함
    ptr = strtok(str, " ");
    ____________________;     // strtok의 리턴 값이 NULL이 아닐 때까지
        ____________________; // ptr에 strtok의 리턴 값을 대입

    ptr = str;                    // ptr을 str로 초기화
    arr = NULL;                   // 정수 배열 arr을 NULL로 초기화
    for (i = 0; *ptr != '\n'; i++){
        ______________________________________________;
        // realloc에 의해 arr에 (i + 1)개의 정수를 저장하는 공간을 할당
        ____________________;
        // atoi에 의해 ptr이 가리키는 문자열을 정수로 변환하여 arr[i]에 대입
         while (*ptr != '\0') // ptr이 str 배열의 다음 문자열을 가리키게 해야 함
            ____________________;
        ptr++;   }
    for (j = 0; j < i; j++)
        printf("%d ", arr[j]);
    printf("\n");
    return 0;
}
```

15 명령어 라인 인자를 사용하여 정수의 4칙 계산을 하는 프로그램을 작성하라. 단, 컴파일 결과 실행 파일 명을 calc.exe라고 가정하고 이 파일을 C: 드라이브 바로 아래로 복사해 놓았을 때 다음과 같은 형식의 입출력이 되도록 해야 한다. 또, 메인 함수는 아래 원형으로 작성해야 한다.

힌트 argv[2]가 가리키는 '+'는 문자형이 아니다. '\0'이 추가된 문자열 형이므로 *argv[2]로 첫 문자를 접근할 수 있다.

```
int main(int argc, char **argv);
```

```
C:\> calc 2 + 3(Enter)
2 + 3 = 5
C:\> calc 2 * 3(Enter)
2 * 3 = 6
```

16 한글 문장을 입력받아 그것이 회문인지를 판단하는 프로그램을 작성하라. 단, 빈칸이나 기호(아스키코드 32에서 47까지)는 무시하기로 한다.

힌트 first를 0으로, last를 배열 끝으로 초기화한 다음 first와 last가 교차할 때까지 대칭 위치의 문자를 비교한다. first는 2바이트씩 전진, last는 2바이트씩 후퇴, 빈칸이나 기호는 건너뛴다.

```
int k_palindrome(const char *string);
```

```
> 한글 문장을 입력하세요.
> 다시 올 이월이 윤이월이올시다.(Enter)
> 네. 회문입니다.
> 한글 문장을 입력하세요.
> 소주(Enter)
> 회문이 아닙니다.
> 한글 문장을 입력하세요.
> 소주 만 병만 주소.(Enter)
> 네. 회문입니다.
```

Chapter 13
구조체

01 구조체 정의
02 구조체 복사
03 구조체 배열과 구조체 포인터 배열
04 비트 필드
05 사용자 정의 자료형
과제

배열과 마찬가지로 구조체도 여러 변수를 하나로 묶어 일반화한 집합 자료형이다. 차이점은 배열이 동일 자료형인데 비해, 구조체는 서로 다른 자료형일 수도 있다는 점이다. 이는 결국 데이터를 조직화하는 방법의 차이다. 토끼 열 마리의 무게를 관리하려면 배열이 낫다. 그러나 한 사람의 인적 사항을 관리하려면 구조체가 낫다. 이름이나 주소는 문자열이지만 나이는 숫자이기 때문이다.

01 구조체 정의

C 언어가 제공하는 가장 단순한 자료형이 int, double, char 등의 기본 자료형(Primitive Data Type, Built-in Data Type)이다. 이 기본 자료형들이 서로 얽혀 더욱 복잡한 자료형이 된다. 같은 자료형의 변수를 모은 것이 배열 자료형이다. 다른 변수를 가리키는 자료형이 포인터 자료형이다. 기본 자료형에서 파생되었다는 의미에서 배열과 포인터를 파생 자료형(Derived Data Type)이라 부른다. 여기서 한 걸음 더 나아가 프로그래머 스스로 자료형을 정의할 수도 있다. 이를 사용자 정의 자료형(User-defined Data Type)이라 부른다. 이 장에서 설명할 구조체나 열거체가 그 예다. 그러나 이러한 구분이 절대적인 것은 아니다. 예를 들어 배열을 파생 자료형으로 볼 수도 있지만 사용자 정의 자료형으로 볼 수도 있다.

동종 자료형을 묶은 것이 배열
이종 자료형을 묶은 것이 구조체

배열의 가장 큰 단점은 배열 요소가 모두 동일한 자료형이어야 한다는 데 있다. 어떤 요소는 int로 어떤 요소는 char로 선언할 수가 없다. 이에 대한 해결책이 구조체(Structures)다. 서로 다른 이종 자료형(Heterogeneous Data Type)의 데이터도 묶어서 하나의 자료형으로 선언할 수 있기 때문이다.

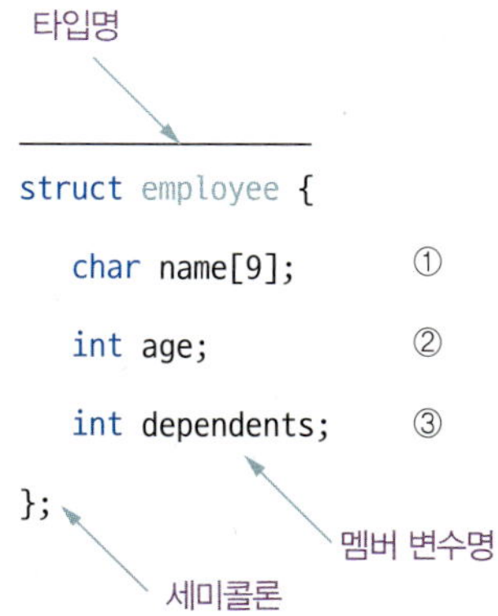

그림 13-1 구조체 타입 정의

구조체 자료형 선언 내부에는 변수명이 들어간다.

구조체 타입을 정의한 예로서 struct라는 키워드 다음에 이름 표(Name Tag)가 붙는다. 따라서 struct employee까지가 새로운 타입명이다. 그러나 내부의 name, age, dependents는 타입명이 아니라 변수명임에 유의해야 한다. 여기서 ①은 문자열 변수이지만 ②와 ③은 정수 변수다. 이처럼 서로 다른 타입의 변수를 묶어서 struct employee라는 새로운 타입을 선언할 수 있다. int나 char처럼 C 언어가 기본적으로 제공하는 자료형이 아니라, 프로그래머가 직접 정의한 자료형이라는 의미에서 이를 사용자 정의 자료형이라고 부른다. 예에서 보듯 구조체 타입 정의는 세미콜론으로 끝난다.

배열과 마찬가지로 구조체도 어떤 자료를 집합적으로 일컫기 위한 자료형이다. 예의 경우 이름(name), 나이(age), 부양가족 수(dependents) 등의 자료를 묶어 사원(employee)이라는 하나의 개념으로 추상화하고 있다.

유의할 점은 이는 struct employee라는 새로운 타입을 정의한 것에 불과하다는 것이다. 다시 말해, 이 타입을 가진 구조체 변수는 아직 선언하지 않았다.

```
struct employee buyer;
```

구조체 자료형 정의와 구조체 변수 선언은 전혀 별개의 일이다.

구조체 변수를 선언하려면 예처럼 타입명 다음에 실제 변수를 선언해야 한다. 이는 int num; 과도 유사한 모습이다. int에 해당하는 것이 struct employee이며 num에 해당하는 것이 buyer이다.

구조체를 이루는 요소 하나하나를 멤버(Member) 또는 멤버 변수(Member Variable)라고 부른다. 멤버가 모여 구조체를 이룬다. 이는 데이터베이스 용어와 직결된다. 데이터베이스에서는 구조체를 레코드(Record)라 부르고, 멤버는 필드(Field)라 부른다. 멤버가 모여 구조체를 이루듯이 필드가 모여 레코드를 이룬다. 필드 중에서 검색을 위한 필드를 키 필드(Key Field)라고 부른다. name 필드를 검색하여 그 이름을 가진 사원의 나이나 부양가족 정보를 찾아낼 경우 name이 키 필드에 해당한다. 따라서 데이터 크기 면에서 볼 때 비트, 바이트, 필드, 레코드, 파일 순으로 커지면서 일종의 계층구조를 형성한다.

```
struct employee buyer;
strcpy(buyer.name, "John Lee"); ................ ❶
buyer.age = 34; ................................ ❷
buyer.dependents = 3; .......................... ❸
```

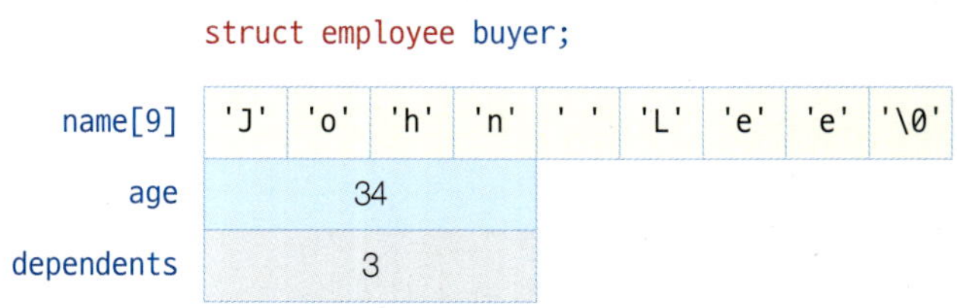

그림 13-2 구조체 변수 선언 및 멤버 변수

도트 연산자를 써서 구조체 멤버에 접근할 수 있다.

구조체 멤버 변수에 접근하려면 도트 연산자(Dot Operator, Member Access Operator, '.')를 써야 한다. ①은 "John Lee"라는 문자열을 buyer라는 구조체 변수의 멤버 중 하나인 name 배열로 복사하고 있다. ②는 buyer 구조체의 멤버 변수 중 하나인 age에 34를 대입하라는 뜻이다. ③도 이와 유사하다. 구조체 요소들은 실제로는 메모리에 일렬로 나열되어 있으나 배열과 구분하기 위해 예처럼 위아래로 나열하여 그리기도 한다.

```
struct employee{
    char name[9];
    int age;
    int dependents;
} buyer;
```

위와 같이 구조체 타입 정의와 변수 선언을 한꺼번에 할 수도 있다. 그러나 이는 별로 바람직하지 않다. 나중에 동일한 타입의 다른 변수를 선언할 때도 같은 방법으로 구조체 정의를 반복해야 하기 때문이다.

예제 13-1

```
car.h file
struct car {
    char name[8];
    int year;
    int mileage;
};

main.c file
#include "car.h" ........................................................ ❶
#include <stdio.h>
int main( ){
    struct car mycar = {"sonata", 2015, 120000}; .................... ❷

    printf("Name is %s.\n", mycar.name);
    printf("Year is %d.\n", mycar.year);
    printf("Mileage is %d.\n", mycar.mileage);
```

```
    printf("&mycar is %p.\n", &mycar); ································ ❸
    printf("&(mycar.year) is %p.\n", &(mycar.year));

    printf("Enter the mileage updates.\n");
    scanf("%d", &mycar.mileage); ········································ ❹
    printf("The new mileage is %d.\n", mycar.mileage);

    if (mycar.mileage > 150000)
        printf("It's old.\n");
    else
        printf("It's not that old.\n");
    return 0;
}
```

```
Name is sonata.
Year is 2015.
Mileage is 120000.
&mycar is 0026FAE8.
&(mycar.year) is 0026FAF0.
Enter the mileage updates.
140000
The new mileage is 140000.
It's not that old.
```

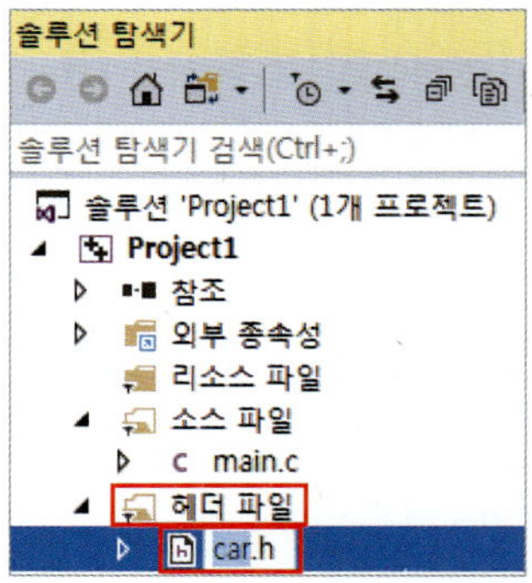

이 예제는 car.h와 main.c라는 두 개의 파일로 이루어져 있다. 사용자 정의 자료형은 대개 소스 파일이 아닌 헤더 파일에 따로 저장된다. 해당 자료형을 공유할 수 있도록 하기 위해서다. 따라서 #include에 의해 헤더 파일을 포함시키면 누구나 해당 자료형을 사용할 수 있다. car.h 파일을 따로 만들려면 '솔루션 탐색기' 창에서 '헤더 파일' 폴더에 마우스 우 클릭을 가해 [추가]–[새 항목]을 선택한 후 car.h라고 헤더 파일 이름을 입력하면 된다. 이렇게 하면 main.c와 car.h는 디폴트로 같은 폴더 안에 만들어진다.

①처럼 main.c에 car.h 파일을 포함시킴으로써 car.h에 정의된 struct car 자료형을 사용할 수 있다. car.h 파일이 main.c와 같은 폴더에 존재할 때는 예처럼 #include 다음에 〈 〉 기

호 대신 큰따옴표를 쓸 수 있다. ②에서 struct car 타입의 변수 mycar를 선언하면서 초기화하고 있다. 이렇게 되면 mycar.name은 "sonata"라는 문자열로 초기화된다. ③에 의해 변수 값과 주소를 확인할 수 있다.도트 연산자는 괄호 연산자와 함께 가장 높은 우선순위에 속해 있기 때문에 ④의 &mycar.mileage는 &(mycar.mileage)와 같은 의미다. 물론 이를 &(mycar.mileage)라고 할 수도 있으나 자주 쓰이는 표현이니 그냥 우선순위를 기억해두는 것이 좋다.

```
struct car mycar; ·····················································❶
struct car *p = &mycar; ···············································❷
p = (struct car *)malloc(2 * sizeof(struct car)); ·····················❸
```

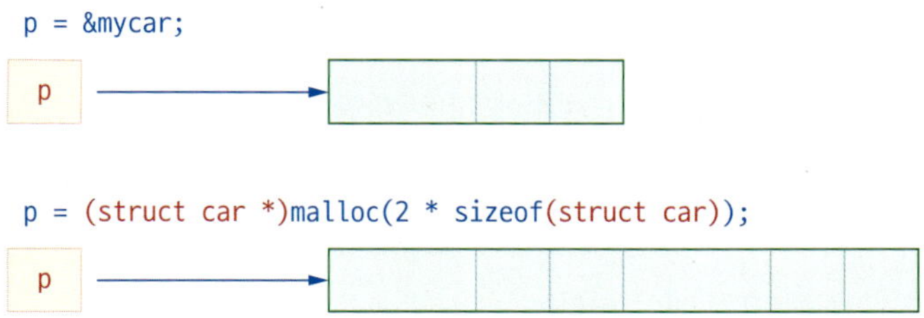

그림 13-3 정적 구조체 포인터, 동적 구조체 포인터

malloc 함수를 써서 동적 구조체를 만들 수 있다.

구조체 포인터(Pointer to a Structure)를 선언할 수도 있다. ②는 포인터 변수 p를 선언하면서 &mycar로 초기화하고 있다. ①, ②는 마치 int num; int *p = #과도 유사한 모습이다. int에 해당하는 것이 struct car이고 num에 해당하는 것이 mycar이기 때문이다. ①에서 선언한 구조체는 컴파일 타임에 그 크기가 확정된다는 점에서 정적 구조체다. 반면, ③처럼 프로그램 실행 도중 필요에 따라 크기를 확정하는 구조체는 동적 구조체다. 여기서 2 * sizeof(struct car)는 두 개의 구조체가 들어갈 메모리 공간을 할당해달라는 요구다. 또, 형 변환 연산자 (struct car *)는 malloc이 돌려준 (void *) 포인터를 구조체를 가리키는 포인터로 변환하라는 요구다. 이렇게 되면 p에는 구조체 첫 멤버 변수의 시작 주소가 들어간다. 또, 포인터 산술 연산은 구조체 단위이기 때문에 (p + 1)은 다음 구조체를 가리킨다.

구조체 대신 구조체 포인터를 쓰는 것이 유리할 때도 많다. 학생 한 사람의 인적 사항을 저장한 구조체일지라도 그 크기는 엄청나게 커질 수 있다. 이름이나 학번은 물론 주소, 상담 기록, 비교과 활동, 수강신청 시간표, 이수과목 성적표를 모두 합쳐서 하나의 구조체로 저장할 수 있기 때문이다. 구조체가 커질수록 구조체끼리 복사하는 데 시간적, 공간적 부담이 따른다. 이는 구조체 단위로 대입할 때는 물론 함수 호출 시 구조체를 넘겨줄 때도 마찬가지다. 따라서 배열을 넘겨줄 때 포인터만 넘겨주듯이 구조체를 넘겨줄 때에도 포인터만 넘기면 그러한 부담을 줄일 수 있다.

```
struct car mycar;
struct car *p = &mycar;
*p.year = 2018; ································ ❶ Error
(*p).year = 2018; ······························ ❷ O.K.
p->year = 2018; ································ ❸ O.K.
```

①처럼 포인터를 통해 mycar.year 변수에 값을 대입할 때에는 주의를 요한다. 도트 연산자가 참조 연산자보다 우선순위가 높기 때문에 *p.year는 *(p.year)로 해석된다. 그러나 여기서 p는 포인터, 즉 주소다. 따라서 year가 주소의 일부가 될 수는 없다. p가 구조체가 아니라 *p가 구조체다. ②처럼 고쳐 써야 한다.

Arrow 연산자의 왼쪽에는 포인터 변수가 위치하고
Arrow 연산자의 오른쪽에는 멤버 변수가 위치한다.

②처럼 써도 좋지만 C 언어는 짧은 기호를 선호한다. 그래서 나온 것이 ③의 화살표 연산자(Arrow Operator)다. 의미는 ②와 완전히 동일하다. p가 가리키는 구조체를 찾아가 그 중 year라는 멤버 변수에 접근하라는 것이다. 화살표 연산자를 쓸 때는 두 가지 사실에 유의해야 한다. 첫째, 화살표 왼쪽에는 반드시 포인터 변수가 들어가야 하고 그 포인터가 가리키는 것은 반드시 구조체여야 한다. 둘째, 화살표 오른쪽에는 반드시 그 구조체의 멤버 변수가 들어가야 한다.

```
struct point{ ································ ❶
   int x;
   int y;
};
struct circle{ ······························· ❷
```

```
    struct point center;  ························ ❸
    int radius;
};
struct circle  cr;
cr.radius = 10;
cr.center.x = 2;  ······························ ❹
```

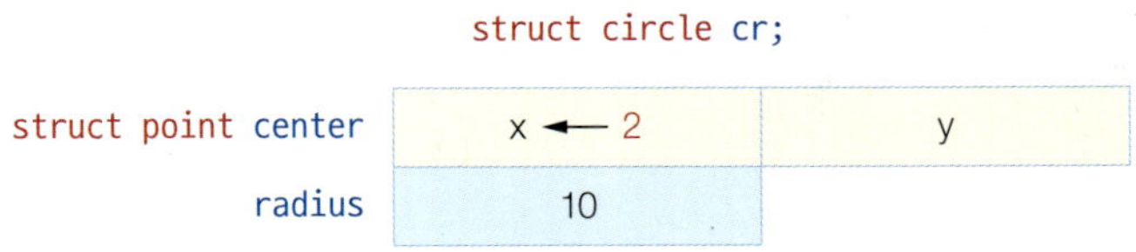

그림 13-4 중첩 구조체

멤버 변수로 구조체를 거느리면 중첩 구조체다.

배열 요소가 배열일 수 있듯이 구조체 요소가 구조체일 수도 있다. 구조체를 거느린 구조체(Structure of Structure)를 중첩 구조체(Nested Structures)라 부른다. ①에서 보듯 점 구조체를 정의하려면 x 좌표와 y 좌표가 필요하다. 또, ②에서 보듯 원 구조체를 정의하려면 중심점과 반지름이 필요하다. 그런데 중심점도 하나의 점이다. 따라서 ③처럼 struct circle 정의 안에서 struct point를 활용할 필요가 있다. 유의할 점은 구조체 내부에는 반드시 변수명이 들어가야 한다는 것이다. 타입 선언에 그쳐서는 안 된다. ③에도 center라는 변수명이 들어 있다. 이 경우 원 중심점의 x 좌표에 값을 대입하려면 ④처럼 도트 연산자가 두 번 들어가야 한다. cr.center 자체가 구조체 변수이기 때문이다.

```
struct circle{
     struct point{
       int x;
       int y;
    } *cptr;  ··················· ❶ // 원의 중심점(struct point)을 가리키는 포인터
    int radius;
};
struct circle *cr;  ·········· ❷ // 원(strut circle)을 가리키는 포인터
cr->cptr->x = 2;  ············ ❸ // cr이 가리키는 구조체 멤버 중,
                                  // cptr이 가리키는 구조체 멤버 중, x에 2를 대입
```

중첩 구조체를 이처럼 정의할 수도 있다. 여기서 원 구조체의 멤버 변수 중 하나인 ①의 cptr은 점 구조체를 가리키는 포인터로 선언되어 있다. 또, ②의 cr은 원 구조체를 가리키는 포인터로 선언되어 있다. 이 경우 원 중심점의 x 좌표에 값을 대입하려면 ③처럼 화살표 연산자가 두 번 들어가야 한다.

예제 13-2

```
point.h file
struct point {
   int x;
   int y;
};
struct rectangle { ·············································· ❶
   struct point tl;   // top left. 사각형의 좌 상단
   struct point br;   // bottom right. 사각형의 우 하단
};

main.c file
#include "point.h"
#include <stdio.h>
#include <stdlib.h> ·············································· ❷

int main( ){
   struct rectangle *p; ········································ ❸
   int x_diff, y_diff;

   p = (struct rectangle *)malloc(sizeof(struct rectangle)); ····· ❹
   if (p == NULL){
      printf("No more memory.\n");
      exit(1);
   }

   printf("Enter x, y of top left.\n"); ························ ❺
   scanf("%d%d", &(p->tl).x, &(p->tl).y);
   printf("Enter x, y of bottom right.\n");
   scanf("%d%d", &(p->br).x, &(p->br).y);

   x_diff =  abs((p->br).x - (p->tl).x); ··········· ❻ // x 값의 차이
```

```
    y_diff =  abs((p->br).y - (p->tl).y);
    printf("The area of rectangle is, %d.\n", x_diff * y_diff);
    return 0;
}
```

```
Enter x, y of top left.
0 0
Enter x, y of bottom right.
10 10
The area of rectangle is, 100.
```

사각형의 면적을 계산하는 프로그램이다. 컴퓨터 그래픽스에서 화면 좌표계는 화소 단위의 정수로 표현된다. 화면의 왼쪽 상단을 원점(0, 0)으로 해서 오른쪽으로 갈수록 x 좌표, 아래쪽으로 갈수록 y 좌표가 증가한다. 또, 사각형은 왼쪽 상단의 점과 오른쪽 하단의 점 x, y 좌표에 의해 정의된다. ①의 tl(top left)이 왼쪽 상단, br(bottom right)이 오른쪽 하단으로서 점 구조체 타입이다. ②의 stdlib.h에는 malloc 함수는 물론 절댓값을 구하는 abs 함수도 정의되어 있다. ③에서 사각형 구조체 변수를 가리키는 포인터 p를 선언하고 ④에서 구조체 변수를 만들기 위한 공간을 할당받고 있다. ⑤의 프롬프트에 의해 입력 좌표 값을 받는다. &(p->tl).x에서 연산자 우선순위는 괄호와 도트가 동급으로서 가장 높다. 결합 순서는 왼쪽에서 오른쪽으로 가므로 괄호가 먼저 평가되고 이어 도트가 평가된다. 이어 마지막으로 주소 연산자가 평가된다. ⑥에서 절댓값을 계산하여 면적을 출력한다.

컴파일러에 따라서는 예에 대해 '불완전한 형식은 사용할 수 없습니다.(Incomplete type not allowed.)'라거나 '불완전한 형식에 대한 포인터는 사용할 수 없습니다.'라는 오류 메시지를 띄우기도 한다. 이는 struct rectangle이 중첩 구조체이기 때문에 컴파일러가 단번에 그 크기를 확인할 수 없었다는 의미다. 그러나 이는 프로그래머의 잘못이 아니다. struct rectangle이 struct point로, 또 struct point가 int로 구성되어 있다는 사실을 확인할 능력이 있는 컴파일러라면 이런 메시지를 띄워서는 안 된다. 현재로서 이는 경고 메시지에 불과하기 때문에 무시하고 실행하면 된다.

```
struct this {
    char a;
```

```
    short b;
    int c;
}
```

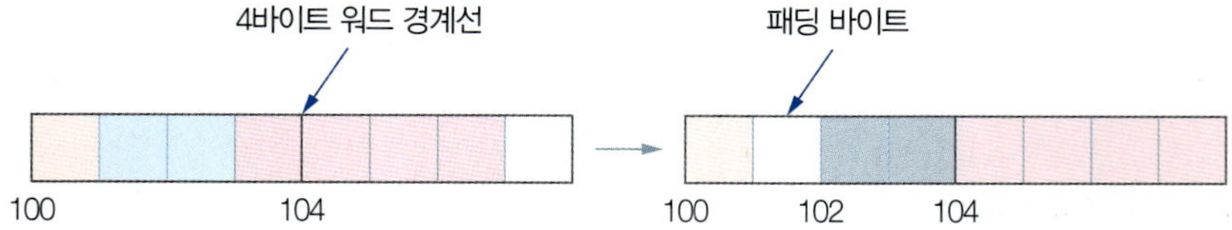

그림 13-5 패딩 바이트 삽입에 의한 변수 정렬

변수 정렬(Variable Alignment)이 되어 있을 때 컴퓨터는 가장 빠르게 변수를 읽고 쓸 수 있다. 예의 멤버 변수를 다닥다닥 붙여서 저장한다면 100번지에서 시작할 경우 왼쪽 그림처럼 char a는 1바이트, short b는 2바이트, int c는 4바이트를 차지한다. 그런데 CPU가 메모리에 접근할 때는 항상 워드(Word) 단위로 읽고 쓴다. 따라서 만약 워드 크기가 4바이트라면 마지막 int c는 두 번에 걸쳐서 메모리에 접근해야만 한다. 100번지에서 시작하는 첫 워드를 가져와서 마지막 1바이트를 떼어낸 다음 다시 104번지에서 시작하는 둘째 워드를 가져와서 처음 3바이트를 떼어내어 이전의 1바이트와 결합해야 하기 때문이다. 메모리 접근 횟수가 늘어난다는 것은 프로그램 실행 속도가 그만큼 느려짐을 의미한다.

이 문제를 해결하기 위한 방법이 패딩(Padding)이다. 이는 오른쪽 그림과 같이 char a 다음에 1바이트를 비워놓는 방법이다. 이후 102번지부터 2바이트 자료형인 short b를 시작하면 마지막 int c는 워드 경계선(Word Boundaries)에서 시작하기 때문에 4바이트를 한 번에 읽을 수 있다. 이렇게 하기 위해 컴파일러는 변수의 주소에 일정한 원칙을 적용한다. char 타입은 1바이트 단위이므로 1의 배수 주소에서 시작한다. 즉, 아무 주소에나 들어갈 수 있다. 그러나 short는 2의 배수 주소(예에서는 102번지)에서 시작한다. 같은 맥락에서 int는 4의 배수 주소에서 시작한다. float는 4의 배수에서 시작하지만 double은 윈도우즈에서는 8의 배수, 유닉스에서는 4의 배수 주소에서 시작한다. 이 원칙은 구조체가 아닌 일반 변수일 경우에도 마찬가지로 적용된다.

예제 13-3

```
#include <stdio.h>
int main( ){
   struct first{
      short x; short y; short z;
   } a;
   struct second {
      float x; char y;
   } b;
   struct third {
      char x; double y; char z;
   } c;
   struct fourth {
      char x; char z; double y;
    } d;

   printf("sizeof(a) is %d.\n", sizeof(a));
   printf("sizeof(b) is %d.\n", sizeof(b));
   printf("sizeof(c) is %d.\n", sizeof(c));
   printf("sizeof(d) is %d.\n", sizeof(d));
   return 0;
}
```

```
sizeof(a) is 6.
sizeof(b) is 8.
sizeof(c) is 24.
sizeof(d) is 16.
```

구조체의 크기는 멤버 중 가장 큰 자료형 크기의 배수다.

패딩에는 구조체의 크기가 가장 큰 멤버 크기의 배수여야 한다는 원칙이 있다. 이 원칙에 의하면 변수 a의 크기는 6바이트다. 모두 short 타입의 2바이트 정수이기 때문이다. 그러나 변수 b의 크기는 8바이트다. b에서 가장 큰 멤버 변수는 float x이므로 구조체 전체의 크기도 4의 배수라야 하기 때문이다. 따라서 float x가 4바이트지만 char y 이후에 3바이트를 패딩 바이트로 처리한다. 변수 c의 크기는 24바이트다. char x 다음에 7바이트를 패딩해야 double y가 8바이트 경계선에서 시작할 수 있기 때문이다. 마지막 char z 다음에도 7바이트를 패딩 한다. 구조체의 크기는 가장 큰 멤버 변수의 크기인 8의 배수여야 하기 때문이다.

사실상 c와 d는 동일한 선언이다. 그러나 c가 24바이트인 데 비해 d는 16바이트다. char x, char z가 각각 1바이트를 차지한 후 6바이트가 패딩되고 이후 double y가 8바이트이기 때문이다. 이처럼 프로그래머가 직접 멤버 변수의 순서를 바꿈으로써 패딩에 소요되는 메모리 공간을 줄일 수 있다.

기본적으로 C 언어는 프로그래머가 선언한 멤버 변수의 순서를 컴파일러가 임의로 바꿀 수 있도록 허용하지 않는다. 그러나 컴파일러에 따라서는 지시어를 통해 패딩 비트를 줄이는 기능을 제공하기도 한다. 예를 들어, Visual C의 경우 #pragma PACK(2)라는 지시어를 쓰면 모든 변수를 2바이트 단위로 정렬하기 때문에 int 변수가 뒤따르더라도 short 변수 다음에 패딩 바이트를 삽입하지 않는다. 나아가 #pragma PACK(1)이라는 지시어를 쓰면 모든 변수를 1바이트 단위로 정렬하기 때문에 아예 패딩 바이트를 넣지 않는다. 물론 이렇게 하여 변수를 인접시킴으로써 메모리 크기를 줄일 수는 있다. 그러나 대부분의 하드웨어가 변수 정렬이 된 상태에서 접근 속도가 가장 빠르기 때문에 속도는 오히려 느려질 수 있다는 점에 유의해야 한다.

예제 13-4

```
#include <stdio.h>
#include <string.h>
#include <stdlib.h>

struct employee {
   char* name;
   int resident_no;
};

int main( ){
   struct employee seller, *p;

   p = &seller;
   p->name = "Jay Kim"; ......................................... ❶
   puts(p->name);

   p->name = (char *)malloc(sizeof(char) * 40); ..................... ❷
```

```
    if (p->name == NULL) {
        printf("No more memory.\n");
        exit(1);
    }
    strcpy(p->name, "John Lee"); ······································ ❸
    puts(p->name);
    free(p->name);
    return 0;
}
```

```
Jay Kim
John Lee
```

포인터 변수를 구조체 멤버로 거느릴 수도 있다. 그 경우 그 포인터는 일반적인 포인터와 완전히 동일한 방법으로 사용된다. ①에서 우변 문자열이 코드 세그먼트 상수 영역에 저장되고 시작 주소가 좌변의 name으로 들어간다. ②에서 힙 영역에 40바이트를 확보하고 시작 주소가 p->name으로 들어간다. ③에 의해 p->name이 가리키는 곳으로 문자열이 복사된다.

02 구조체 복사

예제 13-5

```
#include <stdio.h>
struct point{
    int x;
    int y;
};

struct point increment(struct point s){ ··························· ❶
    s.x += 1;
    s.y += 1;
    return s; ················································· ❷
}

int main( ){
    struct point a = {1, 1}, b, c;

    b = a; ···················································· ❸
    printf("b is (%d, %d).\n", b.x, b.y);

    c = increment(a); ········································· ❹
    printf("c is (%d, %d).\n", c.x, c.y); ······················· ❺

    if (a.x == b.x && a.y == b.y) ······························· ❻
        printf("a and b have same values.\n");
    if (&a == &b) ··············································· ❼
        printf("a and b are same points.\n");
    return 0;
}
```

```
b is (1, 1).
c is (2, 2).
a and b have same values.
```

구조체 단위로 대입하거나 복사할 수 있다.

③처럼 구조체 단위로 통째로 대입할 수 있다. 이는 배열 단위로 대입할 수 없다는 것과는 대조를 이룬다. 구조체 단위로 대입할 수 있다는 것은 구조체 멤버 변수 하나하나가 '자동으로' 복사된다는 의미이다. 따라서 ③에 의해 a의 멤버 변수인 x, y가 각각 b의 멤버 변수인 x, y로 복사되어 들어간다.

인자 전달은 일종의 대입 연산이다.

구조체 단위로 대입할 수 있다는 것은 함수 호출 시에 ④에서 전달한 a가 ①의 s로 구조체 단위로 복사되어 들어감을 의미한다. 다시 말해, 함수 호출 시 구조체를 넘기면 '자동으로' 구조체 멤버 하나하나가 매개변수 구조체의 멤버로 복사되어 들어간다. 물론 이는 당연히 값 호출이다. 그러나 ②에서 변경한 구조체를 리턴 값으로 돌려주었기 때문에 ⑤에서는 1을 더한 값이 출력된다. 일반적으로 피호출 함수는 호출 함수에 단 하나의 값만 돌려줄 수 있다. 그러나 이처럼 멤버 변수가 두 개인 구조체 하나를 돌려주면 실제로는 두 개의 값을 돌려준 것이 된다.

그러나 구조체 단위의 관계 연산이나 논리 연산은 허용되지 않는다. 예를 들어 (a == b)나 (a != b)처럼 비교해서는 안 된다. 두 점의 좌표 값이 같은지를 비교하려면 ⑥처럼 멤버 변수를 하나하나 비교해야 한다. 특히 두 점의 좌표 값이 같은 것과 두 점이 같은 점이라는 것은 별개의 사실이라는 점에 유의해야 한다. 좌표 값이 같은지를 알아내려면 ⑥처럼 하면 된다. 그러나 두 점이 같은 점인지를 알아내려면 ⑦처럼 변수의 주소를 비교해야 한다.

	비교	대입	인자 전달
배열	불가능	불가능	배열 시작 주소 복사(참조 호출 효과)
구조체	불가능	가능	구조체 멤버 복사(값 호출 효과)

그림 13-6 배열과 구조체 비교

배열과 구조체의 공통점과 차이점도 구분할 필요가 있다. 배열 단위로 서로 비교할 수 없으며 구조체 단위로도 서로 비교할 수 없다는 것이 공통점이다. 그러나 차이점도 있다. 배열 단위로는 대입이 불가능하기 때문에 함수 호출 시 배열을 넘기면 배열의 시작 주소만 복사되어 들어갈 뿐, 배열 요소가 복사되지는 않는다. 반면, 구조체 단위로는 대입이 가능하기 때문에 함수 호출 시 구조체를 넘기면 구조체 요소가 하나하나 자동으로 복사된다.

예제 13-6

```
#include <stdio.h>

struct person{ ·················································· ❶
   char name[10];
   int age;
};

int over_twenty(const struct person *p){ ························· ❷
   if (p->age > 20)
      return 1;
   else
      return 0;
}

int main( ){
   struct person s1, s2 = {"Jay", 24};

   s1 = s2; ······················································ ❸
   printf("s1's name is %s.\n", s1.name); ························ ❹

   if (over_twenty(&s1))
      printf("%s is over twenty.\n", s1.name);
   return 0;
}
```

```
s1's name is Jay.
Jay is over twenty.
```

구조체를 복사하면 멤버 변수인 배열도 자동으로 복사된다.

구조체끼리는 대입이 가능하지만 배열끼리는 대입이 불가능하다. ①의 구조체 내부에는 name이라는 배열이 있다. 그렇다면 ③처럼 s2 구조체를 s1 구조체에 대입할 경우 구조체 내부의 name 배열도 복사가 될까? 결론부터 말하자면 복사가 된다. 구조체를 대입할 때는 배열을 포함한 모든 멤버 변수가 복사되어 들어간다. 다시 말해 배열이 구조체 멤버일 경우에는 배열 단위로도 복사가 된다. ④에서 그 점을 확인할 수 있다. 이는 일반적인 배열 사이에서는 불가능한 일이다.

```
struct point s1, s2, s3 = {1, 1};
s2 = s3 ............................................ ❶ O.K.
s1 = s2 + s3; ...................................... ❷ Error
```

①처럼 구조체 단위로 대입할 수 있다는 것은 사실상 대입 연산자의 의미를 확장한 것이다. 구조체란 여러 멤버를 그룹으로 묶은 집합 개념이기 때문이다. 그렇다고 해서 ②까지 가능하지는 않다. 물론 이렇게 하면 컴파일러가 알아서 s1.x = s2.x + s3.x; s1.y = s2.y + s3.y;로 번역해 주었으면 하는 것이 프로그래머의 기대다. 그러나 이는 지나친 기대다. C 언어를 설계한 사람이 구조체 단위로 더할 수 있도록 + 연산자의 의미를 확장하지는 않았기 때문이다. 물론 C++에서는 연산자 오버로딩(Operator Overloading)이라고 해서 프로그래머가 연산자의 의미를 재정의할 수 있게 한다. 예를 들어, 구조체 단위로 더할 수 있도록 '+' 연산자의 의미를 재정의할 수 있다. 그러나 C에서는 그런 기능을 지원하지 않는다. 만약 그런 기능을 원한다면 별도의 함수를 만들어 호출해야 한다.

예제 13-7

```
#include <stdio.h>
#include <string.h>
#include <stdlib.h>

struct employee {
   int entry_year;                              // 입사연도
   char residence[6];                           // 거주지
   char* name;                                  // 사원 이름
};
```

```
int main( ){
    struct employee a = {2019, "Seoul", NULL};
    struct employee b;

    a.name = (char*)malloc(5 * sizeof(char)); ························❶
    strcpy(a.name, "Lee"); ···········································❷

    b = a; ···························································❸
    strcpy(b.name, "Park"); ··········································❹

    printf("%d %s %s\n", a.entry_year, a.residence, a.name); ·······❺
    printf("%d %s %s\n", b.entry_year, b.residence, b.name);
    return 0;
}
```

```
2019 Seoul Park
2019 Seoul Park
```

멤버 변수가 포인터일 때는 구조체를 복사할 때 주의해야 한다. ①, ②에 의해 사원 a의 name이 가리키는 곳에 "Lee"라는 이름이 저장된다. 이 상태에서 만약 사원 b가 사원 a와 이름만 다를 뿐 나머지 정보가 동일하다면 ③처럼 a를 b로 복사한 다음, ④에 의해 이름만 "Park"으로 바꿀 수 있다. 그런데 ⑤는 예상과 다른 결과를 보인다. 사원 a의 이름이 예전에 넣었던 "Lee"가 아니라 "Park"으로 바뀌었기 때문이다.

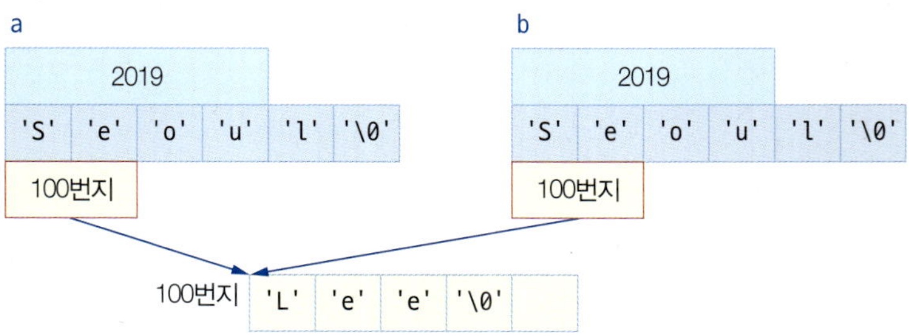

그림 13-7 얕은 복사

구조체끼리 복사하면 디폴트로 얕은 복사가 이루어진다.

이는 name이 포인터이기 때문에 일어난 일이다. ③에서 구조체를 복사할 때 name 변수에 '주소'만 복사되어 들어가기 때문에 b.name 역시 a.name이 가리키던 동일한 메모리 공간을 가리키게 된다. 따라서 ④에 의해 b.name이 가리키는 곳에 "Park"을 저장하면 a.name이 가리키는 내용도 "Park"으로 바뀐다. 물론 포인터가 아닌 멤버 변수는 아무런 문제가 없다. 예를 들어 a.residence는 포인터가 아니라 정적 배열이기 때문에 아무런 문제없이 b.residence로 복사되어 들어간다.

그림에서 보듯 구조체의 멤버 변수가 포인터일 때 포인터 값만 복사하면 두 포인터가 가리키는 메모리가 공유된다. 이처럼 단순히 포인터 값만 복사하는 방법을 얕은 복사(Shallow Copy)라고 부른다. 만약 이 상태에서 free(a.name);으로 메모리 공간을 반납하면 b.name은 이미 반납된 공간을 가리키는 댕글링 포인터로 전락한다.

```
b.name = (char*)malloc(5 * sizeof(char));
```

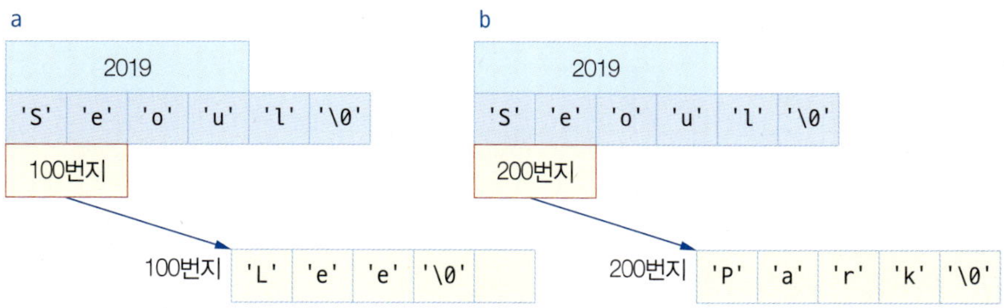

그림 13-8 깊은 복사

이 예가 제대로 작동하게 하려면 그림처럼 깊은 복사(Deep Copy)를 해야 한다. 그렇게 하려면 ③ 다음에 위의 명령문을 삽입하면 된다. 즉, a.name이 가리키는 동적 메모리와는 별도로 b.name이 새로 만든 동적 메모리를 가리키게 만들고 거기에 "Park"을 저장해야 한다.

예제 13-8

```
#include <stdio.h>
#include <string.h>
#include <stdlib.h>
```

```c
struct employee {
    int entry_year;
    char residence[6];
    char* name;
};

void show_name(struct employee her) {
    printf("%s\n", her.name); ·································· ❶
    strcpy(a.name, "홍두루미"); ································ ❷
}

int main( ) {
    struct employee a = { 2019, "Seoul", NULL };
    a.name = (char*)malloc(9 * sizeof(char));
    strcpy(a.name, "박하영");

    show_name(a); ············································· ❸
    printf("%s\n", a.name);
    return 0;
}
```

```
박하영
홍두루미
```

함수 호출 시 구조체를 전달하면 자동으로 얕은 복사가 이루어진다.

함수 호출 시 구조체 자체를 전달하면 자동으로 얕은 복사가 진행된다. 따라서 멤버 변수 중 포인터가 있으면 주소 값만 복사되어 넘어간다. 예에서는 ③에 의해 a.name 포인터가 show_name 함수의 her.name 포인터로 복사되어 들어간다. 그러나 이전 예와는 달리 예의 경우에는 프로그래머가 그것을 직접 깊은 복사로 바꿀 수 없다. 인자를 전달하는 메커니즘은 완전히 컴파일러 소관이기 때문이다.

구조체 자체를 전달하면 값 호출이기 때문에 피호출 함수가 원본 구조체에는 접근할 수 없다. 그러나 여기서 원본 구조체에 접근할 수 없다는 말은 스택 메모리에 관한 이야기다. 즉, 피호출 함수의 스택 프레임 아래에 깔린 호출 함수의 스택 프레임에 접근할 수 없다는 것일 뿐, 힙 메모리에 접근할 수 없다는 말은 아니다. 주소만 있으면 힙 메모리에는 어떤 함수든 접근할 수 있다. a.name은 malloc에 의해 만들어진 힙 메모리를 가리키는 포인터다. 따라서 show_name 함수는 ①에 의해 힙 메모리에 있는 문자열을 읽을 수 있다. 그러나 여기서 her.name은 a.name이라는 포인터 값만 복사해서 받은 얕은 복사이기 때문에 a.name이 가리키는 곳과 her.name이 가리키는 힙 메모리는 공유된다. 따라서 show_name 함수 내부에서 ②처럼 her.name이 가리키는 내용을 바꾸면 원본 구조체인 a.name이 가리키는 내용도 바뀐다는 점에 유의해야 한다.

```
do_this(&big); ·························································· ❶
void do_this(const struct employee *p); ······························ ❷
```

읽기만 할 때도 구조체 포인터를 전달하는 이유는 효율 때문이다.

구조체 자체를 전달할 것인지 구조체 포인터를 전달할 것인지는 효율과도 연관되어 있다. 물론 참조 호출 효과를 기하려면 반드시 포인터를 전달해야 한다. 그러나 원본을 읽기만 하고 변경은 하지 않을 때도 포인터를 전달하기도 한다. 구조체가 너무 커서 인자를 복사하면 시간적, 공간적 효율이 떨어질 때다. 구조체 변수 big이 너무 커서 포인터만 전달하려면 ①처럼 전달하고 ②처럼 받으면 된다. 여기서 const 지정자를 붙인 이유는 실수로 인해 포인터를 따라가서 *p, 즉 원본을 훼손하는 사태를 방지하기 위해서다.

03 구조체 배열과 구조체 포인터 배열

예제 13-9

```
#include <stdio.h>
int main( ){
    int i;
    int entry[3] = { 201504, 202011, 202502 };    // 입사연월
    char name[3][20] = { "Kim", "Lee", "Park" };  // 이름
    char phone[3][15] = { "02-1234", "031-1234", "051-1234" };    // 전번

    for (i = 0; i < 3; i++)
        printf("%d %s %s.\n", entry[i], name[i], phone[i]);
    return 0;
}
```

```
201504 Kim 02-1234.
202011 Lee 031-1234.
202522 Park 051-1234.
```

회사원 세 명의 개인 정보를 배열에 저장한다고 가정해 보자. 또, 개인 정보는 입사연월, 이름, 전화번호 등으로 구성되어 있다고 하자. 각각의 정보가 서로 다른 자료형일 수 있으므로 이를 서로 다른 배열에 저장하면 동일인에 관한 정보임을 추측할 수 있는 유일한 단서는 배열 인덱스다. 즉, 각 배열에서 인덱스 0이 첫 사원에 관한 정보, 인덱스 1이 둘째 사원에 관한 정보에 해당한다. 이렇게 되면 현재 다루고 있는 배열의 인덱스가 누구에 관한 정보인지를 항상 염두에 두고 프로그램을 작성해야 하는 불편이 따른다.

예제 13-10

```
#include <stdio.h>
struct employee {
```

```c
    int entry;
    char name[20];
    char phone[15];
};

int main( ){
    int i;
    struct employee arr[3] =
        { {201504, "Kim", "02-1234"}, {202011, "Lee", "031-1234"},
         {202502, "Park", "051-1234"} };

    for (i = 0; i < 3; i++)
        printf("%d %s %s.\n", arr[i].entry, arr[i].name, arr[i].phone);
    return 0;
}
```

구조체 배열(Array of Structures)을 사용하면 이 문제를 해결할 수 있다. 개인별 정보를 하나의 구조체로 묶은 다음 구조체 배열 arr을 선언하면, arr은 인덱스별로 동일인의 정보를 담고 있으므로 이전처럼 여러 배열 사이에서 인덱스를 추적할 필요가 없다. 첫 사원에 관한 모든 정보는 arr[0]에, 둘째 사원에 관한 모든 정보는 arr[1]에 있기 때문이다.

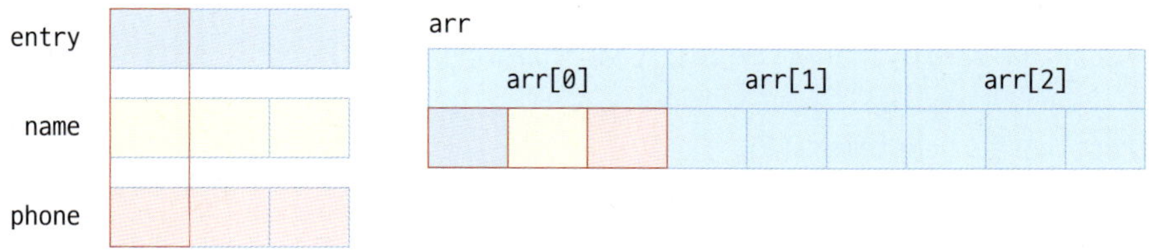

그림 13-9 구조체 배열의 필요성

왼쪽 그림에 있는 세 개의 배열에서 동일 인덱스에 있는 하나의 칼럼을 추려내면 그것이 바로 개인별 정보가 된다. 또, 오른쪽 그림에서 보듯 그것을 구조체 단위로 묶어서 저장한 것이 바로 구조체 배열이다. 알고리즘을 구현하는 방법은 결국 프로그래머에게 달려 있다. 동일한 알고리즘을 왼쪽 그림처럼 세 개의 배열로 구현할 수도 있고 오른쪽 그림처럼 구조체 배열로 구현할 수도 있다. 다시 말해, 자료구조(Data Structure)를 어떻게 가져가느냐는 프로그래머에게 달려 있다. 알고리즘을 구현하기에 가장 유리한 구조, 가장 효과적인 구조로 가져가는 것이 최선이다.

name	city	country
Jiyon Kim	Seoul	Korea
Jessy Jackson	Los Angeles	United States
Evan Sutherland	Los Angeles	United States
Mary Osmond	Taegu	Korea
Hyomin Park	Yongin	Korea

그림 13-10 데이터베이스 테이블

```
SELECT * from customers WHERE country = 'Korea';
```

데이터베이스에 들어가는 정보를 표(Table) 단위로 조직화할 경우 표마다 이름이 붙는다. 예처럼 고객 정보를 모아놓은 표라면 "customers"라는 이름을 붙일 수 있다. 이 표에 대해 위 명령문을 가할 수 있다. 이는 이른바 SQL(Structured Query Language)이라는 언어를 사용한 명령문으로서, *는 ALL을 뜻한다. 표의 각 행이 하나의 레코드에 해당한다. 따라서 이 명령문은 customers 표에서 country가 "Korea"인 레코드를 모두 선택하라는 의미다. 그 결과 그림과 같이 세 개의 행이 선택된다.

```
struct person {
   char name[20]; char city[20]; char country[20];
};
struct person customers[5];

int i;
for (i = 0; i < 5; i++)
   if (strcmp(customer[i].country, "Korea") == 0)
      printf("%s %s %s \n", customer[i].name, customer[i].city,
                                  customer[i].country);
```

프로그램 측면에서 보면 이 표는 struct person customers[5]라는 구조체 배열로 표현할 수 있다. 행별로 각각 하나의 구조체에 해당하기 때문에 표 전체를 표현하려면 구조체 다섯 개로 이루어진 배열로 선언해야 하기 때문이다. 만약 이 배열에서 country가 "Korea"로 되어 있는 모든 고객의 정보를 출력하려면 예처럼 for 문으로 처리할 수 있다(물론 SQL에서 SELECT

명령은 해당 레코드를 선택만 할 뿐 아직 처리하라는 것은 아니다). 이런 점에서 볼 때 구조체 배열은 데이터베이스 구현과도 직결되어 있다고 말할 수 있다.

배열 요소가 구조체를 가리키는 배열을 구조체 포인터 배열이라 부른다.

예처럼 배열 요소 자체가 구조체일 수도 있지만 배열 요소가 구조체를 가리키는 포인터가 되게 만들 수도 있다. 이러한 자료형을 구조체 포인터 배열(Array of Pointers to Structures)이라 부른다. 영단어와 그 뜻을 입력받아 구조체 형태로 메모리에 저장한 후 입력 순서대로 디스플레이하는 프로그램을 작성해 보자. 단, 프로그램은 최대 30개 구조체를 저장할 수 있어야 하며 "quit"이 들어오면 종료하기로 한다. 또, 영단어의 길이는 최대 19문자로 제한하기로 한다.

예제 13-11

```
#define MAX 30
#include <stdio.h>
#include <string.h>
#include <stdlib.h>

struct word{ ··························································· ❶
   char name[20];      // 단어 명
   char* meaning;      // 단어 뜻
};

int main( ){
   struct word *arr[MAX]; ······································· ❷
   char temp[200];
   int i = 0, j;

   while (1){
      printf("Enter a word.\n");
      gets(temp);
      if (strcmp(temp, "quit") == 0)
         break;
      arr[i] = (struct word *)malloc(sizeof(struct word)); ············ ❸
      if (arr[i] == NULL)
         exit(1);
      strcpy(arr[i]->name, temp); ································· ❹
```

```
        printf("Enter meaning of the word.\n");
        gets(temp);
        arr[i]->meaning = (char*)malloc(sizeof(char)*(strlen(temp)+1)); ❺
        if (arr[i]->meaning == NULL)
            exit(1);
        strcpy(arr[i]->meaning, temp);
        i++;
        printf("\n");
    }

    printf("\nThe dictionary has\n"); ·································· ❻
    for (j = 0; j < i; j++){
        puts(arr[j]->name);
        puts(arr[j]->meaning);
    }

    for (j = 0; j < i; j++){
        free(arr[j]->meaning); ········································ ❼
        arr[j]->meaning = NULL;
    }

    for (j = 0; j < i; j++) {
        free(arr[j]); ·········· ❽
        arr[j] = NULL;
    }
    return 0;
}
```

```
Enter a word.
DP Jargon
Enter meaning of the word.
데이터 프로세싱 전문가들이 사용하는 용어

Enter a word.
backlog
Enter meaning of the word.
뒷마당에 쌓여있는 통나무. 아직 처리하지 못한 일들

Enter a word.
quit

The dictionary has
DP Jargon
데이터 프로세싱 전문가들이 사용하는 용어
backlog
뒷마당에 쌓여있는 통나무. 아직 처리하지 못한 일들
```

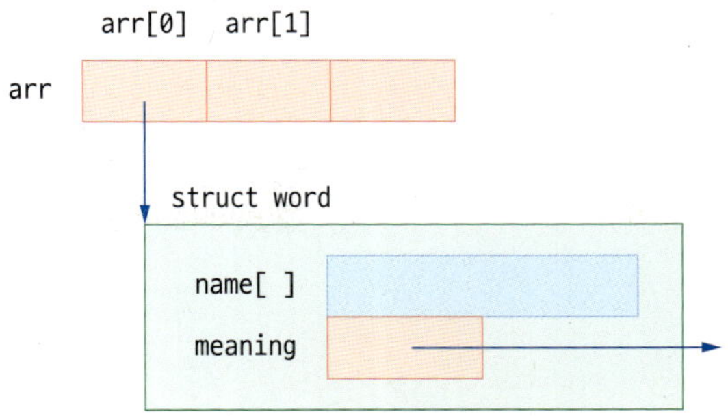

그림 13-11 구조체 포인터 배열

①은 단어 명과 뜻을 저장하는 구조체 타입 선언이다. ②에서 구조체 포인터 배열을 선언하고 있다. ③에서 포인터가 가리키는 변수 공간을 만들고 있다. 이 명령문이 반드시 있어야 하는 이유는 ②에서 포인터만 선언했지 아직 그것이 가리키는 변수 공간을 확보하지는 못했기 때문이다. ④에서 단어 명을 구조체 멤버 변수인 name으로 복사하고 있다. 여기서 화살표 연산자를 쓴 이유는 arr[i]가 구조체가 아니라 포인터이기 때문이다. 그림에서 보듯, arr[i]가 가리키는 구조체 멤버 중 meaning도 포인터다. 이를 포인터로 선언한 이유는 공간 절약을 위해서다. 즉, ⑤에 의해 입력 문자열의 길이만큼만 동적 메모리를 할당하기 위해서다. ⑥에서 모든 입력 내용을 출력하고 있다.

malloc에는 항상 그에 대응하는 free가 있어야 한다. malloc을 두 번 불렀으면 free도 두 번 불러야 한다. ⑦에서 meaning이 가리키는 공간을 반납하고 있다. 또, 실수로 포인터를 따라가지 않도록 NULL을 대입하고 있다. 구조체가 하나가 아니므로 루프를 돌면서 공간을 반납해야 한다. 이는 ⑤의 malloc에 의해 만들었던 구조체다. ⑧에서 free(arr[j])에 의해 포인터가 가리키던 구조체를 반납하고 있다. 이는 ③의 malloc에 의해 만들었던 구조체다. ⑦, ⑧의 순서가 바뀌면 안 된다는 점에도 유의해야 한다. arr[j]가 가리키던 구조체를 먼저 반납하면 구조체 멤버인 meaning이 날아가버리기 때문에 meaning이 가리키던 공간을 반납할 수 없다.

04 비트 필드

예제 13-12

```
#include <stdio.h>
struct day{
    unsigned int day: 5; ·····················❶
    unsigned int month: 4; ···················❷
    int year; ································❸
};

int main( ){
    struct day today = {25, 12, 2020};

    printf("Sizeof(struct day) is %d bytes.\n", sizeof(struct day)); ···❹
    printf("Today is %d, %d, %d.\n", today.day, today.month, today.year);
    return 0;
}
```

```
Sizeof(struct day) is 8 bytes.
Today is 25, 12, 2020.
```

멤버 변수의 크기를 비트 단위로 할당할 수 있다.

구조체의 멤버 변수가 그리 클 필요가 없을 때에는 비트 필드(Bit Field)를 활용하여 메모리를 절약할 수 있다. ①의 day는 1일부터 31일까지이므로 5비트면 충분하다. ②의 month는 1월부터 12월까지이므로 4비트면 충분하다. 그 경우 예처럼 멤버 변수명 다음에 콜론을 찍고 필요한 비트 폭(Bit Width)을 명시하면 된다. 그런데 ④에서 struct day의 크기를 찍어 보면 8바이트가 나온다. 물론 ③은 비트 필드가 아닌 일반 int 형으로 선언되었으므로 4바이트를 먹는다. 그런데 ①, ②를 합쳐 9비트이지만 실제로는 4바이트가 할당된다. 비트 필드를 모두 합친 크기는 항상 워드 크기 즉, int 크기의 배수 단위로 할당되기 때문이다. 예를 들어, 33비트일 경우 4바이트가 넘기 때문에 8바이트가 할당된다.

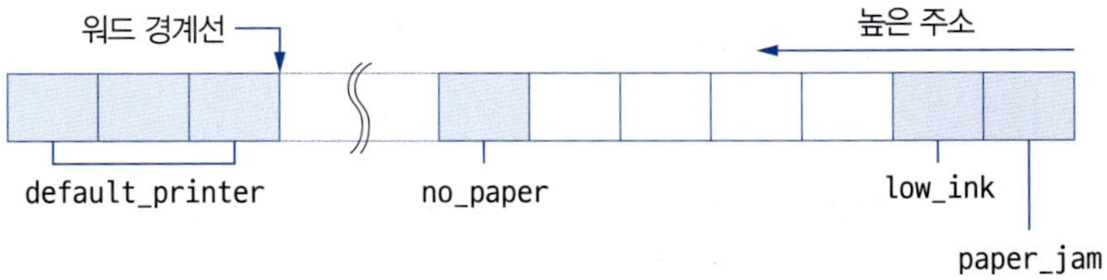

그림 13-12 비트 필드 사용 시 멤버 변수 위치

```
struct status {
    unsigned int paper_jam: 1;
    unsigned int low_ink: 1;
    unsigned int: 4; ............................... ❶
    unsigned int no_paper: 1;
    unsigned int: 0; ............................... ❷
    unsigned int default_printer: 3; ........ ❸
};
```

①처럼 변수명이 없으면 이는 패딩 비트(Padding Bit)를 의미한다. 따라서 ①은 4비트만큼 띄운 후 다음 변수를 저장하라는 의미다. ②처럼 변수명을 주지 않고 비트 폭을 0이라고 쓰면 워드 경계선까지를 패딩 비트로 채우라는 의미다. 그 경우 ③은 새로운 워드에서 시작한다. 컴파일러에 따라 예와는 정반대로 마지막 변수부터 저장하기도 한다.

비트 필드 사용에도 유의할 점이 있다. 첫째, 필드 폭을 초과하는 값을 대입하면 안 된다. struct status prt; prt.paper_jam = 3;이라고 하면 이는 1비트에 3을 대입하라는 잘못된 요구다. 이 경우 실행 결과는 정의되어 있지 않다. 둘째, 비트 필드 변수의 타입으로는 int나 unsigned int만 사용할 수 있다. 셋째, 비트 필드 변수에 주소 연산자를 붙이면 안 된다. 예를 들어, printf("%p", &(prt.paper_jam));이라고 하면 컴파일러 오류가 뜬다. 이는 비트 필드 변수가 항상 바이트 경계선에서 시작한다고 보장할 수 없기 때문이다. 넷째, 배열을 비트 필드 변수로 쓸 수 없다. 예를 들어, unsigned int arr[5]: 20;이라고 하면 안 된다.

05 사용자 정의 자료형

```
typedef struct word wordType; ················ ❶
typedef int* ptrType; ························· ❷
ptrType p; ···································· ❸
```

```
typedef int* ptrType;
```

기존 타입명 새로운 타입명

그림 13-13 사용자 정의 자료형

C 언어는 사용자 편의를 제공하기 위해 기존 자료형을 다른 이름으로도 부를 수 있도록 허용한다. typedef(type define) 다음에 기존 타입명을 대고 이어 새로운 타입명을 대면 된다. ①은 struct word를 wordType이라는 타입명으로 정의하겠다는 것이다. 새로운 타입명을 지었다고 해서 기존 타입명을 사용하지 못하는 것은 아니다. 이처럼 정의하면 컴파일러는 이제 struct word와 wordType을 동의어로 간주한다. ②도 마찬가지다. 이후로는 int*와 ptrType이 동의어다. 따라서 ③은 int* p;와 동일한 선언이다.

int, double, char 등은 모두 컴파일러가 제공하는 기본 자료형이다. 반면, 예의 자료형은 typedef를 써서 프로그래머 개인이 정의한 자료형이라는 점에서 사용자 정의 자료형(User-defined Data Type)이라 부른다.

```
typedef unsigned int size_t; ················· ❶
typedef unsigned long long size_t; ··········· ❷
```

typedef unsigned int size_t; // size_t의 정체는 unsigned int

자료형의 크기를 나타낸다는 점에서 타입명을 size_t라고 하면 가독성이 좋아진다. 그러나 정작 표준 라이브러리가 size_t를 쓰는 이유는 호환성 때문이다. sizeof 연산자의 리턴 값이 바로 size_t 타입이다. 따라서 이 타입은 해당 컴퓨터가 표현할 수 있는 가장 큰 자료형의 바이트 크기를 나타낼 수 있어야 한다. 32비트 컴퓨터에서 가장 큰 자료형의 크기는 unsigned int로 나타낼 수 있다. 그러나 64비트 컴퓨터는 더 큰 자료형을 수용할 수 있기 때문에 unsigned long long을 써야 나타낼 수 있다. 따라서 32비트 컴퓨터에서 unsigned int를 써서 자료형의 크기를 나타냈을 경우, 해당 프로그램을 64비트 컴퓨터로 옮기려면 소스코드에 나타난 모든 unsigned int를 하나하나 찾아서 unsigned long long으로 바꾸어야 한다.

그러나 만약 소스코드에서 unsigned int 대신 size_t라는 타입명을 사용했다면 그런 수고를 덜 수 있다. ① 대신 ②로 한 줄만 바꾸면 된다. size_t의 정체가 unsigned int가 아니라 unsigned long long이라고 수정했기 때문이다. 이런 면에서 typedef는 호환성을 높이기 위한 수단이라고도 할 수 있다.

표준 라이브러리에서 정의한 타입은 _t로 끝난다.

타입명에도 유의할 점이 있다. 예의 size_t는 표준 라이브러리에 정의된 타입으로서 _t는 그것이 타입명임을 의미한다. 이처럼 표준 라이브러리에서 정의한 타입이 _t로 끝나기 때문에 프로그래머가 새로운 타입을 정의할 때는 다른 접미사를 붙이는 편이 안전하다. 타입명이 서로 충돌할 우려가 있기 때문이다. 이 책에서는 가급적 타입명에 Type이라는 접미사를 붙이기로 한다. 밑줄 문자를 쓰지 않는 이유는 변수명이나 함수명과 구분하기 위해서이며 모두 대문자로 쓰지 않은 이유는 매크로 상수와 구분하기 위해서다. 물론 타입명에 어떤 규칙을 적용할지는 프로그래머의 자유이지만 일관성은 유지하는 것이 좋다.

예제 13-13

```
#include <stdio.h>
void test( ){
   #define TRUE 1 ································ ❶
   typedef int* ptrType; ························ ❷
   int num = 10;
   ptrType p = &num;
   printf("%d\n",*p);
}
```

```
int main( ){
    //ptrType p; ································ ❸ 컴파일 오류
    test( );
    printf("%d\n", TRUE); ···················· ❹
    return 0;
}
```

```
10
1
```

typedef는 #define과 유사해 보이지만 세 가지 차이점이 있다. 첫째, #define과 달리 typedef는 전처리기가 아니라 컴파일러에 의해 처리된다. typedef 끝에 세미콜론이 붙는 이유는 이 때문이다. 둘째, #define이 일반적으로 문자열을 치환하는 데 사용되는 데 비해 typedef는 타입 정의에만 사용된다. 셋째, #define은 어디에서 정의하든 프로그램 전체에 적용되는 데 비해 typedef에는 영역이 있다. ①의 #define은 ④에도 적용된다. 그러나 ②의 typedef는 함수 내부에만 적용되기 때문에 ③은 컴파일 오류를 일으킨다.

```
struct point {
    int x; int y;
};
typedef struct point pointType; ············· ❶

typedef struct point { ······················ ❷
    int x; int y;
} pointType;

typedef struct { ···························· ❸
    int x; int y;
} pointType;
```

구조체 타입을 정의하는 방법은 여러 가지다. ①처럼 일단 구조체 타입을 정의한 후에 typedef에 의해 정의할 수도 있다. 줄여서 ②처럼 한 번에 정의할 수도 있다. 그러나 두 경우 모두 point, pointType이라는 두 개의 명칭을 생각해내야 하는 부담이 따른다. 따라서 ③처럼 struct 다음에는 명칭을 생략하고 마지막에 하나의 타입 명칭만 대는 것이 편할 때가 많다.

```
typedef char rating; ························ ❶
//typedef int rating; ······················· ❷
```

```
typedef struct {
    char name[ ];
    rating score; ................................ ❸
} itemType;

typedef struct {
    int x;
    int y;
    // int z; ..................................... ❹
} pointType;
```

자료형을 추상적으로 정의함으로써 얻게 되는 이점도 많다. int, char라는 기본 자료형보다 pointType이라고 함으로써 추상적인 수준에서 프로그램이 가능해진다. 이는 범용 프로그래밍(Generic Programming)과도 연관되어 있다. 예를 들어 ①처럼 정의하면 ③의 rating은 실제로는 char 타입이다. 이는 성적 등급을 알파벳으로 나타내려는 의도다. 이 정의에 의해 프로그램 도처에 rating을 사용했다고 가정해 보자. 그 경우 만약 rating을 알파벳이 아닌 숫자로 바꾸려면 ①만 ②로 바꾸면 rating이 들어간 모든 소스코드가 바뀐다. pointType도 마찬가지다. 2차원 점의 타입을 일단 pointType으로 선언하고, 나중에 2차원이 3차원으로 바뀔 경우 ④처럼 z 값만 추가하면 된다. 타입명을 추상적으로 정의하고 그것이 구체적으로 어떤 기본 자료형인가는 필요에 따라 바꿀 수 있다는 것은 대단한 융통성이자 범용성이다.

추상화로 인한 득이 있으면 실도 있다. 표준 라이브러리 함수는 물론, 타인이 작성한 함수를 이해하려 들 때 가장 큰 장애가 되는 것이 사용자 정의 자료형이다. 타입명만 보고는 그것이 구체적으로 어떤 타입인지 짐작하기 어려울 때가 많기 때문이다. 따라서 잘 모르는 타입명이 나오면 일단 그것이 typedef에 의해 정의된 것으로 간주해야 한다. 물론 그것이 구체적으로 어떤 타입인지를 확인하려면 include가 포함한 헤더 파일을 찾아보아야만 한다.

컴퓨터 그래픽에서 화면 화소의 색은 red, gree, blue의 조합으로 나타낸다. 각각에 8비트씩을 할애하면 표현 가능한 색의 수는 $2^8 \times 2^8 \times 2^8 = 2^{24}$ 가지가 된다. 그 경우 예를 들어 yellow의 r, g, b 값은 255, 255, 0으로 표현된다.

예제 13-14

```
#include <stdio.h>
typedef struct { ·································· ❶
   char color;
   unsigned red: 8;
   unsigned green: 8;
   unsigned blue: 8;
} rgbType;

rgbType lookup(char ch){
   int i;
   static rgbType lookup_table[ ] = { ········ ❷
      {'r', 255, 0, 0},{ 'g', 0, 255, 0 }, {'b', 0, 0, 255},
      {'y', 255, 255, 0}, {'p', 255, 0, 255}, {'c', 0, 255, 255} };

   for (i = 0; i < 6; i++){
      if (lookup_table[i].color == ch)
         return lookup_table[i]; ··············· ❸ // rgbType 구조체를 리턴
   }
   printf("No such color in lookup_table.\n");
   exit(1);
}

int main( ){
   rgbType rgb; char ch;
   while (1){
      printf("Enter the color to search. Enter 'q' to exit.\n");
      printf("r(ed),g(reen),b(lue),y(ellow),p(urple),c(yan).\n");
      scanf("%c", &ch);
      if (ch == 'q')
         break;
      else
         rgb = lookup(ch);
      printf("red: %d, green: %d, blue: %d\n\n", rgb.red, rgb.green, rgb.blue);
      while ((ch = getchar( )) != '\n');      // 엔터키를 읽어치움
   }
   return 0;
}
```

```
Enter the color to search. Enter 'q' to exit.
r(ed),g(reen),b(lue),y(ellow),p(urple),c(yan).
c
red: 0, green: 255, blue: 255
```

r, g, b, y, p, c 중 하나를 입력하면 그 컬러의 red, green, blue 값을 출력하는 프로그램이다. ①에서 구조체 타입을 정의하고 있다. 첫 멤버가 컬러 명을 나타낸다. 이후 멤버는 r, g, b 값을 나타내는 것으로서 이처럼 비트 필드로 정의하면 메모리를 절약할 수 있다.

'r'	255	0	0
'g'	0	255	0
'b'	0	0	255
'y'	255	255	0
'p'	255	0	255
'c'	0	255	255

그림 13-14 컬러 Look-up 테이블

프로그램을 작성하다 보면 필요한 정보를 그림처럼 일목요연하게 표(Table)로 만들어두고 필요할 때 검색해서 찾아야 할 때가 많다. 이러한 표를 검색표(LUT: Look-up Table)라 부른다. ②의 lookup_table이 그러한 예로서, 구조체 배열을 써서 검색표를 구현하고 있다. 특히 예에서는 이 변수를 static으로 놓고 있다. ③에서 main에 구조체를 돌려주고 있으므로 사실상 이 변수를 정적 변수로 선언할 필요가 없다. 그럼에도 불구하고 이를 정적 변수로 선언한 데에는 이유가 있다. 그렇게 하지 않으면 main이 lookup 함수를 호출할 때마다 매번 이 변수를 다시 초기화해야 하기 때문이다. 특히 검색표의 크기가 커지면 이는 시간적으로 부담이 된다. 정적 변수로 선언하면 처음 호출되는 순간 단 한 번만 초기화되므로 그러한 부담을 덜 수 있다.

```
enum weekday {
   Sunday, Monday, Tuesday, Wednesday, Thursday, Friday, Saturday
}; ································································· ❶
enum weekday today = Tuesday; ······································ ❷
```

열거한 상수 중 하나를 값으로 취할 수 있는 자료형이 열거체다.

열거체(Enumerated Data Type)도 사용자 정의 자료형이다. 이는 열거한 값 중 하나를 선택할 수 있는 데이터 타입으로서, ①처럼 enum weekday 타입을 정의하면 ②에서 보듯 이 타입의 변수 today에는 Sunday부터 Saturday 중 하나를 대입할 수 있다. 이는 구조체와도 유사한 모습이지만 열거된 것이 변수가 아니라 상수라는 점에 유의해야 한다. 또, 하나의 상수만 선택할 수 있다는 점에도 유의해야 한다. 열거체를 사용하면 열거된 상수 이외의 값은 받아들이지 않기 때문에 오류를 예방할 수 있다. 컴파일러에 따라서는 열거되지 않았던 값을 열거체 변수에 대입하려 시도할 경우 오류 메시지를 내보내기 때문이다.

컴파일러는 열거 상수를 정수로 취급한다. 디폴트로 ①에서 Sunday에는 0, Monday에는 1, Tuesday에는 2가 할당된다. 그러나 만약 Sunday = 1이라고 초기화하면 Monday는 2, Tuesday는 3이 할당된다. 컴파일러는 첫 상수부터 시작하여 1씩 더해가며 정수 값을 부여한다. 따라서 ② 대신 enum weekday today = 2;라고 해도 완전히 동일한 의미다. 그러나 열거체를 사용하는 이유는 기본적으로 프로그램의 가독성을 높이기 위해서다. today = 2;라고 쓸 바에야 아예 열거체를 사용하지 않는 편이 낫다.

예제 13-15

```
#include <stdio.h>

enum menu{ ······························································ ❶
   insert = 1, delete, update;
};

typedef enum menu menuType; ············································· ❷

int main( ){
   menuType selection;

   printf("Enter 1 to insert, 2 to delete, 3 to update.\n"); ····· ❸
   scanf("%d", &selection);

   if (selection == insert) ·············································· ❹
      printf("Run insert callback function.\n");
   else if (selection == delete)
```

```
        printf("Run delete callback function.\n");
    else if (selection == update)
        printf("Run update callback function.\n");
    return 0;
}
```

```
Enter 1 to insert, 2 to delete, 3 to update.
3
Run update callback function.
```

선택한 메뉴에 따라 필요한 함수를 호출하는 프로그램이다. ②에서 enum menu를 menuType으로 정의하고 있다. 또, ①에서 insert를 1로 놓음으로써 나머지 메뉴가 ③에서 입력한 숫자에 부합하도록 만든 결과 ④처럼 가독성 좋은 코드를 작성할 수 있다. 가독성은 내 프로그램을 읽고 이해하려는 타인을 위한 것이기도 하지만 프로그래머 자신을 위한 것이기도 하다. ④ 대신 if (selection == 1)이라고 써 놓으면 자신도 그것이 무엇을 의미하는지 기억나지 않을 때가 있기 때문이다.

예제 13-16

```
#include <stdio.h>

typedef enum{ ··················································· ❶
    false, true
} boolean;

typedef enum{ ··················································· ❷
    Sunday, Monday, Tuesday, Wednesday, Thursday, Friday, Saturday
} weekday;

weekday next_day(weekday today){ ································ ❸
    weekday next;
    next = (weekday)(((int)today + 1) % 7); ···················· ❹
    return next;
}
```

```
boolean is_weekend(weekday today){ ·································❺
    if (today == Saturday || today == Sunday)
        return true;
    else
        return false;
}

int main( ){
    weekday today, tomorrow;

    printf("Enter Number corresponding to today.\n");
    printf("0:Sun, 1:Mon, 2:Tue, 3:Wed, 4:Thu, 5:Fri, 6:Sat.\n");
    scanf("%d", &today);

    tomorrow = next_day(today);
    if (is_weekend(tomorrow) == true)
        printf("Tomorrow is weekend.\n");
    else
        printf("Tomorrow is not weekend.\n");
    return 0;
}
```

```
Enter Number corresponding to today.
0:Sun, 1:Mon, 2:Tue, 3:Wed, 4:Thu, 5:Fri, 6:Sat.
5
Tomorrow is weekend.
```

새로운 타입을 정의한 이상 그 타입명은 어디든 쓸 수 있다. ①에서 boolean 타입을 정의한 후 ⑤ 함수의 리턴 타입으로 쓰고 있다. ②에서 weekday을 정의한 후 ③ 함수의 리턴 타입과 매개변수 타입에도 쓰고 있다. 나아가 ④처럼 형 변환을 가할 때 쓸 수도 있다.

```
union share { ·············❶
    int i[2];
    float f[2];
    double d[4];
};
```

```
union share data; ········· ❷
(data.i)[0] = 1; ··········· ❸
```

공용체(Union Data Type)도 사용자 정의 자료형으로서 구조체와 유사한 점이 많다. ①에서 보듯, 공용체도 구조체처럼 다양한 타입의 멤버 변수로 구성할 수 있다. 여기서는 union share가 공용체의 타입명이다. 따라서 해당 타입의 변수 data를 선언하려면 ②처럼 해야 한다. 구조체와 마찬가지로 공용체도 멤버 변수에 접근할 때는 ③처럼 도트 연산자를 쓴다. 또, 구조체를 가리키는 포인터로 접근할 때는 화살표 기호를 쓸 수 있다.

공용체는 동일한 메모리 공간을 공유한다.

그러나 공용체가 구조체와 다른 점은 멤버 변수끼리 메모리 공간을 공유한다는 점이다. 따라서 &(data.i), &(data.f), &(data.d)를 찍으면 모두 동일한 주소를 찍는다. 서로 다른 변수가 공간을 공유하려면 공간의 크기는 가장 큰 변수의 크기여야 한다. 예의 경우 double 배열이 가장 큰 변수이므로 double이 8바이트인 시스템이라면 공용체 크기는 d배열의 크기인 32바이트여야 한다.

```
enum dataType {
    INTS, FLOATS, DOUBLES
};

struct storage {
    enum dataType type; ························· ❶
    union share {
        int i[2];
        float f[2];
        double d[4];
    } shared; ···································· ❷
};

void do_something(struct storage* s){
    switch (s->type){ ··························· ❸
    case INTS:                          // 현재 정수 배열이 저장되어 있으면
        printf("%d",(s->shared.i)[0]);  // 배열 첫 요소를 정수형으로 출력
```

```
        break;
    case FLOATS:
        printf("%f",(s->shared.f)[0]);
        break;
    case DOUBLES:
        printf("%lf",(s->shared.d)[0]);
        break;
    }
}
```

공용체는 서로 다른 자료형의 변수를 한 장소에 두어 공간을 공유할 목적으로 사용된다. 공간 공유로 인해 필요한 메모리는 줄어들지만 어느 순간에 유효한 멤버 변수는 단 하나다. 따라서 현재 공용체에 어떤 멤버 변수가 들어 있는지를 항상 추적할 필요가 있다. ①의 type 변수는 현재 ②의 공용체 변수 shared에 있는 값이 i[ ], f[ ], d[ ] 중 무엇인지를 추적하기 위한 것이다. ③에서 현재 type 변수에 저장된 값이 무엇이냐에 따라 타입별로 데이터를 처리하고 있다. 대개 공용체는 시스템 라이브러리에서나 볼 수 있을 뿐, 일반 프로그래머가 공용체를 사용해야 할 일은 거의 없다.

과제

01

```
typedef struct {
    int addition; int subtraction; int multiplication;
} calcType;
```

main에서 아래 함수를 호출한 후에 리턴되는 구조체 변수를 받아서 각 멤버 변수의 값을 출력해 보라. 단, addition에는 a + b, subtraction에는 a - b, multiplication에는 a * c를 저장해야 한다.

```
calcType calc_all(int a, int b);
```

02 구조체 b를 구조체 a로 복사하여 출력하기 위한 프로그램을 완성하라. 단, copy_structure 함수는 반드시 깊은 복사를 해야 한다.

```
#include <stdio.h>
#include <stdlib.h>
#include <string.h>
typedef struct {
    char *name;
    int age;
} personType;

void copy_structure(personType *to, const personType *from);
void print_structure(const personType *p);
int main( ){
    personType a , b = { "Park", 19 };
    print_structure(&b);
    copy_structure(&a, &b);
    print_structure(&a);
    return 0;
}
```

03 스택 프레임 자체도 하나의 커다란 구조체 변수다. 스택 프레임의 구성 요소를 중심으로 이 변수의 타입을 추상적으로 정의하라. 단, 지역변수나 매개변수는 각각 하나이며 모든 요소의 타입은 int라고 가정한다.

```
typedef struct {
    ...
} stackFrame;
```

04 컴퓨터 그래픽스에서 2차원 점의 좌표는 화소의 x, y 좌표로 표시할 수 있다. 따라서 점을 표시하기 위한 데이터 타입을 다음과 같이 선언할 수 있다.

```
typedef struct {
    int x; int y;
} pointType;
```

그런데 선은 시작점(start point)과 끝점(end point)의 좌표, 색상(color), 두께(width), 선 종류(kind) 등의 정보로 나타낼 수 있다. 시작점과 끝점의 위치는 pointType의 변수로 나타낼 수 있다. 색상은 R, G, B 값(각각 8비트라면 0부터 255까지)을 저장한 배열 변수로 나타낼 수 있다. 두께는 0부터 10까지의 정수 변수로 나타낼 수 있다. 선 종류가 실선(solid)인지 점선(dotted)인지는 나열형 변수로 나타낼 수 있다. 이 방법을 써서 선 구조체의 타입을 선언하라.

```
typedef struct {
    ...
} lineType;
```

05 다음 프로그램을 완성하여 저자명을 입력하면 그 저자의 책에 관한 모든 정보를 출력하는 프로그램을 작성하라. 단, 저자는 한 번만 나타난다고 가정하라.

```
#include <stdio.h>
#include <string.h>
#include <stdlib.h>
typedef struct {
```

```
    char* title;          // 제목
    char* author;         // 저자
    struct {
        int year;         // 발간 연도
        int month;        // 발간 월
    } date;
} bookType;

bookType* look_up(char* author, bookType* shelf, int size){
    // 0부터 size보다 작을 때까지 루프를 돌면서
    // shelf[i] 구조체의 저자가 인자로 전달된 저자와 같으면 그 구조체를 리턴
    // 찾는 저자가 없으면 널을 리턴
}

int main( ){
    char name[20];
    bookType* srch;
    bookType shelf[3] = { { "번역의 탄생", "이희재",{ 2009, 2 } }, { "나의 문
    화유산 답사기", "유홍준",{ 2014, 2 } } , { "논증 글쓰기", "주우석",{ 2017,
    10 } } };
    printf("저자 이름을 입력하세요.\n");
    gets(name);
    srch = ____________________;        // loop_up 함수의 리턴 값을 대입
    if (____________________)           // srch가 널이 아니면
        printf(____________________);   // 제목, 저자, 발행연월을 찍음
    return 0;
}
```

06 다음과 같이 선언하고 p가 가리키는 구조체에 name, price, seasonal_sales 값을 입력받은 후에 계절별 판매량을 모두 더하고 거기에 가격을 곱해 연간 판매액을 출력하라.

```
typedef struct {
    char* name;                        // 아이템 명
    int price;                         // 단가
} infoType;

typedef struct {
    infoType item;                     // 아이템 정보
    int seasonal_sales[4];             // 계절별 판매량
} itemType;

itemType* p;
```

```
> Enter item name.
> grapefruit(Enter)
> Enter unit price.
> 400(Enter)
> Enter seasonal sales.
> 290 120 130 310(Enter)
> Yearly income of grapefruit is 340000.
```

07 다음 프로그램을 완성하여 입력받은 관광지 정보 세 개를 모두 출력하라. 여기서 개별 관광지 정보는 구조체이며 프로그램은 그 구조체를 가리키는 포인터 배열(array of pointers to structures)을 활용하고 있다. 프로그램을 실행하여 관광지 정보 세 개를 입력받은 후 모든 관광지 정보를 출력하라.

```
#include <stdio.h>
#include <stdlib.h>
#include <string.h>
```

```
typedef struct {
   char *name;        // 관광지 이름
   char rating;       // 등급: 'A', 'B', 'C'로 평가
} siteType;

int main( ){
   int i; char temp[100];
   ____________________ sites[3];    // 구조체를 가리키는 포인터 배열
   for (i = 0; i < 3; i++){
      sites[i] = ________________________________;
      // 포인터를 쓰려면 항상 가리키는 대상을 저장할 공간을 먼저 만들어야 함
      if (____________________)       // 널 테스트
         ____________________;        // exit로 빠져나감
      printf("Enter name of tour site.\n");
      gets(temp);
      sites[i]->name = (________________________________;
      // 포인터를 쓰려면 항상 가리키는 대상을 저장할 공간을 먼저 만들어야 함
      if (____________________)                     // 널 테스트
         ____________________;
      ____________________________;                 // 문자열 복사
      printf("Enter rating of the tour site.\n");
      ____________________________________;         // 문자 복사
      while (____________________);                 // 입력 버퍼 클리어
   }
   for (i = 0; i < 3; i++)
      printf("%s %c\n", sites[i]->name, sites[i]->rating);
   return 0;
}
```

08 다음 프로그램을 완성하여 영한사전을 만들어 보라. 단, 입력된 단어가 현재 사전에 있으면 그 뜻을 디스플레이하고 그렇지 않으면 그 단어를 사전에 추가해야 한다. 프로그램은 "quit"를 입력할 때까지 계속 실행해야 한다.

```
#include <stdio.h>
#include <string.h>
#include <stdlib.h>
typedef struct {                        // 단어 구조체
    char word[20];                      // 단어 명
    char meaning[100];                  // 단어 뜻
} wordType;

typedef struct {                        // 사전 구조체
    wordType dict[5000];                // 5000 개의 단어 구조체로 이루어진 배열
    int count;                          // 현재 단어 수
} dictType;

//d가 가리키는 사전에서 w가 가리키는 단어를 찾아 meaning을 리턴
char *search(char* w, dictType *d){
    int i;
    for (____________________){         // i가 0부터 count보다 작을 때까지
        if (____________________)       // 문자열 비교
            ____________________;       // 같으면 meaning을 리턴
    }
    ____________________;               // 못 찾으면 널을 리턴
}

// d가 가리키는 사전에, w가 가리키는 단어 명과 m이 가리키는 단어 뜻을 삽입
void insert(char* w, char* m, dictType *d){
    ____________________;               // 인덱스 count 위치에 단어 명 삽입
    ____________________;               // 단어 뜻 삽입
```

```
    ____________________;          // 현재 단어 수 증가
}

int main( ){
    char word[20], *there;           // 단어의 최대 길이는 20바이트
    char meaning[100];               // 단어 뜻은 최대 100바이트
    dictType mydict;

    ____________________;  // mydict 구조체 멤버 변수 count를 0으로 초기화
    while (1){
        printf("Enter a word to search.\n");
        gets(word);
        if (strcmp(word, "quit") == 0)
            break;
        there = search(word, &mydict);
        if (there != NULL)           // 단어를 찾았으면
            puts(there);             // 찾은 단어의 뜻을 디스플레이
        else {
            puts("No such word in current dictionary. Enter the meaning.");
            gets(meaning);
            ____________________;    // 새로운 단어 삽입
        }
    }
    return 0;
}
```

```
> Enter a word to search.
> confess(Enter)
> No such word in current dictionary. Enter the meaning.
> 자백하다. 고백하다. 시인하다.(Enter)
> Enter a word to search.
```

```
> confess(Enter)
> 자백하다. 고백하다. 시인하다.(Enter)
> Enter a word to search.
> quit
```

09 time.h 파일에는 시간 관련 함수가 선언되어 있다. time_t 타입은 경과 시간을 초 단위로 표현하기 위해 정의된 int 타입이다. time 함수는 1970년 1월 1일 00:00:00 이후 지금까지 경과한 시간을 초 단위로 리턴한다. 따라서 ①에 의해 그 값이 now에 저장된다. 이제 now를 가리키는 포인터를 ②의 인자로 넘기면 ctime 함수는 현 시점의 요일, 월, 일, 시간, 연도 등을 리턴한다.

```
#include <stdio.h>
#include <time.h>
int main( ){
    time_t now; char* str;

    now = time(NULL); ············································ ❶
    str = ctime(&now); ············································ ❷
    printf("Current time is : %s.\n", str);
    return 0;
}

time_t time(time_t* ptr);
char* ctime(const time_t* ptr);
```

time.h에는 시간 관련 정보를 정의한 구조체인 struct tm 타입도 포함되어 있다. 멤버 변수인 tm_sec는 분이 바뀐 이후 경과한 초(0 - 59)를, tm_min은 시가 바뀐 이후 경과한 분(0 - 59)을, tm_hour는 자정 이후 경과한 시간(0 – 23)을, tm_mday는 며칠인지(1 – 31)를, tm_mon은 1월 이후 경과한 월(0 – 11)을, tm_year는 1900년 이후 경과한 햇수를, tm_wday은 일요일 이후 경과한 일(0 - 6)을, tm_yday는 1월 1일 이후 경과한 일수(0 – 365)를, tm_isdst는 써머 타임 적용 여부를 나타낸다.

```
struct tm {
    int tm_sec; int tm_min; int tm_hour; int tm_mday; int tm_mon;
    int tm_year; int tm_wday; int tm_yday; int tm_isdst;
};

struct tm* localtime(const time_t* ptr);
time_t mktime(struct tm* ptr);
```

time(NULL)에 의해 리턴 받은 값(70년 이후 현재까지 경과한 초)으로 구조체를 채우려면 예의 localtime 함수를 호출하면 된다. 역으로, 구조체를 넘기면서 현재까지 경과한 초를 계산하려면 mktime 함수를 호출하면 된다. 디지털 시계를 시뮬레이션하기 위한 다음 프로그램을 완성하라.

```
#include <stdio.h>
#include <time.h>
#include <windows.h>
int main( ){
    struct tm* struct_ptr;
    while (1){
        system("CLS");              // 화면 클리어
        time_t now = _________; // now에 70년 이후 현재까지 경과한 초를 대입
        struct_ptr = _________; // now를 가지고 시간 구조체를 채움
        printf("%02d:%02d:%02d_________);
            // 구조체 멤버 변수를 써서 HH:MM:SS 형식으로 시간, 분, 초를 찍음.
        Sleep(1000);  // 너무 빠른 업데이트를 방지. 1000ms를 대기. S는 대문자.
    }
    return 0;
}
```

10 현재 시간을 출력한 후 몇 년 몇 개월의 시간을 되돌리고 싶은지를 입력받아 새로운 시간을 출력하라.

힌트 일단 현재 시간을 출력한다. 이후 time 함수의 리턴 값을 인자로 해서 localtime 함수를 호출하고 그 리턴 값으로 struct tm 타입의 시간 구조체를 채울 수 있다. 이 구조체의 tm_year와 tm_month 값을 조정한 후에 mktime 함수를 호출하여 초 단위로 바꾸면 다시 ctime 함수를 써서 새로운 시간을 출력할 수 있다.

```
> Current time is: Thu Aug 9 21:20:47 2018
> Enter number of years and months you want to get back.
> 10 14(Enter)
> Now your time is: Sat Jun 9 21:20:47 2007
```

Chapter 14
파일 입출력

01 파일 구조체와 입출력 함수

과제

지금까지의 프로그램은 키보드 입력에 의해 화면에 출력하는 방식이었다. 이른바 표준 입출력 장치에 의한 입출력이다. 그러나 경우에 따라서는 보조 기억 장치에 저장된 외부 파일로부터 입력을 읽어와야 할 때도 있다. 또, 프로그램 실행 결과를 외부 파일로 출력해야 할 때도 있다. C 언어는 외부 파일을 하나의 구조체로 바라보고 프로그램을 작성할 수 있는 편의성을 제공한다.

01 파일 구조체와 입출력 함수

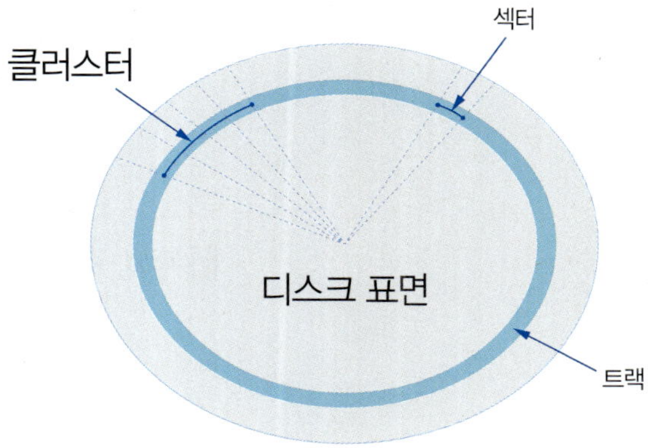

그림 14-1 섹터, 클러스터, 트랙

하드 디스크는 마치 LP 레코드판처럼 여러 겹의 트랙(Track)으로 나뉘어 있다. 개별 트랙은 섹터(Sector) 단위로 나뉜다. 섹터는 디스크에서 접근할 수 있는 가장 작은 단위로, 대개 512 바이트로 구성된다. 여러 섹터가 모여 하나의 클러스터(Cluster) 또는 블록(Block)을 이룬다. 대개 1~8개 섹터가 모여 하나의 클러스터를 이룬다. 파일은 클러스터 단위로 할당된다. 따라서 1바이트를 파일에 저장할 때도 하나의 클러스터가 있어야 한다. 윈도우즈 운영체제에서 파일명, 파일 크기, 디렉터리 정보, 클러스터의 위치 등은 FAT(File Allocation Table)나 NTFS(New Technology File System)에 의해 관리된다.

그러나 프로그래머가 이러한 물리적 장치까지를 직접 제어하기에는 부담이 너무 크다. 물리적 파일(Physical Files)과 논리적 파일(Logical Files)을 구분하는 이유는 이 때문이다. 물리적 파일이란 보조 기억 장치에 존재하는 파일로서 운영체제에 의해 관리된다. 즉, 파일을 실제로 어느 트랙, 어느 클러스터, 어느 섹터에 저장할 것인지 등은 운영체제의 기능 중 하나인 파일 관리 시스템(File Management System)에 의해 관리된다.

운영체제가 물리적 파일을 관리해 주기 때문에 프로그래머는 파일을 하나의 논리적 단위로 바라보고 프로그램을 짤 수 있다. 즉, 파일을 메인 메모리에 존재하는 하나의 구조체 변수로 바라보고 구조체 내용을 변경함으로써 파일 내용을 변경할 수 있다. 이 경우 논리적 파일과 물리적 파일을 연결하는 것은 운영체제의 책임이다. 다시 말해, 변경된 구조체를 파일에 쓰거나 역으로 파일을 구조체로 읽어들이는 것은 운영체제의 책임이다.

파일을 하나의 구조체 변수로 바라본다는 개념을 컴퓨터 구조와 연관시켜 설명할 수도 있다. 하드 드라이브든 키보드이든 모든 입출력 장치는 장치 컨트롤러(Device Controller, I/O Adapter, I/O Card)를 통해 CPU와 교신한다. 또, 컨트롤러에는 명령어 레지스터, 상태 레지스터, 데이터 레지스터라는 세 종류의 레지스터가 내장되어 있다. 명령어 레지스터에는 어떤 작업을 가할 것인지를 알리는 명령어가 저장되어 있다. 상태 레지스터에는 입출력이 가능한지 입출력 중 오류가 일어나지 않았는지 등의 입출력과 관계된 정보가 저장되어 있다. 데이터 레지스터에는 입력이나 출력을 하고자 하는 데이터가 저장되어 있다. 즉, 물리적 입출력과 관련된 모든 정보가 컨트롤 레지스터에 저장된다.

프로그램이 장치 컨트롤러와 교신하는 방식에는 두 가지가 있다. 첫째가 Programmed I/O다. 이는 입출력 장치별로 특수한 명령어를 써서 교신하는 방식이다. 예를 들어, LoadByte R4, KBD_STATUS라는 명령을 써서 키보드의 상태 레지스터에 있는 내용을 CPU의 R4 레지스터로 가져오게 할 수 있다. 즉, 이 방식에서는 프로그래머가 명령어를 써서 해당 장치 컨트롤러의 레지스터를 직접 조작하는 방식으로 교신한다.

Memory Mapped I/O는 장치 컨트롤러를 메인 메모리로 사상시킨다.

반면, Memory Mapped I/O는 문자 그대로 장치 컨트롤러를 메모리로 사상(Mapping)시키는 방식이다. 그 결과, 입출력 장치별로 일정한 메인 메모리 주소를 할당한 뒤 프로그램이 그 주소에 접근하여 읽거나 쓰면 해당 장치 컨트롤러의 레지스터를 건드린 것과 똑같은 효과를 낸다. 비유적으로 말해, 프로그램은 자신의 말을 잘 알아듣는 파견 대원(메모리로 사상된 부분)과만 대화하고 그 파견 대원이 본부(컨트롤러 레지스터)와 연락하는 방식이다.

이 방식의 가장 큰 장점은 Programmed I/O처럼 장치별로 특수한 명령문을 쓸 필요가 없다는 것이다. 즉, 일반적인 변수를 다루는 것과 완전히 동일한 방식으로 컨트롤러 레지스터를 다룰 수 있다. C 언어를 사용하여 해당 메모리 주소에 읽거나 쓰면 그 결과가 곧바로 장치 컨트롤러에 반영된다. C 언어만을 가지고도 입출력 장치를 구동하는 드라이버 소프트웨어(Driver Software)를 짤 수 있는 이유는 이 때문이다. 프로그래머 입장에서 볼 때 이는 물리적 파일 자체가 하나의 구조체 형태로 메인 메모리에 저장된 것으로 간주하고 프로그램을 할 수 있음을 의미한다.

```
FILE* fp = fopen("C:/data.txt", "wt");
```

물리적 파일을 논리적 파일로 바라본 것이 FILE 구조체다.

C 언어에서 파일을 열려면 예처럼 fopen(file open) 함수를 불러야 한다. 여기서 FILE은 논리적 파일을 정의한 구조체다. 우변의 data.txt가 물리적 파일명이고 좌변의 fp는 구조체를 가리키는 포인터 변수다. data.txt라는 물리적 파일을 논리적으로 하나의 구조체 변수로 바라보고 그 구조체를 가리키는 포인터 fp를 통해 파일에 접근하겠다는 것이다.

fopen 함수를 호출하면 프로그램과 입출력 장치 사이에 이른바 스트림(Stream)이라고 불리는 연결 통로가 만들어진다. 또, 스트림에 관한 모든 정보가 FILE 구조체에 저장된다. 운영체제가 물리적 파일을 열어 그것을 FILE 구조체로 사상시키고 나서 그 구조체를 가리키는 포인터를 리턴하기 때문이다. 이 포인터가 예의 좌변 fp에 대입된다. 결과적으로, 이후의 모든 입출력 함수는 fp가 가리키는 구조체를 통해 물리적 파일에 접근할 수 있게 된다.

stream information

```
typedef struct {
    short level;                // fill/empty level of buffer
    unsigned flags;             // file status flags
    char fd;                    // file descriptor
    unsigned char hold;         // ungetc char if no buffer
    short bsize;                // buffer size
    unsigned char *buffer;      // data transfer buffer
    unsigned char *curp;        // current active pointer
    unsigned istemp;            // temporary file indicator
    short token;                // used for validity checking
} FILE;
```

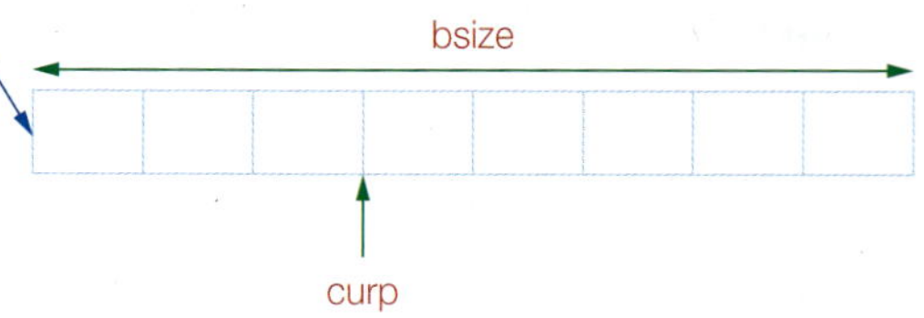

그림 14-2 FILE 구조체의 타입 정의

스트림의 정체는 FILE 구조체다.

stdio.h는 FILE 구조체 타입을 그림처럼 정의하고 있다. 멤버 변수 중 buffer는 스트림이 사용하는 입출력 버퍼 메모리를 가리키는 포인터를 말한다. fopen으로 파일을 열면 bsize만큼의 버퍼 공간이 만들어지고 그 공간의 시작 주소가 buffer로 들어간다. curp(current active pointer)는 입출력 버퍼에서 다음에 읽거나 써야 할 문자의 위치를 가리키는 포인터를 말한다. 예를 들어 getchar 함수에 의해 현재 curp가 가리키는 문자를 읽고 나면 curp는 그 다음 문자를 가리키게 된다. 프로그래머로서는 이 구조체의 모든 멤버 변수가 상황에 따라 어떻게 바뀌는지 구체적으로 알 필요가 없다. 단지 fopen 함수로 파일을 열고 원하는 입출력 함수를 호출하면 된다.

표준 입출력 스트림은 프로그램을 시작하면 '자동으로' 열리는 스트림을 말한다. 키보드와 연결된 스트림을 stdin(standard input), 화면과 연결된 스트림을 stdout(standard output)이라고 부른다. 화면과 연결되어 있지만 오류 메시지만 출력하기 위한 별도의 스트림을 stderr(standare error)이라고 부른다. 그 외에도 프린터 출력을 위한 stdprn(Standard Printer), 보조 입출력 단자와 연결된 stdaux(Standard Auxilary) 등의 표준 입출력 스트림이 있다. 그러나 표준 입출력 스트림과 달리 일반 입출력 스트림(예를 들어, 하드 드라이브에 있는 외부 파일과 연결하기 위한 스트림)은 자동으로 열리지 않기 때문에 스트림을 형성하려면 반드시 예처럼 fopen 함수를 호출해야 한다.

C 언어는 키보드 입력과 파일 입력을 구분하지 않는다.

C 언어는 표준 입출력 장치로부터의 입출력과 하드 디스크에 있는 외부 파일로부터의 입출력을 완전히 동일한 방식으로 취급한다. 모든 것을 논리적 구조체로 바라보기 때문이다. 키보드 입력도 외부 파일 입력으로 취급하여 키보드 입력에도 외부 파일 입력과 마찬가지로 구조체를 할당한다. 그 구조체를 가리키는 포인터가 바로 stdin이다. 같은 맥락에서, stdout이나 stderr도 화면이라는 파일 구조체를 가리키는 포인터다. 외부 파일로 말하자면 이는 fopen 함수가 리턴한 구조체 포인터인 fp에 해당하는 셈이다.

스트림은 버퍼링에 의해 작동된다. 입력 스트림이 버퍼링에 의해 작동된다는 것은 입력이 들어올 때마다 하나하나 그 즉시 프로그램에 전달되는 것이 아님을 의미한다. 운영체제는 자신이 정한 방식에 따라 버퍼에 쌓인 내용을 한꺼번에 프로그램으로 전달한다. 출력 스트림도 마찬가지로 버퍼링에 의해 한꺼번에 전달된다. 이에 대한 예외가 stderr 스트림이다. 이는 프로그램 실행 도중에 발생한 오류 메시지를 출력하기 위한 스트림이기 때문에 버퍼링을 사용하지 않고 그 즉시 메시지를 내보낸다.

```
FILE* fopen(const char* name, const char* mode)
FILE* fp = fopen("C:/data.txt", "wt");

mode: "wt", "wb", "rt", "rb", "at", "ab"
```

fopen 함수의 원형은 위와 같다. 첫 번째 인자는 열려는 파일명이다. 열려는 파일이 소스코드와 같은 폴더에 있으면 "data.txt"처럼 파일명만 쓰면 된다. "C:/data.txt"처럼 경로를 명시해도 된다. 그러나 운영체제에 따라서는 관리자 권한이 아니면 C: 드라이브에 쓰기 권한을 부여하지 않기 때문에 문제를 일으킬 수도 있다. 경로 표시에 슬래시(Forward Slash)를 쓰려면 "C:/data.txt"처럼 한 번만 써도 되지만 백 슬래시(Back Slash)는 "C:\\data.txt"처럼 두 번 써야 한다. 백 슬래시 같은 특수 문자 자체를 나타내려면 두 번 써야 하기 때문이다.

fopen의 두 번째 인자는 파일 사용 모드(Mode)를 나타내는 것으로서 이 정보는 FILE 구조체 내부의 flags라는 멤버 변수로 들어간다. "wt"(write text)는 텍스트 파일 형태로 쓰겠다는 것이다. 여기서 텍스트 파일이란 메모장 형식의 파일을 말한다. 다양한 모드가 존재한다. 텍스트 파일이 디폴트이기 때문에 "r", "w"라고만 쓰면 이는 "rt", "wt"를 의미한다. "rb"(read binary)는 2진 파일을 읽겠다는 것이다. "at"(append text)는 열어놓은 텍스트 파일 끝에 새로운 텍스트를 추가하겠다는 것이다.

"r" 모드에서 읽고자 하는 파일이 존재하지 않으면 fopen 함수는 NULL 포인터를 돌려준다. 읽을 권한이 없는 파일을 읽고자 할 때에도 NULL 포인터를 돌려준다. 그러나 "w", "a" 모드에서는 쓰고자 하는 파일이 존재하지 않으면 자동으로 새로운 파일을 만들고 파일 구조체를 가리키는 포인터를 돌려준다. 그러나 "w"와 "a" 모드 사이에도 차이점이 있다. 쓰고자 하는 파일이 이미 존재하면 "w" 모드에서는 기존 내용을 모두 지우고 위치 포인터를 파일 처음으로 가져다 놓는다. 그러나 "a" 모드에서는 기존 파일 데이터를 그대로 둔 채 위치 포인터를 파일 끝에 위치시킨다.

모드에 '+' 기호를 추가하기도 한다. 이는 이른바 업데이트 지시자로서 열어 놓은 파일에 읽기와 쓰기를 같이 할 때 사용된다. "r+"와 "w+" 모두 읽고 쓰기가 가능하다. 차이점은 "w+"로 할 경우 파일을 열 때 파일이 없으면 자동으로 생성하지만 "r+"로 하면 오류를 내보낸다는 점이다. 어떤 경우든 fopen 함수를 부른 다음에는 반드시 NULL 테스트를 통해 제대로 열렸는지 확인하는 것이 좋다.

2진 파일(Binary File)은 메모리에 있는 2진수를 그대로 파일에 저장한다. 반면에 텍스트 파일은 아스키 문자로 번역하여 저장한다. 10진수 36이라면 2진 파일은 36에 해당하는 2진수 00100100을 그대로 저장한다. 그러나 텍스트 파일은 10진수 36을 문자 '3', '6'으로 변환하여 저장한다. 즉, 00110011 00110110으로 저장한다. 대용량 파일을 읽거나 쓰려면 텍스트 파일보다는 2진 파일이 유리하다. 입출력을 위해 2진수나 문자로 변환할 일이 없어 속도가 훨씬 빠르기 때문이다. 공간 면에서도 유리하다. 숫자 32817을 2진 파일에 저장하는 데에는 2바이트면 충분하지만 텍스트 파일에는 5바이트가 필요하다.

예제 14-1

```
#include <stdio.h>
#include <stdlib.h>

int main( ){
   int ch; ····························································❶
   FILE *src = fopen("from.txt", "rt"); ·······························❷
   FILE *dest = fopen("to.txt", "wt");

   if (src == NULL || dest == NULL){ ··································❸
      printf("Error opening file.\n");
      exit(1);
   }

   while ((ch = fgetc(src)) != EOF) ···································❹
      fputc(ch, dest);

   if (feof(src)) ·····················································❺
      printf("Copy complete");
   else
      printf("Error while copying");
```

```
    fclose(src);  ························································❻
    fclose(dest);
    return 0;
}
```

문자 단위로 from.txt 파일을 읽어 to.txt 파일로 복사하는 프로그램이다. 이 프로그램을 실행하려면 미리 메모장 프로그램을 열어 123abc라는 내용을 from.txt 파일로 저장한 후에 소스코드와 같은 폴더에 넣어두어야 한다. 소스코드가 위치한 폴더는 '솔루션 탐색기' 창에서 프로젝트 명에 마우스 우 클릭을 가해 [파일 탐색기에서 폴더 열기] 메뉴를 선택하면 알 수 있다.

EOF는 파일 끝에 도달했을 때만 돌아오는 값이 아니다.

①에서 ch 변수를 char 타입으로 선언하지 않은 이유는 ④의 EOF(End of File)가 −1이라는 정수로 선언되어 있기 때문이다. ②에서 입출력 파일을 열고, ③에서 NULL 테스트를 가하고 있다. from.txt 파일이 없으면 NULL이 돌아온다. 그러나 to.txt 파일은 없으면 새로 만든다. 다른 이유 때문에 운영체제가 NULL을 돌려줄 때도 있다. 하드 디스크 용량이 부족해서 새로운 파일을 만들지 못할 수도 있다. 하드웨어 장애로 파일을 열 수 없을 때도 있다. 동시에 열 수 있는 파일의 수도 제한되어 있기 때문에 그 이상으로 열려고 해도 NULL이 돌아온다. 그 경우 더 이상 할 수 있는 일이 없기 때문에 exit 함수를 써서 빠져나가면 된다. ④에서 fgetc를 써서 한 문자씩 읽을 때마다 위치 포인터가 오른쪽으로 이동한다. fgetc가 EOF를 리턴하면 읽기를 멈춘다.

실제로 파일 끝을 만났는지 테스트하는 함수는 feof다.

EOF는 파일 끝(End Of File)에 도달했을 때만 돌아오는 값이 아니다. 파일을 읽거나 쓰는 도중 오류가 있을 때도 운영체제는 EOF를 리턴한다. 따라서 ④의 루프가 정말 파일 끝을 만나 빠져나왔는지를 반드시 확인할 필요가 있다. ⑤의 feof 함수가 사실상의 EOF 테스트다. ⑥에서 파일을 닫고 있다. fopen으로 파일을 열었으면 반드시 fclose로 닫아야 한다. 물론 프로그램이 끝나면 열려 있는 파일은 운영체제가 알아서 닫는다. 그러나 동시에 열 수 있는 파일 수가 제한되어 더 이상 열리지 않는 경우에 대비하려면 쓰지 않을 파일은 즉시 닫는 편이 낫다.

파일 끝에 EOF가 삽입되는 것은 아니다.

구현 방법에 따라 다르지만 stdio.h에는 EOF 값이 −1로 정의되어 있다. 그러나 이 값이 실제로 텍스트 파일의 끝에 삽입되는 것은 아니다. EOF란 더 이상 읽을 문자가 없는 상태를 나타내기 위해 약속된 상수일 뿐이다. 파일 끝에 이르러 더 이상 읽을 문자가 없는 상태에서 읽으라고 했으니 다른 오류와 마찬가지로 이 역시 일종의 오류로 볼 수 있다.

요즘 운영체제는 파일이 정확히 몇 바이트로 구성되어 있는지에 관한 정보를 관리하기 때문에 굳이 파일 끝을 표시하는 별도의 문자를 삽입하지 않는다. 그러나 과거 일부 운영체제는 텍스트 파일을 저장할 때 마지막에 Ctrl+Z를 삽입하여 파일 끝임을 표시하도록 요구하기도 하였다. 이 문자는 아스키코드 표에서 SUB(Substitution)로 표시되며 10진수 26(16진수 1A)에 해당한다. 파일 끝을 이렇게 나타낼 경우, 화면에서도 Ctrl+Z를 치면 그것을 입력의 끝으로 간주해야 한다. 표준 입출력도 일반 파일과 동일한 방식으로 취급해야 하기 때문이다. 파일 끝에 Ctrl+Z를 삽입할 경우 운영체제는 그 문자를 읽었을 때 EOF를 돌려준다. 윈도우즈 운영체제의 Ctrl+Z를 유닉스 운영체제에서는 Ctrl+D로 표시한다. 이 문자는 아스키코드 표에서 EOT(End of Transmit)로 표시되며 10진수 4에 해당한다.

파일 입출력	fgetc(FILE* fp) = getc(FILE* fp)	fputc(int c, FILE* fp) = putc(int c, FILE* fp)
표준 입출력	fgetc(stdin) = getchar( )	fputc(int c, stdout) = putchar(int c)

그림 14-3 파일 입출력 명령

문자 단위로 파일을 읽는 함수가 fgetc(file get character)다. 이 함수는 EOF가 리턴되기 전까지 입력 버퍼에서 현재의 위치 포인터가 가리키는 문자를 리턴한다. getc(get character)도 fgetc(file get character)와 동일한 함수다. 프로그램 실행 속도를 개선하기 위해 매크로 함수로 구현되어 있다는 차이가 있을 뿐이다. 표준 입력에도 fgetc와 fputc를 사용할 수 있다. 예를 들어, fgetc(stdion)처럼 fp 위치에 stdin을 넣으면 된다. 이는 표준 입력 함수인 getchar( )함수와 동일한 함수다.

예제 14-2

```
#include <stdio.h>
#include <stdlib.h>
#include <ctype.h>

int main( ){
    int ch;
    unsigned int num = 0;

    FILE* fp = fopen("from.txt", "rt");
    if (fp == NULL){
        printf("Error opening file.\n");
        exit(1);
    }

    ch = fgetc(fp);
    while (isdigit(ch)){ ························· ❶
        num = num * 10 + ch - '0';
        ch = fgetc(fp);
    }
    printf("Number is %d.\n", num);

    ungetc(ch, fp); ······························ ❷
    printf("String is ");
    while ((ch = fgetc(fp)) != EOF)
        printf("%c", ch);
    printf(".\n");
    return 0;
}
```

```
Number is 123.
String is abc
```

소스코드와 같은 폴더에 from.txt 파일을 넣되 파일 내용을 123abc라는 문자열로 저장하고 프로그램을 실행하면 위와 같은 출력을 볼 수 있다. ①에서 계속 숫자를 읽으면서 10진수로 변환한다. 그런데 이 루프를 빠져나오는 것은 방금 읽은 ch가 숫자가 아닐 때다. 다시 말해, 123abc에서 숫자가 아님을 판단하는 순간은 이미 'a'라는 문자를 읽고 나서다. 그 결과, 현재의 위치 포인터는 'b'를 가리킨다. 따라서 이후에 문자열을 제대로 찍으려면 'a'를 다시 스트림 버퍼에 삽입해서 읽기 이전 상태로 되돌려야 한다.

```
int ungetc(int ch, FILE *fp);
```

②의 ungetc(unget character)가 그 역할을 한다. 이는 getc와 반대 의미를 지닌 함수다. 즉, getc가 스트림에서 문자 하나를 읽어온다면 이 함수는 역으로 스트림에 문자 하나를 집어넣고 위치 포인터를 되돌린다. 따라서 ungetc 이후에 getc를 호출하면 직전에 삽입한 문자가 읽힌다.

ungetc 함수에도 유의할 점이 있다. 인자로 전달된 ch가 반드시 방금 읽어온 문자일 필요는 없다. 어떤 문자든 가능하다. 그러나 이 함수가 삽입한 문자는 스트림 버퍼로 들어갈 뿐 실제 파일로는 들어가지 않는다. 또, ungetc로 삽입한 문자를 곧바로 읽어서 버퍼에서 제거하지 않은 채 계속해서 여러 번 ungetc를 가하면 오류가 날 우려가 있다. ungetc 함수를 1바이트 크기의 버퍼로 구현한 시스템의 경우 단 하나의 문자만 수용할 수 있기 때문이다. 물론 그보다 큰 크기의 버퍼로 구현한 시스템일 경우에는 이야기가 달라진다.

```
char* fgets(char* buff, int max, FILE* fp);
int* fputs(const char* str, FILE* fp);
```

fgets는 '\n'을 만나거나 EOF가 돌아오거나 버퍼가 차면 실행을 멈춘다.

표준 입출력에서 한 줄 단위로 문자열을 읽고 쓰는 함수가 각각 gets, puts이었다면 파일 입출력에서는 fgets(file get string), fputs(file put string)다. fgets는 fp가 가리키는 파일로부터 최대 (max − 1)개의 문자를 읽어들여 buff에 저장한다. 읽어들일 문자의 개수가 정해져 있으므로 이 함수를 통해 버퍼 오버플로우를 예방할 수 있다. 또, 이 함수는 '\n'을 만나거나 EOF가 돌아오거나 max개의 문자를 만나거나 셋 중 어느 쪽이 먼저 오든 실행을 끝낸다. '\n'을 '\0'으로 대체하는 gets 함수와 달리 fgets는 '\n'을 저장하고 그 다음에 '\0'을 삽입한다는 점에 유의해야 한다. '\n'으로 끝나는 한 줄을 성공적으로 읽으면 이 함수는 buff를 가리키는 포인터를 리턴한다. 그러나 그 전에 EOF가 돌아오거나 max번째 문자를 만나면 NULL을 리턴한다. fgets로 읽을 때 문자열 끝에 '\0'을 삽입하였으므로 fputs로 문자열을 파일에 저장할 때 '\0'은 저장되지 않는다.

예제 14-3

```
#include <stdio.h>
#include <stdlib.h>

int main( ){
   char buff[100];
   FILE *src = fopen("from.txt", "rt");
   FILE *dest = fopen("to.txt", "wt");

   if (src == NULL || dest == NULL){
      printf("Error opening file.\n");
      exit(1);
   }

   while (fgets(buff, sizeof(buff), src) != NULL) ·················· ❶
      fputs(buff, dest);

   if (feof(src)) ························································ ❷
      printf("Copy complete");
   else
      printf("Error while copying");

   fclose(src);
   fclose(dest);
   return 0;
}
```

줄 단위로 파일을 복사하는 프로그램이다. ①에서 fgets 함수의 리턴 값이 널인지를 테스트하고 있다. 문자 단위에서는 매 문자를 읽을 때마다 EOF와 비교해야 하지만 줄 단위에서는 매 줄을 읽을 때마다 NULL과 비교해야 한다. 또, 문자 단위와 마찬가지로 줄 단위일 때도 ②에 의해 실제로 파일 끝에 도달하여 루프를 빠져나왔는지 확인할 필요가 있다.

```
int fprintf(FILE* fp, const char* format, …);
int fscanf(FILE* fp, const char* format, …);
```

fscanf, fprinf는 파일 입출력이라는 점 외에는 scanf, printf와 동일하다.

구조체를 텍스트 파일에 쓰거나 읽으려면 공백 문자나 '\n'을 처리하는 일이 무척 번거롭다. 따라서 텍스트 파일보다는 2진 파일을 사용하는 것이 편하다. 2진 파일은 메모리에 저장된 비트 값을 있는 그대로 기록할 뿐, 공백 문자나 줄 바꿈 문자라는 개념 자체가 없기 때문이다. 특히 2진 파일을 사용하면 멤버 변수 하나하나를 따로 입출력할 필요가 없이 구조체를 통째로 읽고 쓸 수 있어 편리하다.

```
size_t fwrite(const void* ptr, size_t size, size_t numelts,
                                                FILE* stream);
size_t fread(void* ptr, size_t size, size_t numelts, FILE* stream);
```

2진 파일로 쓰는 함수가 fwrite이고 2진 파일을 읽는 함수가 fread이다.

2진 파일 형식으로 쓰는 함수가 fwrite(file write)이고 2진 파일 형식으로 읽는 함수가 fread(file read)다. fwrite에서 첫 인자인 ptr은 구조체를 가리키는 포인터다. 둘째 인자인 size는 구조체의 크기를, 셋째 인자인 numelts(number of elements)는 구조체의 개수를 말한다. 따라서 fwrite((void *)&this, sizeof(this), 1, fp);라고 하면 this라는 구조체 변수 하나를 2진 파일에 기록한다. 역으로, fread((void *)&this, sizeof(this), 1, fp);라고 하면 2진 파일에 있던 구조체 하나가 this라는 구조체로 읽혀들어간다. 두 함수 모두 첫 인자를 void*로 지정한 이유는 형 변환에 의해 어떤 자료형의 데이터라도 읽고 쓸 수 있도록 하기 위해서다.

예제 14-4

```
#define MAX 3
#include <stdio.h>
#include <stdlib.h>

typedef struct { ·························································· ❶
   int id;
   char name[20];
} studentType;

int main( ){
   int i, count;
```

```
    studentType arr[MAX]; ························ ❷

    FILE* dest = fopen ("student.bin", "wb"); ········ ❸
    if (dest == NULL){
        fprintf(stderr, "Error opening output file.\n");
        exit(1);
    }

    for (i = 0; i < MAX; i++){ ························ ❹
        printf("Enter id and name.\n");
        scanf("%d%s", &(arr[i].id), arr[i].name);
    }

    for (i = 0; i < MAX; i++){
        count = fwrite((void *)&arr[i], sizeof(studentType), 1, dest);  ❺
        if (count < 1){ ························ ❻
            fprintf(stderr, "Error while writing a structure.\n");
            exit(1);
        }
    }

    fclose(dest);
    return 0;
}
```

```
Enter id and name.
1 강영석
Enter id and name.
2 손승희
Enter id and name.
3 이명호
```

이름	유형	크기
student.bin	BIN 파일	1KB
Project1.vcxproj.user	사용자별 프로젝...	1KB
Project1.vcxproj.filters	VC++ 프로젝트 ...	2KB
Project1.vcxproj	VC++ 프로젝트	7KB
Project1.sln	Microsoft Visual ...	2KB
main.c	C 소스	1KB

MAX 명의 학생 정보를 입력받아 2진 파일로 출력하는 프로그램이다. ①에서 구조체 타입을 정의하고 ②에서 그 타입을 요소로 하는 arr 배열을 선언하고 있다. ③에서 출력할 2진 파일을 연다. 예에서 보듯 2진 파일은 대개 .bin 확장자로 끝난다. 이후 NULL 테스트를 가하여 오류가 있으면 stderr 스트림을 통해 오류 메시지를 출력한다. ④에서 루프를 돌면서 구조체 멤버

변수 값을 입력받는다. ⑤에서 구조체 단위로 하나씩 2진 파일에 출력한다. 그 결과 그림에서 보듯 소스코드와 같은 폴더에 student.bin 파일이 만들어졌음을 알 수 있다.

fwrite는 성공적으로 출력한 구조체의 개수를 리턴한다. 이 리턴 값은 셋째 인자로 전달한 numelts의 개수와 일치해야 한다. 만약 numelts보다 작은 값이 리턴되면 출력 도중 오류가 있었다는 의미다. ⑤의 fwrite 함수는 루프를 돌 때마다 arr[i]에 있는 구조체 하나를 출력한다. 따라서 좌변의 count에는 1이 들어가야 한다. ⑥에서 그 점을 확인하고 있다.

예제 14-5

```
#define MAX 3
#include <stdio.h>
#include <stdlib.h>

typedef struct {
   int id;
   char name[20];
} studentType;

int main( ){
   int i, count = 0;
   studentType arr[MAX];

   FILE* src;
   src = fopen ("student.bin", "rb"); ································· ❶
   if (src == NULL){
      fprintf(stderr, "Error opening file.\n");
      exit(1);
   }

   i = 0;
   while(fread((void *)&arr[i], sizeof(studentType), 1, src)) ······· ❷
      i++;

   if (feof(src)) ······················································· ❸
      printf("Reading complete.\n");
   else
      printf("Error while reading");
```

```
    count = i;
    for (i = 0; i < count; i++)
        printf("id: %d, name: %s.\n", arr[i].id, arr[i].name);

    fclose(src);
    return 0;
}
```

```
Reading complete.
id: 1, name: 강영석.
id: 2, name: 손승희.
id: 3, name: 이명호.
```

이전 예에서 만든 student.bin 파일을 읽어서 다시 arr 배열에 넣는 프로그램이다. ①에서 "rb"(read binary) 모드로 파일을 열고 있다. ②에서 구조체 단위로 파일을 읽어 arr 배열에 넣고 있다. fwrite와 마찬가지로 fread도 성공적으로 읽은 구조체의 개수를 돌려준다. 리턴 값이 바이트 수가 아니라 구조체 수라는 점에 유의해야 한다. 따라서 fread가 성공적이었다면 이 함수의 리턴 값도 인자로 전달한 numelts의 개수와 일치해야 한다. 예에서는 numelts가 1이므로 fread의 리턴 값이 1이면 while 문의 조건이 참이 되어 루프가 계속된다.

```
while (1){
    count = fread((void *)&arr[i], sizeof(studentType), 1, src);
    if (count == 0 || count == EOF)
        break;
    i++;
}
```

② 대신 이처럼 짜도 된다. fread의 리턴 값이 numelts보다 작으면 파일 끝에 도달했거나 아니면 읽는 도중 오류가 있었기 때문이다. 예의 if 문에서 count == 0은 파일 끝에 도달했을 때다. 읽은 개수가 0이라는 것은 읽은 것이 없다는 의미이기 때문이다. count == EOF는 읽는 도중 오류가 있었다는 것이다. 리턴 값만 보면 둘 중 어느 경우인지 분간할 수 없기 때문에 ③처럼 feof 함수를 써서 실제 파일 끝에 도달했는지를 확인해야 한다.

운영체제에 따라서 줄 바꿈 문자인 '\n'을 파일에 기록하는 방법이 다르다. 유닉스 운영체제는 '\n'을 그대로 기록한다. 매킨토시 운영체제는 '\n'을 '\r'로 기록한다. 파일을 읽을 때에는 '\r'을 '\n'으로 변환하여 읽는다. 그러나 윈도우즈는 이를 '\r''\n' 즉, CR(Carriage Return)에 이은 LF(Line Feed)로 기록한다. 파일을 읽을 때에는 '\r''\n'을 '\n'으로 변환하여 읽는다.

예제 14-6

```
#include <stdio.h>
#include <stdlib.h>

int main( ){
   FILE* fp;
   char ch, str[100];
   int i = 0, j, count;

   fp = fopen("apple.txt", "rt");  ·································· ❶
   while ((ch = fgetc(fp)) != EOF){
      str[i] = ch;
      printf("%X ", ch);
      i++;
   }
   printf("\n");
   fclose(fp);

   fp = fopen("apple.txt", "rb");  ·································· ❷
   for (j = 0; j <= i; j++){
      count = fread((void *)&str[j], sizeof(char), 1, fp);
      if (count < 1){
         fprintf(stderr, "Error writing a character.\n");
         exit(1);
      }
      printf("%X ", str[j]);
   }
   printf("\n");
   fclose(fp);
   return 0;
}
```

```
61 70 70 6C 65 A
61 70 70 6C 65 D A
```

메모장을 열어 apple(Enter)처럼 마지막에 엔터까지 입력하고 apple.txt라는 이름으로 저장한 후에 이 프로그램을 실행해 보자. ①처럼 텍스트 모드로 읽을 때는 61 70 70 6C 65 A라고 찍힌다. 여기서 마지막 A는 아스키코드 '\n'을 의미한다. 아스키코드 표에서 '\n'에 해당하는 LF가 10진수로는 10, 16진수로는 A이기 때문이다. 이는 윈도우즈가 텍스트 파일을 저장할 때에는 엔터키를 '\r''\n'으로 번역하여 저장했지만 읽을 때는 다시 '\n'으로 변환하여 읽는다는 의미다.

그러나 apple.txt를 ②처럼 바이너리 모드로 읽을 때는 61 70 70 6C 65 D A라고 찍힌다. 여기서 16진수 D는 아스키코드로 '\r'을 의미한다. 텍스트 파일에서는 각각의 바이트 값이 문자를 뜻한다. 그러나 2진 파일에서는 바이트 값에 아무런 의미를 부여하지 않는다. 따라서 '\r' '\n'이 들어와도 각각을 단순히 2진수로 간주할 뿐 CR이나 LF라는 의미를 부여하지 않기 때문에 그것을 '\n'으로 변환하지도 않는다. 만약 파일 끝에 Ctrl+Z(SUB: 10진수 26, 16진수 1A)가 있으면 그것까지도 버리지 않고 2진수로 간주하여 읽는다.

결국 2진 파일의 의미를 해석하는 것은 프로그램의 책임이다. 텍스트 파일은 바이트 값 하나 하나가 아스키 문자를 의미하기 때문에 메모장에서 열면 해당 문자를 볼 수 있다. 그러나 바이너리 파일을 메모장에서 열면 이상한 기호나 그림 문자가 보인다. 아스키 범위(0…127)를 벗어난 값을 문자로 해석했기 때문이다. 2진 파일의 내용이 4바이트 단위의 정수를 표현할 것일 수도 있다. 태블릿 펜의 움직임을 추적한 좌표 데이터일 수도 있다. 대개 바이너리 파일은 문자로 표현할 수 없는 데이터를 저장할 때 사용된다. 음의 높낮이를 의미하는 사운드 파일일 수도 있다. 화면 화소 단위로 R(ed), G(reen), B(lue) 값을 저장한 비트맵 이미지 파일일 수도 있다. 아래아 한글이나 워드 같은 문서 편집기에서 사용하는 파일도 2진 파일이다. 텍스트는 물론 비트맵 이미지까지 아울러 저장해야 하기 때문이다. 그 경우 그것을 텍스트 파일로 읽어 1바이트 단위로 잘라 문자로 해석하는 것은 아무 의미가 없다.

입출력 버퍼에 접근하려면 항상 다음에 읽거나 써야 할 위치를 가리키는 포인터를 유지해야 한다. 이는 FILE 구조체 내부에 curp라는 이름의 포인터 변수로 정의되어 있다. 파일 내용이 'a', 'p', 'p', 'l', 'e', '\r', '\n'이라고 가정할 때, fopen으로 파일을 열면 위치 포인터는 일단 첫 문자인 'a'를 가리킨다. 따라서 fgetc를 써서 'a'를 읽을 수 있다. 읽자마자 위치 포인터가 바로 다음 위치로 이동하여 'p'를 가리킨다. 이처럼 파일을 처음부터 차례차례 읽거나 쓰는 함수를 순차 접근(Sequential Access) 함수라 부른다. scanf, getchar, fgetc가 그 예다.

```
int fseek(fp, 0, SEEK_SET); ..................... ❶
int fseek(fp, 0, SEEK_END); ..................... ❷
int fseek(fp, -2, SEEK_END); .................... ❸
int fseek(fp, -1, SEEK_CUR); .................... ❹
void rewind(fp); ................................ ❺
long ftell(fp); ................................. ❻
```

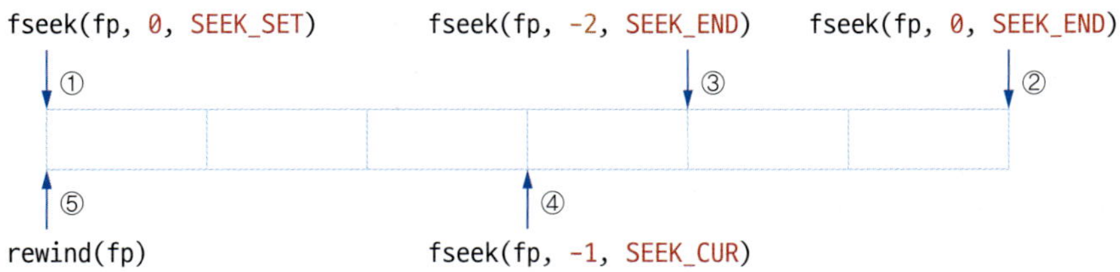

그림 14-4 fseek 명령과 위치 포인터 변화

fseek는 임의 접근을 위한 함수다.

반면, 예의 fseek처럼 위치 포인터를 임의의 위치로 이리 저리 옮기면서 읽거나 쓰는 함수를 임의 접근(Random Access) 함수라 부른다. 2진 파일이든 텍스트 파일이든 임의 접근 함수를 써서 위치 포인터를 원하는 곳으로 자유로이 이동할 수 있다. 그러나 임의 접근 함수를 사용하려면 파일을 바이너리 모드로 여는 편이 낫다. 텍스트 모드로 열면 '\r' '\n'같은 제어 문자를 '\n'으로 번역하여 오류를 일으킬 수 있기 때문이다.

①은 위치 포인터를 파일 처음에, ②는 파일 끝에 놓는다. 만약 현재 파일의 끝에 새로운 내용을 추가하려면 fseek(fp, 0, SEEK_END);라고 한 다음 거기서부터 fwrite를 시작하면 된다. ③은 파일 끝에서 두 칸 이전에 가져놓는다. ④는 현재 위치에서 한 칸 이전으로 되돌린다. ⑤도 ①처럼 위치 포인터를 파일 처음에 위치시킨다. ⑥은 현재의 포인터 위치를 돌려준다. 2진 파일의 경우 이 함수는 현재 포인터 이전에 있는 문자의 개수를 돌려준다. 그러나 텍스트 파일의 경우는 구현 방법에 따라 달라진다.

fseek로 원하는 위치를 잡은 다음 fwrite를 써서 출력할 때도 그것은 어디까지나 출력 버퍼로 출력한 것일 뿐 아직 파일로 출력한 것은 아니다. 이는 fputc나 fputs를 써서 문자나 문자열을 출력할 때도 마찬가지다. 실제로 출력 버퍼의 내용이 언제 파일로 출력될 것인가는 운영체제가 정한 방식에 좌우된다. 예를 들어, 출력 버퍼에 '\n'이 들어올 때나 출력 버퍼가 꽉 찼을 때 출력하기도 한다. 운영체제가 다른 일을 하고 있었으면 그 일이 끝나고 나서야 출력하기도 한다. 어떤 경우든 워낙 짧은 시간 내로 출력하기 때문에 대부분의 경우 출력이 지체되는 것을 눈치채지 못하지만 경우에 따라서는 시간적인 지연이 문제가 되기도 한다.

```
int fflush(FILE* fp);
```

입력 버퍼를 비우면 단순히 내용을 삭제하지만
출력 버퍼를 비우면 내용을 출력하면서 삭제한다.

만약 현재 출력 버퍼에 있는 내용을 그 즉시 파일로 출력하려면 fflush(file flush) 함수를 호출해야 한다. 이 함수는 인자가 입력 스트림일 때와 출력 스트림일 때 의미가 다르다. 입력 스트림에 fflush를 가하면 단순히 입력 버퍼의 내용이 삭제된다. 반면, 출력 스트림에 fflush를 가하면 출력 버퍼의 내용을 파일로 출력하면서 삭제된다. 프로그래머가 입력 버퍼를 비울 때와 출력 버퍼를 비울 때는 그 목적이 다르다. 입력 버퍼를 비울 때는 버퍼에 남아 있는 데이터를 없애고 새로운 입력을 받는 데 목적이 있고 출력 버퍼를 비울 때는 그 시점에서 즉시 출력을 하는 데 목적이 있다. 어떤 경우든 fclose로 파일을 닫으면 스트림이 사라질 때 자동으로 fflush 명령이 실행되어 입력 버퍼와 출력 버퍼가 모두 삭제된다.

예제 14-7

```
#include <stdio.h>
#include <stdlib.h>

int main( ){
    FILE* fp;
    char str[20] = "apple pie";

    fp = fopen("rw.txt", "w+");  ················ ❶
    if (fp == NULL){
```

```
        printf("Error opening file");
        exit(1);
    }
    else {
        fputs(str, fp); ........................... ❷
        fflush(fp); ............................... ❸

        rewind(fp); ............................... ❹
        fgets(str, 4, fp); ........................ ❺
        puts(str); ................................ ❻
        fclose(fp);
        return 0;
    }
}
```

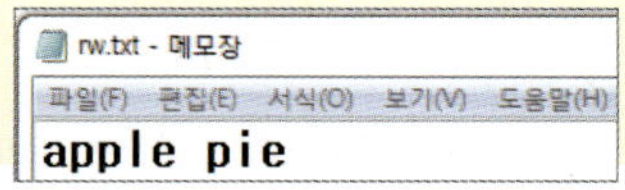

①에서 파일을 읽고 쓰기 모드로 열고 있다. "w+"나 "r+"로 파일을 열면 입력과 출력을 동시에 할 수 있는 스트림이 형성된다. ②에서 str 배열을 fp가 가리키는 rw.txt 파일로 출력하고 있다. 물론 운영체제가 정한 방식에 따라 어느 정도 시간이 지나면 파일로 출력하지만 그 즉시 파일로 출력하려면 ③처럼 fflush 명령을 써야 한다. ④에서 위치 포인터를 처음으로 되돌린 다음 ⑤에서 파일을 읽어 str 배열에 저장하고 있다. 최대 4바이트를 읽으라고 했으니 '\0'을 넣을 자리를 남겨 놓고 'a', 'p', 'p'까지만 읽어온다. ⑥에서 이를 화면에 출력하고 있다.

동시에 입출력이 가능한 스트림을 사용할 경우 입력에서 출력으로 전환하거나 역으로 출력에서 입력으로 전환할 때는 미리 fflush를 호출하여 버퍼를 비워야 한다. 예의 경우 ②의 출력에서 ⑤의 입력으로 전환하기 전에 ③에서 fflush를 가하고 있다. rewind나 fseek 함수를 써서 포인터를 처음으로 되돌려도 자동으로 버퍼가 비워진다. 따라서 예에서는 ④에 rewind 함수가 있기 때문에 ③의 fflush를 제거해도 무방하다. 버퍼를 비우더라도 스트림은 그대로 유지된다. 스트림은 fclose로 파일을 닫거나 프로그램이 끝날 때 사라진다.

예제 14-8

```
#define MAX 20
#include <stdio.h>
#include <stdlib.h>
```

```c
int main( ){
    char in_file[MAX];
    int ch, i;
    long length;
    FILE *fp;

    fprintf(stdout, "Enter input file name.\n");
    scanf("%s", in_file);
    fp = fopen(in_file, "rb");
    if (fp == NULL){
        fprintf(stderr, "Error opening file.\n");
        exit(1);
    }

    fseek(fp, 0L, SEEK_END); ······················ ❶
    length = ftell(fp); ··························· ❷

    fseek(fp, -1L, SEEK_CUR); ····················· ❸
    for (i = 0; i < length; i++){ ················· ❹
        ch = fgetc(fp); ··························· ❺
        putchar(ch);
        fseek(fp, -2L, SEEK_CUR); ················· ❻
    }
    printf("\n");
    return 0;
}
```

```
Enter input file name.
rw.txt
eip elppa
```

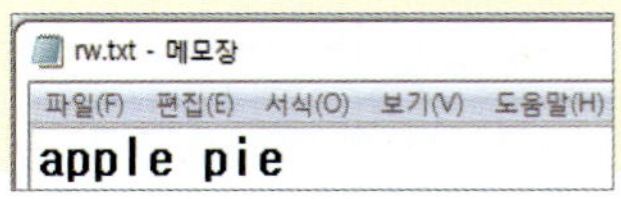

파일명을 입력받아 내용을 역순으로 출력하는 프로그램이다. ①에서 위치 포인터를 파일 끝으로 옮긴 다음 ②에 의해 파일 전체의 문자 수를 계산하여 length에 넣는다. ③에서 포인터를 마지막 문자 앞에 위치시킨다. 이후 ④의 루프를 통해 뒤에서 앞으로 가면서 length 개의 문자를 찍는다. ⑥에서 포인터를 두 칸 앞으로 옮긴 이유는 ⑤에서 문자를 읽는 순간 포인터가 그 다음으로 이동했기 때문이다. length 변수를 long으로 선언한 이유는 ftell의 리턴 타입이 long이기 때문이다. 또, 0L, −1L, −2L 형태로 이격 거리 다음에 접미사 L(long)을 붙인 이유는 fseek 함수 원형에 이 인자가 long으로 선언되어 있기 때문이다.

과제

01 문장 두 개를 gets로 입력받아 fputs로 텍스트 파일에 저장하라. 단, 첫 줄을 출력한 다음에는 fputc('\n', fp); 명령을 넣어 줄 바꿈을 해야 한다. 출력 파일을 보고 결과가 제대로 되었는지를 확인하라.

02 입력 텍스트 파일에 세 줄의 문장을 입력한 후, 그것을 역순으로 화면에 출력하는 다음 프로그램을 완성하라.

```
#include <stdio.h>
#include <stdlib.h>
#include <string.h>
int main( ){
    char text[10][100];                    // 최대 10문장. 문장 길이 99바이트
    char buff[100];
    int i, j;

    FILE *fp = fopen("original.txt", "rt");
    if (____________________){             // 널 테스트
        ____________________;              // 오류 메시지 출력
        ____________________;              // exit
    }
    for (i = 0; ______________; i++) // fgets의 리턴 값이 널이 아닐 때까지
         ____________________;             // buff를 text[i]에 복사
    if (____________________){             // fp가 파일 끝이 아니면
        ____________________;              // 오류 메시지 출력
        ____________________;              // exit
    }
    for (j = i - 1; j >= 0; j--)           // j 인덱스가 i 인덱스의 역순으로 가면서
        fputs(____________________);       // j번째 요소를 stdout에 출력
    ____________________;                  // 파일 닫기
    return 0;
}
```

03 first.txt와 second.txt를 입력받은 후, first.txt 끝에 second.txt를 이어 붙여 새로운 파일인 merge.txt에 저장하는 프로그램을 작성하라. 단, 입력 텍스트 파일이 존재하지 않을 경우 오류 메시지를 내보내고 프로그램을 종료해야 한다.

04 매크로 상수 __FILE__은 C 소스코드 파일이 있는 경로를 나타낸다. 따라서 FILE* fp = fopen(__FILE__, "r");이라고 하면 소스코드 자체를 열 수 있다. 현재의 소스코드 파일을 읽어서 소괄호(parenthesis)의 개수와 중괄호(brace)의 개수를 출력하고 여는 괄호 수와 닫는 괄호 수가 일치하는지 확인하라.

```
> left parenthesis: 17, right parenthesis: 17
> left brace: 6, right brace: 6
```

05 입력 문자열을 암호화하여 2진 파일인 encrypt.bin 파일을 작성하라. 단, 암호화 방식은 씨저 사이퍼(Caesar Cipher)를 사용하되 암호 키만큼 건너뛰어야 한다. 이후 encrypt.bin 파일을 읽은 뒤 그것을 복원(decryption)하여 화면에 출력하라. 또, 복원된 내용이 원래 입력한 내용과 같은지를 확인하라.

```
#include <stdio.h>
#include <stdlib.h>
int main( ){
    char ch; int key, count;

    FILE *fp = ____________________;  // encrypt.bin 파일. 쓰고 읽기 모드
    if (______________){               // 널 테스트
        ____________________;          // fprintf(stderr)오류 메시지
        ______________;                // exit
    }

    printf("Enter key.\n");
    ____________________;              // key 값을 입력받음
    while (____________________);      // 입력 버퍼 클리어
```

```
    printf("Enter texts to encrypt.\n");
    while (____________________){     // '\n'이 아닐 때까지
        ch = (ch + key) % 128;        // 아스키 범위를 벗어나면 wrap around
        count = ____________________; // 2진 파일로 쓰기
        if (count < 1){               // count가 1보다 작으면
            ____________________;     // 오류 메시지
            ____________________;
        }
    }

    ________________; // 읽기 모드를 위해 위치 포인터를 파일 처음으로 되돌림
    while (____________________)){    // 2진 파일 읽기. ch로 읽어들임
        ch = ____________________;    // 원래 문자 복원
        if (ch < 0)                   // 아스키 범위를 벗어나면 wrap around
            ch += 128;
        __________________;           // ch를 화면에 출력
    }
    if (__________________){          // 파일 끝이 아니면 오류 메시지
        ______________________________;
        ____________________;
    }
    __________________________;       // 파일 닫기
    return 0;
}
```

06 13장 과제 8번의 영한사전을 바탕으로 프로그램을 빠져나갈 때 현재 사전의 내용을 파일에 저장하려 한다. 프로그램이 실행되면 이전에 저장한 파일을 읽어들이려 한다. 과제 8번의 소스코드에 아래 내용을 추가하고 수정하여 이러한 기능을 구현하라.

```
첫 실행:
> Enter a word to search.
> computation theory(Enter)
> No such word in current dictionary. Enter the meaning.
> 계산 이론. 알고리즘의 효율에 관한 이론
> Enter a word to search.
> quit(Enter)

둘째 실행:
> Enter a word to search.
> computation theory(Enter)
> 계산 이론. 알고리즘의 효율에 관한 이론(Enter)
> Enter a word to search
```

```
void save_dictionary(____________________){
    int i;
    fp = ____________________;     // 이전 내용 지우고 새로 쓰기 모드로 열기
    i = fwrite((____________________);       // 사전 구조체 하나를 저장
    if (i < 1){                              // 쓰기 오류 확인
        fprintf(stderr, ____________________);
        exit(1);
    }
    ____________________;                    // 쓰기가 끝난 파일 닫기
}

void read_dictionary(____________________){
    int i;
```

```
    if ((fp = fopen("dictionary.bin", "rb")) == NULL) // 기존 파일이 없으면
        ____________________;      // 사전 구조체의 count를 0으로 초기화
    else{                          // 기존 파일이 있으면
        i = fread(_______, _______, 1, fp); // 사전 구조체 하나를 읽어들임
        if (i < 1){                // 읽기 오류 확인
            fprintf(stderr, ____________________);
            exit(1);
        }
        ____________________;      // 읽기가 끝난 파일 닫기
    }
}

int main( ){
    ...
    FILE* fp = NULL;

    // 기존 파일이 있으면 아래 함수에 의해 사전 구조체를 읽어옴
    // 기존 파일이 없으면 아래 함수 내부에서 구조체 멤버 변수 count를 0으로 초기화
    read_dictionary(fp, &mydict);
    while (1){
        ...
        if (strcmp(word, "quit") == 0){  // 빠져나가기 전에
            save_dictionary(fp, &mydict); // 현재의 사전 구조체를 파일에 저장
            break;
        }
        ...
}
```

07 과제 6번에서는 단어 수에 해당하는 count 변수를 사전 구조체 정의에 포함시키는 바람에 사전 전체가 하나의 구조체로 되어서 파일에 저장할 때도 사전 전체를 다시 저장할 수밖에 없었다. 그러나 만약 사전 구조체 정의에서 count 변수를 빼면 파일의 모든 내용을 동일하게 wordType으로 가져갈 수 있다. 따라서 프로그램을 빠져 나갈 때에도 이전 파일의 끝에 새로운 단어만 추가할 수 있다. 아래 프로그램을 완성하여 append 모드에서 파일을 저장할 수 있게 하라.

```
#include <stdio.h>
#include <string.h>
#include <stdlib.h>
typedef struct {                            // 단어 구조체
   char word[20];                           // 단어 명
   char meaning[100];                       // 단어 뜻
} wordType;

// dict 배열에서 w가 가리키는 단어 찾기. count는 배열 내 현재 단어 개수
char *search(char* w, wordType dict[ ], int count) {
   int i;
   for (______________________;) {          // 0부터 count보다 작을 때까지
      if (______________________;)
                                     // 배열 단어명이 w가 가리키는 단어명과 같으면
         ______________________;            // 단어 뜻을 리턴
   }
   ______________________;                  // 그런 단어가 없으면 널을 리턴
}

// dict 배열에 w가 가리키는 단어 추가하기. cptr은 count 변수를 가리키는 포인터
void insert(char* w, char* m, wordType dict[ ], int* cptr) {
   strcpy(______________________);          // 배열 끝에 새로운 단어 명 추가
   strcpy(______________________);          // 단어 뜻 추가
   ______________________;                  // 단어 수 증가
}
```

```
// 파일에 새로운 단어를 추가하기. oldcnt은 이전 파일 단어 수, newcnt는 현재 단어 수
void save_dictionary(FILE* fp, wordType dict[ ], int oldcnt, int newcnt) {
    int i;
    ____________________;                        // 위치 포인터를 파일 끝으로
    for (i = oldcnt; i < newcnt; i++) {          // 추가된 단어에 대해서
        if (fwrite(____________________ < 1) {
                        // 구조체를 하나씩 파일에 저장하면서 쓰기 오류 확인
            fprintf(stderr, "Error writing a structure.\n"); // 쓰기 오류 처리
            ______________;                      // exit
        }
    }
}

// 이전 파일 읽어 들이기. 단어 수를 세어서 *cptr 즉, conunt에 저장
void read_dictionary(FILE* fp, wordType dict[ ], int *cptr) {
    *cptr = 0;
    __________; // append 모드로 열면 포인터가 파일 끝으로 감. 이를 처음으로
    while (fread(___________________________________))
        (*cptr)++;          // 이전에 저장한 단어를 배열로 읽어 들임
    if (!feof(fp)) {        // 파일 끝 테스트
        ____________________________________;  // 읽기 오류 처리
        ____________________;
    }
}

int main( ) {
    char word[20], *there;                       // 단어 명은 최대 20바이트
    char meaning[100];                           // 단어 뜻은 최대 100바이트
    int count, old_count;
```

```
    wordType mydict[5000];                      // 구조체 배열로 사전을 구현

    FILE* fp = ______________________________________;
                // append binary(read and write) 모드로 열기
    read_dictionary(____________);  //count 값이 바뀌어야 하니 참조 호출로
    old_count = count;          // 읽어온 파일 단어 개수를 old_count에 저장

    while (1) {
        printf("Enter a word to search.\n");
        gets(word);
        if (strcmp(word, "quit") == 0) {        //  빠져나가기 전에
            save_dictionary(________________________________);
                                    // 추가 단어를 이전 파일 끝에 이어붙임
            break;
        }
        there = search(word, mydict, count);
        if (there != NULL)                      // 단어를 찾았으면
            puts(there);                        // 찾은 단어의 뜻을 디스플레이
        else {
            puts("No such word in current dictionary. Enter the meaning.");
            gets(meaning);
            insert(_____________________);      // 새로운 단어를 배열 끝에 추가
        }
    }
    _____________________;                      // 파일 닫기
    return 0;
}
```

Chapter 15

범용 프로그래밍

01 추상 자료형

02 사용자 관점과 구현자 관점

03 다중 파일 컴파일

04 연결 리스트로 구현한 스택

05 범용 프로그래밍

과제

모든 학문에는 추상화가 필수다. 배열이나 구조체에 적용된 일반화 역시 추상화의 한 종류다. 그러나 C 언어의 추상화 수준을 획기적으로 높이려면 개념과 그 개념에 가할 수 있는 작업을 묶어서 하나의 추상 자료형으로 정의할 수 있어야 한다. 이는 결국 범용성을 높이려는 노력이다. 자료형을 추상적으로 정의함으로써 다양한 구체적 사례 모두에 그것을 적용할 수 있기 때문이다.

01 추상 자료형

컴파일러가 제공하는 자료형에는 int, char, float, double 등 여러 가지가 있다. 그러나 이처럼 기본 자료형(Primitive Data Type, Built-in Data Type)만으로 프로그램을 설계하는 데는 한계가 있다. 집을 설계할 때 벽돌이나 널빤지, 못, 2mm 유리라는 기본적인 단위로 설계하는 것보다는 주방, 화장실, 거실, 침실이라는 추상적인 단위로 설계하는 것이 훨씬 용이함은 두말할 나위가 없다. 이는 일반 주택보다 조립식 주택이 짓기 쉬운 것과 마찬가지다. 조립식 주택은 이미 조립된 지붕이나 문을 통째로 가져다 조립하기 때문이다. 같은 맥락에서, 필요한 자료형을 추상적으로 정의하면 프로그램을 더욱 수월하게 작성할 수 있다.

사물이나 현상을 추상화한 것이 추상 자료형이다.

추상 자료형(ADT: Abstract Data Type)은 프로그램의 대상이 되는 사물이나 현상을 추상화한 것이다. 자료형을 추상적으로 정의했기 때문에 구체적인 여러 가지 경우에 사용될 수 있다.

```
ADT Ice_dispenser

get_me_round_ice( );          // 동그란 얼음 주세요.
get_me_crushed_ice( );        // 부순 얼음 주세요.
get_me_cube_ice( );           // 각진 얼음 주세요.
```

버튼을 누르면 얼음이 나오는 기계를 상상할 경우 우리가 그 기계에 대해 바라는 것을 예처럼 나열해 볼 수 있다. 추상 자료형을 정의하려면 이처럼 그 자료형이 우리에게 어떤 작업(Operation)을 해 주기를 원하는지 나열하면 된다. 또, 그러한 작업을 수행할 수 있는 대상을 추상화하여 자료형의 이름을 부여하면 된다. 예라면 추상 자료형 얼음 판매기(ADT Ice_dispenser)라고 부를 수 있다.

일반성도 염두에 두어야 한다. 작업을 정의하는 데 있어서 일반적으로 필요할 것 같은 작업만 정의해야 한다. 어느 한 사람이 필요로 하는 특정 목적의 작업은 정의하지 않는 것이 좋다. 예를 들어, 도넛 모양 얼음이나 별 모양 얼음을 달라는 것은 그리 일반적이지 않다. 이는 특정 목적을 배제함으로써 추상 자료형이 제공하는 작업의 범용성(Generality)을 높이기 위한 것이다. 비유적으로 말해, 맞춤복은 어느 한 사람에게만 맞지만 기성복은 여러 사람에게 맞을 수 있다.

추상 자료형을 정의하려면 자료형 이름과 거기에 가해지는 작업을 나열해야 한다.

추상 자료형 리스트(ADT List)를 정의한다고 생각해 보자. 여기서 리스트라는 추상적인 명칭을 끄집어내는 데에는 단지 '여러 아이템을 나열한 목록'이라는 생각만으로 충분하다. 이 추상 자료형이 수행해 주기를 바라는 작업도 나열해 볼 수 있다. 목록이라면 새로운 아이템을 삽입(Insertion)할 수 있어야 할 것이다. 또, 기존 아이템을 삭제(Deletion)할 수도 있어야 할 것이다. 원하는 아이템을 검색(Searching)할 수도 있어야 할 것이다. 이처럼 자료형 이름과 거기에 가해지는 작업을 나열함으로써 추상 자료형을 정의할 수 있다.

또 다른 예로, 추상 자료형 스택(ADT Stack)을 생각해 보자. 여기서 스택이란 '쌓아놓은 것'을 추상화한 이름이다. 식판을 쌓아놓은 스택을 가정하면, 식판을 반납할 때는 가장 위에 있는 식판 위에 올려놓게 된다. 즉, 가장 최근에 올려놓은 것 위에 올려놓는다. 설거지를 위해 식판을 꺼낼 때도 가장 위에 있는 식판, 즉 가장 최근에 올려놓은 것을 먼저 빼내게 된다. 아래쪽에 있는 식판부터 빼는 경우는 거의 없다. 스택을 LIFO(Last In First Out, 후입선출) 구조라고 부르는 이유는 '가장 최근에 들어온 것이 가장 먼저 빠져나가기' 때문이다. 이는 편의점 선반에 놓인 물건도 마찬가지다. 대개 가장 최근에 들여놓은 물건이 앞쪽에 놓이게 되고 그것이 가장 먼저 팔린다.

```
ADT Stack

push( );                // 스택 탑 위에 새로운 아이템을 삽입
pop( );                 // 스택 탑에 있는 아이템을 빼내어 돌려줌
init( );                // 새로 만든 스택을 초기화
is_empty( );            // 스택이 비어 있는지 확인
is_full( );             // 스택이 꽉 차 있는지 확인
```

추상 자료형 스택을 정의하기 위해 필요한 작업을 예처럼 정의해 볼 수 있다. 물론 이는 용도에 따라 얼마든지 바뀔 수 있다. 추상 자료형 리스트처럼 이 자료형의 주요 작업도 삽입과 삭제다. 그러나 스택의 모든 작업은 항상 최근에 접근한 위치로 국한된다. 다시 말해, 들어온 시간 순으로 아이템을 쌓아갈 때 가장 위쪽, 즉 가장 최근에 삽입된 위치에 한해서 작업이 가능하다. 스택의 가장 위를 스택 탑(Stack Top)이라고 부른다. 스택 탑 바로 위에 새로운 아이템을 삽입하는 작업을 푸시(Push)라고 부른다. 반면, 현재 스택 탑에 있는 아이템을 삭제하여 돌려주는 작업을 팝(Pop)이라고 부른다.

대상(Object, 객체)과 그 대상에 가해지는 작업(Operation)을 합쳐서 추상 자료형이라 부른다. 스택이라는 대상과 그 대상에 가해지는 작업인 함수를 나열하고 있다는 점에서 예도 추상 자료형이다. 추상 자료형은 문자 그대로 추상적이라야 한다. 자료형의 이름을 단순히 Stack이라고 부르는 이유도 추상적이어야 하기 때문이다. 같은 맥락에서 push, pop, init, is_empty, is_full이라는 작업 명칭도 추상적이다.

자료형(Data Type)과 자료구조(Data Structure)라는 용어도 이런 관점에서 구분할 수 있다. int, char, double 등의 기본 자료형은 물론 배열, 포인터 배열, 구조체, 구조체 포인터 배열, 열거체 등의 사용자 정의 자료형에도 대개 '자료형'이라는 용어를 쓴다. 이에 비해 '자료구조'라는 용어는 대개 추상 자료형에 붙여진 이름이다. 예를 들어, 리스트나 스택은 일종의 자료구조라 할 수 있다. 그런 의미에서 자료구조는 자료형보다 훨씬 추상적인 용어다. 추상적으로 정의되어 있기 때문에 동일한 자료구조라 할지라도 서로 다른 방법, 즉 서로 다른 자료형을 써서 구현할 수 있다. 물론 자료구조와 자료형을 이처럼 엄밀하게 구분하지 않고, 동일한 의미로 사용하기도 한다.

02 사용자 관점과 구현자 관점

추상 자료형의 가장 큰 특징 중 하나가 사용자 관점(Interface View)과 구현자 관점(Implementation View)의 분리다. 추상 자료형의 작업(Operation)은 C 언어의 함수(Function)를 써서 구현할 수 있다. 그런데 그 함수를 어떻게 구현하는가는 전적으로 구현자 책임이다. 타인이 구현한 함수를 가져다 쓰는 사용자로서는 그 함수가 구체적으로 어떤 방법으로 구현되었는지 알 필요도 없고 알고 싶지도 않다. 얼음 판매기를 예로 들면, 만드는 사람은 판넬, 버튼, 모터, 전기, 물이라는 재료를 가지고 직접 제작해야 하지만 얼음 판매기를 사용하는 사람으로서는 어떤 방법을 써서 얼음이 만들어지는지 그 내막을 알 필요가 전혀 없다.

추상 자료형은 사용자 관점과 구현자 관점을 철저하게 분리한다.

추상 자료형은 사용자 관점과 구현자 관점을 철저하게 분리한다. 함수를 구현하는 것은 구현자 책임이다. 그러나 사용자는 무엇을 하는 함수인지만 알고 필요할 때 불러다 쓰면 된다. 프로그램 규모가 커질수록 모든 것을 혼자 직접 구현하기는 어렵다. 따라서 다른 프로그래머가 작성한 함수를 가져다가 내 프로그램의 일부로 쓸 수 있어야 한다. 뒤집어 말하자면, 내가 작성한 함수를 다른 프로그래머가 가져다 쓸 수도 있어야 한다. 사용자 관점과 구현자 관점을 분리함으로써 이런 일이 가능해진다.

```
John F. Kennedy:
Ask not what your country can do for you. Ask what you can do for your
country.

Abstract Data Type:
Ask not what you can do for your program. Ask what abstract data
type can do for your program.
```

Kennedy의 연설문대로라면 모든 것을 내가 직접 구현해야 한다. 그러나 모든 것을 내가 직접 구현하기에는 한계가 있기 때문에 타인이 구현한 것을 가져다 쓸 필요도 있다. 그렇게 하려면 타인이 구현한 추상 자료형이 나를 위해 무엇을 할 수 있는지를 생각해 보아야 한다.

헤더 파일은 사용자 관점의 파일이고 소스 파일은 구현자 관점의 파일이다.

C 언어에서 이 개념은 사용자 파일과 구현자 파일을 나누는 형태로 나타난다. 확장자 .h로 끝나는 헤더(Header) 파일은 사용자 관점의 파일이며 확장자 .c로 끝나는 소스 (Source) 파일은 구현자 관점의 파일이다.

예제 15-1 ① **stack.h file**

```
#define MAX 10
struct stack {
    int top;
    int data[MAX];
};
typedef struct stack stackType;

void init(stackType* sp);
// sp가 가리키는 스택을 새로 만들고 초기화

int is_empty(stackType* sp);
// sp가 가리키는 스택이 빈 스택이면 1(참)을 리턴

int is_full(stackType* sp);
// sp가 가리키는 스택이 꽉 찼으면 1(참)을 리턴

void push(stackType* sp, const int item);
// sp가 가리키는 스택에 item을 삽입

int pop(stackType* sp);
// sp가 가리키는 스택에서 item을 리턴하고 제거
```

사용자 관점의 stack.h 파일로서 함수 원형에 주석을 단 모습이다. 타인이 구현한 추상 자료형 스택 관련 함수를 불러다 쓰는 입장에서는 예의 함수가 실제로 어떻게 구현되었는지도 알 필요가 없다. 이 헤더 파일을 읽고 원하는 함수를 불러서 쓰기만 하면 된다.

이는 printf, getchar, malloc, strcpy, fopen 등 모든 표준 라이브러리 함수에 대해서도

마찬가지다. 이들이 무엇을 하는 함수인지를 알고 함수 원형에 맞춰 호출하기만 하면 된다. printf 함수가 구체적으로 어떻게 구현되었는지 malloc 함수가 구체적으로 어떻게 구현되었는지는 프로그래머가 알 필요가 없다.

헤더 파일을 일명 인터페이스 파일(Interface File)이라고도 부른다. 사용자와 구현자 사이에 일종의 매뉴얼 역할을 하기 때문이다. 이 매뉴얼은 사용자가 쉽게 이해할 수 있어야 한다. 다시 말해, 사용자가 헤더 파일의 내용만 읽고도 개별 함수가 어떤 역할을 하며 어떤 인자를 받아서 어떤 값을 리턴하는지 알 수 있을 정도로 충실한 주석을 달아야 한다.

구체적인 구현 내용을 별도의 소스 파일에 숨겨놓는 이러한 행위를 객체지향 프로그래밍(Object Oriented Programming)에서는 정보의 은닉(Information Hiding)이라 부른다. 얼음 판매기를 사용하는 사람은 부순 얼음이 구체적으로 어떻게 만들어지는지 알 필요가 없다. 판매기 내부를 들여다 볼 필요도 없고 또 들여다 봐서도 안 된다. 모터를 돌려서 갈아내든 망치로 부수어 만들든 부순 얼음만 나오면 되지 구현 방법은 알 필요가 없다. 단지 사용자 매뉴얼(인터페이스 파일, 헤더 파일)을 읽어 본 다음에 버튼을 눌러 원하는 것을 얻기만 하면 된다.

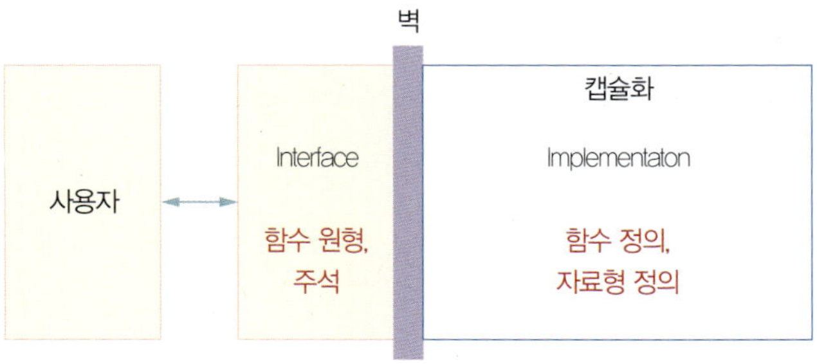

그림 15-1 정보의 은닉: 캡슐화

정보의 은닉을 캡슐화(Encapsulation)라고도 부른다. 이는 구현자 관점이 캡슐로 둘러싸여 있음을 뜻한다. 캡슐화의 첫 번째 의미는 캡슐 밖에서 안을 들여다 볼 수 없다는 것이다. 즉, 그림에서 보듯 캡슐 외부와 내부 사이에는 벽이 가로막고 있어서 사용자는 구체적인 구현 방법을 알 수가 없다. 외부와 캡슐 사이의 소통을 위해 열려 있는 유일한 창구는 헤더 파일, 즉 인터페이스 파일뿐이다.

캡슐화의 두 번째 의미는 구체적인 자료형 정의와 함수 정의를 '묶어서' 하나의 캡슐 안에 넣었다는 것이다. C 언어의 경우 둘째 개념은 조금 느슨하다. 엄밀한 의미에서 자료형 정의는 구현과 관련된 부분이므로 구현자 관점의 소스 파일(.c 파일)로 가야 한다. 예제 [15-1 ①]로 말하자면 struct stack 구조체를 정의한 부분은 추상 자료형 Stack을 구현하는 구체적 방법 중 하나이기 때문에 이론적으로는 소스 파일인 stack.c로 가야 한다. 그러나 현재의 Visual C 컴파일러는 자료형을 정의한 부분을 구현 파일에 포함시키면 컴파일 오류를 일으킨다. 이는 이론적으로는 모순되지만 구체적 자료형까지도 공유할 수 있도록 하기 위한 일종의 배려라고도 볼 수 있다.

구현 내용이 숨겨져 있으므로 사용자로서는 구체적인 구현 방법을 기준으로 코딩을 할 수가 없다. 단지 헤더 파일에 나타난 함수 원형만을 기준으로 코딩해야 한다. 따라서 구현자가 구현 방법을 바꾸어도 함수 원형, 즉 입출력 형식만 그대로라면 자신이 작성한 코드를 바꿀 필요가 전혀 없다. 이는 코드의 단위성(Modularity)을 높이는 방법이기도 하다. 하나의 코드가 바뀔 때마다 그 코드를 사용한 여러 코드가 바뀐다면 프로그램 유지보수가 어려워지기 때문이다. 구현자 입장에서도 유리하다. 함수 원형만 동일하게 가져간다면 사용자가 모르는 사이에 소스코드를 점차로 더 나은 코드로 수정할 수 있기 때문이다.

```
#include "stack.h"  ............................... ❶
stackType mystack; ............................... ❷
init(&mystack);  .................................. ❸
if (!is_full(&mystack)){
   push(&mystack, 20);
   push(&mystack, 45);
}
```

[예제 15-1 ①]의 헤더 파일만 읽고 함수를 불러다 쓴 경우다. ①처럼 stack.h 파일을 포함시키면 그 안에 선언된 모든 함수를 불러다 쓸 수 있다. 실제로 이 코드를 작성한 사용자는 stack.c가 어떻게 구현되었는지는 모르는 상태다. 그러나 헤더 파일에 설명된 주석만 보고도 이처럼 프로그램을 짤 수 있다. 타인이 작성해놓은 함수를 불러다 쓸 수 있다는 것은 모든 함수를 직접 작성하는 것에 비해 훨씬 효율적이다.

헤더 파일의 위치 지정에도 유의해야 한다. 헤더 파일이 소스코드와 같은 폴더에 있으면 "stack.h"처럼 파일명을 큰따옴표로 묶으면 된다. 만약 헤더 파일이 다른 폴더에 있으면 "C:/sample/project1/stack.h"처럼 헤더 파일에 이르는 절대 경로(Absolute Path)를 지정해야 한다. 그러나 이렇게 되면 이식성이 떨어진다. 소스코드를 다른 컴퓨터로 옮길 때 경로 상에 있는 모든 폴더를 만들어주어야 하기 때문이다. 헤더 파일이 여럿일 때는 대개 프로젝트 폴더 아래 include라는 폴더를 만들고 그 안에 헤더 파일을 모아놓게 된다. 그 경우 ① 대신 #include "include/stack.h"라고 쓰면 된다. 이는, 현재 소스코드 파일이 있는 폴더 아래 include 폴더 아래 stack.h가 있다는 뜻이다. 현재 폴더를 기준으로 경로를 명시했기 때문에 이를 상대 경로(Relative Path)라고 부른다.

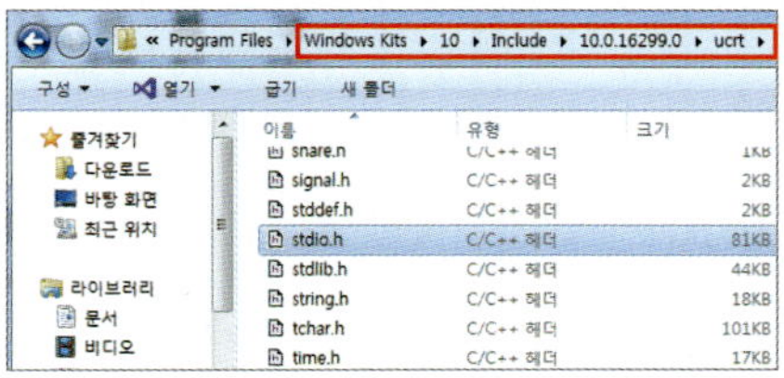

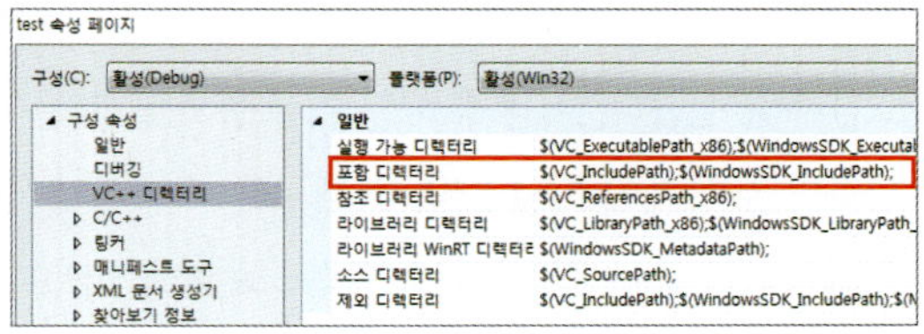

표준 라이브러리 헤더 파일은 〈stdio.h〉처럼 대개 꺽쇠(Angle Bracket)로 묶는다. 그 경우 컴파일러는 일정한 경로를 따라 해당 파일을 찾는다. 최근 나온 Visual C의 헤더 파일은 왼쪽 그림에서 보듯 대부분 Windows Kits 내부의 UCRT(Universal CRT)라는 폴더 안에 존재한다. 만약 프로그래머가 직접 만든 헤더 파일을 여기에 위치시키면 그 파일도 꺾쇠로 묶을 수 있다. 이 경로는 오른쪽 그림에서 보듯 Visual C 컴파일러에서 [프로젝트]–[속성]–[구성 속성]–[VC++ 디렉터리] 메뉴를 선택하면 열리는 창의 '포함 디렉터리'에 $(WindowsSDK_IncludePath);라는 상징적인 기호로 표시되어 있다.

헤더 파일(stack.h)만 포함시키면 구현 파일(stack.c)은 자동으로 따라온다. printf 함수를 사용할 때도 stdio.h 파일만 포함시켰을 뿐, stdio.c라는 소스 파일을 포함시키지 않은 것은 이 때문이다.

```
struct stack {
   int top;
   int data[MAX];
};
typedef struct stack stackType;
```

stack.h에 포함된 struct stack은 예처럼 정의되어 있다. 여기서 top은 그 아래 정의한 data

배열의 스택 탑 위치를 나타내는 인덱스다. 물론 이를 int top; int data[MAX];처럼 해서 별개의 변수로 선언할 수도 있다. 그러나 그렇게 되면 여러 개의 스택을 사용할 경우 top이나 data 배열도 여러 개 만들어야 된다. 그 경우 어느 top이 어느 data 배열의 top인지를 분간하기가 어려워진다. 그러한 이유 때문에 예는 top과 data 배열을 하나의 구조체로 묶고 있다.

배열로 구현한 스택에서 스택 탑은 오른쪽 끝에 있다.

추상 자료형 스택은 여러 가지 방법으로 구현할 수 있다. 만약 배열로 구현하고자 한다면 푸시, 팝이 항상 배열의 오른쪽 끝에서 일어나게 해야 한다. 즉, 배열의 오른쪽 끝을 스택 탑으로 간주해야 한다. 이렇게 하는 이유는 효율 때문이다. 만약 역으로 왼쪽 끝을 스택 탑으로 간주 하면 푸시가 일어날 때마다 새로운 데이터가 인덱스 0 자리를 차지해야 하므로 이전에 있던 데이터를 모두 한 칸씩 오른쪽으로 이동시켜야 한다. 팝도 마찬가지다. 왼쪽 끝을 스택 탑으로 간주하면 인덱스 0에 있는 데이터를 돌려준 후에는 오른쪽에 있던 데이터를 모두 한 칸씩 왼쪽으로 이동시켜야 한다. 오른쪽 끝을 스택 탑으로 하면 이러한 부담을 덜 수 있다.

예제 15-1 ② **stack.c file**

```
#include "stack.h"

void init(stackType* sp){
    sp->top = -1; ······························ ❶
}

int is_empty(stackType* sp){
    return (sp->top == -1); ···················· ❷
}

int is_full(stackType* sp){
    return (sp->top == (MAX - 1)); ············· ❸
}

void push(stackType* sp, const int item){
    sp->data[++(sp->top)] = item; ·············· ❹
}

int pop(stackType* sp){
    return sp->data[(sp->top)--]; ·············· ❺
}
```

추상 자료형 Stack을 배열로 구현한 예다. 구현자 관점에서는 예처럼 stack.c 파일을 통해 실제로 함수를 구현해야만 한다. 사용자 관점의 인터페이스 파일과 대조된다는 뜻에서 이를 구현 파일(Implementation File)이라 부른다. stack.c는 #include에 의해 stack.h를 포함시키면서 시작한다.

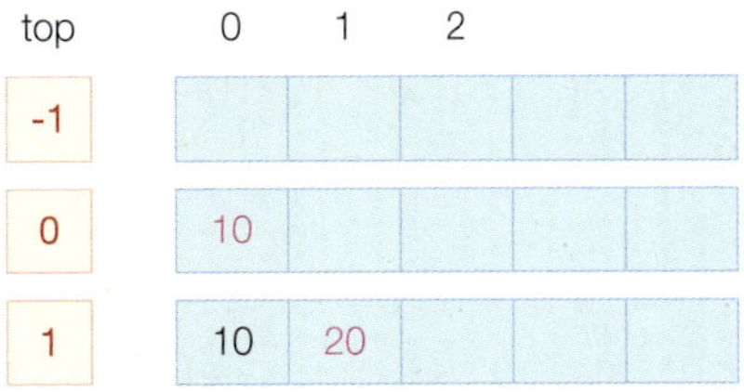

그림 15-2 top 인덱스의 변화

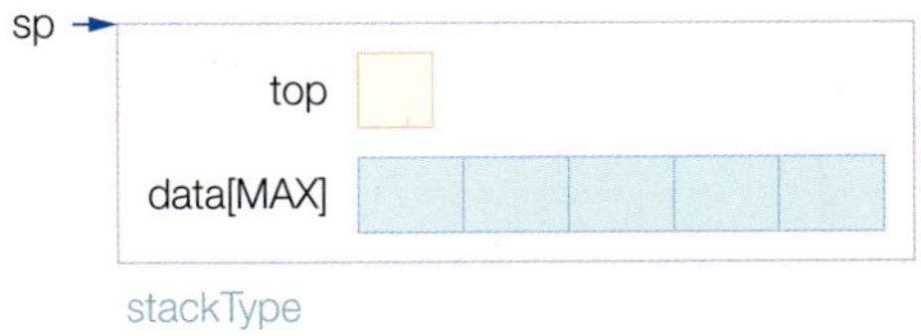

그림 15-3 스택 포인터 sp

top 변수에 의해 스택 탑을 추적할 수 있다. 처음 스택을 만들 때는 ①의 init 함수에 의해 top을 −1로 초기화한다. 이 상태가 바로 스택이 비어 있는 상태이므로 ②의 is_empty 함수도 top이 −1인지만 확인하면 된다. 새로운 item을 푸시하려면 ④의 ++top에 의해 일단 인덱스를 1만큼 증가시킨 후 그 위치에 item을 넣는다. 예를 들어 처음 푸시되는 item은 top을 −1에서 0으로 증가시킨 후 인덱스 0 위치에 삽입한다. 동시에 top 인덱스는 0이 된다. 그림은 10, 20 순으로 푸시할 때 top 인덱스 값의 변화를 보여준다. 이런 식으로 푸시가 계속되면 top은 항상 현재 스택의 오른쪽 끝에 있는 item을 가리키게 된다. 역으로, 팝 함수는 ⑤의 top−−에 의해 일단 현재 top 인덱스에 있는 item을 돌려준 다음 top 인덱스를 1만큼 감소시킨다. 그 결과 해당 item이 삭제된 것과 같은 효과를 낸다. 예의 함수에서 인자인 sp를 구조체가 아니라 구조체를 가리키는 포인터로 선언한 이유는 참조 호출에 의해 스택 구조체 자체를 변화시켜야 하는 함수가 있기 때문이다.

푸시를 가하기 이전에는 항상 ③의 is_full 함수를 호출해서 배열이 이미 꽉 찬 상태인지를 확인해야 한다. 만약 배열 크기가 MAX개라면 인덱스 범위는 0부터 (MAX − 1)까지다. 따라서 현재의 top 인덱스가 (MAX − 1)이라면 더 이상 새로운 item을 푸시할 수 없는 상태다. 같은 맥락에서, 팝을 가하기 이전에는 항상 is_empty 함수를 호출해야 한다. 아무것도 없는 빈 스택에서 item을 가져올 수는 없기 때문이다.

공용 인터페이스: 헤더 파일을 포함시키면 소스 파일 전체를 공유
전용 인터페이스: 공유의 범위를 해당 소스 파일 내부로 제한

C 언어의 인터페이스에는 두 종류가 있다. 사용자 정의 자료형이나 함수 원형, 전역 변수, 매크로 함수 및 상수를 헤더 파일에 모아놓고 그 헤더 파일만 포함시키면 그 안에 있는 모든 것을 공유하게 만든 것을 공용 인터페이스(Public Interface)라고 부른다. 반면, 같은 소스 파일 내부에서만 공유하게 만든 인터페이스를 전용 인터페이스(Private Interface)라고 부른다. 전용 인터페이스를 쓰면 변수는 물론 함수도 파일 내부에서만 공유하게 할 수 있다.

함수는 기본적으로 유효 영역이 전역(Global)이다. 따라서 함수 원형을 선언한 헤더 파일을 포함시키기만 하면 어디서든 호출하여 쓸 수 있다. 이는 지역 변수가 될 수도 있고 전역 변수가 될 수도 있는 변수와는 다른 점이다.

```
mystring.c file
#include "mystring.h"

static int length(char* str){
   int i;
   for (i = 0; str[i] != '\n'; i++);
      return i;
}

int size(char* str){
    return (length(str) + 1);
}
```

static 지정자를 붙이면 그 함수는 같은 파일 내부에서만 사용할 수 있다.

그러나 예처럼 함수 앞에 static 지정자를 붙이면 이 함수를 호출할 수 있는 영역은 이 파일 내부로 제한된다. 같은 파일 내부에서만 사용할 수 있다는 의미에서 이러한 함수를 전용 함수(Private Function)라고도 부른다. 만약 예에서 static을 빼면 이 함수는 이 파일과 같이 컴파일되는 다른 모든 파일에서 불러다 쓸 수 있다. 그러나 예처럼 static을 붙이면 이 함수는 이 파일 내부에 있는 함수(예의 경우 size 함수)에서만 사용할 수 있다. 같이 컴파일되는 다른 소스 파일은 length 함수에 접근할 수 없다.

```
extern int id; ············· ❶
static int pswd; ·········· ❷
```

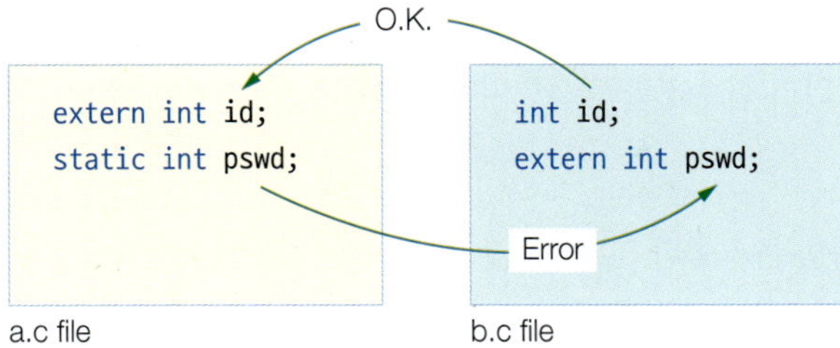

그림 15-4 extern과 static

①은 id라는 전역 변수를 정의한 것으로 보인다. 그러나 이는 변수 정의가 아니라 변수 선언이다. extern이 변수 id가 다른 파일에 정의되어 있다는 의미이기 때문이다. 어떤 파일이 다른 파일에 정의된 전역 변수를 사용할 때는 이처럼 extern이라는 키워드를 붙여 그것이 이미 다른 파일에 정의된 변수라는 점을 밝혀야 한다.

정의(Definition)와 선언(Declaration)은 다른 개념이다. int a;는 정의다. 메모리에 a라는 새로운 변수를 만들기 때문이다. 그러나 extern int a;는 선언이다. 다른 곳에 만들어진 변수를 쓰기 위한 것이기 때문이다. 이는 함수에 대해서도 유사하다. 함수 원형은 선언이다. 그러나 함수 원형에 이어 명령문까지 쓰면 정의다. 그러나 '정의'와 '선언'이라는 용어를 이처럼 엄밀하게 구분하지 않고 같은 개념으로 사용할 때가 많다.

함수는 물론 변수에도 전용 인터페이스를 설정할 수 있다. ②의 static은 전역 변수 pswd를 이 파일 내부에서만 사용하겠다는 뜻이다. 이렇게 되면 다른 파일에서 extern을 붙여서 여기서 정의한 pswd에 접근할 수가 없다. 변수의 수명면에서 볼 때, 전역 변수의 수명은 기본적으로 정적(static)이다. 즉, 프로그램이 끝날 때까지 그대로 남아 있다. 그러나 전역 변수 앞에 static을 붙이면 변수의 유효 영역을 이 파일 내부로 제한하겠다는 뜻이다. 이 경우의 static은 지역 변수 앞에 붙어 함수 실행이 끝나도 남아 있게 하려는 static, 즉 변수의 수명과 관련된 static과도 다른 의미라는 점에 유의해야 한다.

전용 인터페이스에 의해 외부와의 연결을 끊음으로써 코드의 보안성과 독립성이 향상된다. 즉, 여러 소스 파일에서 동일한 함수명이나 변수명을 써도 아무런 문제가 없다. 유효 영역이 해당 파일 내부로 제한되기 때문에 서로 충돌하지 않기 때문이다. 이는 파일별로 함수나 변수를 서로 다른 의미로 정의할 수 있음을 뜻한다. 특히 변수명이 흔한 이름일 때는 static으로 하는 것이 좋다. 다른 파일이 같은 변수명을 쓰면 충돌할 우려가 있기 때문이다. 물론 변수명이나 함수명이 특이하다면 static을 쓰지 않아도 좋다. 문자열 복사 함수의 이름을 strcpy라고 지으면 당연히 라이브러리 함수명과 충돌한다. 그러나 my_strcpy라고 지으면 그럴 가능성이 낮아진다.

변수의 유효 영역은 좁힐수록 좋다. 다른 파일이 extern을 붙여 마음대로 가져다 쓸 수 있도록 하기보다는 static을 붙여 유효 영역을 파일 내부로 국한시키는 것이 낫다. 그러나 그렇게 하더라도 전역 변수는 같은 파일 내에서는 얼마든지 공유가 가능하다. 따라서 이를 static 지역 변수로 바꿀 수 있으면 바꾸는 것이 훨씬 낫다. 유효 영역이 함수 내부로 국한되기 때문이다.

```
average.h file
int sum;
int average(int arr[10]);
```

```
main.c file
extern sum;
extern int average(int arr[10]);
```

공용 인터페이스인 헤더 파일에는 static 함수가 있으면 안 된다. 헤더 파일은 외부 파일과의 공유 자체가 목적이기 때문이다. main.c는 #include "average.h"라고만 하면 average.h 및 average.c에 있는 모든 내용을 공유할 수 있어야 한다. 만약 그러한 방식을 사용하지 않고 공유하려면 예에서 보듯 main.c 파일은 사용하고자 하는 변수나 함수 앞에 일일이 extern을 붙여야만 한다.

연관된 기능을 수행하는 함수 원형이나 전역 변수, 매크로 등을 하나의 헤더 파일에 몰아넣으면 장점도 있다. 외부 파일에서 #include를 써서 해당 헤더 파일을 포함시키기만 하면 모든 것을 공유할 수 있기 때문이다. 또, 헤더 파일의 내용을 바꿀 때에도 하나의 헤더 파일만 바꾸면 그 헤더 파일을 포함시킨 모든 소스 파일에 자동으로 반영된다는 장점도 있다.

그러나 헤더 파일을 작성하는 데에도 원칙이 있다. 헤더 파일에는 타인에게 공개하고자 하는 함수나 변수만 있어야 한다. 공유하고 싶지 않은 함수나 변수는 구현 파일인 소스 파일로 가야 한다. 전역 변수도 최소화해야 한다. 변수를 노출한다는 자체가 구현과 관련된 디테일을 노출시키는 행위이기 때문이다. 만약 어떤 전역 변수를 그 헤더 파일을 포함시킨 다른 여러 모듈이 건드릴 경우 변수 값을 일관되게 관리하기가 어렵게 된다.

03 다중 파일 컴파일

하나의 프로젝트 안에 여러 개의 소스 파일과 헤더 파일이 있을 수 있다. 프로그램 규모가 커지면 기능별로 나누어서 별도의 파일로 독립시키는 것이 유리하기 때문이다. 특히, 하나의 프로젝트를 여러 사람이 나누어서 짤 때는 여러 파일로 분할하는 것이 유리하다. 스택과 반대되는 추상 자료형이 큐(Queue)다. 이는 선입선출 즉, 먼저 들어온 것이 먼저 나간다는 개념을 추상화한 것으로 FIFO(First in First out) 구조라고도 부른다. 만약 A가 스택을 짜고 B가 큐를 짠다면 하나의 프로젝트 안에 main.c, stack.h, stack.c, queue.h, queue.c라는 다섯 개 파일이 존재한다. 물론 어떤 경우든 main 함수는 단 하나여야 한다.

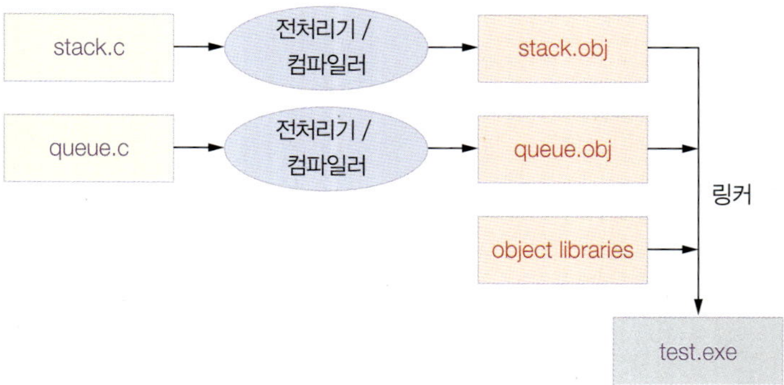

그림 15-5 분할 컴파일 및 링크

꺽쇠로 묶은 모든 헤더 파일이 표준 라이브러리 헤더 파일이다. 이 헤더 파일이 끌고 올라오는 구현 파일인 표준 라이브러리 함수는 모두 미리 컴파일된 상태에서 .obj 파일 형태로 '오브젝트 라이브러리'에 저장되어 있다. 따라서 우리가 #include 〈string.h〉라고 하면 string.c에 있는 함수가 소스코드 형태로 포함되는 것이 아니라 obj 파일 형태로 포함된다. 이미 컴파일을 끝낸 오브젝트 코드 형태이기 때문에 이 파일들은 Ctrl+F5를 누르면 곧바로 링크만 해서 실행할 수 있다. 표준 라이브러리 함수가 모두 오브젝트 라이브러리 형태로 되어 있는 이유는 그렇게 함으로써 실행 속도를 빠르게 가져갈 수 있기 때문이다.

헤더 파일은 컴파일 대상이 아니다.

헤더 파일 자체를 컴파일할 수는 없다. 예를 들어 stack.c 시작 부분에 #include "stack.h"라고 지시하면 이 지시어 위치에 stack.h라는 헤더 파일이 포함되지만 실제로 컴파일 대상이 되는 것은 헤더 파일이 끌고 올라온 stack.c 파일이다. 물론 헤더 파일에 사용자 정의 자료형이 있을 때에는 그것도 컴파일 대상에 포함된다.

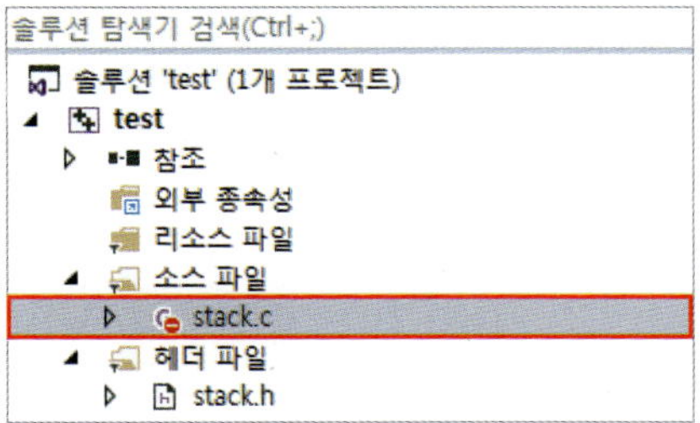

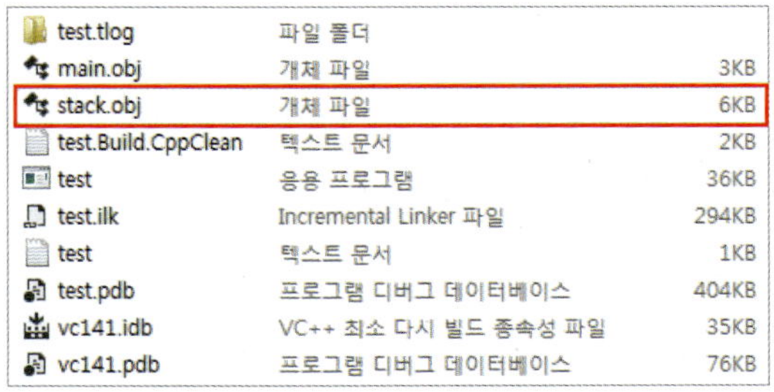

소스 파일별로 별도 컴파일(Separate Compilation)을 할 수도 있다. 예를 들어, 왼쪽 '솔루션 탐색기' 창에 보이는 stack.c 파일만 따로 떼어내어 컴파일하려면 [빌드]–[컴파일] 메뉴를 선택하거나 Ctrl+F7을 누르면 된다. 컴파일 결과, 오른쪽 그림에서 보듯 debug 폴더 안에 stack.obj 파일이 만들어진다. 모든 소스 파일을 별도로 컴파일할 수 있다. stack.c뿐만 아니라 main.c도 별도로 컴파일할 수 있다.

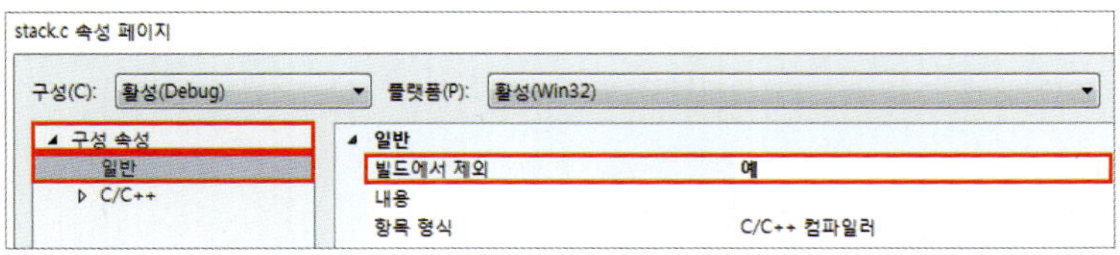

이미 stack.obj 파일을 만들었음에도 불구하고 컴파일러 옵션 설정에 따라서는 main.c를 컴파일할 때 또 다시 stack.c를 컴파일하기도 한다. 이렇게 되면 당연히 컴파일 속도가 느려진다. 이 경우 [프로젝트]–[속성]–[구성 속성]–[일반] 메뉴를 선택하면 나타나는 창에서 '빌드에서 제외'를 '예'로 설정하면 해당 파일은 컴파일 대상에서 제외시키고 컴파일한다. 그러나 그러한 목적이 아니라면 이 옵션을 '아니요'로 설정해야 한다. 만약 아직 컴파일이 되지 않은 파일을 컴파일 대상에서 제외시킨 상태에서 프로그램을 컴파일하면 debug 폴더를 생성할 수 없다는 오류가 뜬다.

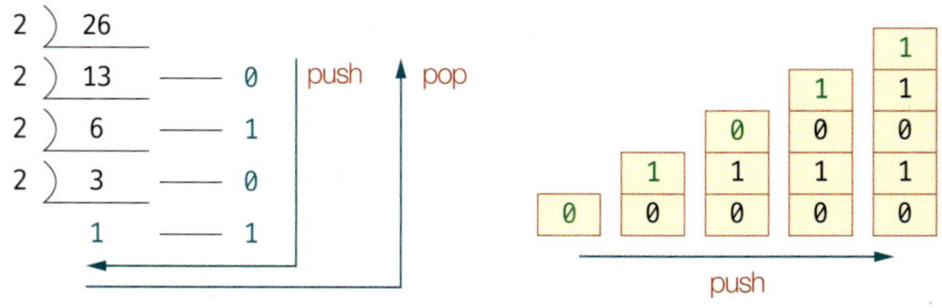

그림 15-6 2진 변환을 위한 스택

자료형을 추상적으로 정의했기 때문에 그만큼 추상 자료형의 활용 범위도 넓다. 10진수 26을 2진수로 변환하기 위해서 예처럼 스택을 이용할 수도 있다. 먼저 26을 2로 나누었을 때, 나머지인 0을 스택에 푸시한다. 몫인 13을 다시 2로 나누고 나머지인 1을 스택에 푸시한다. 다시 그 몫인 6을 2로 나눈 나머지인 0을 스택에 푸시한다. 다시 그 몫인 3을 2로 나눈 나머지인 1을 푸시한다. 몫이 2보다 작으면 그것을 푸시하며 끝낸다. 이후 스택을 순차적으로 팝하여 출력하면 된다.

예제 15-1 ③ **main.c file**

```
#include <stdio.h>
#include <stdlib.h>
#include "stack.h"

int main( ){
   int num, dividend, remainder;
   stackType mystack;

   printf("Enter a positive number.\n");
   scanf("%d", &num);

   init(&mystack);
   while (1){
      if (is_full(&mystack)) { ················· ❶
         printf("stack full error.\n");
         exit(1);
      }
      dividend = num / 2;
      remainder = num % 2;
```

```
        if (dividend < 2) {  ························ ❷
            push(&mystack, remainder);
            push(&mystack, dividend);
            break;
        }
        else {  ······································ ❸
            push(&mystack, remainder);
            num /= 2;
        }
    }
    while (!is_empty(&mystack))
        printf("%d", pop(&mystack));
    printf("\n");
    return 0;
}
```

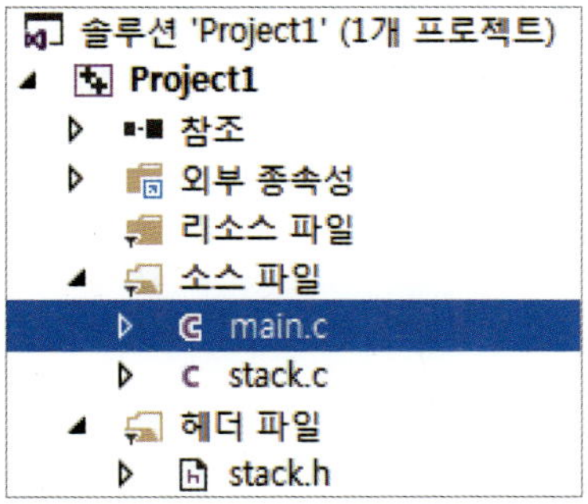


```
Enter a positive number.
15
1111
```

앞서 설명한 논리에 따라 10진수를 2진수로 바꾸는 프로그램이다. 이 프로그램을 돌리려면 왼쪽의 '솔루션' 창에서 보듯 이전 예의 stack.h, stack.c와 같이 컴파일을 해야 한다. ②에서 몫이 2보다 작으면 더 이상 나눌 필요가 없기 때문에 나머지와 몫을 푸시하고 곧바로 루프를 빠져 나온다. ②에서 이미 스택이 꽉 차 있으면 푸시가 불가능하기 때문에 빠져나온다. 그렇지 않으면 ③에서 나머지를 푸시하고 다시 루프로 들어간다.

예제 15-2 ① point.h file

```
typedef struct {
   int x;
   int y;
} pointType;
```

예제 15-2 ② circle.h file

```
#include "point.h"
typedef struct {
   pointType center;
   int radius;
} circleType;;
```

예제 15-2 ③ main.c file

```
#include <stdio.h>
#include "point.h"
#include "circle.h"
int main( ){
   pointType point, *p = &point;
   circleType circle, *c = &circle;

   p->x = 10; p->y = 20;
   c->center = *p;
   c->radius = 30;

   printf("You made a circle with\n");
   printf("center.x:%d, center.y:%d, radius:%d.\n",
           c->center.x, c->center.y, c->radius);
   return 0;
}
```

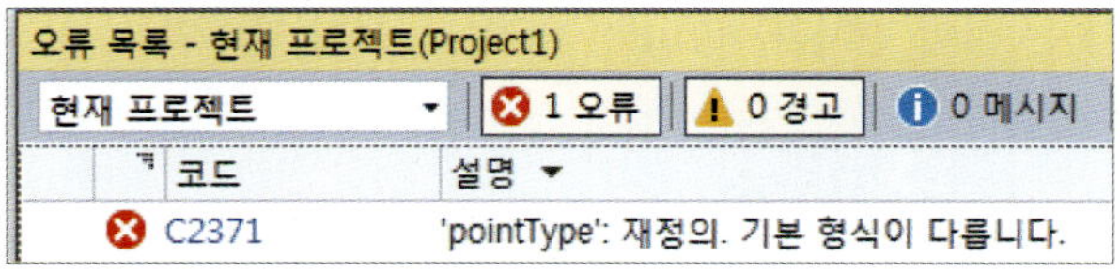

프로그램이 여러 파일로 구성되어 있을 때는 헤더 파일 중복으로 인한 문제가 일어나기도 한다. 예의 파일을 같이 컴파일하면 위와 같은 오류가 뜬다. 이는 pointType이 두 번 정의되었기 때문이다. 예의 main.c는 "point.h"와 "circle.h"라는 두 개의 헤더 파일을 포함하고 있다. 그런데 예에서 보듯 circle.h가 point.h를 포함하고 있으니 결국 main.c는 point.h를 두 번 포함한 셈이다. 그 결과 pointType이 두 번 선언된다. 동일한 타입이나 변수를 중복해서 선언하면 컴파일러는 그것을 '재정의' 오류로 취급한다.

```
point.h file
#ifndef POINT_H ··········· ❶
#define POINT_H ··········· ❷

    typedef struct {
        int x;
        int y;
    } pointType;

#endif ······················ ❸
```

헤더 파일 중복을 피하려면 조건부 매크로를 써야 한다.

이 문제를 해결하려면 point.h를 예처럼 #ifndef, #define, #endif로 둘러싸서 조건부 매크로를 실행시켜야 한다. ①의 #ifndef의 의미는 if 문과 유사하지만 # 기호가 붙은 것으로 보아 이는 전처리기에 의해 처리되는 지시어다. #ifdef의 반대말이 #ifndef로서 'if not defined'라는 뜻이다. 이 파일을 처음으로 포함할 때는 아직 POINT_H라는 상수가 정의되어 있지 않기 때문에 #ifndef POINT_H가 참이 된다. 그 결과 ②의 #define에 의해 POINT_H라는 상수가 새로 정의된다. 여기서 POINT_H 다음에 상수 값을 주어도 되고 주지 않아도 된다. 중요한 것은 POINT_H라는 상수를 정의했는지 여부이기 때문이다. 또, POINT_H라는 매크로 상수 이름은 마음대로 지어도 된다. 그러나 이름 짓기가 어려우면 예처럼 point.h라는 파일 이름과 연관시켜 POINT_H라고 하는 것이 편하다. #ifndef POINT_H가 참이면 ②부터 시작해서 ③의 #endif를 만나기 전까지 모든 내용이 컴파일 대상에 포함된다.

만약 예의 point.h를 중복해서 포함시키면 어떤 일이 일어나는가? point.h를 처음 포함시킬 때 ②에 의해 POINT_H라는 상수가 정의된다. 따라서 이를 두 번째 포함시킬 때는 ①의 #ifndef POINT_H가 거짓이 되므로 ③의 #endif 직전까지 모든 내용이 컴파일 대상에서 제외된다. 이처럼 조건부 매크로를 쓰면 point.h를 몇 번이고 중복해서 포함하더라도 전처리기를 거치면 결국 이 헤더 파일의 내용은 단 한 번만 포함된다. 이런 점에서 볼 때, 모든 헤더 파일은 예처럼 조건부 매크로로 둘러싸는 것이 안전하다.

04 연결 리스트로 구현한 스택

```
struct node {
    char data;
    struct node self;
}
```

구조체 타입을 선언할 때, 같은 타입의 변수를 멤버로 포함시킬 수는 없다. 즉, 위와 같이 정의할 수는 없다.

```
struct node {
    char data;
    struct node *next;
}
```

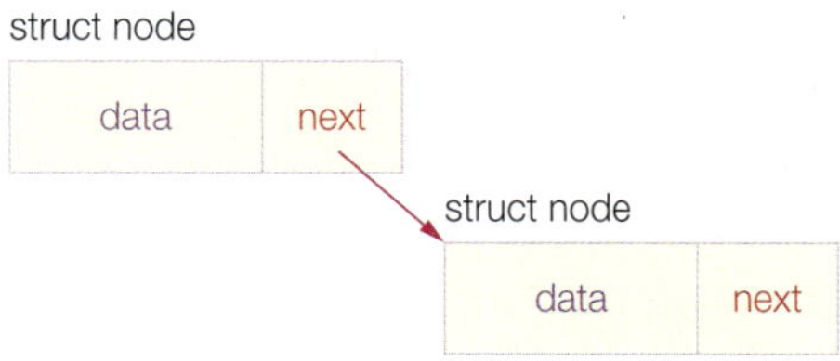

그림 15-7 자기 참조 구조체

그러나 포인터를 써서 같은 타입의 다른 구조체를 가리키게 할 수는 있다. 서로 별개의 변수이기 때문이다. 이런 형태의 선언을 재귀적 정의(Recursive Definition)라고 부른다. struct node 타입을 정의하면서 내부에 struct node 타입의 멤버 변수를 사용했기 때문이다. 이를 자기 참조 구조체(Self-referential Structure)라고도 부른다. 자기 자신과 같은 모습의 구조체를 가리키기 때문이다.

```
struct node first, second, third;
first.next = &second;
second.next = &third;
```

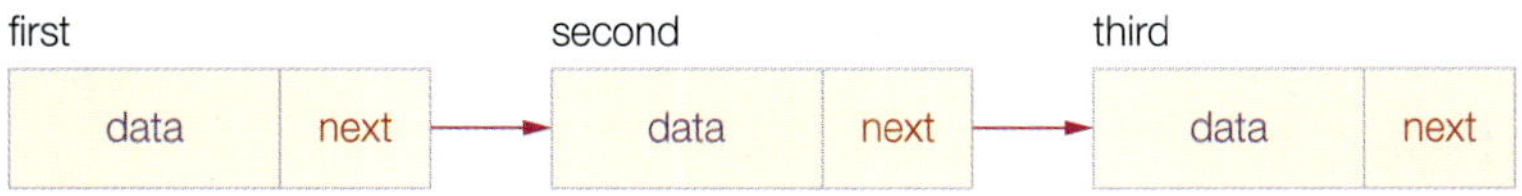

그림 15-8 정적 연결 리스트

일련의 데이터를 모은 추상 자료형이 리스트다. 예처럼 선언하면 first 구조체의 멤버인 next가 second 구조체를 가리킨다. 또, second의 next도 third를 가리킨다. 여기서 first.next가 가리키는 것은 second.data가 아니라 second 구조체 전체다. 따라서 first.next → next라고 해서 second 구조체의 next에 접근할 수 있다. 이처럼 굴비 엮듯이 포인터를 통해 데이터를 연결한 것을 연결 리스트(Linked List)라 부른다.

리스트를 배열로 구현할 수도 있다. 배열 인덱스를 하나씩 증가시키면서 데이터를 추가하면 인덱스 자체가 바로 연결선이기 때문이다. 그러나 배열은 정적 자료구조(Static Data Structure)다. 예를 들어, int list[3];이라고 선언하면 이 공간의 크기는 프로그램 실행 중 줄이거나 늘릴 수 없다. 지역 변수의 크기는 컴파일 타임에 확정되기 때문이다. 따라서 list[3], list[4]에 접근하면 실행 오류가 뜬다.

```
struct node first;
first->next = (struct node*)malloc(sizeof(struct node)); ·············· ❶
first->next->next = (struct node*)malloc(sizeof(struct node)); ······ ❷
```

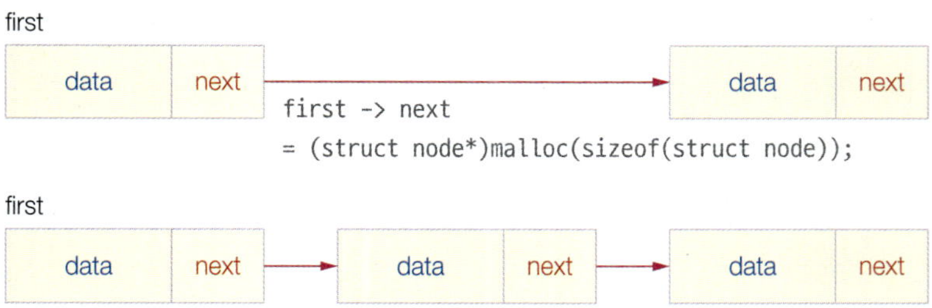

그림 15-9 동적 연결 리스트

포인터를 사용하면 예처럼 동적 자료구조(Dynamic Data Structure)를 만들 수 있다. 동적 자료구조의 가장 큰 장점은 프로그램 실행 도중 필요한 만큼의 데이터를 추가할 수 있다는 것이다. 예를 들어, ①에 의해 첫 구조체인 first에 다음 데이터를 만들어 이어붙일 수 있다. 또, 그 다음 데이터를 만들어 이어붙이려면 ②처럼 할 수 있다. 이처럼 프로그램 실행 도중에 입력 데이터가 몇 개 들어오든 동적으로 메모리를 확보하여 이어붙일 수 있다는 것은 정적 자료구조인 배열에 비해 대단한 융통성이다.

2진 트리(Binary Trees), 그래프(Graphs), 해시 테이블(Hash Tables) 등 전산 과학에서 자주 사용되는 다양한 자료구조가 모두 포인터를 통해 구조체를 서로 연결하는 형태다. 그 중 가장 간단한 형태가 연결 리스트다. 연결 리스트를 이루는 개별 구조체를 노드(Node, 마디)라고 부른다. 연결 리스트를 이용하여 스택을 구현해 보자.

줄줄이 엮인 비엔나 소시지 전체를 들어올리려면 반드시 붙잡을 곳이 있어야 한다. 다시 말해, 실마리가 필요하다. 이와 마찬가지로, 구조체끼리 연결되어 리스트를 이룰 때도 첫 구조체를 가리키는 포인터가 필요하다. 이 포인터만 있으면 첫 노드, 둘째 노드, 셋째 노드에 줄줄이 접근할 수 있기 때문이다. 이 포인터 변수의 이름을 top이라고 해 보자.

그림 15-10 top 포인터

top 변수의 타입은 next 변수의 타입과 같다.

배열로 구현한 스택에서는 데이터 배열과 top 인덱스를 묶어서 하나의 구조체로 선언해야 했다. 그러나 연결 리스트로 구현한 스택에서는 top 포인터를 스택과는 별도로 선언할 수 있다. top 포인터가 첫 노드를 가리키게만 하면 나머지 모든 노드에 접근할 수 있기 때문이다. 이 포인터는 구조체 타입이 아니라는 점에 특히 유의해야 한다. 첫 구조체를 가리켜야 하므로 next 변수와 마찬가지로 구조체를 가리키는 포인터 타입이어야 한다.

예제 15-3 ① stack.h file

```
#ifndef STACK_H
#define STACK_H

    struct node {
        char data;
        struct node *next;
    };
    typedef struct node nodeType;

    void init(nodeType** top); ·································❶
    int is_empty(nodeType** top); ······························❷
    void push(nodeType** top, const char item); ················❸
    char pop(nodeType** top); ··································❹
    void free_list(nodeType** top); ····························❺

#endif
```

구현 방법이 바뀌어도 인터페이스 파일인 stack.h는 배열과 동일하게 가져갈 수 있다. 그러나 여기서는 연결 리스트의 특성을 설명해야 하기 때문에 예처럼 헤더 파일을 조금 바꾸어 볼 필요가 있다. struct node 타입 선언에서 data 변수는 문자 타입이며 next 변수는 다음 노드를 가리키는 포인터다. 또, 배열의 경우에는 스택을 stackType으로 정의했으나 여기서는 nodeType으로 바꾸어 정의하기로 한다.

스택을 연결 리스트로 구현할 때는 배열로 구현할 때와는 달리 is_full 함수가 불필요하다. 크기가 고정된 배열에서는 항상 푸시 이전에 빈 공간이 있는지 확인해야 하지만 연결 리스트에서는 malloc에 의해 새로운 노드를 자유로이 추가할 수 있기 때문이다. 그러나 malloc에 의해 동적 메모리를 할당했기 때문에 배열과는 달리 나중에 그 메모리를 반납할 필요가 있다.

⑤의 free_list 함수가 그 역할을 수행한다.

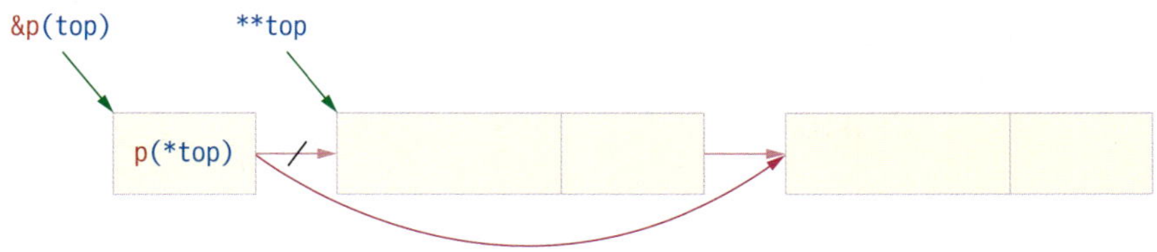

그림 15-11 포인터 p 자체를 바꾸려면 &p를 전달

그림의 맨 앞에 있는 p가 첫 노드를 가리키는 포인터다. 물론 이 p를 스택의 top으로 선언하면 간단하다. 그러나 실제로 스택의 top은 &p라고 해서 p를 가리키는 포인터로 선언해야 한다. 여기에는 이유가 있다. 포인터 p가 항상 첫 노드를 가리키도록 하려면 p의 값을 바꿀 수 있어야 한다. 예를 들어, p가 그림의 첫 노드를 가리키다가 그 노드가 팝이 되면 둘째 노드를 가리켜야 한다. 따라서 만약 팝 함수가 이처럼 p의 값을 변경했다면 호출 함수로 되돌아왔을 때도 변경된 p 값을 유지해야 한다. 다시 말해, 포인터 p에 대해 참조 호출을 할 수 있어야 하므로 포인터의 포인터, 즉 2중 포인터를 넘겨주어야 한다. 변수 값을 바꾸려면 변수의 주소를 넘기듯이 포인터 값을 바꾸려면 포인터의 주소를 넘겨야 한다.

top을 2중 포인터로 만들어야 *top을 변경할 수 있다.

top에 &p를 대입하면 이제 p는 *top이 된다. 또, p(= *top)가 가리키는 노드 구조체는 **top이 된다. 예제의 함수 인자를 nodeType** top이라고 한 이유는 이 때문이다. 'top이 가리키는 것이 가리키는 것'이 nodeType이다. top을 2중 포인터로 만들어야 참조 호출에 의해 첫 노드를 가리키는 *top을 변경할 수 있다.

예제 15-3 ② stack.c file(1)

```
#include "stack.h"
#include <stdlib.h>
#include <stdio.h>

void init(nodeType** top){ ····················· ❶
    *top = NULL;
}
```

```
int is_empty(nodeType** top){  ················· ❷
    return (*top == NULL);
}
```

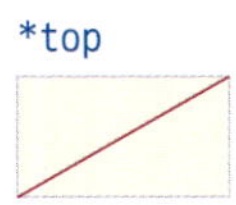

stack.c 파일을 넷으로 나누어 하나하나 설명해 보자. 연결 리스트에서는 항상 마지막 노드의 next 값을 NULL로 놓는다. next 포인터를 타고 따라가다가 NULL을 만나면 그것이 마지막 노드임을 나타내기 위해서다. *top이 가리키는 노드가 단 하나라면 그 노드의 next 포인터를 NULL로 놓는다. 그러나 *top이 가리키는 노드가 하나도 없으면 위 그림과 같이 *top 자체를 NULL로 놓는다. 따라서 스택을 초기화할 때는 ①처럼 해야 한다(그림처럼 NULL 포인터는 대개 사선으로 표시한다). 이렇게 할 경우, 현재 스택이 비어 있는지를 확인하려면 ②처럼 *top이 NULL인지만 확인하면 된다.

연결 리스트로 구현한 스택에서 스택 탑은 리스트의 첫 노드다.

배열과는 정반대로 연결 리스트로 구현한 스택에서 스택 탑은 왼쪽 끝에 있다. 즉, *top이 직접 가리키는 노드가 바로 스택 탑이다. 만약 연결 리스트에서 오른쪽 끝에 있는 마지막 노드를 스택 탑으로 하면 시간적인 효율이 떨어진다. 푸쉬나 팝을 가할 때마다 *top에서 출발하여 next 포인터를 계속 따라가면서 마지막 노드를 찾아야 하기 때문이다.

예제 15-3 ③ stack.c file(2)

```
void push(nodeType** top, const char item){
    nodeType* temp = (nodeType*)malloc(sizeof(nodeType));
    if (temp == NULL){
        printf("No more memory.\n");
        exit(1);
    }
    temp->data = item;  ························· ❶
    temp->next = *top;  ························· ❷
    *top = temp;  ······························· ❸
}
```

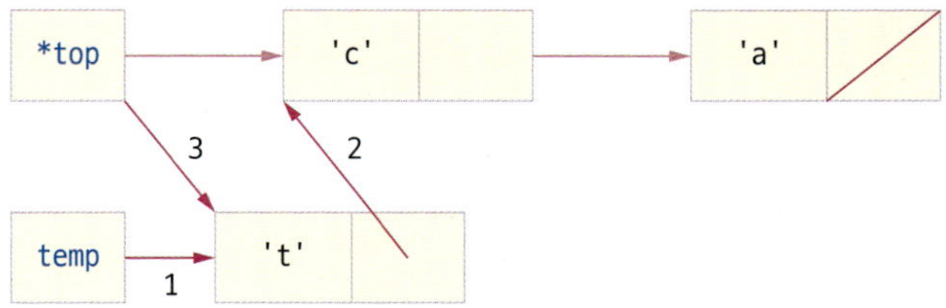

그림 15-12 스택 푸시

푸시를 가하려면 일단 malloc에 의해 새로운 노드를 만든 후에 널 테스트를 가한다. 이후 ①에 의해 인자로 넘어온 item 값을 넣는다. ②에서 새로 만든 노드의 next 포인터가 현재의 스택 탑 노드를 가리키게 한다. 여기서 좌변과 우변은 모두 포인터라는 점에 유의해야 한다. 이후 ③에서 *top이 새로 만든 노드를 가리키게 하면 이제 그 노드가 첫 노드가 되므로 스택 탑에 위치한다. 예는 스택에 't'를 푸시하는 모습이다.

연결 리스트를 구현할 때에는 항상 특수한 경우를 고려해야 한다.

연결 리스트를 구현할 때는 특수한 경우가 많으므로 그 경우에도 코드가 작동하는지 확인해야 한다. 현재 스택이 비어 있는 경우가 그 예다. 이 코드는 현재 스택이 비어 있는 상태, 즉 *top이 NULL인 상태에서 첫 노드를 푸시할 때도 제대로 작동한다. ②에 의해 temp->next가 NULL이 되면서 그것이 스택의 첫 노드이자 마지막 노드가 되기 때문이다. 연필로 그림을 그리면서 추적해 보면 이 점을 쉽게 알 수 있다.

예제 15-3 ④ stack.c file(3)

```
char pop(nodeType** top){
    nodeType* temp;
    char item;

    if (is_empty(top)){
        printf("Stack empty.\n");
        exit(1);
    }
    temp = *top; ································ ❶
    item = temp->data;
    *top = (*top)->next; ························ ❷
    free(temp); ································· ❸
```

```c
    return item;
}
```

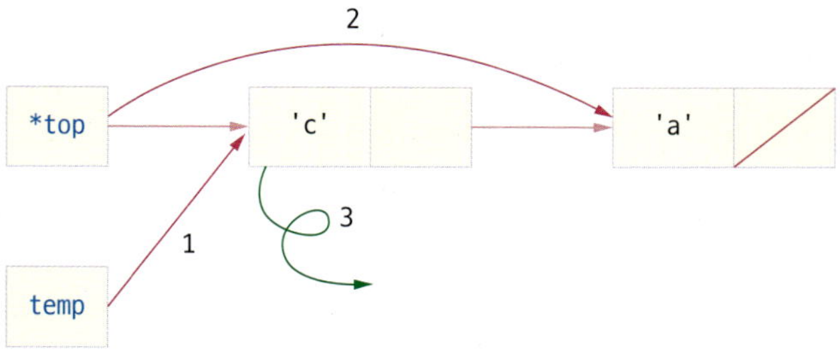

그림 15-13 스택 팝

연결을 끊기 전에 포인터를 백업해두어야 공간을 반납할 수 있다.

팝을 가하려면 일단 if 문에 의해 현재 스택이 비어 있는지 확인해야 한다. 빈 스택에서 팝을 할 수는 없기 때문이다. ①에서 일단 *top을 temp에 백업해두어야 한다. 그래야 나중에 *top이 옮겨가서 현재 *top이 가리키는 노드와의 연결이 끊기더라도 ③에 의해 해당 노드 공간을 반납할 수 있기 때문이다. 이후 현재 *top이 가리키는 data를 item에 저장해두어야 한다. 노드 공간을 반납한 다음에 리턴 값으로 item을 돌려주기 위해서다. ②는 *top이 스택 탑 다음 노드를 가리키게 하려는 것이다. 현재 노드가 하나인 특수한 경우에도 이 코드가 제대로 작동하는지 확인할 필요가 있다.

예제 15-3 ⑤ stack.c file(4)

```c
void free_list(nodeType** top){
    nodeType* temp = *top; ······················ ❶
    while (temp != NULL){
        *top = (*top)->next; ····················· ❷
        free(temp); ································ ❸
        temp = *top; ······························ ❹
    }
}
```

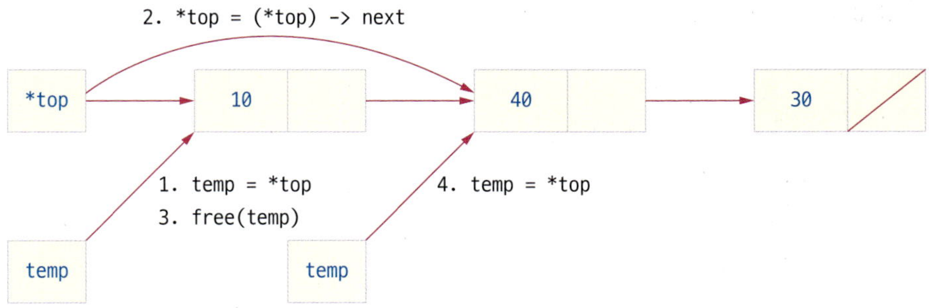

그림 15-14 리스트 공간 반납

리스트 공간을 반납할 때는 루프를 돌면서 노드를 하나하나 반납해야 한다. C 언어에는 첫 노드를 가리키는 *top만 주면 거기에 연결된 모든 노드를 free시키는 함수가 없기 때문이다. ①에서 *top을 일단 temp에 백업해둔다. 이후, temp가 NULL이 아닐 동안 ②에 의해 *top을 계속 전진시키면서 노드를 하나하나 반납해야 한다. 그때마다 ③에 의해 미리 백업해두었던 temp를 써서 노드 공간을 반납한다. *top을 옮기기 전에는 이처럼 항상 현재 *top을 백업해두어야 한다. ④도 일단 현재의 *top을 temp에 백업해둔 다음에 루프를 돌면서 ②에 의해 *top을 전진시키려는 것이다.

```
void free_list(nodeType** top){
    if (*top == NULL)
        return;
    else {
        free_list((*top)->next);
        free(*top);
    }
}
```

예처럼 머리 재귀를 써서 구현할 수도 있다. 머리 재귀를 쓰면 마지막 노드에서 첫 노드로 되돌아오면서 노드를 삭제한다. 만약 이를 꼬리 재귀로 구현하면 제대로 동작하지 않는다. 앞선 노드를 삭제하면 next 포인터가 삭제되어 다음 노드와의 연결이 끊어지기 때문이다.

예제 15-3 ⑥ main.c file

```
#include "stack.h"
#include <stdio.h>

int main( ){
    nodeType *original, *copy, *reverse; ··························❶
    char ch; int palindrome;

    init(&original); ··············································❷
    init(&copy);
    init(&reverse);

    printf("Enter a sentence.\n");
    while ((ch = getchar( )) != '\n'){
        push(&original, ch); ······································❸
        push(&copy, ch);
    }

    while (!is_empty(&copy))
        push(&reverse, pop(&copy)); ·······························❹

    palindrome = 1; ···············································❺
    while (!is_empty(&original)){ ·································❻
        if (pop(&original) != pop(&reverse)){
            palindrome = 0;
        break;
        }
    }
    palindrome == 1 ? printf("It is a palindrome.\n"):
                      printf("It is NOT a palindrome.\n");
    free_list(&original);
    free_list(&copy);
    free_list(&reverse);
    return 0;
}
```

```
Enter the sentence.
eligible
It is NOT a palindrome.
```

```
Enter the sentence.
able was I ere I saw elba
It is a palindrome.
```

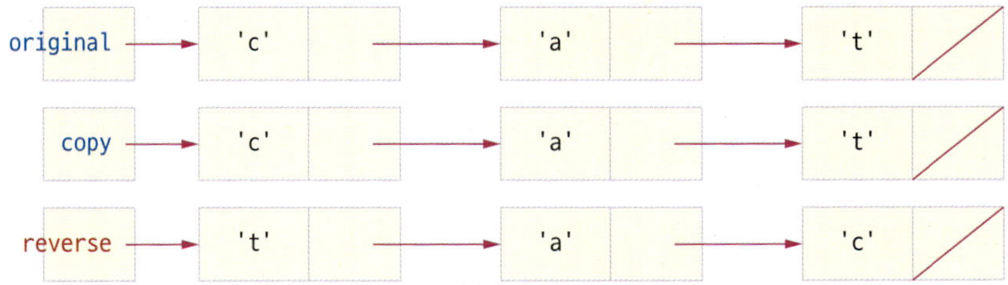

그림 15-15 회문 판단을 위한 스택

추상 자료형 Stack을 써서 회문인지 판단하는 프로그램으로 세 개의 스택을 활용하고 있다. ①에서 선언한 original, copy, reverse는 모두 스택 탑을 가리키는 포인터다. ②에서 init 함수를 불러 이 포인터들을 초기화하고 있다. 초기화에 의해 포인터 값 자체가 바뀌어야 하므로 &original, 즉 original이라는 포인터의 주소(2중 포인터)를 넘겨주고 있다. ③에서 original과 copy가 가리키는 스택에 입력 문자를 순서대로 푸시하고 있다. ④에서 copy 스택에 계속 팝을 가하여 reverse 스택에 푸시하고 있다. 이렇게 되면 original 스택과 reverse 스택에 저장된 문자는 서로 역순이 된다. ⑤에서 일단 palindrome이 참이라고 초기화한다. 이후 ⑥에서 origianl 스택과 reverse 스택에 계속 팝을 가하면서 서로 다른 문자이면 palindrome을 거짓으로 바꾼 뒤 루프를 빠져나간다. 만약 스택이 빌 때까지 같은 문자가 계속되었다면 palindrome은 초기화 값인 참을 유지한다.

05 범용 프로그래밍

범용 프로그래밍(Generic Programming)의 목적은 자료형에 무관한 코드를 작성함으로써 코드의 재사용성(Reusability)을 높이는 데 있다.

```
typedef int dataType; ············································❶
typedef char dataType; ···········································❷
```

typedef도 범용 프로그래밍을 위한 수단이다. ①처럼 정의하면 int 대신 dataType이라는 추상적인 타입명을 소스코드에 사용할 수 있다. 만약 데이터가 int에서 char로 바뀌면 소스코드는 그대로 둔 채 ①을 ②처럼 바꾸기만 하면 된다.

```
#define MAX(a, b) ((a) > (b) ? (a) : (b)) ·································❶
#define NUMELTS(arr) (sizeof(arr)/sizeof(arr[0])) ·····················❷
```

매크로도 범용 프로그래밍을 위한 수단이 될 수 있다. ①처럼 선언하면 a, b의 타입에 무관하게 소스코드 중 MAX(a, b)라고 쓴 것은 모두 ((a) > (b) ? (a) : (b))로 치환된다. ②처럼 정의하면 NUMELTS(arr)에 의해 배열 요소의 타입과 무관하게 요소의 개수를 구할 수 있다. 기본적으로 C 언어는 매크로에 대해서는 타입을 확인하지 않기 때문에 서로 다른 타입의 데이터에 동일한 매크로를 쓸 수 있다. 물론 타입을 확인하지 않는다는 바로 그 점 때문에 주의를 기하지 않으면 심각한 문법 오류를 일으킬 수 있다는 점에도 주의해야 한다.

```
int i = 3; double d = 3.14;
void *p;
p = (int*)&i; ·············❶
p = (double*)&d; ···········❷
```

C 언어에서 범용 프로그래밍을 가능하게 하는 가장 강력한 수단이 void 포인터다. ①, ②에

서 보듯 형 변환에 의해 어떤 자료형의 주소로도 바꿀 수 있기 때문이다.

```
struct node{
    int data;
    struct node *next;
};
```

연결 리스트로 구현한 stack.c에 정의된 노드 구조체다. 그런데 이처럼 정의하면 범용성이 떨어진다. data가 int 타입으로 정의되어서 숫자나 문자열 같은 다른 타입의 데이터를 저장할 수 없기 때문이다.

```
struct node{
    void *data;
    struct node *next;
};
```

이 문제를 해결하려면 예처럼 data를 void 포인터로 정의할 수 있다. 이후 그 포인터를 따라가서 int, char, double 등 필요한 자료형의 데이터를 삽입하고 삭제하도록 만들 수 있다.

```
stack.h file
struct node {
    void *data;
    struct node *next;
};
typedef struct node nodeType;

void push(nodeType** top, const void* item);
void* pop(nodeType** top);
```

그렇게 되면 헤더 파일의 푸시 팝 함수 원형도 예처럼 바뀌어야 한다. 푸시 함수에 넘겨주는 것이 아이템 자체가 아니라 아이템을 가리키는 포인터여야 한다. 팝 함수가 돌려주는 것도 아이템 자체가 아니라 아이템을 가리키는 포인터여야 한다. 그렇게 해야 아이템 타입에 무관하게 동일한 함수 원형을 사용할 수 있기 때문이다.

```
stack.c file
void push(nodeType** top, const void* item){
    nodeType* temp = (nodeType*)malloc(sizeof(nodeType));
    if (temp == NULL){
        printf("No more memory.\n");
        exit(1);
    }
     strcpy(temp->data, (char*)item); ·································❶
    ...
}

int main( ){
    nodeType *original;
    push(&original, (void*)"sample string"); ···························❷
```

그러나 C 언어가 제공하는 범용성은 여기까지다. C 언어의 범용성은 헤더 파일까지로 제한된다. 타입별로 구현 방법이 달라야 하기 때문에 소스 파일을 구현할 때는 타입별로 다른 함수를 만들어야 한다.

아이템이 문자열일 때를 가정해 보자. ②의 "sample string"이라는 문자열은 첫 문자인 's'를 가리키는 char* 타입의 포인터를 리턴한다. 그런데 헤더 파일에 item의 타입을 (void*)로 선언했기 때문에 ②에서 보듯 여기에 형 변환을 가해 (void*)로 만든 다음에 푸시 함수를 호출해야 한다. 그러나 ①에서 보듯이 푸시 함수 내부에서는 이를 다시 원래의 (char*) 타입으로 되돌려야 문자열 타입에 맞는 작업을 할 수 있다.

만약 아이템이 정수라면 (void*)가 가리키는 것은 정수다. 따라서 푸시 함수가 이를 다시 원래의 (int*) 타입으로 되돌려야 하기 때문에 예의 푸시 함수와는 다른, 정수를 푸시하기 위한 함수를 따로 만들어야 한다. 함수 내용도 달라져야 한다. 문자열을 푸시할 경우에는 ①처럼 해야 하지만 정수를 푸시할 경우에는 temp->data = (int*)item;으로 바꾸어야 한다.

이는 데이터 타입에 따라 실제로는 서로 다른 함수를 호출해야 함을 의미한다. 또, 그처럼 서로 다른 함수를 호출하는 것은 프로그래머의 책임이다. 사용자 관점과 구현자 관점이 제대로 분리되어 있다면 사용자는 헤더 파일에 있는 함수 원형만 사용하여 프로그램을 끝낼 수 있어야 한다. 데이터 타입에 따라 프로그래머가 직접 거기에 맞는 함수를 호출해야 한다는 것은 이미 사용자 관점을 벗어난 이야기다. 구현에 관한 것이기 때문이다. 이런 면에서 C 언어의 범용성은 매우 제한적이다.

C++ 언어에서는 이런 작업을 자동화할 수 있다. 포인터가 가리키는 타입이 문자열일 때와 정수일 때에 따라 자동으로 서로 다른 함수를 실행하도록 할 수 있다. 프로그래머가 직접 다른 함수를 호출하는 것이 아니라 가리키는 대상의 타입에 따라 '프로그램 스스로' 실행할 함수를 찾아가는 특성을 C++에서는 다형성(Polymorphism)이라 부른다. 이런 면에서 C++ 언어는 C 언어에 비해 훨씬 높은 수준의 범용 프로그래밍이라 할 수 있다.

함수명 ≡ 함수의 시작 주소

C 언어에서 범용 프로그래밍을 가능하게 하는 또 다른 수단이 함수 포인터(Function Pointer)다. 배열명이 배열의 시작 주소이듯이 함수명도 함수의 시작 주소다. 다시 말해, 함수명은 메모리 내에서 함수의 소스코드가 시작하는 주소와 같다. 예를 들어, add 함수가 메모리 30번지에서 시작한다면 add( );라는 명령문은 30번지;라고 하는 것과 동일하다.

```
void add(int a, int b);
void subtract(int a, int b);
void(*fp)(int, int); ······· ❶

fp = add; ··················· ❷
fp(20, 30); ················ ❸
fp = subtract; ············ ❹
fp(20, 30); ················ ❺
```

변수를 가리키는 포인터 변수를 선언하듯이 함수를 가리키는 포인터 변수를 선언할 수도 있다. ①처럼 선언하면 fp라는 포인터는 리턴 타입이 void이고 매개변수가 int, int 타입인 모든 함수를 가리킬 수 있다. 이른바 함수 포인터다. 따라서 ②처럼 이 포인터에 함수명을 대입할 수 있다. 함수명 자체가 그 함수의 시작 주소, 즉 포인터이기 때문이다. int arr[10];이라고 했을 때 arr이나 &arr이 모두 배열 시작 주소를 가리키듯이 add와 &add는 모두 함수 시작 주소를 가리킨다. 따라서 ②를 fp = &add;라고 해도 무방하다.

②의 좌변과 우변이 동일하게 add 함수를 가리키는 포인터이므로 이제 ③은 add(20, 30)과 완전히 동일한 의미다. fp = &add;라고 해도 무방하기 때문에 이를 *fp(20, 30);이라고 표현하기도 한다. 변수를 가리키는 포인터 값을 바꿀 수 있듯이 함수를 가리키는 포인터 값도 바

꿀 수 있다. ④처럼 대입하면 이제 fp는 subtract와 같은 의미다. 따라서 ⑤는 subtract(20, 30)과 동일한 의미다.

변수명을 통해 변수에 직접 접근하기도 하지만 포인터를 통해 간접적으로 접근할 수도 있다. 마찬가지로 함수명을 통해 함수에 직접 접근하기도 하지만 함수 포인터를 통해 간접적으로 접근할 수도 있다. 나아가 변수 포인터와 마찬가지로 함수 포인터도 바꿀 수 있다. 함수명 대신 함수 포인터를 통해 함수를 마치 변수처럼 취급할 수 있다는 것은 대단한 융통성이다.

예제 15-4

```
#include <stdio.h>

void add(int a, int b){
   printf("The result is %d.\n", a + b);
}

void subtract(int a, int b){
   printf("The result is %d.\n", a - b);
}

void multiply(int a, int b){
   printf("The result is %d.\n", a * b);
}

void divide(int a, int b){
   printf("The result is %d.\n", a / b);
}

int main( ){
   int first, second, i;
   void(*fp[4])(int, int) = {add, subtract, multiply, divide}; ······ ❶

   printf("Enter two integers.\n");
   scanf("%d%d", &first, &second);
   printf("Enter 1(add), 2(subtract), 3(multiply), 4(divide).\n");
   scanf("%d", &i); ················································ ❷

   (fp[i - 1])(first, second);······································ ❸
```

```
    return 0;
}
```

```
Enter two integers.
2 5
Enter 1(add), 2(subtract), 3(multiply), 4(divide).
3
The result is 10.
```

함수명을 마치 변수처럼 취급할 수 있다.

정수의 사칙연산을 위한 프로그램이다. ①에서 함수 네 개를 묶어 하나의 배열로 선언하고 있다. [ ] 연산자가 * 연산자보다 우선순위가 높으므로 이는 *fp[4] = *(fp[4])로 해석되어 배열 요소 각각이 void*라는 의미다. 또, 그 배열 요소는 add, subtract, multiply, divide라는 함수명, 즉 포인터 값으로 초기화되고 있다. ②에서 원하는 연산의 종류를 i로 읽어들이고 있다. i가 1이면 이는 add(덧셈)을 의미한다. ③에서 명령문 하나로 네 가지 연산을 모두 처리하고 있다. 만약 덧셈이면 i가 1이므로 fp[i − 1] = fp[0] = add가 되어 이 명령문은 add(first, second)를 의미한다. 만약 뺄셈이면 i가 2이므로 fp[i − 1] = fp[1] = subtract가 되어 subtract(first, second)를 의미한다.

```
switch (i){
case 1:
        add(first, second);
        break;
case 2:
        subtract(first, second);
        break;
        ...
}
```

함수 포인터를 쓰지 않으면 이 프로그램은 위와 같이 장황한 스위치 문으로 작성해야 한다. case 별로 서로 다른 함수를 불러야 하기 때문이다. 이처럼 함수 포인터는 경우에 따라 서로 다른 함수를 호출할 때 특히 유용하다. 함수명 자체를 마치 변수처럼 취급할 수 있기 때문이다.

함수명을 인자로 전달할 수 있다.

```
void qsort(void *base, size_t numelts, size_t size,
                              int(*cmpar)(const void*, const void*));
```

함수 호출 시 함수명를 인자로 전달할 수도 있다. 정렬 방법 중에는 퀵속 정렬(Quick Sort)이라는 방법이 있다. stdlib.h 파일에 정의된 이 함수는 함수 원형을 위와 같은 형태로 제공한다. 이는 오름차순으로 정렬하는 함수로서 base는 정렬할 데이터가 들어간 배열명, numelts는 정렬할 배열 요소의 개수, size는 배열 요소의 크기, cmpar은 배열 요소끼리 비교하는 함수를 가리키는 함수 포인터다. strcmp 함수와 유사하게 이 함수는 첫째 인자가 가리키는 것이 둘째 인자가 가리키는 것보다 크면 양수를, 작으면 음수를, 같으면 0을 리턴해야 한다.

예제 15-5

```
#include <stdio.h>
#include <stdlib.h>
#include <string.h>

struct student{
   char name[20];
   char id[20];
};

int compare_int(const void* a, const void* b){ ······················ ❶
   return (*(int*)a - *(int*)b);
}

int compare_string(const void* a, const void* b){ ··················· ❷
   return (strcmp(((struct student *)a)->name,
                  ((struct student *)b)->name));
}

int main( ){
   int* np;
```

```
    struct student* sp;
    int i, num;
    const int max = 3;
    char name[20], id[20];

    np = (int*)malloc(sizeof(int)* max); ................................ ❸
    for (i = 0; i < max; i++){
       printf("Enter integers.\n");
       scanf("%d", &num);
       np[i] = num;
    }
    qsort(np, max, sizeof(int), compare_int); ........................... ❹
    printf("On sorting the numbers we get,\n");
    for (i = 0; i < max; i++)
       printf("%d ", np[i]);
    printf("\n\n");

    sp = (struct student *)malloc(max * sizeof(struct student)); .. ❺
    for (i = 0; i < max; i++){
        printf("Enter name and age.\n");
       scanf("%s %s", name, id);
       strcpy(sp[i].name, name);
       strcpy(sp[i].id, id);
       while (getchar() != '\n');
    }
    qsort(sp, max, sizeof(struct student), compare_string); ......... ❻
    printf("On sorting the strings, we get,\n");
    for (i = 0; i < max; i++){
       printf("%s %s", sp[i].name, sp[i].id);
       printf("\n");
    }
    return 0;
}
```

```
Enter integers.
20
Enter integers.
50
Enter integers.
10
On sorting the numbers we get,
10 20 50
Enter name and age.
Park 19
Enter name and age.
Kim 20
Enter name and age.
Jang 24
On sorting the strings, we get,
Jang 24
Kim 20
Park 19
```

qsort 함수를 이용하여 두 가지 자료형의 배열을 정렬한 예다. ③에서 정수 배열을 만들고 입력 내용을 채워넣는다. ④에서 라이브러리 함수인 qsort를 호출한다. 여기서 마지막 인자인 compare_int는 ①에서 프로그래머가 직접 작성한 함수로서 두 정수를 비교하여 첫 번째 정수에서 두 번째 정수를 뺀 값을 돌려준다. 이와 유사한 맥락에서, ⑤에서 구조체 배열을 만들고 입력 내용을 채워넣는다. ⑥에서 qsort 함수를 호출한다. 여기서 마지막 인자인 compare_string은 compare_int와는 다른 내용의 함수다. ②에서 보듯 구조체 멤버인 name 배열에 있는 문자열을 비교해야 하기 때문이다.

qsort는 인자로 전달된 비교 함수를 호출하기만 하면 된다.

라이브러리 함수인 qsort 함수 원형이 함수명을 인자로 넘겨받도록 한 것은 범용성을 높이기 위해서다. 그러나 qsort를 호출할 때 타입별로 서로 다른 비교 함수를 직접 만들어 제공하는 것은 프로그래머의 책임이다. 또, 정수 배열을 정렬할 때는 compare_int라는 함수명을, 문자열 배열을 정렬할 때는 compare_string이라는 함수명을 인자로 전달하는 것도 프로그래머의 책임이다. 이렇게 되면 라이브러리 함수인 qsort로서는 정렬 도중 어떤 함수를 불러서 비교를 가해야 할지에 대해 아무 고민도 할 필요가 없다. 인자로 넘어온 함수를 불러서 정렬하면 그만이다.

입력 모드(Input Mode)에는 여러 방식이 있다. 프로그램이 돌다가 어느 순간 입력 장치를 지정해서 사용자에게 입력을 요구하는 방식을 리퀘스트 모드(Request Mode)라 부른다. scanf에 의해 키보드 입력을 요구하는 것이 그 예다. 그러나 이벤트 모드(Event Mode)에서는 프로그램이 아니라 사용자가 우선권을 갖는다. 즉, 아무 때고 사용자가 입력 장치를 선택해서 작동하는 순간, 프로그램은 그 입력 장치에 맞추어 반응해야 한다. 그 경우 키보드를 치면 거기에 반응하는 함수가, 마우스를 움직이면 거기에 반응하는 함수가 호출되어야 한다. 장치가 작동하는 순간, 하나의 사건이 발생한 것으로 보기 때문에 이벤트 모드라 부른다.

입력 장치에 따라서 서로 다른 함수를 호출해야 할 때 호출되는 함수를 콜백 함수(Callback Function)라 부른다. 키보드를 치면 입력 키 값을 추적하는 키보드 콜백 함수가, 마우스를 움직이면 마우스 위치를 추적하는 마우스 콜백 함수가 호출된다. 정수를 비교할 때는 compare_int 함수가 호출되고 문자열 배열을 정렬할 때는 compare_strings 함수가 호출된다는 점에서 이들 함수도 일종의 콜백 함수라 할 수 있다.

```
typedef struct { ·····························❶
   void* data;
   struct node *next;
} nodeType;

// 연결 리스트로 구현한 스택을 가정
int equal_stack(const nodeType* top1, const nodeType* top2); ·····❷
int equal_stack(const nodeType* top1, const nodeType* top2,
          int(*cmp)(const void* p1, const void* p2)); ···········❸
```

①처럼 (void*)에 의해 어떤 자료형의 data도 수용할 수 있게 만든 스택에 ②의 함수를 추가한다고 해 보자. 이 함수는 top1이 가리키는 스택과 top2가 가리키는 스택의 내용이 같은지를 확인하는 함수로서, 같으면 1을, 그렇지 않으면 0을 돌려준다고 가정하자. 그런데 ①에서 data가 가리키는 것이 정수일 때와 문자일 때에 따라 비교 방법을 달리해야 한다. 따라서 서

로 다른 비교 함수를 반영하려면 ③처럼 함수명(cmp)을 셋째 인자로 추가해 볼 수 있다.

```
int compare_int(const void* p1, const void* p2){ ···················❶
    return (*(int *)p1 != *(int *)p2);
}

int compare_string(const void* p1, const void* p2){ ················❷
    return (strcmp((char*)p1, (char*)p2));
}

int equal_stack(const nodeType* top1, const nodeType* top2,
                int(*cmp)(const void* p1, const void* p2)){ ·······❸

    nodeType *first = top1, *second = top2;
    while (first != NULL && second != NULL){
        if ((*cmp)(first->data, second->data) != 0) ················❹
            return 0;
        first = first->next;
        second = second->next;
    }

    if (first == NULL && second == NULL) ···························❺
        return 1;
}
```

자료형에 따라 서로 다른 함수를 호출하려면 함수 포인터를 인자로 전달해야 한다.

①은 data가 가리키는 것이 정수일 때의 비교 함수이고 ②는 문자열일 때의 비교 함수다. ③의 equal_stack은 top에서 시작해 이어지는 모든 노드를 서로 비교해서 같은 내용의 스택인지를 확인하는 함수다. 이 함수를 호출하는 함수가 compare_int나 compare_string이라는 함수명을 마지막 인자로 전달하면, 이 함수는 그것을 cmp라는 이름으로 받아서 ④에서 피호출 함수를 부를 때 사용하고 있다. 자료형에 따라 비교 방법이 달라져야 하기 때문이다. while 루프 내부에서 first, second가 가리키는 노드의 data가 서로 다르면 0(false)을 리턴하면서 함수를 빠져나온다. 그렇지 않으면 루프를 돌면서 그 다음 노드의 data가 같은지 확인한다. 두 스택 내부의 모든 data가 서로 같으면 first와 second가 모두 NULL인 상태에서 빠

져나오기 때문에 ⑤에 의해 1(true)을 리턴한다.

이는 C 함수의 범용성을 높일 수 있는 한 가지 방법이다. equal_stack 함수처럼 함수 원형을 정의할 때 함수 포인터를 인자로 받을 수 있도록 한 다음에 그 함수를 호출할 때마다 자료형에 따라 서로 다른 함수명을 인자로 전달할 수 있기 때문이다. 사실상 C 언어에서 범용 프로그래밍을 구현하기가 그리 쉽지는 않다. JAVA 언어는 범용 클래스(Generic Class)를 제공한다. 또, C++ 언어는 템플릿 클래스(Template Class) 및 템플릿 함수(Template Function)를 제공한다. 그러나 예에서 보듯 C 언어는 void 포인터와 function 포인터를 써서 거의 모든 것을 프로그래머가 직접 구현해야 한다. 물론 이런 점이 C 언어의 매력이라 할 수도 있다. 프로그램 언어를 설계하는 과정에서 일어날 수 있는 제반 문제점을 직접 확인할 수 있기 때문이다.

과제

01 다음 추상 자료형에 필요하다고 생각하는 작업을 각각 세 가지만 나열하되 리턴 값, 인자, 주석을 포함시켜 최대한 자세히 정의하라.

① **자동차**

② **집합**

02 "5 + 7"처럼 연산자(Operator)가 피연산자(Operand)의 가운데에 들어가는 연산식을 중위 표현(Infix Notation)이라 부른다. 이에 비해, "5 7 +"처럼 연산자가 뒤로 가는 표현을 후위 표현(Postfix Notation)이라고 한다(폴란드의 논리학자에 의해 개발되었기 때문에 후위 표현을 Reverse Polish Notation이라고도 한다). 프로그래머가 수식을 표현할 때는 중위 표현을 사용하지만 이는 컴파일러에 의해 후위 표현으로 바뀌어 실행된다.

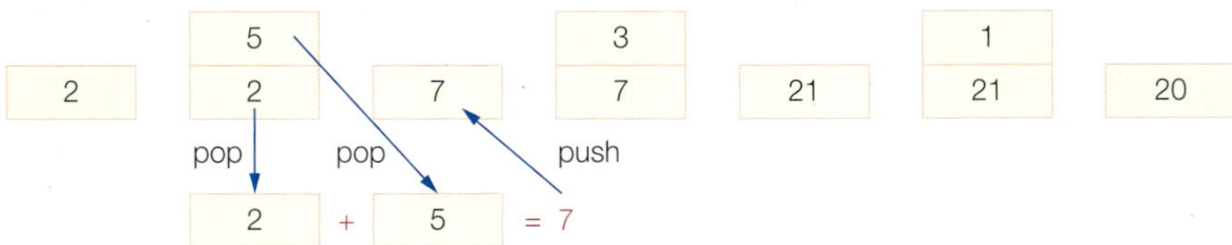

그림 15-16 "2 5 + 3 * 1 -" 연산

"(2 + 5) * 3 − 1"이라는 중위 표현은 컴파일러에 의해 "2 5 + 3 * 1 −"라는 후위 표현으로 바뀌고, 이 과정에서 괄호가 제거된다. 이 후위 표현으로 연산을 실행해 보자. 그림에서 보듯 연산 규칙은 단순하다. "2 5 + 3 * 1 −"을 순차적으로 읽으면서 언제든 피연산자가 들어오면 스택에 푸시한다. 그러나 연산자가 들어오면 연속으로 팝을 가하여 해당 연산을 하고 그 결과를 다시 스택에 푸시한다. 단, 그림처럼 먼저 팝된 피연산자가 2항 연산자의 오른쪽에 있어야 한다.

스택 푸시 팝에 의해 이 연산을 수행하는 프로그램을 작성하라. 또, "(4 + 1)*(6 - 5)/((3 - 2)*(7 + 7))"이라는 중위 표현을 후위 표현으로 바꾼 "4 1 + 6 5 − * 3 2 - 7 7 + * /"을 입력하여 결과를 확인하라.

힌트 루프를 돌며 문자 단위로 읽되 '\n'이 들어오면 빠져나가고 ' '가 들어오면 continue로 계속한다. 숫자가 들어오면 ungetc를 써서 읽기 이전 상태로 되돌린다. 이후 %s로 읽은 다음 atoi를 써서 숫자로 변환하여 푸시한다. 그렇지 않은 경우 연산자에 따라 연산하고 그 결과를 푸시한다.

03 표현식 ((ch = getchar( ))!= 'q' && ((a == b) && (c != d)))에서 여는 괄호와 닫는 괄호의 수는 같아야 한다. 추상 자료형 스택을 이용하여 여는 괄호와 닫는 괄호의 수가 같은지 확인하여 같으면 "legal", 다르면 "illegal"이라고 출력하는 프로그램을 완성하라.

힌트 배열 버전 스택의 stack.h와 stack.c에서 push, pop의 자료형을 char로 정의한다. 입력에서 여는 괄호가 나오면 push, 닫는 괄호가 나오면 pop을 계속하되 루프를 빠져나와 is_empty 함수를 호출한다. 비어 있으면 여는 괄호와 닫는 괄호 수가 일치한 것이므로 Legal을 출력한다.

```
#include <stdio.h>
#include <stdlib.h>
#include "stack.h"
int main( ){
   char ch;  stackType mystack;
   printf("Enter an expression.\n");
   init(&mystack);                          // 스택 초기화
   while (__________________){              // getchar( )가 '\n'이 아닐 때까지
      if (ch == '('){
         if (__________________){           // 스택이 꽉 찼으면
            printf("Stack full.\n");
            exit(1);
         }
         else
            __________________;             // 스택 푸시
      }
      if (ch == ')'){
         if __________________){            // 스택이 비었으면
            printf("Stack empty. \n");
            exit(1);
         }
         else
            __________________;             // 스택 팝
   }
```

```
    }
    ____________ ?  printf("Legal expression.\n"): // 최종 스택이 비었으면
                    printf("Illegal expression.\n");
    return 0;
}
```

04 위 프로그램은 MAX를 10으로 규정하고 있기 때문에 여는 괄호가 열 개보다 많을 경우에 루프 내부에서 Stack full 메시지를 내보내고 프로그램이 끝나버린다. 이는 루프를 빠져나와 스택이 비었는지를 비교하기도 전의 일이다. 이 문제를 해결하려면 배열 버전 대신 포인터 버전을 써서 여는 괄호가 들어올 때마다 동적으로 새로운 노드를 만들어야 한다. 예제에서 작성한 포인터 버전의 스택을 사용하여 위 main 프로그램을 포인터 버전으로 수정하라.

힌트 is_full( )이 없는 대신 free_list( )를 사용해야 한다.

05 두 정수의 합을 구하는 다음 프로그램을 완성하라.

```
#include <stdio.h>
int add_numbers(int x, int y){
    return x + y;
}
int main( ){
    int a = 10, b = 20, sum;
    ________________;     // add_number 함수를 가리키는 함수 포인터 선언
    fp = ______________;  // 함수 포인터에 위 함수명을 대입
    sum = ______________; // 함수 포인터에 의해 함수를 호출하되 a, b를 전달
    printf("sum is: %d\n", sum);
    return 0;
}
```

06 스택과 반대되는 개념이 큐(Queue)다. 이는 선입선출(FIFO: First In First Out) 구조로서 먼저 들어온 것이 먼저 나가는 구조다. 식당 앞에 서 있는 줄이라면 당연히 먼저 줄을 선 사람이 먼저 서비스를 받아야 한다. 큐 구조를 별도로 구현할 수도 있지만 두 개의 스택을 써도 큐 구조를 구현할 수 있다. 예를 들어 stackType S1, S2가 있다고 가정해 보자. a, b, c 순으로 입력이 들어올 때, 그것을 S1에 푸시하면 아래에서 위로 가면서 a, b, c가 쌓인다. 그 경우 S1에서 차례차례 팝을 가해 S2에 푸시하면 S2는 아래에서 위로 가면서 c, b, a가 쌓인다. 이제 S2에 팝을 가하면서 출력하면 그 출력은 입력 순인 a, b, c가 된다. 이렇게 되면 S2가 큐의 역할을 한다.

화면에 STACK이라는 단어를 입력한다고 가정해 보자. 실수로 ST A 다음의 문자를 V로 입력했다면 백스페이스(〈bs〉)를 누르고 다시 C를 입력할 것이다. 사용자가 KY〈bs〉OTW〈bs〉〈bs〉REA 순서로 입력할 경우 스택은 문자가 들어오면 푸시를 해야 하지만 〈bs〉가 들어오면 팝을 해서 직전의 문자를 제거해야 한다. 최종적으로 화면에 보여주어야 하는 문자열은 입력 순서대로여야 하므로 두 개의 스택을 써서 큐 구조로 가져가야 한다. 문자형 입력과 〈bs〉가 들어올 때 최종적으로 화면에 보여야 할 문자열을 출력하는 프로그램을 작성해 보라. 단, 입력에서 직접 백스페이스를 치면 운영체제가 가로채 처리하므로 백스페이스 대신 '*' 문자를 친다고 가정하라.

```
> Enter a string.
> undk*o usc**ndo tri***redo redo(Enter)
> undo undo redo redo
```

07 배열에 원하는 작업을 가하는 데에도 함수 포인터를 사용할 수 있다. 아래 예에서 for_each_element 함수는 루프를 돌면서 배열의 각 요소에 대해 인자로 전달된 함수를 가하는 역할을 한다. 이런 종류의 함수를 map(mapping, 사상) 함수라 부른다. 어떤 함수가 전달되든 그 함수를 적용하기 때문에 map 함수는 범용성이 높다고 할 수 있다. 아래 프로그램을 완성하고 실행해 보라.

```
#include <stdio.h>
static void increment(int *value){
               // 이 파일 내부에서만 사용할 함수이기 때문에 static으로 선언
   __________________     // 참조 호출에 의해 배열 원본 요소를 1만큼 증가시킴
}
static void decrement(int *value){
   __________________;    // 참조 호출에 의해 원본 요소를 1만큼 감소시킴
}
void for_each_element(____________________________________){
   int i;                          // 이 함수는 단순히 배열 각 요소에 대해
   for (i = 0; i < len; i++)       // 전달된 함수를 가하는 역할을 수행
      fp(__________________);      // 전달된 어떤 함수라도 실행하기 때문에 범용
}

int main( ){
   int i, vector[] = { 1, 2, 3, 4 };
   for_each_element(vector, 4, increment);
   for (i = 0; i < 4; i++)
      printf("%d ", vector[i]);
   for_each_element(vector, 4, decrement);
   for (i = 0; i < 4; i++)
      printf("%d ", vector[i]);
   return 0;
}
```

08 배열을 처리하는 범용 함수 중에는 배열 요소 하나하나를 처리하는 것도 있지만 일련의 배열 요소를 처리하는 것도 있다. 아래 프로그램을 완성하고 실행해 보라.

```
#include <stdio.h>
static int add(int a, int b){
    ________________;
}
static int mult(int a, int b){
    ________________;
}

int traverse(________________, int size, int *elms){
    int i, val = *elms;         // 이 함수는 단순히 배열 각 요소를 관통하면서
    for (i = 1; i < size; ++i) // 전달된 함수를 가하는 역할을 수행
        val = fp(__________);  // 전달된 어떤 함수라도 실행하기 때문에 범용
    return val;
}

int main( ){
    int vector[ ] = { 1, 2, 3, 4, 5 };
    printf("%d\n", traverse(add, 5, vector));      // 15를 출력
    printf("%d\n", traverse(mult, 5, vector));     // 120을 출력
    return 0;
}
```

09 stdlib.h에 등록된 quick sort 함수와 마찬가지로 bubble sort도 범용 함수로 만들어 볼 수 있다. 다음 프로그램을 완성하여 정수 배열이나 문자 배열에 대해 동일한 방식으로 bubble sort를 호출할 수 있도록 만들어 보라.

```
#define STRLEN 10                   // 문자열 최대 길이
#include <stdio.h>
```

```
#include <string.h>
int compare_int(void* a, int i){
                // compare_str과 원형이 같아야 하므로 배열을 void*로 받음
   int* nptr = (int*)a;              // void*를 int*로 형 변환해야
   return (nptr[i] - nptr[i+1]);     // 포인터 산술 연산이 가능
}

int compare_str(void* a, int i){     // a에는 2차원 배열이라는 정보가 없음
   char(*row)[STRLEN] = a;
                  // row가 가리키는 것은 STRLEN개의 문자로 이루어진 배열
                  // 이제 row는 2차원 배열의 한 행, 즉, 하나의 단어를 가리킴
   return (strcmp(row[i], row[i+1]));
                  // i행의 문자열과 (i+1)행의 문자열을 비교
}

void swap_int(void* a, int i){
                  // swap_str과 원형이 같아야 하므로 배열을 void*로 받음
   int* nptr = (int*)a;              // void*를 int*로 형 변환
   int temp;
   ______________________________;
   ______________________________
   ______________________________
}

void swap_str(void* a, int i){
   ______________________________
   ______________________________
   ______________________________
   ______________________________
   ______________________________;
}
```

```
// 정수 배열이나 문자열 배열이나 동일한 원형으로 넘겨받아야 하므로
// arr 배열을 void* 형으로 선언
void bubble_sort(void *arr, ________, ________, ________){
   int pass, current, sorted = 0;
   for (pass = 1; (pass < numelt) && (!sorted); pass++){
      sorted = 1;
      for (current = 0; current < (numelt - pass); current++){
         if (compare(arr, current) > 0){
         // 현재 arr은 void 포인터이므로 포인터 산술 연산 불가
         // 따라서 compare(arr[current], arr[current+1]) 대신 위처럼 호출
            swap(arr, current);      // swap도 마찬가지
            sorted = 0;
         }
      }
   }
}

int main( ){
   int i;
   int int_vector[ ] = { 3, 1, 2, 5, 4, 6 };
   char str_vector[ ][STRLEN] = { "peach", "grape", "banana", "apple"};
   bubble_sort(int_vector, compare_int, swap_int, 6);
   for (i = 0; i < 6; i++)
      printf("%d ", int_vector[i]);
   printf("\n");

   bubble_sort(str_vector, compare_str, swap_str, 4);
   for (i = 0; i < 4; i++)
      printf("%s ", str_vector[i]);
   printf("\n");
   return 0;
}
```

부록 01 표준 라이브러리 함수 요약

헤더 파일	함수 원형	기능
stdlib.h	void abort(void);	프로그램 비정상 종료
stdlib.h	int abs(int n);	정수 n의 절댓값 리턴
assert.h	void assert(int expression);	인자가 거짓이면 진단 메시지 출력 후 프로그램 종료
stdlib.h	int atoi(const char *string);	문자열을 정수로 변환
stdlib.h	void *bsearch(const void *key, const void *base, size_t num, size_t size, int (*compare)(const void *element1, const void *element2));	size 바이트 크기의 num 개 요소로 구성된 배열에 대한 이진탐색. compare가 가리키는 함수를 써서 배열을 오름차순으로 정렬함
stdlib.h	void *calloc(size_t num, size_t size);	size 크기의 num 개 요소로 구성된 배열 공간을 확보하고 0으로 초기화
math.h	double ceil(double x);	x보다 크거나 같은 최소 정수를 double로 변환하여 돌려줌
time.h	clock_t clock(void);	프로그램 시작 이후 경과한 시간을 돌려줌
math.h	double cos(double x);	cosine x
time.h	char *ctime(const time_t *time);	시간을 문자열로 변환
stdlib.h	void exit(int status);	프로그램 종료
math.h	double exp(double x);	e의 x승
math.h	double fabs(double x);	실수 x의 절댓값
stdio.h	int fclose(FILE *stream);	파일 닫음
stdio.h	int feof(FILE *stream);	실제 파일 끝에 도달했는지 검사
stdio.h	int fflush(FILE *stream);	출력 stream이면 버퍼 내용 출력, 입력 stream이면 버퍼 내용 삭제
stdio.h	int fgetc(FILE *stream);	파일에서 문자 하나를 읽음
stdio.h	char *fgets(char *string, int n, FILE *stream);	파일에서 한 줄 문자열을 읽음
math.h	double floor(double x);	x보다 작거나 같은 최대 부동 소수를 돌려줌
stdio.h	FILE *fopen(const char *filename, const char *mode);	지정한 파일 열기
stdio.h	int fprintf(FILE *stream, const char *format-string, arg-list);	문자나 숫자를 형식 지정자에 따라 파일에 출력
stdio.h	int fputc(int c, FILE *stream);	파일에 문자 하나 출력
stdio.h	int fputs(const char *string, FILE *stream);	파일에 문자열 한 줄 출력
stdio.h	size_t fread(void *buffer, size_t size, size_t count, FILE *stream);	파일로부터 size 길이의 데이터 count개를 읽어서 buffer에 저장

헤더 파일	함수 원형	기능
stdlib.h	void free(void *ptr);	ptr이 가리키는 동적 메모리를 반납
stdio.h	int fscanf(FILE *stream, const char *format-string, arg-list);	파일로부터 데이터를 읽어 arg-list에 저장
stdio.h	int fseek(FILE *stream, long int offset, int origin);	스트림의 위치 포인터를 이동
stdio.h	int fsetpos(FILE *stream, const fpos_t *pos);	스트림의 위치 포인터를 pos가 지정한 위치로 이동
stdio.h	long int ftell(FILE *stream);	현재의 위치 포인터 이전 문자의 개수
stdio.h	size_t fwrite(const void *buffer, size_t size, size_t count, FILE *stream);	buffer에 있는 size 길이의 데이터 count개를 파일로 출력
stdio.h	int getc(FILE *stream);	파일에서 문자 하나를 읽음
stdio.h	int getchar(void);	표준 입력 파일에서 문자 하나를 읽음
stdio.h	char *gets(char *buffer);	한 줄 문자열을 읽어 buffer에 저장
time.h	struct tm *gmtime(const time_t *time);	time 값을 tm 타입의 구조체로 변환
ctype.h	int isalnum(int c);	c가 알파벳이나 숫자인지 검사
ctype.h	int isalpha(int c);	c가 알파벳인지 검사
ctype.h	int isascii(int c);	c가 아스키코드 범위 안에 있는지 검사
ctype.h	int isdigit(int c);	c가 숫자인지 검사
ctype.h	int islower(int c);	c가 소문자인지 검사
ctype.h	int isupper(int c);	c가 대문자인지 검사
stdlib.h	char* itoa(int value, char* str, int base);	정수를 문자열로 변환
time.h	struct tm *localtime(const time_t *timeval);	timeval을 tm 타입 구조체로 변환
math.h	double log(double x);	x의 자연 로그 계산
math.h	double log10(double x);	x의 상용 로그 계산
stdlib.h	void *malloc(size_t size);	동적 메모리를 할당받아 시작 주소를 돌려줌
string.h	int memcmp(const void *buf1, const void *buf2, size_t count);	buf1이 가리키는 메모리와 buf2가 가리키는 메모리를 count 바이트만큼 비교
string.h	void *memcpy(void *dest, const void *src, size_t count);	src가 가리키는 메모리를 dest가 가리키는 메모리로 count 바이트만큼 복사
string.h	void *memmove(void *dest, const void *src, size_t count);	memcpy와 동일하지만 src 메모리와 dest 메모리가 서로 겹칠 경우에도 복사가 가능함
string.h	void *memset(void *dest, int c, size_t count);	dest가 가리키는 메모리 전체를 c에 명시한 값으로 초기화
math.h	double pow(double x, double y);	x의 y승 계산
stdio.h	int printf(const char *format-string, arg-list);	형식 지정자에 맞추어 arg-list가 가리키는 숫자나 문자를 화면에 출력
stdio.h	int putc(int c, FILE *stream);	문자 하나를 파일로 출력
stdio.h	int putchar(int c);	문자 하나를 표준 출력 파일인 화면으로 출력
stdio.h	int puts(const char *string);	string이 가리키는 문자열 한 줄 출력

헤더 파일	함수 원형	기능
stdlib.h	void qsort(void *base, size_t num, size_t width, int(*compare)(const void *element1, const void *element2));	width 바이트 크기의 num 개 요소로 구성된 base 배열에 대해 쾌속 정렬을 가하되 compare라는 비교 함수를 작성해서 인자로 전달해야 함
stdlib.h	int rand(void);	난수 값을 정수로 리턴
stdlib.h	void *realloc(void *ptr, size_t size);	ptr이 가리키는 malloc에 의해 할당받은 동적 메모리 크기를 size 크기로 변경
stdio.h	int rename(const char *oldname, const char *newname);	파일 이름 변경
stdio.h	void rewind(FILE *stream);	스트림 버퍼의 위치 포인터를 시작 위치로 이동
stdio.h	int scanf(const char *format-string, arg-list);	표준 입력 파일로부터 데이터를 읽어 arg-list가 가리키는 변수에 저장
math.h	double sin(double x);	sine x
stdio.h	int sprintf(char *buffer, const char *format-string, arg-list);	arg-list를 format-string 형식으로 변환한 후 buffer가 가리키는 변수에 저장
math.h	double sqrt(double x);	x의 루트 값 계산
stdlib.h	void srand(unsigned int seed);	난수 발생기의 씨앗 값을 세팅
stdio.h	int sscanf(const char *buffer, const char *format, arg-list);	buffer가 가리키는 변수로부터 데이터를 읽어 arg-list에 저장
string.h	char *strcat(char *string1, const char *string2);	string2를 string1 끝에 이어 붙임
string.h	char *strchr(const char *string, int c);	string에서 처음 발견되는 문자 c를 찾아 그 위치를 돌려줌
string.h	int strcmp(const char *string1, const char *string2);	string1과 string2 비교
string.h	char *strcpy(char *string1, const char *string2);	string2를 string1로 복사
string.h	size_t strlen(const char *string);	string이 가리키는 문자열 길이를 바이트 단위로 돌려줌
string.h	char *strncat(char *string1, const char *string2, size_t count);	최대 count 개의 문자까지 string1이 가리키는 문자열에 string2가 가리키는 문자열을 이어 붙임
string.h	int strncmp(const char *string1, const char *string2, size_t count);	최대 count 개의 문자까지 string1과 string2 비교
string.h	char *strncpy(char *string1, const char *string2, size_t count);	최대 count 개의 문자까지 string2를 string1에 복사
string.h	char *strtok(char *string1, const char *string2);	str1에서 str2를 찾아 그 직전의 문자열 시작 주소를 돌려줌
stdlib.h	int system(const char *string);	시스템 명령어를 처리하는 운영체제 프로그램에게 string을 전달
math.h	double tan(double x);	tangent x
time.h	time_t time(time_t *timeptr);	현재의 캘린더 타임을 돌려줌
ctype.h	int toascii(int c);	정수 c를 아스키코드 값으로 변환

헤더 파일	함수 원형	기능
ctype.h	`int tolower(int c);`	c를 소문자로 변환
ctype.h	`int toupper(int c);`	c를 대문자로 변환
stdio.h	`int ungetc(int c, FILE *stream);`	문자 c를 입력 스트림에 갖다 놓음

부록 02 아스키코드 표

0	**NULL (Null Character)**	**32**	**SPACE**	64	@	96	`
1	SOH (start of heading)	33	!	**65**	**A**	**97**	**a**
2	STX (start of text)	34	"	66	B	98	b
3	ETX (end of text)	35	#	67	C	99	c
4	EOT (end of transmission)	36	$	68	D	100	d
5	ENQ (enquiry)	37	%	69	E	101	e
6	ACK (acknowledge)	38	&	70	F	102	f
7	BEL (bell)	39	'	71	G	103	g
8	BS (backspace)	40	(	72	H	104	h
9	TAB (horizontal tab)	41	)	73	I	105	i
10	**LF (line feed)**	42	*	74	J	106	j
11	VT (vertical tab)	43	+	75	K	107	k
12	FF (form feed, new page)	44	,	76	L	108	l
13	**CR (carriage return)**	45	-	77	M	109	m
14	SO (shift out)	46	.	78	N	110	n
15	SI (shift in)	47	/	79	O	111	o
16	DLE (data link escape)	**48**	**0**	80	P	112	p
17	DC1 (device control 1)	49	1	81	Q	113	q
18	DC2 (device control 2)	50	2	82	R	114	r
19	DC3 (device control 3)	51	3	83	S	115	s
20	DC4 (device control 4)	52	4	84	T	116	t
21	NAK (negative acknowledge)	53	5	85	U	117	u
22	SYN (synchronous idle)	54	6	86	V	118	v
23	ETB (end of trans. block)	55	7	87	W	119	w
24	CAN (cancel)	56	8	88	X	120	x
25	EM (end of medium)	**57**	**9**	89	Y	121	y
26	**SUB (substitute)**	58	:	**90**	**Z**	**122**	**z**
27	ESC (escape)	59	;	91	[	123	{
28	FS (file separator)	60	<	92	\	124	¦
29	GS (group separator)	61	=	93	]	125	}
30	RS (record separator)	62	>	94	^	126	~
31	US (unit separator)	63	?	95	_	127	DEL

* 왼쪽 숫자는 10진수

부록 03 연산자 우선순위

연산자	의미	결합 순서
( )	괄호(묶음)	왼쪽에서 오른쪽
[ ]	배열 인덱스	
.	멤버 선택	
->	포인터에 의한 멤버 선택	
++ --	후위 증감	
++ --	전위 증감	오른쪽에서 왼쪽
+ -	단항 연산(부호)	
! ~	논리 NOT, 비트 단위 NOT	
(type)	형 변환	
sizeof	데이터 크기	
&	주소 연산자	
*	참조 연산자	
* / %	2항 연산(곱셈, 나눗셈, 나머지)	왼쪽에서 오른쪽
+ -	2항 연산(덧셈, 뺄셈)	"
<< >>	비트 단위 왼쪽 시프트, 오른쪽 시프트	"
> >= < <=	관계 연산(크기 비교)	"
== !=	관계 연산(Equal, Not Equal)	"
&	비트 단위 AND	"
^	비트 단위 XOR	"
¦	비트 단위 OR	"
&&	논리 AND	"
¦¦	논리 OR	"
=	대입(할당)	오른쪽에서 왼쪽
+= -=	복합 대입 연산자(덧셈, 뺄셈)	
*= /=	복합 대입 연산자(곱셈, 나눗셈)	

* 아래 위 줄로 구분하지 않은 것은 동일한 우선순위에 속함

찾아보기

번호

0으로 나누기 오류 049
16진수 044
1의 보수 045
2의 보수 045
2중 포인터 390
2진법 042
2진 파일 579
2차원 배열 415
2항 연산자 106

기호

_CRT_SECURE_NO_WARNINGS 084
#ifdef 230
#ifndef 623
〈windows.h〉 389
, 188
. 525

A

Abnormal Termination 229
abort 229
Absolute Path 610
Abstract Data Type 260, 604
Access 128
Access Violation 398
Activation Record 262
Actual Parameters 127
Address Bus 069
Address Bus Error 407
ADT 260, 604
ADT List 605
ADT Stack 605
Algorithm 034
Algorithmic Error 036
Alias 407
alphanumeric to integer 085, 507
ALU 068
American Standard Code for Information Interchange 060
Application Software 016
argc 506
argument count 506
argument vector 507
argv 507
Arithmetic and Logic Unit 068
Array 320
Array Element 321
Array Index out of Range 324, 383
Array of Arrays 416, 499
Array of Dynamic Pointer 428
array of integer pointers 423
Array of Pointers to Strings 500
Array of Pointers to Structures 547
Array of Static Pointers 428
Array of Structures 545
Arrow Operator 528
Ascending Order 360
ASCII 060
Assembler 012, 013
Assembly Language 012
assert 223
Assignment Operator 096
Assignment Statements 050, 096
atoi 085, 507
auto 278
Automatic Type Conversion 057
Auto Variables 278

B

Backtracking 457
Base Address 382
Base Case 301
Big Endian 076
Big Oh 310
Binary File 579
Binary Number System 042
Binary Operator 106
Bit Field 550
Bit-level Operators 113
Bit Shift 117
Block 156, 574
BOF 463
Boolean Algebra 111
Bottom Up 251
Boundary Testing 249
Branch Statements 148, 211
Break Point 238
break statement 191
break 문 191
Bubble Sort 363
Buffer Clearing 467
Buffer Memory 088
Buffer Overflow 463
Buffer Overrun 463
Bug 222
Built-in Data Type 522, 604
Bus 069
Byte Addressable 072
Byte Add ressable Machine 377

C

Cache Memory 285, 293
Call 132
Callback Function 645
Call by Reference 287
Call by Value 287
Call by Variable 287
calloc 410
Call Stack Window 270
Carriage Return 061
Case-sensitive 138
Central Processing Unit 068
Channel 087
Character Permutation 455
clearing allocation 410
Cluster 574
Code Segment 074
Command Line Argument 506
Comma Operator 188
Comments 028, 140
Compiler 013
Compile-time Error 166
Compound Assignment Operator 106
Compound Statements 156
Computation Theory 310
Conditional Branch 211
Conditional Macro 226
Constant 051
Constant Variables 282
Context Switching 265
Contiguous Array 499
Contiguous Memory 322, 410
Control Bus 069
Control String 078
Control Unit 068
Conversion Code 080
Corner Testing 249
CPU 068

Crash 345
ctype.h 454
CU 068
curp 577
current active pointer 577

D

Dangling Else 162
Dangling Pointer 406
Data Bus 069
Data Segment 074
Data Structure 545, 606
Data Type 606
Debug 222
DEBUG 223
Debugger 234
Decision Tree 455
Declaration 132
Decrement Operator 107
Deep Copy 541
Default 054
Default Promotion 478
Definition 132
Degenerate Case 301
Deletion 605
Delimiter 086, 444
Dereferencing 333
Derived Data Type 522
Descending Order 360
Device Controller 575
Device Independency 015
Direct Addressing 339
Directives 029
Directory 504
Div 104
Divide and Conquer 136, 244
Divide and Conquer Algorithms 297
Divide by Zero Error 049
DMA 408
Dot Operator 525
Double Pointer 390
Double Precision 048, 053
Double Word 071
do while statements 182
do while 문 182
DRAM 293
Driver Program 295
Driver Software 575
Dynamic Array 410
Dynamic Data Structure 627
Dynamic Memory 400
Dynamic Memory Allocation 408
Dynamic Random Access Memory 293
Dynamic Variables 399

E

Encapsulation 609
End of File 195, 580
End Recursion 304
Enumerated Data Type 558
EOF 195, 580
Error Message 025
Event Mode 645
Exponent 048
expression 098
Extent 278
extern 615

F

factor 098
factorial 297
FAT 574
Fatal Exception Error 408
fflush 091, 467, 592
fgetc 581
fgets 464, 583
Fibonacci Sequence 308
Field 524
FIFO 618
File Allocation Table 574
file flush 467, 592
file get character 581
file get string 464, 583
File I/O 463
File Management System 574
file open 576
file put string 583
file read 585
file write 585
FILE 구조체 577
Finite State Machine 205
First in First out 618
Flag 365
Floating Point Numbers 046
Flow Chart 151
fopen 576
Formal Parameters 127
Format Specifier 078
for statements 182
for 문 182
fputs 583
Fraction 048
fread 585
Free Memory 074
free 함수 405
FSM 205
Full Word 071
Function 030, 126
Function Block 030
Function Body 030, 127
Function Header 033
Function Pointer 639
Function Prototype 081, 132
fwrite 585

G

Garbage Collector 405
Garbage In Garbage Out 092
General Purpose Register 070
Generic Pointer 400
Generic Programming 225, 555, 636
getc 581
getchar 195
get character 195, 581
gets 460
get string 460
GIGO 092
Global Variables 275, 399

H

Hacking 487
Half Word 071
Head Recursion 304
Heap Memory 074
Heterogeneous Data Type 522
Hexadecimal Numbers 044
High-level Language 012
Homogeneous Data Type 321

I K

IBR 070
Id 066
IDE 017
Identifier 066
IEEE 754 047
if statements 148
if 문 148
Immediate Addressing 338
Implementation 140
Implementation File 613
Implementation View 607
Increment Operator 107
Indentation 139
Indirect Addressing 339
Indirection 333
Infinite Loop 184, 191
Information Hiding 609
Initialization 100
Inline Assembly 294
Inline Function 292
Input Buffer 088
Input Mode 645
Insertion 605
Institute of Electrical and Electronics Engineers 047
Instruction Buffer Register 070
Instructions 029
Integer Promotion 198
integer to alphanumeric 085, 508
Integrated Development Environment 017
Interface 140
Interface File 609
Interface View 607
Inverse Function 343
I/O Adapter 575
I/O Card 575
ISO 10646 482
Iteration Structure 182
itoa 085, 508
Key Field 524
Keywords 067

L

Last In First Out 605
Least Significant Bit 043
Length 448
Lexical Analyzer 206
Library Function 133
Lifetime 278
LIFO 605
Line Feed 061
Linked List 626
Linker 038
Literal Constants 064
Little Endian 076, 380
Loader 039, 335
Local Variables 263, 273
Local Window 270
Logical Errors 036
Logical Files 574
Logical Operators 111
Look-up Table 557
Loop Control Variable 184
Loop Structure 183
Low-level Language 012
LSB 043
LUT 557
L-value 096, 342

M

Machine Language 012
Macro 064
Macro Constants 064, 224
Macro Function 224
Main Memory 068
Malicious Code 488
malloc 400
Mantissa 048
MAR 070
Mask bit 115
Matrix 415
MBCS 484
MBR 070
Member 524
Member Access Operator 525
Member Variable 524
memcpy 495
memmove 495
Memory Address Register 070
memory allocation 400
Memory Buffer Register 070
memory copy 495
Memory Corruption 463
Memory Dump 077
Memory Hierarch 285
Memory Leakage 405
Memory Mapped I/O 575
memory move 495
memory set 495
Memory Window 380
memset 495
Microsoft Disk Operating System 504
Mod 104
Mode 578
Modular Design 250
Modularity 288, 610
Module 015, 250
Modulus 104
Most Significant Bit 043
MSB 043
MS DOS 504
Multi Byte Character Set 484
Multi-threading 398
Mutually Prime 223

N

Name Tag 523
Natural Language 013
Nested for 202
Nested if 161
Nested Structures 529
New Technology File System 574
Node 627
Normalization 048
NTFS 574
NULL 345
Null Character 060, 063, 444
Null Statement 230
NULL Test 403
Null 문자 445
NULL 포인터 445

O

Object 606
Object Code 012
Object Library 038
Object Oriented Language 014
Object Oriented Programming 609

Off by 1 Error 243
Offset 382
One Pass Compiler 131
One's Complement 045
OP code: Operation Code 338
Operand 103, 338
Operation 605, 606
Operator 103
Operator Overloading 539
Operator Precedence 117
Optimization 282, 284
Output Buffer 088
Output Redirection 480, 508
Overflow Error 046, 049

P Q

Padding 532
Padding Bit 551
Parameterized Macro 224
Parameters 127, 262
Parametric Variables 127
Parsing 480
PC 레지스터 263
Pencil Tracing 195
Physical Files 574
Pointer 333
Pointer Arithmetics 376
pointer to an array of integers 423
Pointer to a Pointer 393
Pointer to a Structure 527
Pointer Variables 333
Polymorphism 639
Pop 260, 606
Portability 015
Post-increment 108
pow 함수 133
Pre-increment 108
Preprocessor 029
Prime Numbers 207
Primitive Data Type 522, 604
printf 함수 078
Private Function 614
Private Interface 614
Problem Size 297
Procedural Language 014, 102
Program Counter Register 263
Programmed I/O 575
Pseudo Code 034
Public Interface 614
Push 260, 606
putchar 195
put character 195
puts 461
put string 461
Queue 618
Quick Sort 642

R

Ragged Array 500
Random Access 591
Random Number 384
rand 함수 384
Readability 033, 066
Read Only 450
realloc 411
re-allocate 411
Real Numbers 046
Real-time Application 322
Record 524
Recursive Call 298
Recursive Definition 625
Recursive Function 298
Register 068
Register Variables 282
Relational Operator 109
Relative Path 611
Request Mode 645
Reserved Words 067
Return Address 263
Return Value 031, 263
Reusability 636
Run-time Error 166, 345
R-value 096, 342, 449

S

SBCS 484
scanf_s 함수 490
scanf 함수 078
Scan Set 460
Scope 273
Scope of Variables 264
Screen Echo 086
Searching 605
Sector 574
Security 487
seed 값 385
Segmentation Fault 408
Segment Fault 486
Selectional Statements 151
Selection Sort 360
Selection Structure 182
Self-referential Structure 625
Self Swap 456
Semantic Errors 036, 165
Separate Compilation 619
Sequential Statements 151
Sequential Structure 182
Shallow Copy 541
Short Circuit Evaluation 122
Side Effect 120
Single Byte Character Set 484
Single Precision 048, 053
Size 448
size_t 552
Sleep 함수 389
Sorting 360
Source Codes 035
Spaghetti Code 212
Special Case Input Handling 249
Special Characters 060
sprintf 480
SQL 546
sqrt 함수 168
SRAM 293
srand 함수 385
Stack 260
Stack Frame 262
Stack Memory 074
Stack Overflow 267
Stack Overflow Error 302
Stack Top 260, 606
standard argument header 296
standard error stream 087
standard input 577
standard input stream 087
Standard I/O 463
standard output 577
standard output stream 087
standare error 577
Statements 029
Statement Testing 249
State Space Tree 455

State Transition Diagram 205
State Transition Machine 205
static 614
Static Array 409
Static Data Structure 626
Static Data Type 359
Static Memory 399
Static Random Access Memory 293
Static Variables 279, 399, 452
stdarg.h 296
stderr 087, 577
stdin 087, 091, 467, 577
stdout 087, 091, 577
strcat 471
strchr 478
strcmp 472
strcpy 470
Stream 087, 576
string character 478
string compare 472
string concatenate 471
String Constants 446
string copy 470
string.h 468
string length 468
string n copy 479
string printf 480
string string 478
string token 481
strlen 468
strncpy 479
strstr 478
strtok 481
Structured Design 250
Structured Programming 015
Structured Query Language 546
Structures 522
Stub Code 254
Subsystem 015, 250
swap 291, 354, 391, 501
switch statements 171
switch 문 171
Symbolic Constants 064
Symbol Table 075, 335
SYMTAB 075, 335
Syntax Error 035, 165
System Software 016

T

Tail Recursion 304
term 098
Termination Condition 184, 302
Testing 248
Test Program 249
Tic-Tac-Toe 255
Time Sharing System 398
time 함수 385
Token 206, 480
Top Down 251
Track 574
Transition 205
Trigger 089
Two Dimensional Array 415
Two's Complement 045
Type Casting 056
Type Conversion 056
typedef 552
type define 552
Type Mismatch Error 052
Type Name 052
Type Specifier 278

U

Unary Operator 106
Unconditional Branch 211
ungetc 583
unget character 583
Unicode 482
Union Data Type 561
Unreasonable Time 310
User-defined Data Type 522, 552
User-defined Function 133

V

Value Parameters 127, 269
Variable 051
Variable Alignment 532
Variable Length Argument 295
Variable Name 052
Variadic Function 084, 295
Visibility 273

W Z

Warning Message 025
Watch Windows 336
WBCS 484
wcslen 485
while statements 182
while 문 182
White Character 086
Wide Byte Character Set 484
wide character set length 485
Word 071
Word Addressable 072
Word Addressable Machine 377
Word Boundaries 076, 532
Wrapper Function 137
Zero Padding 043

ㄱ

가독성 033, 066
가변 길이 인자 295
가변 인자 함수 084, 295
가비지 콜렉터 405
가수부 048
가용 메모리 074
간접 접근 339
감소 연산자 107
값 매개변수 127, 269
값 호출 287
개행 061
객체 606
객체지향 언어 014
객체지향 프로그래밍 609
검색 605
검색표 557
결정 트리 455
경계 조건 테스팅 249
경고 메시지 025
계산 이론 310
고급 언어 012
공백 문자 086
공용 인터페이스 614
공용체 561
관계 연산자 109
구문 분석 480
구분자 086, 444
구조적 프로그래밍 015
구조체 522
구조체 배열 545
구조체 포인터 527
구조체 포인터 배열 547

구조화된 설계 250
구현 140
구현자 관점 607
구현 파일 613
기계어 012
기고 092
기본 자료형 522, 604
기호 상수 064
깃발 365
깊은 복사 541
꼬리 재귀 304

ㄴ

난수 384
내림차순 360
널 345
널 명령문 230
널 문자 060, 063, 444
널 테스트 403
노드 627
논리 연산자 111
논리 오류 036
논리적 파일 574

ㄷ

다형성 639
단위성 610
단일 정밀도 048, 053
단축 회로 연산 122
단항 연산자 106
대상 606
대소문자에 민감 138
대입문 050, 096
대입 연산자 096
댕글링 엘스 162
댕글링 포인터 406
더블 워드 071
데이터 버스 069
데이터 세그먼트 074
도트 연산자 525
독립성 288
동적 메모리 399
동적 메모리 할당 408
동적 배열 410
동적 변수 399
동적 자료구조 627
동적 포인터 배열 428
동종 자료형 321
드라이버 소프트웨어 575
드라이버 프로그램 295
들여쓰기 139
디렉터리 504
디버거 234
디버그 222
디브 104
디젠 케이스 301
디폴트 054
디폴트 프로모션 478

ㄹ

라이브러리 함수 133
라인 피드 061
래퍼 함수 137
런 타임 오류 166, 345
레지스터 068
레지스터 변수 282
레코드 524
로더 039, 335
로컬 창 270
루프 구조 183
루프 제어 변수 184
리퀘스트 모드 645
리터럴 상수 064
리턴 값 031, 263
리턴 주소 263
리틀 엔디언 076, 380
링커 038

ㅁ

마디 627
마스크 비트 115
매개변수 127, 262
매개변수 매크로 224
매크로 064
매크로 상수 064, 224
매크로 함수 224
맥락의 전환 265
머리 재귀 304
멀티 쓰레딩 398
메모리 068
메모리 계층 구조 285
메모리 누수 405
메모리 덤프 077
메모리 오염 463
메모리 창 380
멤버 524
멤버 변수 524
명령문 테스팅 249
명령어 029
명령어 라인 인자 506
모듈 015, 250
모듈로 104
모드 104
목적 코드 012
무조건 분기 211
무한 루프 184, 191
문법 오류 035, 165
문자 순열 455
문자열 길이 448
문자열 상수 446
문자열 크기 448
문자열 포인터 배열 500
문제 크기 297
물리적 파일 574

ㅂ

바이트 단위 주소 지정 072
바이트 단위 주소 컴퓨터 377
반복 구조 182
방아쇠 089
배열 320
배열 시작 주소 382
배열 요소 321
배열의 배열 416, 499
배열 인덱스 범위 초과 324, 383
백트래킹 457
버그 222
버블 정렬 363
버스 069
버퍼 088
버퍼 오버런 463
버퍼 오버플로우 463
버퍼 청소 467
범용 레지스터 070
범용 포인터 400
범용 프로그래밍 225, 555, 636
베이스 케이스 301
변수 051
변수명 052
변수의 유효 영역 264
변수 정렬 532

변환 코드 079
별도 컴파일 619
별명 407
보안 487
복문 156
복합 대입 연산자 106
부동 소수 046
부수 효과 120
부울 대수 111
분기문 148, 211
분할 정복 136, 244
분할 정복 알고리즘 297
불연속 배열 500
블록 156, 574
비상식적인 시간 310
비트 시프트 117
비트 연산자 113
비트 필드 550
빅 엔디언 076

ㅅ

사용자 관점 607
사용자 정의 자료형 522, 552
사용자 정의 함수 133
삭제 605
산술 및 논리 연산 장치 068
산술 연산자 104
삽입 605
상대 경로 611
상수 051
상수 변수 282
상태 공간 트리 455
상태 전이 기계 205
상태 전이도 205
상향식 251
서로 소 223
선언 132
선택 구조 182
선택적 명령문 151
선택 정렬 360
세그먼트 폴트 486
섹터 574
셀프 스왑 456
소수 207
소스코드 035
수명 278
순차 구조 182
순차적 명령문 151
스왑 291, 354, 391, 501
스캔 세트 460
스택 260
스택 메모리 074
스택 오버플로우 267
스택 오버플로우 오류 302
스택 탑 260, 606
스택 프레임 262
스텁 코드 254
스트림 087, 576
스파게티 코드 212
시 공유 시스템 398
시스템 소프트웨어 016
식별자 066
실수 046
실시간대 응용 프로그램 322
실질 인자 127
심볼 테이블 075
심탭 335

ㅇ

아스키 060
악성 코드 488
알고리즘 034
알고리즘 오류 036
얕은 복사 541
어드레스 버스 069
어셈블러 012, 013
어셈블리 언어 012
어휘 분석기 206
언어 번역기 013
에일리어스 407
역함수 343
연결 리스트 626
연산식 098
연산자 103
연산자 오버로딩 539
연산자 우선순위 117
연산 코드 338
연속 메모리 322, 410
연속 배열 499
연필 추적 195
열거체 558
영역 273
예약어 067
오류 메시지 025
오름차순 360
오버플로우 오류 046, 049
오브젝트 라이브러리 038
오브젝트 코드 012
워드 071
워드 경계선 076, 532
워드 단위 주소 지정 072
워드 단위 주소 컴퓨터 377
원시코드 035
원 패스 컴파일러 131
유니코드 482
유한 상태 기계 205
응용 소프트웨어 016
의미상 오류 036, 165
의사 코드 034
이격 거리 382
이름 표 523
이벤트 모드 645
이식성 015
이종 자료형 522
이중 정밀도 048, 053
인라인 어셈블리 294
인라인 함수 292
인수 098
인자 127
인터페이스 140
인터페이스 파일 609
읽기 전용 450
임의 접근 591
입력 모드 645
입력 버퍼 088

ㅈ

자기 참조 구조체 625
자동 변수 278
자동 형 변환 057
자료구조 545, 606
자료형 606
자연어 012
작업 605, 606
장치 독립성 015
장치 컨트롤러 575
재귀적 정의 625
재귀 함수 298
재귀 호출 298
재사용성 636
저급 언어 012

전역 변수 275, 399
전용 인터페이스 614
전용 함수 614
전위 증가 108
전이 205
전처리기 029
절대 경로 610
절차적 언어 014, 102
접근 128
접근 위반 398
정규화 048
정렬 360
정보의 은닉 609
정수 배열 포인터 423
정수 승격 198
정수 포인터 배열 422
정의 132
정적 데이터 타입 359
정적 메모리 399
정적 배열 409
정적 변수 279, 399, 452
정적 자료구조 626
정적 포인터 배열 428
제로 패딩 043
제어 문자열 078
제어 장치 068
조건부 매크로 226
조건부 분기 211
조사식 창 336
종료 조건 184, 302
주 기억 장치 068
주석 028, 140
주소 버스 오류 407
줄 먹임 061
줄 바꿈 061
중단점 238
중앙처리 장치 068
중첩 for 202
중첩 if 161
중첩 구조체 529
즉시 접근 338
증가 연산자 107
지수부 048
지시어 029
지역 변수 263, 273
직접 접근 339
징표 206, 480

ㅊ

참조 333
참조 호출 287
채널 087
초기화 100
최적화 282, 284
추상 자료형 260, 604
추상 자료형 리스트 605
추상 자료형 스택 605
출력 방향 변경 480, 508
출력 버퍼 088

ㅋ

캐리지 리턴 061
캐시 메모리 285, 293
캡슐화 609
컨트롤 버스 069
컴파일러 013
컴파일 타임 오류 165
코드 세그먼트 074
콜백 함수 645
콤마 연산자 188
쾌속 정렬 642
큐 618
크래쉬 345
클러스터 574
키워드 067
키 필드 524

ㅌ

타입명 052
타입 불일치 오류 052
타입 지정자 278
테스트 프로그램 249
테스팅 248
토큰 206, 480
퇴행 301
트랙 574
특수 경우 입력 처리 249
특수 문자 060
틱택토 255

ㅍ

파라메터 127
파생 자료형 522
파싱 480
파일 관리 시스템 574
파일 사용 모드 578
파일 입출력 463
팝 260, 606
패딩 532
패딩 비트 551
팩토리얼 297
포인터 333
포인터 변수 333
포인터 산술 연산 376
표준 입출력 463
푸시 260, 606
풀워드 071
플래그 365
피보나치 수열 308
피연산자 103, 338
필드 524

ㅎ

하나 차이 오류 243
하프 워드 071
하향식 251
할당문 050, 096
함수 030, 126
함수 본체 030, 127
함수 블록 030
함수 원형 081, 132
함수 포인터 639
함수 헤더 033
항 098
해킹 487
행렬 415
형 변환 056
형식 인자 127
형식 지정자 078
호출 132
호출 스택 창 270
화면 에코 086
화살표 연산자 528
활성화 레코드 262
후위 증가 108
후입선출 605
흐름도 151
힙 메모리 074